Dictionnaire français-berbère (Dialecte des Béni-Snous)

(réédition)

5-7 rue de l'École Polytechnique ; Paris 5e
www.librairieharmattan.com
harmattan1@wanadoo.fr
diffusion.harmattan@wanadoo.fr

ISBN : 978-2-296-02928-6
EAN : 9782296029286

PUBLICATIONS DE LA FACULTÉ DES LETTRES D'ALGER
BULLETIN DE CORRESPONDANCE AFRICAINE

Tome XLIX

DICTIONNAIRE FRANÇAIS-BERBÈRE

(DIALECTE DES BENI-SNOUS)

DICTIONNAIRE

FRANÇAIS-BERBERE

(DIALECTE DES BENI-SNOUS)

PAR

E. DESTAING

PROFESSEUR A L'ÉCOLE DES LANGUES ORIENTALES VIVANTES

PARIS

ERNEST LEROUX, ÉDITEUR

28, RUE BONAPARTE, 28

1914

DICTIONNAIRE FRANÇAIS-BERBÈRE

(DIALECTE DES BENI-SNOUS)

A

À[1], marquant la *possession* : *n*. Ce cheval est à mon frère : *i̯īs-ūδí nûma*; ce chien est à moi : *äiδi-i̯ú înu*. (Sur l'emploi de *n*, V. Gramm., pp. 84-86.) A qui? à quoi? V. qui, quoi — (B. Iznacen), cette maison est à ma sœur : *θíddarθu u̯últma*; ce burnous est à moi : *äselhāmú înu*. — (Zkara), ce jardin est à toi : *ūrθu-i̯ú ĕnnéχ*; ce figuier est à mon ami, *θízzīθ-i̯n u̯umdûkĕl-īnu*. — (Meṭmaṭa), c'est à moi, à toi, etc. : *īnu*, *ennex*, *ennem*, *ennes*, etc. — (B. Salaḥ), c'est à moi, à toi, etc. : *īnu*, *enneχ*, *ennem*, *ennes*, etc.

— du côté de, vers : *γér*; il va au moulin: *qā-itṛọḥá γér-tsīrθ* (emploi de *γer*, V. Gramm., p. 223). — (B. Iznacen), *γér*; il partit à la montagne : *īṛộḥ γer-u̯úδrär*. — (Zkara), *γér*; l'abeille vola à sa ruche, *dzîzuiθ θūfrú γer-u̯éγrūs-ĕnnes*. — (Meṭmaṭa), *γel*; va à la maison : *uğğūr γel-taddārt*. — (B. Menacer), *γer*; *γer u̯éḫḫām* : il t'enverra à Alger après-demain; *aš i̯äzen asi̯īḍen rādzäi̯er*.

— (dans), *i*, *δi*, *ģ*. Il est à la maison : *qâh δi-θéddārθ*. (Emploi de *i*, V. Gramm., p. 219; *δi*, *ģ*, V. Gramm., p. 215). — (B. Iznacen), il est au moulin: *qaît δí-tsīrθ*. — (Zkara),

1. Cf. R. Basset, *Zen. Ouars.*, p. 75. — *Études*, p. 78-103.

nous sommes dans la caverne ; *qānĕγ ðég-ĕfri*. — (B. Menacer), elle a habité à Orléansville : *θezðéγ ði-Lásnāb*.

— marquant l'attribution : *i*. Donne de l'argent à cet homme : *ûš timuzūnîn iúrgāz-u*. — (B. Izn.), *ĕqda iðrīmen iúrgāz-a*. — (Meṭmaṭa), donne de l'argent à cet homme : *ūš iðrimen iurgāz-aia*. Je t'ai acheté (pour toi) : *sγīγ-āx*. — (B. Salaḥ), je t'ai donné : *ūšīγ-āχ*. — (B. Mess.), *χfīγ-āχ*.

— (devant un infinitif). Ex. donne-moi à manger : *ūš-iii āð-ĕtšeγ*.

— (avec, au moyen de) : *s*. On a blanchi cette maison à la chaux : *áḫḫām ūðí sméllent sélžīr*. — (B. Menacer), pars à cinq heures : *rôḥ felḫamsa*.

ABANDONNER[1], *ĕdž* : pr. p. *idžu* (V. Gramm., p. 110) ; pr. n. *ūr-ídžuš*; H. *tedža* ; n. a. *θmedža* ; *tūādž*, être abandonné ; H., *tuādža*. — (Beni B. Saïd), *ĕdž*, p. p. *idžu*. — (B. B. Zeggou), *ĕdž* : p. p. *idžu*. — (B. Iznacen), *ĕdž*, p. p. *idža* (V. Gramm., p. 111) ; p. n. *ūr-ídžiš*; H., *tedža* ; fut. nég. *tedži*; f. passive, *tuādž*. — (Zkara), *ĕdž*, p. p. *idží* (V. Gramm., p. 111); H., *tedža*; fut. nég. *tedži*. Je l'ai abandonné : *džiḫθ*. — (Figuig), *ĕdž* : p. p. *idžu* (V. Gramm., p. 111). — (B. Menacer), *ĕdž* : p. p. *idžu, džīn* ; p. n., *ū-ídžiš*. — (Meṭmaṭa), *ĕdž* : p. p. *dzīγ*, *idža*. — (B. Salaḥ), *ĕdž*, p. p. *idža, džān* ; p. n. *ūr-ídžiχ* ; H., *ṭedža*.

ABATTOIR, *lgûrneθ* (*nelg*) ; pl. *lgúrnāθ* (ar. tr. *lgûrna*). — (B. Iznacen, Zkara, B. B. Zeggou), *lgûrneθ*.

ABCÈS, *θiḥabbeθ* (*nt*) ; [حبّ] pl. *θiḥabba* (*nt*) (ar. tr. *lḥebba*); [دَرَّة] (sous le pied), *θaderrīiθ*; pl. *θiderriīn* (ar. tr. *dḥûsa*). — (Zek.), *θaderrīθ* pl. *θiderriīn*.

ABEILLE[2], *dzîzui*; une abeille : *tîš ĕndzîzui*; pl. *θīzîzua* (*ntzî*,

1. Cf. R. Basset, *Zen. Ouars.*, p. 42. *Loqm. b.* p. 333.
2. *Ibid.*, p. 75. — *B. Men.* p. 40. *Loqm. b.* p. 233.

ndzí); on dit aussi : *tnáḥlet* (*net*); pl. *tinaḥlīn* (*net*) [نحلة]. — (B. Iznacen), *dzîzụi*, pl. *θizīzụa*. — (Zkara), *dzizụīθ*, pl. *dzízụa*. — (B. B. Z.), *zízụi*, pl. *θizīzụa*. — (Meṭmaṭa), *zīzụeθ*, pl. *θizīzụa*. — (B. Salaḥ-B. Mess.), *θizīzụeθ*, pl. *θizīzụa*. —(B. Menacer), *θizīzụeθ*, pl. *θizīzụa*; *zizūt*. [R. B.], le miel des abeilles : *hāmémθ enzîzụa*.

ABLUTIONS, grandes ablutions, de tout le corps. [وضوء] *lûḍû iámọqrān*; petites ablutions (figure, pieds, mains); *lûḍû iámẓịān*; faire ses ablutions : *âγ-lūḍû* : p. p. *uγlûḍūγ*, *ịûγlūḍû*; H., *taγlūḍû* (ar. tr. *tụéḍḍa*); sable, pierre pour l'ablution pulvérale; [تيمم] *taimmum*; faire cette ablution : *tîmem*; p. p. *itīmem*; H., *tịịmem*. — (B. Iznacen), *aγlūḍû* : p. p. *aγlûḍūγ*, *ịaγlūḍû*; H., *tâγ*. — (Zkara), *aγlûḍû* : p. p. *ûγeγ lūḍu*, *ịûγa lūḍû*; H., *tâγ*. — (B. B. Zeggou), *aγlūḍû*; H., *tâγl*.

ABOYER[1], *hâla*: pr. p. *ihâ.a*; H., *thâla*; n. a. : *ahâla* (*u*) (V. HURLER) : *izīf*. — (B. Iznacen), *ẓû* : p. p., *iẓū*; H., *dẓū*, faire aboyer : *ṣûẓū*. — (Zkara), *ẓû* : p. p., *iẓū*; H., *dẓū*; l'aboiement du chien : *āẓû ŭụiδí*. — (Meṭmaṭa), *edza*; p. p. *edzīγ*, *idza*; H. *tedza*; n. a., *adzaiθ*. — (B. Salaḥ), *seğlef* : p. n. : *seğlīf*; H., *seğlāf*.

ABREUVER, *sûreδ*; [ورد]; p. p. *issūreδ*; H., *sūrāδ*; n. a., *asūreδ* (*u*) (V. BOIRE). — (B. Iznacen), *sûreδ*; *sessu*, *isessụa*; H., *sessuụ*; f. n., *sessui*; n. a., *asessui*. — (Zkara), *aûreδ-īịīs* : fais boire le cheval. — (B. Salaḥ), abreuve le cheval : *sessu aχīδār*.

ABRICOT, *lméšmāš* (coll.) [مشمش], un abr. *θamešmāšt*; un abricotier, *id.*; le noyau de l'abricot : *īγés ntméšmāšt*; pl. *θimeš-*

1. Cf. R. Basset, *Zen. Ouars.*, p. 75. — *Loqm. b.*, p. 268.
2. Id., *Loqm. b.*, p. 244.

māšīn. — (B. Iznacen, Zkara, B. B. Zeggou, O. Amer, Meṭmaṭa, B. Menacer), *lmešmāš*; un abricot : θ*amešmāš*θ.

ACCOMPAGNER, *δûkel*; p. n., *ūδδûkīlγeš*; H., *ddûkūl*; n. a., *aδūkel*, compagnie (*u*); faire accompagner : *zdūkel*; H., *zdūkūl*; aller de compagnie : *mdūkel*; H. *mdūkūl*, et *temdūkūl* (V. COMPAGNON). — (B. Iznacen), *δûkel*; aller de compagnie : *mdūkel*; H., *mdūkūl*. — (Zek.), *dûkel*, aller de comp. : *mdukkel*; H., *temdukkūl*: — (Meṭmaṭa), *δukkel*; H. *ddūkul*; n. a. *aδukkel*. — (B. Salaḥ), accompagne-le : *emrāfĕqet* [ترافق]. — (B. Menacer), *δūkel, mδukel* : aller de compagnie.

ACCOUCHER, *âṛů*; p. p., θ*iṛů* (V. Gr., pp. 101-102, p. n., *ūrírųīγeš*; H., *tâṛů*; n. a. : *aṛṛau*, accouchement (*ųa*) (V. ENFANT). ; aider l'accouchement : *sîṛů*; H., *saṛṛaů*. Au lieu de : *qâ-ttāṛů*, elle accouche, on dit aussi : *qā-ṭéṭṭef ásγūn*; elle tient la corde; une femme qui vient d'accoucher se dit : θ*amĕṭṭūθ* θ*núnzer*θ (V. SANG). — (B. Iznacen), *âṛů* : p. p. θ*îṛů*; p. n. *ūr-*θ*îṛīųeš*; H., *tāṛů*; fut nég. : *tīṛů*; n. a., θ*aṛųa*. — (Zkara), *âṛů* : p. p. θ*ûṛů*; H., *tāṛů*; fut nég:, *tīṛů*; n. a., θ*arųa*. — (B. B. Zeggou), *âṛů* : p. p. θ*ûṛů*. — (Meṭmaṭa), *aṛů*, p. p., *īrųèγ*, θ*īṛů*; p. n. *iriu*; H., *tāru*, θ*arųa*, enfantement, enfants. — (B. Menacer), *âṛů* : p. p. θ*ûru*; p. n. *ur-*θ*ûriuš*; H., *āru*; f. n. *tīru*; n. a. *arraů* (*ųa*); aider l'accouchement : *sûṛu*. — (B. Salaḥ), *âṛů* : p. p. θ*ûṛů*, p. n. *ur-*θ*ûriů-χ*; H., *ṭāṛů*; n. a. θ*arraūů*θ (*te*).

ACCROCHER, *εälleq* : être accroché; p. p. *iεâlleq*, [علق] H., *tεälleq*; *sεälleq* (*i*θ), accroche, *sεallāq*. — (B. Izn.), *sεūlleq*; H., *sεūllūq*. — (B. Salaḥ), *āğel* : p. p. *iūğel*; H., *ṭāğel*.

1. Cf. R. Basset, *Loqm. b.*, p. 251.

ACCROUPIR (S'), *qerreδ* : H., *tqerreδ*. — (B. Izn.), *squrreδ*; H., *squrrūδ*. — (B. Salaḥ), *kummeš*.

ACCROÎTRE[1] (S'), *érni* : p. p. *ernīγ*, *i̧irna*; p. n. *rni*; H., *terni* (K.); *renni* (A. L.); n. a. *θernīt*, accroissement. — (B. Iznacen), *érni* : p. p. *i̧érni*, et *i̧érna*; H. et fut. n. : *renni* n. a. *θamerniūθ* (*tm*). — (Zkara), *érni* : p. p. *i̧erni*; H. et f. n. *renni*. — (B. Salaḥ), *ernu* : p. p. *ernīγ*, *i̧erna*; H., *rennu*.

ACHETER[2], *séγ* : p. p. *i̧isγu* (V. Gramm. p. 110); p. n. *ūr-i̧išγūš*; H., *ssāγ*; n. a. *θamesγiūθ* (*tm*); pl. *θimesγiu̧in* (*tm*). — (B. Iznacen), *séγ* : p. p. *i̧isγa* (V. Gramm., p. 111); p. n. *ūr-i̧isγiš*; H., *ssāγ*; fut nég. *ssīγ*; n. a. *θamesγiūθ*. — (Zkara), *séγ* : p. p. *i̧isγi*; H., *ssâγ*; f. nég. *ssîγ*; achat : *θamesγi̧ūθ*. — (B. B. Zeggou, O. Amer), *séγ* : p. p., *sγîγ*, *ísγû*. — (Meṭmaṭa), *séγ* : p. p. *sγīγ*, *isγa*; H., *ssāγ*; n. a., *θamesγiūθ*; p. n. *ūr-isγiš*. — (B. Salah), *esγ*, *sγīγ*, *isγa* : H., *ssāγ* (V. MESURER, *adžu*).

ACHEVER[3], *émda* : être achevé; [أمضى] p. p. *i̧emda*; H., *tmedda*; *semda*, achever : p. p. *issemda*; p. n. *ūr-íssemdāš*; H., *smedda*; n. a. *asemda* (u). — (B. Iznacen), *semda* : p. p. *semdīγ*, *issemda*; p. n. *ūr-semdīγeš*; H., *tsémda*; f. nég. *tsemdi*; n. a. *θisemda*. — (Metmaṭa), *semda* : p. p. *semdīγ*, *issemda*; H., *smada*. — (B. Salah), *χemmel* : H., *teχmāl* [كمّل].

ACIDE (B. Izn.), *asmaγai̧*; *i-en*, *θasmaγaiθ*, *θismaγii̧n*.

ACIER, *eδδkīr*. — (B. Sn., B. Izn.), en acier : *seδδkīr*; un couteau d'acier : *lmûs ĕnu̧éδkīr* (A. L.) [ذكير].

1. Cf. R. Basset, *Zen. Ouars.*, p. 75. — *Loqm. b.*, p. 251.
2. *Ibid.*, p. 75. — *B. Menacer*, p. 40, *essaγ*.
3. *Ibid.*, p. 75.

ADJUDANT, *žûdām*.

ADRESSE (d'une lettre). — (B. Sn.), *lɛălụān*, *lɛărụān*; pl. *lɛarụānāθ*. — (B. Izn.), *lelụān* [علوان].

ADORER (B. Sn., B. Izn.), *ăɛăbeδ*; H., *taɛăbeδ* [عبد].

ADULTÈRE (Commettre l'). — (B. Sn.), *ĕzna* : pr. p. *znáγ*, *'ízna*, p. n. *ūrznīγeš*, *ur-íznaš*, *ūrznīneš*; H., *tzénna*, *dzénna*. — *ĕzzna*, l'adultère [زنى].

AFFAMÉ (Être), *ĕḷḷăz* : p. p. *iḷḷūẓ*; p. n. *ūr-íḷḷūẓeš*; H., *tḷāẓ*; n. a. faim : *ḷāẓ* (*nu*). Il mourut de faim : *immûθ sî-ḷāẓ*; affamé : *ameḷḷāzu*; f. θ-θ; pl. *imeḷḷūza*, θ*imeḷḷūza*; on trouve aussi les formes : *ameḷḷaizu*; pl. *imelluiza* et *ameḷḷīzi*; pl. *imeḷḷīza*; ce mot a aussi le sens d'avare; affamer : *sḷâz*; H., *sḷazza*. — (B. Iznacen), *éḷḷāz* ; p. p. *iḷḷūz*; H., *tlâza*; fut. nég. *tlīzi*; n. a., *ḷâz* (*u*); affamer : *slâz*; H., *slâza*; f. nég. *slīzi*; affamé : *amellaizu*; f. θ-θ; p. *imelluiza*; f. p. θ-*a*. — (Zkara), *eḷḷāz* : p. p. *iḷḷūz*; H., *tḷazza*; f. nég. *tlīz*; affamer : *sḷāz*; H., *slâza*; f. nég. *slīzi*; il mourut de faim : *ímmūθ ésḷḷāz*. — (Figuig), *éḷḷāz* : p. p., *iḷḷūz*; H., *tlâz*; f. nég. *tlīz*; il n'a pas faim : *ūn ítlīzeš*; affamé : *ameḷḷūz*; f. θ-*t*.; m. p. *imeḷḷāz*; f. p. θ*imellāz*; la faim : *ḷāz*. — (B. Salaḥ, B. Mess.), *eḷḷāz* : p. *iḷḷūẓ*; H., *tlāza*, n. a. *lāz* (*u*). — (Metmaṭa), *eḷḷāz* : p. *iḷḷūẓ*; H., *tlāza*; n. a. θ*lūzi-lāz*. — (B. Menacer), *eḷḷaz*; p. *iḷḷūz*; *amellāzu*, affamé; il a grand faim : *nettân illa iḷḷūz ɛăiṭa*.

AGE, *lɛămer*, [عمر] Quel âge as-tu? *šḥăl nissqᵘāsen* δ*i-lɛâmerĕnneš*.

AGITER, être agité, troublé : *qĕlleq*; H., *tqellĕq*; agité : *imqelleq*; p. *i-en*; f. θ-*q*θ; p. θ*i-īn* [قلق].

AGNEAU[1], *izmer* (*ịi*) : pl. *izmāren* (ar. tr. *lḫrūf*, *lăɛâbūr*); trou-

1. Cf. R. Basset, *Zenat. Ouars.*, p. 75. — *B. Menacer*, p. 40. — *Loqm. b.*, p. 259. — *Kç. Or.*, p. 28.

peau d'agneaux et de chevreaux : *ššéruąn* (ar. tr. *élléγu*). — (B. Iznacen), *izmer* : pl. *izmāren*; θ*izmer*θ, pl. θ*izmarīn*; agnelle. — (Zkara), *izmer* : pl. *izmāren* et *éllāγ*. — (B. Bou Zegg.-O. Amer), *izmer* : pl. *izmāren*. — (Meṭmaṭa), *izmer* : pl. *izmāren*; fém. θ*āγla*, pl. θ*iγélųīn*. — (B. Salaḥ), *izimmer* : pl. *izàmmar*; (*id.* B. Mess.). — (B. Menacer-Senf.), *izmer* : pl. *izmaren* (R. B.).

AGRAFE, *lébzīm* : pl. *lébzīmā*θ ; [ابزيم] et *lébzāįem*. — (B. Iznacen, Zkara), *abzīm* : pl. *ibzīmen*; dimin. θ*abzīm*θ, pl. θ*ibzīmīn*. — (Meṭmaṭa), θ*abzīmt* (*te*); pl. θ*ibzīmīn* (*te*); agrafer : *ḫel-lel* θ*abzīmt*. — (B. Salaḥ), *abzīm*, *ibzīmen* (B. M. *id.*). — (B. Men.), *abzīm*, *ibzīmen*.

AIEUL[1] (grand-père), *dadda* ; fém. *nánna*. J'ai mes deux grands-pères, *γ́ri tnâįen ndádda* (ar. tr. *lžedd*). — (B. Iznacen), *žéddi*; f. *ḥénna*, [جدّ]. — (Zkara), *žeddi* : f. *nánna*.

AIGLE, *nser*; pl. *nsūra* [نسور]. — (B. Mess., B. Salah), *ižīder*.

AIGRE (Être)[2], *ésmem*; p. p. *ísmem*; p. n. *ūr-ísmīmeš*; H., *tsemmīm*; aigreur, chose aigre : θ*isemmi*; il pique par son aigreur : *įíqres stsémmi-nnes*; aigre : *asĕmmām*; θ-*t*; *isĕm-māmen*; θ*i-įn*; aigrir : *sesmem*; H., *sesmām* (V. RAISIN, OSEILLE). — (B. Iznacen), *ismem* : il devient aigre. — (B. Bou Zeggou), *asemmam*, θ-θ. — (Zkara), *asemmam*, pl. *i-en*. aigreur; *tisemmi*. — (Meṭmaṭa), *bāqas*; θ-*t*; *i-en*; θ*i-in*.

AIGUIÈRE (p. ablutions), [ابريق] (B. Menacer), *abrīq* : p. *ibrī-qen*.

AIGUILLE[3], θ*íssīnef*θ (*ti*), pl. θ*íssînāf* (ar. tr. *lébra*). — (B. B. Saïd, B. Iznacen, B. B. Zeggou, O. Amer, Zkara), θ*íssī*-

1. Cf. R. Basset, *Zenat. Ouars.*, p. 76.
2. *Ibid.*, p. 76. — *Loqman b.*, p. 270.
3. *Ibid.*, p. 76. *Kç. Or.*, p. 28.
4. Id., *Loqm. b.*, p. 300. — *Kç. Or.*, p. 28.

nefθ, pl. *θíssīnăf*. — (Meṭmaṭa), *θisseğnifθ*, *θisseğnīθ*, pl. *θisseğnaụin*. — (B. Salah), *θissĕgnīθ*, pl. *θissĕgna*, Grosse aiguille : *θíssūbla* (*ti*); *θissūblaụin* (*ti*); (ar. tr. *lmèḫiet*) — (Zkara), *θissūbla*, pl. *θíssūblāθīn*. — (B. Salaḥ), *lmefθāḥ*. [مفتاح] On appelle : *asîlni*, pl. *isînaụen*, une aiguille en bois, servant à coudre les chouaris, les couffins, etc. (ar. tr. *lméftāḥ entâε lụóḍfa*). — (B. Menacer), *θaḫiịịāṭ* : p. *θiḫiịịāḍīn*.

AIGUILLONNER, *náḫs* : pique-le; *nèḫs-īθ* [نخس] ou *ĕnγez* : [نغز], [نخز] *neγz-īθ*. Aiguillon du laboureur : *lmᶜnŭḫᵘas* : pl. *lĕmnāḫes*; ou *amenḫās, i-en*. — (B. Iznacen), *lmúnḫās* : (V. PIQUER). — (B. B. Zeggou), *lmúnγās*. — (Zkara), *lmúnḫās*. — (Meṭmaṭa), *anzel* (*uu*), pl. *inezlen*. — (B. Salah), *anzel* (*ụu*), pl. *inezlaụen*. — (B. Menacer), *anzel*, pl. *inezlaụen*; *amenqāz*, pl. *imenqāzen*.

AIGUISER, *séqḍāε* (V. *eqḍāε*, COUPER) [قطع], aiguise ce couteau sur la pierre : *séqdāε θaḫeδmiθú ḳụúmseδ*. Pierre à aiguiser : *amseδ* (*ụu*), pl. *imesδaụen* (*i*) (ar. tr. *lemsenn*).

AIL[1], *θíšširθ* (*nti*), *θíššĕrīn* (*nti*) et *θíššārīn* (*nti*.) — (B. Iznacen), *θíšširθ* : pl. *θíššārīn*. — (B. B. Zeggou, O. Amer), *θíšširθ*, pl. *θíššĕrīn*. — (Zkara), pl. *θíššārīn*. — (Meṭmaṭa), *eθθūm* [ثوم]. — (B. Salaḥ), *θiššerθ*. — (B. Menacer), *θiššerθ* (R. B.). Tête d'ail : *θabṣĕlt nĕtíššārīn* [بصلة], (*teb*); la pellicule qui entoure la gousse s'appelle : *ašelfīq* (ar. tr. : *šfâq*); l'ail cuit a bon goût et réchauffe : *θiššerθ*, *si-tnenná*, *ttāséδ tŭṣbĕḥt tekkes aṣĕmmĕḍ sí-bnāδem*.

AILE[2], *áfer* (*ụa*), pl. *ífrīụen* et *ífrāụen* (V. VOLER). — (B. Iznacen), *áfer* (*ụa*), pl. *ifrīụen*; *affer* (*ụa*), pl. *iffrīụen*. —

1. R. Basset, *Zen. Ouars.*, p. 76. — *B. Menacer*, p. 41.
2. *Ibid.*, *Loqm. b.*, p. 284. — *Kç. Or.*, p. 29.

(B. Bou Zeggou, O. Amer), *áfer* (*ṷa*) : pl. *afrīṷen*. — (Zkara), *áfer* (*ṷa*) : pl. *afrīṷen*. — (Meṭmaṭa), *āfer* (*ṷa*), pl. *afriṷen*. — (B. Salah), *ižīfer*, pl. *ižūfār*. — (B. Menacer), *afer* (*ṷa*) pl. *afriṷen*; *afri*, pl. *ifrinen* (R. B.).

AILERON, d'un petit oiseau : *θaqeddīṭ* (*ntq*); [قدّ] pl. *θiqeddīḍīn* (*ntq*).

AIMER[1], *ḥmel* : p. p. *ịéḥmel*; p. n. *ūδ-eḥmīlγeš*; H. *tḥémmel*; n. a. *aḥmāl* (*ṷa*). — (B. Iznacen), *ḥémmel* ; H. *tḥemmel*. — (B. Sn.), *éẖs*, p. p. *eẖseγ*, *ịeẖs*; p. n. *ur-ịeẖs-eš*; H. *qās*. — (B. Iznacen), *eẖs* : p. p. *ieẖs* : H. *qqās*; f. nég. *qqīs*. — (Zkara), *eẖs*, p. p. *ieẖs*; H. *qqās*; f. nég. *qqīs*. — (Meṭmaṭas), *eẖs* ; H. *qqās*; il l'aime : *iqqās-īθ*; je l'ai aimé : *ẖseẖθ*. — (B. Salaḥ), *eẖs*, pr. *ẖsīγ*, *iẖsa*; H. *qqās*; il ne m'aima pas, *ūg-ịiẖseχ*.

AÎNÉ (B. Sn., B. Izn.), *amenzu*, pl. *imenza*; f. *θamenzuiθ*, pl. *θimenza*. — (Meṭmaṭa), *amenzu*.

AINSI, *ámmu*, *amūδi*, comme ceci; — *ámmen*, *amĕnni*, comme cela; fais comme ceci : *egg-ammu*; *egg-hammu*; *egg-hamm*. — (B. Iznacen), fais comme ceci : *ĕ́g-ammu*. — (B. Bou Zeggou), ainsi : *ammu*. — (Zkara), ne fais pas ainsi : *ấûr tegges̆ ammu*.

AIR, (B. Sn., B. Izn.), *âḍû* (*ṷā*). (V. VENT). En l'air : *ůg ženna*, *δi-uženna*. — (B. Iznacen), en l'air : *ůg-ženna*.

AIRE[2], *arnạn* (*u*), pl. *inūrār*. — (B. Iznacen), *arnạn*, pl. *inūrār*. (B. Bou Zeggou), *arnān*, pl. *inūrār*. — (Zkara), *θāraḥbīθ*. [رحب]. — (Meṭmaṭa, B. Salaḥ, B. Menacer), *annār*, pl. *inūrār*.

AISSELLE, *θaddĕẖθ* (*ta*), pl. *θaddẖīn*, *tíddāẖīn*. — (B. Iznacen),

1. R. Basset, *Loqm. berb.*, p 237.
2. *Ibid.*, p. 320.

θaddĕẖθ. — (B. B. Zeggou), *aq̧bûš ĕntéγrūṭ*. — (Meṭmaṭa), *θaderduγθ* (*dde*), pl. *θiderdūγīn* (*dde*); *θiddeẖθ*, pl. *θiddār*. — (B. Salaḥ), *θadžeγdžīγθ*, *θamaššūθ*. — (B. Menacer), *θaddeẖθ*.

AJOUTER, *ĕrni*. (V. ACCROÎTRE). Je lui donnai du pain, il me dit : Ajoute (moi) de la viande, *erni-ịi aisum*.

ALÈNE, *lịišfeθ* (اشفى), p. *lịišfāθ*. — (B. Izn.), *θịišfet*, pl. *θịišfīn*. — (Meṭmaṭa), *īsθen*, pl. *iseθnaụen*. — (B. Salaḥ), *lešfeθ*.

ALFA[1], *âri* (*ua*), un brin d'alfa : *ẓẓéu nŭụâri*. — (Zkara, B. Iznacen), *âri* (*ụa*). — (O. Amer, B. B. Zeggou, B. Messaoud), *lḥalfeθ*, (حلفة). — (B. Menacer), *lḥalfeθ*, on dit aussi : *âri*; une touffe d'alfa : *sežžérθ ŭụâri*; un brin d'alfa : *īdž uẓeû ŭụâri*; alfa sec, *āri iqqūren*; alfa vert, *āriị azīza*. — (B. Sn.), alfa sec, *θịizzi* ; touffe d'alfa : *θageddīmt ŭụâri*; endroit rempli d'alfa : *θaḥlast uụāri* (V. NATTE).

ALIMENT, *ūtšu* (V. MANGER). — (Meṭmaṭa), *maịetšu*. — (B. Salaḥ), *maitši*.

ALLAITER, *ṣûḍĕḍ* (V. TÉTER).

ALLÉGER, *snûfes*. (V. LÉGER).

ALLER[2] (B. Sn., B. Izn.), va : *rọḥ* [راح]; p. p. *ịérọḥ*; p. n. *ū-írọḥeš*; H., *trọḥa*; il alla à la ville : *irọḥ i-témδint* (ou) *rūụāḥ*; p. p. *irūụāḥ*; H. *trûụụāḥ*, *trûụāḥ*. (V. MARCHER : *ĕịịūr*). Allons! *iállah*; pl. *ịállahem*. On dit quelquefois (B. Sn. B. Izn.) va : *áγ* ; va à la ville : *áγ itémδīnt*; p. p. *uγīγ*, *iuγu*. — (B. Izn.) *iūγa* : H. *taγ*. — (B. Salah), *eddu*, *eịịūr* (V. MARCHER).

ALLONGER, *zzīreθ* (V. LONG).

ALLUMER, être allumé : *ĕrγ* ; p. p. *ịirγû* ; H., *trĕqq*, *reqq* ; n. a., *arγi* (*u*); allumer : *serγ*; H., *sraγa* ; n. a. *aserγi* (*u*). —

1. Cf. R. Basset, *Zenat. Ouars.*, p. 76.
2. *Ibid.*, p. 76. *Loqm. berb.*, p. 239.

(Beni Iznacen), *erγ*, p. p. *ierγa*; H., *reqqa*; f. n. *reqqi*; allumer : *serγ*. —(Beni B. Zeggou), êt. all. : *erγ*; H., *treqq*; allumer : *serγ*. — (Zkara), êt. all. : *erγ*; p. p., *ierγi*; H. *reqq*; allumer : *serγ*. — (Meṭmaṭas), être al. : *erγ*; p. p. *irγa*; allumer : *serγ*; H., *srāγa*. — (B. Salah), allumer : *serγ*; H., *srūγa*; n. a. *θurγa*.

ALLUMETTES, *zálāmēθ*, (*nza*), *lšebrīθ* (B. Sn., B. Izn., Zek., Meṭmaṭa), *zzalīmāt*.

ALOÈS, *ṣebbāra* [صبّارة].

ALOUETTE, *θqûbăεăθ* (قوبعة), pl. *θiqûbăεīn*.

ALTÉRER, être altéré, *ffāš* (V. SOIF).

AMANDE, fruit de l'amandier : coll. *llûz* [لوز]; une amande, un amandier : *θilūzet* (*tl*), pl. *θilūzīn* (*tl*). — (Zkara, B. B. Z., O. Amer), coll. : *llūz*; une a. : *θilūzet*, pl. *θilūzāθīn*. — (B. Iznacen), coll. : *lluz*; une a. : *θilūzet* (*tl*); pl. *θilūzīn*. — (Meṭmaṭa), *llūz* (coll.). — (B. Salaḥ) (*id.*), une am. *θalūzet*. — (B. Menacer), *llūz* (coll.), *θilūzet*, une am. — Amande d'un noyau, (surtout d'une noix), *áflū* (B. Sn., B. Izn.), pl. *iflīuen*; ou bien : *ĕnnúua* [نوى]; noyau d'une amande (B. Sn., B. Izn.), *θannŭuaīθ* (*te*); pl. *θinnuāīn* (*te*).

AME[1], *ĕnnéfs* (نفس) *ši-imân-ennes*, en son âme, en lui-même.

AMENDE, *leḫṭīieθ* (خطية); pl. *leḫṭīiāθ*.

AMENER (V. APPORTER), *aueš*.

AMER[2], *iirza* : il est amer; H., *terza*; amer : *mīrza*; p. *imīrzaien*; *θmīrzaiθ*; pl. *θimīrzaiīn*; rendre amer : *smīrz* (*iθ*); amertume : *θamerrīzīθ*. — (B. Izn.), amer, *mirza*; f. *θmirzaiθ*; *imerzaien*; *θimerzaiin*. — (Meṭmaṭa), *erzai*; *amerzağu*; θ-θ; *imerzuğa*, *θimerzūğīn*. — (B. Menacer), *amerzaiu*.

1. *Ibid.*, p. 76. *Loqm. berb.*, p. 318.
2. *Ibid.*, p. 76.

AMI[1] (Voir COMPAGNON : *amddūkel*).

AMORCE, coll. *lkapsūn*, capsule.

AMOUREUX, être am. de : *ɛâšeq* (*īt*); [عشق]; p. p. *iɛâšeq*; p. n. *ūr-iɛâšīqeš*; H., *taɛāšq*; n. a., *aɛâšq* (*u*), amour; amoureux : *amaɛšaq*; θ-θ; *i-en*; θ*i-in*; rendre am. *sɛâšq*; H., *sɛaššāq*.

AMPOULE, θ*ašelbīḫ*θ (*tše*,) p. θ*išelbīḫīn*; (B. Izn.), θ*ašelfāṭ*, pl. θ*išelfāθīn*.

AMULETTE, *lḥörz* [حرز]; pl. *lḥärūz* (B. Sn., B. Izn., Zekk.).

AN, ANNÉE[2], *asġġ*ᵘ*ās* (*u*), pl. *isġġ*ᵘ*āsen*. — (B. Iznacen), *asġġ*ᵘ*ās*, pl. *isġġ*ᵘ*āsen*. — (B. B. Zeggou), *asqq*ᵘ*ās*, pl. *isġġ*ᵘ*āsen*. — (Zkara), *asqq*ᵘ*ās*, pl. *isqq*ᵘ*āsen*. — Cette année (B. Salah), *aseġġ*ᵘ*ās-ai*. — (B. Menacer), *asuġġ*ᵘ*ās-u*. — (Meṭmaṭa), *azġġ*ᵘ*asa*. — (B. Iznacen), *asġġ*ᵘ*āsu*. — L'année dernière (B. Sn.), *asġġ*ᵘ*ās įemḍēn*, *įekkīn*. — (B. Iznacen), *azzγā*θ, *asġġ*ᵘ*ās įėmḍen*. — (Zekkara), *asĕqq*ᵘ*ās igemḍān*. — (B. Menacer), *asuġġ*ᵘ*ās įįemḍen*; *azeδγā*θ. — (Meṭmaṭa), *azġġ*ᵘ*ās iġġemden*, ou : *az-ĕnnāḍ*. L'année prochaine (B. Sn.), *asġġ*ᵘ*ās ittāzden*. — (B. Iznacen), *îmāl*; *asġġ*ᵘ*as diggūren*. — (Zkara), à l'année prochaine : *äl-imäl*; l'année pr., *asqq*ᵘ*ās iggūren*. — (Meṭmaṭa), *azġġ*ᵘ*ās iδ-įāsen* (ou) *alāδiāsen*. — (B. Menacer), *assuġġ*ᵘ*as dittāsen*.

ÂNE[3], *aγįūl* (*ųu*), pl. *iγįāl*; f. θ*aγiūlt* (*teγ*), pl. θ*iγiāl*. — (B. Iznacen), *aγįūl* (*ųu*), pl, *iγįāl*; f. θ*aγįūlt* (*te*). — (B. B. Zeggou, O. Amer), *aγįūl* (*ųu*), pl. *iγiāl*; f. θ*aγįūlt* (*te*). — (Zkara), *aγįūl* (*ųu*), pl. *iγįāl*; f. θ*aγįūlt* (*te*). — (Meṭmaṭas), *aγiūl*, pl. *iγįāl*; f. θ*aγįūlt*; f. p. θ*iγįāl*. — (B. Salah), *aγiūl*, f. θ*aγiūlṯ*; pl. *iγiāl*, f. p. θ*iγiāl*. — (B. Menacer), *aγįūl*, f. θ*aγįūlt*; pl. *iγįāl*, θ*iγįāl* (R. B.).

1. Cf. R. Basset, *Zenat. Ouars.*, p. 76. *B. Menacer*, p. 41. *Loqm. berb.*, p. 244.
2. *Ibid.*, p. 77. — *Loqm. berb.*, p. 268.
3. *Ibid.*, p. 76. — *B. Menacer*, p. 41. — *Loqm. berb.*, p. 280.

ANIS, *ssānūdž* (B. Sn., B. Izn., Meṭm.) [سانوج] ou *zräεräε*.

ANNEAU (V. BAGUE) se portant aux chevilles : [خلخال] *aḫelḫāl* (*u*) *iḫelḫālen* (B. Sn., B. Izn., Zek.). — (B. Menacer), *aḫelḫāl*, p. *i-en* ; *rdīf* (رديف).

ÂNON[1], *azεaūq* (*u*), pl. *izεaụāq* et *ažεaūq* ; pl. *ižεauāq*. — (Zkara), *azεäūq*, pl. *izεäụāq*. — (B. B. Zeggou), *azεäūq*, pl. *izεäụaq*. — (Meṭmaṭa), *aqerzūḍ*, pl. *iqerzāḍ*.

ANSE, *fûs*, pl. *ifässen* (V. MAIN).

ANTIMOINE, *θāẓūlt* (*dẓūlt*). — (B. Iznacen), *θaẓūlt*, *θekḥīleθ* [كحيلة] ; — (B. B. Zeggou), *θaẓẓūlt*. — (Zkara), *θāẓūlt*. — (Figuig), *taẓūlt* (E. D.).

AOÛT, *γūšθ*, le mois d'août *ịur ĕnrušθ*.

APPARTENIR, se rend par les expressions *înu*, *enneh*, etc., (V. Gramm., p. 84) à qui appartient...? *uih ịîlen* (V. Gramm., p. 88). — (B. Iznacen), à qui appartient ceci? c'est à moi : *ụîlān ŭụû* ; *ụû înu*. — (Figuig), à qui appartient-il? à moi : *ụîs ịîlén* ; *înūγ*. — (Zkara), à qui appartient ceci? à moi : *wū ụîθ ịẹlén* ; *înu* ; à qui est ce pain? *aγrūmu ụîθ ịẹlén*.

APPÂT, *ṭaεámeθ* [طعام].

APLANIR, *ṭareḥ* [طرح] p. p. *iṭâreḥ* ; H., *ṭarāḥ* ; n. a. *aṭāreḥ*.

APLATIR, *kérbĕz* (V. ÉCRASER).

APPELER[2], en parlant : *sîụel* (V. PARLER) ; en criant : *izzīf* (B. Sn., B. Izn.), p. p. *izzīfeγ*, *ịîzzīf* ; H., *tizzīf* ; n. a. *izzīf*, cris, appels ; il appela le nègre : *ịîzzîf ḫîšmẹž*. On dit aussi : appelle-le : *εâịịeḍ ḫes* ; H., *tεaịịèḍ* ; n. a. *aεâịịèḍ* (*u*). [عيط] et aussi *lâγă*, appelle-les : *lâγă ḫsen* ; H., *tlâγa* [لغى] ; il appela sa mère : *ilγá ḫḥénnäs*. — (Meṭmaṭa), *laγa* : p. p. *lāγīγ*, *ilāγa* ; H., *tlāγa* ; il l'appelle : *illa itlāγa felläs*. — (B. Salaḥ), ap-

1. *Ibid.*, p. 77.
2. *Ibid.*, p. 77. — *B. Menacer*, p. 42, *lāγ*, H., *tlāγ*. *Loqm. berb.*, pp. 307-308.

pelle-le, *ɛaiḍ-ās*. App. par gestes (V. GESTES, *riiś* [ريش]). Appeler à la prière : *ĕdden* [اذن]; p. p., *iĕdden*; p. n. (*ddīn*); H., *tedden*, n. a. *aδūn* (*u*). — (B. Iznacen), *edden*; H., *tedden*. — (Zkara), *lmeɣréb qā-iúdden*, on appelle à la prière du moghreb; *ṭṭâleb qā-ituédden*, le taleb appelle à la prière. — (B. Sn.), s'appeler. Je m'appelle : *lîsem-īnu* (اسم) — (B. Izn.), *lâsem-īnu*.... — (B. Salaḥ), il s'appelle : *mîsm-ĕnnes*. — (B. Menacer), il s'appelle : *mism-is*.

APPLAUDIR, avec les mains : *ṣéffeǵ* [صفق]. H., *tṣéffeǵ*; n. a. *aṣffeǵ* (*u*); par des cris : *slêlû* (V. CRIER).

APPORTER[1], *áueδ*, *aued*; *auδ-āst* : apporte-le-lui; p. p. *iiueδ*; p. n. *iuīδ*; H., *taueδ*; n. a. *auāδ* (*ua*). — (Figuig), *aued*, p. p. *iiueδ*; H., *tauīd*; f. nég. *tiuīd*. — (Zkara), *auīδ*; apporte-le : *áuiθ-īδ*; p. p. *ĕūieɣδ*, *iĕuuuīδ*; H., *tauuīδ*; f. nég. *tíuuīδ*. — (B. Iznacen), *auīd* : *iuieɣd*, *iiuīd*; p. n. *ūrdíuīieś*; H., *tauīd*; f. n. *tiuīd*. — (B. B. Zeggou), *auīδ*; H., *tauīδ*; f. nég. *tiuīδ*. — (Beni Menacer), apporte : *auid*; apportez (*m*) *auχθīd*; f. *auiemtīd*; p. p. *ûieɣd*, *iúuīd*; p. n. *ūδúuīɣeś*; H., *tauīd*; f. n. *tiuīd*; f. pass. *ituaui*. — (B. Sâlaḥ), *auīd*; p. p. *ûieɣd*; *iúuuīd* et *iiuīd*. — (B. Men.), *auīd* : p. p. *ūieɣd*, *iibbuid*, *ūiend*; H., *ṭáui*; n. a. *θauauīθ*. — (Meṭmaṭa), *auīd*, p. p. *iūdeɣ*, *iiued*; H., *taud*.

APPRENDRE[2], étudier : *élmeδ* (V. LIRE), p. p. *ilmeδ*; p. n. *ūδ-elmīδɣeś*; H., *tlemmeδ*; n. a. *almāδ* (*ua*), étude. — Enseigner : *selmeδ*; H., *selmāδ*; n. a. *aselmeδ* (*u*), enseignement. — (B. Iznacen), étudier : *elmeδ*, p. n. *lmīδ*; H., *tlāmāδ*; f. nég. *tlīmīδ*. — Enseigner : *selmeδ*; H., *selmāδ*; f. n. *selmīδ*. — (B. Bou Zeggou), *elmeδ*; H., *lemmeδ*, apprendre, étudier; *sel-*

1. Cf. R. Basset, *Zenat. Ouars.*, p. 77. — *B. Menacer*, p. 42. *Loqm. berb.*, p. 332.
2. *Ibid.*, p. 88.

meδ; H., *selmāδ*, enseigner). — (Zkara), *elmeδ* : p. p. *ilmeδ*; p. n. *ūr-ílmīδeš*; H., *lemmeδ*; fut nég. *lémmīδ*. Celui-là étudie sa leçon : *ųîn qā ilémmeδ θiɣīra-nnes*. — Enseigner : *selmeδ*; H., *selmāδ*; f. nég. *selmīδ*.

APPRÊTER, être apprêté : *ûžeδ*; [وجد] p. p. *iûžeδ*; p. n. *ūr-iûžīδeš*; H., *tūžīδ*; apprêter : *sūžeδ*; H., *sužžāδ*; n. a. *asūžeδ*, apprêt (*u*) (V. PRÉPARER).

APPRENTI, *abūžādi*; f. θ-θ; [اجد] m. p. *ibūžādiien*; f. p. θ*ibūžadiiīn*.

APPROCHER, *qĕrreb*; [قرب] H., *tqĕrreb*; n. a. *aqĕrreb* (*u*). — (B. B. Zeggou), *ģerreb*. On dit aussi : *ekḥöz*, *iekḥöz*, p. n. *kḥīz*; H., *tekḥīz*; n. a. *akḥāz* (ar. tr. *ekḥez*). — (Zkara), *ekḥez dauru*, approche ici.

APPRIVOISER, *rábba*; [ربى] H., *trabba*; n. a. *arabba* (*u*). Apprivoisé : *imrebbi*; f. θ*imrebbīθ*; m. p. *i-iien*; f. p. θ*i-iiīn*.

APPUYER (S'), sur qq. ch. : *ųâkka ḫ*; [وكا] H., *tųákka*; n. a. *aųakka* (*u*). S'appuyer la joue sur la main : *ĕgg erkîst elḥĕmd*.

APRÈS, *zéfr*, *zéffer*. (V. DERRIÈRE).

APRÈS-DEMAIN, *ferųaitša*. — (B. Iznacen), *férųaitša*, *frife-rųaitša*. — (B. B. Zeggou), *δeffér ųaitša*. — (Zkara), *zĕffér ųāitša*. — (B. Menacer), *assa-iiḍen*.

APRÈS-MIDI, θ*amĕddīθ*; viens cet après-midi; *āséd támĕddiθ*. — (B. Izn.), θ*amĕddīθ*; cet après-midi : θ*amĕddīθu*. — (B. Menacer), θ*amdexθ*, θ*ameddexθ*, θ*ameddexθu*, cet après-midi.

ARABE, *ăεárāb*, *îdž ŭεārāb*, un Arabe; pl. *ăεārāben*. — Les B. Snous désignent ainsi les nomades qui, en retour, les appellent : *iθbâb endšer* et quelquefois : *lqébaīl*.

ARAIGNÉE[1], θ*kúnda* (*tku*), pl. θ*ikundaųīn*. — (Meṭmaṭa), ar. à

1. Id., *B. Menacer*, p. 42.

grandes pattes : *θqúnda*; pl. *θiqundaẙin*. — (B. Salaḥ), *rrtīla* (id. B. M.) [رتيلاء].

ARBOUSE[1], *sâsnu* (*u*) (B. Sn., B. Izn.). — (Zekkara), *sâsnu* (*u*). (Meṭmaṭa), *sẹssu*, *sasnu*. — (B. Salaḥ, B. Men.), *isīsnu*. — (B. Men.), *sâsnu*; pl. *isusna* (R. B.).

ARBRE[2], *sežžerθ* (*nes*); [شجر] pl. *séžžūr* ou *θisežrīn*. — (B. Iznacen), *θasγārθ*; pl. *θisγārīn*. — (Zekkara), *azeqqūr*; pl. *izeγrạn*. — (Meṭmaṭa), *azqqūr*; pl. *izeγrān*; devant l'arbre : *zzāθ-uzeqqūr*. — (B. Salah), *essežreθ*; B. Mess. *θaš̌χīrθ*.

ARC-EN-CIEL[3], *θaslīθ ŭẙénzār*. — (Metm.), *izuež uššen*. — (B. Salah), *θislīθ bẙánza*. — (B. Menacer), *θasliθ uženna* (R. B.)[4].

ARÊTE (de poisson), *asĕnnān* (*u*) ; pl. *isĕnnānen*.

ARGENT[5] (B. Sn., B. Izn.), (monnaie) *aδrīm* [درهم], pl. *iδrīmen*. *θimuzūnīn* (ar. موزون). — (Zkara), *θimuzūnīn*. — (B. Menacer), *iδrīmen*. — Métal : *azerf*; d'argent : *núzerf*. — (Zekkara), *zârĕf*. — (Figuig), *azerf* (R. B.). — (Meṭmaṭa), *azerf*. — (B. Salaḥ), *lfĕḍḍa* (B. M. *id*.) [فضة].

ARGILE, arg. à poteries : *šâl ĕntẙûdār*; dont on enduit les planchettes pour écrire : *ṣenṣāl* [صلصال]. — (B. Menacer), *θlāẖθ*.

ARME, *slâḥ*; pl. *slâḥāθ*. [سلاح].

ARMÉE, *lemḥálleθ* (*llem*) [محلة]; *lemḥállāθ* (*llem*).

ARMOIRE, *lẖézneθ*, (*lẖe*), [خزانة]; pl. *lẖéznāθ* (*lẖe*).

ARMOISE, *šsīḥ* [شيح].

ARRACHER[6], *ĕkkes* (V. ÔTER, ENLEVER), arr. des tiges d'alfa à

1. Cf. R. Basset, *Zenat. Ouars.*, p. 77. — *B. Menacer*, p. 42.
2. *Ibid.*, p. 77. — *Id.*, p. 42, *sedžerθ*.
3. Id., *B. Menacer*, p. 42.
4. Id., *Recherches sur la religion des Berbères*, p. 17-18.
5. Id., *Zenaṭ. Ouars.*, p. 77. — *B. Menacer*, p. 42, *azerf*. — *Loqm. berb.*, p. 255.
6. Id., *Loqm. berb.*, p. 295.

l'aide d'un morceau de bois (ar. tr. *enter*) *ĕzzer* (*ariı*); p. p. *zerreγ*, *izzer*; p. n. *ūr ezzîrγeš*; H., *tezzer*; n. a. *ûzūr*; on enroule l'alfa sur un morceau de bois appelé : *izzer* (*ii*); pl. *izzĕren*; (ar. tr. *lemzer*, pl. *lemzār*); arr. des cheveux, des poils (B. Sn., Zekk., B. Izn.); *enter*, p. p. *inter* [نتر]; p. n. *ūr-entîrγeš*; H., *tnetter*; n. a. : *antar* (*ṷė*).

ARRÊTER[1], être arrêté, s'arrêter : *bedd* (B. Sn., B. Izn., Zkara, B. B. Zeg.), p. p. *ibedd*; H., *tbedda*; (B. Izn., Zkara), f. nég. *tbeddi*, n. a. *abĕddi* (*u*) (ar. tr. *ûqef*). — Arrêter : *sbedd*; arrête-la : *s[e]beddīt*; H., *sbedda*, n. a. *asbeddi*. — Arrêter un sanglier, le réduire : *séglef*; H., *séglāf*; les chiens ont arrêté un sanglier : *iīδân sgélfen îlĕf*. — (Meṭmaṭa), s'arrêter : *bedd*; H., *tbedda*, arrêter : *sbedd*. Arrête ce cheval : *sbedd iīs-aia*. — (B. Men.), *bedd*; f. fact. *sbedd*.

ARRIVER[2], *âṷêḍ*; p. p. *iîṷêḍ*; p. n. *ṷérδ iṷîḍγeš*; H. *taṷêḍ*; n. a. *auaḍ* (*ṷa*). Faire arriver : *sîṷêḍ*, p. p. *íssīṷêḍ*; H., *saṷāḍ*. — (Zkara), *auḍ*, p. p. *iuṷêḍ*, p. n. *uṷīḍ*; H. *tiṷêḍ*; f. n. *tiṷīḍ*; f. fact. *siūḍ*; H. *saṷṷaḍ*, f. nég. *siṷṷīḍ*. — (Meṭmaṭa), *aṷêḍ*, p. p. *iūḍėγ*, *iîṷêḍ*; p. n. *ūr iiṷīḍeš*; H., *taṷeḍ*; n. a. *aṷāḍ*. — (B. Salaḥ), *aṷêḍ*; H., *ṭaṷāḍ*; n. a. *aṷāḍ*. — (B. Menacer), *aṷêḍ* (R. B.), p. p. *iuṷêḍ*; p. n. *ūδ-iṷīḍeš*; H., *taṷêḍ*; f. fact. : *siūḍ*. — (B. Sn.), survenir : *eθra* [طرأ], H., *θérra*. Que t'est-il arrivé? *mân iṭrā iāš*. — *ĕqqel mátta iîθrá ii*, vois ce qui m'est arrivé; (ou bien) *mátta δîš iíθrān*; *ĕqqel mátta δî iîθrān*; (ou) *ĕqqel mátta δî iḫḫélqen* [خلق].

ARROSER[3], *séss[e]ū* (V. BOIRE), irrigue le verger : *sessú ṷûrθu*. — Arr. une chambre : *béḫḫ* (*amān*); p. p. *íbeḫḫ* : p. n. *ūr*-

1. Cf. R. Basset, *Loqm. b.*, p. 227.
2. *Zenat. Ouars.*, p. 77. — *B. Menacer*, p. 43. — *Loqm. b.*, p. 331. — *Fig.*, p. 30.
3. *Loqm. b.*, p. 271.

íbeḫḫeś; H., *tbeḫḫ*; *abeḫḫi* (*u*) (ar. tr. *réšš*). — (Meṭmaṭa), *sessu*; H., *sessụa*; n. a : *asessu*. — (B. Salaḥ), arrose le verger : *sessu ūrθi*. — (Zkara), *sessu urθu*.

ARTÈRE, *ázụèr* (*ụú*); pl. *izūrạn* (*ni*). — (B. Sn., B. Izn., Zkara).

ARTICHAUT[1] (B. Sn., B. Izn.), un pied d'artichaut : *íḫf nélḫūršef* [خرشوف]. Tête d'art : θ*áqèrnūn*θ (*tq*) ou θ*aqūrniεä*θ (*tq*); pl. θ*iqèrnūnịn* (*tq*); θ*iqūrniεịn* (*tq*); (ar. tr. *lqérnuεä*). Feuilles de l'artichaut, tige jeune comestible : θ*íɣemmer*θ (*tɣ*), pl. θ*iɣemmār* (*tɣ*). Les indigènes mangent aussi une sorte d'artichaut sauvage appelé (B. Sn., B. Izn., Zkara), θ*âfɣa* (*te*), pl. θ*ífɣaụin* (*te*) (ar. tr. *ttâfɣa*). Cœur d'art. : *úl ĕntᵉqernūnt*; bractées de l'art. : θ*aqšūr*θ (*teq*) [قشر]; p. θ*iqᵉšrịn* (*teq*). — (B. Salaḥ), *lgernūn*. V. CHARDON.

ARTILLEUR, *aθ̣ébži* [طوبجي], *iθebžịen*.

ARUM, bulbe d'a. : *ábqūq* (*ụu*) (ar. tr. *lebgūga*). — (B. Izn.), θ*abgūg*θ. Variété plus grosse et ronde : θ*aɣernūg*θ (*tɣ*), θ*iɣernūgịn* (*tɣ*) (ar. tr. *búqūra*). Grosse variété, non comestible : *brîḫū*. — (B. Izn., Zkara) : *aịerni* (B. B. Z.), *abqūq*.

ASPERGE[2] (les B. Sn. ne mangent pas d'asperges) : *asĕkkūm* (*u*), θ*askkūmt*. Une branche d'asperge : θ*asṭṭá núskkūm*.

ASSASSIN, c'est l'assassin de mon frère : *ụūδí llí ịenɣû-ūma* (V. TUER) : *ụûδi adllib nûma* (pl.) *idlīben* [طالب]. On dit aussi : c'est un assassin : *ụūδí bú-lerụāḥ* [الارواح], *bú iméttịen*.

ASPHODÈLE, *lberụāg* [برواق]. Racines et tubercules d'asph. : θ*álɣemt* (*tel*) (ressemblant vaguement à une chamelle; les enfants en font des jouets). Tige : *áblālūz* (*ụu*) (A. L.). On dit aussi : θ*amenzuī*θ (*tm*) (K.). — (Meṭm.), *ablalūz*; — θ*aεanduzt*.

ASSEMBLER, *íruɥ* (B. Sn., B. Izn.); p. *irụèɣ*, *ịíruɥ*; *ūrδ-írīuɣeś*;

1. *Zenat. Ouars.*, p. 78.
2. *Ibid.*, p. 78.

H., *gerru*, A. L. ; *dgerru* (K) ; n. a. *äirau* (*ụä*). S'assembler : *mîru*, *mîrụa*. Réunissez-vous : *mmîruam*. Nous nous réunîmes : *nmîru*, (ou) *nemmíru*, (ou) *nemmirua* ; H., *témmirụa* (ou) *tmîrụa*; *tụáiru*, être assemblé; H., *tụairau*. Le lieu de la réunion : *amšân ntmîrụa*. — (B. Iznacen), *iru*, p. p. *ịiru* ; p. n. *iriu* ; H., *irru*. — (Meṭmaṭa). S'ass. : *emǧerua* ; H., *temǧerua*; n. a. *amǧerui* (*u*); les gens se réunirent : *emǧerụān mídden*. — (Zkara), *iru*; p. p. *ịiru*; p. n. *iriu*; H. *gerru*; s'ass. *miru*; H. *mirrau*. — (Fig.), *iru*.

ASSEOIR (S')[1], (B. Sn., B. Izn.), *qîm*, *ĕqqîm* (et être assis); p. *íqqīm*; [أقام] H., *tγîma*; n. a. *aγīmi* (*u*). Faire asseoir : *sγīm*; H., *sγāma* (ar. tr. plutôt : *žémmäɛ* que *ĕgᵘăɛăδ*. — (Meṭmaṭa), *qqîm* ; p. p. *iqqīm*; H., *tγīma*; n. a. *aγīmi*.

ASSEZ, tu as assez parlé : *îfa šékk síụäụäl*; il a assez parlé : *îfat nettạn siụäụäl*; ils ont assez parlé : *ifähén síụäụäl*. J'ai assez mangé : *ifa-ịịi si-ụûtšu* (V. SUFFIRE).

ASSIETTE[2]. θ*ázlăft* (*tez*), θ*izlăfīn* (*tez*) (ar. tr. *lûṭār*). Les assiettes des B. Snous sont en bois de frêne, de noyer, de micocoulier, elles sont travaillées dans la tribu même, on y met l'huile, le miel, le bouillon. La viande, la salade, etc. (non liquides) sont posées sur une assiette plate, à bords peu relevés : *aṭĕbsi* (*u*), *iṭĕbsiịen* (*i*). — (Meṭmaṭa), grande assiette de bois, de terre : θ*ağra* (*te*), pl. θ*iğerụīn*. — (B. Menacer), assiette en terre : θ*ažra*, pl. θ*ižerụīn* [زلايفة - تبسي].

ASSOCIER[3], *eṡréṡ* [شرك], associe-toi avec ton frère : *eṡréṡ äkíumăṡ* ; p. p. *ịéṡreṡ* ; p. n. *uδ-eṡrīṡγeṡ* ; H., *ṡerreṡ* (A. L.) ; *tṡerreṡ* (K.); *aṡrăṡ* (*u*). Associé : *aṡrīṡ* (*uu*); pl. *iṡrīṡen* (*ni*). On

1. *Zenat. Ouars.*, p. 78.
2. *Ibid.*, p. 78. *B. Menacer*, p. 43. *Loqm. berb.*, p. 300. *Fig. Ks.*, p. 30.
3. *Ibid.*, p. 78. — *Loqm. berb.*, p. 353.

dit aussi : *mešreš*, s'associer; H.; *tmésrāš*. — (B. Menacer), je suis son associé : *nešš ðeṡrīk-is*.

ASSOMMER, *ḍérn*, il l'a assommé : *iḍern-īt* ; p. n. *ūr-ḍrînγeš*, H., *ḍerren* ; n. a. *aḍrān* (*u*); *ameḍrūn*, assommé, f. θ-*nt* ; pl. *imeḍrạn*, θ*i-ạn* et *imeḍrūnen*, θ*imeḍrūnīn* ou *qā-íḍren*, il est assommé ; *qa-ituāḍren*, id. On dit aussi : *ṣeräε*(*i*θ), je l'ai assommé; H., *ṣerräε* [صرع]. On dit aussi faire tomber : *sḥûf* [حاوف] (V. TOMBER), *isḥûf-īt steγrīθ*; il l'assomma avec un bâton. On dit encore : *qaît dimferḍeḫ* (BROYÉ) [فرطخ]. — (Meṭmaṭa), être ass.; assommer : *eḍren*; H. : *ḍerren* ; il est assommé : *iiḍren*; il l'a assommé : *iḍrent*; n. a. : *aḍrān* (*u*).

ATTACHER[1], *eqqen* (B. Sn., B. Izn, Zkara), p. p. *qnéγ* ou *éqqneγ*, *iqqen*; p. n. *ūr-qqînĕγeš*; H., *teqqen*; n. a. *aγūn* (*u*) (A. L.) (ou) *ūqūn* (*k*) (ou) *aqqān* (*ua*) (A. L.). Il a attaché le chien : *íqqen aiði*. Le chien est attaché : *aidí iqqen* (ou), *qā-íqqen* (ou) *qa-ituaqqen*. Attache, lien : *asγūn* (V. LIER, TRESSE). — (B. Menacer), *eqqen*; f. pass. : *ituaqqen*. — (Meṭmaṭa), attache le chien : *eqqen aiði*; le cheval est attaché : *iis illa iqqen* ; H., *teqqen*. Ligoter : *eχref*; p. p. *iχref*; p. n. : *uél eχrîfγeš*; H., *χerref*; n. a. *aχrāf*. — (B. Salah), *eqqen*; H., *ṭeqqen*.

ATTENDRE[2], *erža* (B. Sn., B. Menacer) [رجا], attends-moi ici : *eržá iii-ða* (ar. tr. *tténnāni*); p. p. *eržîγ* et *ežaγ*, *iírža*; H., *traža*; n. a. *arža* (*u*); ou θ*ameržiū*θ (*tm*); *serža*, faire attendre; H., *srâža*. On dit aussi : *ĕrâεiii äldâzdeγ*; attends-moi jusqu'à ce que je revienne; p. *iiräεa* [رعى]; H., *trâεa*.

ATTENTION, fais attention : *ĕiier* θ*aítti-nneš* (ou) *îri*, *err*; p. *eiier* et *iri* (V. JETER); *err* (V. RENDRE). *ĕiier* θ*aíttinneš ḫuérba-iu*

1. *Zenat. Ouars.*, p. 78. — *Loqm. berb.*, p. 291.
2. Id., *B. Menacer*, *inḥal*, p. 43.

lâ-ịā-tūθet. Attention de ne pas frapper cet enfant. *érr θaít-tinneš lāḥâder atetšéδ áγrūmịu* (ar. tr. *redd balek lâkūn tâkūl*). *ĕrr θaíttinneš ḫụuγrúm lāḥādér á itetš* (*lâ-itkel*). Att. que ce pain ne soit pas mangé. On dit aussi : *éfθel θịṭṭauin-nneš* (ouvre les yeux). — (B. Iznacen), f. attention : *eḥḍa*, *ịeḥḍa*, H., *ḥeṭṭa*; f. n. *ḥeṭṭi*. — (Meṭmaṭa), fais att. : *uš θaịetti*, p. *ịūša*. — (Zkara), *err laεaqel-enneχ*.

ATTISER (le feu) *ĕnfeḍ iséfḍaụen* [نفض], secoue les tisons.

ATTIRER, *ĕžbeδ* [جبد], *žébδīt* tire-le (V. TIRER). Par un appât, par des promesses : *sḍémaεa* [طمع]. *sīzeḍγ-äs stémūzūnīn* je l'ai attiré avec de l'argent (rendre doux) (ar. tr. *ḥéllīt-lu*). (Meṭmaṭa), *ežbeδ*; p. n. *žbīδ*; H., *žebbeδ*; n. a. *ažbāδ* (*u*).

ATTRISTER, *seḥzen* (V. TRISTE) [حزن].

ATTRAPER, *ĕṭṭĕf* (V. SAISIR) (B. Sn., B. Izn., Zekk.). Saisir quelque chose qui fuit : *ebbez* (*īt*); p. p. *ịébbez*; p. n. *ūδ-ébbīzγeš*; H., *tébbez*; n. a. *abbāz*. On dit aussi : *amešmāt* [شمت], mystificateur ; *i-en*, *θ-t*, *θu-ēn*; *ameḍnāz* [طنز] *imeḍnāzen*, *θa-st*, *θi-īn*, (V. SE MOQUER). — Tromper, *zélbäḥ* (*īt*) [زلبح], p. *izelbäḥ*; H. *dzelbäḥ*; n. a. *azelbäḥ* (*u*); *eggäs dzéblīḥeθ*, joue lui un tour. Attrapé : *δimzelbäḥ* et *imzĕbläḥ*, *i-en*, *θ-ḥθ*, *θi-ịn*; *ʼγlemṭ* (K) et *lʼγemṭ* (A. L.) (*-īt*); p. p. *ileγmĕṭ*; p. n. *ūr-íleγmṭeš*; H., *tleγmeṭ*; n. a. *aleγmeṭ* (*u*). Trompeur : *δimleγmeṭ* (A. L.) et *aγelmāḍ*, *θi-ṭ*, *θa-ṭ*, *imleγmṭen*, *i-en*, *θi-ṭin*, *θi-in*.

AUBE, *ṣfîreθ nétfuịθ*, la couleur jaune (du ciel) qui annonce le soleil. Il partit à l'aube : *iroḥ ḫụâläị nétfûīθ*, *séggä θūlí ttfûīθ*, *ḫθûfūθ*. A l'aube : *seggä ittalịi īθrí lléfžer* (ar. tr. *nežmet el-fāžer*) ou bien : *īθrí ndẓílla*. — (Meṭmaṭa), *ittāli lfažer*, l'aube se lève; (ou) *illa itšehheb elḥāl* (ou) *tebzeg etfūχθ*.

AUBERGINE, *ddenžāl* [باذنجان], une aubergine : *θadenžālt*; trois aub. : *θlâθä neddénžālịn*. — *áuaaneγ lebrānīịéθ sí-tbḥīrθ* : Apporte-nous des aubergines du jardin. — (Meṭmaṭa), *baden-žāl*. — (B. Izn.), *denžāl*.

AUGMENTER, *ziieδ* [زاد], p. p. *íziieδ*; p. n. *ûr-íziiδeš*; H. *dziieδ*; n. a. *aziieδ* (*u*).

AUCUN, aucun ne revint : *ûla δidžén má iδuel* (ou) *uiiδuîl ulá idžen*. — (B. Izn.), je n'ai frappé aucun d'eux : *ur zzīsen uxθîγ ulá δidžen*. — (Meṭmaṭa), aucun ne revint : *ḥátta δiídž uéd-iusi*. — (B. Menacer), aucun ne vint : *uâlu δiídž ûd-iusi*.

AUGURE, *lfâl* [فال], tirer augure : *fûuel ĕḫḫes*; p. *ifûuel*; H., *tfuuel*, n. a. *afuuel* (*u*). Ou bien : *sétfāl eḫḫes*; H., *setfāla*.

AUJOURD'HUI[1], *ássû*, *ássūδi*. — (B. Iznacen), *ẹḍû*, *nehârû* [نهار]. — (Zkara), *uḍû*. — (Fig.), *assu* (R. B.). — (Meṭm.), *assa*. — (B. Menacer), *assa*, *assu* (Gheraba). V. JOUR.

AUMÔNE, *ṣéddêq* [صدّق]; *ṣeddêq eḫḫés suéγrūm*, fais-lui aumône de pain; H., *tṣéddêq*; n. a. *aṣddeq* (*u*). Charitable : *aṣeddāq* ou *imṣeddeq*, θθ, *i-en*, θ*i-īn*, *uš-âs lmâεrūf* [عرف], fais-lui l'aumône, (ou) *uš-âs ĕluεâδeθ* [وعد].

AUNE, *sγársuf* (*u*) (K); θ*asγārsufθ*, *áqšūḍ ŭuâmān*.

AUPARAVANT (V. AVANT).

AUPRÈS (V. PRÈS).

AUSSI, mon frère partit et moi aussi : *umá iṛọḥ nétš* θ*âniä ṛộḥèγ* ou *nets* θ*äinä*, *nets* θ*äinäk*, θ*äniäk* [ثاني].

AUSSI (comp.), il est aussi grand que moi : *nettân δameqqrân lqédd-īnu* [قدّ] ou *ám nets*. — (Meṭm.), moi aussi : *nétš* θ*âni*.

AUTOMNE, *léḫrīf* [خريف], en automne : *δi luóqθ ĕlléḫrīf*. (Meṭmaṭa), *leḫrīf*

AUTOUR (de), ils tournaient autour de la maison : *éllān ttenḍén*

1. *Zenat. Ouars*,. p. 78. — *Loqm. berb.*, p. 263. — *Ks. Fig.*, p. 30.

syéhhām. — (Meṭmaṭa), ils avaient tourné autour de la maison : *ellān ūnuḍén stáddārt*.

AUTRE[1] (adj.), *ennīḍen* (A. L.) (inv.) *argāz ennīḍên*, *θamettuθ ennīḍen*; (pron.) donne-moi l'un et l'autre : *ūš iii yūδí eδyennīḍen*; l'une et l'autre : *θuδí etténnīḍen*; les uns et les autres, m. pl. *iūnûn ĕδiennīḍên*; (f. p.) les autres : *θiennīḍên*; — *yūδí zeffr yénnīḍen* : l'un derrière l'autre; — *lā yu yalâ yenniḍen*, ni l'un ni l'autre; — l'un comme l'autre : *am yuδi am yennīḍen*. Au Kef, dans ces mêmes expressions au lieu de : *ennīḍen*, *θennīḍen*, etc., on dit : *ennīnêḍ*; f. *θennīnêḍ*; m. p. *iennīnêḍ*; f. p. *θiennīnêḍ*, — (B. Iznacen), autre, adj. : *ennīḍen* (inv.); il acheta un autre jardin : *isγa ūrθú ĕnnīḍen*; un autre pays : *θamûrθ ennīḍen*; autre, pron. : *yennīḍen*, f. *θennīḍen*, *iennīḍen*, *θinnīḍen*. L'une parle, l'autre chante : *išt tsáyyāl*, *θennīḍén tšerreb*. — (B. Salaḥ), d'autre pain : *aγrum yaieḍ* (fém. *θaieḍ*, m. pl. *uieḍ*, f. p. *θiieḍ*. — (Meṭmaṭa), un autre homme : *ariāz ennīḍen*; donne m'en un autre : *ûš-iii îdž ĕnnîḍen*.

AUTREFOIS, *zīš*; les gens d'autrefois, *mídden ĕnzīš*. — *δí-zzmān* [زمان] *izzmân iémḍēn*. — (Meṭmaṭa), autrefois : *zīš*. — *δi-zzmân ežžīš*. — (B. Menacer), *ɛaiṭaiu*; autrefois, j'étais en bonne santé : *ɛaitaiu*, *ttūγāii ébḫīr*.

AUTRUCHE, *ennèɛam* [نعام] *anhīl* (*u*) (rare); fém. : *θanhīlt* (*ten*), *inhīlen*, *θinhīlīn*. — (Meṭmaṭa), *ennèɛām*.

AVALER[2], *esrêḍ* [سرط], p. p. *iésrêḍ*; p. n. *ūr-srîḍγeš*; H., *tesrêḍ* (K.), *serreḍ* (A. L.); n. a. *asrāḍ* (*u*). On dit aussi : *béllem*; p. p. *ibellem*; H. *tbellem* (ar. tr. : *ĕblăɛ*). Avaler précipitamment : *déγγen*; p. p. *ideγγen*; H., *deγγān*; n. a. *adeγγen* (*u*).

1. *Zenat. Ouars.*, p. 78. *Loqm. berb.*, p. 335. — *Ks. Fig.*, p. 30.
2. Id., *B. Menacer*, p. 43, *serδ*.

— (B. Izn.), *seγlii*; p. *iseγli*; H., *seγlai*. — (Meṭmaṭa), *seγlii*; p. p. *isseγlii*; H., *seγlai*; n. a. *aseγli* ou *esreḍ*; p. p. *iesrêḍ*; p. n. *ūr-iesrīdeš*; H., *serrêḍ*.

AVANT. Je suis arrivé avant toi : *iuḍéγ zzâθ-ĕnneš* (ou) *qᶻ bel ĕzzīš* Avant de travailler, je mange : *tettéγ ĕqbé! áδḫeδmeγ* (ou) *tetteγ ĕzzâθ áδḫeδmeγ*. Il viendra avant que le soleil soit levé : *äδ-iäséδ ĕzzâθ äθälí tfúīθ*. Auparavant : *ezzâθ*. — (B. Izn.), en avant : *δeg-úmzuār, γer ezzäθ*. — (Meṭmaṭa), avant moi : *zzâθi*; réfléchis avant de parler : *meχθeχ zzâθ uuālá θmés-laieδ*. — (Zkara), pars avant qu'il entre : *eiiūr zzaθi γra iādef*. — *qbel* [قبل].

AVANT-BRAS, *γānîm* (*u*) *nûγīl*.

AVANT-HIER, *fériedennāḍ, feruássennāḍ*. — (B. Izn.), *feriedennāḍ*. — (Zkara), *zzāθiedennāḍ*. Le jour avant hier : *auêrnāss*; il y a quatre jours : *seg-γūrîn iuáuêrnass*. — (B. Menacer), *aúrru iedennāḍ, aurri iedennāḍ*.

AVARE, *ebḫel* [بخل], p. p. *ibḫel*; p. n. *ūδ-ebḫîlγeš*; H., *tebḫīl* (A. L.) *tbeḫḫel* (K); n. a. *abḫāl* (*u*); *abeḫḫîl, i-en*, avare : *θa-lt, θi-īn*; ou : *amerδūl* (A. L.) [رذل] *imerδāl*. — (B. Izn. Zkara), ou bien : *amšḥāḥ* [شح] *imšḥāḥen*. — (Meṭmaṭa), *δlébḫel*, c'est un avare.

AVEC[1], en compagnie de : *āki*. Je suis venu avec mon frère : *ūzdéγ ākí-ūma* ou *néts δûma*. — (Zkara), je partirai avec cet homme : *aδrōḥeγ akiiurgāzin*. — (B. Izn.), avec qui es-tu venu? *uîked dûsīd*? (ou) *mánεana uú ked dûsīδ*. Avec quoi t'a t-il frappé : *mainziš iuθa*? — (Meṭmaṭa), je suis venu avec mon frère : *ūsīγd akeδ uuua*; avec toi : *ākīdex*. Au moyen de : *s-z*. Je l'ai frappé avec un bâton : *ūθíγ steγrīθ*. Je l'en frappai : *ūθíḫ ĕzzīs*; marche avec précaution : *éiiūr slâhua*.

1. Id., *Zenat. Ouars.*, p. 78. — *Loqm. b.*, p. 241, p. 262. — *Ks. Fig.*, p. 31.

— (B. Izn.), avec la pioche, *siụizzīm*. — (Zkara), avec la charrue, *sụusγār*. — (Meṭmaṭa), il m'a frappé avec la main : *īuθa-ịi sūfūs-ĕnnes*. — (B. Menacer), avec du savon : *seṣ-ṣâbūn*. — (B. Sn.), je mange du pain avec de la viande : *qaị tétteγ aγrūm δụîsūm* ou *sụîsūm*.

AVEC QUI, avec qui es-tu venu? *mīkéδ tûzdeδ*. — (Zkara), *ụākeδ θūsīδ*. — (Meṭmaṭa), avec qui es-tu venu? *ākeδmen tūsīδ*? — (B. Menacer), avec qui les enverra-t-il : *ākeδ mana āhen ịāzen*.

AVEC QUOI, avec quoi l'as-tu tué? *mizzí ténγītt*. — (Zkara), *manzi*. — (Meṭmaṭa), avec quoi as-tu frappé? *mazzi θūθīδ*. — (B. Menacer), avec quoi lavez-vous vos vêtements? *matta ssârāδem arrūḍ ennụen*.

AVEC COMBIEN, *mášḥāl mīδí tûzdeδ*. Avec combien de personnes es-tu venu?

AVEUGLE (Être)[1], *derγel*; p. p. *iderγel*; p. n. *ū-ídderγleš*; H., *derγīl*; n. a. *aderγel (u)*. Il devint aveugle : *iddeγrel*; il devient aveugle : *qa-iddeγrīl*; il est aveugle : *nettạn δäderγāl* f. *θ-t*, *i-en*, *θi-ịn*. Aveugler : *zderγel*; H. *zderγāl*. Puisse Dieu l'aveugler : *ízderγl išékk Rébbi*. — *Rébbi ịérri šékk δáδerγāl*. — (Zkara), *δerγel* p. n. *δerγīl*; aveugler : *sderγel*; aveugle : *aδerγāl*, *θa-lt*, *i-en*, *θi-līn*; aveuglement : *θíδerγelt* — (Meṭmaṭa), *derγel*; H., *derγīl*; aveugle : *aδerγāl*, *i-en*, *θ-t*, *θi-īn*. — (B. Ṣalaḥ), *derγel*, *aδerγāl*, *i-en*, *θ-t*, *θi-īn*. Que Dieu t'aveugle : *iχfāχ Rebbi θidderγelt*. — (B. Menacer), *aδèrγāl*, *i-en*, *θ-t*, *θi-īn* (R. B.).

AVOCAT, *lûkīl (llu)* [وكيل], pl. *lûkīlāθ*, *lbūgāḍû*, pl. *lbūgāḍūịāt*. — (Meṭmaṭa), *lbūgāṭó* pl. *lbúgāṭọịāt*.

AVOINE, *lḫūrṭām* [خرطال]. — (Zkara), *lḫúrṭạn*. — (B. Iznacen), *θamensīḫθ*. — (Meṭmaṭa), *iθerθer*. — (B. Ṣalaḥ), *lḫórṭām*.

1. Cf. R. Basset, *Zenat. Ouars.*, p. 78. — *B. Menacer*, p. 43. — *Loqm. b.*, p. 243. — *Ks. Fig.*, p. 31.

AVOIR, j'ai de l'argent : *γri θimuzūnīn* (V. Gramm., p. 122-124). (B. Izn., Zek., B. B. Zeggou, O. Amer) : *γri, γres*, etc. — (B. Ṣalaḥ, B. Messaoud, Meṭmaṭa, B. Men.), *γri, γres*, j'ai, il a. — J'avais : *tūγ eγri*. J'aurai : *äδ-ịïlí γri*. — (B. Sn.), qu'as-tu à pleurer? *mážäräh qâ-ttrūδ* (K.); *mážäräš qâ-téttrūδ* (A. L.); *mîhĕf qâi téttrūδ* (A. L). Qu'as-tu à pleurer? (B. Izn.), *mîḫ θéttrūδ* (ou) *mážäräχ* (ou) *mánžäräχ θéttrūδ* (ou) *mânšekk ịûγīn qaị θéttruδ*. — (Zek.), *mâneχ iûγen θéttrūδ* (ou) *manžäräχ θéttrūδ*. — (Meṭmaṭa), qu'as-tu? *mātŝ iūγen*. — (B. Ṣalaḥ), *matṭaχ ịịešqāṇ*. — (B. Mess.), *matṭaχ iūγen*.

AVOIR[1], son avoir : *ägénnes*; mon avoir : *ägén-īnu* ou *âg-īnu*. J'ai de l'argent : *γrí θimuzūnịn* (V. Gramm., p. 122). C'est son avoir : (Zek.), *δágel-ĕnnes*. — (B. Izn.), *δägla-nnes*.

AVORTER, *ĕγri*, prét. p. : *θeγri*; H., *tγérri*; n. a. *aγrāị*; avorton : *lγériạn*. Faire avorter : *séγri*; H., *tseγraị*; n. a. *aseγri* (ar. tr. : *lâḥ*). — (Meṭmaṭa), *eγri*; H., *γerri*; n. a. *aγrai*; en parlant d'une femme : *ènzef*; H., *nezzef*; fausse couche : *anzāf* (*u*). [نزف]; ou : *zérụẹḍ*[2]; H., *dzerūḍ* (ar. tr. *zrūṭ*).

AVOUER, *qérr* [قر], p. p. *ịiqerr*; p. n. *ūr-íqerreš*; H. *tqérrā*; n. a. *aqerri*.

AVRIL, *ibrīr*, *ịûr ĕnịibrīr*. — (B. Ṣalaḥ), *ịibrīr*.

B

BAGAGES, *lqéšš*[3], *lḥáụaiž* (B. Sn., Meṭm.) [حاج]. Bag. d'une

1. R. Basset, *Zen. Ouars.*, p. 78. — *B. Menacer*, p. 43, *tūγ*. — *Loqm. berb.*, p. 278 √R'R.
2. Cf. W. Marçais, *Tanger*, p. 319 [زروط].
3. Cf. W. Marçais, *Tanger*, p. 247 [قشّ].

certaine importance : *ettéqŭleθ*; *iûseδ amrābéd settéqŭleθ énnes*, le marabout est venu avec ses bagages [ثقالة].

BAGUE, θ*ḫâθemθ* (*nt*ḫ) [خاتم], pl. θ*iḫūθām* et θ*iḫūδām*; — *γrí tiš netḫâθemθ núzzerf*, *tîš nụûrèγ*, *tîš ĕnụéldūn*. J'ai une bague en argent, une en or, une en cuivre. — (Meṭm.), *tḫāδemt* pl. θ*iḫūδām*. — (B. Menacer), *tḫāḍemṭ*, p. θ*iḫūḍām*; — *lmef*θ*ūl*.

BAGUETTE, bâton mince : *amšḥāḍ* (*u*), *imšḥāḍen* (*i*) (ar. tr. *lektīb*), *amšlāḍ* (*u*), *imšlāḍen* (*i*). Canne : *lḫízrāne*θ, pl. *lḫí-zrānā*θ; — θ*áḫizrānt* [خيزران] (ann. *tḫi*), θ*iḫizrānīn* (ann. *nḫi*), bag. de fusil : *aréddāf* (ann. *u*), pl. *irddāfen* (ar. tr. *réddāf*, *lemdek*) ; [دكّ] (Meṭm.) : *lemdek*.

BAIGNER (Se), ε*δūm* [عوم]; p. p. *iδ*ε*ūm*; p. n. *ūr iδ*ε*ūmeš*; H. *tδ*ε*ūm*; il ne se baignera pas : *ūr iét*ε*ūmeš*. — *zéḥḥem* se dit d'un individu qui, une fois déshabillé, ne se plonge pas dans l'eau, mais se contente de se laver le corps; p. p. *izéḥḥem*; p. n. *ūr izéḥḥemeš*; H. *dzéḥḥem*; n. a. *azéḥḥem* (ann. *u*). Les jeunes gens, en prenant leur bain, se donnent des coups de pied, plongent; ce jeu s'appelle *ūrâr numlút-teḫ*; imp. : *emlútteḫ* [لطخ]; p. p. *iimlútteḫ*; p. n. *ūr-iimlút-tḫeš*; H. *tmelúttūḫ*; nous jouerons toi et moi : *annemlútteḫ nétš δâkīš*; n. a. *amlútteḫ* (ann. *u*). — (Meṭm.), se baigner dans l'oued : *ẓaḷḷ*; H., *dẓaḷḷa*; n. a. *aẓaḷḷi* (ar. tr. *esthemm*) [صلّى].

BAISER[1], *sellem* [سلّم]; embrasse-le : *sellem eḫḫes*; H., *tsellem*, — (B. Sn., Zkara), *sūδen*; H., *sūδūn*. — (Meṭm.), *sūδen*. p. *issūδen*; H., *sūδūn*; n. a. *asūδen*; ils s'embrassent : *msuδūnen*.

1. Cf. R. Basset, *Loqm. berb.*, p. 264 $\sqrt{\text{SDN}}$.

BAISSER[1] (Se), *inez*; p. p. *iinez*; p. n. *ūr-inīzγeš*; H., *tînez* et *tînīz*; il se baisse : *qā-ittīnīz*; n. a. *áināz* (ann. *ua*); I. *sînez*; H., *sânāz*; faire baisser. — (B. B. Z.), *inez*; H., *tînez*. — (B. Izn.), *inez*, p. p. *iînez*; f. nég. H., *tînez*; (ar. tr. *éḥni*). — (Meṭm.), se baisser : *āδer*, *iūδer*; p. n. *ūr iūδreš*; H., *tāδer*; n. a. *aδār*; baisser la tête : *sχumber* ou *χumber*; H., *tχumbūr*; n. a. *aχumber*. — (B. Menacer), *ānez*, p. *iūnez* (R. B.).

BAL (Kef.), *búiddu*, pl. *ibúidduin*. — (A. L.), *tamensiūθ* (ann. *tm.*), pl. *timensiųin* (*tm.*); ar. tr. *llémbīta*.

BALAFRE, *lmâreθ*; *rrešmeθ*; — *tâzra* (*te*); pl. *tizeruin* (*nedz*); *táḥfīrθ* (*te*), pl. *tíḥfīrīn* (*te*); il porte une cicatrice à la tête : *téqqīm táḥfīrθ ģíḫfĕnnes* (V. MARQUE).

BALAI, *θamĕδuast* (*te*), pl. *θimeδuās* (*te*) et *θimδųusa*; ar. tr. *lemkunsa*, *lemselḥa*. On emploie aussi *θáfĕlųiθ* (*te*); *θifĕlųīn* (*tf.*). — (B. Iznacen), *θamĕdųast*, pl. *θimedųūsa*. — (Zkara), *θaferrāṭ*, pl. *θiferrāḍīn*. — (Meṭmaṭa), b. de branchages : *θaṣṭṭa*.

BALANCE, *lmîzān*, pl. *lmízānāθ* et *lemiâzen* [ميزان].

BALANCER, *dáḥrež* [دحرج]; p. p. *idaḥrež*; p. n. *uδ-idaḥržeš*; H., *daḥrāž*; balançoire : *táḥraiža* (A. L.), pl. *tiḥraižīn* (ar. tr. *žéγlailu*). — (Meṭm.), *ledžāɛlaïla*, pl. *θidžāɛlailīn*; se balancer : *džāɛlel*; H., *džāɛlūl*. (Cf. W. Marçais, *Tanger*, جعلل).

BALAYER, *efrêδ*; p. p. *iifrêδ*; p. n. *ūr-frîδγeš*; H., *férreδ* (A. L.); *tferreδ* (K.); n. a. *afrāδ* (ann. *u*); balayage, balayures : (ar. tr. *leḫmel*). — (B. Iznacen), *efreδ*; H., *ferreδ* (B. B. Z.) *id.* — (Zkara), *efreḍ*; p. n. *frīḍ*; H., *ferreḍ*. — (Meṭmaṭa), *efreδ*; p. n. *frīδ*; H., *ferreδ*; n. a. *afrāδ*. — (B. Mess., B. Ṣal.), *ṭūm*; p. p. *iṭṭûm*; H., *ṭūmmu*; n. a. *aḍūm*; on dit aussi : *ezųiš*, *izuiš*.

1. Cf. R. Basset, *B. Menacer*, p. 44. — *Loqm. berb.*, p. 284 √FRD.

BALBUTIER, *ĕlụeθ*; p. p. *ịilụeθ*; p. n. *ūr-ĕlụīθγeš*; H., *telụīθ*; n. a. *alụaθ* (*u*); on dit aussi : *itụalehụeθ δi-ụauâl-ĕnnes*; (ar. tr. *rāh melhûθ félklām*); ou bien : *germež*; p. p. *igermež*; p. n. *ūr-igérmžeš*; H., *dgermež*; n. a. *agermež*; — *mähmäh*; H., *tmähmäh*; n. a. *amähmäh* (*u*). — (Meṭm.), *temtem*; H., *temtūm*; n. a. *atemti* [تمتم].

BALLE (de plomb), *θárṣaṣt* (*ter*) [رصاص], pl. *tírṣāṣīn* (*ter*) (B. Sn., B. Izn.), *tnúfsūst* (*tnu*) : *tnúfsūsīn* (*tnu*); ou *táḫfīfθ* (B. Sn., B. Izn.) *tiḫfīfīn*, [خفيف], *tátffāḥθ* (*tiš-entéf*) [تفاح]; *titffāḥīn* (*téffāḥīn*); *tímkūụerθ* (*tem*) [كور]; *tímkūụrīn* (*tem*). — (Maṭm.) *θarṣāṣt*.

— (à jouer), *tašūrθ* (*tš*); *tišūrīn* (*tš*); (ar. tr. *lkûra*) [كورة].

— de blé, d'orge, enveloppe du grain : *izi ntịịdret*, *θasfaiθ* (*tes*); *θísfaịīn* (*tes*) [سفية]; balle très fine : *nbáγ* (ar. tr. *nbáγ*). — (B. Izn., B. B. Z., Zekk., Meṭm.), *θaχūrθ*, pl. *θiχūrīn*; balle à jouer. — (Zekk.), *θazzīθ*; balle de blé, d'orge. — (B. Izn.), *θizzīn*. — (Metm.), *aχerfa*; balle très fine : *θaneγδa*.

BALLOT, *ašlīf* (*u*); p. *išelfān* (*i*); (et) *išelfaụen* (*i*); f. *θašlīft* (*tš*); f. p. *tišlīfīn* (*teš*); (et) *tišelfaụīn* (*tš*); mettre en ballot : *šellef*, *išellef*; H., *tšéllef*, n. a. *ašellef* (*u*).

BAMBIN, *ârba*, un b. *īδž ụérba*, *īdžén ụérba*, pl. *îrbān* (*ịi*); fém. *târbāt* (*ter*); f. p. *tirbāθīn* (*ter*) (V. ENFANT).

BANC, *elbąnk* (*nel*); pl. *lébnāk* et *lébnākāθ*. — (Meṭm.) *lbāk*; p. *lebnāk*.

BANDE (d'étoffe), *aεaṣṣāb* (*uεa*); pl. *iεáṣṣāben*, pl. *ašerụīḍ* (*u*); — *išerụīḍen* (*i*); *tašerụīṭ* (*tše*); *tišeruiḍīn* (*tše*); *θakettānt*, *θikettānīn*.

— (d'hommes assis) : *tiš ĕnterbaεāθ ĕnịírgāzen*; pl. *tirbaεīn* (*ter*); (ar. tr. *erbāεa*); *lámmeθ* (*ella*), pl. *lámmāθ*; (ar. tr. *lamma*);

— (d'hommes, d'invités en marche : *lmíεāδ*; (ar. tr. *lmíεād*).

BANDEAU (turban) : *rézzeθ* (*erre*) [رزّة]; *rezzaθ*; b. des femmes : *θakerrärθ* (*tké*); *θikerrärīn* (*tké*).

BANDIT, *aqṭṭäɛ nuúbrīδ* (ann. *u*); *iqṭṭäɛn* (ar. tr. *lgeṭṭäɛ*); *aziịāš* (*u*); *iziịāšen* (*i*); *bú-leruāḥ*, *ibú-leruāḥen*; il fait le métier de brigand : *qā-idziịeš*, *δi-úbrīδ* (de *ziịeš*,*iziịeš*); H., *dziịeš*; n. a. *aziịeš* (*u*) [قطّع — جيّاش].

BANNIR, *enfà* [نفى]; *enfá-ḫnây*, *ärgāzú ịenyīn érrọḥ*; bannis cet homme qui a tué un individu : p. p. *nfây*, *infa* (ou *nfīy*); p. n. *ūr-ínfā-š*; H., *neffa*, *anfa* (*u*); banni : *ámenfi*; f. *θámenfīθ*; m. p. *imenfiien*; f. p. *θimenfiịīn*; être banni : *ituanfa*; *ežna* (ou *ežla*) [جلى]; p. p. *ežniy*, *izna* (ou *ežnay*); p. n. *ūr-ížnaš*; H., *ženna*, n. a. *ažna* (*u*). — (B. Iznacen), *enfa-enfīy*, *infa*; H., *neffa*; f. nég. *neffa*; n. a. *nefiān*. — (Zek.), *ežna*; p. p. *ižna*; p. n. *ūr-ižni*; H., *ženna*; f. nég. *ženni*. — (Zek., B. Izn.), *ežla*; p. p. *ižla*., H., *žella*; f. nég. *želli*. — (B. B. Z.), *häref*; H. *ḥärref*; ils m'ont banni : *härfen-iịi*. — (Meṭm.), *ežna*, p. p. *žnīy*, *ižna*; H., *ženna*; n. a. *ležnaīθ*, *ennefiān*; banni : *amenfi*; il est banni du pays : *ižna si-θmūrθ*; les gens le bannirent : *medden žnānt*. — (B. Salah), il est banni : *ituanfa*.

BARATTE, outre suspendue à un trépied : *θauuārθ* (*tuu*), pl. *θiuuārīn* (*tuu*); (ar. tr. *ššékua*); le trépied se nomme : *tamsendūθ* (*tm*), pl. *timsenda* (*tm*) (ou) *imsenda*; (ar. tr. *elhémmāra*). — (Ch. les B. Menacer), *θaḥmmārθ*, crochet auquel on suspend l'outre (*bužeddāṭ*).

BARBE[1], *θmārθ* (*tma*); pl. *θimīra* (*tmi*); *θaδefδāfθ* (*endef*); *θiδefδāfīn* (*ndef*); *äkämār* (*u*), (peu usité); *ikämāren* (veut dire aussi bouche); barbe hirsute : *θašelyāfθ* (*tše*); *θišelyāfīn* (*tše*); petite barbe : *θáqaδūmθ* (*tqa*); *θiquδām* (*tqu*). — (O. Amer,

1. Cf. R. Basset, *Zenat. Ouars.*, p. 78. — *B. Menacer*, p. 44.

B. Izn., B. B. Z., Zek.), *θmārθ*, pl. *θimīra*. — (B. Ṣalaḥ), *θammārθ*. — (B. Mess.), *θamārθ*. — (B. Menacer), *θmârθ*, pl. *θimīra* (R. B.) (V. VISAGE, MOUSTACHE).

BARBOUILLER, il barbouille son visage de suie : *iidla ūδemennés sîselụān* (V. ENDUIRE); il barbouille du papier : *itḫeṭṭeθ δi-lkāγêḍ* [خطّ]. — (B. Iznacen), *âmes*; p. p. *iûmes*; p. n. *ūmīs*; H., *tāmes*; f. n. *tīmes*; n. a. *āmās* (*ụa*).

BARIL, *lbûṭeθ* [بوط], *tîš elbûṭeθ*, *lbûṭāθ* (ar. tr. *lbûṭa*, env. 10 litres); *aužra* (*ụu*); *iužrīụen* (*i*), (en ar. *elqèbb*, env. 5 litres); *θiužrūθ* (*tụu*); *θiužriụīn* (*tuụ*), (en ar. *elqèbîba*, env. 2 litres).

BARBU, cet homme est barbu : *argazu*, *θmarθennés taγebγūbθ*, *aγebγūb*; f. *θaγebγubθ*; m. p. *iγebγuben*; f. p. *tiγebγūbīn* [غبغب].

BARBIER, *aḥĕffāf* (*u*) [حفّف]; *iḥeffāfen* (*i*). (B. Sn., Meṭm.)

BARIOLER, *berqeš* [برقش]; H., *tberqeš*, *aberqeš* (*u*); bariolé : *imberqeš*; f. *θimberqešt*; m. p. *imberqšen*; f. p. *timberqšīn*.

BARQUE, *lfelkeθ*, *θifelkīn*. — (Meṭm.), *θaflūkθ*, pl. *leflūka* [فلك].

BARRAGE, *ssedd* [سدّ], pl. *ssédūda*. — (B. Izn., Zek.), *ssedd*. — (Meṭm.), *errebṭeθ* (*sedd* désigne une grande rigole); *errebṭeθ nessedd* : le barrage de la rigole [ربطة].

BARRE (à mine), *amegδi* (*u*), pl. *imegδịen*. — (Meṭm.), *lmaεụen* — (b. en bois pour fermer la porte) : *aγîl entúụūrθ*, pl. *iγallen*; b. au crayon : *lḫêṭ*, *léḫṭūṭ* [خطّ].

BARRER (le chemin à quelqu'un), *εârḍ-ās δi-úbrīδ* [عرض]; au moyen d'une barrière : *zérreb* [زرب]; H., *dzerreb*, (ou) *ĕfrii*; p. p. *iifrii ur-iifrīịeš*; H., *ferri*, *afrāi* (*u*); *aḫḫâm iifrii*, une maison close; *itụafri*, il est barré, clos; (ou) *δeriẹs*; p. p. *iδériẹs*; p. n. *ūr-iδĕrīseš*; H., *δerrιs*; n. a. *aδeriẹs* (*u*).

BARRIÈRE (en jujubier, en genêt, etc.), pour un jardin, pour les troupeaux : *θázrībθ* [زرب] (*tez*); *tizrībīn* (*tez*); (de pieux) :

afräi̯ (*nu*, *u̯u*); *ifräi̯en* (*i*), ou *ezzréb nižâdžen*, pl. *ezzrûba*; (en genêt, en genévrier, en jujubier, autour d'une tente) : θ*aδeri̯i̯ist* (*nder*); θ*iδeri̯i̯isīn* (*nder*). — (Zek.), *efrii̯*, *ifrii̯*; H., *ferri*; n. a. *afrai̯*.

BAS, θ*qâšīr*θ (*tqa*); θ*qašīrīn* (*tqa*).

— γ*er u̯ádda*, descends en bas : *áδer* γ*er-u̯ádda*; descends en bas de la montagne : *érs su̯addá i-úδrār*. — (Zek.), en bas : γ*er u̯áddai̯*. — (B. Izn.), je suis descendu en bas : *eδδré*γ *suáddai̯*; je suis venu d'en bas : *ūsî*γ*d sisu̯áddai*; vers le bas : γ*er u̯áddai̯*.

BASE, *bûḏ* (*u*).

BASILIC (plante qui sert à assaisonner la viande, on la mêle au poivron, au cumin). — (B. Sn., Meṭmaṭa), *läḥbėq* [حبق].

BASSIN[1], *ṣṣârīž* (*neṣṣa*); *ṣṣuârež* (*neṣṣu̯a*); dim. *tṣarīš*θ, *tiṣarīžīn*. — (Meṭm.), bassin creusé près d'une source pour abreuver le bétail : *ažā* (*ŭu̯a*), pl. *ažā*θ*en* (*uu̯a*).

BATEAU, *ssfîne*θ [سفينة]; p. *ssfînā*θ; *lḇâḇōr*, *lḇâḇūrā*θ.

BÂTIR, *ébna*, *bnâ*γ, *iíbna* (K); *bnî*γ, *i̯ibna* (A. L.); p. n. *ūr-i̯ibnāš* [بني]; H., *benna*; n. a. *lbéni̯ān*; bâtis une maison : *ébna áḫḫām*, ou : *sbédd áḫḫām*, *sîlii̯ áḫḫām*. — (B. Izn., B. B. Zeg., Zekk.), *ebna*, p. *bnî*γ, *ibna*; H., *benna*; f. nég. *benni*. — (Meṭmaṭa), *ebna*; p. p. *ibna*; p. n. *bni.*; H., *benna*; ne bâtis pas : *i-benna-š*. — (B. Mess., B. Ṣalaḥ), *eḇnu*, *ḇnî*γ, *iḇna*; H., *benna*).

BÂT, θ*bârδa* (*tba*) [بردع]; θ*barδiuīn* (*tba*); θ*iberδäε*θ (*tbe*); ou θ*azerdäε*θ (*dze*), pl. θ*iberδäεīn* (*tber*), θ*izerdäεīn* (*dze*).

BÂTER, *berδäε a*γ*i̯ūl*, bâte l'âne : p. p. *iberδäε*, p. n. *ūr-íberδäε-š*; H., *tberδäε*; n. a. *aberδäε* (*u*); ou *sberδäε*. — (B. B. Z.; B. Izn.), bât : θ*barδa*, pl. θ*barδiu̯in*. — (Zek.), θ*aḫläst*, pl. θ*iḫläsīn* [حلسة]. — (Meṭm.), θ*aḥu̯ī*θ (*teḥ*) [حوية], pl. *tiḥau̯u̯ai̯*;

1. R. Basset, *Loqm. berb.*, p. 354 [صهريج].

bâter : *ḥaụa*; p. p. *ḥaụīɣ*, *iḥaụa*; H., *tḥaụa*. — (B. Menacer), *θaḥụaχθ*, pl. *θiḥaǧǧᵘai*. — (B. Salaḥ), pièce de bois du bât : *lḫèrb* (ar. tr. *lqûs*); bât : *θaberda*.

BÂTARD, *aḥrām* (*ụa*) [حرام], p. *i-en*; θ-θ; — pl. *θi-mīn*. — (Meṭm.), *aneǧbu*, pl. *iniǧba* (ar. tr. *lfèrḫ*).

BÂTON[1], (canne d'olivier, de chêne, assez forte), *θaɣrīθ* (*teɣ*), p. *θiɣerịīn* (*teɣ*). (B. Sn., B. B. S., B. Izn., B. B. Z., Zek., Meṭm.), (ar. tr. *lɛâṣa*); — canne avec une extrémité renflée : *θahôrụīθ* (*thö*) [هراوة], p. *θihôrụịīn* (*thö*); canne sans tête : *θazerụāṭ* (*dze*), p. *θizerụāθīn* (*dze*); — b. avec une grosse tête : (B. Sn.), *θadebbūzt* (*deb*), p. *θidebbūzīn* (*deb*). — (Meṭm.), *θaqezzūlt*, p. *θiqezzuāl*; — cannée travaillée, sculptée. (B. Sn., Meṭm.), *amṣẹịẹḍ* (*u*) [مصيد], p. *imṣẹịāḍ* (*i*); — bâton brut : *aɣezzāl* (*u*), p. *iɣezlạn* (*i*); (et) *iɣezzālen* (*i*); — avec une grosse tête ajustée au bâton : *amährů* (*u*) [هراو], p. *imä-hrūịen* (*i*); canne brute : *aɛâmūδ* (*uɛâ*) [عمود], p. *iɛämδān* (*i*); canne sculptée : *ameslūt* (*u*) [مسلت], p. *imeslāt* (*i*); canne d'olivier avec poignée recourbée : *ameqrāɛ* (*u*) [مقرع], p. *imeqrāɛen* (*i*); ou *aɛâkkᵘāz* (*uɛä*) [عكّاز], p. *iɛâkkᵘāzen* (*i*) (V. BAGUETTE, PERCHE); bâton pointu pour piquer une monture : *amešḥāḍ*, pl. *imešḥāḍen*. — (B. Sn., Meṭm.), canne longue et mince pour gens âgés : *θazerrīθ* (*dze*), pl. *θizerrīθīn*.

BATTRE[2], *ûụeθ*; frappe-le : *ûụθ-īt*, p. *ûθīɣ*, *ịûθu*; H., *tšāθ*; n. a. *θịīθa*, action de battre, coups; un coup : *tịθi* (*ti*); pl. *tịīθa* (*ti*); (b. le blé) V. DÉPIQUER; se battre : *menɣ*; ils se battent : *qâhen tmenɣān* (ar. tr. *ịiddaggu*); (ou) *qāhen temšúbbūšen*

1. Cf. R. Basset, *Zen. Ouars.*, p. 79. — W. Marçais, *Tanger*, p. 291 [دبز].
2. Cf. R. Basset, *Zenat. Ouars.*, p. 79. — *B. Menacer*, p. 44. — *Loqm. berb.*, p. 321 √N D.

[شبك] (ar. tr. *iššâbku*); (ou) *qahen temεârăken*) [عرك] (ar. tr. *itεârku*); battre fausse monnaie : *siịịeγ* [ساغ] θ*imuzūnīn túqbīḥīn*; H., *tsiịịeγ*; n. a. *asiịịeγ* (*u*); battre le linge : *herres* [هرس]; H., *therres*; n. a. *aherres* (*u*); battre le beurre : *sénd ăγi*; p. p. *issend*; p. n. *u-issendeš*; H., *sendu*; passif : il est battu : *ituasendu*. — (Zkara), *uụụe*θ; p. p. *ū*θ*īγ*, *ịū*θ*i*; H., *tšă*θ; f. nég. *tšī*θ; passif : *ittū*θ, il est battu; coup : θ*iị*θ*i*, pl. θ*iịī*θ*a*. — (B. Iznacen), *ūụe*θ; p. p. *ux*θ*īγ*, *iūk*θ*a*; H., *tšā*θ; f. nég. *tšī*θ; coups : θ*ix*θ*i*, pl. θ*ixī*θ*a*; se battre : *msūx*θ; H., *msūx*θ*a*. — (Meṭmaṭa), *ēûụe*θ; p. p. *ū*θ*īγ*, *iu*θ*a*; H., *tšā*θ; n. a. θ*ix*θ*i*, coups; — battre (le beurre) : *endu*; le beurre est battu : *ịéndu*; p. n. *ul-ịenduš*; H., *tendu*; battre le b. : *sendu*; H., *senda*: n. a. *asendu*. — (B. Ṣalaḥ), *uụụe*θ, *ū*θ*īγ*, *ịū*θ*a*; H., *kkā*θ; n. a. θ*iịī*θ*a*, coups. — (B. Menacer), *uụe*θ; f. pass. *ituau*θ, se frapper réciproquement : *msûx*θ; H., *msûx*θ*a*; ils se sont battus : *ennūγen* (R. B.).

BATTUE, θ*aḥáḥai*θ (*tḥa*); ou θ*aḥiḥai*θ (*tḥi*); θ*iḥáḥaịīn* (*tḥa*); θ*iḥiḥaīn* (*tḥi*); *aḥéllāg* (*u*); *iḥellāgen* (*i*) [حلق]. — (B. Iznacen), θ*iḥaḥai*θ.

BATTOIR (à linge), θ*aṣbbạnt* (*tse*); θ*iṣbbānīn* (*tse*); ou θ*imṣḥaf*θ *tmé*; θ*imṣaḥfīn* (*te*) [صبن].

BAUGE (du sanglier), *amedlās* (*u*); *ağrānṭū* (Meṭm.).

BAVARDER, *šeγnen*; p. p. *išeγnen*; H., *tšeγnen*; n. a. *ašeγnen*; bavard : *ašeγnan*; θ-*t*, *i-en*, θ*i-īn*; *qâuqau*; p. *iqauqau*; H., *tqâuqu*; *aqūqau*, bavard; f. θ-θ; m. p. *iqūqāụen*; f. p. θ*iqūqāụīn*; bavarder en chuchotant : *šûšu*; p. p. *išûšu*; p. n. *ūr-išûšụeš*; H., *tšūšuụ*; n. a. *ašušu* (*u*).

BAVER[1], *sriịeg*; ce chien bave : *aiδi-iu*, *qā-isriịăg*; *errīg*, bave; (et) θ*iịuffa* [ريف].

1. Cf. R. Basset, *B. Menacer*, p. 44.

BEAU[1], *aẓaḥδi*, θ-θ; *iẓaḥδiẓen*, θ*i-ẓin*. — (B. Sn., B. Izn.), *uṣṣbēḥ* [صبح], θ-θ; (et *uṣbbeḥ*), *uṣṣbēḥen* θ*uṣṣbēḥīn*; *imεäddel*, θ-*t*; *imεâddelen*, θ*i-īn*; *amesrār* [سر], θ-θ; *imesrāren*, θ*i-īn*; on dit aussi : *nettân ẓiẓien*, *iεâδel*, [عدل] *ieḍbāε*, [طبع] *iāḥla*. — (Zkara, B. B. Z.), *ẓēḷen* (inv.); *uṣṣbēḥ*, θ-θ; *uṣṣbēḥen*, *tuṣṣbēḥīn*. — (B. Iznacen, B. Menacer), δ*azaεīm*, *azain* (R. B.).

BEAUCOUP[2], *ẓûsāε* [وسع], j'ai beaucoup d'argent; γ*rí timuzūnîn ûsaεān* (ou *ẓûsāε*) *ierru*; j'ai beaucoup de maisons : γ*rí iẖẖāmén ẓérru* (ou *érrūn*) *ẖêr-ellah*; j'ai beaucoup de moutons : θ*âmra* γ*rí ẖêr-ellah* (ou) *tûsāε* (ou) *tírru* (ou) *táḥṣe*γ. (Zkara), m. s. *ẓerrů*; beaucoup de pain : *a*γ*rūm ẓerru*; f. s. θ*errů*; m. pl. *errůn*; beaucoup d'eau : *aman errūn*; f. pl. *errůne*θ. — (B. Izn.), beaucoup de blé : *irδen errūn*; beaucoup d'œufs : θ*imellālīn errūnt*. — (Meṭm.), *εâiṭa* ou *sîẖ*; j'ai beaucoup d'argent : γ*ri iδrīmen siẖen*; beaucoup de pain : *a*γ*rūm isīẖ*. — (B. Menacer), *εäiṭa* (R. B.).

BEAU-FILS, *arbīb* (*ẓu*), pl. *irbīben* (*nẓi*); fém. θ*árbīb*θ (*te*); p. θ*irbībīn* (*te*) [ربيب].

BEAU-FRÈRE, la femme mariée appelle le frère de son mari : *âlūs* (*nu*), pl. *ílūsān* (*ni*); (ou) *ilūsen*; fém. θ*álūst* (*te*) ou θ*álẓīst* (*te*), pl. θ*ílūsīn* (*te*) ou θ*ilẓīsīn* (*te*), (ar. *ḥĕmaẓa*). — (B. Izn.), *ālus*, pl. *ilūsen*. — (Zkara), *îlūs*, pl. *ilūsen*. — (B. B. Z.), *ālūs*, pl. *ilūsan*. — (Meṭm.), *ālūs*, pl. *ilūsān*; le mari appelle : *aduġg*ᵘ*āl* (*nu*), pl. *idugg*ᵘ*ālen* (*ni*) ou *idūlān* (*ni*), le frère de sa femme; fém. θ*adugg*ᵘ*ālt* (*nedd*), pl. θ*idugg*ᵘ*ālīn* (*ndeg*) (et) θ*idūlān* (*nedd*), (ar. tr. *nsîbi*) ; on dit, par dérision : *áḍlīb-īnu*, mon beau-frère (mon ennemi).

1. Cf. R. Basset, *Loqm. berb.*, p. 351 [سبع] et [زان]; p. 344 [حلا].
2. R. Basset, *Zenat. Ouars.*, p. 79. — *B. Menacer*, p. 44 : *aitta*. — *Loqm. berb.*, 347 [خار].

— (Zkara, B. Izn., B. B. Z.), *adŭqqᵘāl amẓẓịān*; fém. θ-*t*, m. pl. *idūlan*; f. pl. θ*idūlān*. — (Meṭm.), *ansīb* [نسيب].

BEAU-PÈRE, la femme mariée appelle : *ámγār* (*ụu*), pl. *imγāren*, le père de son mari; (ar. tr. *šīḫi*), fém. θ*amγār*θ (*te*), θ*imγārīn* (*te*), (ar. tr. *šīḫti* (ou) ɛ*âzužti*). — (B. Izn., Zkara, B. B. Z.), *amγār*, pl. *imγāren*. — (Maṭm.), *amγār*, p. *imγāren*; le mari appelle son beau-père : *aduġġᵘal* (v. BEAU-FRÈRE), (ar. tr. *nsibi*). —(B. Izn., Zkara, B. B. Z.), *aduqqᵘāl*. (Meṭm.), *ansīb*.

BEC[1], *agemgum* (*u*), pl. *igemgām* et *igemgūmen*; *aγenbūb* (*u*), pl. *iγenbūben* (ar. tr. *lγenbūb*). — (B. Izn)., *aγenbu*, pl. *iγenba*. — (Zkara, B. B. Z.), *aqemqūm*. — (Meṭmaṭa), *amenqār* [منقار]. — (B. Menacer), *aγembu*, *iγemba*; *aγenbūb*, p. *iγenbāb* (R. B.).

BÉCASSE, *lkudri* [كدرى].

BÊCHE[2], *lbâle*θ (pelle). — (B. Sn., Meṭm.), pl. *lbâlā*θ.

BECHNA, θ*á/sū*θ (*te*). — (B. Izn.), θ*afsū*θ. — (Zkara, B. B. Z.). θ*azeḫnīnt*. — (Meṭm.), *lbešna* [بشنة].

BÉGAYER[3], *m*ɛ*âgen*; H., *tmă*ɛ*ägen*, bègue, *a*ɛ*aggūn*; *i-en*, θ-*nt*, θ*i-nīn*. — (B. Men., Maṭmaṭa), *a*ɛ*aggūn*; *i-en*; θ-*t*; θ*i-ūnīn*.

BEIGNET[4], *sfenž*; un beignet : θ*isfenže*θ (B. Sn., B. Izn.). — *sfendž* (Meṭm.).

BÊLER[5], *éžụa*; p. p. *ižụā*; H., *džúġġᵘa*; n. a. *ažụa*; *džúggᵘe*θ, bêlement; — faire bêler : *sežụa*; H., *sežžụa*; on dit aussi : la brebis bêle : θ*iḫsi tetlâγa*, *tet*ɛ*âịịẹḍ*, *tetbä*ɛ*rèr*, *tetbäḥlẹḍ*,

1. R. Basset, *Zenat. Ouars.*, p. 79. — *B. Menacer*, p. 44. — *Loqm. berb.*, p. 291 √KMM. — W. Marçais, *Tanger*, p. 391 [غنبب].

2. W. Marçais, *Tanger*, p. 24 [بال].

3. R. Basset, *Zenat. Ouars.*, p. 79.

4. Cf. R. Basset, *Zenat. Ouars.*, p. 79.

5. Cf. R. Basset, *Zenat. Ouars.*, p. 79. — *Loqm. berb.*, p. 294 √KRR.

tetbeγbeγ. — (B. Iznacen), *ežụa*; p. *ežụīγ*, *ižụa*; p. n. *žụi*; H., *džeqqᵘa*; f. n. *džuqqᵘi*. — (B. B. Zeg.), *ežụa*; H., *žuqqᵘa*. — (Zkara), *ežụa*; H., *tžuqqᵘa*; fut. nég. *tžuqqᵘi*. — (Meṭm.), *ṣẹịiäḥ*; H., *tṣẹịiäḥ*.

BÉNÉDICTION, *lbârăkeθ* (K.); *lbârkeθ* (A. L.). — (B. Izn., B. B. Z.), *lbârkeθ*. — (Meṭm.), *lbārkeθ si-Rebbi* [بركة].

BÉLIER[1], *iśerri*, pl. *iśrăren*; au printemps, on laisse les plus beaux béliers avec les brebis, on les appelle : *lefḥèl* [فحل], pl. *lefḥūla netḥállābθ*; les autres béliers, tenus à l'écart, sont appelés : *ažlāš* (*ụu*) [جلد], pl. *ižlāšen* (*nịi*), ou *arkkᵘās*. — (Meṭmaṭa), *ikerri*, pl. *aχrāren*.

BERCEAU, on berce les enfants dans un couffin d'alfa (*θazgauθ*) suspendu au plafond, ce berceau s'appelle *eddūḥ*, pl. *id-dūḥen*. — (Meṭm.), *eddûḥ* [دوح].

BERCER, berce l'enfant : *dâḥrež ârba*, ou *hézzez ârba*, ou bien *hézzez eddûḥ ĕzzîs* [دحرج — هزّ].

BERGER[2], *alịnti* (*u*), pl. *ilịntān*; on dit aussi : *anīlti*, (ou) *aserrāḥ* (*u*) [سرّاح], *iserrāḥen*. — (Zkara, B. B. Zeggou, B. Iznacen), *alịnti* (*u*), pl. *ilintān*. — (B. Iznacen), *amerriεu*, *imerruεaị* [رعي]. — (Meṭm.), *anīlθi*, p. *inīlθān*; le féminin *θanilθīθ* veut dire, non pas bergère, mais : femme de mauvaises mœurs.

BERGERIE, enclos au centre du douar, où tous les moutons sont réunis la nuit : *âzien* (*u*), pl. *izīnen* (*ni*); (ou) *amrāḥ* (*ụu*); p. *imrāḥen* (*ni*), (ar. tr. *lemrāḥ*) [مراح]; on attache les agneaux et les chevreaux dans la tente à l'endroit dit : *lḫâlfeθ*, (ar. tr. *lḫâlfa*) [خلف]. — (Meṭm.), *azien*.

BERGERONNETTE (Meṭmaṭa), *msẹisu*.

BESOIN. J'ai besoin de toi : *θmallaγ śekk*; (ou bien) *sâlḥeθ-īnu*

1. Cf. W. Marçais, *Tanger*, p. 346 [سعيج].
2. R. Basset, *Zenat. Ouars.*, p. 79.

ĕzzîš [ضاحة]; (ou) *lḥâzθ-īnu ezzîš* [حاجة]; (ou) *äδ-šékk sḥáqqèγ*; je n'ai pas besoin de toi : *ūr-šékk θmállaγ*, *sḥáqqèγ* [استغنى]; ou bien : *û-γri máttazzîš sraγ*; *û-γri mátta zzîš θraγ* (ar. tr. *ma neṭra bīk*). — (Meṭm.), il a besoin de moi, de toi : *äδ-ī-isseḫs*, *aš-isseḫs*.

BÊTES[1], en général : *ĕlṵúḥūš*; Dieu a créé pour nous toutes sortes d'animaux : *Rébbi iḫélq-āneγ si-kûl-ši lṵuḥūš*; animaux domestiques : *lmâl*; bêtes de somme : *zzaīleθ*, pl. *zzṵaīl*; bêtes féroces : *lâhuaịeš*; bêtes sauvages inoffensives : *lṵáḥš*; *lṵúḥūš eṣṣîḍ*. — (Zkara), *zzaileθ*, *lebhīmeθ*. — (Meṭm.), *lehṵaiš*, en gén.; bêtes domestiques : *trîχθ* (*trīka* ar. tr.)[تريك].

BEUGLER, la vache beugle : *θafūnäst qaît tlāγa*, ou *dzûṵek*; beugler doucement près de son veau : *srummeθ* (*ḫmémmis*); H., *tsrúmmūθ* ; n. a. *asrummeθ* (ou) *remrem* [رمرم]; H., *tremrem*. — (Meṭm.), *ṣẹịịäḥ*; H., *tṣẹịịäḥ* [صيّح].

BEURRE sortant de la baratte : *θlússi* (*tl*), (ar. tr. *ezzebda*); — lavé, puis salé, on l'appelle : *θénbūθu* (ou) *eddehen* [دهن]; au bout de huit ou dix jours, on le fait fondre, mêlé à une poignée de gros couscous (*dšiš*) qui aide à le purifier, on le coule dans une outre de peau (*θöεúkkeθ*); on appelle ce beurre : *imδuṵeb* [ذوب] (ar. tr. *eddaib*); — beurre non salé : *eddhîn*; *tlússi*. — (Maṭmaṭa), beurre frais : *θaleγlūḫθ*; — beurre salé : *eddehīn*. — (B. Ṣalah), *θuraiθ*. — (B. Menacer), beurre frais : *θlussi*; beurre salé : *eδδehīn*.

BEY, *ĕlbäị*, pl. *ĕlbäịäθ*.

BICEPS, *θižeḷθemθ*, pl. *θizelθām*. — (Meṭmaṭa), *θiželδemt*.

BIDON[2], *lbéḷịūn*, pl. *lbéliūnāθ* ou *lbîḍū*, pl. *lbîdūịāt*; *θíγirt* (*tγ*), pl.

1. Cf. R. Basset, *Loqm. berb.*, p. 351 [زال]; p. 372 [وحش] et [هاش]; p. 370 [مال]. — W. Marçais, *Tanger* [بهيم], p. 238.

2. Cf. W. Marçais, *Tanger*, p. 237.

θiγirīn; petit bidon en fer battu avec anse pour boire l'eau, le lait (ar. tr. *seṭla*; nomades : *lmaržen*); on l'appelle aussi *θifeδnet* (*tfe*), pl. *tifeδna* (*tfe*).

BIEN[1], *lḫẹr*; fais le bien : *ĕgg elḫẹr*; fais le bien à qui le mérite pour le retrouver : *ĕgg-lḫēr ġúmšān ĕnnés âl-tāfet.* — *elḫẹr ġuεârāḇen δaḥrami elḫẹr gâθ aṷen δaḥrāmi*; le bien fait aux nomades, aux At-Auen est sans utilité; — il lui mange son bien : *ịits̀-âs âgĕnnes*; faire bien : *ĕgg qébbāla*; c'est bien : *ḫịār, ịilha lḫeδmeθ-iu taṷaḥδīθ*; c'est bien, c'est entendu : *bénnīịa*; *ịéịīur*; c'est bien fait : *aḥélla dīš*; bienque : *ṷaláinni*; *lûma*; bien que tout petit, cet enfant travaille bien : *lûma damẓẓịân arba-ịîn iḫéddem δúṣṣbẹḥ.*

BIENFAITEUR, *amaḥsān* [محسن]; f. *θ-nt*, *i-en*, *ti-nīn*; (ou) *amḥā-sen*; f. *θa-nt*.

BIENTÔT, *qrîb*; on dit aussi : il viendra bientôt : *qā-ịeqréb âδịāsed* (v. PROCHE); ou *qā-ịemlú âδ-iāsed.* — (Meṭm.), il viendra bientôt : *äδ-iās elṷēq.*

BIENVENU (sois), *merḥăba u-sähla* (ar.).

BIGARRÉ, (B. Sn., B. Izn.), *áfrāš*, *θafrāšθ*; *ifrāšen*, *θifrāšīn*. — (B. Sn.), *aḥébbi*; f. *θaḥebbīθ*. — (Meṭm.), *aberbāš*, *i-en*: *θa-št*, *θi-šīn* [cf. برش].

BILE, *îẓi*, (désigne aussi la vésicule du fiel) : *aman ịîẓi*; *θamer-rārθ* (*tm*). — (Zkara, B. Izn.), *îẓi.* — (B. Men., Meṭm., B. Ṣalah, B. Menacer), *îẓi.* — (B. Men.), le goût de la bile : *lbenneθ ịîẓi.*

BIJOUX, *ṣṣịâγeθ*, parures [صاغ].

BIJOUTIER, *aṣịịāγ* (*u*); *iṣịịāγen* (*i*). Les bijoutiers, chez les B. Snous, sont juifs.

BISAÏEUL, *bbâs ĕndádda*; f. *ḥennâs ĕndádda.*

1. Cf. R. Basset, *Loqm. berb.* [خار], p. 347; √GL, p. 303.

BLAMER[1], *lûm*; blâme-le pour ce qu'il a fait : *lûm-īt ḫuaīuδí íggu*; H., *tlūm*; n. a. *alum* (*u*). — (B. Ṣalaḥ), blâme-le : *lūm fellās*; p. *ilūm*; H., *teluām*. — (Meṭm.), *lūm*; ne me blâme pas : *ī-δī-tlūumeš*; H., *tlūm*.

BILLE, *nnîbli* (coll.); dim. θ*anibli*θ; pl. θ*iniblițīn*.

BLANC[2] (Être), *emlel, ịémlel, ūr-ịémlīleš*; H., *temlīl*, θ*imelli*; blancheur — *amellāl*, blanc, f. θ-*lt*, *i-en*, θ*i-īn*, — *semlel*, blanchir : H., *semlāl*; blanchir du linge : *sîreδ* (v. LAVER); blanchir à la chaux : *žțier* [جير]; p. p. *ižiier*; p. n. *ūr-ižīịreš*; H., *džțier*; n. a. *ažiier*. — (B. Izn., B. B. Zeg., Zkara), être blanc : *emlel*; p. n. *mlīl*; H., *temlīl*; blancheur : θ*imelli*; blanc : *amellāl*; θ-*lt*; *i-en*; θ*i-īn*; blanchir : *semlel*. — (B. Izn., Zkara), blanchir du linge : *sireδ*; H., *sīrīδ*. — (Beni Men., Meṭm.), *amellal*, θ-*t*; *i-en*; θ*i-in*; — *emlel*; être blanc; H., *temlīl*; blancheur : θ*emlel*, blanchis-le, *semlel* θ; H., *semlāl*. — (B. Menacer), blanchir du linge : *sîreδ*; H., *sārāδ*; nous lavons nos vêtements dans l'eau de l'oued : *nessārāδ aṛrūḍ-ennåγ δeǵuāmān enịîγzer*. — (B. Ṣalaḥ), *sîreδ*; H., *sirīδ*; n. a. θ*arūδi*.

BLÉ[3], *îrδen*; le blé est mûr : *irδen qā-itnénna* (ou) *qā itnénnān*; un grain de blé : θ*iḥébbet ịîrδen*; la farine de blé : *ārén ịîrδen*. — (B. B. Zeg., Zkara, B. Izn.), *īrδen*, blé; le blé est cher : *irδen iγlān*. — (Zkara), un grain de blé : θ*iḥebbet ĕnịîrδen*. — (Meṭm.), *īrδen*; dans le blé : *δeǵǵīrδen*. — (B. Men.), *īrδen*; un grain de blé : *lḥébbe*θ; *ịîrδen iarδen* (R. B.).

BLESSER, *îzem*, p. *ịîzem*; p. n. *ūδ-izîmγeš*; H., *tîzem*; passif : *tuaizem*; blessure : *aizām* (*ui*), pl. *ịîzamen* [هشم] *hĕšem*, blesser

1. Cf. R. Basset, *Loqm. berb.*, p. 368 [لام].

2. Cf. R. Basset, *Zenat. Ouars.*, p. 79. — *B. Menacer*, p. 44, δ*amellal* — *Loqm., berb.*, p. 317 √M L L.

3. R. Basset, *Zenat. Ouars.*, p. 79. — *B. Menacer*, p. 44. — *Loqm. berb.* √R D', p. 348.

en mordant; H., *héššem*. — (B. Iznacen, Zkara), blesser : *īzem*; p. p. *iīzem*; p. n. *izīm*. — (B. B. Zeg.), *εäddem*. — (B. Izn.), blessé : *anεäδūm*, p. *inεäδām*; H., *gezzem* (Zkara); *izzem* (B. Izn.); — blessure : *aizām* (*u*), pl. *iizāmen* (B. Izn., Zkara). (Meṭmaṭa), *eǧzem*; p. n. *ǧzīm*; H., *ǧezzem*; n. a. *aǧzām*. — (B. Men.), *īzem*; f. pass. *ituaizem*.

BLEU[1], être bleu : *zîzu*, p. *izīzu*; H., *dzīziu*; bleu : *äzīza*, *imzīzu*, f. *täzīzauθ*, pl. *izīzaụen*; θ*izizauīn*; couleur bleue : θ*imzīzūθ*; bleuir : *zzîzu*; H., *zzizui*. — (en parlant des yeux), bleu : *äzerụäl*, f. θ*azeruält*, pl. *i-en*, *ti-īn*; bleu-vert : *äδäl*, θ*äδält*, *iδälen*, θ*iδälīn*. — (B. Izn., Zkara), être bleu : *zîzu*; H., *dzīzu*; bleu : *aziza*, f. *tazīzauθ*; m. p. *izizaụen*, f. p. *tizīzaụin*; couleur bleue : θ*izīzūθ*. — (B. B. Zeg., Zkara), *azerụäl*, *i-en*, (en parlant des yeux). — (B. B. Z.), bleu clair : *aženžari*, θ*a-īθ*; *i-en*; θ*i-īn* [زنجاري]. — (B. Izn.), bleu indigo : *anīli* [نيل]; θ*a-īθ*; *i-en*; θ*i-iīn*. — (Meṭmaṭa), *zeǧzu*; H., *dziǧziu*; bleu : *azeǧza*, f. θ*azeǧzauθ*, pl. *izeǧzaụen*, θ*izeǧzaụin*; n. a. θ*izzīzu*, verdeur; — bleuir : *siǧzū* (θ); H., *siǧzau*.

BLOND, il est blond (foncé) : *nettân δilzaεär* [زعر], fém. θ*ilzaεärθ*; m. p. *ilzaεären*, f. p. θ*ilzaεärīn*; (clair) ; *ileṣheb*, θ-θ; *ilṣeheben*, θ-*in*; blond très clair : *îlebleq*, θ-θ; *ibelqen* (ou) *ilbelqen*; θ*ibelqīn*, θ*ilbelqīn* [بلق]. — (Meṭm.), blond clair : *ibehes* (ou) δ*ilebhes*; blond foncé : δ-*iläzεär*.

BOEUF[2], âgé d'un an, commençant à brouter l'herbe : *amggaīz* (*u*), *i-en*, f. *tamggaist*; f. p. *ti-zīn*; — à deux ou trois ans :

1. Cf. R. Basset, *Zenat. Ouars.*, p. 79. — *B. Menacer*, p. 44. — *Loqm. berb.* √Z G Z, p. 257.

2. Cf. R. Basset, *Zenat. Ouars.*, p. 79. — *B. Menacer*, p. 44. — *Loqm. berb.*, p. 387, √F N S, p. 335, √I G. — W. Marçais, *Tanger*, p. 418 [فنطز].

afentūs (*u*), pl. *ifentās*; f. *θafentūst*, pl. *θi-in*; — à quatre ans : *ăεăžmi* (*u*) [عجم], *i-en*; f. *θaεažmīθ* (*taε*), *θi-ịin*; — à six ans : *aγermūl* (*u*), p. *i-en*; f. *θaγermūlt* (*tγ*), p. *θ-īn*; — vieux : *agārāḥ*, p. *igārīḥen*; f. *θagārăḥθ*, p. *θigārīḥīn* [فرح] ou *azịen* (ou) *azgen*; fém. *tazgent*; pl. *izgān*, *tizgān*; on dit généralement : *áfūnās* (*u*), bœuf, pl. *i-en*; *θafunāst*, vache, pl. *θi-īn* (ar. tr. *lebger*); — un bœuf méchant, paresseux est appelé : *aiṛṛūḍ* (*ui*); f. *θaiṛṛūṭ* (*ti*); m. p. *aiṛṛūḍen*; f. p. *θịịṛṛūḍīn*. — (O. Amer, Zkara, B. Izn., B. B. Zeg.), *afūnās*, pl. *ifūnāsen*; fém. *θafunāst*; f. p. *θifūnāsīn*. — (Zkara), *ịúịịu*, pl. *iúịịuịen*. — (B. Izn.), *aiṛṛūḍ*, fém. *θaiṛṛūṭ*; m. p. *iiṛṛāḍ*, f. p. *θiiṛṛāṭ*. — (Meṭmaṭa), *ịūǧ*, pl. *iǧuǧaụen*; bœuf : *asĕḫḫūš* (ar. tr. *seḫš*), bovin; — comme un bœuf : *am-useḫḫūš*; — *aịịuǧ* (B. Men., B. Ṣalaḥ). — *aεažmi*; (B. Sal., B. Men.), *aεárrūm* (B. Misra). — (B. Menacer), *afūnās*, f. *hafūnāst*, pl. *i-en*; *θi-īn* (R. B.); *iūǧ*; — *ăεakkār* (Chenoua).

BOIRE[1], *sû*, p. p. *sụîγ*, *ísụu*; p. n. *ūr-ísụuš*; H., *séss*; n. a. *θísĕssi* (*tse*); il est bu : *ituāsū*; il est buvable : *itụâses*; faire boire : *sûreδ*; p. p. *íssūreδ*; p. n. *ūr-íssūrδeš*; H., *ssūrāδ*; n. a. *asūreδ* (*u*) (V. IRRIGUER); — boire à l'abreuvoir (bétail) : *aûreδ*, p. p. *ûrδeγ*, *iûreδ*; H., *tūrīδ*. — (B. Izn., Zkara, B. B. Zeg.), *essū*; p. p. *esụīγ*, *isụi* (Zkara); *esụīγ*, *isụa* (B. Izn.); *esuīγ*, *isụu* (B. B. Zeg.); H., (B. Izn., B. B. Zeg., Zkara), *sess* : n. a. *θisessi*, boisson, bouillon (Zkara, B. Izn.); faire boire, irriguer : *sessu* (Zkara, B. B. Z., B. Izn.); H., *sessui* (Zkara, B. Izn.); passif : *itụassu* (Zkara, B. Izn.). — (Maṭmaṭa), *esū*; p. *isua*; H., *sess*; n. a. *θisessi*; ce n'est pas buvable : *ūl-itụasụaš*. — (B. Ṣalaḥ), *súụ*; p. *esụīγ*, *isụa*; H., *ses*; n. a. *asessi*.

1. Cf. R. Basset, *Zenat. Ouars.*, p. 79. — *Loqm. berb.*, p. 271 √S OU.

BOIS[1], en général : *isγāren* (*ii*); troncs d'arbres pour brûler : *θazeqqūrθ* (*dzeq*) ; *θizeqqūrīn* (*nzeq*) ; souches : *θiịernežθ* (*tịi*), pl. *θiịernāž* (*tịi*) ; bois en morceaux, en éclats : *θafellīqθ* (*tfe*) [فلق] ; *θifellīqīn* (*tfe*) ; — branches ou troncs coupés pour être brûlés pendant l'hiver : *aqššūḍ* (*nu*) ; *iqššụāḍ* (*i*) ; — *ustīf* (*ụu*) ; bois de grosseur moyenne (ar. tr. *buḍerba*), — *aqešqūš* (*u*) ; petit bois, brindilles ; *θaṣṭṭa*, branche avec ses feuilles : (*tṣe*), pl. *θiṣeḍụīn* (*nṣeḍ*) ; ce maillet est en bois, ce plat est en bois : *θäzdūzθ-iu niịsγaren* ; *dzīụa-ịu núqššūḍ* ; cette porte est en bois : *θaụụurθ-ú netlûḥet* [لوح]. — (B. Iznacen), bois : *šaḥlaf*, *asγār*, pl. *isγāren* ; un plat en bois : *dziụa úqěššūḍ*. — (B. B. Zeg.), *iqššūḍen*. — (Meṭmaṭa), bois à brûler : *iqššūḍen* ; en bois : *nuqššūḍ*. — (B. Men., B. Mess., B. Ṣalaḥ), *iqššūḍen*. — (B. Mess.), *isγārn*. — (Meṭm.), bois de charpente : *lö*ε*úddeθ* [عود].

BOÎTE[2], *sendūq* (*u*), (B. Sn., B. Izn., Meṭm., B. Ṣalaḥ), pl. *isendūqen*, *θasendūqθ*, pl. *θisendūqīn* ; boîte d'allumettes : *lqâbseθ*, pl. *lqâbsāθ*.

BOITER[3], *srīδel*, *isrīδel* ; p. n. *ūr-ísrīδleš* ; H., *srīδāl* ; n. a. *asrīδel* ; boiteux : *arīδāl*, pl. *i-en* ; f. s. *θarīδält*, pl. *θi-in* ; ou *ěḥmez sûḍār* ; p. p. *ịeḥmez* ; p. n. *ūr-ěḥmīzγeš* ; H., *ḥemmez* (ou) *ěḫnä*ε *sûḍār* ; p. p. *íḫnä*ε ; p. n. *ur-íḫnī*ε*äš* ; H., *ḫénnä*ε [خنع] ; — boiteux : *ûfrīγ* (*ụu*), pl. *ifrīγen* ; *θûfrīḫθ* (*te*), pl. *tifrīγīn* (*te*). — (B. Izn.), *srīδel* ; H., *srīδāl*, boiter ; boiteux : *arīδal*, *i-en* ; on dit aussi : *efreγ* ; boiteux : *ūfrīγ*, f. *θūfrīḫθ*. — (Meṭmaṭa), boiteux : *ariịδäl* ; p. *i-en* ; *θ-lt* ; *θi-līn* ; boiter : *srīδel* ; H.,

1. Cf. R. Basset, *Zenat. Ouars.*, p. 79. — *B. Menacer*, p. 45. — *Loqm. berb.*, p. 265 √S R' R ; p. 289 √K' CH D' ; *Figuig*, p. 32.
2. Cf. W. Marçais, *Tanger*, p. 360 [صندوق].
3. Cf. R. Basset, *Zenat. Ouars.*, p. 80. — *B. Menacer*, p. 45. — *Figuig*, p. 33.

srīδāl. — (B. Menacer), boiteux : *δaqûšiḥ sug-ḍārīs*, pl. *iqušiḥen* (R. B.).

BOL en terre, *θaγerfīθ* (*tγe*) [غرف], (B. Sn., B. Izn.); *θiγerfiįin* (ar. tr. *lγěrfįia*) (en terre ou en bois de noyer, de micocoulier ou de frêne) ; — *θâzlāfθ* (*tez*); *θizlāfīn* (*tez*), (ar. tr. *ezzlâfa*); en terre, plus grand que la *θaγerfīθ* ; — *lḫésseθ*, *lḫessāθ*. — (B. Menacer), *ṭṭâs*, pl. *ṭṭīsān* b. en terre. Cf. W. Marçais, *Tanger*, p. 374 [طوس]; en bois : *aqddūḥ*, pl. *iqeddaḥ* (ar. tr. *leqdāḥ*) [قدح]. — (Meṭm.), b. en bois, en alfa : *θaεaįįārθ* ; p. *θiεaįįarīn*; b. en terre : *aqlūš*; p. *iqelųāš*; — *θaḥúġġᵘānt*, pl. *θiḥúġġᵘānīn*.

BON[1], *aųaḥδi* (V. BEAU); bon au goût : *bénn* [بنّ]; H., *tbenn*; bon à manger : *itmatša*, *ilųatša* (V. MANGER); ces champignons sont bons à manger : *iįûrslen iūδí tųátšān*; cette eau est bonne à boire : *amānu tųâsųān*; cette viande a bon goût : *aisūmiu iεâδel*; ou *įīzīḍ*; ou *įélha*; ou *δelfenn*; ou *lbenneθěnnes θaεâδel*. — (Meṭm.), *δ-aẓẹḷḷāl*, *θa-lt*; *i-en*; *θi-īn*; [زلال]; ce pain est bon : *aγrūm-a δaẓeḷḷāl*; bon marché : *ěrḫeṣ*, p. p. *irḫeṣ*; H., *terḫīṣ*, *aγrūm írḫeṣ*. [رخص].

BONBON, *lḥálųeθ* (B. Sn., Meṭm.), pl. *θiḥálųīn*; marchand de bonbons : *aḥelųaži* (*u*), pl. *iḥelųažįen* [حلو].

BONJOUR, on dit le matin : *ṣbâḥ lḫẹr εâlīk*, *εâlīkum* ou *ṣbâḥ lḫẹr ḫeš*, *ḫųen*; (B. Sn., Meṭm.), ou *ṣbáḥ-enneš sélḫẹr*, ou *maš tṣěbḥeδ*, *tṣébḥem*; à toute heure : *ssalâmu εâlîkum*. [صبح]

BONSOIR, *msá lḫẹr εalīkum* [مسو], (ou) *ḫųen* ; — *msaḫųen selḫẹr*, *mâš temsīδ*, *temsīm*.

— de bonne heure : *zīš* (B. Sn., B. Izn.); viens de bonne heure : *âsed-zīš*. — (Meṭm.), *ziχ*. — (B. Menacer), *zik*.

1. Cf. R. Basset, *Zen. Ouars.*, p. 80. — *Loqm. berb.*, p. 372 [وحد]. — *Figuig*, p. 33.

BORGNE, *aferδi nṭêṭ*, f. θ*aferδīθ*; m. p. *iferδīịen*, f. p. θ*iferδịịn* [عور].

BORD, *ttérf*, *ṭṭérf* [طرف], pl. *ltrâf* (B. Sn., Meṭm.), *tḥášīθ*, [حاشية] θ*ašnāf*θ [شنف]; le bord de la falaise, de la rivière : *tḥāšīθ* *ụúzru*; *ṭérf ĕnịiγzer*; *tašnâf*θ *ĕnịiγzer*; le bord opposé d'un cours d'eau : *ažummāḍ* (B. Sn., B. Izn., Meṭm., B. Ṣalaḥ).

BORNE, *āimīr* (*ụi*), (K. A. L.), pl. *ịûmār* et *ịemraụen*; *agmīr* (B. Achir) (*u*), pl. *igŭmār* (ou) *igŭmraụen*. — (B. Izn.), *ağmīr*, *iğmīren*. — (Meṭm.), *ağmīr* (*ụu*), *iğmīren*.

BOSSE (du chameau), θ*áεärūr*θ (*tεa*); pl. θ*iεūrār* (*tεu*), et θ*iεurārīn* (*tεu*). — (B. B. Zeg.), θ*aḥụai*θ, pl. θ*iḥụaịen* [حوية]. — (B. Izn.), θ*aεārūr*θ, p. θ*iεārūrīn*. — (Meṭmaṭa), θ*axεīīεö*θ, p. θ*ixεūεīn*.

BOSSU, *amaḥδūb*, *i-en*; *tamaḥδūb*θ, *ti-īn* [حدب]. — (Maṭmaṭa), δ*is* θ*aḫurādžĕ*θ (bosse, grosseur, tumeur) [خرج].

BOSSELÉ, *dûḫšem*; H., *dûḫšūm*; n. a. *adūḫšem* (*u*), bosseler, *sdûḫšem*; H., *sdūḫsūm*.

BOTTE, mettre en bottes : *kûreδ*; H., *tkūrūδ*; n. a. *akūreδ*, une botte d'alfa : *lkūrdé*θ *nuụâri*, pl. *lkurdā*θ; petite botte, poignée : *aqettūn*, pl. *iqetnān*; θ*aqettūnt*, pl. θ*iqetnān*; grosse botte : θ*ázdemt* (*te*), pl. θ*izeδmīn*; — (chaussures) : *tlmāg*, *lḫoff* [خفّ]. — (B. Izn.), botte, paquet : θ*arezmī*θ, pl. θ*irzĕmịīn* [رزم]. — (Meṭm.), botte de diss, d'alfa : θ*aqebbāṭ*, p. θ*iqebbāḍīn* (ar. *ljúrza*) [قبض].

BOUC[1], *aεâθrūs* (*u*), *iεäθrās* (B. Sn., B. B. Z., Zkara, B. Izn., Meṭmaṭa, B. Men.), *ažḍāε*, pl. *iždaεān* (B. Ṣalaḥ, B. Mess.); — *iždāε* (B. Men.).

1. Cf. R. Basset, *Zenat. Ouars.*, p. 80. — *Loqm. berb.*, p. 312 √M; p. 291 √K' M M. — *Figuig*, p. 33.

BOUCHE[1], *îmi* (*ịi*), pl. *imaụen*; dim. *imīt* et θ*mīt*; *aqemmūm*, θ-*t*; pl. *iqemmām*, θ*iqemmām*; *aqemmūš*, pl. *iqemmūšen*; θ*aqemmušθ*, pl. θ*iqemmušīn*. — (O. Amer, B. B. Z., Zkara), *îmi*, pl. *imaụen*. — (B. Izn.), *aqĕmmum*, pl. *iqemmām*. — (Meṭmaṭa), *īmi*, *aqĕmmūm*; dans la bouche : δ*eg-mi*; de la bouche : *seg-mi*. — (B. Men.), *îmi* (R. B.), (*ịîmi*).

BOUCHÊE. θ*aleqqīmθ* (*tl*) pl. θ*ileqqīmin*. Cf. W. Marçais, *Tanger*, p. 458 [لقم].

BOUCHER (une ouverture), *ĕqqen* (V. ATTACHER), p. *kellef*; H., *tkellef*; bouchon : θ*eklīfet*, pl. θ*ikellīfen*; (ou) θ*aγŭllāgīθ*, pl. θ*iγullagiīn* [غلق]; bouche la bouteille : *ĕqqen* θ*bínnīst*. — (B. Izn)., bouchon : θ*amuγlagθ*. — (Meṭm.), boucher une bouteille : *eqqen* (*t*); bouchon en roseau : θ*ásụerθ*, p. θ*isūrīn*.

BOUCHER (nom), *agezzār* (*u*), pl. *igezzāren* (B. Sn., B. Izn.) [جزار]. — (Meṭm.), *ajezzār*, p. *i-en*.

BOUCLE[2] (anneau), θ*ibremt*, pl. θ*ibrīmīn* [برم]; — (b. d'oreilles) disposées autour du pavillon : θ*aḫrest*, pl. θ*iḫerzīn* [خرصة]; pendant au lobe de l'oreille : θ*aunīst* (B. Sn., B. Ṣal., B. Mess.), pl. θ*iunīsīn* (B. Sn.); θ*iụīnās* (B. Ṣalaḥ, B. Mess.); (de cheveux) : *ssâlef* [سالف], *ssụâlef*. — (B. Izn., B. B. Zeg.,), boucles d'oreilles : θ*iḫrest*, pl. θ*iḫerzīn*. — (Meṭm.), boucles d'oreilles : pl. *leḫrās*; *lūnaīs* (coll.) θ*aunīsθ*. — (B. Menacer), θ*iụînest*, pl. θ*iụīnās*, boucles d'oreilles.

BOUDER, γ*ûbeš*; il me boude : *i*γ*ūbeš ḫi*; H., *t*γ*ubeš*; n. a. *a*γ*ūbeš* ou *eglef*; H., *tgelf*; n. a. *aglăf* (*u*).

BOUE[3], *lûḍ* (*nu*); boue faite par les animaux à l'écurie : *ăḥárịūδ*. — (B. Izn.), *lḥárịūḍ*. — (B. B. Zeg.), *mŭîlūs*.

1. Cf. R. Basset, *Zenat. Ouars.*, p. 80. — *B. Menacer*, p. 45.
2. Cf. R. Basset, *Zenat. Ouars.*, p. 80. — *B. Menacer*, p. 45 *a*γ*errīq*.
3. Cf. W. Marçais, *Tanger*, p. 223 [املس].

BOUGIE, *šemaεa* [شمع]; une bougie : *tîš enšúmaεāθ* (ou) *tšú-maεāθ*, pl. *tišumaεāθīn* (*tšu*). — (Meṭm.), *eššémaεāθ*.

BOUILLIR, *terθer* [ثرثر]; le lait a bouilli : *aγi itterθer*; H., *terθūr*; n. a. *aθerθer* (*u*); on dit aussi : *teḫteḫ*; H., *teḫtūḫ*; l'eau bout : *aman iteḫtūḫen*; ou bien : *esfi, iesfi* (B. Sn., B. Izn.); H., *tesfi* et : *sesfi*; H., *sesfai̯*; l'eau bout : *amân qā sesfai̯en* (B. Sn., B. Izn.); — quand les bulles commencent à monter, on dit : *aman rezzmen amezrāg*; — quand les bulles cessent, on dit : *amân qai̯ uu̯u̯īn*, l'eau est cuite; *semdân uġ-θérθer*, elle a bouilli. — (Meṭmaṭa), l'eau bout : *amān llān ḍebbḫen*.

BOUILLOIRE, *θaγellaiθ* (*tγe*), *θiγellai̯īn* [غلى]. — (Meṭm.), *ĕlïādāk*.

BOUILLON[1], *lmérq*. — (B. Men.), bouillon de viande : *lmerq*; bouillon de légumes : *θiįmi* (R. B.) [مرق].

BOUILLIE de farine de blé : *θáḥrīrθ* [حريرة]; de citrouille : *mes-lūq* [سلوق].

BOULANGER, celui qui fait cuire le pain : *akuu̯u̯āš*, pl. *ikuu̯-u̯āšen* (ou) *aθerrāḥ* [طرّاح]; pl. *iθerrāḥen* (ou) *bab nûfren*; celui qui vend le pain : *aḫĕbbāz*; pl. *iḫĕbbāzen* [خبّاز]; — (B. Izn.), *aḍerrāḥ*, p. *i-en*; *aḫebbāz*, p. *i-en*.

BOULE, *θašūrθ* (*tš*); pl. *θišūrīn* (*tš*); *θaχūrθ*, pl. *θiχūrīn* (B. Izn., B. B. Z., Zkara, Meṭm.) [كورة].

BOUQUET, *θaqĕbḍiθ nénnuu̯ār* (*te*); *θiqĕbḍāi̯*; — *amešmūm* (*u*); *imešmūmen* [مشموم — نوّار].

BOURDONNER, *zenzen*; H., *dzênzên*; n. a. *azenzen* (*u*) (B. Sn., B. Izn.); *ẓûẓû*, p. p. *ẓuẓu̯aγ*, *iẓuẓu̯a*; H., *dzûzû*; n. a : *aẓûẓû* (*u*) (B. Sn., B. Izn.); une mouche bourdonne à mon oreille :

1. Cf. R. Basset, *B. Menacer*, p. 45.

ïzi qa-itízzīf γer-tmédžet-īnu; (ou) *qā itẓuẑẑet*, *qā itbeẓbeẓ*. — (Meṭm.), *ḫerḫeš*; H., *tḫérḫeš*.

BOURGEON, *θéṭ enséẑẑerθ*, pl. *θéṭṭaẓīn* (B. Sn., B. Izn.).

BOURRACHE, *īlés ĕntfûnăst* (B. Sn., Meṭm.).

BOURRE (de cartouche), *θeliīfet*, pl. *θeliīfīn*; *θeklīfet*, pl. *θeklīfīn*. — (Meṭm.), *θălzāzθ*; (bourre de palmier-nain) : *ĕllif*.

BOURRER, *kéllef*; H., *tkellef*; n. a. *akellef* (*u*).

BOURREAU, *asiiiāf*, *isiiiāfen* [سيّاف].

BOURSE, *tezdām*, pl. *tzādem*; *θaḫrīṭ*, pl. *θiḫrīḍīn* [خريط] (B. Sn., B. Izn.).

BOUSIER, (B. Men.), *zinzer*; p. *izinzeraẓen*. B. Sn. *būzernenni*.

BOUT, *īḫf*, pl. *iḫfaẓen*.

BOUTEILLE, *θbinnīst*, pl. *θibinnisīn*; *lbeṭṭa*, pl. *lebṭêṭ*; *θaziāθ*, pl. *θiziāθīn* [زيّاطة].

BOUTIQUE[1], *θḥânĕt* (*tḥa*); p. *θiḥūna* (B. Sn., B. Izn., B. B. Z., Meṭm.). — B. Men. : *θḥānūt*, pl. *θiḥûna*; qu'y a-t-il dans sa boutique? *matta illān ši-θḥânūt-is*.

BOUTON (à la peau), *θiḥebbet*, pl. *θiḥebba*; b. poussant après une piqûre : *θaderrīθ*, pl. *θiderriiīn* (V. ABCÈS); — furoncle à la cuisse : *θíθi rrébbi*, pl. *θīiθa*; grosse tumeur : *ṣâṭūr*; boutons poussant à la bouche des ânes : *θaḫennaqθ*; b. d'habit : *θameqfūlt* (*tm*), pl. *θimeqfāl* (et) *θimeqfūlin*; *θaqfālt* (*teq*), pl. *θiqfālīn* (*teq*) [قفل].

BOUTONNIÈRE, *θéṭ ĕntéqfālt*, *θaḫrest* (*ent*), *θnúqqībθ* (*ent*).

BOYAU, *ašān* (*ẓa*) (B. Sn., B. Izn., B. Men.), *amĕsrān* (*u*), pl. *imesrānen* [مصران]. — (Meṭm.), *aṣermūm*; p. *iṣermūmen*.

BRACELET, on ne fabrique dans la tribu que le bracelet appelé *mefθūl*, pl. *lemfaθel* [فتل]; — sorte de gros anneau, bracelet à plusieurs fils : *amsīs* (*ẓem*), pl. *imsīsen* (ar. tr. *lemsais*)

1. Cf. W. Marçais, *Tanger*, p. 269 [حانت].

[مسّ]. DOZY, *Supp*. s. v.); bracelets avec fermoir (travaillés à Mr'ānīn) : *amqiiās* [قيس]; en corne, en verre : *lžâmūs*, *ležuāmeš*. — (Meṭmaṭa), θ*amqqiāsθ*, pl. θ*imqqiāsīn*. — (B. Messaoud), *amqiās*, pl. *imqiāsen*. — (B. Menacer), θ*am-qqiāst* (*te*), pl. θ*imqqiāsīn* (*te*).

BRAILLER, *izzīf*, pr. *izzīfeγ*, *iizzīf* (V. CRIER).

BRAIRE (âne), *γérneg*; H., *tγerneg* et *sγerneg*; H., *sγūrnūg*; n. a. *aγerneg* (*u*); (ou) *sḥúrreθ* (B. Sn., B. Izn.); H., *sḥurrūθ*; n. a. *asḥurreθ* (ou) *neheg*; H., *tenheg*; n. a. *aněheg* (*u*) [نهق] pour un mulet on dit plutôt : *shīl*; *ieshīl*; H., *teshīl*; n. a *ashīl* (*u*) [سهل]. — (B. B. Z.), *zuεänūθ*. — (Meṭm.), il brait :*itūεöiã*; impér. *uεöia*.

BRAISE, θ*íržět* (*ti*); θ*íržīn* (*ti*); coll. *irrīž*; un morceau de braise allumé : θ*anuuuārθ* [نور]; donne-moi une braise pour que j'allume du feu : *ûš-iii tīš-enténuuuārθ mízzi aggéγ tímssi* (ar. tr. *nuuuāra* (ou) *nuiūra*); braise menue : *lešmīmez*. — (B. B. Z., Zkara, B. Izn.), θ*īržet*, pl. θ*iržīn*; coll. *irrīž*. — (Meṭm.), θ*írzīn*.

BRAVO, *ṣáḥḥa zzīš* [صحّ].

BRÊCHE, *lfermeθ*, *lfermāθ* (V. ÉBRÉCHER : *efθeq*). — (Meṭm.), ébrécher : θ*fúrrem*, elle est ébréchée [ثرم — فرم].

BRANCHE, grosse branche : *lferεä*, pl. *léfrūε* [فرع]; les branches fortes du centre de l'arbre s'appellent *lmerkeb* [ركب]; petite branche : *lefḥel*, pl. *lefḥūla*; rameau : *taṣṭṭa* (*tse*), pl. *tiṣe-ḍuin* (B. Sn., B. Izn., B. B. Z., Meṭm.), (ar. tr. *ššeṭba*); une branche recourbée, peu résistante se dit : *lefḫeδ*; les branches longues et frêles, qui croissent à l'extrémité d'une branche sciée s'appellent *lemker*; branche fourchue : *tfûrket*, pl θ*ifūrkauīn*, pl. θ*ifurkāθīn* (*tf*), (ar. tr. *lferka*); on l'appelle aussi θ*arkkālt*, pl. θ*irkkālīn*; branche de palmier : *ḍḍĕlfeθ*, pl. *θiḍelfīn*. — (B. Izn., B. B. Zeg.), *tfûrχet*, pl. *θifurkaθīn*. — (Meṭm.), *lɛäiref*, pl. *lɛäu̯āref*. — (B. Ṣalaḥ, B. Mess.), *lɛīref*, pl. *lɛūrāf*.

BRAS[1], *aγīl* (*nu*), pl. *iγallen* (*i*); avant-bras : *γānîm nûγīl* (ar. tr. *lqĕṣba*); une brassée de bois : *îdžen nuγîl ii̯sγāren* (ou) *lḥabzeθ*, pl. *θiḥèbẓīn* (ar. tr. *elḥabẓa*). — (B. Izn., B. B. Z., Zkara), *aγīl* (*u*); diminut. *γīlĕt*, pl. *iγallen*. — (Meṭm.), *aγil*, p. *iγallen*; avec le bras : *sūγīl*. — (B. Ṣalaḥ, B. Mess.), *aγīl*, pl. *iγallen*. — (B. Men.), *γīl*, pl. *iγallen*.

BREBIS[2], *θiḫsi* (*teḫ*), pl. *θiḫĕsuīn* (*teḫ*); brebis d'un an, n'ayant pas d'agneaux : *θahūlīθ* (*thū*), pl. *θihulii̯īn* (*thū*); à deux ans : *erreḫleθ*, pl. *θirĕḫlīn* [رخلة]; à trois ans : *θnîi̯èθ*, *θîθnii̯īn* (V. MOUTON). — (B. Izn., B. B. Zeg.), *tîḫsi*, pl. *ulli* (B. B. Z.); *θiḫsuīn* (B. Izn.). — (Meṭmaṭa), *θîḫsi* (*ti*), p. *ulli*. — (B. Men.), *tîḫsi*, *tγallāš* (R. B.), *aɛallūšθ*.

BRIDE du cheval : *lžâm*, pl. *lžâmāθ* (et) *algām*, pl. *ilgāmen* [لجام]; br. de mulet, d'âne (boucle) : *θaškīmθ* (*te*) [شكيم]; *θiškīmīn* (*te*) (B. Sn., B. Izn.), (ar. tr. *ššk̄īma*); *θaṣrīmθ*, *θiṣrīmīn* (ar. tr. *ṣṣrīma*) [صريم].

BRIDER, *ležžem* (B. Sn., B. Izn.); H., *tležžem*; n. a. *alžem* (*u*); passif : *tu̯alžem*. — (B. Bz.), *alǧām*, pl. *ilūǧām*. — (B. Izn.), *ali̯ām*, p. *ili̯āmen*. — (Meṭm.), *alǧām*, p. *ilǧāmen* (ou) *ėlǧūma*; *ssṛîmĕθ*, p. *θisrīmịn*; brider : *ledžem*.

BRIGAND, (V. BANDIT).

BRIGADIER, *lbĕlgädīr*, pl. *lbelgadīrāt*.

BRILLER, *bäreg* [برق]; H., *tbäreg*; le soleil brille au ciel : *tfûi̯θ θergâ δi-úženna* ou *θezhèr*.

BRIN, *ẓẓeu* (*u*), pl. *iẓẓeu̯en* (B. Sn., B. B. Zeg., Zkara); un brin

1. Cf. R. Basset, *Zenat. Ouars.*, p. 80.
2. Cf. R. Basset, *Zenat. Ouars*, p. 80. — *Beni Menacer*, p. 45.

d'alfa : *īdž uẓẓeú nuâri* (ou) *zzaɛâfeθ*, pl. *zzaɛāfaθ*; un brin de paille : *tīš nezzaɛäféθ nûlūm* (ou) *aḥaślūf* (*u*). — (B. Izn.), *arẓeu*; un brin d'alfa : *īdž u̯érẓeu ŭu̯âri*. — (Meṭm.), *azeɣbīb* [زغب], *izeɣbīben*, (*ẓeu* désigne ici la tige du diss; en ar. tr. *lbûṣ*).

BRIQUE, *liâžūr* (coll.) (B. Sn., B. Izn., Meṭm.); *θi̯âžūrθ* (*ti*), pl. *θiažūrīn* (*ti*) [آجر].

BRIQUET, *zznâδ* (B. Sn., B. Izn., Meṭm.); silex du briquet : *asûu̯u̯ān* [زناد].

BRISE DE MER, *aṣemmẹḍ*, *abäḥri* (B. Sn., B. Izn., Meṭm.). — (B. Izn.), brise de terre : *arīfi*. — (Meṭm.), *âqebli*.

BRISER, *eṛz* (V. CASSER).

BROCHE en bois : *aɣzāl neśśuu̯a*, pl. *iɣezlān* (ou) *lméśu̯a* [شوى]; (ou) *ɛāmûδ núśnäf*. — (B. Izn.), *aqśśûḍ néśśua*. — (Meṭm.), *aɛâmûδ uu̯úχnäf*.

BROCHETTE (de foie et de graisse de mouton), *θamelfufθ* (B. Sn., B. Izn., Meṭm.), *θimelfäf* [لفّ].

BRODER, *derrez*; H., *dderrez*; n. a. *aderrez*; passif : *tuaderrez*; un burnous brodé : *aselhām neddrūz*; brodeur : *aderrāz*, pl. *iderrāzen*; broderie du devant de la jellaba : *lḫŭnāq* [خنق]; broderie faite par les hommes seulement : *θaśbīkθ* (*te*) [شبك], pl. *θiśbīkīn* (*te*). (Cf. W. Marçais, *Tanger*, p. 296, [درز]).

BROSSER, *śii̯eθ*; H., *tśii̯eθ*; n. a. *aśii̯eθ*; brosse : *śsîteθ*, pl. *ssîtāθ*.

BROUETTE, *θabéru̯ẹt*, pl. *θiberu̯īθīn*.

BROUILLARD[1], *θaii̯ūθ* (*tẹ*). — (B. Izn., Zkara), *θaii̯ūθ*. — (Meṭm.), *taǧǧūθ*. — (B. Ṣalaḥ, B. Mess.), *θāgūθ*. — (B. Men.), *θaii̯ūθ*.

BROUTER, *ĕhδa*; p. p. *hδaɣ*, *i̯ehδa*; H., *thedda*; n. a. *ahδa* (*ua*). —

1. R. Basset, *Zenat. Ouars.*, p. 80.

(B. Izn.), *ehδa*, p. *ehδīγ*, *ihδa*; H., *thedda*. — (Meṭm.), *ehδa*, p. *iehδa*; H., *hedda*; il broute : *illa ihedda* (ar. tr. *räh fâli*).

BROUSSAILLES, branches menues pour allumer le feu : *aqeš-qūš*, pl. *iqešqušen* (B. Sn., B. Izn., Zkara).

BRULER[1]. — Être brûlé, brûler : *erγ* (B. Sn., B. Izn., Zkara, B. B. Z.); — *erγīγ*, *irγu* (B. Sn., B. B. Z.); *irγa* (B. Izn.); *iγri* (Zkara); H., *treqq*; n. a. *θerqet*; brûler : *serγ*; H., *sraγa*. — (B. Izn.), être brûlé; H., *reqq*; n. a. *tmerγiūθ*; brûler, *serγ*; H., *srūγa*; f. nég. *srūγi*. — (Zkara), être brûlé, H., *reqq*; brûler : *serγ*. — (Meṭmaṭa), *erγ*, p. p. *ierγa*; brûler : *serγ*; H., *srāγa*; n. a. *aserγi*; il a été brûlé : *ituarγ*. — (B. Ṣalaḥ), *erγ*, être brûlé; *serγ*, brûler. — (B. Men.), *erγ*, être brûlé; p. p. *ierγa*; *γrîn*; brûler : *serγ*, p. p. *ierγu*, (*Gheraba*).

BUCHERON, *azeddām*, *izeddāmen*, de *ezdem*, couper du bois : *izdem*; p. n. *ūr-izdīmeš*; H., *dzeddem*; n. a. *azdām*. — (B. Izn.), bûcheron, celui qui coupe du bois vert : *ankkāδ*; celui qui ramasse du bois sec : *azeddām*, pl. *izeddāmen*; *ezdem*, ramasser du bois sec; H., *zeddem*; on dit aussi : *šeḥlef*; H., *šeḥlāf*. — (Meṭmaṭa), *ezδem*; p. n. *zδīm*; H., *zeddem*; n. a. *azdām*; bûcheron : *azeddām*, *i-en*.

BROUSSE (forêt), *lγābeθ*. — (Maṭm.), *malu*; dans la forêt : *δug-mālu*; jusqu'à la forêt : *ammiδ-mālu*.

BROYER, *eddez* (V. PILER); *āmes* (id); *heršem* (id); *enγeδ* (V. ÉCRASER); *zeggᵘeδ* (V. DÉPIQUER).

BRU, un individu appelle la femme de son fils : *θaslīθ-īnu*, pl. *θislāθ*; ou *θamĕṭṭûθ ĕmémmi*; ou *θaḥrīmθ* (B. Izn., B. B. Z., Zkara), *θaslīθ*, pl. *θislāθīn*.

BRUIT[2], *lḥess*; *lḥéss nušáụen*, *nímenγān*, le bruit des cris, des

1. Cf. R. Basset, *Zenat. Ouars.*, p. 80. — *Loqm. berb.*, p. 249 √R R'

2. Cf. R. Basset, *Loqm. berb.*, p. 343 [خشّ].

disputes; *lhâräž* (cris) [هرج]; bruire en cuisant: *terθer*; H., *terθūr* (B. Sn., B. Izn.); — *derder*, H. *tderder* (Zkara); en parlant du tonnerre: *zeglem*; H., *dzeglem*; n. a. *azeglem* (*u*).

BUREAU, *lbîrů*, p. *lbîrūịäθ*.

BURIN, *lmúnqāš*, pl. *lemnāqeš*; [منقاش]. — (Zkara), *amunqāš*. — (B. Izn.), *amenqāš*; p. *i-en*.

BURNOUS, *äselhäm* (*u*), pl. *iselhämen* (B. Sn., B. Izn., B. B. Z., Zkara); burnous noir: *aḫīḍūs*, pl. *iḫīḍās* (B. Sn., B. Izn., Zkara); *aḫnīf*, pl. *iḫnīfen* (B. Izn.). — (Meṭm.), *abernūs*; b. noir: *aḫīdūs*; manteau de femme: *aεaṣṣāḇ*, pl. *iεaṣṣūba*, [عصب] (ar. tr. *lbaḥnūq*). — (B. Ṣalaḥ, B. Mess.), *θabernūst*, p. *θibernās*. — (B. Menacer), *abernūs*, p. *ibernās*; b. noir: *aḫīdūs*; *azurdāni*; b. usé: *aδerbāl*, *iδerbālen*.

BUISSON[1], bouquet d'arbres: *aḫlīž* (*ụu*), pl. *iḫelžân*; dim.: *θaḫlišt*, pl. *θiḫelžīn*; brousse épaisse, impénétrable: *afθīs* (*ụu*), pl. *ifθīsen* (ar. tr. *lftîs*); fourré clair en dessous: *aḫĕššāb* (*u*). pl. *iḫeššāben*; le sanglier se cache dans un fourré de chênes, le lièvre, dans les buissons de jujubier: *îlef ituaffer δi-úfθīs nukerruš δáierziz itụáffer δi-uḫĕššâb nedzúǵǵᵘarθ*; un gros buisson de chêne vert s'appelle: *férnāna*. — (B. Izn., Zkara), *aḫlīž*, pl. *iḫlīžen*. — (Meṭm.), *aǵellu*, pl. *iǵella* (ar. tr. *lḫerša*).

BUTINER, *ehδa* (V. BROUTER); les abeilles butinent: *θizizụa qāthéddānt*. — (B. Izn.), *ehδa*; p. *ehδīγ*, *ihδa*; H., *thedda*, *thetta*; f. nég. *theddi*, *thetti*.

1. Cf. R. Basset, *Zenat. Ouars.*, p. 80.

C

CABAN[1], (V. CAPUCHON); mon caban : *aqúbbu-īnu* (B. Sn., B. Izn.), pl. *iqubbuīn*.

CABANE, maison malpropre : *θímmermet* (*te*), pl. *θimmermδīn* (*te*); m. mal bâtie : *θimhérhešθ*, pl. *θimhérhšīn*.

CABARET, *θberneθ*, pl. *θbernāθ*; *lkạntīneθ*, pl. *lkạntīnāθ*.

CACHER[2], *éffer*; il cacha de l'argent : *iíffer tímuzūnīn*; p. n. *ūr-éffīrγeš*; H., *téffer*; n. a. *ûfūr* (K.); *ûfār*, *θúfferθ* (A. L.), *sûfer*, H., *sûfār*; *tụáffer*, être caché, se cacher; *ĕtụáffer δí-lγābeθ*, cache-toi dans la forêt; H., *tụáffār*; — *iṛọḥ stúffra*, il partit en cachette. — (B. Izn., B. B. Zeg., Zkara, O. Amer), *effer*; p. n. *ffīr*; H., *teffer*; pass. *tuaffer*. — (Zkara), n. a. *affar*. — (Meṭmaṭa), *effer*; p. n. *ffīr*; H., *teffer*; n. a. *θuffra*; cache-toi sous la tente : *éffer īḫf-ennex zéddu ụéḫḫām*. — (B. Salaḥ), *effer*; p. n. *ffīr*; H., *ṭeffer*. — (B. Sn.), on dit aussi : *éšmen* [كمن] (ar. tr. *ekmen*); p. p. *išmen*; p. n. *ūr-ĕšmīn-γeš*; H., *šémmen*; une cachette : *lmėšmen*. — (B. Menacer), *ḫemmel*; H., *ḫemmāl* (R. B.); *émmel*, cacher pour quelqu'un; cache-moi ce blé : *émmel-iii irδen-iu*; p. p. *iémmel*; p. n. *ūrδémmīlγeš*; H., *témmel*; — *éḫzen*, cacher, emmagasiner; cache cette orge dans le silo : *éḫzen θẹmzịn-iu δí-tsrāfθ*; p. p. *ieḫzen*; p. n. *ūr-ḫzīnĕγeš*; H., *ḫézzen*; n. a. *áḫzān* (*u*).

CACHETER, *ṭébbäε*; cachet : *lmeṭṭebăεāθ*; cacheter à la cire : *šémmäε*; il la cacheta : *išemmäε ḫes*; H., *tšémmäε* [طبع — شمع].

CADAVRE, *lžésdeθ*, *lfríseθ*, *lkerkĕreθ*; *lžîfeθ*. — (B. Izn.), *amur-ḍūs*, cad. d'animal. — (Meṭm.), *lefrīseθ*.

1. Cf. W. Marçais, *Tanger*, p. 419 [قبّ].
2. Cf. R. Basset, *Zenat. Ouars.*, p. 80. — *B. Menacer*, p. 45. — *Loqm. berb.*, p. 284 √FR.

CADEAU (faire), *ûš* (V. DONNER).

CADENAS, *lfékrūn*.

CADI, *lqâḍi* (*nelq*) (B. Sn., B. Izn., Zkara), pl. *lquâḍi* (*lelq*) (Meṭm.), *iqâḍiien*.

CAFARD, (Maṭm.), *aḫenfūs*.

CAFÉ, *lqáhueθ* (B. Sn., B. Izn., Zkara, Meṭm.); on l'appelle aussi *qihua*; *θaberšānt*, la noire; ou *amān iberšānen*, eaux noires; ou *amān iṣébγen*, eaux teintes; ou *eššâδulia*, *uḥáqq hāδeššāδūlia*, par ce café!

CAFETIER, *aqauahži*, pl. *iqauahžiien* (B. Sn., B. Izn.).

CAFETIÈRE, *θaγellaiθ* (*tγe*). — (Zkara), *amĕqrāž*. — (Meṭm.), *θaγellaiθ*, pl. *θiγellaiin*.

CAFTAN, ordinairement en soie, d'origine marocaine : *lqêrfθān* (*lqe*), pl. *qrāfθēn*. — (B. Izn., Zkara), *aqêrfdān*, pl. *iqêrfdān*.

CAILLE, *lmellaḥ*, pl. *imellāḥen*. — (Meṭm.), *θasemmānt*; p. *θisemmānīn* [سمانة].

CAILLER, *étšel*; p. p. *iitšel*; p. n. *ūr-iitšīleš*; H., *tétšel*; n. a. *átšāl* (*ua*); *átšīl*, lait caillé; — faire cailler : *sétšel âγi*; H., *sétšāl*; *ituâtšel* : il est caillé; on dit aussi : *ăεâqeδ*; p. p. *iεâqeδ*; p. n. *ūr-iεâqīδeš*; H., *taεâqīδ*; n. a. *aεâqaδ* (*ua*); — *iδammen kebbeδen*, du sang caillé. — (B. Izn., Zkara), cailler : *etšel*; H., *tšīl*; lait caillé : *atšīl*. — (Meṭm.), *etšel*, p. *itšel*; p. n. *tšīl*; H., *tetšīl*; lait caillé : *atšīl*; (B. Ṣalaḥ, B. Mess.), lait caillé : *ikkīl*. — (B. Menacer), lait caillé : *atšīl*.

CAILLETTE, *θímežbent* (ar. tr. *lémžebna*), *džébbnen aγi stméžbent nīγéḍ ānáγ eniîzmèr ānáγ nuiéndūz anáγ nelférḫ núierzīz* : on fait cailler le lait avec la caillette de chevreau, d'agneau, de veau, de levraut.

CAL, *θišĕlbeḫθ* (ann. *ntš*), pl. *θišelbāḫ* (ann. *ntš*); (ar. tr. *šlâfeṭ*); ou *lefqäεqäε*.

CAILLOU, *θauqīθ* (*tu*); *θiuqaį* (*tu*); *θamerδaiθ* (*tme*); *θimerδain* (*tm*). — (B. Iznacen), *azru* (*uu*), pl. *izerųān*. — (Zkara), *θazrūθ*, pl. *θizra*; *θauqīθ*, pl. *θiuqiįīn*. — (Meṭmaṭa), *azru*; sous le caillou : *eddu-ųezru*.

CAISSE, *asendūq* (*nu*) (B. Sn., B. Izn); *iṣendūqen* (*ni*). — (Meṭm.), dans la caisse : *δuġ-ṣendūq*.

CALME, (Zkara), *hena*; p. *ihna*; p. n. *ūr-ihniš*; H., *henna*; fut. nég. *henni*.

CAMÉLÉON, *θâθa* (*tâ*) (B. Sn., B. Izn., Zkara, Meṭm., B. Menacer); pl. *θaθaųīn* (ar. tr. *lbūįa*).

CAMPHRE, *lkâfūri* [كافور].

CANAL[1], *θârga* (*ter*); *θirĕguīn* (*tér*). —(Zkara), *θdrġa*, pl. *θirġüin*. — (B. Izn.), *θaŗia*, pl. *θiriųin*. — (Meṭm.), *θarġă* (*te*), p. *θirġuin*.

CANARD, *lébrāš*. — (Meṭm.), *lebrăk*. — (B. Ṣalaḥ, B. Mess.), *lebraχ* (coll.) *θabräχθ*. — (B. Menacer), *lebrāk* [برك].

CANON, *lmedfäε*, pl. *lemdāfäε*; (de fusil), *θažεäbûbθ entmúkḥālt* pl. *θižεäbāb*. — (Zkara), *ennfĕḍ*, pl. *lenfāḍ*.

CAPITAINE, *aqebṭān* (*nu*), pl. *iqebṭānen* (*ni*) .

CAPUCHON, *θaqelmūnt* (*tqe*); *θiqelmān* (*tqe*).

CAQUETER, *qāqa*, *qaqāγ*, *iqāqa*; H. *tqāqa*. — (Zkara), *qâqā*, *qâqīγ*, *iqāqā*; H., *tqāqā*. — (Meṭm.), *qāqā*, *iqāqā*, H. *tqāqā*.

CARAVANE, *lqâfleθ*, pl. *lqâflaθ*. — (Meṭm.), *lqāfleθ* [قفل].

CARDER, *qérdeš* (B. Sn., B. Izn., Zkara), H., *tqerdeš*; n. a. *aqerdāš* (*nu*) (B. Sn., B. Izn., Zkara), *iqerdāšen* (*ni*); cardé : *imqerdeš*, *i-en*; *θimqerdešθ*, *θi-īn*; laine cardée : *θaεammīθ*

1. Cf. R. Basset, *Ženat. Ouarš.*, p. 81.

(*tεä*); *θiεámmīθīn* (*tεä*). — (Meṭm.), *qerδeš*; H., *tqerδeš*; — *aqerδāš*, *i-en*, carde.

CARIER, (Meṭm.), elle est cariée : *θella θemmetš* (ou) *sessûseθ*.

CAROTTE, *ḫízzû* (B Sn., Zkara, B. Izn.); une carotte : *tḫízzuiθ*. — (Meṭm.), *zzrûδiia*, *θazrūδīθ*.

CAROUBE[1], *lḫérrūb*; une caroube, un caroubier : *taḫérrūbθ*, pl. *tiḫerrūbīn*. — (B. Izn.), *θasliuγa*. — (Zkara), *θisliuγa*. — (B. B. Zeg.), *lqišša*. — (Meṭm.), *lḫérrūb*. — (B. Menacer), *θisliγua*, p. *isliγuuauin* (R. B.) [خرّوب].

CARREAU, *zzdžeθ*, *zzâžāθ* (ar.).

CARTE (à jouer), *lkârθeθ*, pl. *lkârθāθ*; *léblān* (plan), pl. *lblânāθ*.

CARTOUCHE[2], *aqorṭāṣ* (*nu*) (B. Sn., B. Izn., Zkara); *iqorṭāsen* (*ni*); *amneḥes* (*nu*); *imnäḥsen* (*ni*). — (Meṭm.), *lefšak*, p. *lefšakāθ*.

CASCADE, *θašeršārθ* (*tšé*); *θišeršārīn* (*tšé*); *azerrāb* (*nu*) [زرب]; *izerrāben*. — (Zkara), *θašeršīrθ*. — (Meṭm.), *θašeršarθ* (*iiγzer*).

CASSER, (être cassé) : *érrez*, *iérrez*; p. n. *ūriérrīz-eš*; H., *trézza*; *θirézzet* (*tré*); *arraz* (*ua*).

—[3] *erz*; p. p. *erzīγ*, *iirzu*; H., *rezz*; être cassant : *erši*, p. *irši*; H., *trešši*; se casser en mille morceaux : *ituaferdeḥ* (ar.). — (B. Izn., B. B. Z., Zkara), *erz*, casser; pr. *irza* (B. Izn.); *irzi* (Zkara); *irzu* (B. B. Z.); H., *terza* (B. Izn.); f. nég. *terzi*; H., *rezz* (Zkara), et *redza*; f. nég. *redzi*; n. a. *θarezzūθ* (Zkara). — (Meṭmaṭa), *erẓ*; p. p. *iirza*; H., *rezz*; n. a. *θamerziūθ*; il ne se casse pas : *ūl-itrezzaš*. — (B. Menacer), *erẓ*; p. p. *ierzu*; p. n. *rzi*; H., *rezz*; f. pass. *tuārez*, être cassé;

1. Cf. R. Basset, *B. Menacer*, p. 45.
2. Cf. W. Marçais, *Tanger*, p. 424 [قرطاس].
3. Cf. R. Basset, *Zenat. Ouars.*, p. 81. — *Loqm. berb.*, p. 248 √RZ.

merz, se casser. — (B. Ṣalaḥ), *erẓ*; p. p. *erzīγ*, *ịẹrza*; p. n. *rzi*; H., *trezza*; n. a. *θimerziūθ*.

CASSEROLE[1] en terre pour faire cuire le pain : (B. Sn., B. Izn., Zkara), *fān* (*u*), pl. *ifaǵǵ^uen* (B. Sn., Izn.); *ifānen* (Zkara). — (Meṭm.), *fān*, p. *ifānen*. — (B. Ṣalaḥ), *asḫḫām*.

A CAUSE DE : *ḫsebbeθ* (ar.); — *si-lqībāl-ĕnni* (ar.).

CAUSER, (parler) : *siụel*; H., *saụāl*; *aụal*; p. *aụalen*, paroles; *asiụel*, appel; se causer : *msiụel*; H., *msaụāl*, *temsaụāl*. — (B. Izn., Zkara, B. B. Z.), *sīụel*; H., *saụāl* (B. Izn., Zkara) : f. n. *siụīl*. — (B. Men.), se parler : *msaụel*; on dit aussi : *seꜥmer*; H., *seꜥmār*, *aseꜥmer*, langage; (ou) *meslaị*; H., *tmeslaị*; — *θameslaiθ*, *θimeslaịẹn*, paroles, conversation, causerie. — (B. Ṣalaḥ), *sīụel*; H., *saụl*; n. a. *asiụel*; parle, réponds : *tteγra*; p. p. *tteγrīγ*, *itteγra*. — (Meṭm.), se causer : *meslaị*; H., *tmeslaị*.

CAVALIER[2], *amnäị* (*ụu*); pl. *imnäịen* (B. Sn., B. B. Z., B. Izn., Zkara, Meṭm., B. Menacer).

CAVERNE[3], *ífri* (*ịí*); *ifrạn* (*ịí*); *ásqīf*, *iseqfaụen*. — (Zkara, B. Izn.), *ífri*, pl. *ifrān*; dim. *θífriθ*. — (Meṭm.), *aḫḇu*, p. *iḫūba*. — (B. Men.), *aḫbu*.

CÈDRE, (Meṭm.), *lmeddād*.

CE[4], CET, adj. démonst. *u-ūꝺi-ūꝺīhāh*, *īn*, *enni* etc. (V. Gramm., pp. 77-79). — (Meṭmaṭa), cet homme-ci : *ariäz aịa*; cette femme-là : *θameṭṭūθ-īn*. — (B. Ṣalaḥ, B. Messaoud), cet homme-ci : *arǵāz-aịịi*; *arǵāz-aii*, *aị*; cet homme-là : *arǵāz-ịịīn*. — (B. Ṣalaḥ), *arǵāz-ịịīnuụa*. — (B. Mess.), *arǵāz inub-*

1. Cf. R. Basset, *Zenat. Ouars.*, p. 81.

2. Cf. R. Basset, *Zenat. Ouars.*, p. 81. — *B. Menacer*, p. 45. — *Loqm. berb.*, p. 326 √N I.

3. Cf. R. Basset, *B. Menacer*, p. 45.

4. Cf. R. Basset, *Zenat. Ouars.*, p. 81.

bᵘa. — (B. Menacer), cet homme-ci : *ariāz-u* ; cette maison-là : *aḫḫām-īn.*

CE, pron. dém. *u̯u, u̯enni* (V. Gramm., p. 81). — (Meṭmaṭa), je mangerai ce qu'il y a : *äδ-etšeγ matta illān.* — (B. Menacer), apporte ce qu'il y a : *au̯id ag-ellān*; tu verras ce que tu devras faire : *āθeqleδ matta ālā θeḫδemeδ.*

CECI, *u̯u* (V. Gramm., p. 81). — (Meṭmaṭa), *u̯a.* — (B. Ṣalaḥ), *u̯a.* — (B. Menacer), ceci est bon : *u̯u δazεīm.*

CELA, *u̯in, uinhäh, u̯enni* (V. Gramm., p. 81). — (Maṭmaṭa), *u̯în.* — (B. Ṣalaḥ), *u̯în.* — (B. Menacer), cela est bon : *u̯in δazεīm.*

CEINTURE de laine, de soie, pour hommes : *aḥzzām* (*nuḥ*) (ar. *láḥzām*), pl. *iḥézzāmen* (B. Sn., B. Izn., Zkara, Meṭmaṭa, B. Ṣalaḥ, B. Mess.); c. de peau : *θaḥzzāmt* (*ntèḥ*) (ar. tr. *ssebta*) pl. *θiḥézzāmīn* (*ntèḥ*), ou *θimäḥzemt*, pl. *θimäḥzmīn.* — (B. Ṣalaḥ), *essebteθ.* — (B. Men.), *aḥmīl*; — petite ceinture de femme en laine tressée : *filů* (*nu*); *ifīlạn* (*ni*); on l'appelle aussi : *azĕllūm* (*nu*); *izĕllām* (*ni*). Au Kef, les femmes portent une ceinture longue et étroite, en laine appelée *áγraů* (*u̯u*); pl. *áγrau̯en, iγrau̯en*; une autre plus courte est appelée *θäždīlt* (*tež*); *θiždīlīn* (*tež*); la ceinture dite *aḥĕzzām nbuεárrūž*, sert à maintenir les cheveux. — (B. Men.), *θimäḥzemt neššerk.*

SE CEINDRE, *ḥézzem, iḥézzem, ūr iḥézzĕmeš, tḥézzem.*

CÉLERI, *lkrâfez* (ar.).

CÉLIBATAIRE, m. *aεázri* (*nuεa*); pl. *iεäzrīi̯en*; f. *taεázrîθ*; pl. *tiεazrii̯īn.*

CENDRE[1], *îγeδ* (*ni*) (B. Sn., B. Izn., Zkara, B. B. Zeggou); cendres chaudes mêlées de charbon : *lešmīmez.* — (B. Izn.),

1. R. Basset, *Zenat. Ouars.*, p. 81.

cendré : *ašähbūn*; f. θ-*t*; *išähbān*; f. p. θ*išähbān* (ar.). — (B. Menacer, Meṭm.), *iɣeδ*.

CELUI-CI, *u̯u*, θ*u* etc. (V. Gramm., p. 79-81.) — (Meṭmaṭa), *u̯a*; f. s. θ*a*; m. p. *i̯ina*; f. p. θ*ina*. — (B. Ṣalaḥ), *u̯adda*, f. s. θ*adda*; m. p. *uiddi*; f. p. θ*iddi*. — (B. Menacer), *u̯u*; f. s. θ*u*; m. p. *i̯iδai̯u*; f. p. *hiδai̯u*.

CELUI-LA, *u̯in*, θ*in* etc. (V. Gramm., p. 79-81.) — (Meṭmaṭa), *u̯în*; f. s. θ*în*; m. p. *i̯înīn*; f. p. θ*înīn*. — (B. Ṣalaḥ), *u̯in*, f. s. θ*īn*; m. p. *u̯īδ*; f. p. θ*iδ*; f. all. *u̯inni*, *u̯inuu̯u̯a* (B. Ṣalaḥ); *uinubbᵘa* (B. Messaoud). — (B. Menacer), *u̯în*; f. s. θ*īn*; m. p. *i̯iδai̯īn*; f. p. *hîδai̯īn*.

CELUI EN QUESTION : *u̯enni*, θ*enni* etc. (V. Gramm., pp. 79-81.) — (B. Men.), *u̯enni*; f. *henni*; m. p. *i̯îδanni*; f. p. *hîδanni*.

CENT, *mi̯a*, *lmíi̯e*θ, pl. *lmíi̯ā*θ; trois cents : θ*elt mi̯a* (ou) θ*lâ*θ*a nelmii̯ā*θ (ar.).

CÉRÉALES, *ennăεme*θ (B. Sn., B. Izn.) (ar.).

CERF VOLANT θ*aṭii̯ār*θ (*tii̯*); p. θ*iṭii̯ārīn* (*tii̯*) (ar.).

CERISES[1], *lḥébb ellemlūk* (ar.); une cerise : θ*iḥébbet ĕllémlūk*; un cerisier, θ*amlūkī*θ (*te*), pl. θ*imlukii̯īn* (*te*). — (B. Ṣalaḥ), *aḥbelmlūχ*. — (Meṭm.), *lḥabelmluk*.

CERTIFICAT, *ššehāδe*θ, pl. *ššehāδā*θ (ar.).

CERVELLE[2], *álli* (*ua*). — (B. Menacer, Meṭm.), *alli*. — (B. Ṣalaḥ), *alχūχen*. — (B. Mess.), *alχūχ*.

CESSER, la pluie a cessé : *anzâr qait i̯isi* (V. LEVER); la pluie n'a pas cessé de tomber : *ánzar ūr-iûš itḥūfa*; je n'ai pas cessé : *ūr ûšīɣ*; ils n'ont pas cessé : *ūr ūšīn*.

CHACAL[3], *úššen* (*ŭu̯u*), pl. *úššnān* (*u̯u*); f. θ*úššent* (*tu*), pl.

1. R. Basset, *Zenat. Ouars*, p. 81.
2. R. Basset, *B. Menacer*, p. 45.
3. R. Basset, *Zenat. Ouars.*, p. 81; — *B. Menacer*, p. 46.

θúššnān et θúššnīn (*tu*); on appelle aussi le chacal : *si ɛâli ben-ịûsef* (légendes), *ḫánz ĕrríḥa*. — (B. Izn., B. B. Z., O. Amer, Zkara), *úšsen*, pl. *úššānen*, f. θ*úššent*, θ*úššnịn*. — (Meṭmaṭa), *úššen*, pl. *úššanen*, f. θ*úšsent*, θ*úššnịn*; la tête du chacal : *aqernûɛ uụúššen*. — (B. Ṣalaḥ, B. Mess., *uššen*, pl. *uššān*; f. θ*uššenṭ*. pl. θ*uššānīn*. — (B. Menacer), *uššen*, pl. *uššanen* (R. B.); la tête du chacal : *iḫf ŭụúššen*. —(B. Izn.), les ruses du chacal : f. θ*ḥilāθín entúššent*.

CHACUN, *kúll īdžen*, *kûl-īdžen*.

CHAINE, *sensle*θ, pl. *sensla*θ [سلسلة]. — (Meṭm.), θ*iselsel*θ. — (B. Menacer), *seɛsle*θ *lạ̄nžast*, chaîne avec une poire d'argent ou d'or.

CHAGRIN (avoir du), *eḥzen*, p. n. *ūδ-eḥzînɣeš*; H., *ḥezzen*; n. a. *lĕḥzen*; chagriner : *seḥzen*; H., *seḥzān* (ar.).

CHAIR, *aisūm* (*nụi*) (V. VIANDE).

CHAISE, *lkûrsi*; (ar.) pl. *lkŭrâsa*, *iikúrsiịen*.

CHALEUR, la chaleur du soleil, en été : *lḥémmᵘān nétfūịθ* (ar.). (B. Sn., Meṭm.), *eṣṣehδ*; θ*azɣūli*, chaleur du soleil, du feu.

CHAMBRE[1], θ*áddār*θ (*ted*) (B. Sn., B. Izn., Zkara); pl. θ*íddārīn* (B. Sn.,); θ*úddrīn* (B. Izn., B. Sn., Zkara) (Chez les O. Larbi, ce mot désigne la cour, *ammâs ụéḫḫām*). — (Meṭm.), θ*áddār*θ (*ta*), θ*uddār*. — (B. Menacer), *azeqqa*, p. θ*izeɣụīn*; *ɣorft*, p. *iɣorfatīn* (R. B.).

CHAMEAU[2], *alɣĕm* (*ụu*), p. *ileɣmān*; f. θ*alɣĕmt* (*te*), p. θ*ileɣman* et θ*ileɣmīn*. — (B. Izn., B. B. Z., Zkara), *álɣĕm*, p. *ileɣmān*; f. θ*alɣĕmt*, pl. θ*ileɣmān*; chamelet : *aḥụār*, pl. *iḥụāren*; f. θ*aḥụār*θ, pl. θ*iḥụārīn* (ar.). — (Meṭm.), *alɣĕm*, f. θ*alɣĕmt*; sur le chameau : *fulɣĕm*; sur la chamelle : *f*θ*elɣĕm*θ; le

1. Cf. R. Basset, *Beni Menacer*, p. 47.
2. Cf. R. Basset, *Zenat. Ouars.*, p. 81; — *Beni Menacer*, p. 47.

poil du chameau : *lūbér ŭu̯élγem.* — (B. Men.), *alγêm*, p. *ileγmān* (R. B.).

CHAMP, parcelle peu étendue (quelques heures de labour) : *θarqaεāθ* (*te*) ; *θirquεä*, *θírqaεīn* (*te*) ; (ar. tr. *ĕrrŭqaεä*) ; surface plus étendue (un ou deux jours de labour) : *θâγδa* (*te*), pl. *θiγδuin* (*te*), (ar. tr. *lgéṭaεä*) ; de plus grandes étendues se disent : *afĕddān* (*u*), pl. *ifĕddānen* (*i*), *âtīres* (*nu*), (ar. tr. *ĕttîres*) ; plaine labourée : *lḥârĕθ*, (ar. tr. *lḥâra*) ; on appelle : *θámzīrθ* (*te*), pl. *θímīzār* (*te*), *θimzīrīn* (*te*) ; ou bien : *θâmensiūθ* (*tm*), *θimensiu̯in* (*tm*), (ar. tr. *lembāt*) ; un endroit inculte où les troupeaux ont passé la nuit pendant quelque temps, cette surface se trouve ainsi bien fumée, et on la met en culture. — Un coin défriché dans la brousse se dit : *ezzbīr*, pl. *izébrau̯en* (ar. tr. *ĕṭṭūεä*). — (B. Men.), *afers*, pl. *ifersen*, coin défriché ; *ailās*, partie cultivée autour d'une maison. — (Meṭm.), champ de céréales, *íğer*, p. *iğrān*.

CHAMPIGNON[1], *ai̯ūrsel* (*nu*), *ii̯ûrslen*, *lfúqquāε* (ar.). — (Meṭm.), ch. comestible : *θareγla* [ﻏﺎﻟﻪ] (*tre*), p. *θireγlau̯in* ; ch. non comestible : *ğursel*, pl. *iğurslen*.

CHANCE, je n'ai pas de chance : *ū-γrí-š ssáεāδ*, *ezzéhār*, *lmîmūn*, *ssu̯írtu* (ar.).

CHAPELET, *ṣṣebḥeθ*, pl. *ṣṣebḥāθ* (ar.).

CHAQUE, chaque homme : *kúll īdžen si-irgāzen.* — (Meṭm.), *kull i̯idž aimmeθ*, chacun mourra.

CHARANÇON, *lferṭūṭ* ; sa larve : *lšûz*. — (B. B. Z.), *axūz*. — (B. Izn.,), *eχūz*. — (Meṭm.), *āχūz*, p. *iχūzen*.

CHAOUCH, *ašáuš*, pl. *išuu̯āšen* ; *amḫazni*, pl. *mhaznī̯a*.

CHAPEAU, chapeau de palmier, de paille : *lemḍĕl* (ar.), pl. *lemḍūl*,

1. Cf. R. Basset, *Zenat. Ouars.*, p. 81.

ou *amdëll* (*ṷu*), pl. *imdëllen*; chapeau de feutre : *θaberrẹṭ* (*tb*), *θiberrẹṭīn* (*tb*). — (B. Menacer), *lemdel*, pl. *lemdūl*, chapeau de paille.

CHANTER, *γènni* (*k*), *γénna* (A. L.); p. p. *γénnīγ*, *iγènna*; p. n. *ū-iγènnaš*; H., *tγénna*; n. a. *aγĕnna* (*u*); *aγennai̯*, chanteur, (*u*); f. *θáγennaiθ* (*tγ*); m. pl. *iγennai̯en*; f. pl. *θiγennai̯īn*; on dit aussi : *imγīṷen*, chanteur; f. *θímγīṷent*; on dit aussi : *γīṷĕn*; p. p. *iγīṷen*; p. n. *ūr-iγiūneš*; H., *tγîṷen*; n. a. *aγiṷen* (*u*) [غنى]

CHANTONNER[1], *dénden* et *dûnen*; p. p. *idenden*, *idûnen*; p. n. *ūr-īdéndĕneš*; p. n. *ūr-ídunneš*; H., *ddénden*; H., *dunūn*; n. a. *adenden* (*u*); n. a. *adūnen* (*u*); chanter en parlant du coq : *édden*; *i̯idden ḥâqūl*, le coq a chanté; p. n. *u-i̯iddīneš*; H., *tedn*; n. a. *áddān* (*ṷa*). — (B. Iznacen), *sḷeuḷeu*, *sṷilṷīl*. — (B. Menacer), *inzīz* (R. B.), chanter. — (Meṭm.), *înzīz*, *i̯inzīz*, *tinzīz*, chanter.

CHARGER, charge ce sac sur l'âne : *îsi θaškkᵘārθu δéni̯ iúγi̯ūl* (V. LEVER, SOULEVER) (ou) *engel ḫṷúγi̯ūl*, (ar. tr. *engᵘel*); H., *neggel*, ou *εâδel ḫṷuγi̯ūl*; H., *εäddel* (ar.); charger un fusil : *tšâr* (V. REMPLIR), ou *setš* (V. MANGER); charger (qqn. de faire qq. chose) : *ṷaṣṣa*, *tṷáṣṣa* (V. RECOMMANDER). — (B. Iznacen), *îsi*, p. *īsīγ*, *i̯isi*; H., *issi*; n. a. *θussīt*. — (Meṭm.), *erfeδ*; H., *reffeδ* (ar.).

CHARDON, *asĕnnān* (*u*), *isennānen*; (bleu) Eryngium : *asennan aziza*; scolymus : *θagernīnt*, *lferi̯ās*, *buneqqār*. — (Meṭm.), *θiǵernīna*.

CHARBON[2], *lefḥèm*, *lfâḫer*, *lbii̯ūti* (ar.); ch. allumé : *tîržet* (V. BRAISE); charbonnier : *afḥḥam*, *i-en*, *akuṷṷāš*, *i-en*; la

1. Cf. R. Basset, *Beni Menacer*, p. 47. — W. Marçais, *Tanger*, p. 302 [دندن].
2. Cf. R. Basset, *Zenat. Ouars.*, p. 81.

meule de charbon est appelée : *lkûšeθ nélbiịịūti*. —(Meṭm.), θ*iržīn*. — (B. Ṣalaḥ, B. Mess.), *lefḥem*.

CHARDONNERET, θ*imzīịent* (*te*), pl. θ*imziịnīn* (*te*) (ar.). — (Meṭm.), *lmèqnīn* (cf. Dozy, *Suppl.* II, p. 606 [مقنين]).

CHARRUE[1], *asγér* (*ụu*), pl. *iseγraụen*; petite charrue à âne : θ*asγérθ* (*te*), pl. θ*iseγraụin* (*te*); *aụullu* (*nuụu*), *iụeulliụen*. —(B. Izn., B. Menacer), *asγér*, pl. *isγāren* (R. B.). —(Meṭm., B. Ṣalaḥ), *asγer* (*ụe*), pl. *iseγraụen*.

CHASSER (renvoyer), *ḥûz* [حاز]; chasse-le : *ḥuz-īt*; H., *tḥūz*; chasseur à cheval : *ṣérṣūr*. — (Meṭm.), *ḥáụez*; H., *taḥụāz*.

CHASSER (aller à la chasse), *ṣéịieḍ*, p. p. *iṣeịieḍ*; H., *tṣeịieḍ*; chasseur : *aṣeịiāḍ*, pl. *iṣeịiāḍen*; chasse : θ*aṣeịiāṭ*. — (Meṭm.), *aṣeịiāḍ*; chasseur : *i-en* [صيد].

CHASSIE, θ*ârθa* (*tâ*) (B. Sn., B. Izn., B. B. Z., Meṭmaṭa, B. Menacer); — chassieux : *aδεämèš* [عمش], pl. *i-en*; θ*aδεämèšθ*, θ*i-šīn* (B. Sn., B. Izn., Zkara); — être chassieux : *δεämeš*, *iδεämeš*, *ūr-iδεämšeš*; H., *ddεämeš* (B. Sn., B. Izn., Zkara).

CHAT[2], *mûš* (*nu*), pl. *imiššuen*, fém. θ*míṣšūθ* (*tm*), θ*imiššuin* (*tm*); en langage familier : *léqṭêụeθ*, fém. θ*aqṭēūθ* (ar.). —(B. Izn., B. B. Z.), *muš* (*u*), pl. *imuššuen*, θ*múššūθ*. — (Meṭmaṭa), *lǵet*, f. θ*iǵettet*; *mūš* désigne ici le chat sauvage (*annaglarḍ*). — (B. Men., B. Ṣalaḥ), *amaššu*, p. *imaššuen*, f. θ*amaššūθ*. — (B. Men.), les yeux du chat : *hiṭṭaụin ŭụúmšiš*; *amšiš*, pl. *imšāš* (R. B.).

CHATOUILLER, *deγdèγ* [دغدغ]; H., *derdūγ*; n. a. *aderdeγ* (ou) *tuadeγdeγ*.

CHÂTEAU, *lbórž*, *lbrūž* (ar.).

CHAUD[3], *ĕḥma*, p. p. *ieḥma*; H., *ḥemma*; de l'eau chaude : *amân*

1. Cf. R. Basset, *Zenat. Ouars.*, p. 81; — *B. Menacer*, p. 47.
2. Cf. R. Basset, *Zenat. Ouars.*, p. 82; — *Beni Menacer*, p. 47.
3. R. Basset, *Beni Menacer*, p. 47.

iéḥmān; chaleur : *lḥúmmᵘān*; chauffer : *seḥma.* — (B. Sn., B. Iznacen, Meṭmaṭa), *ezγel*, se chauffer; p. p. *iezγel*; p. n. *ūr-zγîlγeš*; H., *tezγīl* ou *zeqqel*; n. a. θ*azγūli* (*ta*); chauffer : *sezγel.* — (B. Sn., B. Izn.), H., *sezγāl*; fut. nég. *sezγīl* (B. Izn.); il se chauffe : *qâ izeqqel* (B. Sn., B. Izn.); *illa izeγγel* (Meṭm.); il fait chaud aujourd'hui : *assu tazγūli*, *assú iéḥma ųāss* (ou) *lḥāl*; chaleur du feu, du soleil : *ṣṣáhd*; chaleur du jour : *tfúįθ.* — (B. Menacer), *eḥma*, p. *ieḥma*, f. fact. *seḥma* (R. B.); — (Meṭm.), *eḥma*, *eḥmīγ*, *įėḥma*; H., *ḥemma*, être chaud; *seḥma*(θ) *saḥma*, réchauffer; *assa* δ*elḥummᵘān*, il fait chaud aujourd'hui [حمى].

CHAUDIÈRE, *lbermeθ* [برمة], pl. *lbermāθ*; *ṭṭénžīr*, pl. *ṭnâžer*.

CHAUME, *lėḥṣīḍet*, (ar. tr. *lbrūmi*). — (Meṭm.), *iγellel* [حصد].

CHAUMIÈRE, en branchages (ordinairement laurier-rose) et en diss : θ*anųālt* (*te*), pl. θ*inųālīn*.

CHAUSSURE[1], les Beni Snous, hommes et femmes chaussent des sandales : *tisīli* (*tsī*), (ar. tr. *ĕnnáεil*); pl. *tísīla* (*tsī*); *tįúįįa nétsīla*, une paire de sandales; cette chaussure est faite de palmier-nain ou d'alfa tressés (V. TRESSE). — En hiver, ils portent des chaussures de bois (SABOTS, V. ce mot, V. TALON) : *aqebqāb* (*u*), pl. *iqebqāben* (*i*), (en ar. tr. *lqebâqeb*); en hiver, ils portent aussi des chaussures de cuir formée d'une semelle de cuir de bœuf, de chameau, fixée au moyen de tresses de palmier, liées au mollet (V. TRESSES) : *tîlmīθ* (*te*), *tîlmai̥* (*te*) ou *buεáffās*, (ar. tr. *bumentel*); seuls, les hommes en portent, de même que les : θ*ásffāgīθ*, θ*isffāgįįn*, (ar. tr. *ssfâfīg*), également en peau; on appelle *ahĕrkᵘās* (*u*), *ihĕrkᵘāsen*; *aherkūs* (B. Izn., B. B. Z., O. Amer), des sortes de pantoufles de cuir, sans talon, en

1. R. Basset, *Zenat. Ouars.*, p. 82; — *Beni Menacer*, p. 48.

cuir de mouton ou de chèvre (V. BABOUCHES), (ar. tr. *lbélγa*), pour les hommes et les femmes; seules les femmes portent les θáriḥīθ (*ter*), θíriḥiịīn (*ter*), en cuir de chèvre, de mouton, de couleur rouge (ar. tr. *erríḥiịia*). — (Meṭm.), *arχāsen* (*bumentel*), *aγrūs* (*melḥa*), *aṣebbāḍ*, pl. *iṣebbāḍen*. — (B. Menacer), *arkas*, pl. *irkāsen*; dim. θ*arkast*, pl. θ*arkasīn* (R. B.).

CHAUVE[1], *ileslāε*, *i-εen*, *tileslāεθ*, *ti-εīn*, *ịúθ-īt isselăεăθ*, la calvitie l'a atteint [صلع].

CHAUX, *lžír* [جير]; four à chaux : *lkūšéθ nélžīr*; pierre à chaux : θ*ifkerθ*. — (B. Menacer), *lžir*. — (Meṭm.) : *lžir*.

CHEF, d'un douar, d'un village : *akūrāt* (*u*), *ikūrāten*; par moquerie : *anebbāḥ* (*u*) (ar.); ch. de la tribu : *lqáiδ*, *lqíịāδ* (ar.); on dit aussi : *amoqrān*, *i-en*. — (Meṭm.), chef du douar : *bâb-ūsūn*.

CHÉCHIA[2] blanche : θ*aεārrāgīθ* [عرقي] (*ta*), pl. θ*iεārrāgiịīn*; rouge : *tšâšīθ*, pl. *tišūšāị*. — (Meṭm.), ch. blanche : θ*šašīθ*, pl. θ*išūšāị*. — (B. Ṣalaḥ, B. Mess.), θ*ašāšīθ*, pl. θ*išūšāị*.

CHEMIN[3], *ábrīδ* (*ụu*), pl. *ibrīδen*. — (B. Sn., B. Izn.), mauvais chemin, piste : θ*amrīrt* (*te*), pl. θ*imrīrīn* (*te*), (ar. tr. *lemrīra*); passe par ce chemin : *ékk âki-ubrīδu*, *âki-temrīrθu*. — (Meṭm.), *abrīδ*, pl. *ibrīδen*; en chemin : *δúġġūbrīδ*. — (B. Menacer, B. Salah, B. Mess.) : *abrīδ*, pl. *ibrīδen*; où conduit ce chemin : *mâni ittaụi ubrīδa*.

CHEMINÉE[4], *bú-žuụāl*, pl. *ibužuụālen*; de fusil : *šímīli* (cheminée), *šímiliịāt*. — (Meṭm.); θ*akūzīnt*. — (B. Menacer), *lmenfes* [نفس].

1. R. Basset, *Zenat. Ouars.*, p. 82.
2. W. Marçais, *Tanger*, p. 341 [شاشية].
3. R. Basset, *Zenat. Ouars.*, p. 82.
4. R. Basset, *B. Menacer*, p 48.

CHEMISE[1], *lqméžžeθ*, *lqméžžāθ*; à manches : *θaqššābīθ* (*te*), *θiqššābīn* (*te*); à manches courtes *θateršauīθ*, *θiteršauīn*; à manches amples : *tšâmīrĕθ*, *tšamirāt*. — (Meṭm.), *eθθūb* [ثوب], *lĕqmĭdža*. — (B. Ṣalah), *eššeīt*. — (B. Men.), *θaqmedžet*. — (B. Menacer, *θaqmidžexθ*, *aiδuaγ* (R. B.).

CHÊNE[1], chêne vert à glands amers : *lkurrîš enįilef*, *lkúrrīš lḫantrīsi*, *aḫliž* (*nu*); chêne en touffes, *iḫelžān* (ou) *afθīs*, pl. *ifθīsen*; chêne-liège *θafernānt* (*tf*), *θifernānīn* (*tf*), coll. *lfernān*; chêne à glands doux : *lbéllūṭ lḥorr*, *lbéllūṭ lâṣīli*; (le gland de ce chêne est comestible, le bétail mange les feuilles (du ch. bellouṭ). — (Meṭm.), ch. à glands doux : *aδern*; ch.-liège : *lfernān*, *azeqqūr nelfernān*; chêne vert : *aχerrūš*. — (B. Ṣalaḥ), chêne vert : *ašχīr*. — (B. Menacer), *akerrūš* (R. B.), chêne vert; *aδern*, ch. à glands doux.

CHER[2], *eγla*, *įeγla*, *ūr-įéγla-š*; H., *γella*; n. a. *aγla* (*u*); rendre cher : *seγla*, *sγella*; cet enfant m'est cher : *arba įu iεâzz eḫḫi*, (de *εäzz*, être cher), H., *taεazza* (ar.). — (B. Menacer), ceci n'est pas cher : *uá irḫes*; cela est cher : *uīn maši irḫes*. — (Meṭm.), *aγrum iγla*; le pain est cher : *aεáẓīẓa įiεîz fella*; cet enfant m'est cher.

CHERCHER, *urza*; cherche-le : *urza ḫḫes*, *ûrzaγ*, *įûrza*; p. n. : *ūrza*; H., *ruzza* (A. L.), *truzza* (K.), ou *fâfa*, cherche-le : *fâfa-ḫḫes*, *fāfaγ*; *ifāfa*, p. n. *fâfa*; H., *tfāfa*. — (B. Iznacen), *erzu*; f. *erzūγ*, *ierzu*; f. n., H., *redzu*; n. a. *θredzūθ*, recherche. — (Meṭm), *ûrza*, p. *urziγ*, *įûrza*; H., *tūrza*; recherche : *asūrzi*. — (B. Ṣalaḥ, B. Messaoud), que cherches-tu : *mátta lā-θrézzūδ*. — (Meṭm.), *matta θellīδ θrúzzīδ*. (Cf. R. B., *Loqm.*, p. 248.)

1. R. Basset, *Zenat. Ouars.*, p. 82; — *B. Menacer*, p. 48. — W. Marçais, *Tanger* [قمجّة].
2. R. Basset, *Zenat. Ouars.*, p. 82.

CHEVAL[1], *ịis* (*nu*). — (B. Sn., B. Izn., Zkara, B. B. Zeggou, O. Amer), *ịịisạn* (*niịi*) (V. JUMENT, POULAIN); *âθni*, cheval de deux ans : *aθlāθi*; cheval de trois ans : *arbuāεi*; cheval de quatre ans : *aḫmuāsi*; cheval de cinq ans; *asdāsi*, cheval de six ans, etc., vieux cheval : *lgârăh*; excellent cheval de race : *ịis ĕlḥórr*; mauvais cheval : *ašīdār* (*u*), pl. *išīdāren*; cheval mal venu, qui reste chétif : *afĕnnīš* (*u*), pl. *ifennišen*. — (Beni Menacer), *ịis*, pl. *ịisān* (R. B.). — (Meṭmaṭa), *ịis*, pl. *ịịsān*; le pied du cheval : *ḍār uịis*.

CHEVEU[2], *zâf* (*nu*), pl. *izaffen*. — (O. Amer), *anzed*, *anzāden*. — (Maṭm.), *anzād*; chevelure longue : *azeqqūḍ*; avoir les cheveux frisés : *δaḥeršau*. — (B. Menacer), *anzāδ*, pl. *inzaδen* (R. B.).

CHEVILLE[3] (du pied), *tišεäbet*. — (Meṭm.), *θiχăεäbet*, pl. *θiχăεạbīn*. — (B. Ṣalaḥ, B. Mess.), *θikaεäbeṭ*. — (B. Menacer) : *θaχăεäbūrθ*, p. *θiχăεbār*.

CHÈVRE[4], *tγāṭ* (*tγ*) (ou) *tγaṭṭ* (B. Sn., B. Izn., Zkara), pl. *tiγéṭṭen* (*tγ*); chèvre n'ayant pas encore de chevreaux : *θiždäεäθ*, *θiždäεīn*. — (B. Sn., Meṭm.), on dit aussi familièrement, ou par dérision : *θaḥezġūṭ*, *θiḥezġāḍ*; *θamžrābθ*, *θimžrābīn* (ar.); *θamerεūšθ*, *θimerεāš*. — (B. Menacer), *γāṭ*; *γat* (R. B.), pl. *θiγaṭṭen*. — (Meṭm., B. Ṣalaḥ, B. Messaoud), *tγāṭ*, pl. *tiγeṭṭen*.

CHEVREAU, *iγīḍ* (*ni*), *iγaiḍen* (*ni*). (B. Sn., Meṭmaṭa), fém. *tiγīḍeṭ* (*tγī*), *tiγīḍāḍ* (*tγī*). — (B. Menacer, B. Ṣalaḥ, B. Mess.),

1. R. Basset, *Zenat. Ouars.*, p. 82; — *B. Menacer*, p. 48.

2. R. Basset, *Zenat. Ouars.*, p. 82; — *B. Menacer*, p. 48. — *Loqm.*, p. 322 √N Z D', p. 260 √Z OU.

3. W. Marçais, *Tang.*, p. 451 [كعب].

4. Cf. R. Basset, *Zenat. Ouars.*, p. 82. — *B. Menacer*, p. 49. — *Loqm.*, √R' D, p. 277.

iγīḍ, pl. *iγīḍen*. —(B. Men.), le pied du chevreau : *ḍār iγīḍ*.

CHEZ[1], chez moi : *γ́ri*; chez mon frère : *γér-ūma*; chez qui? *mî-γer*? (de) chez qui? *sí-γermâges*. — (B. Izn.), *γer*; chez qui as-tu passé la nuit : *u̯îγer θensīδ* (ou) *mάimes u̯ú γer θénsīδ* (ou) *mánisana u̯ú γer θensīδ*. — (B. Ṣalaḥ), *γer*. — (B. Ṣalaḥ), chez qui êtes-vous entrés, *u̯īγer θūδfem*. — (Meṭm.), *γelmen θūδfem*. — (B. Menacer), *γer* (R. B.); chez qui as-tu passé la nuit : *rmâna θensīδ* (ou *manaγ*).

CHIEN[2], *aiδi* (*ŭu̯i*) (ou) *aiḍi*, pl. *iiδān* (ou) *iiḍān*. (B. Sn., B. Izn., Zkara, B. B. Z., O. Amer); — petit chien : *aqzīn, iqzīnen*; par dérision, on appelle le chien : *amežḥūm*, pl. *imežḥūmen* (ar.); *ameklūb*, pl. *imeklūben* (ar.). — (Meṭm.), chien : *ai̯δi*, pl. *ii̯δān*; petit chien : *aqzīn*, pl. *iqzīnen*; les dents du chien : *tiγmās ŭu̯īδi*. — (B. Ṣalaḥ, B. Mess.), *aqžau*, pl. *iṭān*; petit chien : *aqūžan*, pl. *iqūžạn*. — (B. Menacer), *aqzīn*; les dents du chien, *hiγmās ŭu̯úq̇zīn*; *aqžūn* (R. B.) et *aqžau*; *aiδi*, *aiḍi* (R. B.), pl. *iiδān*, *itān* (R. B.).

CHIENNE, *taiδit* (ou) *taiḍīt* (*tî*), *tiiδin* (ou) *tiiḍīn* (*tî*); petite chienne : *θaqzīnt* (*teq*), *θiqzīnīn* (*teq*). — (B. Izn.), l'aboiement de la chienne : *θadzūθ ĕntīδīt*.

CHIFFON[3], *ašellīq* (*nu*), *išellīqen*. — (Meṭm.); chiffon fermant la marmite à couscous : *θaqeffālt* (ar.).

CHIQUER du tabac en poudre : *ĕdžal ššemmeθ*, *idžūl*, H., *džâl*; n. a. : *džila* (ar. tr. *séff*).

CHOISIR, *ĕḫδār*; p. p. *i̯éḫδār*; p. n. *ūr-i̯éḫδār-eš*; H., *ḫettār*; n. a. *aḫδār* (*u*) [اختار].

1. Cf. R. Basset, *Zenat. Ouars.*, p. 83. — *B. Menacer*, p. 49. — *Loqm.*, $\sqrt{\text{R'R}}$, p. 278.

2. Cf. R. Basset, *Zenat. Ouars.*, p. 83. — *Beni Menacer*, p. 49. — *Loqm.*, $\sqrt{\text{K' Z N}}$, p. 289; $\sqrt{\text{I DH}}$, p. 334.

3. Cf. W. Marçais, *Tanger*, p. 256 [خلق].

CHOSE, *lḥáḭḭeθ*, *lḥíḭḭeθ* [حاجة]; c'est peu de chose : *maši ðelḥáḭḭeθ*.

CHOU, *lĕkrŭm*; une tête de chou : *iḫf ellékrŭm* [كرنب]. — (Meṭm.), *lkrumb*.

CHRÉTIEN : *rŭmi* (*u*), p. *irūmiḭen* (*ni*).

CHUCHOTER, *šáušū*, p. *išūšū*; H., *tšūšūч*; n. a. *ašūšū* (*u*).

CIBLE, cible en pierres : *θaišārθ* (*tī*), *θiḭšārīn* (*ti*) (ar.); cible des soldats : *nnîšān*, *nnîšānāt* (ar.).

CICATRICE, *θâzra* (*te*), *θizerṷīn*; on dit aussi : *lmâreθ*. — (B. Sn., Maṭm.), *lûsīmeθ* [امارة — وسيماء].

CIEL[1], *aženna* (*nu*). — (B. Sn., B. Izn., Zkara, Meṭm.); le soleil monte dans le ciel : *tfûḭθ tūlî iúženna*. — (Meṭm), dans le ciel : *ðúġ-ženna*; du ciel : *súġ-ženna*. — (B. Ṣalaḥ, B. Mess.) : *aženna*. — (B. Menacer) : *aženna* (R. B.).

CIGALE[2], *ablellez* (*nu*), pl. *iblelziḭen*; *abzīz* (*ṷu*), *ibzīzen*. (B. Sn., B. Izn., Meṭmaṭa); la cigale chante en été : *abzīz qā-itéẓẓīf ġúnebḍû*. — (B. Mess.), *zzètš*. — (B. Men.), *arjūj* (R. B.).

CIGOGNE[3], *aberrārež* (*nu*), *iberrāržen*; on l'appelle aussi : *abšeq-šāq*; on dit : la cigogne aux longs pieds : *āberrārez azirâr lémεārež*. — (Meṭm.), *bérrārež*.

CIL[4], *lešfār*. — (Meṭm.), *šṷáfer*. — (B. Mess.) : *ššīfer*. — (Beni Men.), *abel*, pl. *abliṷen*.

CIME d'une montagne : *iḫf ŭṷúðrār*; d'un arbre : *tašṭṭuīθ nes-séžžerθ* ou *tašmmāmθ*.

CIMETIÈRE, *θámdīnt* (*te*), *θimdīnīn* (*te*) (ou) *θímêḍlīn* (*te*). — (Meṭm.) : *meqberθ* (V. TOMBE).

1. Cf. R. Basset, cf. *Zenat. Ouars.*, p. 83. — *B. Menacer*, p. 49. — *Loqm.*, √GN, p. 305.
2. Cf. R. Basset, *B. Menacer*, p. 49. — W. Marçais, *Obs. Beauss.*, p. 5.
3. Cf. R. Basset, *Zenat. Ouars.*, p. 83.
4. W. Marçais, *Tanger*, p. 235 [بلرج].

CIVIÈRE, (Meṭm.), *nnăεăš* (ar.).

CINQ, *ḫámsa*; cinq hommes : *ḫámsa niirgăzen.*

CINQUIÈME, cinquième partie : *lḫâmseθ.*

CINQUIÈME, n. ord. : *ųú lḫâmes.*

CINQUANTE, *ḫámsin.*

CIRCONCIRE, *ziin*, p. p. *iziien*; p. n. *ūr-ízīines*; H., *dziien*; n. a. *aziien* (*u*) (ar.). — (Meṭmaṭa), *ziien* ou *ḫetten*; p. *iḫetten*; H., *tḫetten*; n. a. *aḫθān* [ختن].

CISEAUX, *lemqêṣ* (ar.). — (Meṭm.), *lemqêṣ.*

CITRON, *llîm qāreṣ* (coll.). — (B. Sn., Zkara, Meṭm., B. Menacer), un c. : *θilīmet* (ar.).

CITROUILLE[1], (B. Izn., B. Sn.), *θaḫsaiθ* (*te*), pl. *θiḫsaiin*; *θakabuiθ*, *θikūbai.* — (Meṭm.), *tχabauθ*, pl. *θiχabaųīn.* — (B. Ṣalaḥ), *θaḫsaiθ.* — (B. Menacer), *θaḫsaxθ.*

CLÉ, *lmefθāḥ* (ar.). — (B. Sn., B. Izn.), pl. *lemfaθėḥ*; clef pour arracher les dents : *lmĕggleθ*; clé : *lmeftāḥ, lemfātīḥ.* — (Meṭm.); clef à dents : *lkúllāb, θimĕggelt.*

CLOU[2], (B. Menacer) : *amesmīr*, p. *imesmār* (R. B.).

COCHON, *ilef* (*ii*), pl. *ilfān.* — (B. Sn., B. Izn., Zkara, O. Amer, B. B. Z., Meṭm., B. Ṣalaḥ, B. Men.).

COEUR[3], *ûl* (*ųûl*). (B. Sn., B. Izn., Zkara, O. Amer, B. B. Zeggou), *ûlaųen.* — (Meṭm.), *ûl*, p. *ulaųen*; le sang du cœur, *iδammen úųūl.* — (B. Ṣalaḥ, B. Mess., B. Menacer), *ûl*, pl. *ulaųen.* — (B. Men.); le sang du cœur : *iδammen ŭųūl*; cœur du palmier-nain : *ineḍ*, pl. *eināḍ.*

COIFFURE (V. CHECHIA, CHAPEAU).

COLÈRE, être en c. : *ezεăf*, p. p. *izεăf*; p. n. *zεīf*; H., *tezεīf*;

1. Cf. R. Basset, *Zenat. Ouars.*, p. 83.
2. Cf. R. Basset, *B. Menacer*, p. 50 [مسمار].
3. Cf. R. Basset, *Zenat. Ouars.*, p. 83. — *Loqman* √OU L, p. 331.

azɛāf (*u*); *zzɛâf-iθ*; mets-le en colère; H., *sezzɛaf*; il est en colère, *qā tûfi-ās* (V. *afi*, VOLER) (ar. tr. : *rahi ṭairet lu*) *qā-tûli-δīs eddûnīθ gîḫfennes* (V. MONTER). — (Meṭm.), *γeššeš*; H. : *tγeššeš*. Cf. W. Marçais, *Tang.*, p. 404 [غشش].

COLIQUES, *ṭaɛāneθ*; il a des coliques : *qait δameṭɛūn*. — (B. Menacer), *lužɛāθ* [طعن — وجع].

COLONNE VERTÉBRALE, *aselsú ntîu̯a*, *äsrûr entîu̯a*, *ăɛämûδ entîu̯a*. — (Meṭm.), *agäḥrūb* [سلسلة — عمود].

COLLYRE, pour le bord des paupières : *θaẓūlt* (*dzū*); pour les sourcils : *aḥérqūs* (*u*). — (Meṭm.) : *θāẓūlt*. — (B. Ṣalaḥ), *θazūlṭ*.

COLOMBE[1], *táḥmamt* (*teḥ*), *tiḥmāmin* (*teḥ*) (ar.). — (B. Menacer), *θaδbīrθ*, *haδbīrθ* (R. B.).

COLLINE[2], *lgaɛāθ* [قعد]. — (B. Ṣalaḥ, B. Mess.) : *θagûδîrθ*, p. *θigūδār*. — (Meṭmaṭa), *θagaɛīt*, p. *tigaɛiδin*. — (B. Menacer), *θxâθerθ*, pl. *θixūθār*, *laɛäri* (ar.).

COLLIER, *θáglaθ* (*te*), *θiglaδīn* (*te*) [قلادة]. — (B. Ṣalaḥ, B. Mess.), *aḥzrīr*. — (Meṭm.), c. de corail : *θimeḫneqθ*, *θimĕḫenqīn*; c. de pièces d'or : *ašentūf*, p. *i-en*. — (B. Menacer), *θuḫniqθ*, pl. *θuḫnīqīn*; collier de pièces d'argent : *ašentūf*, pl. *i-en*, collier de pièces d'or [خنق].

COMBIEN[3], combien as-tu d'enfants? *šĕḥāl eniirbān γ ᶜreš*; pour combien as-tu acheté ce cheval : *sĕšḥāl tesγîδ iis-ūδi* ou *mîzzi tesγîδ iis-ūδi*. — (Meṭm.), *ma šḥāl*. — (Ben. Men.), *mašḥāl*; combien vends-tu le blé : *mášḥāl θeznūzîδ îrδen*; pour combien? *mešhāl-s.....*

COMMANDANT, *akmāndār elɛâsker* (*u*), *ikmāndāren*.

1. Cf. R. Basset, *Zenat. Ouars.*, p. 83. — *B. Menacer*, p. 50. — *Loqman* √TH B R, p. 232.

2. Cf. R. Basset, *Zenat. Ouars.*, p. 83. — *B. Menacer*, p. 50.

3. Cf. R. Basset, *Zenat. Ouars.*, p. 83. — W. Marçais, *Tanger*, p. 343 [شحال].

COMMANDER (à), *éḥkem* (δi) (ar.), *i̯éḥkem*, *ūr-i̯éḥkīmeš*, *ḥekkem*, *aḥkām* (*u̯a*); il nous commande, *iḥékkem* δînêγ. — (B. Iznacen), *âmer* (ar.), p. p. *i̯ūmer*; p. n. *umīr*; H., *tāmer*; f. n. *tīmer*.

COMME[1], il crie comme un chien; *ittẹẓẓīf am-u̯îδi* (gr. p. 223); fais comme moi : *ĕgg ám-netš*; fais comme tu veux; *ĕgg mâmeš téḫseδ*, *mâš teḫseδ*. — (Meṭmaṭa), comme moi : *ám-netš*; comme un homme : *ámmuri̯ăz*; comme une femme : *am-θmeṭṭūθ*.

COMMENCER[2], *ebδa*, p. *bδaγ*, *i̯ibδa*; H., *betta*; n. a. *abδa* (*u*), passif : *tu̯âbδa*, *séhhel*; H., *tséhhel*; j'ai commencé mon travail : *séhhleγ δi-lḫéδmeθ-īnu*. — (B. Iznacen), *ebδa*, *bδīγ*, *ibδa*; H., *bedda*, f. nég., *beddi*. — (B. Men.), *žerreb* (R. B.). — (Meṭmaṭa), *ebδa*, *ibδa*; H., *bedda*. — (Meṭm.), *ebδa*, p. *bδīγ*, *ibδa*; H., *bedda*.

COMMENT[3], comment vas-tu : *mâš-θellīδ*, *mâmeš qâ-šẹkk*; comment faire? *mâš ānegg*; comment es-tu venu? *mîδi tûzdeδ*. — (Meṭm.), comment ferai-je : *mâmeš ālâδ-eǧǧeγ*. — (B. Menacer), *mānek*; je verrai comment il a jugé : *âqleγ nešš mānék i̯éḥkem*; comment vas-tu : *matta δi θellīδ*?

COMMERÇANT, *aḥu̯ānti* (*nu*), *iḥu̯āntii̯en*, *bâb ĕntḥânet*, pl. *iθbâb ĕnteḥûna*; *asbbāibi* (*nu*). — (B. Sn., B. Iznacen, Zkara), *isbbaibii̯en* [ﺻﺒّﺎﺏ]; colporteur (ou) : *u̯énni issaγén iznūzān*.

COMMISSION, *eqḍa*, p. *i̯éqḍa*; H., *qeṭṭa* (ar.); n. a. *aqḍa* (*u*), *ennĕḍ*; H., *tennĕḍ* (V. TOURNER); cet homme me fait mes commissions : *argazu qā-itĕnnḍ-ii̯i δi-úḫḫām*.

COMPAGNON, *amddūkel* (*nu*). — (B. Sn., B. Izn., Zkara, Meṭm.,

1. Cf. R. Basset, *Zenat. Ouars.*, p. 83. — *Loqm.*, p. 312 √M.
2. Cf. R. Basset, *B. Menacer*, p. 50. — *Loqm.*, 339 [ﺑﺪﺍ].
3. R. Basset, *Zenat. Ouars.*, p. 83. — *Loqm.*, p. 311 √M.

B. Ṣalaḥ, B. Menacer), *imddūkāl* (*ni*), f. : *θámddūkelt*, *θimddūkāl* (V. ACCOMPAGNER).

COMPAGNIE (aller de). — (B. Ṣalaḥ); accompagne-le : *ddūkleθ*, p. p. *iddūkel*; p. n. *ddūkel*; H., *ddūkūl*; se tenir comp. : *mdūkel*; H., *mdūkūl*; accompagner : *δúkkel* (θ), *δúkkūl*. — (Meṭm.), aller de c. : *mdūkel*; H., *mdūkūl*.

COMPATRIOTE, c'est mon compatriote : *δemmîs ĕntmûrθ-īnu*, *δemmîs entqebîlt-īnu*, *nettạn si-tmûrθ-īnu*.

COMPLÉTER, *semda* (V. ACHEVER).

COMPARER, *qâbel* (ar.); compare-les : *qâbel-īhen*; H., *tqâbāl*.

COMPLOTER, *zebben* (ar.); H., *dzebben*, *azebben* (*u*); ils complotent pour vous tuer : *dzébbnen ḫuén mízzi akénniuen ĕnγen*.

COMPRENDRE, *efhem* (ar.), p. p. *iífhem*; je n'ai pas compris : *ūδ-fhîmγeš*; H., *fehhem*; n. a. *afhām* (*u*); m'as-tu compris? *tfehémδ-iii*? il n'a pas compris ce que tu lui as dit : *ūr-iefhîmeš mátta δâs tsîūleδ*. — (Meṭm.) : *efhem*; p. n. *fhīm*; H., *fehhem*.

COMPRIMER, *ẓĕmm* (V. SERRER).

COMPTER, *eḥseb*; H., *ḥesseb*, *aḥsāb* (*ua*); porte cela à mon compte : *erzem iii uûδi* (V. LACHER) ou : *sers ḫi uûδi* (V. POSER); j'ai compté sur toi : *ettéšleγ éḫḫeš* de *etšel* (*ḫes*); p. p. *iéṭšel*; p. n. *ūr iéṭšīl-eš*; H., *tšâl* [اتّكل]; je compte partir : *qai εámdeγ ḫtémrīḥeθ* (V. SE PROPOSER).

COMPTANT, (B. Menacer), il vend au comptant; *iznūza selqĕbḍ* (ar.).

CONCOMBRE *léḫiār* (coll.), *θaḫiārθ*, *θiḫiārīn*. — (Meṭm.), *leḫiār*. et (B. Men.).

CONDAMNER, qq. n. *eḥkem*(*ḫ*)*i*; le juge m'a condamné à l'amende : *lqâḍi iéḥkem ḫí selḫédiieθ* (V. JUGER).

CONDITION (poser une), *ĕšred*, *iĕšred*, *ūδ-ešrîdγeš*, *šérred*, *asrād* (*u*); il m'a imposé une condition : *iĕšréd ḫi* [شرط].

CONDUIRE, conduis cet enfant chez son père : *âuei ârba-iu γér-ĕbbās* (V. EMMENER) : *sîuĕd ârba-iu í-bbas* (V. ARRIVER); conduire des bêtes, les pousser devant soi : *ṣûg aḥerrāg*; conduis les chèvres; H., *tṣûg*, [سوق] *âṣûg* (*u*) (ou) *héžžež θamra*; conduis le troupeau de mouton; H., *thežžež* (ar.); *hémmez ddûleθ*; conduis les bœufs; H., *themmez* (ar.); conduire au licol : *zûγer* (V. TRAINER); conduite (moralité) : *ssîreθ* (ar.); cet enfant a-t-il une bonne conduite ou non : *arba-iu sîrθennes δuṣbbêḥ ānâγ δúqbêḥ*; conduite d'eau : *aqādûs* (ar.) (*nu*), *iqūdās* (*ni*). — (B. Menacer), ce chemin conduit à : *abrīδa ittaui ar...* — (Meṭm.), *zğûr-iθ*; conduis-le ou : *gauδ-īθ*.

CONFIANCE, *lâmān*; j'ai confiance en lui : *tâmneγ δīs* (V. SE FIER, CROIRE).

CONFITURE (excitant) : *lεâfiūn* (opium), *taḥšišt* (ar.); de fruits : *lmâεžīn*, *lεâqdeθ* [عجين — عقد].

CONFRÉRIE, *θazrībθ* (*te*), pl. *θizrībīn*; confrères : *δaumāθén sí tezrībθ* ou *δaumāθén sí ššīh-ĕnsen* [زرب].

CONGÉ, *tĕsrīḥ* (ar.), *tsrîḥ nûiūr*, un mois de congé.

CONNAITRE, je connais cet homme : *essneγ argazu*; je ne te connais pas : *ûšk esṣînγeš* (V. SAVOIR); faire connaître : *séssen*; H., *sessān*; se connaître : *tmússen* (ou) *tuassen*. — (B. Izn.), je ne le connais pas : *ûmais*. — (Meṭm.), *essen* (θ), p. *issen*; fut : *äδ-issen*; p. n. *ssīn*; H., *tessen*; connaissance : *θussĕna*; *uel γrí θússna δîs*, je ne le connais pas.

CONQUÉRIR, *áui θamūrθ*; conquérir un pays (V. EMPORTER) : *âγ θamūrθ* (V. PRENDRE).

CONSEILLER, *debber* (ar.); conseille-moi : *débber ḫi*; p. p. *idebber*; n. a. *adebber* (*u*). — (Meṭm.), *δebber fella*, conseille-moi.

CONSOLER (un enfant qui pleure); *sûsem* (faire taire) : *ɛazza*; H., *tɛazza* (ar.); console-le : *ɛázzāθ*.

CONSTANTINE, *qṣénṭīna*.

CONSTIPÉ, *amaḥṣūr*; *i-en* (ar.).

CONSTRUIRE, *ebna* (V. BATIR).

CONSULTER, *šâūr*; consulte ton père : *šâūr bbāš*; H., *tšâu̯ār*; se consulter : *mšāu̯er*; H., *temšāu̯ār*. — (Meṭm.), se consulter : *mšāu̯er*; H., *mšāu̯ār*. — (B. Men.); se consulter : *mšau̯er*; H., *temšau̯ār* (ar.).

CONTE, *leqṣêi̯eθ*; *lqéṣṣāt*, *leqṣẹi̯āθ*; *θaḥkait*; *tiḥkai̯īn*; conter : *eḥka* (V. RACONTER). — (B. Iznacen), *ḥaža*, p. *ḥažīγ*, *iḥaža*; H., *tḥaža*; f. n. *tḥīži*; n. a. *aḥāži* (ar.).

CONTENIR, *ìsi* (V. PORTER), *abermīl-iu šḥâl igéssi llìtrùi̯āt*; combien ce baril contient-il? — contenance : *tìi̯set*.

CONTENT, *efraḥ*; p. p. *ferḥéγ*, *i̯ifraḥ*; p. n. *ūr-frìḥγeš*; H., *ferreḥ*; n. a. *afrāḥ* (*u*); contenter : *sefraḥ*; je suis content de toi, *qā ferḥéγ ĕzzìš* (ar.).

CONTINUER, *erni*, p. *ierni*; H., *renni*; n. a. *θamerniūθ* (*te*). — (B. Iznacen), *erni*, p. *ernīγ*, *i̯irna*; p. p. *rni*; H., *renni*; n. a. *θimerniūθ*. — (Meṭmaṭa), *erni*, p. *i̯erni*; H., *renni*; n. a. *θamerniūθ*. — (B. Ṣalaḥ), *ernu*, p. *ernīγ*, *i̯erna*; p. n. *rni*; H., *rennu*.

CONTRE, accroche ton burnous contre le mur : *ɛâlleq aselhāmĕnneš ḫūδém nélḥẹḍ*.

COQ[1], *ḥâqūl* (*nu*), pl. *iḥūqāl* (*ni*); *i̯âzẹḍ* (*nu*). (B. Sn., B. B. Z., O. Amer), pl. *i̯âzẹḍen* (*ni*). — (Meṭm.), *džiɛāδer*, p. *idžiɛāδren*. — (B. Ṣalaḥ, B. Mess.), *aɛâqqūq*; *aɛâqūq*, p. *iɛāqāq*. — (B. Menacer), *iaẓiṭ* (R. B.), pl. *i̯aẓīḍen*.

1. Cf. R. Basset, *Zenat. Ouars.*, p. 83. — *B. Menacer*, p. 50. — *Loqm.*, p. 333 $\sqrt{\text{I Z DH}}$.

COQUELICOT, *ben nâεmạn*, *ben nâεmạm*. — (Meṭm.), *bennaεmān* (ar.).

COQUILLE, *θaqšūrθ* (*te*), pl. *θiqešrīn* (*te*). — (Meṭm.), *qûšer*, pl. *iqūšrān* [قشر].

COQUILLAGES, *θaγlált uu̯âmān* (*teγ*), pl. *θiγūlāl* (*teγ*) (et) *tiγlālīn* (*teγ*).

CORAIL, *lmeržạn* (ar.).

CORBEAU[1], *žârfi* (*nu*), *ižārfii̯en* (*ni*); *θiεâδla* (*ti*); corneille : *θiεäδliu̯īn* (*ti*). — (Meṭmaṭa), *θžârfiθ*, p. *θižarfii̯īn*. — (B. Ṣalaḥ, B. Mess.), *θagerfa*, p. *θigerfiu̯in*. — (B. Menacer), *zârfi*, p. *ižārfii̯en*.

CORBEILLE, *tikọrbet* (*tkọ*), *tikọrbīn* (*tkọ*); c. à pain. — (Meṭm.), *andu*, pl. *inĕdu̯ān*. — (B. Menacer), petite corbeille pour fruits : *selleθ*, pl. *sellāθ* (ar.); grande corbeille : *asennaž*; pl. *i-en*.

CORDE[2] d'alfa : *asγūn* (*u̯u*), *isĕγu̯ān* (*ni*). (B. Sn., B. Izn., Zkara, Meṭm., B. Ṣalaḥ); c. de chanvre : *θamežrīθ* (*tme*), *θimežrai̯* (*tme*); c. de laine : *amerbūḥ* (*nu*), *imerbaḥ* (*ni*), (ar.); c. de palmier-nain : *ašbii̯u* (*nu*), *išbii̯un* (*ni*) ou *aθārūk* (*nu*), *iθārūken* (*ni*); petite corde d'alfa : *aržāε* (*nu*), *iržāεen* (*ni*); corde d'alfa pour atteler les bœufs : *tizmemt* (*tez*), *tizūmām* (*tz*); corde de laine du métier à tisser : *tiδli* (*te*), *tiδelu̯īn* (*dde*). — (B. Ṣalaḥ), corde de poil de chèvre : *θasūχa* (ar. tr. *mrîra*); corde de palmier-nain : *ṭṭârfa*. — (Meṭm.), petite corde de palmier-nain, d'alfa : *θanežrīθ*, p. *θinežrai̯*. — (B. Menacer), *θazra*, p. *θizeru̯in*, cordelette en palmier employée pour coudre des tresses de palmier; *asγūn*, pl. *isγau̯en* (R. B.) et *iseγu̯ān*, corde à quatre brins en palmier-

1. Cf. R. Basset, *Zenat. Ouars.*, p. 84. — *Loqm.*, p. 302 √G R F.
2. Cf. R. Basset, *Beni Menacer*, p. 50.

nain, pour attacher les animaux; diminutif : *θasγūnt*.

CORDER, *ezlii* ou *ezleg*; p. p. *iézlii* ou *iézleg*; p. n. *zli* ou *zlīg*; H., *zellii* ou *zelleg*; n. a. *azlai* (*u*) *azlag* (*u*); *efθel* [فتل]; p. p. *iifθel*; p. n. *fθīl*; H., *fettel*; n. a. *afθāl* (*u*). — (Meṭm.), *ezli*; H., *zelli*; n. a. *azlai* (*u*).

CORDON, *fīlū* (*nu*), pl. *ifīlan* (*ni*). (Cf. H. Stumme, *Taz.*, p. 158 : *afulu.*)

CORDONNIER, *asbabṭi* (*nu*). (B. Sn., B. Izn.), *isbabṭiièn* (*ni*), *ablāγži*, p. *i-en*. — (B. Izn.).

CORNE[1], *išš* : une corne : *iδžen núiīšš* ou *niīīš*, *iššaṷen* (*ni*); un bouton de corne : *qofléθ niīšš*. — (Meṭm.), *qiš* (*u*), pl. *iqīšṷen*. — (B. Menacer), *išš*, p. *aššiṷen* (R. B.).

CORNEILLE[2], *θiεâδla* (*ti*), *θiεâδliṷīn* (*ti*).

CORPS, *lžesdeθ* [جسد].

CORSET (de femme), *lfrimleθ*, *lfrímlāθ*.

COSSE (de pois), *θáqšūrθ*, *θiqešrīn* (ar.); *ěžžṷa*, *ėžūiān*. — (Meṭm.), *θailūθ*, p. *θiiluin* (ou) *qîš*, p. *iqišṷen* (plutôt gousse).

CORVÉE (de labour). — (Meṭm.), *θṷīza*.

CÔTE, *aγezdīs* (*nu*), *iγezdīsen* (*ni*). — (Meṭm.), *θaγezδīsθ*, p. *θiγezδīsīn*. — (B. Menacer), *aγezdīs*, p. *iγezdīsen*, côte, côté.

COTÉ[3], *lžîheθ* [جهة], pl. *lžîhāθ*. — (B. Sn., B. Izn., Meṭm.), de tous côtés : *δi-kûl-žīheθ*; du côté droit : *δi-lžīhéθ táfūsīt*; du côté gauche : *δi-lžīhéθ tazelmāṭ*. — (B. Men.); de quel côté irai-je? *mant el-žīheθ ālā rọḥèγ*. — (B. Sn.), à côté de moi, de lui, d'eux : *samaii*, *sâmāt*, *sâmāhen*. — (B. Izn.), il marcha à côté de moi : *iggūr ḫeṭṭerf-īnu* (ou) *keδ-uγézδīs-īnu*. — (Meṭm.), à côté de moi : *elḥádd-īnu*. — (B. Izn.), vers

1. Cf. R. Basset, *Zenat. Ouars.*, p. 84. — *B. Menacer*, p. 50. — *Loqm.*, p. 266 √S K.

2. Cf. R. Basset, *Zenat. Ouars.*, p. 84.

3. Cf. R. Basset, *Zenat. Ouars.*, p. 84.

ce côté : *γeryauru*; de ce côté : *seg-yauru*; de l'autre côté : *seg-ûγīrīn*; de ce côté-ci : *ažemmāḏu*; de ce côté-là : *ažummāḏin* (rive).

COTON, *lĕqθen* (B. Sn., B. Izn., B. Mess., B. Ṣalaḥ., Meṭm.), *lĕqṭen* (ar.).

COU[1], *ažernḗḏ* (*u*), *ižernāḏ*; dim. : *tažernḗṭ* (*zé*), *tižernāḏ*. — (B. Menacer), *erreqbeθ* (ar.). — (Meṭm.), *θaχrūmt*, *θiχermīn*. — (B. Ṣalaḥ, B. Mess.) : *ižīmān*.

COUCHER (se) (s'allonger sur un lit) : *ezzél*, *iízzél*, *ūr-iízzīleš*, *tezzel*, *azzāl* (*u*); il se coucha, s'endormit et rêva : *iízzél*, *ieṭṭéṣ*, *iûrži*; le soleil s'est couché : *tfûiθ θmássa*, *massa*[مسى]; H., *tmassa*; n. a. *temsīt*; *eγlī*, p. *ieγlī*; H., *tγélli*; n. a. *aγlai* (*u*), *âki uγlái nétfuiθ*; au coucher du soleil. — (Meṭm.), être couché : *θuákka*; p. *iθuakka* [توكا].

COUCOU[2], *átkkūk*; pl. *itkkūken*; le coucou chante : *atkkûk qai-ittékkek*. — (Meṭm.), *tekkūk*. — (B. Men.), *θqūq* (R. B.).

COUDE, *tiγmèrt* (*te*), *tiγmĕrīn* (*te*); *θaqèbḏīθ nûγīl* (*tqe*), *θiqebḏai* (*tqe*) (ar. tr. *lqebṭa*). — (Meṭm.), *amššāš*, p. *imššāšen*.

COUDRE[3], *ḫíiièḏ*; H., *tḫiiièḏ*; n. a. *aḫiiièḏ*; *sénbel*; p. p. *isenbel*; H., *senbāl*; n. a. *asenbel* (*u*). — (Meṭmaṭa), *eǧnī*, p. *iǧni*; H., *ǧenni*; n. a. : *θiǧennet*. — (B. Ṣalaḥ), *eǧnu*; p. p. *ǧnīγ*, *iǧna*; H., *ǧennu*; n. a. : *θiǧīni*.

COUFFIN, *θázgäuθ* (*ntez*), *θizgayīn* (*ntez*); petit couffin : *θaqfīfθ* (*nte*) [قفّة]. — (B. Sn., Meṭm.), *θiqūfāf* (*nte*) (قفّة); c. petit et épais pour porter la terre : *θaṭerrābīθ* (*nṭer*) *θiṭerrabiiīn* (*nṭer*) (ترّابية). — (B. Menacer) : *θaqfīfθ*, p. *θiqfīfīn*; petit couffin : *isni*, pl. *isnaien*; grand couffin pour céréales. — (Meṭm.).

1. Cf. R. Basset, *Zenat. Ouars.*, p. 84.
2. Cf. R. Basset, *Beni Menacer*, p. 51.
3. Cf. W. Marçais, *Tanger*, p. 474 [نبّل]. — H. Stumme, *Taz.*, p. 179 : *gĕnu*.

COULER, *ázzel* (V. COURIR) : *amân tázzlen*; l'eau coule.

COULEUR, *llûn* (ar.), *ṣṣîfeθ* (ar.); *mâš téggu ṣṣīféθ nûịīsenneš*? de quelle couleur est ton cheval?

COUP[1], de bâton, *θíịθi* (*tiị*) *tîịθa*; (*tiị*). — (B. Men.), *iiθa*; c. de fusil : *ûδem nelbâṛūδ* (*ụu*), p. *ûδmaụen*; coup de poing : *ddébzeθ*, (ar.) pl. *débzāθ* (ou) *dúbbizt*; coup de pied : *rreδḥeθ*, *rréδḥāθ* [رضح].

COUPER[2], *eqḍāε* [قطع]; p. n. *qḍīε*; H., *qeṭṭāε*; n. a. *aqḍāε* (*u*), *séγres*; p. n. *ūr-ịisγérseš*; H. *seγrās*; n. a. *aseγres* (*u*), *qéṣṣ*; *tqeṣṣ*, *aqṣṣi* (*u*); ce couteau ne coupe pas : *lmūs ịūδí ūíttālịị eš* (v. *âli*, MONTER). — (Meṭmaṭa), *qeṣṣ* (*īθ*); p. p. : *iqeṣṣ*; H., *tqeṣṣ* (ar.). — (B. Menacer), *ekses* (R. B.). — (B. Ṣalaḥ), *eǧzem*; p. p. *iǧzem*; p. n. *ǧzīm*; H., *gezzem*.

COUPLE, *tịúịịa*, *tiịúịịa*. (B. Sn., B. Izn., Meṭm.), pl. *tiịuịịauīn*.

COUR[3], *ammâs ĕntáddārθ*. — (Meṭm.), *ūl taddārθ*.

COURAGEUX, *nettân δáržīl*, *i-en*; *δerréqbeθ*, pl. *δlérqāb*; *δasžīε*, *i-εen* (ar.).

COURGE, *lqărεāθ* [قرع] (employée pour faire des ustensiles; on ne la mange pas dans la tribu).

COURIR[4], *ázzel*. (B. Sn., B. Izn., Zkara, B. B. Z., O. Amer); p. p. *ịúzzel*; p. n. *ūr-úzzīlγeš*; H., *tazzel*; n. a. *θazzla* (*ta*); faire courir : *sizzel*; H., *sazzāl*; on dit aussi : *ezḥak*; H., *dzaḥka*. — (B. Izn., *azzel*; p. *ịuzzel*; p. n. *uzzīl*; H., *tazzel*; f. n. *tizzel*. — (Meṭmaṭa), *azzel*; pr. *iuzzel*; p. n. *uzzīl*; H., *tazzel*; n. a.

1. Cf. R. Basset, *B. Menacer*, p. 51. — *Loqm.*, p. 328 $\sqrt{\text{OU TH}}$.
2. Cf. R. Basset, *Zenat. Ouars.*, p. 84. — *B. Menacer*, p. 51.
3. Cf. R. Basset, *Zenat. Ouars.*, p. 84.
4. Cf. R. Basset, *Zenat. Ouars.*, p. 84. — *B. Menacer*, p. 51. — *Loqm.*, p. 258 $\sqrt{\text{ZL}}$.

tazzla; faire courir : *sīzel* (θ); H., *sāzāl*. — (B. Ṣalaḥ), *azzel*; p. *iuzzel*; p. n. *uzzīl*; H., *ṭazzāl*; n. a. θ*azzla*. — (B. Menacer), *azzel* (R. B.); p. p. *iuzzel*; p. n. *uzzīl*; H., *täzzel*; f. nég. *tizzel*; n. a. θ*azzla*; faire courir : *sizzel*; H., *sazzāl*.

COURSES HIPPIQUES, *lkúrs*.

COURT[1], (B. Sn., B. Izn.), *aqūḍēḍ*, *aqūδeḍ*, *i-en*; *taqūḍēṭ*, *ti-ḍīn*; raccourcir : *sqûḍeḍ*; H., *sqūḍūḍ*. — (B. Sn.), *ûqṣīf* [قصيف?], pl. *ûqṣīfen*; θ*uqṣīf*θ, θ*ûqṣīfīn*; *eqṣef*, *urqṣîfγeš*; H., *teqṣīf*; n. a. *aqṣāf* (*u*). — (Meṭmaṭa), *axernennai*, court; *i-en*; *abeqdūd*, petit. — (B. Menacer), *aqūḍēḍ*, *t-ṭ*, *i-en*, θ*i-ḍīn*.

COURTIER, *asmasri* (*u*) *ismasriien* [سمسار]. (B. Sn., Meṭm.).

COUSIN, *mmis en*ɛ*âmmi*; *mmis ĕnḫâli*, pl. *arraû n*.

COUSIN, *iillis ĕn*ɛ*ámmi*, *iillis ĕnḫâli*, pl. *iissīs ĕn*. — (B. Ṣalaḥ), *emmis* ɛ*ámmi*.

COUSSIN, θ*súmta* (*tsu*), pl. *tisumtauīn* (*tsu*); *sâmu* (*nu*), pl. *isūmān* (*ni*). — (Meṭm.); θ*áussat*, p. θ*íussāδīn* [وسد].

COUSCOUS[2], *ṭa*ɛ*ām*, de pure semoule (de blé) roulée en grains fins; *šŭí nta*ɛ*ām*, un peu de couscous; — *tabelbālt*, (*tbé*); couscous de grosse semoule; — *abelbūl* (*nu*), couscous assez fin de farine d'orge; — *bérkūkes* (*nbe*), gros couscous de farine d'orge. — (Meṭmaṭa), *sèisu*; gros couscous : *lmerdūd* (*berkūkes*); *lemḫammṣa* (ar.); couscous au beurre sans bouillon. — (B. Salaḥ, B. Mess.), *seksu*, c. fin; — *ṭṭa*ɛ*ām*, gros cousc.; — *berkūkes*, couscous grossier. — (B. Menacer), *ṭa*ɛ*ām*.

COUTEAU[3] à lame fixe : θ*aḫe*δ*mīt* (*tḫé*); θ*íḫe*δ*mai* (*tḫé*). — (B.

1. Cf. R. Basset, *Zenat. Ouars.*, p. 84. — *Zenaga*, p. 98.

2. Cf. R. Basset, *Zenat. Ouars.*, p. 84. — W. Marçais, *Tanger*, pp. 335 [سكسو] et 371 [طعم].

3. Cf. R. Basset, *Zenat. Ouars.*, p. 84. — W. Marçais, *Tanger*, pp. 277 [خدم] et [موس].

Sn., Meṭm.), se fermant : *lmûs*, *lémṷās*; *θanṣélt* (*ta*); *θineṣlịn* (*tne*) [نصل]; grand couteau, poignard : *θasbūlt* (*tse*), *θisbūlīn* (*tse*) (ar. tr. : *sbūla*). — (Meṭm.); couteau se fermant : *agèrṷi*, *igèruịịen*; grand couteau : *ššiγeθ*, p. *ššiγāθ*.

COÛTER, *mátta isṷa* (ar.); combien coûte-t-il? (V. VALOIR). — (B. Sn., B. Izn., Meṭm.).

COUTUME, *lqaεīδeθ* (ar.).

COUVER (B. Sn., B. Ṣalaḥ), *esδel*; H., *sδāl*.

COUVRIR, *âδen*; couvre-le : *âδn-īt*; p. p. *ịûδen* ou *aδen ḫes*, *ūδ-ūδînγeš*, *tâδen*, *aδān* (*ṷa*); *eqfel* (ar.); couvre-le : *qéfl-īt*, ou *éqfelḫes*, *ūδ-eqfîlγeš*; H., *qéffel*; n. a. *aqfāl* (*u*); *érr eḫḫés támδelt*; couvre-le. — (B. Iznacen), *aδen*; p. p. *īuδen*; H., *tāδen*; f. n. *tīδen*. — (B. Menacer), *aδen*; p. p. *ūδen*; p. n. *ūδīn*; H., *tāδen*; n. a. *āδān*. — (Meṭm.), *âδen*, *ịûδen* (θ); p. n. *uδīn*; H., *täδen*; n. a. *âδan* (*ṷa*).

CRABE, *kûrzma*; un crabe : *tîš-enkûrzma*; *kurzmāt*. — (Meṭm.), *mudženība* (ar.). — (B. Ṣalaḥ), *θamkrūzma*.

CRACHER[1] *sûfes*, *issūfes*; p. n. *ūr-issûfs-eš*; H., *sûfụs*; n. a. *asūfes* (*u*); un crachat : *θịiuffa* (*tịu*). — (B. Izn.), *siuffes*; H., *sịuffūs*. — (Meṭm.), *sûfes*, p. *issūfes*; H., *sūfūs*; *θsûfesθ*, crachat.

CRAIE, *dábāšīr* (ar.).

CRAINDRE[2], *egg^ueδ*; crains Dieu : *egg^ueδ si-Rébbi*; *ggŭδeγ*, *igg^ueδ*; *ūr-ĕgg^uiδγeš*; H., *tugg^ueδ*; il te craint : *itúgg^ueδ ĕzzīš*; crainte : *agg^uāδ* (*ṷa*) *θéggŭδi*, *θíūδi*; faire craindre ; *segg^ueδ*; H., *segg^uāδ*. — (B. Iznacen), *egg^ueδ*; H., *tegg^ueδ*. — (Meṭm.), *aǧǧ^ueδ*, p. *ugg^uδeγ*, *ịúgg^ueδ*, H., *taǧǧ^uaδ*; *θiuδi*, crainte; effrayer : *sugg^ueδ*; H., *saggāδ*. — (B. Menacer), *ugguδ*.

1. Cf. R. Basset, *Zenat. Ouars.*, p. 84.
2. Cf. R. Basset, *Zenat. Ouars.*, p. 84. — *B. Menacer*, p. 51.

CRAPAUD[1], θaẑrānt (té). — (Meṭm.), umgᵘergᵘer (coll.).

CRAQUER, dérdeq, derdāq, aderdaq(u), craquement.

CRAYON, lkriįūn, lkriįūnāt.

CRASSE (de la tête), θînesnest (tn). — (B. Mess., Meṭm.), θînesnest.

CRÉANCIER, amdaịen (u) imdaịnen; tu es mon créancier : ŝekk δamdāịen-īnu, tarseδ-iịi ameruās (V. DETTE).

CRÉDIT (à), súmeruas, séddīn. — (B. Sn., B. Izn., Maṭm., B. Ṣalaḥ), il achète à crédit : issâγ séddīn, sumeruās (V. DETTE) (ou) igessí suáual (il emporte sur parole). — (B. Menacer), il ne vend pas à crédit : ū-iznūzi-ŝ súmeruās.

CRESSON, gérnūneŝ. — (Metm.), gernennūŝ.

CRÊME, θáfrārt (te). — (B. Sn., Meṭm.).

CRÊTE, (Meṭm.), θaŝrūrθ.

CREUSER[2], eγẓ; p. p. eγẓīγ-iiγẓů; H., qāẓ; n. a. tiγūẓi (tγu). — (Meṭmaṭa), eγz; p. p. iiγza; H., qāz; n. a. θaγūzi. — (B. Menacer), eγz; p. p. iiγza; p. n. γzi; H., qāz (R. B.). — (B. Ṣalaḥ), eγz; p. p. γzīγ, ieγza; p. n. γzi; H., qāz; n. a. θiγūzi.

CREVER (trouer), snúqqeb [نقب]; H., snuqqūb; crève-le : snúqqeb-īt; il est crevé : inuqqeb (ou) δimnuqqeb, i-en; H., tnúqqūb. — (Meṭm.) : ĕgāεār, p. igăεār (θ); H., dgâεār [فقر].

CRIBLE[3], peau de chèvre percée de trous, tendue sur une monture en bois : amṣeįįer (u), p. imṣeįįren (ar. tr. γerbal eẑẑeld); — crible dont la monture est en diss et le fond, de brins d'alfa; il laisse passer la grosse semoule et retient le son : bu ṣeįįār [سير?], ibuṣeįįāren; — crible plus fin de diss et d'alfa, laissant passer la fine semoule seulement : θimgaεat (tem), θimgaεādīn (tem) ou θīla (tî), θilaịin (tî) (voir TAMIS).

1. Cf. R. Basset, *Zenat. Ouars.*, p. 84.
2. Cf. R. Basset, *B. Menacer*, p. 51. — *Loqm*, p. 279 √R'Z.
3. Cf. R. Basset, *Zenat. Ouars.*, p. 84.

CRIBLER, séparer la grosse semoule de la fine : *ṣẹịịer*, *tṣẹịịer*, *aṣẹịịer* (*u*) ou *qaεäδ* (ar.); H., *tqaεäδ*, et séparer la semoule du son (ou) *néḫḫel* (ar.); H., *tneḫḫel*; cribler : *ssîf*, p. *ssîfeγ*, *iíssīf*; H., *ssīfīf*; n. a. *asīf* (*u*); passif : *ituasif*; il est criblé, ou *ịịfīf*; H., *tîfīf*. — (Meṭm.), *ịịfīf*; il est tamisé; H., *tîfīf*, *sîff*; H., *sîfīf*; n. a. *asīfef*; crible : *bū-ṣeịịār*, *i-en*; crible : *θallumt* (tamis), pl. *θallumā*; sous le crible : *eddu θallūmt*; — (B. Men.), être criblé : *iff*, *ịịfif*; cribler : *sîff*.

CRIQUET, (Meṭm.), *lmerrāδ* (ar.).

CRIER[1], pousser des cris : *ízzīf*; H., *itizzīf*; n. a. *izzīf*; pour appeler : *tûụeγ*; H., *tuụụeγ* (V. APPELER). — (B. Iznacen), *esγuị*, p. *isγuị*; H., *sγuịịu*. — (Meṭm.), *laγa*, *ilaγa*; H., *tlaγa*. f. crier *slāγa*; n. a. *lléγa*. — (Maṭm.), pousser des cris de joie : *sγerθ*; H., *seγra*; n. a. *aseγreθ*; pousser des cris de douleur : *il*. — (B. Ṣalaḥ), p. appeler : *εäịḍ* (*äs*); H., *ṭεäịịeḍ*. — (B. Men.), *εäịịeḍ*; H., *tεäịịād*; s'appeler en criant : *mεäịịeḍ*; H., *mεäịịāḍ*.

CROCHET de bois pour attirer les branches : *ažebbāδ*, pl. *ižebbāδen* (ar.); *ameḫḍaf*, pl. *imeḫḍāfen* [خطوف]. — (B. Menacer), crochet de pin d'alep pour suspendre les objets : *sämmāš*, p. *isämmāšen*.

CRIEUR, *aberrāḥ* (*nu*), *iberrāḥen* (ar.).

CROIRE (avoir foi en), *āmen* (ar.); crois-le : *âmen dīs*; p. p. *ûmneγ*, *ịûmen*; p. n. *uδ-ûmīnγeš*; H. *tâmen*; n. a. *amān* (*ụa*). —(B. Iznacen), *āmen*, p. *iumen*; p. n. *ūmīn*; H., *tāmen*; f. n. *tīmen*. — (B. Menacer), *āmen*; p. p. *ịūmen*; p. n. *ūmīn*; H., *tāmen*; f. nég. *tīmen*; n. a. *lāmān*. — (Meṭm.), *âmen* (θ); *ịûmen* (θ); *tâmen*; — *ụel š-tamneγ-eš*, je n'ai pas confiance en toi; confiance : *lâmān*.

1. Cf. W. Marçais, *Tanger*, pp. 398 [عيط] et 457 [لغى].

CROISSANT, *iûr* (*nui*), p. *iiūren* (lune).

CROIX, *aṣlīb* (*ṷu*), p. *iṣlīben* (ar.).

CROSSE, *lúraieθ*, p. *lúraiāθ*. — (Meṭm.), *înerz*, p. *inerzen* (ar. tr. *lgédem*).

CROÛTE, *θaqšūrθ* (*téq*), pl. *θiqešrīn* (ar.). — (Meṭm.), *qūšer*, p. *iqūšrąn*.

CRU, *âzīza* (V. VERT), viande, légumes; on dit aussi : *ídder* (V. VIVANT) ou non cuit : *ū-ítnenna-š*. — (Meṭm.), *aisūm* *ðaziza*, de la viande crue.

CRUCHE en terre, avec anse et petit robinet pour boire : *lqúlleθ*, [قلّة] *lqúllāθ*; petite cruche : *θaqūlīlt* (*téq*), *θiqulīlīn* (*téq*); en terre : *θašebrīθ*, p. *θišebrai*; *ašmūḫ*, p. *išūmāḫ*.

CUEILLIR (sur l'arbre), *ékkĕs* (V. ENLEVER); *ezzi* (V. TRAIRE); *qa itézzi ezzītūn*; il cueille des olives à la main; *senter* [نتر]; H., *sentār*; — *qa isentār taṛemmuant*, il cueille des grenades (V. ARRACHER); cueille ce melon : *eqḍū θabṭṭīḫθ-u*.

CUILLER[1], grande cuiller : *aγenza* (*nu*), pl. *iγenžaien*. — (B. Sn., B. Izn., Zkara), on dit aussi : *agūrār* (*nu*) (rare); *igurāren* (ar. tr. : *lmûγref*); dim. : *θaγenžaiθ* (*tγé*), *θiγenžaiīn* (*tγé*); cuiller large pour manger le lait, la tchicha : *θafellīqθ* (*tfé*) [فليق], *θifellīqīn* (*tfé*); — *θaγenžūfθ* (*tγé*), pl. *θiγenžūfīn* (*tγé*) (ar. tr. *lemeilqa*). — (B. Menacer), *haγenžaīθ*, pl. *θiγenžaiīn*; *θaγendžaiθ*, pl. *θiγandžain* (R. B.). — (Meṭm., B. Ṣalaḥ), *θeγanžaiθ*, p. *θiγenžaiīn*. — (B. Men.), *aγenža*, p. *iγenžain*, grande cuillère.

CUIR (épais) *ššérk* (ar.), (fin) *afilāli*. — (Meṭm.), *ağlīm*; *eššerχ*. (V. PEAU).

CUIRE[2], *sûṷṷ*, p. *sûṷeγ*, *issūṷ*; H., *suṷṷa*; n. a. *asuṷi*, fais

1. Cf. R Basset, *Zenat. Ouars.*, p. 84. — *B. Menacer*, p. 51.
2. Cf. R. Basset, *Zenat. Ouars.*, p. 85; — *B. Menacer*, p. 52.

cuire le couscous : *súų eṭ-ṭaεām*, être cuit; *úųų* p. p., *úųųīγ*, *iúųųu*; p. n. *ur-iúųųūš*; H., *tnenna*; n. a. *θinenni* (*tne*), cuisson; la viande cuit : *aisúm qâ-ítnenna*. — (Zkara), *uųų*; être cuit. — (B. Menacer), *esu* (R. B.), *suųų*; cuire. — (B. Iznacen), *uųų*; être cuit, p. *uųųīγ*, p. *iuųųa*; p. n. *uųųi*; H., *tnenna*; f. n. *tnenni*; cuisson : *tnennīθ*; faire cuire : *sûųų*; p. p. *isuųų*; p. n. *ūr-isuųųeš*; H., *suųųa*; f. n. *suųųi*; n. a. *asuųųi*. — (Meṭm.), être cuit : *úųų*, p. *iuųųa*; H., *tnāna*; f. cuire : *súųų*; H. *snāna*; n. a. : *asuųųi*. — (B. Salaḥ), être cuit : *uųų*; p. *uųųīγ*, *iuųųa*; p. n. *uųųi*; H., *tnenna*; n. a. : *asnenni*; faire cuire : *sennen*.

CUISINE, *θârmeθ* (*ṭá*), *θârmāθ* (*ṭâ*) (ar. tr. : *eṭṭârma*) [طارمة]; — *θánbāḥθ* (*te*), *θinbāḥīn* (*te*) (ar. tr. *ennbāḥ*); fais de bonne cuisine : *ĕgg asḫḫér δúṣṣbēḥ*; sais-tu faire la cuisine? *θéssneδ aissuųân* (V. CUIRE). — (Meṭm.), cuisine : *aberrādži* (cf. DOZY, *Suppl.*, برى).

CUISINIER, *aθebbāḫ* (*nu*), pl. *iθebbāḫen*; — *aḥĕmmās* (*nu*), gargotier, pl. *iḥemmāsen* [طبخ — حمس].

CUISSE[1]. *tamṣṣāt* (*tmé*), pl. *timeṣḍīn* (*tmé*). — (Meṭm.), *θaγmā*, p. *θaγmaųīn*. — (B. Menacer), *hâγma*, p. *θaγmiųīn*.

CUIVRE, *aldūn aurāγ*. — (B. Izn.), *nneḥās*; le chandelier de cuivre : *lḥeskeθ nennḥās*. — (Meṭm., B. Mess., B. Salaḥ), *nneḥās* [نحاس].

CULTIVATEUR, *afellāḥ* (*nu*), p. *ifellāḥen* (ar.). — (B. Sn., B. Izn., Zkara, Meṭm.), laboureur : *ašerrāz* (*nu*), *išerrāzen* (V. FERMIER).

CUMIN, *lkémmūn* [كمّون].

CURER (un canal d'irrigation), *ĕfren târga*, *ūr-frînγeš*; H., *ferren*, *afrān* (*u*) (ou) *serrāḥ*, *tserrāḥ* [سرّح].

1. Cf. R. Basset, *Beni Menacer*, p. 84.

CURETTE (du laboureur), *aferrān nụúsɣar*. — (Meṭm.), θ*aḥθelt*. — (B. Menacer), θ*aḥθelt*, pl. θ*iḥθlaụīn* (cf. عتلة).

CUVETTE, jatte d'alfa pour traire : θ*agnīnt* (*te*), θ*ignīnīn* (*te*) (ar. tr. *légnīna*, *lgúnna*). — (Meṭm.), c. en terre : θ*amdūḥ*θ, p. θ*imdūḥīn*; en bois, en alfa : *aεáịịār*, p. *iεaịịāren*.

D

DALLE, *bu-lụīḥa* [بو لويحة]; K., θ*aseffaḥ*θ (A. L.), θ*iṣĕffaḥīn* [صفح]. — (B. Iznacen), θ*áflluq*θ [طلق]. — (Meṭm.), θɣ*âɣet timṣeffaḥ*θ.

DAME, *lálla*, pl. *i*θ*lalla* ; la maîtresse de la maison : *lâl nụèḫḫām*; notre maîtresse : *lállatnâɣ*; seuls, les enfants et les jeunes femmes disent *ịa-lalla* à une femme plus âgée. — (Zkara), *lalla*, pl. *i*θ*lalla*. — (Meṭm.), *lâl uụéḫḫām*, la maîtresse de la maison. — Jeu de dames : δ*âma*, pl. δ*âmā*θ (K), δ*amme*θ (A. L.).

DANDINER (SE), *šélụäḥ* (*ġmān*), pr. *išélụäḥ*, *ūr-išélụaḥeš*; H., il se dandine : *qâ-itšelụáḥ ġmânnes*; on dit aussi : *žélụäḥ* ; H., *dželụaḥ*.

DAMER (fouler à la dame), *erkez*; p. p. *ịérkez*; p. n. *ūδ-erkīzɣeš*; H., *rekkez*; n. a. *ärkāz* (*u*), dame : *lmerkez* (*nel*), *lemrâkez* [ركز].

DANS[1], δ*i*, δ*eġ*, *eġ*, *g*, *i* (V. Gramm., I, pp. 215-217). — Au dedans (B. Men.), *erdāḫel*. — (B. Izn.), entre dedans : *â*δ*fed* ɣ*erdāḫel*. — De dedans (B. Men.), *sirdāḫel*; il sortit de l'intérieur : *iffeɣd si-* ɣ*erdāḫel* [داخل]. — Dans quoi? (Beni Izn.), *maịendi*? — (B. Ṣalaḥ), *mai*δ*eg*?

DANSER, *ĕšḍaḥ*, pr. *išḍaḥ*, *ūδ-ešḍiḥɣeš*; H., *šéṭṭaḥ*, n. a. *ašḍaḥ* (*u*), danseuse : θ*ašṭṭaḥ*θ (*netšeṭ*), θ*išṭṭaḥīn* (*netšet*); on dit

1. Cf. R. Basset, *Zenat. Ouars.*, p. 85.

aussi : *ûrär* (V. JOUER). — (B. Izn.), *eśḍèḥ*; H., *śeṭṭaḥ*. — (Meṭm.), *erqeṣ*; p. n., *rqīṣ*; H., *reqqeṣ*, *arqāṣ* (*ụè*) [شطح — رقص].

DARD (d'abeille, de guêpe, de scorpion), *θasĕnnārθ* (*tsé*), *θisĕnnarīn* (*tse*) (ar.). — (B. Izn.), *asennān*. — (Meṭm.), *tasennānt*.

DARTRE, *tfûrīθ* (*tfû*) (B. Sn., Zkara), et *tfûri*. — (B. Izn.), *tfûri*, pl. *tifūrauen*. — (Meṭm.), *lgūbeθ* [قوب]. — (B. Menacer), *tfūri*, pl. *tifūraụin*.

DATE, *târīḫ* [تاريخ].

DATTE[1], *θîni* (*ti*), *θinī*, pl. *θināụīn*; quelques dattes : *śrá ntínāụīn* (ou) *lbäᵋḍ ĕnthébba ntîni*. — (Zkara), *θịịni*. — (B, Izn.), *θịịnī*, pl. *θịịniụin*; un noyau de dattes : *īγés entíịni*. — (Meṭm.), *ttmèr* [تمر]. — (B. Menacer), *θèīni*; une datte : *îśt entīni*; la datte est mûre, *θuụụu θîni*.

DE[2], il vient de sortir de la maison : *qáit γệr mäś ịéffèγ si-úḫḫām ðábrīð*; il vient de partir : *īrộḥ γệr-ilqqů*; un peu de pain : *śụíị ĕnụuγrūm*; il a peur de toi : *ịittégguèð ĕzzīś*; il sortit de la caverne : *iffèγ síịfri*; il a fini de lire : *ịissémda ðí-tγīra*; il eut peur de mourir : *ịīgguèð äð ịímmeθ* (V. GRAMM., p. 186).

DÉ, *θiḥálqet* (*tḥè*), *θiḥálqīn* (*tḥè*) ou *lḥèlqeθ* (*nelhé*), pl. *lḥèlqāθ*. — (Meṭm.); *θaṣebbaᵋīθ* [حلق — صبع].

DÉBATTRE (SE), *äᵋâfèḍ* [? عفد]; p. p. *ịaᵋâfèḍ*; p. n. *ūd-äᵋâfīḍγeś*; H., *äᵋâffèḍ*; n. a. *äᵋâfāḍ* (*u*); — *zâᵋụèḍ*; p. p. *izâᵋụèḍ*; p. n. *ūr-izâᵋuḍeś*; H., *dzaᵋuḍ*; n. a. *azaᵋụèḍ* (*u*); — *ᵋmfālāị*, p. *ịimfālāị*; H., *temfālāị*, *amfālāị* (*u*). — (Meṭm.), *erḍäḥ*; H., *reddäḥ*.

DÉBORDER, *fâḍ*; p. p. *ifāḍ*; p. n. *ūr-ífāḍeś*; H., *tfāḍ*; n. a. *âfāḍ* (*u*); l'oued déborda : *ífāḍ īγzér sí-ṭṭrūiäf* [فيض].

1. Cf. R. Basset, *Zenat. Ouars.*, p. 85.
2. Cf. R. Basset, *Zenat. Ouars.*, p. 85.

DÉBOUCHER, *ĕkkes léɣlāqeθ* (V. ÔTER), *lméɣṭêθ*. — (B. Izn), *ekkesĕd θameqfālt*. — (Meṭm.), *efsel*; p. n. *fsīl*; H., *fessel*.

DEBOUT[1], debout! *ĕkker* (V. SE LEVER); se tenir debout : *bedd* (V. S'ARRÊTER); je le trouvai debout : *ūfīḫ íbedd*; il mangeait debout : *ílla itétt súbeddi*; il le mit debout : *issébedd-īt*. — (B. Izn.), *bedd*, p. *ibedd*; H., *tbedda*; f. nég. *tbeddi*; n. a. *abeddi*; mettre debout : *sbedd*; H., *sbeddi*. — (Matm.), *ekker*, p. n. *kkīr*; H., *tnekkār*; — *bedd*; H., *tbedda* (V. ARRÊTER). — (B. Ṣalaḥ), *ḇedd*; H., *ṭbedda*; n. a. : *abeddi*. — (B. Menacer), *bedd*; p. p. *ibedd*; p. n. *ūr-ibeddeš*; H., f. nég. : *tbeddi*; mettre debout : *sbedd* (*īθ*).

DEÇÀ (B. Izn.), en deçà de la montagne : *aurud i-úεrār*.

DÉCHIRER (être déchiré), *šérụêḍ*; déchire-le : *šĕrūḍ-īt*; p. p. *išĕrụêḍ*; p. n. *ūr-išĕrūḍeš*; H., *tšerụêḍ*; n. a. *ašerụêḍ* (*u*); mon burnous est déchiré : *asélham inú išérụêḍ*; ce genêt a déchiré son ḥaïk : *azézzu ịú īšĕrūḍ-âs bâbūš-ĕnnes*; on dit aussi : *ebḍa* (V. PARTAGER); *sɣers* (V. COUPER); *amésmar ịu ileqf-ịịi áselhām, ịíbḍa-ĭịīl* (ou) *isɣérs-ịīt*. — (Zkara), *šerụêḍ*; H., *tšerụêḍ*; n. a. *ašerụeḍ*. — (B. Izn.), *šerreg* [شرق]; H., *tšerreg*. — (Meṭm.), *zerụeg* ou *qers*; le papier est déchiré : *lxārêḍ íqqers*; — *esɣers*; H., *sɣersa*.

DÉCIDER, *débber* (*ḫ*) [دبّر]; décide à mon sujet, tire-moi d'affaire ; *débber-ḫi*; p. p. *idebber*; H., *ddebber*, *adebber* (*u*); celui qui tire d'affaire : *ímdebber*, pl. *ímdebbĕren*; il décida de partir : *iεāmmeḍ ḫtémrīḫθ* [عمد] (V. RÉSOUDRE); décider quelqu'un à faire quelque chose : *arbaịu ịilla ū-iíḫseš ä-ịêḍfer árgāzu*, *qārrîɣ-äs lεâqĕl-ĕnnes séggdeɣ âkīεes*; cet enfant refusait de suivre cet homme, je le raisonnai et le décidai à le suivre.

DÉCORER, colorier une planchette d'écolier : *zúụụêq* [زوق], pr.

1. Cf. R. Basset, *Zenat. Ouars.*, p. 85.

izúuụeq; H., *dzûuq*; *azūuêq* (*u*); donner une décoration : *ûš síεöθ* (V. DONNER); il a une décoration : *γ́res šíεöθ*; décoration : *šíεöθ*, *šíεāθ* [شيع].

DÉCOUVRIR, enlever une couverture : *ĕkkĕs lâδān* (V. ÔTER), *iíksu lāδân iûmās illá iṭéṭṭês* : il découvrit son frère qui dormait; — trouver (V. CE MOT) : *iûfa īdž ŭuurgâz iíffer gúḫḫām-ennes*; il découvrit un homme caché dans sa maison.

DÉFENDRE (garantir quelqu'un). — (B. Sn., B. Izn.) : *ĕḥḍa*, p. *ièḥḍa*; H., *ḥeṭṭa*; cette amulette me garantit de la maladie : *láḥzāb ūδí iḥéṭṭa iíi sí-lèhlāš* ou *ĕḥfĕḍ*; H., *ḥéffeḍ* [حفظ]; *ĕḥfĕḍ ârbu iu sí-iīḍān*, défends cet enfant contre les chiens (ou) : *semnäε* [منع], *aselhām-īnu isémnaε iíi sí-uṣemmĕḍ* (ou bien) *iírru ḫí âṣemmĕḍ* (V. RENDRE); (empêcher) : *ménäε*, *temnīε*; il m'a défendu de sortir : *imnaε iíi ûfūγ*. — (B. Izn.) : *ḥedd*; je te protégerai : *aḫex ḥeddeγ*; H., *tḥedda*; f. nég. : *tḥèddi* [حدّ].

DÉFILÉ[1], *ameṭleg* (*nu*), *imṭelgen*; l'armée franchit le défilé : *lmeḥálleθ tekkú ăki uméṭleg*. — (B. Menacer), *θizi*, p. *θiziuin* (R. B.).

DEHORS, *berrā* [برّ]. — (B. Sn., B. Izn., Meṭm., B. Men.). — De dehors. (B. Men.), *si-berra*.

DÉFRICHER, défriche ce terrain : *seθua θamūrθu*, p. *iseθua* [سوى]; H., *tseθua*; n. a. : *aseθui*. — (Meṭm.), *efres θamūrθa* : défriche ce pays; p. n. *frīs*; H., *ferres*, n. a. *afrās* (*u*).

DÉGÉNÉRER, tu es un dégénéré : *ūr težbīdeδ ilḫêṭ nebbâš* (ou) *teffeγeδ δámerδāl*, *δelžâiäḥ*; *θeffγeδ δamžāiäḥ*, tu as dégénéré [رذل — جيح].

DÉGRINGOLER (en glissant), *zelzel* (ar.), p. *izelzel*; H., *dzelzel*;

1. Cf. R. Basset, *B. Menacer*, p 52.

n. a. *azelzel* (*u*); cette terre a glissé jusque dans l'oued : *šâl-ūδi ízelzel ịûšu ịịíɣzer* ou *ḥérḥöḍ*; H., *tḥerḥöḍ* ou *neskeδ*; H., *tneskāδ*; — *azru-ịịí ịenneskeδ ịûšu i-tîịsārθ*; ce rocher glissa jusqu'au bas de la pente; — ou *ĕfseḫ* [فسخ] ou *néfseḫ*; *téfseḫ eddéšreθ nezzịáina δi-ịéḍ teṣbâḥ zzaθ i-Ddúāᴀbna*, le village de Ezziaina (Beni Hammou) glissa pendant la nuit et se trouva le matin à Douâbna; (en roulant) : *kerkeb* [كركب — قلب]; H., *itkerkeb* ou *neqleb*; H., *tnéqlāb*. — (B. Izn.), *ḥūfed*; le rocher dégringola : *azrů iḥūfed*; H., *tḥūf*.

DÉJEUNER (vers 10 heures du matin), *mûšlu*. — (B. Sn., B. Izn.); p. p. *ịímmūšlu*. — (B. Sn., B. Izn.); p. n. *ūr ïëmmū-šélụeš*. — (B. Sn., B. Izn.); H., *tmûšliu* (*k*) et *tmûšlu* (A. L.) et (B. Izn.); n. a. *amĕšli*, déjeuner (*u*), *i-en*. — (B. Izn.), *amexli*(*u*); p. *imexliụen*. — (Zkara), dîner : *lfaḍûr*. — (Meṭm.), *ĕxél*, pr. *xlīɣ*, *ịúxla* (ou) *mûxlu*, *immuxla*; H., *tmūxlu amexli*; donne-lui à déj. : *sexl-īθ*; H., *sxālā*.

DELÀ (B. Iznacen), au-delà de la montagne : *aɣīrīn iúδrär*.

DÉLAYER, *rûụen*, pr. *irûụen*, *ūr-irûụneš*; H., *trūụn*, n. a. *arūụen* (*u*); *rûụen ärén δí-ụamān*, délaye de la farine dans l'eau ou *sébziị âren* (V. MOUILLER) ou *εâkker* (ar.) *âren*. — (B. Izn.), délaie la farine : *erụei ĕlfarīna*; H., *reqqᵘeị*. — (Meṭm.), *rûụen ariūn*; fais la rouina; H., *trûụen*.

DÉLIER, *efθel*; p. p. *ịéfθel*; p. n. *ūδ éfθīlɣeš*; H., *fettel*; n. a. *afθal* (*u*); délie le paquet d'alfa : *ĕfθel θazdemθ ĕnụâri*. — (B. Izn.), *efsel*; p. p. *ifsel*; p. n. *fsīl*; H., *fessel*; n. a. *afsāl*. — (Meṭm.), *efsel*; H., *fessel*.

DÉLIVRER[1], *séllek* (ar.); H., *tsellek*; — *sellkeɣ argazú si-iqéṭṭaεen ĕnụúbrīδ eḫsén ât-enɣen*; j'ai sauvé cet homme des coupeurs

1. Cf. R. Basset, *Zenat. Ouars.*, p. 85.

de route qui voulaient le tuer. — (Meṭm.), délivre-moi : *selleχ-aịi*. — (B. Menacer), le délivre : *θimneffra*.

DEMAIN[1], *aitša* (*ụa*). (B. Sn., B. Izn., Zkara, B. B. Z.); — après-demain : *fer-ụaitša* (B. Sn., B. Izn.); — le jour après le surlendemain : *áụernāss* (ou) *āss áụernāss*. — (Zkara), après-demain *deffer-ụaitša*. — (Meṭm.), *ağetša*; après-demain : *assịídịen*. — (B. Men.), *aitša* (R. B.); après-demain : *assịịīden*; rarement : *aitšaγ* (avec un γ très faible).

DEMANDER[2], *ĕtter*; p. p. *ịitter*; p. n. *ûr-ttîrγeš*; H., *tetter*; n. a. *ûθūr* (K), demande; *attār* (A. L.) (*ụa*), *θûtra* (A. L.). — (B. B. S.), demandeur, mendiant : *amenneθru* (*u*) (A. L.), *imenneθra*; — *amettār* (K). — (B. Izn.), *etter*; p. p. *ịitter*; p. n. *ttīr*; H. *tetter*; n. a. *θụatra*; demandeur, mendiant : *imetter*, *i-en*. — (Meṭmaṭa), *etter*; p. n. *ettīr*; H., *tetter*; n. a. *θuáθra*. (B. Ṣalaḥ), *etter*; j'ai demandé *treγ*; p. n. *ttīr*; n. a. *θuθra*; H., *ṭetter*. (B. Menacer), *sâsa*; p. p. *isāsa*; H., *tsāsa*; mendiant : *amsāsi*; *i-en* [سأل].

DÉMANGER, *etš* (V. MANGER), la main me démange : *fūs-īnú itétt-iịi*. — (B. Izn.), le pied me démange : *ḍār-inu qā-itett-iịi*.

DÉMÉNAGER, *ĕggāž*; p. p. *ịiggūž*; p. n. *ūr-íggūžeš*; H., *dgāza*; n. a. *aggāž* (*ụa*); *nétš ĕggûžeγ si-Ait Snûs iDzâịer*; j'ai déménagé pour venir des Beni-Snoûs à Alger; faire déménager, décamper : *séggāž*; emmène les troupeaux au désert : *séggāž tāmrá issáḥreθ* (ar. tr. ɛázzeb). — (B. Izn.), *eggāž*; p. p. *iggūž*; H., *tịādža* fut. n. *tịīdža*; n. a. *θuadžīθ*. (B. Ṣalaḥ), *mūṭi*, *immuṭi*; H., *ṭmuṭui*; déménagement :

1. Cf. R. Basset, *Zenat. Ouars.*, p. 85; — *Beni Menacer*, p. 52.
2. Cf. R. Basset, *Loqm. berb.*, p. 264.

amuṭi. — (Meṭmaṭa), *eggaž*, p. *iggūž*; H., *tịidža*; déménagement : *aịidži*; f. fact. *sịedž*.

DEMEURER[1], *ezdeγ*; p. p. *ịezdeγ*; p. n. *ūr-ezdiγγeš*; H., *zéddeγ*; n. a. *azdaγ* (*u*); habitant : *amezdāγ* (*nu*), *imezdāγen* (*ni*) ou *áskkān* [سكّان], p. *iskkānen*; ces mots ont le sens d'habitant d'une maison, qui ne leur appartient pas, d'un pays où ils sont étrangers : *nets ma ši δamezdāγ-ĕnneš*, je ne suis pas ton locataire; on dit aussi : *ersiγ δi θmûrθ-iu, δi-úḫḫām-iu*, je m'établis dans ce pays, dans cette maison (V. *ers*, POSER). — (B. Izn.), *ezdeγ*; p. n. *zdīγ*; H., *zeddeγ*. — (Maṭm.), *esχen*; p. n. *sχīn.*, H., *sekken*.

DEMI, *ĕnnẹ́ṣ* [نصّ]; une demi-journée : *nnẹ́ṣ ĕnuụāss*. — (B. Izn.), *azien* (*ụu*). — (Zkara), *azǧen*. — (Meṭm.); *azǧen*; la moitié d'un pain : *azǧén téχnīfθ*.

DÉMOLIR, démolis cette maison : *s^ε ḥūf aḫḫām-u* (V. TOMBER) (ou) *réδm-īt* [ردم]; p. p. *ịirδem*; p. n. *ūr-rδimγeš*; H., *reddem*; n. a. *ardām* (*u*). — (Meṭm.); *eγḍĕl*, *ịeγḍel*; p. n. *γḍīl*; *γeṭṭẹl*, *aγḍāl* (*u*) [غطّل].

DÉNONCER, il m'a dénoncé : *izenz-iịi* (V. VENDRE) (ou) : *ịinγûz ĕḫḫi*; H., *nγuīz*, n. a. *anγāz* (*u*); dénoncer en prêtant serment : *ešheδ δi* (V. TÉMOIGNER). — (B. Izn.), *ešheδ*; H., *šehheδ*; n. a. *ašheδ* (*ụu*). — (Meṭm.); *izenz-aịi*; il m'a dénoncé (vendu).

DENRÉE, *ssélăεāθ* [سلع]. — (Zkara), *ennaεāmeθ* [نعم].

DENT[2] (en gén.), *tiγmest* (*teγ*), *tīγmās* (*teγ*); incisives : *lĕḥrārāt* (ar.) canines : *ennâb* [ناب]; molaire : *θasīrθ* (V. MOULIN) (*ts*), *θisīra* (*ts*) ; dents de sagesse : *θisīrá llεâqel*; dent qui pousse

1. Cf. R. Basset, *Zenat. Ouars.*, p. 85. — *Loqm. berb.*, p. 253 √Z D'R'.
2. Cf. R. Basset, *Zenat. Ouars.*, p. 85. — *B. Menacer*, p. 53. — *Loqm. berb.*, p. 281 √R' M S et √G L p. 303.

tout près d'une autre : *arbîb entéγmās*, *irbīben* (ar. tr. *séndūr*). — (Zkara), *îγmes*, pl. *aγmāsen* ; une dent : *θiγmest* ; molaire : *θasīrθ*, p. *θīsīra*. — (B. Izn.), *θiγmest* (*teγ*), pl. *θiγmās* ; molaire : *θassīrθ* (*tsīrθ*), p. *θissār*. — (O. Amer, B. B. Z.), *θaγmest*, pl. *θiγmās*. — (Meṭm.), incisives : *θiγmest*, p. *θiγmās* ; canines : *ennāb* (coll.) ; molaires : *θassīrθ*, p. *θīsīra*. — (B. Ṣalaḥ, B. Messaoud), *θūγmest*, p. *θūγmās*, molaires ; — incisives : *ugel*, p. *uglan* ; canines : *ennâb*. — (B. Menacer), *hūγmest*, pl. *θiγmās* ; — *hiγmest*, pl. *θiγmās* (R. B.).

DÉPENSER, *seḫser* [خسر] ; p. p. *iiséḫser* ; p. n. *ūr-īséḫsereš* ; H., *seḫšār* ; n. a. *aseḫsār* (ou) *ṣerref* [صرف] ; H., *tṣerref* ; il dépense beaucoup d'argent : *itṣérref timuzūnín iûsāε* ; je les ai dépensés : *seḫseḫ-ḫen* (ou) *ĕggīγ zzīsén ṣụâléḥ* (ou) *tšiḫḫen* (*etš*, MANGER). — (B. Izn., Zkara), *seḫser* ; p. n. *seḫsīr* ; H., *seḫsār* ; fut. nég. *seḫsir* ; mon argent est dépensé : *eḫsren timūzunin-inu* (de *eḫser* ; H., *ḫesser*). — (Meṭmaṭa), *ḫesser* ; H., *ḫéssār*.

DÉPIQUER[1], (être dép.) *erụeθ*. (B. Sn., B. Izn.) ; — le blé de l'aire est dépiqué : *arnān-iú iīrụeθ* ; on dit aussi : *īrδén isséruẹθ*, (de) *séruẹθ* ; p. p. *srûθeγ*, *isseruẹθ* ; p. n. *ūr-íssrūθ-eš* ; H., *seruāθ* ; n. a. *aseruẹθ* ; (ou) *itụâseruẹθ* ; dépiqueur : *amseruẹθ*, *imsrūθen*. — (B. Izn.), *seruẹθ*, dépiquer ; H., *seruāθ* ; fut. n. *seruīθ* ; n. a. *aseruẹθ*, dépiquage. — (B. Menacer), *seruẹθ* ; H., *seruāθ* ; il dépiquait sur l'aire : *ttûγīθ isseruāθ δeg-ūnnār*. — (Meṭm.), *eruẹθ* ; H., *eruīθ* ; le blé est battu : *irδen ĕrûθen*, *seruẹθ* ; H., *seruāθ* ; dépiquage : *arụa*. — (B. Ṣalaḥ), *serueθ* ; dépiquer ; H., *seruāθ* ; n. a. *aseruẹθ*.

DÉPORTER (être dép.), *baṣa* (passer) ; p. p. *bāṣāγ*, *ibāṣa* ; H.,

1. Cf. R. Basset, *Man. Kab.*, p. 54*.

tbâṣa; aux A. L. : p. p. *bāsīγ*, *ibasa*; déporté : *ambasi*, *imbāṣīịen*.

DÉPOUILLER (quelqu'un de ses vêtements), *bähδel*; H., *tbähδel*, ou *ekkés iḥauliịen* (V. ÔTER), ou *sélleḫ* (*ih*), ou *ɛárri* (*ih*), ou *esleθ* (*δi*); H., *selleθ* [سلخ-عرى-سلت].

DÉPOSER[1], en parlant d'un liquide : *ersa*, *ịersa*; H., *ressa*; n. a. *arsa* (*ụe*); un dépôt se forme au fond de l'outre d'huile : *lmérdīḫ ịirsa δi-ūbūḍ neddebrîθ nezzīθ*.

DEPUIS, depuis le jour où il est parti, il est malade : *sug-âss-ĕnni īrôḥ itehleš*; depuis combien de temps es-tu parti de ton pays? Depuis trois jours : *šᵉḥāl séggä tūzdéδ si-θmûrθ-ĕnneš*? *ịûnu θldθa nụússān seggä ūzdéγ ấiru*.

DÉRACINER, *sḥūf* (V. TOMBER); survint un vent violent qui ébranla les arbres, les uns étaient brisés, d'autres déracinés : *iuseδ aḍū δimžheδ äl-išélụaḥ ĕsséžžūr*; *télla tenní ịérẓen*, *tėlla tenní itụakksén si-ūbūḍ-ĕnnes*.

DERNIER[2], *anĕggār*; f. s. *θanĕggārθ*, m. p. *inggūra*, f. p. *θinggūra*, (ou) *imụuḫḫer*, p. *i-en*; *θimụuḫḫerθ*, p. *θi-īn* [آخر]. — (B. Izn., B. B. Z., Zkara), *anĕggār*; f. *θ-t*; p. *i-en*; *θ-īn*. — (Meṭmaṭa), *aneggāru*; *θ-rūθ*; *ineggūra*, *θineggūra*.

DERRIÈRE[3], prép. *zzéfr*, *zdefr* (A. L.); il est derrière moi, *qaīt zdefr-iịi*, *qait di-unéggār-īnu* (V. GRAMM., p. 219); d. de mouton : *θaδīnīθ* (*ddī*). (B. Sn., B. Izn.), pl. *θiδīnīụin*, *θíδīnāθ* (A. L.), ou *ameslān* (ar. tr. *lmeslān*). — (B. Izn.), *ašbbūs*, p. *i-en*. — (B. Sn.); d. d'homme : *θagerbūzt*, *θigerbūz* (ou) *θakunnīṭ*, *θikunnīḍīn*, (ou) *azebbūr*; *i-en* (B. Sn., B. Izn.); (ou) *θaɛannabθ*; *θi-īn*. — (B. Izn.), *θaḫna*, pl. *θaḫniụin* (ar.

1. Cf. R. Basset, *Loqm. berb.*, p. 249 √RS.
2. Cf. R. Basset, *Zenat. Ouars.*, p. 85.
3. Cf. R. Basset, *Zenat. Ouars.*, p. 85. — *Loqm. berb.*, p. 244 √D' F R.

tr. *lḫerza*). — Par derrière, *er-ðeffer* (B. Men.); *γer-ḍeffer* (B. Izn.); *ðeg-uneggār* (B. Izn.); — de derrière : *sirðeffer* (B. Men.).

DERVICHE, *aðerụīš* (*nu*), pl. *i-en*, *amežðūb*, pl. *imežðāb*. — (B. Izn.), *lmeždūb*, p. *i-en*. — (Maṭm.), *aðerụẹš* [جذب].

DÈS[1], dès l'aube, *γẹr ḫụâlai̯ netfûi̯θ*.

DÈS QUE, dès que le soleil se lèvera, nous partirons, *γệr séggä ätâli tfûi̯θ*, *âniịūr*.

DÉSAPPOINTER; être dés., *imḫiịieb*, *i-en*, *θ-bθ*, *θ-bīn*; il m'a causé une déception : *iḫîịieb-iịi*; H., *tḫiịieb* ou *isḫîịeb-iịi*; H., *sḫiịāb* [خيب].

DÉSHONORER, tu m'as deshonoré : *θéksīð ĕḷḫí lûqèr* (ou) *lhọrmeθ* ou *ĕlεârḍ-īnu* ou *esseṭréθ-īnu* (V. *ekkes*, ÔTER) [وفر - حرم - عرض - ستر].

DÉSALTÉRER, *ekkes fāð* (V. *ekkes*, ÔTER).

DESCENDRE[2] aller en bas : *âðer*; p. p. *i̯ûðer*; p. n. *ūð-ūðîrγeš*; H., *tâðer*; n. a. *âðār* (*ụa*); descente; — (ou) *húụụeð*, *thuụụað*, *ahuụụeð* (*u*); d'un arbre : *ers γer ụadda* (V. POSER) (ou) *serseb* [سرسب] *si-sséžžerθ*; H., *tserseb* (ou) *selheb* (ar. tr.); H., *tsélheb*. — (Zkara, B. Izn.), *eððer*; descendre; p. p. *ððrīγ*, *iðra*; p. n. *ððri*; H., *eddar*; f. n. *eddīr*; n. a. *ddārūθ* (Zkara). — Descente *θaχssart* (Zkara), *θai̯ssarθ* (B. Izn.), p. *θiχssār* (Zkara), *θiịssārīn* (B. Izn.). — B. Iznacen : *ehụa*, descendre; p. p. *ehụīγ*, *ihụa*; [هوى] H., *huqqᵘa*; f. nég. *huqqᵘi*. — (Meṭmaṭa), *ers*; p. p. *irsa*; p. n. *rsi*; H., *trūs*; n. a. *θrūsi*; descente d'une route : *θaxsārθ*. — (B. Ṣalaḥ), *ers*; p. p. *iersa*; H., *trūs*; n. a. *θarūsi*. — (B. Menacer), descente :

1. Cf. R. Basset, *B. Menacer*, p. 85.

2. Cf. R. Basset, *Zenat. Ouars.*, p. 85. — *B. Menacer*, p. 53. — Cf. *Loqm. berb.*, p. 242 √D'R, p. 295 √K'SR.

θaxsārθ; descendre : *ďδer, iuder*; f. fact. *sīδer*; *ers*, *irsa*, *rsīn* (R. B.).

DÉSERT, (Zkara), désert de sable ; *θarrist*.

DESHABILLER, (B. Izn.), *ɛarra*, p. *ɛarrīγ*, *iɛarra*; H., *tɛarra*; f. n. *tɛarri*; n. a. *aɛarri*. — (Zkara, B. Izn.), *ekkes iḥelụaš* (V. ÔTER), *efseḫ*, p. n. *fsīḫ* ; H., *fesseḫ* [عرى - فسخ].

DÉSIRER, *eštha* [شهى]; p. p. *ịištha*; p. n. *ūr išthaš*, H., *štehha*, *tšetha* ; je désire une orange : *tštehèγ θaletšịnt* (ou) *θbédd dilḫâḍer īnú θáletšịnt*; on dit aussi : *eḍmäɛ*; p. p. *ịéḍmāɛ*; H., *ḍemmäɛ*; n. a. *aḍemmaɛ* (V. *eḫs*, VOULOIR) [طمع].

DÉSOBÉIR, *ɛâṣa* [عصى]; à son père : *iɛáṣa i-bbās*; H., *taɛaṣa*; n. a. *ăɛâṣa* (*u*); il m'a désobéi : *iɛâṣa-ịi* ou bien *ūr-íggūš sụáụālīnu* ou *ur iɛábaš ezzi* (ar. *ma-ɛabá-ši bịia*). — (B. Izn.), *ɛaṣi-iɛaṣa*; H., *tɛaṣṣa*; f. nég. *tɛaṣṣi*; il ne m'obéit pas : *ụel ittāγeš errạ̄i-īnu*.

DÉSOSSER, désosse ce gigot : *sḫûḫi θáγrūṭ*; H., *sḫûḫa* ou *sénsel-īt*; H., *sensāl*, *sízzel-īt* (V. COURIR), *séfrūrị-īt* (V. ÉMIETTER).

DESPOTE, c'est un despote : *ûl-ĕnnes δaberšân ḫṭáɛäθ-ĕnnes* (ou) *ižûr ḫṭáɛäθ-ĕnnes*.

DESSÉCHER (Se), (B. Sn., B. Izn.), *azeγ*, p. *iūzeγ*; p. n. *ūzīγ*; H., *tazzeγ*; f. nég. *tizzeγ* (B. Izn.). — n. a. *azzaγ* (*ụa*). (B. Sn., B. Izn.). — (B. Men.), être sec : *qar*; p. p. *iqqūr*; l'étang est desséché : *θeqqūr θemda*; f. fact., *sγer*.

DESSEIN (A), *selɛâni* [عنى].

DESSERRER, *erḫef*, *ịérḫef*; p. n. *ūd erḫīfγ-eš*; H., *reḫḫef*; desserre le cordon qui serre mon cou : *ĕrḫef fīlú ḫužernẹḍ-īnu* ou *ĕrḫa*; H., *reḫḫa*. — (Meṭm.), *erḫa* (*f*) p. p. *rḫīγ*, *irḫa*; H., *reḫḫa* [رخو - رخى].

DESSERT, après le dîner, on mange le dessert : *zdéffer nūmensí*, *ntett timläḥègθ*; dessert : fruits, lait caillé : *θimläḥègθ* (*tem*) [ﻃﻔﻞ]; c'est ce qu'on appelle : rafraîchir le dîner : *ṣèṣmeḍ ûtšu.*

DESSINER, *ṣûṷer* [ﺻﻮﺭ] (B. Sn., Meṭm.). — dessine-le : *ṣûṷer-īt*; H., *tṣûṷer*; dessin : *tṣuîreθ* ou *θimṣūṷerθ* (*tem*), pl. *θimṣuṷrīn*.

DESSOUS, *sṷaddi* (GRAMM., p. 219), par dessous : *γer-ṷádda*; de dessous : *si-sṷádda* ou *si-γér ṷádda*. — (B. Iznacen) ; je l'ai mis par-dessous, *eggīγteθ sṷáddai̯*.

DESSOUS (Au-)[1], *γer ṷadda*. — (B. Izn.), *sṷadda*.

DELÀ (Au-), (Meṭm.), va au-delà de la montagne : *ûğur aṷérri-uδrär*; de l'autre côté de la rivière : *ažummāḍ-īn i̯iγzer*.

DESSUS (sur), *δéni̯* (V. GRAMM., p. 219), par-dessus : *sδéni̯*; de-dessus : *sí-δeni̯*.

DESSUS (Au-)[2], *γer než*. — (B. Menacer), *sendji* (R. B.), *felqīš*.

DÉTACHER, détache le chien : *ĕrẓem aiδí siûγūn* (ou) *fesḫ-īt si-ušrāf*. — (Meṭm.), détache-le : *erẓem-äs*.

DÉTELER, *erẓem* (V. LACHER) ou *ĕkkes slâḥ netγállīn* (V. ÔTER).

DÉTEINDRE, ce burnous rouge a déteint : *aselḫām i̯u itṷâkšef si-dzûγi* (ou) *iḥûl si-dzûγi* [ﺣﺎﻝ-ﻛﺸﻒ].

DÉTESTER, *šèrh* [ﻛﺮﻩ] ; il m'a détesté : *išĕrh-ii̯*; H., *šerrèh*; n. a. *ašrāh* (*u*). — (B. Izn.) : *eχreh*; H., *χerreh*.

DÉTONATION, *lḥéss elεâmāreθ* (ar.). — (B. Izn.), j'ai entendu une détonation : *slîγ ilεämāreθ*.

DETTE, *amerṷās* (V. DEVOIR).

DEUX[3], *θnâi̯en* (B. Sn., B. Izn., Zek.); tous deux : *séθnäi̯en*; deux à deux : *θnäién δí-θnäi̯en*. — (Meṭm.), deux hommes : *sén i̯irğäzen* [ﺛﻨﻲ].

1. Cf. R. Basset, *Beni Menacer*, p. 53.
2. Cf. R. Basset, *Zenat. Ouars.*, p. 86.
3. R. Basset, *Zenat. Ouars.*, p. 86. — *Loqm. berb.*, p. 340.

DEUXIÈME, *ĕθθâni.*

DEVANCER, devance-le : *sebq-īt* (ar.) ; p. p. *isbeq* ; p. n. *ūr-ísbīq-eš*; H., *sebbeq*; n. a. *asbaq* (*u*); ils se sont devancés : *msabāqen* ; H., *temsābāqen*. — (B. Izn.) : *izzèr*, p. p. *izzār*; il m'a devancé, *izzār-i̯i̯*; H., *tizzār*, f. nég. *tizzīr*; n. a. *θuazzra*. — (Meṭm.) : *fāθ* [فوت] (*īθ*); H., *tfāθ* ; — *seǧmeḍ*; H., *seǧmāḍ*; ils se devancent : *msābāqen*. — (B. Ṣalaḥ, B. Mess.) : *ezu̯ar*.

DÉVIDER, *šebbi*; p. *išabba*; H., *tšabba* ou *skûu̯er*, *kûu̯u̯er* (ar.), *tkûu̯u̯er* ; dévidoir : *imeskūu̯er*.

DEVANT, *zzâθ*[1] (V. GRAMM., p. 220). — (B. Men.) : *ezzīθ* (R. B.).

DEVANT (Par), *sízzāθ*.

DEVANT, *ezzāθ*; *ezzāh* (B. Menacer) : devant qui? (B. Menacer), *ezžāh amana*.

DEVANT (Par), (B. Izn.) : *γer ezzāθ*. — (B. Men.), *rezzāθ*.

DEVANT (De), (B. Men.) : *silqebbālt* [قبو].

DEVIN, *ṣaḥeb ennésnās* (ar.).

DEVINER, devine ce que j'ai dans ma main : *ûḥi ḫmátta ðiûfūs-īnu*; — *i̯ûḥi*; H., *tūḥi* [وحى].

DEVOIR[2], *ârs*; p. p. *ûrseγ*, *iûres*; *ūð-iûrseš*; H., *tārs* et *tūrs* (B. Sn., B. Izn.) ; n. a. : *θamīrsiūθ* (*tm*); il me doit (je lui réclame) : *târseγ-ās*; je te dois (tu me réclames) : *tarseð i̯i̯*; dette : *ameruās* (*nu*), pl. *imeru̯āsen* (B. Sn., B. Izn.); débiteur : *amedi̯ān*, pl. *i-en* [دين]. — (B. Izn.), *āres*, *ûrseγ*, *i̯ūres*; H., *tāres*; p. n. *ūrīs*; tu me dois : *tarseγ-āš*; je te dois : *tarseð-i̯i̯*. — (Meṭm.), il me doit : *târsīγ-ās*; il lui doit : *ittârsa-i̯ās*. — (B. Men.), *āres*, p. p. *iūres*, p. n. *ūrīs*; H., *tāres*; dette : *ameru̯as* (*u*) *i-en*.

1. R. Basset, *Zenat. Ouars.*, p. 86; — *Beni Menacer*, p. 53. — *Loqm. berb.*, p. 253 √Z D' TH.

2. Nehlil, *Ghat*, p. 150.

DÉVORER, *léqqem* (ar.); H., *tléqqem.*

DÉVOT, *tâqi-llah* (ar.), pl. *tāqiïīn-llah.*

DIAMANT, *liâmān* (ar.).

DIARRHÉE, il a la diarrhée : *aεâddīs ĕnnés qā-ītäzzel* (V. COURIR). — (B. Men.), *itâzzel uεáddīs-ĕnnes*; — *iūδef fellá nεâddīs-īnu* : j'ai la diarrhée.

DICTER, *efθa*, p. *fθaγ*, *ifθa*; H., *tfetta*; n. a. *afθai* (*u*) [فتى].

DIEU, *Rebbi*, *sīdi Rebbi*, *llah* (ar.).

DIFFÉRENCE, *lferq* (ar.); quelle différence y a-t-il entre eux : *mátta lférq zârāδ-āsen.* — (Meṭm.), *θimesläiėn fesḫent* [فسخ] : ces langues diffèrent.

DIFFICILE[1], *ųaεār* (ar.), p. p. *iuεār* (B. Sn., B. Izn.); p. n. *ūr-iúεīreš*; H., *tuεīr*; c'est difficile pour toi : *iuεâr ḫâh* (*k*). — (B. Izn.), c'est difficile pour moi : *ųú iuεâr-ḫi.* — (Meṭm.), c'est difficile pour moi : *iuεâr fella.*

DIMANCHE, (Metm.), *âss nélḥad.*

DIMINUER, *enqêṣ.* — (Zek., B. Izn.), *enqes*; H., *tenqīs*; n. a. *anqās*; l'eau a diminué : *amân qa-ténqīsen.*

DINER[2], (Meṭm.), *mûnsuų*; p. *mûnsųeγ*, *immunsu*; H., *tmunsiuų*; le dîner : *amensı* (*u*), *smûnsuų* (θ); faire dîner : H. *smûnsiuų.* — (B. Izn., Zek.), dîner : *munsu*; H., *tmunsu*; le dîner : *amensī*, pl. *imensiuen.*

DIRE[3], *îni*, *ennaγ* ou *ennīγ*; *inna*, *ennân*, p. p. *ūnnâγeš*, *u-innāš*; H., *qār*; il dit : *qā-íqqār*, et aussi : *tīni* (A. L.); il ne dira pas : *ū-íttīnī-š*; au Kef, les vieilles femmes disent : il ne dira pas : *ū-íqqīr-eš*; je ne dirai pas : *ūr-qīrγ-eš*; n. a. il finit son discours : *issemda δiaųal nnes.* — (Zek., B. Izn., B. B. Z.),

1. R. Basset, *Zenat. Ouars.*, p. 86.

2. Cf. R. Basset, *Zenat. Ouars.*, p. 86. — *B. Menacer*, p. 53. — *Loqm. berb.*, p. 319 $\sqrt{N}$.

3. Cf. R. Basset, *Loqm. berb.*, p. 319 $\sqrt{N\ S}$.

îni, p. p. *inna, ennān* (B. Izn.); *inna, ennīn* (Zekk.); p. n. *nni*. (Zkara, B. Izn.); H., *qār* (B. Izn., Zkara). — f. nég. *qīr* (B. Izn., Zkara); n. a. *θmenniūθ* (B. Izn.). — (Meṭmaṭa), *îni, nnîγ, inna, nnān*; p. n. *nni*; H., *qār*, n. a. *θimenna*. — (B. Ṣalaḥ), *îni*; *inna, ennān*; p. n. *nni*; H., *qār*, n. a. *amesla*, le dire. — (B. Men.), *îní, ennīγ, inna, nnān* (R. B.).

DISS[1], *âδels* (*nu*); — *abṣāḍ* désigne le diss employé pour couvrir les meules, les gourbis; — diss de l'oued : *āδéls iẓiγzer*; couvrir en diss : *éδles*; *iíδles*; *ūr-δlîsγeš*; H., *δelles-delles*. — (B. Izn.), *aδellas*, diss; *suδellas*, en diss; — couvrir de diss : *eδles*; H., f. nég. *δelles*. — (B. Mess.), *iδels* (B. Men.), *aδels*. — (Meṭm.), *âδels* (*u*); tige de diss : *aẓeû* (ar. tr. *lbọṣ*).

DISTRIBUER, *ebḍa* (V. PARTAGER).

DISPERSER, *šéttet* (V. ÉPARPILLER).

DISPUTER (Se), *zâûr*; H., *dzaụar*; n. a. *azaur* (*u*), *temzaụer*; H., *temzaụar* (en ar. tr. *itεāiru*); *menγ* (V. TUER) (ar. tr. *iddāggu*). — (B. Izn.), ils se disputent : *qa-tmenγān*; — *qa-temzaụāren*; — pl. *nûγeθ*; disputez-vous; ils se disputent : *tnûγen*; *anūγi*, dispute.

DISTRAIRE (Se), *enzäh* (ar.); p. p. *iénzäh*; p. n. *ūδ-enzīhγeš*; H., *nezzäh, ezha* (ar.), p. *izha*; H., *dzehha*; n. a. *azhu* (*u*), *ferrež* (ar.); H., *tferrež*; n. a. *aferraž* (*u*). — (Meṭm.), *fúrrež*; H., *tfúrrūž*; — *fâža*; H., *tfâža*; je suis sorti pour me distraire : *éffγeγ mízzi äδ-fâžaγ ḫụûl-īnu* (ou) *mízzi â-kksèγ ḍḍīqéθ nel-ḫâḍerīnu* [جو؟].

DISTRAIT, *afγūl* [غفل], pl. *ifγāl*; *θáfγūlt*, pl. *θifγāl*; *amesha* [سهو], pl. *i-en*, *θameshaiθ*, pl. *θi-iīn*; *amensi*, *amestehzi* [نسي - هزي].

DIVORCER[2], *ellef*; répudie-la : *ellef-īt*; *illef*, *ūr-éllīfγeš*; H., *tellef*;

1. Cf. R. Basset, *Zenat. Ouars.*, p. 86.
2. Nehlil, *Ghat*, p. 152.

n. a. *allāf* (*ụa*) θ*ûlfa* (K), *erzem* (V. LACHER), *sukken*; (ou) *sûg, isûg*; H., *tsûg*. — (Zkara), *ellef*; H., *tellef*. — (Meṭm.), *erẓem* (*ās*) (V. LACHER).

DIX, *εâšra* (ar.).

DIXIÈME, fract. : *el-εâšer*.

DOIGT[1], *ḍâḍ* (*nū*), pl. *iḍūḍān* (*nī*), *ḍāḍ amoqrān*, *ššâheδ*, index; — *ḍâḍ ụámmas*, doigt médian; petit doigt : θ*ilṭeṭ*. — (B. Izn., Zkara), *ḍāḍ* (*u*), pl. *iḍūḍan*. — (B. Izn.), le petit doigt de la fillette, *ḍāḍet entáḥzau*θ. — (B. Ṣalaḥ, B. Mess.), *āḍāḍ* (*u*), p. *iḍūḍān*. — (Meṭm.), *ḍāḍ* (*ū*), p. *iḍūḍān*; petit doigt : θ*ilĕṭṭĕt*; doigt de pied : θ*ifeδne*θ, p. θ*ifeδnīn*. — (B. Menacer), *ḍāḍ*, p. *iḍūḍān* (R. B.); doigt de pied : *hīfeδne*θ, p. *hīfeδnīn*; petit doigt : θ*ilṭeṭ*.

DÔME, *lqûbbe*θ, p. *lqúbbā*θ (ar.).

DOMESTIQUE, *aḫδīm* [خدم], *iḫδīmen*, f. *taḫδīmt*, *tiḫδīmīn* (B. Sn., Meṭm.). — (le mot *aḫeδδām* désigne l'individu travaillant pour son compte) un ouvrier pris pour toute l'année s'appelle : *amqādāε* [قطع], pl. *imqaḍăεen*; un ouvrier qui travaille pour son entretien s'appelle: *aεazri*; *i-en*, fém. θ*aεzrī*θ; θ*i-ịīn*.

DONNER[2], *ûš*, p. p. *ūšīγ*, *ịûšu*, *ûšīn*; p. n. *ūr-ịûšūš*; H., *tšûš*; fut. nég. *tšīš* (rare) (A. L.); il ne lui donnera pas : *ūrδâs itšis-eš* (A. L.); n. a. θ*íīši* (A. L.), don; θ*amušiū*θ (K); donne ici : *ârāδ āiru* (V. APPORTE). — (B. Izn., Zkara), *uš*; donne-moi : *ūš-ịi*, ; p. p. (B. Izn.), *iuša*. — (Zkara), *ịūši*; p. n. *ūši*; H., f. nég. : *tšītš*; n. a. θ*mušša* (Zkara), θ*muša* (B. Izn.). — (Meṭm.), *ūš*, pass. *itụauš*. — (B. Ṣalaḥ), donne : *ûš*; donne-lui : *ûš-ās*; il vous a donné : *ịūša iaụen*. — (B. Messaoud),

1. R. Basset, *Zenat. Ouars.*, p. 86; — *B. Menacer*, p. 53. — *Loqm. berb.*, p. 274 √DH DH.

2. R. Basset, *Zenat. Ouars.*, p. 86; — *B. Menacer*, p. 54. — *Loqm. berb.*, p. 286 √OU CH.

donne-moi : *eχf ịị*; je t'ai donné : *χfīγ-āχ*. — (B. Men.), donner, se donner (femme), *uš*; p. p. *ûšīγ*, *iūšu* ou *iuxšu*, *ûxθīn*; — *siγ* (R. B.); je te donnerai quelque chose : *āšāk sīγeγ elḥáịịeθ*.

DORÉNAVANT, dorénavant, ne viens plus chez moi : *sụássu ūγrí ttaseš* ou *siệdū*, ou *síllqû* ou *sâ-γer-zzāθ*. — (B. Izn.), *seg-îlqû*. — (Meṭm.), *súġġᵘassa ittās eš γʹri*, dorénavant, tu ne viendras plus chez moi.

DORMIR[1], *eṭṭêṣ*. — (B. Sn., B. Izn., Zkara, B. B. Z.), p. *ịịṭṭes*; p. n. *ūr-ṭîsγeš*, *ur eṭṭîsγeš*; H., *ṭéṭṭêṣ*; n. a. *îḍêṣ* (*ịî*); dormeur : *bu-ịîḍêṣ* (K), *ameṭṣi* (A. L.). — (Zkara), dormeur : *bu-īḍeṣ*, p. *iθ-buīḍṣen*; endormir : *sūḍêṣ*; H., *sūḍūṣ*; n. a. *asūḍeṣ*. — (Meṭm.), *eṭṭêṣ*, p. n. *ṭṭîṣ*; H., *ṭeṭṭêṣ*; n. a. *īḍêṣ*; faire dormir : *ṣûḍeṣ*; H., *ṣûḍūṣ*. — (B. Ṣalaḥ), *eṭṭeṣ*; je n'ai pas dormi : *ur-ṭṭīṣeγχ*; H., *ṭeṭṭeṣ*; sommeil : *īḍêṣ*.

DOS[2], *θîụa* (*ti*), pl. *θiụau* (*ti*) (B. Sn., B. Izn., Zkara, O. Amer, B. B. Zeggou). — (Meṭm.), *θiụụạ* (*θi*), p. *θiụụaụīn*. — (B. Ṣalaḥ, B. Mess.), *imerẓị*. — (B. Menacer), *eddehèr* [ظهر], pl. *iddèhrān*.

DOT, (Meṭm.), *ûtšān*; j'ai payé la dot à son père : *ûšīγ ūtšạn ib̮âb̮ās*.

DOUANIER, *adiụāni* (*nu*), *ddiụāna* ou *idiụānịen*.

D'OÙ, interrog. D'où viens-tu? *mānis tuzdeš*. — (Meṭm.), d'où viens-tu : *mânis θūsīš*.

DOUAR[3] *âsūn* (*nû*), pl. *isūnen* (*ni*) (ou) *aduụụār* (ar.), ou *âfrāg* (*ụu*), *ifrāgen*, réunion de cinq ou six tentes (V. HAIE). — (Meṭm.), *asūn* (*u*), p. *isūnen*.

1. R. Basset, *Zenat. Ouars.*, p. 86. — *Loqm. berb.*, p. 275 √T' S'.
2. Cf. R. Basset, *Zenat. Ouars.*, p. 86. — *Loqm. berb.*, p. 314 √M R Z.
3. Cf. R. Basset, *Zenat. Ouars.*, p. 86. — *Loqm. berb.*, p. 256 √Z DH.

DOUBLER, *eθna*, *iθna*; H., *tenna*; n. a. *aθna* (*u*) ثنى; (une étoffe), *béṭṭen*; H., *tbeṭṭen*, *dbeṭṭen*; n. a. *ṭébṭīn*, doublure; ar. بطن; doubler (un fil), *eḍfeṣ*, p. n. *ḍfīṣ*, *ḍeffeṣ*.

DOUCEMENT, *slăεâqel*, *sléhụa*, *selhémðeθ* (ar.).

DOUTER (Se), *šekk* (ar.); p. p. *išekk*; p. n. *ūr-išekk-eš*; H., *tšekka*; soupçonneux : *amšekki* ou *ameškăk*; il se doute que je suis venu : *išekk ðī ûzdeγ*; il te soupçonne : *išékk ðīh* (*ðīš*).

DOUZE, *θnáεăš* (ar.).

DOUZAINE, *ṭéẓẓẹneθ* (*nte*), pl. *ṭéẓẓẹnăθ* et *dẓâẓen*. — (Meṭm.), *θaṭêzzīnt*.

DOUX[1] (sucré), *ẓẹḍ*, *iîẓẹḍ*; H., *tīẓẹḍ*; sucrer : *ṣệẓeḍ*, H. *ṣăẓăḍ*; n. a. *asīẓệḍ* (*u*); être doux : *mīẓẹḍ* (B. Sn., B. Izn.), adjectif : *mīẓeḍ*; *i-en*; *θmīẓẹṭ*; *θi-ḍīn*; douceur : *θazzudi*; on dit aussi : *eḥla*; H., *teḥla* (ar.). — (Meṭmaṭa), *iîẓeḍ*; il devient doux; H., *tīẓẹḍ*; doux, *mîẓẹḍ*, f. *θmîẓẹṭ*, *i-en*, *θi-ḍīn*; adoucir, *sîẓệð*; H., *sīẓăḍ*; douceur : *θīẓẹḍ*. — (B. Menacer), *aman ðimiẓīḍen*, de l'eau douce.

DRAP, *lémlef* (ar.). — (Meṭm.), un burnous de drap : *aselhâm llémlef*; (de lit), *lîzâr*, pl. *lîzūr* (ar.).

DRAPEAU, *lεâlăm*, *lεâlămăt* (ar.), *arššăg*, *irššăgen* (ar.), *sánžăq*, *sanžăqăθ* (Meṭm.) (turc).

DRESSER, *sbédd* (V. DEBOUT).

DROIT[2], *imseggem*, *i-en*; le chemin droit : *abrîð ðimseggem* (ar. tr.). — (Meṭm.), (ou) *ðimserrăḥ* [سرح] *ūr iεâuīžeš* (V. TORTUEUX); rendre droit, redresser : *seggem*; H., *tséggem*; du côté droit : *afūsi*; *i-iien*; *θafusīθ*; *θi-iīn*; à droite : *lžih θtáfūsīt*; *lžīhθ eniiffūs*; prends à droite : *ĕṭṭêf iffūs*; va à droite : *ẹiiūr ḫiiffūs*. — (B. Izn.), à ma droite : *iúffus-īnu*; le côté

1. Cf. R. Basset, *Zenat. Ouars.*, p. 86.
2. R. Basset, *Zenat. Ouars.*, p. 86. — *Loqm. berb.*, p. 284 $\sqrt{\text{F S}}$.

droit : *lžiheθ iffūs*. — (Meṭm.), à droite : *ağeffūs*. — (B. Menacer), marche à droite : *eggûr fuiéffūs*.

DUR[1] (être), *qûr*, p. p. *iqqūr* ; H., *tγâra* ; n. a. *θγârīūθ*, dureté ; durcir : *sγer* ; H., *sγara* ; n. a. *aseγri*, durcissement ; — *qsäḥ* (ar.), *iqsäḥ* ; p. n. *ūr-iqsiäḥš* ; H., *teqsiäḥ*, *teqsīḥ* ; il est dur : *iqqūr* ; H., *tγāra* ; durcir : *seγr*, H., *serγa* ; n. a. *tγûri*.

DURER, *ṣébber* (ar.) ; *tṣébber* ; *dûm* (ar.) ; p. p. *iδūm* ; H., *ddūm*.

DURILLON, *θišelbeḫθ*, pl. *θiželbāḫ* (ar. tr. *šlâfet*).

DUVET, premières plumes : *rriš ĕláḥrām* (ar.).

DYSSENTERIE, *lhelāš ameqrạn*.

E

ÉBOULER, *saḫ* ; p. p. *isaḫ* ; p. n. *ur-isāḫeš* ; H., *tsâḫa* ; n. a. *asaḫa*.

EAU[2], *ámạn* (*ụa*) (B. Sn., B. Izn., B. B. Z., Zkara, O. Amer), un peu d'eau : *šụí nụâmān* ; de l'eau pure : *amân iéṣfạn* ; chaude : *iéḥmạn* ; tiède : *iéδfạn* ; fraîche : *iérθben* ; froide : *iṣemmāḍen*. — (Meṭmaṭa), *aman* ; dans l'eau : *δug-ụāmān*. — (B. Ṣalaḥ, B. Mess.), *amān* (*ụa*). — (B. Menacer), *aman* (R. B.) ; la fraîcheur de l'eau : *haṣmūḍí ŭụámān*.

ÉBLOUI (Être), *télles* ; H., éblouissement : *atelles*.

ÉCAILLER (un poisson), *eḫrèḍ* [خرط] ; p. p. *iéḫrèḍ* ; p. n. *ūr-íḫrīḍeš* ; H., *tḫérreḍ* ; n. a. *aḫrāḍ* (*u*) ; une branche : *ešleḫ*, (ar.) ; p. p. *iéšleḫ* ; p. n. *ūr-íšlīḫeš* ; H., *tšelleḫ* ; n. a. *ašlāḫ* (*u*).

1. Cf. R. Basset, *Loqm. berb.*, p. 288. $\sqrt{\text{K' R}}$.

2. R. Basset, *Zenat. Ouars.*, p. 87 ; — *B. Menacer*, p. 54. — *Loqm. berb.*, p. 311 $\sqrt{\text{M}}$.

ÉCAILLE, *eθθûb* (ar.), *θaqšūrθ*, pl. *θiqūšār*; éclats d'écorce : *θiqšerīn*. — (B. Menacer), *θaqšūrθ*; *θaḫšūrθ* [فشر].

ÉBRÉCHER, être éb. : *férrem* [ثرم]; H., *tferrem*; n. *aferrem* (*u*), *efθeq*; H., *fetteq*; n. a. *afθeq* [فتق].

ÉCHELLE, *asellum* (*nu*). — (B. Sn., B. Izn.), (ar.) (ou) *tiḥnaịẹn* (A. L.).

ÉCHEVEAU, *θaεamiṭ* (ar. tr. *el-εamīṭa*).

ÉCHINE, *äsrūr en-tîụa* (*ụa*), pl. *isrūren* (B. Sn., B. Izn.), (ou) *aεámūδ ent.* (B. Sn., B. Izn.). — (Meṭm.), *ĕssénsleθ* (ar.).

ÉCHO, ce rocher produit un écho : *azṛůịu qā iterra ḫi aụal.*

ÉCLAIR, *lbérq* (B. Sn., B. Izn., Meṭm.), pl. *lébrūq* (ar.).

ÉCLABOUSSER, ton cheval m'a éclaboussé : *ịis-enneš ịirū ḫí āmạn* (ou) *izérụed ḫi āmân sūḍâṛ-ĕnnes* (V. JETER).

ÉCLAIRCIR, être clair : *ṣfa* (ar.); p. p. *iṣfa*; H., *teṣfa*; n. a. *aṣfa* (*u*); éclaircir : *seṣfa*; l'eau (trouble) s'éclaircit : *iqáεäδ âmān*; le ciel nuageux s'éclaircit : *ifâža* (ar.) *aženná sí-tiịūθ*. — (Zkara, B. Izn.), *eṣfa*; p. *ṣfīɣ*, *iṣfa*; p. n. *ṣfié*; H., *teṣfa*; n. a. *aṣfa* (*u*) [فعل-صفى].

ÉCLAIRER, le soleil éclaire pendant le jour, la lune pendant la nuit. — (Zkara) *eḍụi*, *ḍůụīɣ*, *iḍụāa*, *eḍụān*; p. n. *ūr-íḍụīš*; n. a. *aḍụi* (*u*) [ضاء].

ÉCLATER, *derḍěq*; pr. *idderḍěq*; H., *derḍūq*; n. a. *aderḍěq*.

ÉCLIPSER, être écl. : *ĕsfeḫ*; p. p. *ịisfeḫ* (*K*), *ūr-ísfiḫeš*; H., *tséffeḫ*, *asfaḫ* (*u*), *esḫef* (A. L.), *seḫḫef* [خسف].

ÉCLORE (poussins), *ĕfqeṣ* (ar.); H., *féqqěṣ*; les poussins éclosent : *qâhen ifúllūsen feqṣen* (fleur), *eftáḥ*; H., *fettaḥ*, *séftaḥ* (ar.).

ÉCOLE, éc. française : *lkúlīž* (*nu*), *lkúlīžāt*; éc. des mosquées : *lžâmäε*, *θimεammerθ*, pl. *ledžuāmäε*, pl. *θimεámmrīn* [عمر-جمع]; salle où les étudiants étudient, dorment : *aḫerbīš* pl. *iḫerbāš*.

ÉCOLIER, les grands élèves : θ*imèḥḍer*θ (ar.), *amḥāḍri* (*nu*), pl. *imḥādriịen* (ou) *ṭṭâleb*, pl. *ṭṭèlba* (ar.) ; petits élèves : *agendūz* (*nu*), pl. *igendāz*.

ÉCORCE, *ilem nesséžžer*θ (V. PEAU), *aqšūr* [قشر] ; un morceau d'écorce : θ*áqšūr*θ (*te*), pl. θ*íqĕšrīn* ; éc. de racine de noyer : *aqšūr néssụāk* ou *ss'ụāk* [سواك] ; éc. de chêne-liège : *lžélfe*θ *nétfernānt* ou *lžélfe*θ (ar.) ; rondelle d'éc. pour greffer : θ*ilmī*θ (*te*), pl. θ*ilmāị* (*te*), ou : *âlqem* (ar.) ; éc. de chêne (V. TAN). — (B. Sn., Zkara, B. Izn.), être écorcé : *eqšer* ; p. p. *iqšer* ; p. n. *ūr-īqšereš* ; H., *tqéššer* ; écorcer : I., *seqšer* ; H., *seqšār* ; n. a. : *aseqšār* (*u*). — (Meṭm.), θ*ifli*, écorce. — (B. Men.), écorce : *aqšu* (R. B.) ; écorce de noyer : *lmesụax*.

ÉCORCHER, *éslèḫ* (ar.), *sélḫ-īt* ; écorche-le ; p. p. *sélḫåγ* ; *ịíslåḫ* ; p. n. 3 p. s. = *ūr-íslīḫeš* : 1 p. s. = *ūr-slîḫḫeš* ; H., *tséllèḫ* (K), *séllèḫ* (A. L.) ; n. a. *áslāḫ* (*u*) ; *éslèḫ* signifie aussi : être écorché ; la brebis est écorchée : *tîḫsi tésléḫ*, on emploie aussi la forme passive : *tụâsleḫ* ; le mouton est éc. : *ituasleḫ* ; écorché : *ameslûḫ*, θ*ameslūḫ*θ, *imesluḫen*, θ*imeslūḫīn* ; on dit aussi : *ékks-äs ilem* (V. *ekkes*, ENLEVER), *fésḫ-äs ilem* (V. *efseḫ*) ; être écorché, écorcher. — (Meṭm.), *âzi*, p. *ūzīγ*, *iûzi* ; H., *tāzi azaị* (*u*).

ÉCOUTER[1] (V. ENTENDRE) : *sél* ; écoute-moi : *sél-γri* ; éc. attentivement (ar. *ṣènnèṭ*) ; K., *seγγed* ; H., *seγγād* ; (A. L.) : *esγed* ; p. p. *ịésγed* ; p. n. *ūr-ísseγdeš* ; H., *sγād* ; n. a. *asγed* (*u*). — (Zkara), *sel*, p. p. *isell* ; p. n. *ūr-iselleš* ; H., *tsella* ; f. n. *tselli* ; n. a. θ*asellū*θ. — (B. Izn.), *esγed* ; p. n. *sγīd* ; H., *sγād* ; *sel*, *slīγ*, *ịísla* ; H., *tsella* ; f. n. *tselli* ; prêter l'oreille : *sḥess* ; H., *sḥessa* ; fut. nég., *sḥessi* [حس]. — (Metmaṭa), *ssîγḍû* ;

1. Cf. R. Basset, *Zenat. Ouars.*, p. 87. — *B. Menacer*, p. 54. — *Loqm.*, p. 268 √S L.

écoute. — (Meṭm., B. Ṣalaḥ), *sel*, p. *slîγ*, *isla*; H., *sell*; n. a. θ*ameslīuθ*.

ÉCOSSER, *sefrūri*; H., *sefrūruị* (V. MIETTE); elle écosse des fèves : *tsefrūrūị ibāuen*; (ar. tr. *fettet, ferrer*; ar. nom. : *ḥettet*).

ÉCRASER, *kérbez*. — (B. Sn., B. Izn.), écrase-le : *kérbz-īt*; p. p. *ikerbez*; p. n. *ūr-íkerbześ*; H., *tkérbāz*; n. a. *akerbez* (*u*); on dit aussi : *Kérfez*; H., *tkérfāz*; n. a. *akerfez* (*u*) et : *érbez*, *rébz-īt*; p. p. *írbez*; p. n. *ūδ-érbīzγeś*; H., *rebbez*; n. a. *arbāz* (*u*) (En arabe B. Sn., ces mots se rendent par *érmes* et *érfes*); écr. avec le pied : ε*âfes* (ar.); p. p. *i*ε*âfes*; p. n. *ūr-*ε*âfīsγeś*; H., ε*âffes*. — (B. Izn.), ε*āfes*; H., ε*affes*; écraser, tuer; *âmes*; p. p. *iûmes*; p. n. *ūδ-ûmīsγeś*; H., *tâmes*; n. a. *amās*; il écrasa un pou : *iûmes ṭiśśīθ* (en ar. B. Sn., *lémmes*. V. PILER) : *éddez*, *énγeḍ*. — (Zkara) : *lukk*; H., *tlukk*. — (Metm.), δ*ekk* (*īθ*); H., *dekk* [دكّ].

ÉCRIRE[2], *ârii* et *âri*; p. p. (K) : *ûrieγ*, *iûrī* (A. L.) : *ûrīγ*, *iûri* (et *iûru*); H., *târi* et *tûru* (rare); n. a. : θ*īrā* (*ti*); écriture : θ*īrāt* (A. L.); il est écrit chez Dieu : *iûri γer-Rébbi*; on dit aussi : *ḫeṭṭe*θ; H., *tḫeṭṭe*θ; écris-moi une lettre : *ḫéṭṭe*θ*-iịi* θ*âbrāt*; n. a. *aḫeṭṭe*θ [خطّ]. — (B. Iznacen), *āri*; p. p. *iūri*; p. n. *ūri*; H., *tāri*; f. n. *tīri*; n. a. θ*īra*, écriture (θ*i*). — (Zkara), *āri*; p. p. *iūra*, *ūrān*; p. n. *ūri*; H., *tāri*; fut. n. *tīri*; n. a. θ*ūra*, écriture. — (Meṭm.), *āri*, p. *iūri*; H., *tāri*; n. a. θ*īra*; ils s'écrivent : *msārāien*. — (B. Ṣalaḥ), *ari*; p. p. *ūrieγ*, *iûrii*; p. n. *ūri*; H., *ṭari*; n. a. θ*īra*. — (B. Menacer), *ari*; p. p.

1. Cf. R. Basset, *Zenat. Ouars.*, p. 87. θ*ifli*; $\sqrt{\text{F L}}$, p. 142.

2. Cf. R. Basset, *Zenat. Ouars.*, p. 87; — *B. Menacer*, p. 54. — *Loqm.*, p. 247 $\sqrt{\text{R}}$.

iūra et *i̯ūri*; p. n. *ūri*; H., *ttāri*; écriture : *θīra*; s'écrire réciproquement : *msûr* (R. B.).

ÉCUME[1] produite par la sueur, mousse de savon, etc. : *reγγu̯eθ*, *akuffu* (K.), *akefkuf* (A. L.); écume d'un cheval en sueur : *ezzbeδ*; écume de l'eau pendant une crue : *lekšakeš nu̯â-mān*. — (Zkara), *ĕrréγγu̯eθ*. — (B. Iznacen), *axefxūf*. — (Meṭm.), *íxuffān* [زبد-رغوة].

ÉCURIE, *erru̯a*, pl. *errui̯ān*, *aru̯as* (nu), p. *iru̯āsen*; les mulets sont attachés à l'écurie : *isérδān qa-qqnén δi-úru̯ās*; — B. B. S. : *aruai̯*. — (Meṭm.), *akūri* (*u*), *léku̯āra*.

EFFACER, *emḥa* (ar.); p. v. *imḥa*; H., *meḥḥa*; efface ce que tu as écrit : *ĕmḥa tīrá teggīδ*. — *eṣfĕḍ*; p. n. *ṣfīḍ*; H., *ṣeffĕḍ*.

EFFRAYER, *súggueδ* (V. PEUR).

ÉGAL (être), *sétua*, [سوى], p. : *isetua*; H., *tsetu̯a*; n. a. *asetu̯a*; égal : *amsau̯i*, *θa-u̯iθ*, *imsaui̯en*, *θi-i̯īn*; celui-ci est égal à celui-là : *u̯u δamsau̯i âki-u̯īn* (ou) *u̯u itu̯aεau̯āḍ âki-u̯in*; [عوض] *tu̯aεau̯eḍ*; H., *tu̯aεau̯āḍ* ou *u̯u itu̯asegged âki-u̯īn*.

ÉGARÉ (être), *enzeγ*; p. p. *i̯ínzeγ*; p. n. *ur-enzîγγeš*; il s'égara en chemin : *i̯ínzeγ ḫûbrīδ* ou *i̯énzeγ ḫés abrīδ*; H., *tenzeγ*, *tenzīγ*; n. a. *anzaγ* (*u*); égarer quelqu'un : *senzeγ*; H., *senzaγ* (ou) *ehmel* [همل]; il s'égara : *i̯éhmel ḫûbrīδ*; p. n. *ur-ehmîleγeš*; H., *themmīl*; n. a. *ahmāl* (*u̯a*). — (Meṭm.), *iεâ-req δegūbrīδ* (V. ERREUR) [عرق].

ÉGAYER, il l'égaye : *iitékkes-ās ḍḍēqéθ nelḫâḍer-ĕnnes* (V. ÔTER) (ou) *i̯itékkes-ās elqánḍ si-u̯ûl-ĕnnes* (ou) *sférḥ-īt* (V. JOYEUX).

ÉGLISE, *lžāmâε nirûmīi̯en*.

ÉGORGER[2], *ĕγres*; p. p. *i̯iγres*; p. n. *ur-γrîsγeš*; H., *teγres*; K.,

1. Cf. Nehlil, *Ghat*, p. 154 : *takufit*.

2. Cf. R. Basset, *Zenat. Ouars.*, p. 87. — *B. Menacer*, p. 54. — *Loqm.*, p. 278, √R'RS.

γerres (A.L.); n. a. *aγrās* (*u*) *θúγrest*; il a égorgé une brebis : *iγres tiḵsi*; on dit aussi : égorge-le : *sîmeḍ éḫḫes* (V. PASSER) (ou) *sékk ĕḫḫés θáḫeðmīθ* (V. PASSER) (ou) *ésqḍů ās ážernẹḍ*; H., *sqeṭṭu* ou *sízzel-äs fīlú iázeǵǵᵘaγ* (V. COURIR). — (B. Iznacen), *eγres*; H., *γerres*; f. n. *γerres*. — (Zkara), *eγres*; p. n. *γrīs*; H., *γerres*; n. a. *aγrās* (*ụa*). — (Meṭm.), *ĕγres*; p. n. *γrīs*; H., *γerres*, n. a. *aγrās* (*u*). — (B. Men.), *eγres* (R. B.); f. pass. *itụaγres*.

ÉGRATIGNER, *qébš* (*īt*); *iqebš*; p. n. *ūr-qbîšγeš*; H., *qebbeš* n. a. *aqebbōš* (ou) *ḫebš* (*īt*); H., *ḫebbeš* [خربش].

ÉGRENER[1] (être), *frurii*, *ifrūrii*, *ur-ífrūriẹš*, *tfrūriii*, *afrūri*, (*u*); des fèves égrenées : *ibaụen ifrûriẹn*; *sfrûrii*, *iíssfrūrii*; H., *sfrûrui*; voir : *afrūr* (*u*) (ar. tr. *ftâta*), pl. *ifrūren*; *θáfrārθ* (*tf*), *θifrārịn* (*tf*); quand les figues tombent après un coup de vent, on dit : *θazzārθ qaīt frūrii*; — *θafsūθ θefrûrii tḥûf ðí θmūrθ*; le bechna est prêt à s'égrener, il tombe sur le sol. — (Meṭm.), *fesṣeṣ* (ar.); H., *tfesṣeṣ*. — (B. Ṣalaḥ), les raisins se sont égrénés : *θizzūrīn frūriẹnt* (V. MIETTE).

EGYPTE, *Mâṣer*.

ÉLARGIR, *sụússaε* (V. LARGE).

ÉLÉPHANT, *lfîl*, *bénnemri* (ar.).

ÉLANCER, j'ai des élancements dans la main : *fūs-īnú qā-itụezụez* de *ụezụez*; H., *tụezụez*; n. a. s'élancer sur quelqu'un : *itụairi*(*ḫ*) (V. JETER) (ou) *émmīr*, (*ḫ*); p. p. *iémmīr*; H., *temmīr*; n. a. *tímīra* (*tm*).

ÉLECTRICITÉ, *trísịntẹ*.

ÉLASTIQUE, *ṭûụeṭ*; H., *ṭúụụṭ*; il s'allonge comme de l'élastique : *ittemžābāð am-lastīk* (V. TIRER).

ÉLEVER (nourrir, éduquer), *sîm*; élève bien tes enfants : *ssîm*

1. Cf. H. Stumme, *Handb.*, p. 178 *fruru*.

θarya-nnéš δúṣṣbeḥ; p. p. *sîmeγ*, *iíssīm*; p. n. *ūr-iíssīmeš*; H., *siâma*, *asīm* (*u*); être élevé : j'ai été élevé par mon oncle paternel : *ūmiγ γer-εâmmi* p. p. *iumu*, *ûmīn*, p. n. *ūr-iûmīš*, *tumu* et *tûmi*; élever un animal : *rábba ízmer-iu*, élève cet agneau; *rábbaγ*, *irabba*, *ū-rabbaγeš*, *trabba*, *arébba*, (*u*); être bien élevé : *úδδeb*; H., *túδδeb*, *imueδδeb*, pl. *i-en*, *timueδδebθ*, pl. *θ-īn*. — (Meṭm.), *eǧma*, p. *ǧmīγ*, *iiǧma*; H., *ǧemma*, *siǧm īθ*; élève-le; H., *sǧām*; n. a. *aseǧmi*. — (B. Iznacen), *rebba*, p. *rebbīγ*, *irebba*; H., *trebba*; f. n. *trebbi* [ربى-ادّب].

ELLE, *nĕttāθ* (v. *il*), *nĕttāθa*.

ÉLOIGNÉ[1], être loin : *baεāδ* [بعد]; il s'éloigna de moi : *ibaεāδ ḫi*; p. n. *ur-baεīδγeš*; H., *tbaεāδ*; éloigner quelqu'un : *sbaεāδ* être loin : *nekkeb* (ar.); H., *tnekkeb*; éloigné : *imnekkeb*, *i-en*, *θimnekkebt θi-īn*; il est loin de moi : *qaiθ δimnekkeb ḫi* (ou) *δimḥaiieδ hi*, de *ḥaiieδ*; H., *tḥáiieδ* ou *δimussāε ḫi*, de *ussāε* (ar.); H., *tussāε* [حيد-نكب].

EMBARQUER (s) *âni δi lbābōr* (V. MONTER).

EMBARRASSÉ, *imḥaiier*, *i-en* [حير]: ce travail m'embarrasse : *ūl-īnu qaīt dimhuyyer si lḫeδmeθ-u* (ar.) (ou) *qaīt dames-lūb*, *qait išref* (ou) *lḫeδmeθu tsúffγ-iii allí ĕniiḫf-īnu*, *ūr fhîmeγ-ās ûla δabrīδ mâš at-ḫeδmeγ*. — (Meṭm.), *eḥṣel* (ar.), p. p. *ḥaṣleγ*, *iaḥsel*; H., *ḥaṣṣel*.

EMBRYON, *lžâni*, *iženiān* ou *amziuδ*, pl. *imziuδen*.

EMBRASSER, les mains, la tête : *sûδen*; H., *sûδun*; n. a. *asuδen* (*u*) (V. BAISER). — (Maṭm.), *sûδen*.

EMBROCHER, mets-le à la broche : *seni-īt di-uqšūḍ núšnāf seni-īt ḫúsfūḍ* (V. *seni*, MONTER).

EMPOISONNER, *erhež*, (ar.) p. p. *irhež*; H., *trehhež*; empoi-

1. Cf. R. Basset, *Zenat. Ouars.*, p. 87.

sonne-le : *rehž-īt* (ou) *séts-īt* (V. MANGER) (ou) *sqa(t)* (ar.); p. p. *isqa*; H., *seqqa* ou *slâεq-äs*; être empoisonné : *tụasqa*; — *sérhedz*; H., *serhădž*, empoisonner.

EMMAGASINER, *eḫzen* (ar.); p. p. *ịeḫzen*, *ūr-ḫzînĕγeš*; H., *ḫezzen*; n. a. *aḫzān* (*u*).

ÉMIGRER, *éffeγ θámūrθ* (V. SORTIR); fuir après un crime : *éḥžer*, *ịéḥžer* [هجر]; p. n. *ūδ-eḥžiγγeš*; H., *teḥžīr*; n. a. *aḥžār* (*ụa*); fuir mécontent : *sukken* (V. COLÈRE), *isúkken iθmûrθ ĕn-nîḍen*; il s'enfuit dans un autre pays : *isukken ḫebbās*; il fuit loin de son père.

EMPORTER[1], *aụẹị*; emporte-le : *auị-īt*; p. p. *iuịeγ*, *ịiụẹị*, *iuịen*; p. n. *ụerδ iụīγeš*, *ụer ịiụīịeš*; H., *taụi*; n. a. *aụaị* (*ụa*); on dit aussi : emporte-le : *ṣīūḍ-īt* (fais-le parvenir, V. ARRIVER). — (Zkara, B. Iznacen), *āụi*; p. p. *iuịeγ*, *ịiụi*; p. n. *iụi*; H., *tāụi*; f. nég. *tīụi*; n. a. *θiuịa* (Zkara). — (Meṭm.), *aụi*, p. p. *iûịeγ*, *ịiụi*; H., *taụi*. — (B. Salaḥ), *aụi*; p. p. *ûịeγ*, *ịúụụi*, *ûịen*; H., *ṭaụi*. — (B. Mess.), *aụi* p. p. *ûịeγ*, *ịibbᵘi*, *ûịen*. — (B. Menacer), *aụi*; p. p. *ūịeγ*, *īuụi*; p. n. *īụi*; H., *taụi*; f. nég. *tīụi*; emportez (m) : *aụexθ* (f) *auịemt*.

ÉMOUSSÉ, mon couteau est émoussé : *lmūs-īnú ịeḥfa* (ar.); H., *ḥeffa* (ou) *eššfer-ĕnnes ịiθna* (ar.); son tranchant est émoussé.

EMPAN, du pouce au bout de l'index allongé : *îmi ụiδi*, pl. *imaụen*; du pouce à l'extrémité des doigts allongés : *eššber* (ar.).

EMPÊCHER, il m'a empêché de sortir : *imenäε-iịi ūfûγ-īnu* [منع].

EMPRUNTER, *erḍĕl*; p. p. *ịérḍĕl*, prêter; p. n. *ūr rḍilγeš*; H., *tréṭṭel* (K), *reṭṭel* (A. L.); n. a. *arḍāl* (*u*); prête-moi ta mule : *réḍl-iịi taserδūnt-enneš* ou bien : *ĕmmel iịi*; p. p. *ịémmel*; p. n. *uδ-ĕmmīlγeš*; H., *témmel*; n. a. *ammal* (*ụa*). — (B.

1. Cf. R. Basset, *Loqm.*, p. 332 √OU I.

Menacer), elle est allée lui emprunter un peu de miel : *θéṛọḥ ttéqḍa fellâs qdîd entâmemt.*

EN, en quoi? (B. Izn.), *maint, màinteθ, mainten, maintent*; en quoi est cette cuiller? *θaγenžaiθu mainteθ ịîlạn*? en chêne : *ụûδren*; en fer : *ụúzzal*; en argent : *ennûqreθ*. — (B. Menacer), en quoi sont ces anneaux? *iḫelḫālĕnu mattaθen*? en quoi sont ces bagues? *θiḫūδāmu mattaθent*? En quoi? (Meṭm.), *matta ɛāna.*

ENCEINTE (Être), elle est enceinte : *qaīt suɛâddīs* (V. VENTRE) : *qaīt tīsí bnâδem* (V. PORTER). — (Meṭm.), *suɛâddīs.*

ENCENS, (B. Izn.), *lžaụi* [جاوي]. — (Meṭm.), *ldžaụi.*

ENCLUME, *θimezbert* (*tmé*), p. *θimzebrīn* (ar.). — (Meṭm.), *ezzebriθ.*

ENCRE, *eṣṣmaḫ* (cf. W. Marçais, *Observ.*, صماغ).

ENCRIER, *θadụat*. — (B. Izn., B. Men.), en terre : *θaδụāt*, pl. *θiδụaịen* [دوى].

ENCLORE, (B. Snous, Zkara, B. Iznacen), *efrị*; p. p. *férịeγ, ifriị* p. n. *ūr-ífrīịeš*; II. *tferri* (B. Sn.); *ferri* (Zkara), n. a. : *afrai* (*u*).

ENCORE, v. GRAMM., p. 226.

ENFANTER, *aṛū*; p. *θîṛu* (V. ACCOUCHER).

ENFANT[1], *ârba* (*ụé*), pl. *irbān* (*nịi*); fém. *θârbāt* (*te*); pl. *θirbaθin* (*ter*). (B. Sn., B. Izn., B. B. Z., Zkara). — *aqšiš* (*ụu*); pl. *i-en*, *θaqšišt* (*te*); pl. *θi-in* (*te*); *azellūγ* (*nu*); pl. *izellūγen*; *θazellūḫθ* (*dze*); pl. *θizellūγīn* (*dze*); — enfant de 4 ou 5 ans (A. L.), *afδīḍ* (*ụu*); pl. *ifδīḍen*; *θafδīṭ*, pl. *θifδiḍīn*; petit enfant nu : *abẓẹẓ* (*ụu*); pl. *i-en*; *θábẓẹẓt* (*te*); *θibẓẹẓẹn* (*te*); enfant criard : *aδerri, i-ịien, θaδerrīθ* (*endér*); *θiδerriịīn* (*nder*). — (Zkara), *aḥδīδ*, pl.

1. Cf. R. Basset, *Zenat. Ouars.*, p. 87. — *Beni Menacer*, p. 54.

iḥδīδen ; f. θ*aḥδīt* ; f. p. θ*iḥδīδīn*. — (B. Izn.), *aśläl*. — (Meṭm.). *aεazīz*, la bouche de l'enfant : *īmi uεäzīz*. — (B. Ṣalaḥ, B. Mess.), *abūtśi*; *aḥzau*, f. θ*aḥzaūθ*; *arraś*, pl. *arraśen*; f. θ*arraśθ*; p. θ*irrāśīn* (R. B.). — (B. Menacer), *aḥzau*, la bouche de l'enfant : *īmi üu̯áḥzau*; *alufan* ; pl. *i-en* ; θ*a-nt*; θ*i-īn*.

ENDROIT, *amśan* (*u*); pl. *imśānen*. — (B. Izn.), *amxān* [مكان].

ENDUIRE (de graisse), *δéhĕn* (*īt*) [دهن]; p. p. *iδhen*; p. n. *ūr δhînγeś*; H., *ddehn* ; n. a., *aδhen* (*u*) ; (de peinture), *eḍla* (*t*) [طلى] ; p. p. *iíḍla* ; H. *ḍélla*; passif *tu̯āḍla*; il est enduit : *iéḍla* ou *ituaḍla* ou *iemmeḍla*; (de chaux) : *žîier* (ar.). — (Meṭm.), *eδhen* (θ); p. n. *δhīn*; H. *δehhen*. — (Zkara, B. Izn.), *eḍla*; p. p. *eḍlīγ*, *ieḍla*; p. n. *ḍli*; H. *ḍella*; f. n. : *ḍelli*; n. a. (Zkara), *aḍlai* (*u*).

ENFER, *lžáhnnāma* (ar.).

ENFERMER, qq. : *éqqen éḫḫes* (V. FERMER, *eqqen*) ou *śśémn-īt*; p. p. *iśśmen*; H. *śeśmān*. Je suis enfermé : *śemneγ*; H. *śémmen* [كمن]. Enferme-le : *érr eḫḫés* θ*áu̯u̯ūr*θ (V. RENDRE).

ENFLER[1] (B. Sn., Zkara), être enf. : *úff*; p. p. *iúff*; p. n. *ūr-iúffeś*; H., *tuff*; n. a. ; θ*úffet*; faire enfler : *suff*; H., *suffa*; (Meṭm.), *uff*. p. *iuff*; H. *tuff*; n. a. θ*ūfet*; *sûf* (*ī*θ); H., *suffu*.

ENFONCER, enfonce ton pied dans la boue : *eγθer ḍār-ennéś δi-ûlūḍ*; p. p. *iíγθer*; p. n. *ūr-íγθīreś*; H., *teγθīr*.

ENGELURES, *afūres*, le vent froid m'a donné des engelures aux mains : *âḍû iégg-iịi afūrés δi-ifássen-īnu*. — (B. Izn.), *adeddi*.

ENGAGER (S'), *gâža*, p. p. *igāža*; H., *tgāža*. Je me suis engagé : *gâzāγ*, ou bien : *ûrīγ imān īnú δaεässkri*.

1. Cf. H. Stumme, *Hand.*, p. 237 : *uf*.

ENNUYER (agacer), *šéṭṭer* (ar.); p. p. *išṭṭêr*; H., *tešṭṭer*; il m'ennuie : *qā-ítšetter ḫi*; cet enfant m'ennuie : *arbaiu išéθn iįi*; p. n. *ūr-išeθneš*; H. *šeṭn*; n. a. *ašθān* (ar.); s'ennuyer : *ḍâq ĕlḫâder* (V. ÊTRE ÉTROIT); je m'ennuie : *iḍḍāq lḫâḍer-īnu* (ou) *ūl-īnú qa-íqenṭ* de *eqnêḍ* [قنط].

ENFUMER, *egg-äs ddĕḫḫān* ou *zdeḫḫen* (*īt*); H., *zdeḫḫān* (ar.).

ENGRAISSER, *ĕgres* (V. GRAS), *seqq^{ua}* (B. Sn., B. Izn., Zkara).

ENIVRER, *ésker*, (ar.) p. p. *isker*; p. p. *ūr-eskîrɣ-eš*; H., *tsekker*; n. a. : *askar* (*u*); *sekreθ*; enivré : *askairi*, *i-en*; ils y mêlèrent un produit enivrant : *eggīn-dîs sîkrān*; on dit aussi : *eḍren*; p. p. *iḍren*; p. n. *ūr-ḍrînɣeš*; H. *ḍerren*; il but jusqu'à être ivre; *isųú äl-įiḍrĕn*; ivre : *ameḍrūn* pl. *i-en* et *imeḍrān*.

ENJAMBER[1], *sûref* (*k*), p. p. *íssūref*; p. n. *ūr-íssūrīf-eš*; H. *sūrūf*; n. a. : *asūref*; *ḫâlf-īt* enjambe-le (A. L.), p. p. *iḫâlf-īt*; p. n. *ūr iḫâlf-it-eš*; H., *tḫâlāf*; n. a. *aḫālef* (*u*) (ar.). — (Meṭm.), *sūref*; p. n. *sūrīf*; H., *sūrūf*; n. a. *asūref*.

ENLEVER, *ekkes*; p. p. *ksīɣ*, *iksu*; p. n. *ksu*; H., *tekkes*, *teks*; n. a. *ūkūs*. — (Zkara), *ekkes*; p. p. *ikkes*; p. n. *kkīs*; H., *tekkes*; n. a. *θúkksa*. — (B. Salah), *ekkes*; p. p. *ikkes*; p. n. *kkīs*; H., *ṭekkes* (V. ÔTER).

ENNEMI, *aεâδu* [عدو]; *aḍlīb* (*ųu*), pl. *iḍlīben* [طلب]. — (B. Izn.), *lεaδu*.

ENSEIGNER, *sɣer* (V. ÉTUDIER).

ENRAGÉ, *múzzer*; H., *tmuzzūr*. (Meṭm., B. Sn.), ou bien : *ekleb* (ar.), *ikleb*, *ūr-íklībeš*; H., *teklīb* (*k*), *kelleb* (A. L.); n. a. : *aklāb* (*u*); on dit aussi : *ikîtšusi-ųûl-ĕnnes* (il a le cœur vermoulu). — (B. Menacer, Meṭm.) : il est enragé, *imuzzūr*.

ENQUÊTER, *ebḥeθ* (ar.); p. p. *ibḥeθ*; p. n. *ur-bḥîθɣeš*; H., *tbaḥāθ*

1. Cf. S. Boulifa. *Textes atl. mar.* p. 370 : *suref.*

(*k*), *tbḥīθ* (A. L.), *abḥāθ*; on enquête sur son compte : *qâhen tbaḥâθen ĕḫḫes*, ou bien : *tnésnsen eḫḫes* de : *nésnes*; H., *tnesnes*; n. a. : *anesnes* (*u*).

ENTENDRE[1], *sél* (B. Sn., B. B. S., B. B. Z., B. Izn.); *sell* (B. Men., Zkara), (en ar. *esmāε*); p. p. (B. Sn., B. B. S.), *slîγ*, *islu*, *slîn*. — (Zkara), *selleγ*, *isell*, *sellen*. — (B. Izn.), *slīγ*, *isla*, *slạn*. — (Meṭm.), *slīγ*, *isla*, *slīn*. — (B. Salah), *slīγ*, *isla*, *slạn*. — (B. Menacer), *slīγ*, *islu* et *isla*, *slin* (R. B.); p. n. (B. Sn.), *ūr-íslūš*. — (Zkara), *ūr-ísellеš*. — (B. Izn.), *ūr isli š*. — (Meṭm.), *ūr-isli-š*. — (B. Salah), *ur-islīχ*. — (B. Menacer), *ur-isliš*; H., *sâl* (B. Sn., B. B. S.); *sella* (B. Izn.); *tsella* (Zkara); fut. nég., *tselli* (B. Izn., Meṭm., B. Salah), *sell*; n. a., *θamĕslīuθ* (*tm*) (B. Sn., B. Izn., Meṭm., B. Salah); *θasellūθ* (Zkara); j'ai entendu un homme crier : *slîγ īdž ụergâz itízzīf* (V. ÉCOUTER).

ENRICHIR (B. Sn., Zkara, B. Izn.), *ĕγna* (ar.) (V. RICHE).

ENSORCELER, *seḥḥer* (ar.); H., *tseḥḥer* (V. SORT).

ENSUITE[2], *síssen*; ensuite, il s'enfuit : *síssen iẹrôḥ iéruel*.

ENTAMER, entame le pain : *efrem θašnīfθ* [فرم] (B. Sn., Meṭm.); H., *tferrem*, ou *ežqem* [ﻫﺰﻡ?]; H., *žeqqem*; le pain est entamé : *tašnîfθ θéfrem*, ou *timferremt*, ou *timžeqqêmt*.

ENTERRER[3], *emdẹ̄l*, p. p. *iémdẹ̄l*; p. n. *ūr-méḍlīγeš*; H., *méṭṭẹ̄l*; n. a. *amḍāl* (*u*), enterrement; *ituamdẹl*, il est enterré; H., *tuamḍāl* (V. FOSSE, TOMBE); dans une dispute, il arrive d'entendre dire : *âšk qébreγ* [قبر], je t'enterrerai; cacher en terre : *eγber* (ar.), *iíγber*, *ūr-eγbîrγeš*; H., *tγebber*; n. a. *aγbār* (*u*); cache ton argent en terre : *eγber iδrīmen nneš* ou *ĕrδem-*

1. Cf. R. Basset, *Zenat. Ouars.*, p. 88. — *Beni-Menacer*, p. 54. — *Loqm.*, p. 268 √S L.
2. Cf. R. Basset, *Zenat. Ouars.*, p. 88.
3. Cf. R. Basset, *Zenat. Ouars.*, p. 88. — *B. Menacer*, p. 55.

īhen [ردم]. — (Zkara, B. Izn.), *emḍėl*; p. n. *mḍīl*; H., *meṭṭėl*; n. a. *ameṭṭel* (Zkara). — (Meṭm.), *amṭėl*; p. n. *mṭīl*; H., *meṭṭėl*. — (B. Salah), *ėmṭėl*; p. n. *mṭīl*; H., *meṭṭėl*; enterrement : *amḍėl* (*u*); *θamṭālt*, tombe. — (B. Izn.), *emḍel*; f. pass., *ịinnemḍel*. — (B. Men.), *emḍėl* (R. B.).

ENTORSE (se faire une), *lûγzem*, p. p. *íllūγzem* (B. Sn., B. Izn., Zkara); H., *tlūγzūm* (B. Sn., B. Izn., Zkara); n. a. *alůγzem* (B. Sn., B. Izn., Zkara); son pied est luxé : *ḍār-ĕnnės ịitlûγzūm*. — (Zkara), j'ai une entorse au pied : *ḍār-īnu illuγzem*. — (Meṭm.), *illeγzem*; H., *tleγezm*.

ENTASSER, *îru* (V. réunir); *ĕgg* ɛ*ôrmeθ* (V. tas).

ENTOURER, *dūr* (V. tourner).

ENTRER[1], *âδef*, p. p. *ịûδef*; p. n. *ūr-ūδīfγeš*; H., *tāδef*; n. a. *ûδūf*; faire entrer : *sīδef*; H., *sāδāf*; n. a. *asīδef*; ils entrent au verger : *tāδfén δi-ûrθu* ou *tāδfén γer-ûrθu*, *tāδfén ûrθu*. — (Zkara, B. Izn.), *āδef*, p. p. *ịuδef*; p. n. *ūδīf*; H., *tāδef*; fut. n. *tīδef*; n. a. *āδāf* (*ụa*) (B. Izn.); *ūδūf* (Zkara); f. fact. *sīδef*; H., *sāδāf*; f. n. *siδīf*; n. a. *asīδef*. — (B. Izn.), *āδef*; H., *tāδef*, f. n. *tīδef*. — (Meṭm.), *āδef*, p. p. *iuδef*, p. n. *uδīf*; H., *tāδef*, n. a. *ūδūf*; f. fact. *sīδef*; H., *sädāf*, n. a. *asiδef*. — (B. Salah, B. Mess.), *āδef* (*āδefd*), p. p. *ịūδef*, p. n. *ūδīf*; H., *ṭaδef*, on dit aussi : *ekšem*. — (B. Menacer), *āδef*, p. p. *ịūδef*, p. n. *ūδīf*; H., *tāδef*, f. n. *tīδef*, n. a. *āδāf* (*ụa*) (R. B.).

ENTRE[2], *žār* (B. Sn., B. Izn., Zkara). — (B. Men.), entre toi et ton ami : *žārāk ākéδ umδākūl īk*. Entre, *žâr*, *žârāδ*. — (Zkara), entre toi et moi : *žār ịị āk-īδeš*. — (Meṭm.), *žār ānaγ*, entre nous.

1. Cf. R. Basset, *Zenat. Ouars.*, p. 88. — *B. Menacer*, p. 55.

2. Cf. R. Basset, *Loqm.*, p. 301. — $\sqrt{GR}$.

ENTRÉE (d'une habitation), *îmi* (V. BOUCHE); d'un enclos, *θauuurθ* (V. PORTE).

ENROULER[1], être enr. *ennĕḍ*, p. *iénnĕḍ*, p. n. *ūr-iénnīdeš*; H., *tĕnḍ, tennĕḍ*, n. a. *ūnūḍ* (*u*); enrouler: *sénnĕḍ*; H., *ituanneḍ*, il est enroulé; — enrouler, plier (une tente) : *enneḍ*, p. n. *ennīḍ*; H., *tenneḍ*; *anūḍi* (*u*). — (Meṭm.), s'enrouler : *eḍfes*, p. n. *ḍfīs*; H., *ḍeffes*.

ENTONNOIR (B. Menacer), ent. en terre : *anfīf*, p. *infīfen*.

ENTRAVER[2], attacher les pieds d'un cheval : *ḍûuel*, [طول] *iḍûuel, ūr-iḍūuleš*; H., n. a. *aḍûuel*; entraves : *taḥžālt* (*teḥ*), *tiáḥžālīn* [حجل], *eṭṭuāl*; *θaχerrafθ* cf. [كرف]; *θi-in*, corde à entraver les pieds de devant. — (Meṭm.), *mauūs* (*u*), pl. *imuuās*, corde à entraver un pied de devant et un pied de derrière; entrave ce cheval : *mûues iisa*; H., *tmūues*.

ENTRAILLES, *âδāṇ* (*ua*) (B. Sn., B. Izn., Zkara). — (Meṭm.), *aṣermūm*.

ENVELOPPER, *γúmmueδ*; H., *tγummueδ*, n. a. *aγummueδ* (*u*); enveloppe : *lγūlāf*, pl. *lγúlāfāt*. — (Meṭm.), *āδen* (V. COUVRIR) [غمد — غطى].

ENVIER qqn. *γezza* (*ḫés*) [غز], p. p. il m'envia : *iγézza ḫī*; H., *tγázza*; envie : *aγezza* (*u*); on dit aussi, il m'envia : *iéḥsed iii* (B. Sn., Zkara); H., envieux : *amaḥsād*; *i-en* (B. Sn., Zkara), *tamaḥsāt*; pl. *ti-dīn* [حسد]; *äsem* (B. Sn., B. Izn.) (V. JALOUX); avoir envie de qqch. (femme enceinte) : *înīθ*, p. p. *θînīθ*, p. n. *ūr-θinīθeš*; H., *tinīθ* (B. Sn., Meṭm.).

ENVOLER (s'), (B. Izn.), s'env. : *āfi*, p. p. *iūfuii*, p. n. *ūfii*; H., *tāfii*, f. nég. *tīfi*. — (Meṭm.), *enṭū*, il s'est envolé : *ienṭū*;

1. Cf. Boulifa, *Demnat*, p. 349 : *enneḍ*.
2. Cf. W. Marçais, *Tanger*, p. 375 [طول]. — Boulifa, *Demnat*, p. 338, *amuas*.

H., *neṭṭu*, n. a. *anṭau*. — (B. Salah), *āfeǧ*, p. p. *iūfeǧ*, p. n. *ūfīǧ*; H., *tāfeǧ*, n. a. *afāǧ* (V. VOLER).

ENVOYER[1], *sīfėḍ*, *ṣīfėḍ*, p. p. *íssīfėḍ*; H., *ssâfāḍ*, *asīfėḍ*; envoyé : *amersūl*, pl. *imersāl* [رسل]. — (B. Izn.), *sifėḍ*; H., *safāḍ*, f. nég. *sīfīḍ*. — (B. Menacer), *azen*; il m'a envoyé : *iûznaii*; il l'a envoyé : *iûznīt*. — (Meṭm.), *āzen*, p. p. *ūzneγ*, *iûzen* (θ); H. *tāzen*.

ÉPAIS, *ūzzūr*, p. p. *iúzzūr*; H., *túzzūr*; rendre épais : *suzzer*; H., *suzzūr*, n. a. épaisseur : *tazzūret*; épais : *muzzūr*, *i-en*; θ*muzzūr*θ, θ*i-īn*. — (Meṭm.), *iûzūr*; H., *tūzūr*, n. a. θ*ūzūr*θ; *mûžūr*; *i-en*, θ-θ, θ*i-in*, *sûzer* θ, rendre épais : *sūzūr*.

ÉPANOUIR (S'), *efsu*, p. p. *ifsu*; H., *tfessu*, n. a. *afsu* (*u*); faire ouvrir : *sefsu*.

ÉPARGNER, ɛ*âdeq* (ar.), p. p. *i*ɛ*âdėq*, p. n. *ūr-i*ɛ*âdīq eš*; H, *t*ɛ*âdėq*, n. a. *a*ɛ*adeq* (*u*); ils l'ont épargné : ɛ*âdqent* [عذق].

ÉPARPILLER, *zerba*ɛ [زرع]; H., *dzerbā*ɛ; *férqe*θ, [فرق] p. p. *iferqe*θ, p. n. *ur-iferqĕ*θ*eš*; H., *tferqā*θ; *šétte*θ; H., *tšettā*θ [شتت]. — (Meṭm.), *zerbā*ɛ; H., *dzerbā*ɛ; *enγel*, p. n. *nγīl*; H., *néqqel*. Cf. *Demnat*, p. 349 : *enγel*. — W. Marçais, *Obs.*, p. 436.

ÉPAULE[2], θ*aγrūṭ*(*te*), *tiḇerḍīn* (B. Sn., B. Izn.). — (Meṭm.), θ*aγrûṭ*, pl. θ*iγerụāḍ*. — (B. Salaḥ, B. Mess.), θ*aγrūṭ*, p. θ*iγerḍīn*. — (B. Menacer), *haγrūṭ*, p. θ*iγerụāḍ*, p. θ*iγerḍīn* (R. B.).

ÉPAULETTE[3], θ*ašbūb*θ, θ*išbāb* [شب].

ÉPÉE, *s'kkīn*, pl. *skâken* (ar.). — (Meṭm.), *alĕbbān*, *i-en*.

ÉPERON[4], *šâbīr*, pl. *šụâber*. — (Meṭm.), *ûzel*, p. *ūzlān*.

1. Cf. R. Basset, *Zenat. Ouars.*, p. 88. — W. Marçais, *Tanger*, p. 363 : صيفط. — Boulifa. *Demnat* : *azen*, p. 341.
2. Cf. R. Basset, *Loqm.* p. 279 √R' R D H.
3. Cf. R. Basset, *Zenat. Ouars.*, p. 88. — *B. Menacer*, p. 55.
4. Cf. R. Basset, *Zenat. Ouars.*, p. 88.

ÉPI[1], *θiiδret*, pl. *θiiδrīn*. — (B. Izn.), *θaiδerθ*. — (Meṭm.), *θiiδret*, pl. *θiiδrīn*. — (B. Men.), *θiiδreθ*, pl. *θiiδrīn*.

ÉPICERIE (magasin), *tḥânĕt*, pl. *tíḥūna* (ar).; denrées : *lεâtrīieθ* [عطر].

ÉPICES, *liébzār* (ar.), *îḫĕf ĕntḥânet*. — (B. Izn.), *lεaqāqer* (ar.), *levzār*.

ÉPICIER, *aśĕmmāḥ*, pl. *i-en* [شمّع?].

ÉPIER (guetter), *ḫúttel* [ختل]; H., *tḫúttel*, n. a. *aḫuttel* (*u*). — (Meṭm.), *ḫâtel*; H., *tḫâtāl*; donner épi : *sáffa*; H , *tsáffa*, n. a. *asèffa* (B. Sn., Meṭm.); le blé épie : *īrδén qā tsáffān* [سوى].

ÉPIEU (bâton avec une pointe en fer), *aḥrīś* [حرش], pl. *iḥerśān*.

ÉPILER, *enter zāf* (V. ARRACHER).

ÉPINE[2], *asĕnnān* (*nu*), pl. *isĕnnānen*. — (Zkara, B. B. Z., B. Izn., Meṭm.), *asennān*, pl. *isennānen*.

ÉPINGLE, *asennān* (V. ÉPINE), *élmsāk*. — (B. Izn.), *anesmīr*. — (Meṭm.), *amssāk*; *i-en* [مسمار-مسك].

ÉPOUSER, *erśel*, p. p. *iírśel*; il l'épousa : *iírślīt*, p. n. *ūr-erśilɣeś*; H., *trétśel*; n. a. *arśāl* (*u*); faire épouser : *serśel*, *serśāl*; il maria son fils : *iserśel mémmis*. — (Meṭm.), *sezuež* (*t*); H., *sezuāž* [زوج].

ÉPOUX, *ásli* (V. FIANCÉ); *árgāz* (V. HOMME).

ÉPOUVANTER, *seggueδ* (V. PEUR).

ÉPOUVANTAIL, *leḫiāl*, pl. *leḫiālāθ* (ar.).

ÉPROUVER, *žerreb*; H., *džerreb*, n. a. *ažerreb* (*u*) (ar.).

ERGOT (du coq). — (Meṭm.), *aḫebśār*, pl. *iḫebśāren*.

ERREUR (faire), *ûhem*, p. p. *iûhem*, p. n. *ūr-ūhîmɣeś*; H , *tuhīm*, n. a. *aham* (*u*); induire en erreur : *sūhem*; H., *suhām*. —

1. Cf. Provotelle. *Qalaa*, p. 113 : *tidrit*.
2. Cf. R. Basset, *Zenat. Ouars.*, p. 88.

(B. Menacer), tu te trompes : *θellič ĕθεârqeδ*. — (Meṭm.), *εâreq*; H., *εärreq* [عرق-وهم].

ESCALIER, *θarfat*, *θirfaḍīn* [? رفع]. — (B. Izn.), *θartăḇθ*, pl. *θirθăbīn* [رتب].

ESCADRON, *skádrūn*, pl. *skádrūnāθ*.

ESCARGOT[1], *aγlāl* (coll.) n.; un esc. : *θaγlalt*, *θiγūlāl*. — (Zkara, B. Izn.), *aγlāl*; un esc. : *θaγlālt*. — (Meṭm.), coquille : *džuγlāl*; animal : *bubāllu*; *bubεällu*; les cornes de l'escargot : *iqiššuen bubεällu*. — (B. Men.), *búγlāl*, p. *ibuγlāl* (R. B.).

ESCLAVE (noir), *išmẹž*, pl. *išemžạn*; *θišmešt*, pl. *θišemžīn*; *isméγ*, pl. *isemγān*; *θismeḫθ*, pl. *θisemγịn*. — (Zkara, B. Izn.), *ismeγ*, pl. *isemγān*; *θismeḫθ*, pl. *θisemγīn*. — (Meṭm.), *asékkiu*, *tasékkiuθ*; *i-en*; *ti-uīn* (V. NÈGRE).

ESSAIMER[2], les jeunes abeilles essaiment : *lférḫ qā íteffeγ* (V. SORTIR); essaim *lfèrḫ* [فرخ].

ESPAGNE, *sbânia* (B. Sn., B. Izn.).

ESPAGNOL, *sbelịūn* (coll.) (B. Sn., B. Izn.); un Esp. *usbelịūni* (*nu*); *i-ịen*; *θasbelịūnīθ*; *θi-ịịn*.

ESPION, *aḫbāržị*, pl. *iḫbāržịịen* (ar.). — (B. Izn.), *lğūsās* [جس]. — (Meṭm.), *ḫabārdži*; *i-ịen* [خبر].

ESORILLER (B. Sn., Zkara), *aūsem*, p. p. *ịûsem*; p. n. *ūr-ịûsīmeš*; H., *ụéssem*, A. n. *ụéssīm*, n. a. *aūsām* (*u*).

ESSOUFFLER, être ess. : *sèlheθ* [لهث]; H., *salhāθ*, n. a. *aselheθ* (*u*).

ESSAYER (un habit), *qâs* (ar.), *iqās*; H., *tqās*; n. a. *aqas* (*u*); éprouver : *žerreb* (V. ÉPROUVER).

ESSUYER, *emsėḥ* (ar.). — (Meṭm.), *esfẹḍ*, p. n. *sfīḍ*; H., *seffẹḍ*.

EST, *ššérq* (ar.). — (Meṭm.), *eššérq*.

1. Cf. R. Basset, *Zenat. Ouars.*, p. 88. — *Beni Menacer*, p. 55.
2. Cf. R. Basset, *Zenat. Ouars.*, p. 88.

ESTOMAC[1], (Meṭm.), *θaɛäddīst*. — (B. Men.), *θäkrexθ* [كرش].

ET[2] (V. GRAMMAIRE, p. p. (232-233).

ÉTAGE, *lɣorfeθ* (B. Izn.) [غرفة].

ÉTAGÈRE, *lmerfäɛ* (B. Sn., Meṭm.) (ar.).

ÉTAIN, *lqezdīr* (ar.) (B. Sn., B. Izn., Zkara, Meṭm.). — (B. Salaḥ), *aldūn*.

ÉTALON, *lfeḥèl* (ar.) (B. Sn., B. Izn.).

ÉTANG, *θâla* (*ta*) ; pl. *θâlaḭin* (*ta*) (B. Sn., B. Izn., Zkara, Meṭm.). — (B. Men.), *θamda* (*θė*).

ÉTAT, profession : *ṣénaɛaθ* [صنع]; *mátta lḫéδmeθ-ennex*, quelle est ta profession? [خدم].

ÉTÉ[3] (B. Sn., Zkara), *anebδu* (*nu*); *anebḏu* (B. Izn.); *anebdu* (Meṭm.).

ÉTEINDRE[4] (S'), être ét. : *eḫsiï*; H., *teḫsiï* et *tḫessi*; n. a. *aḫsaḭ* (*u*); éteindre : *seḫsiï*; H., *seḫsaḭ*; n. a. *aseḫsi* (*u*). — (B. Izn.), être ét. : *eḫsi*; H., *ḫessi*; éteindre : *seḫsi*; H., *seḫsai*. — (Maṭm.), être ét. : *eḫsi*; H., *ḫessi*; éteindre : *seḫsi*, *isseḫsī*(*t*); H., *seḫsaḭ*; n. a. *θiḫsaḭ*. — (B. Salah), éteindre : *seḫsi* (*ṯ*), *isseḫsi*; H., *seḫsui*; êt. éteint : *eḫsi*.

ÉTENDRE (S')[5], *éẓẓèl*, p. p. *ḭéẓẓèl*, il s'allongea; p. n. *ūr-ĕẓẓîlɣeš*; H., *teẓẓèl*; n. a. *ûẓūl*; ét. la main : *siɣ* (V. TENDRE); ét. du linge : *enšer*, p. p. *ḭínšer*; p. n. *ūr enšīrɣeš*; H., *tneššer*; n. a. *anšār* (*ḭa*) [نشر]. — (Zkara), *enšer*, p. n. *nšīr*; H., *tnešer*. — (Meṭm.), *efser* [فسر], p. n. *fsīr*; H., *fesser*; n. a. *afsār* (*u*). — (B. Salah), *efser*, p. n. *fsīr*; H., *fesser*.

1. Cf. R. Basset, *Loqm.*, p. 405. √Ā D S.
2. Cf. R. Basset, *Zenat. Ouars.*, p. 88.
3. Cf. R. Basset, *Zenat. Ouars.*, p. 88.
4. Cf. Boulifa, *Demnat*, *eḫsi*, p. 348
5. Cf. R. Basset, *Loqm.*, p. 258 √Z L.

ÉTINCELLE, *tšâš* (coll.); une ét. : *θatšāšθ*, pl. *θitšāθīn*. — (Meṭm.), *θqíqqesθ*, p. *θiqīqqsīn*.

ÉTERNUER, *εâṭẹṣ* [عطس]; p. p. *iεâṭẹṣ* : p. n. *ūr iεâṭīṣeš*; H., *tεâṭẹṣ*; *aεâṭāṣ* (*ụaε*); *εâḍeṣ*, p. n. *εäḍīs*; H., *εaṭeṣ*, n. a. *aεäḍāṣ*.

ÉTOILE[1], *íθri*; pl. *iθrạn* (B. Sn., B. Izn., Zkara); *θríịịeθ*, constellation; *iθri* pl. *iθrān* (Meṭm., B. Salah, B. Mess., B. Menacer).

ÉTOURDIR, d'un coup : *ḍérn* (V. ASSOMMER); ou bien : *esräε*; p. p. *isräε*; p. n. *ūr-isriεäš*; n. a. *asräε* (*u*); H., *tserräε* [صرع]. — (Metm.), *eḍren*.

ÉTONNER, *eδheš*; p. p. *ịíδheš*, *ur-íδhīš eš*; H., *teδheš*; n. a. *aδhaš* (*u*) [دهش].

ÉTOUFFER, *γemγem*; H., *tγemγem*; n. a. *aγemγem* (*u*).

ÉTOURNEAU, *zérzūr* (*nu*) (B. Sn., B. Izn., Zkara.). — (Meṭm.), *azerzūr* (coll.) [زرزور].

ÉTRANGER, *aberrāni*; pl. *i-ịẹn* (B. Sn., B. Izn., Zkara, Meṭm.).

ÉTRANGLER, *smûrḍẹṣ*; H., *smûrḍūs* (B. Sn., Meṭm., B. Izn.); n. a., *asmūrḍẹṣ* (*u*), — (B. Salah), *žîịef*; H., *džîịef* (ar.).

ÊTRE[2], *íli*; p. p. *illa*; H. *tíli* (V. GR., pp. 124-127).

ÊTRE (B. Salah), *ili*, sois; je suis : *ellīγ*, il est : *illa*; j'étais : *tūγaịi*, il était *tūγīθ*; je serai : *äδ-ilīγ*. — (B. Men.), *íli*, sois; je suis : *âqlī-ellīγ*; je ne suis pas : *ūllīγ-eš*; j'étais : *tūγ-aịi*; je serai : *äδ-ilīγ*.

ÉTRIER, *rrkäb* (ar.). — (B. Izn.), *inerχeb*, p. *inerχben*. — (Meṭm.), *inerχeb*, p. *inerχben*.

ÉTROIT, *ḍẹịeq*; p. p. *íḍẹịeq*; H., *ḍḍịieq*; *imḍẹịeq* pl. *i-en*; *θimḍịịeqθ* pl. *θí-īn* [ضيق]. — (B. Izn.), *imḍịieq*. — (Meṭm.), *δís éṭṭīq*. — (B. Menacer), *iqfer*.

1. Cf. R. Basset, *Zenat. Ouars.*, p. 88.
2. Cf. R. Basset, *Zenat. Ouars.*, p. 88.

ÉTUI, *θažεâbūbθ*; *θižεâbāb*; — *žžu̯a* [جوى — جعب].

ÉTUDIER, (V. LIRE), *γér*.

ÉTUVE, *lḥámmam* (ar.), pl. *lḥámmamāθ*.

EUX[1], *néhnīn, nẹhnīn* (V. GRAMM., p. 70).

S'ÉVANOUIR, *γâša* [غشى]; H., *tγâša*; n. a. *aγaša*. — (Meṭm.), *eḍṛên*; H., *ḍẹṛṛen*.

ÉVEILLER[2] (S') (B. Izn.), *ūχi, ūχīγ, iūχa*; H., *taχa*; f. n. *tīχī*. — (Meṭm.), *ûχχi*; p. *uχχeγ, iúχχi*; H., *túχχu*; réveiller : *suχχ(īθ)*; H., *suχχa*.

EXACT, il vient exactement : *ittäsed qedqed*.

EXAGÉRER, *ziẹḍ* (ar.) (V. AUGMENTER).

EXCITER, *ḥérreš* (ar.) (B. Sn., Zkara, Meṭm.), H. *tḥerreš*; n. a.

EXCRÉMENTS, *iẓẓān* (B. Sn., B. Izn., Meṭm., B. Menacer), *iḫḫān* (B. Sn., B. Izn., Zkara).

EXCROISSANCE, verrue : *θátūlält*; coll. : *tûlāl* [ثل].

EXCUSER, *smáḥ* (ar.); excuse-le : *smâḥ-ās, ịismäḥ, ūr ịismäḥś*; H., *tsemmaḥ*; n. a. *asmaḥ* (*u*). — (Meṭm.), excuse-moi : *sâmeḥ ai̯i*; H., *samaḥ*.

EXILER, *ěnfa* (V. BANNIR); *setläε*.

EXTASE (tomber en), *žéddeb* (ar.); H., *džeddeb* (ou) *néždeb*; H., *tneždāb*; religieux ayant des extases : *ameždūb*, pl. *imeždūben*.

EXTRAORDINAIRE, *ḍis lεâžeb* (ar.).

EXTRÊME, proche de l'extrémité : *amṭarfi*; *i-en* [طرف].

EXTRAIRE (B. Sn., B. Izn., B. B. Z., Zkara, Meṭm.), *sûṛeγ* (V. SORTIR).

1. Cf. R. Basset, *Zenat. Ouars.*, p. 89.

2. Cf. R. Basset, *Zenat. Ouars*, p. 89. *Loqm. b.*, p. 291 $\sqrt{K}$.

F

FABRIQUER, *eṣnäɛ* (ar.); p. p. *iiṣnäɛ*; p. n. *ṣniɛa*; H., *ṣennäɛ* (A. L.), *tṣennäɛ* (*k*); n. a. *aṣnäɛ* (*u*); on dit aussi : *éḫδem* (ar.), travailler. Ex. : les femmes fabriquent des tapis : *θíseδnān ḫeδδmént tízerbiin* (ou) *ɛäδel* (*īθ*) [عدل].

FABRIQUE, *lfâbrīka*, *θfâbrīkθ* (*tfa*), *θfâbrīkīn* (*tfa*).

FACE[1], *ūδem* (*ṷu*) (B. Sn., B. B. Zeg.); pl. *ūδmaṷen* (*ṷu*). — (B. Izn.), *aḫenšūš* (*u*); *aγembu* (*u*). — (B. Sn.) *θakĕmmārθ* (*tke*); partie supérieure de la face; pl. *θikĕmmārīn* (*tke*); (ar. tr. *lkémmāra*); *áḫenšūš* (*u*), partie inférieure de la face; pl. *iḫenšāš* (*ni*). — (Zkara), *aḫenfuf* (*u*). — (B. Sn.), le diminutif : *θûδemθ* se dit par moquerie : *θūδémθ ĕnnéš am-θūδémθ ĕniifker*; ta figure ressemble à celle d'une tortue; — de même pour *θaḫenšūšθ* : *θaḫenšūšt-ĕnnes timkûṷešθ ám iensi* sa figure est renfrognée comme celle d'un hérisson; on dit aussi : *θáfīgūrθ* (*tfi*), *θifigūrīn* (*tfi*), *θáfīgūrθ ĕnnés târbèḥīθ* (ou) *tlâγa ilûḫsāreθ*; sa figure porte bonheur, appelle le malheur; figure (avec sens défavorable) : *aḫenfūr* (*u*); pl. *iḫenfār*. — (Metm.), *ūδem* (*ṷu*), *uδmaṷen* (*ṷu*); la peau du visage : *ağlīm ṷūδem*.

FACILE (être), *ûhen* [? وهن]; pp. *iûhen*; p. n. *ūr-iúhīneš*; H., *tuhen* (*k*); *túhīn* (A. L.); cela m'est facile : *ṷūδí ittûhén ḫi*; *sûhen*, faciliter; H., *suhhān*; n. a. *asūhen* (*u*); on dit aussi : *lḫéδmeθu terféq ĕḫḫi* [رفق], *terḫéf ĕγri* [رخوف]; ce travail m'est facile; ou *tameshâlt ĕγri* [سهل]. — (Zkara), *uahen*; p. *iuahen*; H., *tūhen*. — (Metm.), *ūhen*; p. p. *iūhen*; p. n. *ūhen*; H., *tūhen*.

1. Cf. R. Basset, *Loqm. berb.*, p. 245 √D'M. — *Zenat. Ouars.*, p. 90 : *ūδem*; W. Marçais, *Tanger*, p. 286 خنجر; خنشش, et p. 453 كمر.

FADE[1], *amĕssās* [مسوس]; f. *θamĕssāst*; m. p. *i-en*; f. p. *θi-in*; au lieu de : *amessās*, on emploie par euphémisme : *mizid*, doux; *erruụa δmízīḍ érni δīs elmélḥ*, ce bouillon est fade (doux) ajoutez-y du sel ; il est fade : *ịémses*; p. n. *msīs*; H., *témsīs* ; n. a : *θemses* (*te*) ; *aụāl-ĕnnes δámĕssās*, ses paroles sont insipides. — (Zkara), *amessās*; pl. *imessāsen*. — (Meṭm.), *messes* (invar.), *aɣrum messes*, *amān messes*, du pain, de l'eau fade ; on dit aussi : *imesses* ; il est insuffisamment salé ; fade : *amessās* ; *i-en* ; f. *θamessāsθ* ; *ti-īn*. — (B. Salaḥ), c'est fade : *δamessās*.

FAGOT (de bois menu), *θaqṭunt* (*te*) ; pl. *θiqeṭnīn*. — (B. Sn., B. Izn.), (de gros bois) : *θazδemt* (*te*) ; pl. *θizedmīn* (*dze*) ; une charge de lîf se dit : *θaɣọggᵘīnt* (*tɣ*) ; pl. *θiɣọggᵘīn* (*tɣ*) ; botte d'alfa : *izzer uụarí*, pl. *izzaren*. — (B. Izn.), un fagot de bois : *iṡaḥlāf* ; *θazδemt* (*te*), *tizeδmīn* (*tz*) ; petit fag. : *taḥdūṭ* ; pl. *tiḥudāḍ*.

FAIBLE[2] (être), *eržen* ; p. p. *iržen* ; p. n. *ržīn* ; H., *teržen* et *teržīn* ; n. a : *aržān* (*u*) ; faible : *ameržīn* ; f. *θ-t* ; pl. *ameržān* ; f. p. *timeržān* (ou) *eḍεāf* [ضعف] ; p. p. *ịeḍεāf* ; p. n. *ḍεīf* ; H., *teḍεīf* ; faible : *uḍεīf* ; pl. *uḍεīfen* ; faible : *ameḍεūf* ; f. *θ-θ* ; pl. *imeḍεaf* ; f. p. *θimeḍεaf* (ou) *amhärär* ; f. *θ-θ* ; *imhärären* ; f. p. *θi-rīn* (épuisé par la maladie). — (Meṭm.), *erhem* [رهم] ; p. p. *irhem* ; p. n. *rhīm* ; H. *rehhem* ; faible : *anerhāmu*.

FAILLITE, *efles* [فلس] ; p. p. *ifles* ; p. n. *ūr-iflīseṡ* ; H., *felles* ; n. a., *aflās* (*u*) ; en faillite, failli : *imefles* ; pl. *imeflās*. — (Meṭm.), *efles* ; p. p. *ịifles* ; H., *felles*.

FAIM (V. AFFAMÉ).

1. Provotelle, *Qala'a*, p. 114 : *amessus*; W. Marçais, *Tanger*, p. 466 : *messūs*.
2. Cf. R. Basset, *Loqm. berb.*, p. 355 [ضعف].

FAIRE[1], *egg*; p. p. *iggu* (Gr., p. 109); H., *tegg*; n. a : *θimegga*, façon de faire (ar. tr. : *lemdīra*). — (B. Izn.), *egg*; p. p. *igga*; H., f. n. *tegg*. — (Zkara), *egg*; H., *tegg*; p. *eggīγ*, *iggi*, *ggīn*. — (Meṭm.), *eğğ*; p. p. *iğğa*; p. n. *ul-iggī-ś*; H., *tegg*; n. a. : *timegga*. — (B. Ṣalaḥ), *eğğ*; p. p. *ğğīγ*, *iğğa*; p. n. *ğği*; H., *teğğ*.

FAKIR, *afqīr* (*u*); pl. *ifqīren* et *lfeqrā*; f. *θafqīrθ* (*te*); f. pl. *θifqīrīn* [فقير] (B. Sn., B. Izn.).

FALAISE[2], *azṛů* (*ṳu*), (B. Sn., B. Izn), pl. *izeṛṳan* (*ni*); dim. *θazṛůθ* et *θazṛuĭθ* (*tez*); pl. *θizeruịịn* (*dze*). — (Meṭm.), *rresfet* [رسف]; *tγāγet*, pl. *tγīγa*; *addār* (*ua*) pl. *addāren*; de la falaise : *sug-ṳaddār*. — (B. Salaḥ), *azru*. — (B. Mess.), *lkāf*.

FALLOIR, il faut que parte : *ịẹlzem ĕḫḫi ăᵓṛọḥėγ* [لزم]; ou *bessīf ĕḫḫi* [سيف]; ou *iūžeb ĕḫḫi* [وجب]; ou bien: on m'a obligé : *säịfen ḫḫi* (de) *seịef*; p. p. *isịịef* [سيف] *tsīịef*.

FAMILLE, *iθbāb núḫḫām*; *lεaịāl* (enfants) [عيال]; *lṳāšūn*, pl. *luaśunāt*; (femmes), *felqeθ* pl. *felqāθ* : ensemble des parents. — (B. Izn., Zkara), *lahl* [اهل]. — (Meṭm.), *imaulan-inu*, ma famille.

FANER[3], être f. : *lissu*; p. p. *illissu* (Gr., p. 116); H., *tlissiu*; n. a : *alissu* (*u*); faner : *slissu*; H., *slissiu*. — (Zkara), *eslau*; p. p. *islau*; H. *teslau*; n. a : *aslau* (*ue*). — (Meṭm.), *lissu*; p. p. *illissu*; H., *tlissiu*; n. a. *alissu* (B. Menacer).

FANFARON (faire le), *männa*; p. p. *imänna* (Gr., p. 118); H., *tmänna*; n. a. *amänna* (*u*).

1. Cf. R. Basset, *Zenat. Ouars.*, p. 89. — *Loqm. b.*, p. 298 √G.
2. W. Marçais, *Obs.*, p. 74 [كاف].
3. Cf. R. Basset, *Loqm. berb.*, p. 308 √LS. — *B. Menacer*, p. 56.

FANTASSIN, *aθerrās (u)*; pl. *iθerrāsen*; (infanterie : *ettrīs*). — (B. Izn.), *lmetres* [ترس].

FARDER, être f. : *ḥemmer* [حمر]; H., *tḥemmer*; fard : *lḥummuar*; *ḥammairū*; baies rouges employées comme fard : *bimīmūn*; — *llekk* [لك].

FARINE[1], grosse semoule servant à faire le couscous : *smīδ* (ar. tr. *smīd*); fine semoule (ar. *dqīq*), *āren (ua)*; sem. grossière (ar. *dšīša*), *iūzān*; farine de blé tendre : *lfarīneθ*; farine d'orge ou de blé grillés, *θazemmẹṭ* (B. Sn., Zkara). Quand on passe la semoule (*smīδ*) au tamis, celui-ci laisse passer la semoule fine : *lbedīθ* et *rūs es-smīδ* dont on fait le pain. — (B. Izn.), semoule fine : *ārĕn (ua)*. — (Bou Semg.), *āren*, *smīδ*. — (Zkara), sem. gross. *iūzān*; sem. fine : *āren (ua)*. — (Meṭm.), *āren (ụa)*, fine semoule ; *ịūzān*, sem. grossière ; *θaleqqāḫθ*, semoule très fine ; *ariūn (ụu)*, farine d'orge grillée.

FATIGUÉ[2] (être), *aḥel*, p. p. *iūḥel* (Gr., p. 103) ; H., *taḥel* ; *taḥla*, *tiḥula* ; *iehleš staḥla*, il est malade de fatigue ; fatiguer : *siḥel* ; H., *sḥal* ; f. pass. : *tuasīḥel*. — (B. Izn.), *aḥel* ; p. p. *uḥleɣ*, *iūḥel* ; p. n. *ūḥīl* ; H., *taḥel*; f. n. *tiḥel* ; n. a. *tiḥūla* ; fatiguer : *siḥel*; H., *ssaḥāl* ; f. n. *ssiḥīl* ; il est mort de fatigue : *immūθ silụaḥlān*. — (Zkara), *aḥel*; p. p. *iuḥel* ; H., *taḥel*; f. n. *tiḥel*; n. a. *tuḥla* ; fatiguer : *siḥel*. — (Meṭm.), *ūḥel* ; p. p. *iūḥel* ; p. n. *ūhel* et *uḥīl* ; H., *taḥel* ; n. a. : *tuḥla*; *sūḥel*; H., *suḥūl* ; la marche m'a fatigué : *tsūḥel aịi θixli*. — (B. Salaḥ), *aḥel* ; p. p. *iuḥel* ; p. n. *uḥīl* ; H., *taḥel* ; f. n. *tiḥel*.

FAUCHER, *ḥešš*, [حش]; p. p. *iḥešš* ; p. n. *ūr-iḥeššeš* ; H., *teḥš* ;

1. Cf. R. Basset, *Zenat. Ouars.*, p. 89.
2. Cf. R. Basset, *Zenat. Ouars.*, p. 89.

n. a. *aḥešši* (*ṷa*); faucheur : *aḥšāš* (*ṷa*); *iaḥšāšen*. — (Zkara), *ḥešš*; H., *tḥešš*. — (Meṭm.), être fauché, faucher : *ḥešš*; H., *tḥešš*; n. a., *aḥešši*. — (B. Ṣalaḥ), *emžer* (V. MOISSONNER).

FAUCILLE[1], *amžer* (*u*); pl. *imīrān*; dim. *θamžerθ* (*te*); pl. *θimžerīn* (*te*). — (Zkara), *amžer* (*u*); pl. *imežrān* (et *imīrān*). — (Meṭm.), *amĕžer* (*ṷu*); pl. *imežrān*; dent de la faucille *tasīrt* (*ts*); pl. *tīsīra*. — (B. Menacer), *amžer* (*ṷu*); pl. *imžrān*.

FAUCON[2], *ažžīḏ nelḥerr*; *ĕlbāz* (B. Sn., B. Izn.) [باز]. — (Meṭm.), *eṭṭẹr elḥūr* ou *eṭṭẹr* [الطير الحر]. — (B. Salaḥ), *afalku* (*u*). — (B. Menacer), *ṭṭẹr elḥọrri*; *bu ɛamrān* (R. B.).

FAUX, *bu-ṭelaɛa*; *amžer niṛûmiịen* (B. Sn., Zkara). — (B. Izn.), *amžer ameqqrān*. — (Meṭm.), *lāfû*, la faux.

FÉE, *θamẓå* (*te*). — (B. Sn., B. Izn., Zkara), pl. *θimẓuīn* (*te*); *θaruḥānīθ* (*tr*) [روحانية], pl. *θiruḥaniịin* (*tr*). — (Meṭm.), *θamẓa* (*ta*), pl. *θamẓauin* (*ta*) (V. OGRE).

FÊLER, être f. *dûḫšem*; p. p. *iddûḫšem*; H., *dūḫšūm*; n. a. *adûḫšem* (*u*); fêler, *zdûḫšem*; H., *zdûḫšūm* [? دخشم].

FÉLICITER, *eškᵘer* [شكر]; p. p. *iškᵘer*; p. n. *škīr*; H., *tšukkᵘer*; n. a. *aškᵘar* (*u*). — (Meṭm.), *būreχ-*(*ās*); p. p. *burχīγ*, *ibūrχa*; H., *tbūrχa*; n. a. *abūreχ* [برك].

FEMME[3], *θamṭṭūθ* (*tm*), pl. *θisennān* (*tse*); *θiseɜnān* (*tse*). — (Zkara), *θameṭṭûθ* (*te*); pl. *θiseɜnān* (*tse*). — (B. Iznacen), *θamṭṭûθ* pl. *θimṭṭāθ*, *lḫālāθ*. — (Bou Semg., Figuig), *θameṭṭûθ*, pl. *θimeṭṭûθīn* — (B. Men.), *θameṭṭûθ*, pl. *θisnān* (R. B.). — (Meṭm.), *θamṭṭuθ* (*tm*), pl. *θiseɜnān* (*ts*). —

1. Cf. R. Basset, *Loqm. berb.*, p. 317 √M G R. — *Zenat. Ouars.*, p. 89.
2. Cf. R. Basset, *Loqm. berb.*, p. 340 [باز]. — *B. Menacer*, p. 56.
3. Cf R. Basset, *Loqm. berb*, p. 316 √M T'. — *Zenat. Ouars*, p. 89.

(B. Mess., B. Salaḥ), θameṭṭūθ (*tm*), pl. θiseʿnān (*ts*); les femmes sont parties : *roḥent tseʿnān*.

FENDRE[1], fendre en deux : *ebḍa* (V. PARTAGER); *felleq* [فلق], p. p. *ifelleq* (GR., p. 99); H., *tfelleq*; n. a. *afellīq* (*u*); fendre (un tronc) d'arbre : *seršeq* (*it*); H., *seršaq*; *feršeš* (*īt*); H., *tferšeš*; pass. *tuaferšeš*; n. a. *aferšeš*; fente, fissure : *afellīq*; pl. *i-en* et *ifellāq*. — (B. Izn., Zkara), *felleq*; p. p. *ifelleq*; H., *tfelleq*; n. a. *afelleq* (*u*). — (Meṭm.), *felleq* (θ); H. *tfelleq*.

FENÊTRE[2], θaṛuaiθ, pl. θiṛuaiīn; *eṭṭāq* ou *ṭṭāqeθ* (*ta*), fenêtre borgne; pl. *eṭṭīqān* (ar. tr. *eṭṭāga*); *ṭāq entfauθ*, ouverture laissée par les poutres des échafaudages, que l'on enlève quand la maison est achevée. — (B. Izn.), θbǫržet, petite fenêtre [برج]. — (B. Semg.), *lkēūt*. — (Meṭm.), *tγōrfet* [غرفة]; fen. borgne : *tγōrfātīn*, *ṭṭageθ* (*ṭṭā*) pl. *ṭṭagāθ*. — (B. Salaḥ), *eṭṭāq*. — (B. Men.), *eṭṭāq*, pl. *leḍuāq* [طوق].

FENOUIL, *lbesbās* (B. Sn., B. Izn., Meṭm.) [بسباس].

FER[3], *uzzāl* (*u*); de fer : *uuzzāl*. — (B. Izn., Zkara, B. B. Zeg., O. Amer), *uzzāl*. — (Meṭm.), *uzzāl*. — (B. Salaḥ, B. Mess.), *uzzāl*. — (B. Menacer), *uzzal* (R. B.). — (B. Sn.), f. à cheval : θaṣfiḥθ (*te*) [صفيحة], pl. θiṣfiḥīn. — (Meṭm.), θasmīrθ (*te*), θetsāmīr [مسمار].

FERMER[4] et être f. : *eqqen*; pr. p. *iqqen* (GR., p. 97); f. n. : *qqīn*; H., *teqqen*; n. a. *ūqūn* (*u*); elle a fermé la porte : *teqqén táuuūrθ*; la porte est fermée : *tauuūrθ téqqen*. — (B. Izn.,

1. Cf. R. Basset, *Loqm. berb.*, p. 363 [فلق].

2. Cf. W. Marçais, *Tanger*, p. 374 [طوق].

3. Cf. R. Basset, *Loqm. berb.*, p. 258 √Z L. — *Zenat. Ouars.*, p. 89. — *B. Menacer*, p. 57.

4. Cf. R. Basset, *Zenat. Ouars.*, p. 89. — *B. Menacer*, p. 57. — *Loqm. b.*, p. 291 √K' N.

Zkara), *eqqen*; p. p. *iqqen*; p. n. *qqīn*; H., *teqqen*; n. a. *aqqān* (*ua*). — (Meṭm.), fermer : *eqqen*; p. p. *i̯iqqen*; p. n. *qqīn*; H., *teqqen*; *el bāb i̯iqqen* : la porte est fermée. — (B. Salaḥ), ferme la porte : *err θau̯u̯ūrθ* (V. RENDRE). — (B. Menacer), fermer les yeux : *iqqān* (R. B).

FERME, *lɛazīb*; pl. *lɛazui̯āb* et *lɛazībāθ* : gourbi et clôture construite pour les laboureurs qui vont travailler au loin. — (Meṭm.), *lɛažīb* [عزب]; *lḥauš*, pl. *laḥu̯aš* [حوش].

FERMIER, au 1/5 : *aḫĕmmās*, pl. *i-en* [خمّاس]; 1/4 : *arebbaɛ*, pl. *i-ɛen* [ربّاع]. — (Zkara, B. Izn.), *aḫemmās*, pl. *i-en*; *arebbaɛ*, pl. *irebbaɛen*; f. au 1/3 : *amθāleθ* (B. Izn.), [ثلث]; *amqaḍāɛ* [قطع], ouvrier payé en nature sur la récolte. — (Meṭm.), f. au 1/5 : *aḫemmās*, pl. *i-en*; au 1/10 (ne travaillant que l'été : *amqāḍaɛ*, pl. *i-ɛen*. — (B. Men.), fermier au 1/5 : *aḫemmās* (*u*), pl. *i-en*.

FERTILE, *aγelli*, pl. *i-en* [غلّ]; f. *θaγellīθ*, pl. *θi-i̯in*; ce pays est fertile *θamūrθú táγĕllīθ*.

FÉRULE, *uffual*. — (Zkara, B. Izn.), *uffual*. — (Meṭm.), *uffāl* (*u̯u*); *aγeddu uuffāl*, tige de férule.

FERRER, *semmer*; H., *tsemmer* [سمّر]; n. a. *asemmer* (*u*). — (Meṭm.), *semmer i̯īs*, ferre le cheval; H. *tsemmer*.

FESSE[1], *térmeθ* [ترم], pl. *trāmi* (ou) *lmežmāɛ* (de *žemmaɛ*, s'asseoir). — (Zkara), *θaδi̯inīθ*, pl. *θiδi̯inaθīn* (V. GIGOT). — (B. Izn.), *azebbūr* (*u*). — (Meṭm.), *aqennīn*; pl. *iqnnīnen*; Senfita : *iqullān*.

FESTIN, *ḍḍīfeθ* [ضيفة]. — (Zkara), *θimušša*. — (Meṭm.), *eḍḍīfeθ*.

FÊTE, *lɛai̯δ* pl. *lɛai̯āδ*, [عيد]; les grandes fêtes : *lɛaīd ameqqraṅ*; *lɛaīδ amẓẓi̯ān*; *lɛāšūra*; *siδ-elmīlūδ*. — (B. Izn.), *ūrār*. —

1. Cf. W. Marçais, *Tanger*, p. 244 [ترم].

(Meṭm.), *elεaīδ* pl. *elεaịāδ*; fête pour un mariage, une circoncision : *ettrīδ*, pl. *ettraịeδ* [تريد].

FEU[1], θ*imssi* (*tm*); *lεafīθ* [عافية]. — (Zkara), θ*amdīr*θ (*te*), pl. θ*imdīrīn*; grand feu allumé, comme signal, sur une montagne. — (B. Izn., Zkara), feu : θ*imssi*. — (Meṭm.), *timssi* (*tm*); l'ardeur du feu : θ*izγel ettmessi*. — (B. Menacer), θ*imsi* (R. B.).

FEUILLE[2], *lụerq* (coll.), [ورق]; une f. : θ*iụerqĕt*, pl. θ*uụerqīn*; les jeunes feuilles des petits arbres sont appelées : *ifriụen*. (Zkara) *āfĕr* (*ua*), pl. *afriuen*. — (B. Izn.), *affer*. — (Bou Semg), *lūreq*. — (Meṭm.), θ*iụarqet*, pl. *tiụerqā*θ*in*; coll. *elụerq*. — (B. Salaḥ), *eluerq*.

FÈVE[3], *bau* (*u*), pl. *ibauen*; *ibaụen enṭĕmẓa*, fèves de l'ogresse, fruit de l'anagyre fétide ; on l'appelle aussi : *anūf* (B. Sn., B. Izn., Zkara). — (Zkara, B. Izn.), *bau* (*u*), pl. *ibauen*. — (Meṭm.), *bau* (*u*), pl. *ibaụen*. — (B. Salaḥ), des fèves : *ibauen*. — (B. Menacer), *bau*, pl. *ibauen* (et) *bauen* (R. B.).

FÉVRIER, *šebraīr* (B. Sn., B. Izn.).

FIANCÉ[4], *asli* (*u*), pl. *islān*; f. *tasli*θ (*ts*); f. p. *tislā*θ, *tisla*θ*īn*. — (Zkara, B. Izn.), *asli*, pl. *islān*; θ*aslī*θ, pl. θ*islā*θ*īn*. — (Meṭm.), *asli* (*ụu*), pl. *islān* et *islauen*; fém. θ*aslī*θ (*te*), pl. θ*īslān* et θ*islauin* (*te*). — (B. Menacer), *asli* (*u*), fém. θ*aslix*θ et θ*aslī*θ (R. B.); m. pl. *islaien* (R. B.); f. p. θ*islain*.

FICELLE, θ*asγunt* (B. Sn., B. Izn., Zkara), pl. θ*isĕγuān*. — (B. Izn.), θ*azra*.

1. Cf. R. Basset, *Zenat. Ouars.*, p. 90. — *B. Menacer*, p. 57.

2. Cf R. Basset, *Loqm. berb.*, p. 284 √FR. — *Zenat. Ouars.*, p. 90.

3. Cf. R. Basset, *Loqm. berb.*, p. 230 √BOU. — *Zenat. Ouars.*, p. 90. — *B. Menacer*, p. 57.

4. Cf. R. Basset, *Loqm. berb.*, p. 269 √SL. — *Zenat. Ouars.*, p. 90. — *B. Menacer*, 57.

FIEL[1], *īẓẹ* (*ịi*). — (B. Sn., B. Izn., Zkara, B. B. Zeg.), *θamerrārθ* [مرارة].

FIENTER (poule), *ẓeqqeq* (GR., p. 98) [زق]; H., *dẓeqqeq*; fiente : *eẓẓ̊eq* (B. Sn., B. Izn.); on emploie aussi pour les autres animaux : *ebreδ*; p. p. *ibreδ*, p. n. *brīδ*; H., *dberreδ*; n. a. *abrāδ* (*u*), (ou) *etšār*; p. p. *itšūr* (GR., p. 120); H., *tšara* (ou) *zebbel* (GR., p. 98); H., *dzebbel*. — (Meṭm.), *ebṛẹ̊ḍ*; p. p. *ibṛẹ̊ḍ*, p. n. *brīḍ*; H., *beṛṛẹ̊ḍ*.

FIÈVRE[2], *θimssi* (V. FEU). — (Zkara), *θaḥlīmt* (ar.) et *θimssi*. — (B. Izn.), *θarzazāθīn*. — (Meṭmaṭa), *θimssi*. — (B. Menacer), *θimssi*.

FIGER (Se), *ežmeδ* [جمد], p. p. *ižmeδ*, p. n. *žmīδ*; H., *težmīδ*, n. a. *ažmaδ* (*u*). — (B. Izn., Zkara), *ežmeδ*; H., *žemmeδ* et *težmeδ*; f. n. *težmīδ*.

FIGUE[3], *lbaχūr* (B. Sn., B. Izn., Zkara) [باكور], *lbašūr* (A. L.). — Variétés de figues : *lbašūr amellāl* (blanche); *lbašūr aberšān* (noire); *lbašūr nelεassāl*; *θazārθ* (B. Sn., B. Izn., Bou Semg.), une f. : *tiš entazārθ*, pl. *tazarīn* (*ta*); petite variété : *θazārθ nelberrīs*; figue bleue : *θazārθ nuzīza*; f. rouge : *θazārθ nuzuġġᵘaγ*; grosse figue rouge : *θazārt nelfeḥfūḥ*; figues en pain : *θašriḥθ* [شريح], pl. *θišriḥīn*; figue mâle : *dukkᵘār* (coll.) (B. Sn., B. Izn., Zkara), *θadukkᵘarθ* (*ddu*), pl. *θi-īn* [ذكّار]; figue de Barbarie (B. Sn., B. Izn.) : *θahenδīθ* [هندي]. — (Meṭm.), figue : *θazzarθ*; f. de Barb. : *θazzarθ iṛūmiịen*; figue fl. : *lbakūr*. — (B. Men.), figue fl. : *lbaχūr*; figue noire : *θḥebbūxθ* [حبّة]; figues fraîches : *θiḥabbūtin* (R. B.); f. sèches : *iεammūšen* (R. B.).

1. Cf. R. Basset, *Zenat. Ouars.*, p. 90.
2. Cf. R. Basset, *Zenat. Ouars.*, p. 90. — *B. Menacer*, p. 57.
3. Cf. R. Basset, *Zenat. Ouars.*, tazart. — W. Marçais, *Tanger* [هندي].

FIGUIER[1] (B. Sn.), *sežžerθ*, pl. *sežžūr*. — (Zkara), *θīzīθ*, pl. *θizīθīn*. — (B. Izn.), *θizzīθ*. — (B. Sal.), *enneqleθ* [نقل انقلاء]. — (B. Mess.), *θabbunt*, pl. *ležnān*. — (B. Misra), *θurθīṭ*, pl. *ūrθi*. — (Meṭm.), *ūrθu*, pl. *ūrθān*. — (B. Men.), *enneqelθ*; — un pied d'olivier, de noyer, que l'on transplante, est appelé *enneqleθ*; — on ne transplante pas le figuier, on le marcotte; le plant ainsi obtenu s'appelle *lɛäkza*, pl. *lɛäkzāθ*, de *ɛäkez*, marcotter; H., *ɛäkkez* [عكز].

FIGURE (V. FACE).

FIER (Se), *āmen* (V. CONFIANCE) [امن].

FIL[2], *lḫēḍ* [خيط]; *filu*; *lḫēṭ nelgurziān*, fil de coton, de lin; *lḫeṭ uusθů*, fil de laine; fil de fer : *esselk* [سلك] (B. Sn., B. Izn.). — (B. Izn.), *fīlu*. — (Zkara), *fūli*. — (Meṭm.), *lḫēḍ*, pl. *leḫiūḍ*; *lgurziān*, fil de coton, de lin; *ūsθu*, pl. *usθauen*, fil de laine, trame; *ulman*, fils de la chaîne; *θilmi*. — (B. Menacer), fil de laine : *ulman, usθu*.

FILER[3], tordre la laine (ar. tr. *eγzel, eḍfer*), *ellem*; p. p. *illem*; p. n. *llīm*; H., *tellem*; n. a. *θilmi* (*te*); *allam* (*ua*); f. pass., *tuallem*; le fil étant tordu, le doubler et en faire un fil à deux brins : *ezlii* (ar. *ebrem*); p. p. *zeliẹγ*, *izlii*; p. n. *ūrizliieš*; H., *zellii*; n. a. *azlai* (*u*); f. pass., *tuazlii*. — (B. Iznacen), *ellem*; p. p. *iellêm*; p. n. *llīm*; H. f. n., *tellem*. — (Meṭm.), *ellem*, p. p. *illem*; H., *tellem*; n. a. *θilmi*. — (B. Salah), *ellem*, p. p. *illem*; p. n. *llīm*; H., *ṭellem*; n. a. *ulmān*.

FILET, en alfa, pour transporter le blé, l'orge coupés, de la paille; filet pour attraper les perdrix : *trātša*, pl. *tiratšiuin*.

1. Cf. R. Basset, *Loqm. berb.*, p. 324. √N K' L. — *Zenat. Ouars.*, p. 90.
2. Cf. W. Marçais, *Tanger*, p. 438 [قرزيان].
3. Cf. R. Basset, *Zenat. Ouars.*, p. 90.

— (B. Izn., Zkara), *θrātša*, pl. *θirātšiuin*. — (Meṭm.), *θratša*, pl. *θiratšuin*. — (B. Menacer), *trātša*, pl. *tirātšuin*.

FILLE[1]. *illi*, ma fille (*ii*) ; pl. *issi* (*ii*) ; Faṭma, fille du Prophète : *Faṭma illis nerrāsūl*. — (B. Izn.), ma fille : *ielli*. — (Bou Semg.), *illi*. — (Meṭm.), *illi*, ma fille, pl. *iessi*. — (B. Salah, B. Mess.), *iellī*, ma fille. — (B. Menacer), *ielli*, pl. *iessi*.

FILS[2], *memmi*, pl. *arrau* ; fils de : *ů*, ex. : *Mūsa ů-Ṣālaḥ*, Mousa, fils de Ṣalaḥ ; *ūma* (frère), pl. *aθ*, ex. : *aθ-Snūs*, Beni Snoûs ; *aiθma*, frères. — (B. Izn.), mon fils, *memmi*. — (Bou Semg.), *memmi*, pl. *arrau*. — (Meṭm.), mon fils : *memmi* ; mes fils : *arra-īnu*. — (B. Salah, B. Mess.), mon fils : *memmi*. — (B. Menacer), *memmi*, pl. *arrau* ; *-ū* (R. B.).

FILLETTE[3], (Zkara), *θaḥδīt*, pl. *θiḥδīδīn*. — (Bou Semg.), *taizziūt*. — (Meṭmaṭas), *θaεäzīzt*, pl. *θiεäzīzīn* ; l'oreille de la fillette : *amezzūγ täεäzīzt* [عزّ]. — (B. Menacer), *θaḥzauθ*, pl. *θiḥzauin*. — (Gheraba), *θalūfānt*, pl. *θilufāθīn*, *hilūfāθīn*. — (B. Menacer), *θarrāšθ* (R. B.), pl. *θirrāšīn*.

FIN[4], être fin : *ezdeδ* ; p. p. *izdeδ*, p. n. *zdīδ* ; H., *tezdīδ* ; n. a. *θizδi* (*te*) ; rendre fin : *sezdeδ* ; H., *sezdāδ* ; fin : *azdāδ*, fém. *tazdāt* ; m. p. *izdāδen* ; f. p. *tizdāδīn* ; rusé (V. ce mot) ; la fin du monde : *lqīrāḍ* [قراض]. — (Zkara), *izded* ; il est fin, mince ; *äzδāδ*, mince, pl. *i-en*. — (Meṭm.), *ezdeδ* ; p. p. *izdeδ*, p. n. *zdīδ* ; H., *tezdīδ* ; n. a. *θizdeδ* ; fin : *azddaδ* ; f. *θ-t* ; pl. *i-en* ; f. pl. *θi-in* ; rendre fin : *sezdeδ* ; H., *sezdāδ*.

FINIR (V. ACHEVER).

FLAIRER, *steriāḥ* [استراح]. — (Meṭm.), *tšemšem*.

1. Cf. R. Basset, *Zenat. Ouars.*, p. 90. — *B. Menacer*, p. 58.

2. Cf. R. Basset, *Loqm. berb.*, p. 298 et p. 318 √G et √MM. — *Zenat. Ouars.*, p. 90. — *B. Menacer*, p. 58.

3. Cf. R. Basset, *B. Menacer*, p. 58.

4. A. de Motylinski, *Touareg*, p. 206 : *sedid*.

FLANC, *aɣezzīs* (*u*) (B. Sn., B. Izn.); *iɣezzīsen*. — (Meṭm.), *aɣezẑīs* (*u*), pl. *i-en*. — (B. Men.), *aɣezdis* (*u*), pl. *i-en*.

FLEUR[1], coll. *nnuụār* [نوار]; une f., *θanuārθ*; on dit aussi : *lullūš*, les petites fleurs, les jeunes plantes (ce mot s'applique aussi à une jolie femme). — (Zkara), *ennŭuār*. — (B. Izn.), *alĕllūš* (*u*), jeunes plantes. — (Meṭm.), *ennuụār*. — (B. Men.), *alellūš*, pl. *ilellāš*.

FLEURIR, *nuụụer* [نوّر]; H., *tnuụụer*.

FLEUVE[2] (V. OUED), *iɣzer* (*ii*), pl. *iɣzrān*.

FLOCON[3] (de laine, de neige), *ametšīm* (*u*) (B. Sn., B. Izn.), pl. *imetšām*; *tiṣūfeṭ*, morceau de laine [صوفة]. — (Meṭm.), fl. de laine : *lligeθ* [لقة]; *ametšīm* (*u*), pl. *i-en*.

FLÛTE[4], petite flûte en roseau : *θamža* (*t*), pl. *θimžŭin* (ar. tr.); *ẓẓāmer*; [زمر] grande flûte en roseau : *aġṣṣāb* (*u*) [قصب], pl. *iġṣṣāben*; *lḫŭmāsi* (ar.). — (B. Izn.), *ťamža*, pl. *ťimžuin*. — (B. Menacer), *θažεabbūθ*, pl. *θižεabāt* (R. B.) [جعب]. — (Meṭm.), flûte en roseau : *θɣānīmt*, pl. *θiɣunām*, petite flûte; *aqešbuṭ* (*u*), pl. *iqešbāṭ*; flûte en bois : *lɣaiṭa*, pl. *leɣụāieṭ*.

FOIE[5], *tˢsa*; un foie : *tīš tsa*, pl. *tisauin*. — (Zkara, B. Izn.), *tˢsa*, (et B. Izn.), *assā*. — (Bou Semg.), *tsa*. — (Meṭm.), *eθsā*. — (B. Mess., B. Salaḥ), *θasa*. — (B. Men.), *θasa*; *ssa*. — (Senfita), *essā*.

1. R. Basset, *Loqm. berb.*, p. 371 [نار].

2. Cf. R. Basset, *Loqm. berb.*, p. 279 √R' Z R. — *Zenat. Ouars.*, p. 90. — *B. Menacer*, p. 58.

3. W. Marçais, *Obs.*, p. 10 [بشم].

4. Cf. *B. Menacer*, R. Basset, p. 59. — Nehlil, *Ghat*, p. 162 : *tazammart*. — Provotelle, *Qalaa*, p. 116 : *temža*. — W. Marçais, *Tanger*, p. 407 [غيطة].

5. Cf. R. Basset, *Loqm. berb.*, p. 297 √KH S. — *Zenat. Ouars.*, p. 90.

FOIS[1], une fois : *tīšt el-ḫeṭreθ* [خطرة]; quelquefois : *lḫeṭrāθ*. — (Zkara), *θikkelt*; une autre fois : *θikkelt ĕnnīnĕḍ*. — (Meṭm.), une autre fois : *lmeḫḍĕr ennīḍen*; trois fois : *θlāθa lemḫāḍer*. — (B. Men.), une fois : *išt elmerreθ* [مرّة]; *θikelt* (R. B.).

FOND[2], *bọḍ* (*u*) (B. Sn., B. Izn.). — (Meṭmaṭa), *allaɣ*. — (B. Menacer), *allaɣ*, pl. *alliɣen*.

FONDRE[3], *esfi*, *esfiį*; p. p. *isfiį*, p. n. *ūr isfīš*, *ūr isfiįeš*; H., *tesfi*; n. a. *asfi* (*u*); faire fondre : *sesfi*; H., *sesfai*; la neige a fondu : *aδfel įesfi*; elle fond : *qaitesfi*. — (B. Izn.), *efsiį*, p. p. *įefsiį*; H., et f. n., *fessiį*. — (Meṭm.), *efsi*; H., *fessi*; n. a. *afsai* (*u*), faire fondre; *sefsi*; H., *sefsai*; — tomber sur : *ḥūf ḫ* (V. TOMBER).

FONTAINE, *θẹṭ* (*ṭẹṭ*); *θẹṭṭauin* (*ṭi*) (V. SOURCE).

FONTANELLES, (B. Menacer), *ħamelɣiḫθ*, pl. *θimelɣīɣīn*.

FORCE[4], de force : *sezzez*, *sessīf* (B. Sn., Zkara) [سيف]. — (Meṭm.), *bessīf*.

FORÊT[5], *lɣābeθ* [غابة], pl. *leɣuābi*. — (Zkara, B. Izn.), *lɣābeθ*. — (Meṭm.), *mālu* (*u*); dans la f. : *δuǧ mālu*, pl. *imūla*. — (B. Menacer), *raial*, pl. *īruial* (R. B.).

FORGE, *θḥānet el-maεallem* (ou) *tḥānet*, pl. *θiḥūna* [حانة]. — (B. Izn.), *θḥānet*, pl. *θiḥūna*. — (Meṭm.), *θḥānūt* [حانوت].

FORGERON[6], *aḥĕddād* [حدّاد] (B. Sn., B. Izn., Zkara, Beni Menacer), pl. *iḥăddāden*; *lmaεallem* (B. Sn., B. Izn.), pl.

1. Cf. R. Basset, *Loqm. berb.*, p. 297 √K L. — *Zenat. Ouars.*, p. 90. — *B. Menacer*, p. 59.

2. Cf. Boulifa, *Demnat*, p. 335 : *abuḍ*.

3. Cf. R. Basset, *Loqm. berb.*, p. 285 √F S. — *Zenat. Ouars.*, p. 90.

4. Cf. W. Marçais, *Tanger*, p. 320 [زز].

5. Cf. R. Basset, *Loqm. berb.*, p. 361 [غاب]. — *B. Menacer*, p. 59.

6. Cf. R. Basset, *Loqm. berb.*, p. 342 et p. 358 [حدّ] et [علم].

lmaεallĕmīn [معلم]; *enniiāti* (B. Izn.) (ar. tlemc. *enniiāti*); cf. Sous : *amid*, forge.

FORME, *eṣṣūreθ* [صورة].

FORT[1], *ṣāḥ* [صح]; p. p. *iṣaḥ*, p. n. *ūr-iṣaḥeš*; H., *tṣaḥa*; fortifier : *žžéheδ* [جهد]; H., force : *lžeheδ*; il est devenu fort : *istežheδ*. — (B. Menacer), *ižheδ* (R. B.) [جهد]. — (Meṭm.), *ṣaḥḥi*, p. p. *iṣaḥḥa*; H., *ṣaḥḥi*; fort : *ameɣḍīr*, pl. *i-en*. — (B. Salaḥ), *saḥḥi*, p. p. *seḥḥīɣ*, *iseḥḥa*; H., *saḥḥi*.

FORT, FORTERESSE, *lborž* [برج].

FORTUNE, *rrezq* [رزق]; *lmāl* [مال].

FOSSE (V. TOMBE), *θamdẹ̄lt* (B. Sn., B. Izn., Zkara), pl. *θimeḍlīn* (B. Sn., Zkara). — (Meṭm.), *anīl* (*u*), pl. *inīlen*.

FOSSÉ[2], *θarga* (*te*), pl. *θirguin*. — (B. Izn.), *θāṛia*, pl. *θiriụin*. — (Meṭm.), *θārğa* (*te*), pl. *tirğuin*. — (B. Menacer), *θaria*.

FOU, être f. : *ehbel* (B. Sn., B. Izn., Zkara); p. p. *iehbel*, p. n. *hbīl*; H., *tehbel*; n. a. *ahbāl* (*ua*) [هبل]; fou : *amähbūl*; f. θ-θ; pl. *imähbāl*; f. p. *θimähbāl* (B. Sn., B. Iznacen); *abähl̄ul*; pl. *i-en* (B. Sn., Zkara); f. s. θ-*l*θ; f. pl. *θi-līn* [بهلول]; *amežδūb*, pl. *i-en*; f. *θa*-θ; f. pl. *θi-δīn* [مجذوب]. — (Meṭm.), *ehbel*, p. p. *iehbel*; p. n. *hbīl*; H., *hebbel*; fou : *amahbūl*, pl. *imehbāl*.

FOUETTER, *lekkᵘeδ* (GR., p. 99) (B. Sn., B. Izn.); H., *tlekkᵘeδ*; fouet : *lekkūδ*. — (B. Izn.), fouet : *lekkiuδ*. — (Meṭm.), fouet : *ššeṭreb*.

FOULE, *lɣāšī* (B. Sn., Zkara) [غاشي]; *midden* (*midden*) (B. Sn., B. Izn., Zkara, B. B. Z.); *lmetres* (ar.) (B. Izn.). — (Meṭm.), *lɣāši* (ar.).

FOULER (aux pieds), *erkeδ*; p. p. *irkeδ*, p. n. *rkīδ*; H., *trekkeδ*;

1. Cf. R. Basset, *Loqm. berb.*, p. 354 [صحّ[. — *B. Menacer*, p. 59.
2. Cf. R. Basset, *B. Menacer*, p. 59.

n. a. *arkāδ* (*u*) [ركض]. — (Zkara), *lukk*; p. p. *ilukk*; H., *tlukk*; n. a. *alukk* (*u*) [لكّ]. — (Meṭm.), *δekk*; p. p. *iδekk*; H., *tedekk* [دكّ].

FRAGILE, v. *erz*, briser; le verre est fragile : *lkâs iterza*; (ou) *erθeb* [رطب]; p. p. *irθeb*, p. n. *rθīb*; H., *terθīb*; n. a. *arθāb*; la tasse est fragile : *fendžal qa-itterθīb*.

FOUR[1] (à pain), *afūr* (*u*), *afren*, pl. *ifernen*; θ*alkūšet* (B. Sn., Zkara); θ*ilkūšīn* (ar.); four à goudron : θ*ḫābīθ* [خابية]. — (B. Izn.), *afūr* (*u*), four à charbon, meule; *afeṛṛān*, four à pain. — (Meṭm.), θ*akuyašθ*, pl. θ*ikuyašīn*, les poteries sont cuites dans un creux peu profond, garni de pierres; on chauffe avec du fumier de bœuf sec (θ*isiin*), ce four s'appelle *lmaḥma* [حمى].

FOURCHE, θ*azzerθ* (B. Sn., B. Izn., Zkara, B. B. Z.), pl. θ*azzrīn* (B. Sn., Zkara) et θ*izzār* (B. Sn.); secouer avec la fourche : *suzzer* (V. SECOUER). — (Meṭm.), θ*azzert* (*ta*), pl. θ*uzzār*.

FOURNIER, *akuyyāš* (B. Sn., Zkara, B. Menacer, Meṭm.).

FOURMI[2], θ*iieδfeṭ*, pl. θ*iieδfīn*; coll. *lšeṭṭūf*. — (Zkara), θ*ixetfēṭ*, pl. θ*ixeṭfīn*. — (B. Iznacen), θ*ašeṭṭūfθ*; coll. *lšeṭṭūf*; fourmi ailée : *ddāmūs* (Zkara). — (Meṭm.), θ*iχetfet* (*tχe*), pl. *tiχetfīn*.

FOURMILLEMENT, j'ai des f. dans le pied : *ḍār-īnú qā-itnémmel* [نمل], ou *qā-itéṭṭéṣ*.

FOURRÉ[3], *aḫlīž* (B. Sn., B. Izn.), pl. *iḫelžān*; dim. *taḫlīšθ*, pl. *tiḫelžān*. — (Meṭm)., *aḫlīž* (*yu*), pl. *iḫūlaž*.

FOURREAU (V. ÉTUI).

FOYER, trou creusé dans le sol de la pièce : θ*afkunt* (B. Sn., B. Izn.), pl. θ*ifukān*; les trois pierres du foyer (ar. *lemnāṣeb*) :

1. Cf. W. Marçais, *Tanger*, p. 412 [فرّان].
2. Cf. R. Basset, *Zenat. Ouars.*, p. 91.
3. Cf. Bouiifa, *Demnat*, p. 336 : *aḫliž* [خلى].

inii (*ī*), pl. *īniān*. — (B. Izn.), *inei*, pl. *iniān*. — (Zkara), *ilmessi*, pl. *ilmessa*. — (B. Salah), pierres du foyer : *lemnaṣeb* (*iniān* : rare) [مناصب]. — (Meṭm.), *amxān netmessi* : foyer du café maure : *lūdžāq*; pierres du f. : *ini* (*ii*), pl. *inǧān*. — (B. Menacer), *θiγerγerθ*; pierres : *īni*, pl. *iniān*.

FRANC, *fṛank* (B. Sn., B. Izn., Zkara); trois francs : *θlāθa fṛank*; vingt francs : *ɛaśrīn fṛank*.

FRANCE, *Fṛansa*.

FRANÇAIS, *fṛansīs* (*u*); *afṛansaui*; f. θ-θ; m. p. *i-ien*; f. p. *θi-iīn*; la langue française : *elfṛansisīia*. — (Meṭm.), *ṛūmi* (*u*), pl. *iṛūmiien*.

FRANCHIR, *sūref* (V. PASSER); *ezua* (V. TRAVERSER).

FRANGE (d'un tapis, d'un tissu), *usθu* (ar. tr. *lqiiām*), *iśerrīben*. — (B. Izn.), *asrau*. — (Meṭm.), *ūsθu*; les franges provenant de la chaîne s'appellent *izuzrān*, pl. de *zuzer* (*u*).

FRAPPER[1], *ūueθ*, *ēuueθ*, p. p. *iūθu* (Gr., p. 109); p. n. *ūr-iūθuś*; H., *tśāθ*; n. a. *θiīθa*; elle est frappée : *tūθ*. — (Zkara), *uueθ*, p. p. *iūθu*; *uθīn*. — (B. Izn.), *uueθ*, p. p. *iūθa*, *ūθīn*; H., *tśāθ* (Zkara, B. Izn.); f. nég. *tśīθ* (Zkara, B. Izn.); n. a. *θiīθa*, (ou) *eγreδ*; p. p. *iγreδ*; p. n. *γrīδ*; H., *teγreδ*; n. a. *aγrāδ* (*u*); coup : *γerδeθ*, pl. *γerδāθ*; (ou) *ezlef*; p. p. *izlef*; p. n. *zlīf*; H., *dzellef*; n. a. *azlāf* (*u*); (ou) *ezueδ* [سطا ?]; p. p. *izueδ*; p. n. *zuīδ*; H., *tsuǧǧᵘuδ*; n. a. *azuaδ* (*u*), frapper une étoffe avec une baguette; (ou) *ezlẹḍ*; p. p. *izlẹḍ*; p. n. *zlẹḍ*; H., *dzellẹḍ*; n. a. *azlāḍ*; gros bâton : *azellāḍ* (ar. tr. *ślẹṭ*) [سلط]; fr. à la porte : *derdeq*; fr. les moutons avec la houlette : *eǧᵘḥeś*, *igᵘḥeś*; p. n. *gᵘḥīś*; H., *dǧuḥś*. — (B. Menacer), *ēuueθ*. — (Meṭm.), frappe-le : *uuθ-īθ*; p. p. *iūθa*; p. n. *ūθi*; H., *tśāθ*;

1. R. Basset, *Loqm. berb.*, p. 328 √OU TH. — *Zenat. Ouars.*, p. 91. — *B. Menacer*, p. 59.

n. a. *θixθi*; il a été frappé : *itu̯auθ*; se frapper : *msuu̯eθ*. — (B. Salaḥ), *ūu̯eθ*, p. p. *ūθīγ*, *iūθa*; H., *kāθ*; n. a. *θiθθa*; c'est toi qui l'as frappé : *χetš aθ-iūθān*; qui frappe à la porte : *u̯i kkāθen iθebbūrθ*.

FRÊNE, *derdār* (B. Sn., B. Izn., B. Men.) [دردار]. — (B. Mess.), *asel* (cf. Zouaoua : *aslen*). — (Meṭm.), *derdār*.

FRELON, *zeñdzūz*. — (Meṭm.), *ahendūr endzizua* (*u*), pl. *ihendār*.

FRÈRE[1], *ūma* (*nu*) (B. Sn., Zkara, B. Izn.), pl. *aiθma* (*ua*) (B. Sn., Zkara, B. Izn.), et *aumāθen* (*ua*) (B. Sn., Zkara, B. Izn.); lui et moi, nous sommes frères : *néts ākis δáumāθen*; ses frères : *aiθmās*. — (Bou Semg.), *ūma*. — (Meṭm.), *uu̯u̯a*, pl. *aχma*; la tête de mon frère : *aqernûε ĕnúu̯u̯a*. — (B. Salaḥ, B. Mess.), *ḫei̯i̯i* [خي]. — (B. Men.), *ḫèi̯i̯i*, (ou) *iūma*, mon frère, pl. *aiθma* (R. B.) (et) *axeθma*.

FRICHE, *alžām*, pl. *ilžāmen*; dim. *θ-t*, pl. *θi-mīn*. — (B. Izn.), *ležžām*, *msuqqi* (cf. *isiki* : Berab.-Chl.). — (Meṭm.), *lbūr* [بور].

FRIRE, *eqla*; p. p. *iqla*; H., *tqella* [قلى]. — (Meṭm.), *eqla*; p. p. *eqliγ*, *iqla*; H., *qelli*, *qella*.

FRISER, *qenneδ* (ou) *kenned* (cf. Beaussier [كند]), p. p. *iqenneδ*; H., *tqenneδ*; n. a. *aqenneδ* (*u*); frisé : *imqenneδ*; f. *θimqennet*, pl. *i-δen*; f. *θi-δīn*. — (Meṭm.), il est frisé : *illa i̯ibren* [يبر]; avoir les cheveux emmêlés : *humbel* [? همل].

FROID[2] (av. froid, être froid), *eṣmĕḍ* (B. Sn., B. Izn., Zkara), p. p. *iṣmĕḍ*; p. n. *ṣmĕḍ*; H., *tesmĕḍ*; froid (nom) : *aṣemmĕḍ* (B. Sn., B. Izn., Zkara); (adj.), *aṣemmāḍ*; f. *θaṣemmāṭ*; pl. *iṣemmaḍen*; f. p. *θiṣemmāḍīn*; refroidir : *ṣeṣmĕḍ*; H., *ṣeṣmāḍ*;

1. R. Basset, *Loqm. berb.*, p. 251; p. 298 √ROU et √G. — *Zenat. Ouars.*, p. 91. — *B. Menacer*, p. 59. — W. Marçais, *Tanger*, p. 287 [خو].

2. Cf. R. Basset, *Loqm. berb.*, p. 269. √SMDH. — *Zenat. Ouars.*, p. 91. — *B. Menacer*, p. 59.

n. a. *aṣeṣmẹḍ*; fraîcheur : *θaṣmūḍi* (B. Sn., B. Izn.); on dit aussi : av. froid, *hunžer*; p. p. *ihunžer* (et p. n.); H., *thunžūr*; n. a. *ahunžer*. — (Zkara), *eṣmẹḍ*; H., *teṣmeḍ*. — (Meṭm.), *eṣmẹḍ*, av. fr., être froid; *aṣemmāḍ*, froid; de l'eau froide : *aman iṣemmāḍen*; refroidir : *seṣmẹḍ*; le froid : *aṣemmẹḍ* (*u*); *θiṣmeḍ uɣamān*, la fraîcheur de l'eau. — (B. Men.), froid (adj.), *aṣemmāḍ*, pl. *i-en*; froid (nom), *aṣemmīḍ* (R. B.).

FROMAGE, *lejben* (B. Sn., Zkara) [جبن]; *lejḇen* (B. Izn.). — (Meṭm.), *ležben*.

FROISSER, *qerbez*, p. p. et n. *iqerbez*; H., *tqerbez*; n. a. *aqerbez* (*u*) [كربش].

FRONDE, *lmoġlaε*, pl. *lmoġᵘālāε* [مقلع]. — (Zkara), *illi*, pl. *illiauen*. — (B. Izn.), *ilelli*. — (Meṭm.), *lmuqᵘεāl*; *lmezrāf*, pl. *lemzārīf* [زروف] (cf. *ildi* : Chl.-Berab. — W. Marçais, *Tanger*, p. 319).

FRONT[1], *θiẓẓerθ*, pl. *θiẓẓār*. — (B. Iznacen), *θīnierθ*. — (Zkara), *θiññerθ*, pl. *θiññerīn*; le haut du front : *θaɣunza*. — (Meṭm.), *θinnerθ*. — (B. Salaḥ, B. Mess.), *θinierθ*, pl. *θiniār*. — (B. Men.), *θanierθ*, pl. *θiniirīn*.

FRONTIÈRE, *lḥadādeθ* [حدّ]; il a passé la frontière : *iimẹḍ lḥadādeθ* (V. *aimir*, borne).

FROTTER[2], gratter (V. GRATTER); pour enlever qq. ch. — (Zkara), *ḥekk*; H., *tḥekk* [حكّ]. — (B. Izn., Meṭmaṭa), *āmes*; p. p. *iumes*; p. n. *ūmīs*; H., *tāmes*.

FRUIT, *lfākieθ* [فاكهة], ou *θaḫerfīθ* [خروف] (fruits des arbres). — (Beni Izn., Zkara), *lfākieθ*. — (Meṭm.), *lfakieθ*.

FUIR[3], *eruel*; p. p. *iruel*; p. n. *ruīl*; H., *ruġġᵘal*; n. a. *aruel* (*ú*);

1. Cf. R. Basset, *Zenat. Ouars.*, p. 91.
2. Cf. Nehlil, *Ghat* : *ames*. — Boulifa, *Demnat* : *ames* [مس].
3. Cf. R. Basset, *Loqm. berb.*, p. 252 √R OU L. — *Zenat. Ouars.*, p. 91. — *B. Menacer*, p. 60.

faire fuir : *seryel*; H., *seryal*. — (Zkara), *eryel*; p. p. *iruel*; p. n. *ruīl*; H., *ruqq^uel*; f. n. *ruqq^uīl*; n. a. *θirūla*. — (B. Iznacen), *eryel*; p. n. *ruīl*; H., *ruqq^uāl*, f. n. *ruqq^uīl*. — (B. Menacer), *eryel* (R. B.). — (Meṭm.), *eryel*; p. p. *iryel*; H., *trugg^ual*; n. a. *θarūla*; mettre en fuite : *seryel*; H., *seruāl*. — (B. Salaḥ), *eryel*; p. p. *rūleγ*, *iryel*; p. n. *ruīl*; H., *reggul*; n. a. *θarūla*.

FUMÉE, *ddūḫān* (B. Sn., B. Izn., Zkara) [دخان]; *ddeḫān* (Meṭm.).

FUMER (du tabac), *ekma*, p. p. *ikma* (Gr., p. 118); H., *tkemma*; n. a. *akma* (*u*); donner de la fumée : *edḫen* (B. Sn., Zkara); H., *deḫḫen* (ar.); faire des fumigations : *aεanṣer*; H., *taεanṣer*, mettre de l'engrais; (Meṭm.), *sekken*; H., *tsekken* (ar.).

FUMEUR (de kif), *aḥšaiši* (*u*), pl. *iaḥšaišiien* (ar.).

FUMIER (V. EXCRÉMENTS); fumier de bovins sec : *θisiīn* (ar. tr. *lugīd*).

FUNESTE, *amenḥūs*; f. *θ-t* [منحس]; m. p. *imenḥās*; f. p. *θimenḥās*.

FURET, *ennems* (B. Sn., B. Izn.) [نمس].

FUSEAU, *azḍe* (*u*), pl. *izeḍiān*; dim. *tazḍeθ*, pl. *tizḍiān*. — (B. Izn., Zkara), *azḍe* (*u*), pl. *izeḍiān*. — (Meṭm.), *azḍe* (*yu*), pl. *izeḍuān* (dial. chl. et berab. : *izḍi*).

FUSIL, *θamokḥalt* (*te*) [مكحلة], pl. *θimokḥālīn* (*te*); de petit calibre à un coup : *θaqûrdīθ* (*tq*), pl. *θiqurdiiin* (*tq*); de plus fort calibre à un coup : *ašendād* (*u*), pl. *išendāden*; fusil de chasse à deux coups : *θiuiia* (*tu*), pl. *θiuiiauin*; (ou) *θazuišt* [زوج], pl. *θizuīšīn*; f. à un coup : *aferdi* (*u*) [فرد], *iferdiien*; long fusil à pierre : *θamokḥalt naθānži*, (ou) *θimelyaḥθ*, pl. *θimelyiḥīn*; fusils à cartouches, à un coup : *θaqlāṭ* ou *lqŏlaṭeθ*, pl. *lqŏlaiṭ* (ar. *lqûlāṭa*); à deux coups : *tazuīšt* (V. plus haut); fusils de guerre : *θagīreθ*, pl. *sāsbo*, chassepot, pl. *sasboiāt*; *buθmedžet* (ar. *būden*); *berzīgo*, f. à répétition (5 coups).

G

GAGES, salaire d'un mois : *tšáhrīθ*, pl. *θišahrīịen* [شهر] (ar. tr. *ššahrīịa*) ; il m'a payé mes gages : *iẖelles iịi δi-tšahrīθ-īnu* ; on dit aussi : *lížreθ* [اجارة] ; il travaille chez moi à gages : *qa-íẖddem γrí slížreθ-ĕnnes* ; sans gages : *slémzīịeθ* [مزية] ; à la semaine : *selḥéd* (les chrétiens paient le dimanche) ; *sélže-măɛāθ* (chez les Juifs) ; *séltnīn* (chez les Musulmans) ; sal. de la journée : *θažúrnīθ*, pl. *θižūrnīịīn* ; — g. d'une année : *ienni lli iẖéddemen γer iféllaḥen tẖéllṣenten súsgᵘass, si tšerza itšerza* : les gages des ouvriers agricoles sont payés chaque année au moment des labours ; *δụénni itqâḍäɛ ẖûnebδu itẖellsīt segga ismadda θélt šehūr nûnebδu ségga íssäḍāf īrδén eṭṭemzīn δûlūm iúẖẖām* : les gages des ouvriers qui ne travaillent que l'été sont payés après la rentrée des récoltes ; *δụénni itqaḍaɛen ẖûserụeθ nimendí íttāụii δi lḥáqq-ennes tẹmzīn δịirδen* : celui qui loue ses services pour le battage des céréales est payé en nature (de même que le khemmās).

GAGNER, *érbäḥ* (salaire) [ربح] ; *iérbäḥ* ; *ūδ-érbīḥγeš* ; H., *terbaḥ* (K) ; *rebbäḥ* (A. L.) ; *arbäḥ* (*u*) ; combien gagnes-tu par jour : *šéḥāl atauiéδ δí-ụāss* ; je gagne trois francs par jour : *qai rébbḥéγ δi-ụass-īnu tlâθä frãk*. — (Meṭm.), combien gagnes-tu par jour : *matta tṣụụụreδ δúggụāss* ; gagner au jeu : *éγleb* (V. VAINCRE) ; je t'ai gagné : *qâị γélbeγ šékk* ou *qaị rébḥeγ šékk*. — (Zkara), *γeleb* ; H., *γelleb*, p. n. *γlīb*.

GAI (Être), *ĕfraḥ* [فرح] ; p. p. *iẹ́fraḥ* ; p. n. *ur-frîḥĕγeš* ; H., *tférraḥ* (K) ; *férraḥ* (A. L.) ; *afraḥ* (*u*) ; gai : *áfĕrràḥ* ; θ-θ ; *i-en* ; *θi-īn* ; il est gai : *ifráḥ δi-ụûl-ĕnnes* ; *íggu lférḥ δi-ụûl-ĕnnes* ;

ĕ́zha, i̯ḗzha [زها]; *ūr-iezhaš*; H., *zéhha*; — *ĕ́nzeh*, pr. *i̯ẹnzèh*; *ūđ-énzīhγeš*; il est content : *qa itnézzah*; aor. nég. : *ténzīh*; n. a. joie : *ĕnnzâheθ*; gai : *imnezzăh*; θ-θ; *i-en*; θ*imnezzīhīn*.

GALE[1], *ažedžẹḍ* (*u*) (ar. tr. *lėžrėb*); galeux : *ámžrāb*, pl. *ímžrāben*; f. θ*ámžrābθ*, pl. θ*ímžrābīn* [جرب] (ar. tr. *lméžrāb*); on dit aussi : il est atteint de la gale : *qâi̯ ileṣqit ážĕdžẹḍ*. — (B. Izn., Zkara), gale : *ažedžẹḍ*. — (Meṭm.), *ádžedžēḍ*. — (B. Menacer), *ažedžẹḍ*.

GALETTE, θ*añgūlt* (B. Sn., B. Izn.), pl. θ*ínūgᵘāl*, θ*íneglīn* (ar. tr. *lgûrṣa*), pain plat de blé ou d'orge, cuit dans une marmite (*fàn*); on dit aussi : θ*ašnifθ* θ*imgerrest*; pain plat : θ*āmiăžált ĕntéšnīfθ* (*lmétlaḥga*). — (Meṭm.), petit pain : θ*angūlθ* (*te*), θ*ingūlīn*. — (B. Menacer), on appelle *areχθi* de la pâte de farine d'orge, de blé, de lentilles, sans levain, cuite dans une marmite (θ*imellet*).

GALOPER, *râbăɛ* [ربع] (Meṭm.); p. p. *irâbăɛ*; p. n. *ūr-írābăɛš*; H., *trâbăɛ*, n. a. *arabăɛ* (*u*); — *γûu̯er* [غور]; p. p. *iγûu̯er*, *ur-iγûᵘreš*, H., *tγûu̯r*, n. a. *aγŭu̯er* (*u*).

GALON, *ššérteθ*, pl. *ššértāθ* [شرط]; *lgâlõ*, pl. *lgâlọi̯āθ*; *filu* (B. Izn.), pl. *ifīlān*.

GANT. Pour moissonner, les indigènes de la région revêtent de doigts de gants en peau l'index et le majeur de la main gauche que les épis pourraient blesser; ces doigts de gant s'appellent : *aqfáz*; *aqffāz* (*u*) [قفّاز] (ar. tr. *lqéffāz*), pl. *iqffāzen* (*i*) (B. Sn., Zkara, B. Izn.); l'annulaire et l'auriculaire sont protégés par des tubes de roseau qui les recouvrent en partie et les garantissent, ainsi que le poignet, du tranchant de la faucille; ces tubes sont appelés : θ*aṣèbaɛīθ* (*tṣ*) (ar. tr. *ṣèbbăɛi̯a*) [صبع], pl. θ*iṣebaɛii̯īn* (*tṣ*) (B. Sn., Zkara);

1. Cf. R. Basset, *Zenat. Ouars.*, p. 91.

sa main est gantée : *fus-ènnés qaît ðîmγĕmmeð* [مغمّد]. — (Meṭm.), θ*asebbaεîθ*, θ*isebbaεîn*.

GARANCE (rub.) (Meṭmaṭa), *aurūbịa* (ar. tr. *fuụụa*) [روب].

GARÇON[1], *ârba* (V. ENFANT) ; g. de ferme, domestique : *ăεâzri* (*uεă*) (Meṭm.), pl. *iεâzrīịen* (ar.) ; g. de bain : *lemtáεăllem* [متعلّم], pl. *lemtáεallmịn*. — (B. Izn.), *lgerṣūn*, f. *lgerṣūna*, garçon, domestique. — (B. Menacer), *mūtšu*, pl. *mūtšuaθ*. — (Meṭm.), *aεāẓīẓ* (*uεä*), *iεăẓīẓen* [عزّ].

GARDER, *esrăḥ*, garder un troupeau (Meṭm), p. p. *ísrăḥ* ; p. n. *ūð-srîḥèγeš* ; H., *tsérăḥ* (K) *sérrăḥ* ; n. a. *asrăḥ* (*u*) [سرح] (Meṭm.) ; on dit aussi : *ehða*, garder un enfant, une maison ; p. p. *ịéhða* ; p. n. *ūr ịéhðăš* ; H., *hédda*, *áhða* (*ụè*). — (B. Izn.), *eḥḍa*, p. p. *iḥḍa* ; p. n. *ḥḍi* ; H., *ḥeṭṭa*, f. n. *ḥeṭṭi* ; garder un secret : *ester âuăl* [ستر] ; p. p. *iíster* ; p. n. *uð-éstīrγeš* ; H., *sétter* ; n. a. *ástăr* (*u*) ; mettre en réserve : *eḫzen*, (ar.) conserver. — (B. Sn.), le berger garde son troupeau : *álịntí iserráḥ* θ*âmra-nnes*, ou *ihedda*, ou *issertăε* [رتع]. — (Zkara, Rif), garder les troupeaux : *erụes* ; p. p. *irụes* ; p. n. *ruīs* ; H., *ruās* et *ruġġᵘes* ; n. a. *arụas* (*ua*). — (Meṭm.), garder des chevaux : *saεðer* ; H., *saεðār*, *issăεðār sịisān*, il garde les chevaux [عذر].

GARE, une gare : *idž ĕllâġăr*, pl. *lâġărāθ*.

GARENNE, *ifri ntégnịnt* (V. GROTTE), endroit habité par des lapins : θ*ámdīnt* (B. Sn., B. Izn.), pl. θ*ímadān* (V. VILLE), [مدينة] (B. Izn.), *aḥfīr ntegnennext* [حفر]. — (Meṭm.). *aḫbu* (*ụè*) ; pl. *iḫūba*.

GARGOTIER, *aḥèmmās* (*u*) (B. Sn., B. Izn., Meṭm.), pl. *iḥámmāsen* [حمّاس], *aṭ̣ébbāḫ* [طبّاخ], *iθébbuḫen*. — (Meṭm.), *aḍeb-*

1. Cf. W. Marçais, *Tanger*, p. 380 [عزر].

bāḫ, *i-en*; *aḥemmās*, pl. *i-en*. — (B. Menacer), *aṭebbāḫ*, pl. *i-en*.

GARNEMENT, cet enfant est un mauvais garnement : *ârba-ịu ịúɛār* (V. DIFFICILE); (ou bien) *δúqbēḥ* (V. MÉCHANT); (ou bien) *δnúfsūs* (V. RAPINEUR, LÉGER).

GAROU, (daphné gnidium), *alezzaz*.

GARGOUILLER, *gergež*; p. p. *igergež*; p. n. *ūr-ígergžeś*; H., *dgérgež*; n. a. *agergež* (*u*); l'eau gargouille dans le tonneau : *ámān δi-lbermīl tqélqlen*; *qelqel*; H. *tqelqel* [قلقل]; *aɛáddīs ĕnnés qa-íssendu* : son ventre gargouille (V. *sendu*, battre le beurre); ou bien : *aɛăddīs ĕnnés téggu δis táqerqābθ*. — (Meṭm.), *lĕqlĕq*; H., *tlĕqlūq*; *aman tleqlūqen*.

GATER[1], se gâter, être gâté : *efsed* [فسد]; p. p. *ifsed*; p. n. *ūr-éfsīδγeś*; H., *tfesδ*; n. a. *áfsāδ* (*u*); gâter quelque chose : *sefseδ*: H., *séfsāδ*; n. a. *ásefseδ* (*u*); *éḫmež*, p. p. *íḫmež* [خمج]; p. n. *ūr-íḫmīžeś*; H., *tḫémmež*; n. a. *áḫmaž* (*ṷe*); se dit en parlant du pain : *aγrūm íḫmež* ou *ịíγmel*; (ar.) on dit aussi : *aγrúm iṣūṷef* (ar.), le pain s'est moisi (est devenu laineux); (ou) *aγrúm itṷáθerreb* [ترّب], le pain est devenu de consistance terreuse; il s'est gâté, il a une tache de moisissure : *ịûθu δis anesmîr ĕnṷèḫmăž*; *eḫser*, *iḫser*; H., *ḫésser* (Meṭm.) ; faire gâter : *seḫser*; H., *séḫsār* [خسر], n. a., *áseḫser* (*u*); j'ai laissé gâter les oranges : *letčịn džiḫ íḫser* (ar. tr. *ṣĕbben*); on dit : la viande est gâtée, *aịsúm ịízfer* (V. SENTIR MAUVAIS); H., *tézfīr*; l'eau est corrompue : *aman ísserṣĕḍ* (V. PUER).

GAUCHE[2], *áẓelmāḍ*, *θáẓelmaṭ*, *iẓelmaḍen*, *θiẓĕlmaḍịn*; passe à gauche : *ekk ḫeẓélmeḍ*, (ou) *ekk ḫuẓélmāḍ*; va à gauche :

1. Cf. R. Basset, *Loqm., berb.*, p. 362 [فسد].

2. Cf. R. Basset, *Loqm. berb.*, p. 259 √Z L M DH.

âụi áẓeḷmāḍ; le côté gauche : *lžiheθ nẓéḷmeḍ*. — (B. Izn.), à gauche : *lžīheθ nẓeḷmeḍ*. — (Meṭm.), passe à gauche : *eǧmèḍ fúẓelmāḍ*.

GAULER (en frappant vigoureusement), par ex. : les noix, les olives; *enfèḍ* (ar.); p. p. *ịénfeḍ*; p. n. *ūr-énfiḍɣeš*; H. *tenfèḍ*; n. a. *anfāḍ* (*u*) (ar. tr. : *enfèḍ*); en frappant avec précaution avec une petite gaule : *ezụeδ* [ﺑﻄﻠ?]; *ĕzụèḍ*; p. p. *īzụèḍ*, p. n. *ūr zụiḍɣeš*; H., *zuqqụèḍ*; n. a. *azụāḍ* (*u*) (ar. tr. *ézụèṭ*); frapper sur les branches pendantes : *ṭérref*, p. p. *iṭerref*; H., *ṭṭerref* (ar.); secouer violemment les rameaux avec la gaule : *qerqeb*; p. p. *iqerqeb*; p. n. *ūr-íqerqebš*; H., *tqerqeb*; n. a. *aqerqeb* (*u*). — (Zkara), *ezụeδ*; p. p. *iụeδ*; p. n. *zuīd*; H., *zuqq*ᵘ*eδ*; f. n. *zuqq*ᵘ*īδ*; n. a. *azụad* (*u*). — (Meṭm.), *ezụi*, *zuịeɣ*, *izui*; H., *zúǧǧ*ᵘ*i*; n. a. *azụaị*.

GAULE, longue : *áṭèrrāf* (*u*); pl. *iṭerrāfen*; courte : *θáqṣṣārīθ* (ar.) (*te*), *θíqṣṣārịịn* (*te*) (ar. tr. *lgeṣṣarīịa*); moyenne : *aθellāε*, *iθellāεen* (ou) *aθelθi*; *iθelθịien* (ar. tr. *ĕθθélti*). — (B. Izn.), *azeḷlāḍ* (*u*) (ar.). — (Meṭm.), grande gaule : *θazerrīṭ*, *θi-ṭīn*.

GAZE, *šāš* (B. Sn., B. Izn.) (ar.).

GAZELLE[1], *lọɣzāl* (ar.); une g. : *īdž ellọ́ɣzāl*; pl. *lɣọ̄zālāθ*, *lɣọ́zlān* (B. Sn., B. Izn.). — (B. B. Zeg.), *tiɣīḍèṭ ụuzɣār*. — (B. B. Zeg., Zkara), *izerzer*, f. *θizerzerθ*. — (B. Izn.), *θiɣīḍèṭ ụûzɣār*. — (Meṭm.), *lèɣzāl*, pl. *lūɣzālāθ*. — (B. Menacer), *θiɣīdeṭ nuzɣār*.

GELÉE, *ležrīḥeθ* [جرح], *ažrīs* (A. L.), *ažrīš* (K.); l'orge a gelé : *imendi iḥérq-īt ážrīs*; *t᾿ḥūf ḥés léžrīḥeθ*; en temps de gelée, l'eau se congèle dans l'étang : *amân ittilīn iḥédžer δi-θâla sega itḥûfa ḥés ažrīs*. — (B. Izn.), *ažlīš*, *ažrīš*. — (Zkara), *ežlīδ* (ar.). — (Meṭm.), *ažrīs*.

1. Cf. R. Basset, *Loqm. berb.*, p. 255 √ZRZR et p. 360 [غزل].

GÉMIR, *nâzăɛ* (ar.); p. p. *ínăzăɛ*; p. n. *ur-ínăzăɛš*; H., *tnâzăɛ*; n. a. *anăzăɛ* (*u*), gémissement; *nedder*; p. p. *inedder*; H., *tnedder*: *nâδa*, *inâδa*, *ūr ínăδăš*; H., *tnâδa*; n. a. *ánăδa* (*u*) [نذا]. — (B. Izn., Zkara), *năzăɛ*, p. p. *ināzăɛ* (et p. n.); H., *tnăzăɛ*; *neggef* (B. Iznacen), gémir en mourant. — (Meṭm.), *năref*, H., *tnărăf*; n. a. *anărăf* (*u*). — (B. Salah), *nāzăɛ*, pr. *nūzăɛăγ*, *inūzaɛ*; H., *ṭnāzăɛ*.

GENCIVE, *aiṣúm ĕntéγmās*, (ar. tr. *lḥám ĕssénnịn*). — (B. Izn., Zkara), *aiṣúm ĕntéγmās* (Meṭm.).

GENDARME, *žădārmi* (*u*), *ižădārmiịen*. — (B. Izn.), *ažădārmi* (*u*).

GÉNÉRAL, *lžénīnār*, pl. *lžénīnārāθ*. — (B. Izn.), *lžénnīnár*.

GENDRE, A épouse la fille de B; A appelle B : *adŭgg^uāl-inu* (*u*) et réciproquement; pl. *idūlạn* (V. BRU, BEAU-PÈRE); on dit aussi : *aḥbīš* (*ụa*), pl. *iḥébšān*. — (B. Izn.), *adůqq^uāl*, pl. *idūqq^uālen*. — (B. Zkara), *aduqq^uāl*, pl. *iduqq^uālen*. — (Meṭm.), *ansīb* (ar.), pl. *insīben*. — (B. Salaḥ), *ansīb*, pl. *insīben*. — (B. Mess.), *aδegg^ual*, pl. *i-en*.

GENÊT[1], *azĕzzu* (*nu*) (B. Sn., B. Izn., Zkara, B. Salah, B. Mess., Meṭm., B. Menacer), l'épine du genêt : *asennạn núzĕzzu* (ar. tr. *lgénḍul*). — (B. Izn., Zkara), *azezzu*. — (Meṭm.), *azezzū* (*u*). — (B. Menacer), *azezzu*.

GENÉVRIER[2], *θaqqa* (*nta*); les feuilles du genévrier : *lūréq ĕntáqqa*; pl. *θáqqaụīn* et *θiqqaụīn* (ar. tr. *ttáġġa*). — (B. Izn.), *θaqqa* (*ta*). — (Zkara), *θiqqi*. — (B. Mess., B. Salah), *θaqqa* (*ta*). — (Meṭmaṭa), *θaqqă*.

GÉNIE, *elženn* (ar. tr. *lžạn*); pl. *ležnūn* (B. Sn., B. Izn., Meṭm.); fém. *θažennīθ*; pl. *θiženniịīn*; *aɛáfriθ* (ar.) (B. Sn., B. Izn., Meṭm.); f. *θaɛăfrīθ*; pl. *iɛáfrīθĕn*, *θiɛáfrīθịn*; j'ai vu des

1. Cf. R. Basset, *Loqm. berb.*, p. 255 √Z Z. — *Zenat. Ouars.*, p. 91.
2. Cf. R. Basset, *Zenat. Ouars.*, p. 91.

génies en rêve : *zriɣ aδiεaīn Allah δi-lemnām*; le génie (de l'eau) l'a frappé : *iúθīt aḫenzīr* (*u*); pl. *iḫenzīren*; on dit aussi : *ameslem* (*u*) ; pl. *imselmen*, *amūmen* (*u*), *ímūmnen* (ar.).

GÉNISSE, θ*áumᵘaθ* (*ntu*), θ*iumᵘāθīn* (*ntu*); génisse toute jeune (deux ans) : θ*aiendūst* (*tien*), θ*iiindūzīn* (*tien*) (ar. tr. *lεâžla*); θ*aεäžmīθ* (*ntaεaž*) [عجم]; pl. θ*iεäžmiiīn*; θ*irḫiūθ* (*nter*), θ*irḫiuín* (*nter*) (ar. tr. *lérḫa*) ; une vache qui donne un veau de bonne heure est appelée : θ*údlīmeθ* (*ntu*), pl. θ*údlīmīn* (*ntu*). — (B. Izn.), θ*aiendūzt*, pl. θ*iiendūzīn*. — (Zkara), θ*aεažmīθ*, pl. θ*iεažmiiīn*. — (Meṭm.), θ*uχrīfθ*, θ*uχrīfīn*.

GENOU[1], *fūd* (*nu*) (B. Sn., Zkara, B. B. Zeg., Bou Semg), pl. *ifadden* (*ni*) ; se mettre à genoux (chameau) : *ebreš* [برك]. — (Meṭm.), *ebrex*; p. p. *ibreš*; p. n. *ūr-ibrīšeš*, *ūδ-ébrīšɣeš* ; H., *tberreš* (*k*), *berreš* (A. L.); n. a. *abrāš* (*u*). — (B. Salaḥ, B. Messaoud), *afūδ*, pl. *ifadden*. — (Metmata), *fuδ* (*u*), pl. *ifädden*. — (B. Menacer, Senfita), *fūδ*; pl. *ifadden*.

GENS[2], *midden* et *middén* (B. Sn., B. Izn., Zkara, B. B. Zeg., Meṭm.), *luâšūn*, ensemble des gens d'une tente, d'une maison (B. Sn.); *iθbâb*, habitants; *iθbâb entaεâššiūθ*, les gens de la tente ; *iθbâb en Tlémsīn*, les gens de Tlemcen.

GERBE, le moissonneur prend une poignée d'épis, les lie avec quelques tiges de blé et les coupe, cette poignée s'appelle *solṭân netqébḍīθ*; il en réunit plusieurs dans sa main les lie, et obtient ainsi une grosse poignée : θ*áqebḍīθ* (*netq*) [قبضة]; θ*íqebḍai* (*netq*) (B. Sn., Zkara, B. Izn.); les ouvriers habiles réunissent plusieurs poignées sur leur bras et les lient, ils ont aussi une petite gerbe : θ*âδla* (*nteδ*), θ*íδeluīn*

1. Cf. R. Basset, *Loqm. berb.*, p. 283 √F D'. — *Zenat. Ouars.*, p. 91.

2. Cf. R. Basset, *Loqm. berb.*, p. 241 √D'. — *Zenat. Ouars.*, p. 92.

(*nde*) (B. Sn., B. Izn., Brab. et Chl.), ou *θíδlauin* (*nteδ*) ; les poignées ou les gerbes sont réunies en tas ou petits gerbiers appelés : *íδγen* (*nįi*) (B. Sn., B. Izn., Zkara, Rif) ; si on lie plusieurs gerbes on obtient une charge appelée : *θaḥzīmt* (*nteḥ*) [حزمة], *θiḥzīmīn*. — (Meṭm.), poignée : *íδeγ*, pl. *iδγen* ; tas de poignées : *lmerseθ*, pl. *lmers* ; une grosse gerbe de blé : *θaqêbbâṭ*, *θiqebbâḍīn* ; *θašuụụaṭ*, pl. *θišuụụâdīn*.

GERBOISE[1], *ažerbūε*, pl. *ižerbaε* (B. Menacer), *ăεallam*, pl. *iεallamen* (Meṭmaṭa). — *iḍui* (Zkara).

GERMER, *éγmii* (ar. *nbet*,) ; p. p. *įéγmii* ; p. n. *ūr-íγmīįeš* ; H., *teγmi* et *tγémmi* ; n. a. *áγmąį* ; le moment de la germination : *lụóqθ ŭụúγmąį* ; germe d'une graine : *θánbbât* (*te*) ; [نبت] pl. *θínbbâtīn*. — (Meṭm.), *eγmi*, *įeγmi* ; H., *γemmi* ; n. a. *aγmąį* ; faire germer : *seγmi* ; H., *seγmąį*.

GÉSIER[2], (K.) *θaḥenžūrθ*, pl. *θiḥenžār*, (O. L.) *θaḥenzūlt*, *θiḥenzāl* ; quand la poule mange du blé, elle le cache dans son jabot : *tįâzẹṭ ségga ttet īrδén ettéfrīt δi-tḥénzūlt* (V. JABOT). — (Meṭm.), *θaḥenžârθ*, pl. *θíḥenžārīn* ; (ou) *aḥenžūr*, pl. *iḥenžār* ; (ou) *θqinžūθ* [قنجر].

GESSE, *θáželbạnt* [جلبان], *θiželbānīn* ; gesse des blés, des orges, (comestible) ; — *taželbạnt niṣâṭṭen*, variété non comestible.

GIBIER, *eṣṣêḍ* [صيد] (Meṭm.) ; y-a-t-il du gibier dans cet endroit ? *íllaš neṣṣêḍ δi-úmšân-u* ; — *essįâḍeθ* (B. Izn.).

GIGOT, *θámṣṣâṭ*, pl. *θímeṣḍīn*, *θímṣṣâḍīn* ; — *θadiįnīθ* (B. Sn., B. Izn.), (Meṭm.), g. de devant : *ṭṭâbēq* (ar.), *ṭṭŭụabêq* ; g. de derrière : *θâγma*, *θaγmaụīn*.

GESTES (faire des), *riįš-âs âδiâsed*, fais-lui signe de venir ;

1. Cf. R. Basset, *Zenat. Ouars.*, p. 92. — Nehlil, *Ghat*, p. 164.
2. Cf. W. Marçais, *Tanger*, p. 270 [قجر].

p. p. *riįšeγ*, *iriįš*; p. n. *ūr-írīšeš*; H., *trîš*; n. a. *arįeš* (*u*); *ûma-įās*, (B. Izn.), fais-lui signe [أوما]; p. p. *ûmīγ*, *įûma*; p. n. *ûr íûmāš*; H., *tûma*; *riįš-ās*, fais-lui signe; H., *trīš*.

GIFLER, *séql-īt*, gifle-le; p. p. *isqel*; p. n. *ūt sqîlγeš*, je ne l'ai pas giflé; H., *séqqel*; n. a. *ásqāl* (*u*), et *ásqīl* (*u*), soufflet; pl. *ísqīlen*; *sérfĕg* (*īt*), *ísserfĕg*, *ūr-ísserfĕgeš*; H., *tserfĕg*, *áserfĕg* (*u*), *áserfīg* (*u*), soufflet, pl. *isérfīgen*; *slįį argāzú iųûdem*, gifle cet homme; p. p. *íslįį*, *iséļįīt*, il l'a giflé; p. n. *ūr-isļįįeš*; H., *sellįį*, *áslaį* (*u*), soufflet, pl. *islaįen*; on dit aussi : *âms-ās imínni isśâuāl*; frappe cette bouche qui insulte; *éqqen iminnés sîdž udúbbīz* : ferme sa bouche d'un coup de poing. — (Meṭm.), *esfaε*, *seffaε* [صفع].

GILET (B. Menacer), *ibdāį* (ar. tr. *bdaįa*).

GIRON, *isi* (*msī*), pl. *isáųen*; pour porter des objets assez lourds, on les place dans la chemise retroussée par devant, c'est ce qu'on appelle *îsi*; il cacha des grenades dans son giron : *îffer rremmᵘâṇ δi-îsi-nnes*. — (Zkara), *îsi*, pl. *ísaqqᵘen*; la chemise serrée à la taille par une ceinture forme une poche que l'on appelle : *asūn* (*u*), on y place de menus objets, du tabac : *iggu ddeḫḫān δi-ūsūn-ĕnnes*. — (Meṭm.), *aḍrān* (*u*), du giron : *sugg-uḍrān*.

GÎTE (A. L.), *amédlās* (*nu*), pl. *imédlāsen* (*ni*); (K.), *lmergeδ* [مرقد], pl. *lemrâgeδ* (B. Sn., Zkara, B. Izn.); *áįerzīz iṭéṭṭeṣ δi-umédlās-ĕnnes* : le lièvre dort dans son gîte. — (Meṭm.), *lmérged*.

GLACE, *ažrîš* (K., B. Izn.); *ážrīs* (A. L.) V. GELÉE; *ažerrīḥ* (B. B. S.); *ažrīs* (Meṭm.); *ağrīs* (B. Salaḥ, B. Mess.).

GLAND[1], *abéḷḷūḍ* (*u*), fruit du chêne à glands doux (comestible),

1. Cf. R. Basset, *Zenat. Ouars.*, p. 92. — *Rif* abudjud, p. 110.

pl. *ibéllūḍen*, coll. *lbéllūḍ*; j'ai mangé du pain de gland : *tšîɣ aɣrúm núbellūḍ*; *lbéllūḍ iḥérren*, glands des autres chênes, non comestibles; θ*aštṭuïθ* (*nšeṭ*), gland de la chéchia; pl. θ*išṭ-ṭuḭīn* (*nšeṭ*) (B. Sn., B. Izn.); et θ*äšrūrt* (*nšr*) (B. Sn., B. Izn.), θ*išrūrīn*; la partie de la chéchia à laquelle est suspendue le gland se nomme *aqeδmīr* (*u*) (V. QUEUE), pl. *iqeδ-mīren*; extrémité de la verge : θ*émreθ* (ثمرة); *îḫf ŭṷûzreg* (B. Sn.); *lkārθ nuzerḍūḍ* (Meṭm.). — (B. Izn.), *abellūḍ*, pl. *i-en*, gland doux. — (Meṭm.), gland de chêne : coll. *äδern* (*u*); un gland, *idž-uδernūn*, pl. *iδernaṷen*; gland de chéchia : θ*ašeršābθ*, θ*i-bīn*. — (B. Men.), gland, chêne à glands doux : *täδrent*. — (Brabers) *adren*.

GLANDE, GANGLION, (A. L.), *aṷĕlsīs*ʻ(*uṷ*), pl. *iṷélsīsen*; (K.), *alūsīs* (*u*), pl. *ilūsīsen*. — (B. Izn.), *iûlesses*, pl. *iûlessen*. — (Meṭm.), *aṷelsīs* (*ŭṷe*); *iṷelsīsen*; *aǧrūz*, pl. *igrūzen*. — (Senfita), *iṷelses*; glandes qui pendent au cou des chèvres : θ*iselmemma* (B. Menacer); θ*ažlūlt* (*te*), pl. θ*ižlūlīn* (Meṭm.).

GLANER, *elqĕḍ* θ*iḭdret* [لقط]; p. p. *iélqĕḍ*; p. n. *ūr-ĕlqîḍɣeš*, je n'ai pas glané; H., *léqqĕḍ*; n. a. *álqāḍ* (*ṷĕl*) (ar. *léqqĕṭ*); glaneuse : θ*imleqqeṭ* (*te*), pl. θ*imleqqādīn* (*te*). — (B. Izn.), *leqqeḍ*.

GLAPIR, ɛ*âṷĕg* [عوق] (Meṭm.); p. p. *i*ɛ*âṷĕg*; p. n. *ūr-i*ɛ*âūgeš*; H., *tä*ɛ*ūg* (Meṭm.), n. a. *a*ɛ*âṷeg* (*u*); on dit aussi : *iéδbaḥ úššen*; H., *δebbaḥ*; *slîɣ iuδebbâḥ uṷúššen*, j'ai entendu le glapissement du chacal.

GLISSER d'un pied, *néskeδ* (A. L.); p. p. *iénneskeδ*; p. n. *ur-iéneskĕδeš*; H., *tnéskāδ*; n. a. *aneskeδ* (*u*); ou bien : *ĕzleq* (A. L.) [زلق]; *iézleq*, *ūr-zlîqɣeš*; H., *tézlīq*; n. a. *ázlāq* (*u*); faire glisser : *zélg-īt*; p. p. *izélg-īt*, il l'a fait glisser; glisser des deux pieds et tomber : *nezleg* (K.); p. p. *inezleg*; p. n. *ur înzelgeš*; H., *tnezleg*; n. a. *anezleg* (*u*);

et aux (A. L.), *itụāzlež ŝi-ûlụ̄d*, il glissa dans la boue. — (B. Izn.), *ehlūlūf*. — (Zkara), *nesḷūḷūḍ*; H., *tnesḷūḷūḍ*. — (Meṭm.), *ezlej*; H., *zellej*.

GLOUSSER, *qâqā* (B. Sn., B. Izn., Zkara, Meṭm.); p. p. *íqāqā*, *ūr-íqāqāš*; H., *tqâqā*; n. a. *áqāqā* (*u*); (ou) *qūrqeŝ*; H., *tqūrqūŝ*; en parlant de la perdrix mâle on dit : *néggeŝ*, réclamer; p. p. *ineggeŝ*; p. n. *ūr-inĕggŝeš*; H., *tnéggeŝ*. n. a. *áneggeŝ* (*u*); *lḥîgūn itγima itneggeŝ ḫétskkūrθ mízzi āŝ-âsteffĕγ*, la perdrix mâle appelle sa femelle pour qu'elle le rejoigne; on dit aussi : *qā-ítbūụes* [بوس]; pour la femelle, on dit : *kérreθ*, *tkerreθ*, elle a gloussé; H., *qā tkerreθ*, elle glousse; n. a. *akerreθ*; *θâskkūrθ qā tkerreθ ḫụárṛaû-nnes dgérru-īhen*; *tella tqâqa*.

GLU (extr. du térébinthe), *aselγaγ* (*u*) (B. Sn., B. Izn., Meṭm.), *áselγaγ tekksént sí-ịīžž*. — (Meṭmaṭa), *aselγaγ*, extraite d'un chardon (*läddäd*). — (B. Menacer), *aselγa*, enduit tiré de la résine du pin d'Alep.

GOÎTRE, *agergūr* (ar. B. Sn., *lgérgūr*), pl. *igergạ̄r*. — (B Izn.), *ag̣iergiūr*. — (Meṭm.), *aḥelqum*.

GOND[1] (placé sur le côté de la porte), *ĕṛṛézzeθ* (*tîš eṛṛézzeθ*), pl. *θíṛĕzzīn*; (placé en haut et en bas de la porte), *ĕrrtāž* (*īdžen nérrtāz*) [رتاج]; pl. *ĕrrtâžāt*.

GORGE[2], *áịeržum* (*u*), pl. *ịiéržām*, *ịiéržūmen*; *θâịeržumt* (*tị*); *θíịeržām*, *θíịeržūmīn*; *γérrsen sí-tịeržumt suádda itbélḥuḥθ*, on égorge en coupant la trachée-artère au-dessous du larynx; *θabelḥūḥθ* (*te*); *θibelḥūḥīn*; *iṭṭfīt setnâịen níḍūḍān si-tbélḥūḥθ ismūrḍṣīt*, il lui saisit le larynx avec deux doigts

1. Cf. V. Marçais, *Tanger* [زرز], p. 310.
2. Cf. R. Basset, *Loqm. berb.*, p. 388. — *Zenat. Ouars.*, p. 92. — Rif, *θmižža*. p. 110.

et l'étrangla ; on dit aussi : *aẹ̱rzi* (*u*) ; *agūrzi* (*u*), pl. *igūrzīịẹn* et θ*āžịịāf*θ [جيف]; *ịṭṭĕγīt sidžịịāf*θ, il le saisit à la gorge ; on appelle θ*áḥelkum*θ la partie supérieure du larynx [حلقوم]. — (Zkara), *aịẹržum* (*u*), pl. *ịịẹržām*. — (B. Izn.), *mīdža*. — (Meṭm.), *aịerzi* ; pomme d'Adam : θ*aqerzīt*. — (Senfita, Beni Menacer), *aịerzi*.

GORGÉE, *žūγme*θ, pl. *žūγmā*θ ; *isụú γẹ̄r tīšt ĕnžúγme*θ, il ne but qu'une gorgée ; on dit aussi : *sékfe*θ, pl. *sékfā*θ. — (Meṭm.), θ*ažeqqīm*θ ; θ*i-mīn*. (Cf. W. Marçais, *Tanger* [جغم]).

GOUDRON, θ*amemt tmīrzai*θ (B. Sn.) ; θ*amem*θ *nụiddīδ* ; *lebịāḍ* (Zkara) [ابيض] ; *būrbaḥ* (Zkara, B. Izn.) [برباح] ; θ*amemt ụuqšūḍ* (B. Izn.). — (Meṭm.), *lχeḍrān* [قطران].

GORGER, être gorgé (d'eau, de sève, de nourriture), *úff* ; p. p. *ûffeγ*, *ịûff* ; p. n. *ūr-ịûffeš* ; H., *tûff* ; n. a. θ*ûffe*θ ; gorger, gaver ; *súff* ; H., *súffa*. — (Meṭm.) *irụa* [روى].

GOURDE, θ*aḫsai*θ *uụāmān* (B. Sn., B. Izn.).

GOUSSE (fruit des légumineuses). — (Meṭm.), une g. de fève : *aḫeδmi nibauen* (ou) θ*ailū*θ ; cosse : *qīš*, pl. *iqišuen* (Meṭmaṭa).

GOÛTER[1], *émdẹị* (B. Sn., Zkara) ; *iemdịị*, *ur-ịémdīịẹš* ; H., *méddịị*, *amḍaị* (*u*) ; le goût des aliments : *lbénne*θ *nûtšu*, (ou) *lledde*θ (ar.), (ou) δ*ûq* [ذوق] ; *íδūq*, p. n. *ūr-íδūqeš*, H., *ddûq*, w. a. *âdūq* (*u*). — (Meṭm.), *emṭịị* : H., *meṭṭi*.

GOUTTE (B. Izn.), θ*uŭddīmt*.

GOUVERNER, *éḥkem* [حكم] ; p. p. *ịéḥkem* ; p. n. *ūr-éḥkīmγeš* ; H., *ḥékkem* (A. L.) ; *teḥkem* (K.) ; *aḥkām* (*ụa*) ; ce roi gouverne avec justice : *ažellīδu iḫéddem sélḥaqq* ; θ*améḥkam*θ *ĕnnés tûṣbẹ̄ḥ*θ.

GRAINE, en général : θ*iḥébbet* (B. Sn., Zkara, B. Izn.), [حبّ] ;

1. Cf. H. Stumme, *Handb, mdi*, p. 208.

pl. θiḥébba ; g. de semence : zérriεăθ [زريعة] ; g. concassée : lgúršăl (léksīr) ; g. d'orge verte : imermez ; g. de blé vert : lfrîk [فريك] ; g. mal moulue : ábrăi ; quand la fleur est tombée, la jeune gousse s'appelle : tíššert, pl. tíššarīn ; un petit grain de blé ou d'orge s'appelle : īlés ŭṷúždīδ (langue d'oiseau) ; et pour le maïs : tiγmést nuịéndūz (dent de veau). — (Meṭm.), zzerriεaθ, elḥèbb.

GRAISSE[1], θâδūnt (graisse fraîche) (ar. tr. ššéhma) ; un peu de graisse : šṷí néddūnt ; on appelle : áselsu, une graisse fine qui recouvre les intestins (ar. tr. errδa) (Voir aussi : VENTRE) ; on appelle : léḫliεă néddûnt, de la graisse fraîche séchée au soleil, puis fondue avec de l'huile et versée sur de la viande coupée en petits morceaux ; la graisse de porc s'appelle : legrîs ịịlef (V. BEURRE). — (B. Izn., Zkara, θăδūnt (ddunt). — (Meṭm.), θaδṷent (θa), graisse fraîche ; avec la gr. : sθaδṷent. — (B. Salaḥ), ūδi. — (B. Menacer), θăδunt.

GRAISSER, zíịịet, enduire d'huile [زيّت] ; H., dzíịịet.

GRAND[2], áměqqrąn, f. θáměqqrąnt ; íměqqranen, f. pl. θíměqqrānīn (B. Sn., Zkara) ; être grand, grandir : émγer (B. Sn., Zkara) ; p. p. ímγer ; p. n. ūr-ímγīreš, ūδ-émγīrγeš ; H., témγīr ; n. a. θameγri, croissance (tm) ; semγer, faire grandir ; H., semγār ; on dit de quelqu'un qui grandit vite ; qâ-ifăḍ [قا يفاض] ; H., tfâḍ. — (Meṭm.), ameqqrăn, t-nt ; i-en, ti-nīn ; grandir : emγer, ịimγer.

GRAND-PÈRE[3], dádda, le grand-père, mon grand-père, pl. iθdadda (B. Sn.) ; notre grand-père : dáddaθnáγ ou lžéddennåγ ; les petits-enfants appellent souvent le grand-père :

1. Cf. R. Basset, *Zenat. Ouars.*, p. 92.
2. Cf. R. Basset, *Loqm. berb.*, p. 316 √MR'R. — *Zenat. Ouars.*, p. 92.
3. Cf. H. Stumme, *Hand.* : *dadda*, p. 174. — Provotelle, *Qala'a*, p. 130 : *dada*.

bbᵘa, père; ils disent alors à leur père : *siδi* et même parfois : *ûma*, frère. — (B. Izn.), *žeddi* [جدّ] (Bou Semg.), *žeddi* (on ne dit *dadda* qu'en parlant aux nègres). — (Meṭm.), *lžedd*, *δadda* (rare). — (B. Menacer), *dadda*.

GRAND'MÈRE, *nánna*; la grand'mère, ma grand'mère, pl. *iθnanna* (B. Sn., B. Izn.) ; leur grand'mère: *nánnātsen* (ou) *žéddātsen* [جدّة] les enfants appellent leur grand'mère soit *nánna*, soit *ḥénna*, mère. — (Bou Semg.), *nanna*. — (Meṭm.), *nānna*. — (B. Menacer), *nanna*.

GRAPPE, *aεánqūδ* (*uεa*), (ar. tr. *laεáñqūd*) [عنقود]; pl. *iεánqād* (*iεa*), (B. Sn., Zkara), *aεänqûδ nusemmūm*, gr. de raisin; *aεänqûδ entíni*, régime de dattes; petite grappe : *θáḫrest* (*teḫ*), *θíḫerzīn* (*tḫ*). — (B. Sn., B. Izn.), ar. tr. (*lḫūrṣa*) [خرص]. — (B. Izn.), *azeχnūn* (cf. Rif, *azekun*, [R. B.]), *lεangiūd*, petite grappe : *θiḫrest*. — (Meṭm.), *aεanqūδ*, p. *iεánqāδ*.

GRATTER, *eśmež* (B. Sn., B. Izn., Rif, Brab., Chl.) [كمز?], gratter doucement, se gratter avec les ongles; p. p. *iśmez*; p. p. *ūr-íśmīześ*; H., *śémmez*, *tśémmez*, n. a., *áśmāz* (*u*). — (Meṭm.), *eχmez*; H., *χemmez*; — *āmes*, *iūmes*; H., *tāmes*. — (B. Sn.), gratter la terre avec les griffes (porc-épic, chat); *eḫreb*, p. p. *íḫreb*, p. n. *ūr-íḫrībeś*; H., *hérreb*; n. a. *áḫrāb* (*u*); gratter avec les griffes, violemment (chat) : *ḫérbeś* [خربش]; *iḫerbeś*; *ūr-íḫerbśeś*; *tḫérbeś*; *aḫerbeś*; *aḫerbiś*, trace laissée par les griffes; gratter la terre avec les pattes (perdrix, poule) : *ĕnbeś* [نبش]; p. p. *iénbeś*; p. n. *ūr-iénbīśeś*; H., *nebbeś*; n. a. *anbāś* (*u*), act. de gratter, traces; la terre a été grattée : *śâl ituânbeś*; gratter avec un grattoir : *éḫreḍ* [خرط]; p. p. *iíḫreḍ*, *ūr-iíḫrīḍeś*; H., *ḫérreḍ*, n. a. *aḫrāḍ* (*u*).

GRAS[1], *eqụa*; p. p. *iqụa*; p. n. *ūr-iquaš*, H., *qquụa*, n. a. *aqua* (*u*); gras : *imegder*, pl. *i-en* [فدر]. — (B. Izn.), *equa*; p. p. *iqua*; p. n. *qui*; H., *tequa*, f. n. *tequi*; n. a. *θiqua* (ar.).

GRAVIER, *amzrār* (*u*), *azrār* (*u*) (ar. tr. *lḥèsḥās*) (B. Sn., Brab.). — (B. Menacer), *lgrīš*. Cf. Beaussier [فرش]

GREFFER, (B. Salaḥ), *leqqem*; H., *tleqqām* (ar.).

GRÊLE[2], *aθebrūrii* (*u*); *θiḥebbet nuθebrūrii* ou *abrūres* (*u*). — (Bou Semg), *θabrurịä*, *aδγāγ*. —(B. Salaḥ, B. Mess.), *abrūri*. — (Meṭmaṭa), *abrūri*. — (B. Menacer), *θebrūri*.

GRENOUILLE[3], *θažrant* (*te*), *θižrānīn*. — (B. Izn.), *ažrů* (*u*). — (Bou Semg.), *ažrūn*. — (B. Salaḥ), *θažrunt*. — (Meṭmaṭa), *θažrạnt*, pl. *θižranīn* [جران]. — (B. Menacer), *amqerqūr*.

GRENADIER, *θarŭmmạnt* (*tr*), pl. *tirummanīn*; grenades : *errŭmmạn*. — (Meṭmaṭa), grenadier : *azeqqūr nerrumạn*; grenade (coll.) : *rrumạn* [رمّان].

GRIFFE[4], *iššer* (*ịi*) (B. Sn., B. Izn., Zkara), pl. *iššāren* (*ni*) (B. Sn., B. Izn.), et *aššāren* (*ụa*) (B. Sn., B. Izn., Zkara). — (Bou Semg.), *aššāren*. — (B. Menacer), *aššaren*. — (Meṭm.), *lmeḫleb*, pl. *lemḫāleb* (ar.).

GRIFFER, *éqbeš*; *iqbeš*; *ūr-íqbīšeš*; *qébbeš*; *aqbaš* (*u*); le chat m'a griffé : *mûš iqébš-iịi*; se griffer : *mqābāš*, *temqābāš*; on dit aussi : *ḫérbeš* (V. GRATTER) [خربش خرش]. — (Meṭm.), *ḫerbeš*; H., *tḫerbeš*.

GRILLER (du café, de l'orge verte, des pois chiches), *âref* (B. Sn., B. Izn., Rif, Brab.) (ar. tr. : *éqli* ou *ḥámmeṣ*); p. p. *iûref*; p. n. *ūr-ịûrīfeš*; H., *tārĕf*; n. a. *ârāf* (*ụa*); du café

1. Cf. R. Basset, *Zenat. Ouars.*, p. 92.
2. Cf. W. Marçais. *Obs.*, p. 13.
3. Cf. R. Basset, *Zenat. Ouars.*, p. 92. — Rif, p. 110, *ožru*.
4. Cf. R. Basset, *Loqm. berb.*, p. 267 √S K R; p. 346 [خلب].

grillé : *lqáhṳeθ ịûrfen*, (ou) *lqáhṳeθ θimḥámmeṣt* [حمص]. — (Meṭm.), *âref* (θ), *iūref*, *ūl-ịūrfeš*; H., *täref*; n. a. *ārä/*; griller légèrement de l'orge avant de la moudre : *ezzi* (B. Sn., Meṭm.), ar. tr. *seḫḫen*; p. p. *ịízzi*; p. n. *ūr-ízzīš*; H., *tézzi* (B. Sn., Zkara, Meṭm.); n. a. *azzäị* (*ṳa*) (B. Sn., Zkara, Meṭm.), l'orge est grillée : *imendi ịízzi*; griller fortement pour faire la rouina (orge, maïs), *séqqes* (B. Sn., Chl.); p. p. *iseqqes*, *ūr-íseqqseš*; H., *tseqqes*, n. a. *aseqqes* (*u*); graine grillée : *tisqqest*; on a grillé l'orge : *tẹmẓẹn qâi séqqsent*; en parlant de la viande, d'un épi de maïs : *ešnef* (V. RÔTIR). — (B. Salaḥ), (rôtir) : *eχnef*, p. p. *iχnef*; H., *χennef*; *eqlu*, p. p. *iqla* (ar.); H., *qellu*. — (Meṭm.), *eknef*; p. p. *iknef*; p. n. *knīf*; H., *kennef*.

GRINCER, *zenzen* (porte); H., *dzenzen*, ou bien *zịnen*, *izīnen*, *ūr-ízinneš*; H., *dzînịn*, *azīnen* (*u*); on dit : le porc-épic crie : *arûị qā ídzīnịn*; *érγa* (porte); p. p. *ịírγa*; p. n. *ūr-ịírγāš*; H., *reγγa* (ar. tr. *lbâb-ĕrγāt*, la porte a grincé); faire grincer : *serγa*; ne fais pas grincer la porte : *ūr-serγâš táṳṳūrθ*. — (B. Izn.), *erγa* (ar.); H., *reγγa*; — *qerreš*; H., *tqerreš*; *lbab illa idzegzūg*.

GRIVE, *zzauš ezzītūn* (litt. oiseau des olives). — (B. Menacer), *ameṛịu*, pl. *imeṛịa*. (Cf. Zouaoua : *amergu*).

GROGNER, en parlant du porc on dit : *zîm*; p. p. *ízīm*; p. n. *ūr-ízīmeš*; H., *dzīm*; n. a. *azīm* (*u*); ou bien : *bérgem*; p. p. *ibergem*; p. n. *ūr-íbergmeš*; H., *tbérgem*; V. CRIER : *ízīf*; RUGIR : *zéhör* (chat, chien, hérisson en colère); en parlant du chien on dit : *zéhör* [زأر], ou *εârneš*, grogner en montrant les dents (chien, chacal); p. p. *iεârneš*; *ūr-iεârnšeš*; H., *tεârneš* [حرش]. — (Meṭm.), *remrem*; H., *tremrūm* [رمرم].

GROÏN, *inzâr ịịileƒ*; *áḫĕnfūf* (*u*) (B. Sn., Zkara, B. Izn.), pl.

iḫĕnfāf (*i*); θ*áḫenfūf*θ (*tḫ*) (B. Sn., Zkara, B. Izn.), pl. *tiḫenfāf* (*tḫ*); *ázĕnfār*, pl. *izenfāren*; *aienfīf*, extrémité du groïn (B. Sn., B. Izn.); pl. *iienfāf*; *aḫĕnšūš*, pl. *iḫĕnšāš*, (se dit aussi en parlant d'une vilaine figure). — (Meṭm.), θ*axemmar*θ, θ*i-rīn*. V. FIGURE.

GRONDER, qqn. *menγ*(*ī*θ), *immenγ*, *tmenγa*, *amenγi* (*u*) (ou) *rehheb eḫḫes*; H., *trehheb* [رهب].

GROS (adj.), *múzzūr*, fém. θ*múzzūr*θ; *ímuzzūren*, fém. θ*ímuzzūrīn*; (verbe) : *úzzur*; p. p. *iúzzūr*; p. n. *ūr iúzzūreš*; H., *túzzūr* (ar. tr. *iγlāḍ*); θ*úzzūrĕ*θ (*tu*); rendre gros, grossier : *súzzer*; H., *súzzūr*; gros, gras : *imlèḥḥäm*, f. θ-θ [لحم]; gros, gras : *imhebbèr*, f. θ-θ [هبر]; gros et grand : *áqerδāl*, θ-*t*; *iqerδālen*, θ*iqerδālīn*; *qérδel*, p. p. *iqqerδel*; H., *tqérδāl* (B. Sn., B. Izn., Zkara); *muzzūr*, *i-en*; *t-t*, θ*i-īn*.

GROTTE[1], *ífri* (*ii*), pl. *ífrān*; dim. θ*ifrī*θ pl. θ*ifrān*. — (B. Iznacen), *ífri*, pl. *ifrān*; dim. θ*ífrīt* et θ*íffrīt*. — (Zkara), *ífri*, pl. *ifran*; dim. θ*ífrī*θ. — (Meṭm.), *aḫbu* (*ue*), pl. *iḫūba*.

GUÉ, *lmeğṭäε* (B. Sn., B. Izn.) [قطع]; *amešrāε* (*u*).

GUÊPE[2], *arzezzi* (*u*) (et coll.), pl. *irzezziien* (ou) *iδδāi* (*u*) (à cause de son collier noir). — (B. Izn.), *arzezzi* (*ue*). — (B. Salaḥ), *terzezza* (coll.). — (B. Mess.), *buzenzel*. — (B. Men.), *arzezzi*, pl. *irzezza*. — (Meṭmaṭa), *zizuet taderγalt*; grosse guêpe : θ*irẓeẓẓẹt*, pl. θ*irẓeẓẓa*; petite guêpe : *bu-rẓiẓ*, pl. *iburẓīẓen*.

GUÊPIER, nid de guêpes : θ*ašnīf*θ *uerzezzi*; oiseau : *liamūn*; *beliamūn* (B. Sn., B. Izn.); *aiāmūn* (B. Salaḥ, B. Mess.).

GUÉRIR[3], être guéri : *génfa*, *ggénfa*; p. p. *iggenfa*; p. n. *ūr-*

1. Cf. R. Basset, *Loqm. berb.*, p. 237 √KHB; p. 284 √FR.
2. Cf. R. Basset, *Zenat. Ouars.*, p. 92.
3. Cf. R. Basset, *Zenat. Ouars.*, p. 92. — Rif, p. 112, *genfa*.

iggenfāš; H., *tgénfa*; *dgenfa*, *sgenfa*, guérir; Dieu te guérisse : *Rébbi āšékk ísgenfa*. — (Zkara), *genfa*; p. p. *genfiγ*, *igenfa*, *genfān*; p. n. *ūr-ígenfīš*; H., fut. nég., *tgenfi*. — (B. Iznacen), *genfa*; p. p. *igenfa*; p. n. *genfi*; H., *dgenfa*; f. n. *dgenfi*. — (Meṭm.), guérir, être guéri : *ǧenfa*, *ggénfiγ*, *iggenfa*; *ūr-iggenfaš*, *tǧenfa*, *aǧenfi* (*u*); guérir qqn. : *zgenfa* (θ). — (B. Salaḥ), il est en bonne santé, guéri : *ịeḥla*, f. n. *ḥli* [حلو].

GUERRE, *lgiṛṛa*, *amenγi* (B. Sn., B. Izn.) (V. TUER).

GYPSE, *alūs* (*u*) (ar. tr. *elžebs*).

H

HABILLER (S')[1], *īreḍ* (*iḥauliien-nneš*); p. p. *ịīreḍ*; p. n. *irīḍ*; H., *tīreḍ*; n. a. *aṛṛāḍ* (*ụa*); habille (cet enfant) : *sīreḍ* (*arba ịu*); H. *ssāṛāḍ*; il est habillé : *ịīreḍ*. — (B. Iznacen). *ireḍ*; p. p. *ịịrĕḍ*; p. n. *ūr ịirĕḍeš*; aor. nég. et H., *tiṛĕḍ*; n. a. *aṛṛūḍ* (*ụa*). — (Meṭmaṭa), *iṛĕḍ*, p. p. *iireḍ* (et p. n.); H., *tīreḍ*; n. a. *aṛṛūḍ*. — (B. Salaḥ), *els*, p. p. *elsiγ*, *ilsa*, *lsān*.

HABITER[2] et être habité : *ezdeγ*; p. p. *izdeγ*; p. n. *ūδ-ezdiγγeš*; H., *zeddeγ*, n. a. *azδaγ* (*u*); faire habiter : *sezδeγ*; H., *sezδāγ*; habité, habitant : *amezδaγ*, *amezδūγ*, p. *imezδaγen*, *imezδūγen*; cette maison est habitée : *aḫḫamú δámezδaγ* ou *qa izdeγ*, (ou) *δis imezδaγen*, ou *itụazdeγ*; on dit aussi : *esken*, (ar.) *ịés-ken*, *ūr-skịnγeš*; H., *sékken*, n. a. *áskān* (*u*); habitant : *áskkān* (*u*), *iskkānen* (*i*); habité : *ámeskūn*, *i-en*, *t-t*, *t-īn*. — (B. Iznacen), *esχen*; p. p. *isχen*; p. n. *sχīn*; habitant : *amezdaγ*, pl.

1. Cf. R. Basset, *Loqm. berb*, p. 308 √L S. — *Zenat. Ouars*, p. 92 : *ired*.
2. Cf. R. Basset, *Loqm. berb.*, p. 253 √Z D R'. — *B. Menacer*, p. 62.

imezdāɣen. — (B. Salaḥ), *ezdèɣ*; p. p. *izdèɣ*; p. n. *ūr-zdiɣĕɣeχ*; H., *zeddeɣ*; n. a. *z'dduɣ*. — (B. Menacer), *ezdeɣ* (R. B.). — (Meṭmaṭa), *esken*; p. n. *skīn*; H., *sekken*.

HABITUER[1], *ennām*, p. p. *innūm*; H., *tnām*; n. a. *annām* (ou) *θinumma*; il est habitué à moi : *innum iįi*, ou *irum iįi*, de *rūm* (*īθ*); H., *trūm* [روم?]; fais comme d'habitude : *egg amlɛaųaįeδ-enneš*. — (B. Izn.), *ennūm*; p. p. *innūm*; H., *tnama*; f. n. *tnīmi*.

HACHE[2], *aįzzīm* (*núįz*), pl. *iįzzām* (*nii*), *θaįzzīmθ* (*netįéz*), *θiįzzīmīn* (*īδ*); manche : *fûs nuizzīm*; *târžeḫθ*, pl. *tírežḫīn*; fer : *θirîšet* (*tr*), *θirîšīn* (*tr*) (ar. tr. *rrîša*); *īmí núįzzīm* (ar. tr. *lfūm*); cet outil s'emmanche comme une pioche, le manche assez court est placé dans l'œil de l'outil : *θêṭ nuįzzīm* · le fer, d'un côté, ressemble à celui de la hache (*θirišet*), de l'autre côté à celui d'une pioche (*imi nuizzim*), cet outil peut servir à couper du bois, à creuser le sol, à piocher; *ššâqūr*, hache ordinaire; [شاقور, Dozy, I, 774]; *išūqār*, ou : *aẓèlmāṭi* (*nu*), *iẓèlmāṭiįen* (litt. : la gauche; le fer est à gauche de l'axe du manche); on appelle *qâbū* une hache à fer recourbé à manche court qui sert à équarrir : *idžen ŭqdbů*, pl. *iqabūįen*; dim. *θqâbuįθ* (*tqâ*), pl. *θíqūbaį* (*ntqū*). — (B. Menacer), *aįelzīm*, pl. *iįelzām*; dim. *θ-t*. — (Meṭm.), *ššāqūr*, *aįelzīm*; avec la hache : *suįelzīm*.

HAIE[3], *âfrāį* (*ųu*), pl. *ifrāįen* (*ni*), haie entourant une propriété étendue (ar. tr. *ĕzzérb*); — *θázrībθ* (*nte*), pl. *θizrībīn* (*nte*), haie entourant un espace occupé par les bestiaux, ou entourant une maison (ar. tr. *zzrîba*); chez les nomades, une haie

1. Cf. R. Basset, *Loqm. berb.*, p. 325 √NM.
2. Cf. R. Basset, *Zenat. Ouars.*, p. 92.
3. Cf. R. Basset, *B. Menacer*, p. 92.

entoure la *šériεāθ*, gourbi destiné aux hôtes; cette haie s'appelle : *θăzrībθ ninîžīṷen*; — on appelle *θăδerrịīst* (*tíš ĕnd.*), pl. *θiδerrịīsīn* (*end.*) une clôture en branches menues faite autour d'une tente pour arrêter le vent froid; on emploie aussi l'alfa. — (B. Izn.), *afräi* (*u*). — (Zkara), *afräi* (*u*), *ifräịen*; *θazrībθ* (*te*), pl. *tizrībīn*. — (B. Menacer), *afrag* (R. B.), pl. *ifūrag*.

ḤÂÏK[1], grande pièce de laine rectangulaire : *bâbūš* (*nu*) (*ḇāḇūš*); pl. *ibūbāš* (*ni*) (ar. tr. *lḥâik*); *aḥelbūš* (*u*), *iḥelbūšen* (*ni*), haïk de laine grossièrement filée que portent les femmes; l'usage s'en perd; on le remplace par une pièce de coton appelée *lizār* (*ĕlli*), pl. *lizūr*. — (Beni Bou Saïd), *áẖâṣi* (*u*), haïk fin tissé au Maroc, pl. *iẖaṣịen*. — (B. Iznacen), *ḇaḇūš*, haïk des femmes; *ḥaịex*, haïk des hommes. — (Meṭm.), *ḥaịex*, pl. *iḥūịäx*. — (B. Salaḥ), *aḥaiχ* (*u*); *ašθīl*; haïk d'homme : *aḥuli*. — (B. Menacer), *ḥâx*, haïk blanc mince, pl. *iḥuiax*; — *aεâbḇān*, haïk rouge épais, pl. *iεubān*; *taεabbant tamellālt*, couverture blanche. —(B. Sn.), pan du ḥaïk, *θášĕḻḻẹṭ* (*tš*), pl. *θišĕllẹḍīn* (*tš*); coin du haïk (où l'on attache le mouchoir), *lhèδbeθ*, pl. *lèhδābi* [هدب]; petit haïk ou moitié de ḥaïk usagé dont les femmes se couvrent la tête en hiver : *θašḍāṭ* (*teš*), pl. *θišḍādīn* (*teš*) ou *θišūḍāḍ*.

HAILLONS, *ašellīq* (*u*), pl. *išellīqen*; *aδerbāl* (*u*), pl. *iδerbalen*; *aḥušīš* (*u*), pl. *iḥušīšen*; il est en haillons : *iḥauliịen nes δimqerṣa*, (ou) *δimšerūḍen*, (ou) *δimšerrĕgen*, (ou) *δimhelhlen*. — (Meṭm.), *išellīqen*, cf Dozy I, 783 [شلق]; 430 [دربل].

HAÏR, *šerh* (*īθ*) [كره], *išreh*; p. n. *šrīh*; H., *šerrèh*. — (Meṭm.), il le hait : *iγešš-īθ*.

HALTE, *bédd* (V. DEBOUT); faire halte : *ers* (V. POSER); *laεâs-*

1. Cf. R. Basset, *Zenat. Ouars.*, p. 92.

ker rsîn δí-lūḍa : les soldats firent halte dans la plaine.

HALETER, *enheθ*; p. p. *ịénheθ*; p. n. *ūδ-enhîθγeš*; H., *tenhīθ*, n. a. *anhāθ* (*u*); *senheθ*, essouffler; H., *senhāθ*; *θázzla tsenhâθịịi* : la course m'essouffle. — (Meṭm.), *ḥèrḥer*; p. p. *iḥèrḥer*; H., *itḥerḥūr*.

HAMEÇON, *θaṣĕnnārθ* (*nets*) [صنّارة]; *θiṣĕnnārīn* (*nṣénn*) (B. Sn., B. Izn., Zkara, Meṭm.).

HANCHE, *θálḫūḫθ* (*te*), *θilḫūḫīn* (*te*) (ar. tr. *lḫûḫa*); ou *lméruẹδ*, *lémrāuĕδ*. — (Meṭm.), *lmerueδ* [ورك].

HALEINE, *ĕnnéfs* (B. Sn., B. Izn.) [نفس].

HARPON (crochet en bois pour attirer les branches) : *lmûḫḍāf* (*elm*) (B. Sn., B. Izn., Zkara, Meṭm.); *lemḫuāḍef* [مخطاف]; *θameḫḍāfθ* (*te*), *θimeḫḍāfīn* (*tm*); *ažĕbbāδ* (*u*) [جبّاد], *ižĕbbāδen* (*i*); *amĕqrāɛ* (*u*) [مقرع], *imeqrāɛen* (*i*), crochet en bois avec lequel on saisit les agneaux, les chevreaux par le cou.

HARICOT, *llûbịeθ*, ar. tr. *llûbia* [لوبية]; une gousse de haricot : *tiššérθ néllūbịeθ*; *išš nellūbịeθ*. — (B. Izn., Meṭm.), *llūbịeθ*. — (B. Salah), *ibauen nirūmịịen*.

HASE[1], *θarzīzt* ou *θaịerzīzt* (*tịe*); pl. *θirzīzīn*; *θịịerzāz*. — (Meṭm.), *θaierzizt* (*tịe*), pl. *tịịerzāz*. — (B. Mess., B. Salaḥ), *θaịerzīzt*, pl. *θịịerzāz*. — (B. Menacer), *θaịerzīzt*.

HATIF (Être), *ịíuụu zìš*, il mûrit de bonne heure (Voir MURIR); *ịûseδ δámenzu*, il vient de bonne heure; f. *θamenzuīθ*; pl. *imenza*, *imenzuien*; *θîmenza*, *θímenzuịīn*; — *zérăɛāγ irδén tāžδén δîmenzuịen*, j'ai semé du blé hâtif; on dit aussi en parlant des fruits mûrs les premiers : *amδūuẹq* [ذاق], *θamδūuẹqθ*, pl. *ímδuụqen*, *θímδuụqīn* ou *ameršum i-en* [رشم], *θamaršumθ*, pl. *θiïn*, de *éršem*, être hâtif; H., *teršīm*. — (Meṭm.), blé hâtif : *īrδen iḫerfịịen* [خريف].

1. Cf. R. Basset, *Loqm. berb.*, p. 250 $\sqrt{\text{RZZ}}$.

HÂTER[1] (Se), *γáu̯el δí-tšli*, presse ta marche; p. p. *iγau̯el*; p. n. *ūr-iγauleš*; H., *tγau̯āl*; *aεâzem* (B. Sn., Zkara) [عزم]; p. p. *iεâzem*; p. n. *ūδ-εâzīmγeš*; H., *εâzzem*; n. a. *aεázem* (*u*); *îsi ḍár-ĕnneš*, lève ton pied; *ḫéff δi-tšli*, allège la marche [خفّ]. — (Meṭm.), *γāu̯el*; H., *tγau̯āl*.

HAUT[2], *uεâla* [علا]; *i̥uεâla*; *ūr-i̥úεālāš*; *tuεâla*; *lεâlāu̯eθ*, la hauteur; en haut : *γérnez*; monte en haut : *âli̥ γérnež*; *âli̥ ilεâlu*; *âli̥ iúžĕnna*; il est (là-bas) en haut : *néttān qaît sáγernež* ou *qait γernež*; il est venu d'en haut : *iūséδ síγernež*. — (B. Iznacen), il est haut : *i̥uεâla*. — (Beni Menacer), en haut : *lqîš*; *āli lqīš*, monte en haut; d'en haut : *sílqīš*; je viens d'en haut : *usīγd silqīš*. — (Meṭm.), jusqu'en haut : *ammi dγelsau̯ent*; il est haut : *iuggᵘež* (loin).

HENNÉ [حنّاء]. — (Meṭm., B. Salaḥ), *lḥénni*. — (B. Menacer), *lḥénni*.

HENNIR, *nâḥnäḥ* (B. Sn., B. Izn.) [نحنح], (quand le cheval demande à boire); *inäḥnäḥ*; *ūr-ínäḥnäḥš*; *tnâḥnäḥ*; *anäḥnäḥ* (*u*); *slilū* (à la vue d'une jument); *islīlū*, *slilu̯èγ*; *ūr-íslīlu̯eš*; *slálau*; *aslīlu* (*u*); *enhem* [نهم]; *iẹ́nhem*; *ūr-i̥ẹnhīmeš*; *tenhīm*; *anĕhem* (*u*). — (Meṭm.), *enhem*, p. p. *inhem* (et p. n.); H., *nehhem*; n. a. *anĕhām*.

HERBE[3], *laḥšīš*; *eṛṛĕbiεa*; herbe sèche : *lhīšer*; *laḥšīš ituahīšer*. — (B. Sn., B. Izn., Zkara, Meṭm.), *laḥšīš*. — (B. Salaḥ), *ahīšūr*; herbe sèche : *leγmīr* (Meṭm.).

HÉRISSER (Se), *šûu̯ek* [شوك] (en parlant du chat); *išûu̯ek*; *ūr-íšûu̯keš*; *tšûu̯k*; *ašūu̯ek* (*u*); *mûš šūu̯kén izaffen-nnes* : le

1. Cf. W. Marçais, *Tanger*, p. 318, l. 9 et suiv.

2. Cf. R. Basset, *Loqm. berb.*, p. 325 √NG; p. 332 √OUN; p. 358 [علا]. — *Zenat. Ouars.*, p. 93.

3. Cf. R. Basset, *Loqm., berb.*, p. 349 [ربيع], [حشيش]. — *Zenat. Ouars.*, p. 93. — W. Marçais, *Tanger*, p. 264. — Beaussier, *Dozy*, II, 758 [هشير].

chat hérissa ses poils ; — en parlant du hérisson, du porc-épic : *ârŭi̯ issûff imánnes ăl íqqīm irezzém ȿi-usénnạn-nnes* : le porc-épic s'enfla et se mit à lancer ses piquants.

HÉRISSON[1], *i̯énsi* et *însi* (A. L.), pl. *i̯ensau̯en* ; *īnsăi̯en* ; *īnsii̯en* (A. L.) ; fém. θ*i̯énsīt* ou θ*insīt* ; f. pl., θ*însăi̯*, θ*insai̯în*, θ*însauı̯n*. — (Zkara), *insi*, pl. *insai̯en*. — (B. Izn.), *insi*, pl. *insaien* ; fém. *tinsit*. — (Bou Semghoun), *i̯énsi*. — (Meṭm.), *agenfŭd* (*u*), pl. *igenfăd* ; *īnsii̯*, pl. *insii̯en* (rare). — (B. Salaḥ), *înseğ*. — (B. Mess.), *īnsi*, pl. *insi̯ăn*. — (Beni Menacer), *însi* ; les piquants du hérisson : *isennănen ii̯ensi* (Meṭm.).

HÉRITER, *ûrĕ*θ [ورث] ; p. p. *i̯ûre*θ ; p. n. *ūȿ-ûrī*θ*ĕγeš* ; H., *tûrĕ*θ ; n. a. *lmîrā*θ, héritage ; *iûre*θ *áhham llí i̯īdzú-bbās* : il hérita d'une maison que laissa son père. — (Meṭm)., *ūret*, p. p. *uu̯erteγ*, *iūret*, p. n. *ūrīt* ; H., *u̯erret*.

HERNIE, *abäεīž* (*u*) [بعج], pl. *ibäεīžen* (*i*) ; *ibaεâž si-tḥébba-nnes* (ou) *sĭ i̯īsi-nnes*, il a une hernie des bourses ; *ibaεâž si-*θ*mêṭṭ-ĕnnes*, il a une hernie ombilicale ; *argaz u i̯īsi lḥâže*θ *tmîzai*θ *ītuábaεāž ĕzzīs*, cet homme a soulevé un corps lourd et s'est fait ainsi une hernie.

HEURE[2], quelle heure est-il : *mátta qăi̯ ȿí-tsaεā*θ [ساع] (A. L.) ; il est une heure, trois heures : *qâi̯ tīš*θ, *qâi tū*θ*û* θ*lātá néssaεā*θ ; on dit aussi : *ášḥal mīȿí qaît saεa*θ (K) ; *mīȿi qaît nûfsūst* ; j'ai travaillé une heure : *ḫeȿméγ tsaεâ*θ *tīšt* ; *héȿmeγ tnūfsûst tīšt* ; heure : *tsaεā*θ, pl. *tisăεā*θ*īn* (*ts*) ; *tnûfsūst*, pl. *tînufsūsīn* (*tn*). — (Zkara), *ašḥāl ȿi-tsaεā*θ, quelle heure est-il. — (Meṭm.), quelle heure est-il : *māȿi* θ*ella tsāεat* ; j'ai travaillé une heure : *ḫeȿmeγ tsāεat* ; de bonne heure, viens de bonne

1. Cf. R. Basset, *Loqm. berb.*, p. 335 √INS. — *Zenat. Ouars.*, p. 93. — *B. Menacer*, p. 62.

2. Cf. R. Basset, *Loqm. berb.*, p. 256 √ZK. — *Zenat. Ouars.*, p. 93.

heure : *aṛuaḥ ɛīš*. — (B. Iznacen), *zix*; tout à l'heure : *ellīn* (pour le passé); tu partiras tout à l'heure : *uáḥda uáḥda θṛọḥeδ* (ou) *īloq*. — (Meṭm.), *ellīni*; il était là tout à l'heure : *γẹr ellīni tūγidda*. — (B. Men.), (passé), *lemhālīti*; (futur), *inṭūrīn*.

HEURTER, buter (cheval), *neskeδ*, p. p. *iínneskeδ*, *ür-iínsekĕδeš*; *tneskāδ*, *aneskeδ* (*u*); *itneskāδ δi-tûqai ĕnuúbrīδ* : il heurte les pierres de la route, (ou) *naɛâθer* [عثر]; p. p. *iénnăɛāθer*; p. n. *ūr-ienɛâθreš*; H., *tnaɛâθer*; *anɛâθer* (*u*), (ou) *lūuez*; H., *tlūuez*, ou *ituālez*; H., *ituāluāz*. — (Meṭm.), *illa iqaɛā*, il bute [وقع].

HIBOU, *aɛāθrûs ĕntāilula* ou *aɛaθrûs entāilīuīn*, pl. *iɛâθrās* (ar. tr. *aɛâtrūs ĕlγâba* (ou) *elzʼrāf*). — (Zkara), *aiiu*, pl. *aiiuien*. — (Meṭm.), *aɛaθrūs umalu*, pl. *iɛaθrās*.

HIER[1], *ẹḍĕnnāḍ*, hier de jour; *ẹd nẹḍennāḍ*, la nuit dernière; on dit aussi : *ássĕnnāḍ*, hier de jour; avant-hier : *féruāsĕnnāḍ*; (la nuit), *ẹḍ nĕferuássĕnnāḍ*; avant-hier : *fér-iẹḍĕnnāḍ*; la veille d'avant-hier, il y a trois jours : *auernâss ĕn-fériẹ-dĕnnāḍ*. — (Meṭm.), *iḍennāḍ*; je suis venu hier : *usiγd iḍennāḍ*. — (Beni Menacer), *iḍennāḍ*; hier soir : *iḍaiẹmḍen*.

HIRONDELLE[2], *θiflélles̆t* (*tf*) (B. Sn., B. Izn., Zkara); *θiflellsīn* (*tf*); *θiflĕllās* (*tf*); on l'appelle aussi : *θâmrābeṭ* (*tem*) [مرابطة]; *θímrābḍīn* (*tem*) (la maraboute, parce qu'elle revient du pèlerinage au printemps. On ne la tue pas et on ne la mange pas. Si une petite hirondelle tombe du nid, on enduit sa tête d'huile avant de la replacer dans le nid, afin que la mère ne sente pas l'odeur de la main qui l'a touchée; de même pour le vautour, le grand-duc et le faucon (ar. tr.

1. Cf. R. Basset, *Zenat. Ouars.*, p. 93.

2. Cf. R. Basset, *Loqm. berb.*, p. 287 √F L S. — *Zenat. Ouars.*, p. 93. — *B. Menacer*, p. 62.

lḥŭṭṭęfa) [خطّوف]. — (Bou Semghoun), *θiflellest*. — (Meṭmaṭa), *lḥoṭṭaifa*. — (B. Salah), *θífĭllest*. — (B. Menacer), *hífĭlĕllest*.

HIVER, *lméšteθ* (B. Sn., B. Izn., Zkara); *δi-lmeštéθ θŭγú θbíša* [شتى]. — (Meṭm.), *lmešθa*; cf. Marçais, *Tanger*, p. 342.

HOMME[1], en général : *bnâδem*, *lăδămi* (ar.); un homme : *árgăz*; — *ĭdž ṷurgăz*, (ou) *ĭdž ṷergăz*, pl. *írgăzen* (*nịí*); jeune homme : *aεâzri*, *iεâzrĭịen*; on dit aussi : *aεáttūq* (*uεä*) [عتق], *iεáttūqen* (*niεä*). — (Zkara), *bnādem*, pl. *iθbunādem* (h. en général); *argāz* (*u*), pl. *irgāzen*. — (B. Izn.), *arịāz* (*u*), pl. *irịāzen*. — (Bou Semg.), *argāz* (*u*), pl. *irgāzen*; — *aterrās* (*u*), pl. *iterrāsen* (B. Sn., B. Izn., Zkara), homme, piéton [ترّاس]. — (Meṭm.), *ariāz* (*u*), pl. *irịāzen*; à cet homme : *iurịāz-ai*; devant l'homme : *zzāθ ṷurịāz*; jeune homme : *aεaziz* (*u*), pl. *eluāfen*. — (B. Salah, B. Mess.), *arğāz* (*u*), pl. *irğāzen*. — (B. Menacer), *arịāz* (*u*); l'enfant et l'homme : *alufān δurịāz*, pl. *irịāzen*.

HONTE[2] (avoir h.), *séδḥa* (B. Sn., B. Izn.) [استحى]; p. p. *seδḥīγ*, *iseδḥa*; p. n. *ūr-íseδḥaš*; H., *tseδḥa*; n. a. *aseδḥa*; faire h. : *séḥšem* [حشم]; fais-lui honte : *sḥéšm-īt*; il lui fit honte : *iséḥšm-īt*; H., *séḥšām*; on dit au Kef : aie honte : *essḥa*; H., *téssḥa*; aux A. Larbi *essḥa* signifie : va-t'en (dit à qqn. dont on est mécontent); il n'a pas honte : *ūitseδḥaš*; ou bien : *ūδĕmennés δimqeššer* (litt. : son visage est écorché); *ūδĕmennes am elḥebs* (son visage est comme la prison) : *ūδmennés am ūδém númĕtti* (ou) comme le visage d'un mort. — (Meṭm.), *essḥā*, *esshiγ*, p. p. *issḥā*, *tessḥa*.

1. Cf. R. Basset, *Loqm. berb.*, p. 250 √RGZ, et p. 230 √TRS. — *Zenat. Ouars.*, p. 93. — *B. Menacer*, p. 63. — W. Marçais, *Tanger*, p. 471.

2. Cf. R. Basset, *Loqm. berb.*, p. 345 [حيّ].

HOQUETER, *eśhèq* (A. L.) [شهق]; p. p. *iśhèq*; *ĕśhöġ* (K); H., *tśéhöġ*; p. n. *ūr-śhîqγeś*; H., *śhāq*; n. a. *àśhāq* (*u*), hoquet (B. Sn., Zkara); θ*aśháq*θ *nélmūθ*, le hoquet de la mort, ou bien : *ennähžé*θ *nélmūθ* (ar.) (celui qui a le hoquet avale un peu de cendre ou de terre prise sur une fourmilière); on dit aussi : il a le hoquet : *iāḥreq*; *téggās lḥárqe*θ (ou) *ịéggäs izi*. — (Meṭm.), *ḥinteğ*, *ieḥinteg* (ou) *ḥinṭů*; H., *tḥīntiu*.

HORMIS, *īr*; — *γệr* (V. SAUF) (B. Sn., Zkara).

HÔPITAL, *sḇîṭār* (B. Sn., B. Izn.), pl. *sḇîṭārā*θ.

HÔTE[1], *nîžu*, être l'hôte de qqn.; p. p. *nîžueγ*, *ínīžu*; j'ai été son hôte : *nîžụéγ γ´res*; p. n. *ūr-ínīžụeś*; H., *tnîžiu*, (ou) *tnîžu*; n. a. θ*anīžiūθ*, (ou) *ḍḍîfe*θ (ar.); hôte : *ánūži* (*nu*), pl. *inīžīụen*; θ*ánīužīθ*, peu employé; on dit plutôt θ*ánīžiūθ* (*te*); θ*înīžīụīn* (*te*); *ánẹžžiu* (K); *anīzịu* (A. L.); pl. *inīžīụen*; θ*anīžiū*θ; pl. θ*ínīžiụin*; *snîžu*, donner l'hospitalité; *isnīžụ iịi*, il m'a donné l'hospitalité; H., *snîžiu*.

HÔTEL, *nnûtẹr*; *îdž ĕnnûtẹr*; pl. *nnútẹrā*θ (*nnú*).

HOULETTE, le berger frappe les moutons avec des tiges de férule, ou les effraie en frappant deux de ces tiges l'une contre l'autre : θ*aḇūḇālt* (*tb*); il a aussi un bâton recourbé appelé *amêqrāε nûlịnti* (*u*) [عرف]; *imêqrāεen*. — (Zkara), θ*aγrī*θ *ulịnti*. — (Meṭm.), bâton du berger, θ*aγrī*θ (*te*), pl. *tiγerịīn*.

HOUPPE (de cheveux), θ*aġuĕṭṭaī*θ (*tg*), pl. θ*iġuĕṭṭaịīn* (*tg*); θ*aśṭṭui*θ (*tś*); θ*aśebbūb*θ (*tś*). — (Zkara), θ*aịẹṭṭai*θ. — (B. Izn.), θ*ažeṭṭūx*θ; *aśerrūr*. (Cf. Beaussier شروة — فطاية). — (Meṭm.), θ*aġeṭṭai*θ.

HUILE, *ĕzzí*θ (A. L.) [زيت]; *ĕzzît* (K); un peu d'huile : *śụí nézzī*θ; θ*uddîmt nézzī*θ; on appelle *aqebli* (*nu*), pl. *iqebliịen* (*ni*), les

1. Cf. R. Basset, *Loqm. berb.*, p. 336 √I N B G.

ouvriers (venus souvent du Sud et notamment de Figuig) qui préparent l'huile; on distingue : *zzîθ nézzbūž* ou *zzît núzĕmmūr*, huile d'olives provenant d'oliviers non greffés, employée pour l'éclairage; *zzîθ nezzîθūn*, huile d'olives provenant d'oliviers greffés, employée dans l'alimentation; *zzîθ nelfiṭūr*, huile obtenue après avoir traité le marc d'olives à l'eau bouillante; elle est comestible, on l'appelle aussi : *zzîθ ĕnmâlāga*. — (Zkara), *ezzīt*. — (B. Izn.), *ezzexθ*. — (B. Salaḥ), *'ezzīθ*, *ĕzzīθ*.

HUIT, *θménịa* (B. Sn., B. Izn., Zkara) (ar.).

HUITIÈME (ord.), *ĕθθâmen*, *ṷénni neθménịa*.

HUITIÈME (fraction), *ĕθθémen* (ou) *eθθâmnen*.

HUÎTRE, *θaγlālt uṷamān*. — (B. Menacer), *lmeṣbaḥ* (ar.).

HUMECTER[1], pour faire une pâte pour délayer; *ṛúṷen* (*šâl sṷâman*) (humecte la terre avec de l'eau); p. p. *iṛuṷen* (ar. tr. *rûṷen*); p. n. *ūr-íṛūṷneš*; H., *tṛûṷn*; *ṛûṷen ārén sṷāmân entémtūmt mízzi ataεâžneδ áγrūm*, mêle la semoule à de l'eau et du levain pour pétrir le pain; *essmíδ itṷarṷen ịịi sṷâman*, la semoule (de blé) m'a trop pris d'eau (à mon insu en roulant le couscous); humecter très légèrement (de la laine, du lîf, le couscous cuit, etc.), : *béḫḫ*; *ïbĕḫḫ*; *ūr-íbeḫḫeš*; *tbeḫḫ*; *ábḫḫi* (*u*); *béḫḫ tāḍūfθ*, humecte la laine (ar. tr. *bĕḫḫ*); humecter fortement pour laver qq. chose pour rouler le couscous (ar. tr. *néffeḫ*), *sebziï essmíδ mízzi atféθleδ abelbūl*; *sebzịị*, pl. *sebzịem*; p. p. *issebzi*; H., *sebzäị*; n. a. *asebziï* (*u*); de *ebziï*, être humecté; *ịébziï*; *ūr-ịébzīịeš*; H., *tébziï*; pass. *tṷabziị*, s'humecter; n. a. *abzäị* (*u*); *essmíδ ịébziï*, la semoule est humectée; *aḫḫamú irezzéménnda*, cette maison est humide (litt. : lâche l'humidité, *ennda* [ندى]).

1. Cf. R. Basset, *Loqm. berb.*, p. 229 √B Z G.

HUMER, aspirer bruyamment du couscous mêlé de lait aigre, de la cherba (*lžâri*) : *šeršef* [شرشف]; *išeršef*; H., *tšeršef*; n. a. *ášeršef* (*u*); aspirer du café, du thé, (ar. tr. *ezgef*), (A. L.) *eskef*; p. *izgef*; *iskef*; *ūr skīfĕγeš*; H., *sekkf*; n. a. *askaf* (*u*); — *ežγûm*, aspirer à petites gorgées (B. Sn., Zkara); *ižγûm*; H., *džûγem* et *žúγγem*; n. a. *ážγām* (*u*); θ*ažĕqqîm*θ *nûγi*, un peu de lait, 1/4 de litre environ. — (Meṭmaṭa), *esχef*, p. *isχef*, p. n. *sχīf*; *ežγem*; H., *žeqqem*. — (B. Salaḥ), *esχef*, p. p. *isχef*, p. n. *ūr sχîfγeχ*; H., *seχf*. (Cf. Beaussier سكف — جغم).

HUMEUR, *lāūi̯ai* [لوي].

HUMIDITÉ (V. HUMECTER), *abzāị*; — rosée : *alem*θ*i*; une goutte de rosée : θ*uddīmt nulem*θ*i*.

HUPPE, θ*ébbūb* (*u*); *aiδí nelγâbe*θ, *aiδi nu̯úδrār* (il sort des mouches du ventre de la huppe; dans son cœur il y a des vers qui la tuent dès que ses petits sont sortis du nid) (en ar. tr. *kelb elγāba*). — (Zkara), θ*iŭḅbiba*. — (B. Izn.), θ*ibbuiba*.

HURLER, *zû*, *izīf* (Voir CRIER).

HUTTE, θ*ánu̯ālt* (*nte*), pl. θ*inu̯alīn* (*nte*) (ar. tr. *nnúu̯āla*); *agurbi* (*u*), pl. *igurbii̯en*. — (B. Izn.), θ*au̯u̯ālt*, pl. θ*iu̯u̯ālīn*. — (Zkara), θ*anuālt* (*te*), pl. θ*inuālīn*. — (Meṭmaṭa), hutte pour les bœufs : *asiu̯ān* (*u*). — (Menacer), *ḥânu*, pl. *iḥûna*.

HYÈNE[1], *îfīs* (*nî*) (K), *nu̯i* (A. L.), pl. *ifīsen* (*nî*) ou (*nu̯î*); *su̯álli ĕnu̯īfīs néqqen ĕzzīs tiseδnân ūlau̯én eniirgâzen-nsent*, avec la cervelle d'hyène, les femmes tuent le cœur de leurs maris. — (B. Izn., Zkara), *ifīs*, pl. *ifīsen*. — (Bou Semg.), *iffis*, *ifīs*. — (B. Salaḥ, B. Mess.), *îfīs*, pl. *ífīsen*. — (Meṭmaṭa), *îfīs*, pl. *ifīsen*. — (Beni Menacer), *îfīs*, pl. *ífīsen*.

1. Cf. R. Basset, *Zenat. Ouars.*, p. 93.

HYSOPE, *láḥbĕq*, ses feuilles séchées et réduites en poudre servent à assaisonner les aliments [حبق].

I

ICI[1], *ðä, ðâði*; *ĕqqîm-ða*, assieds-toi ici; *áuru, airu* (vers ici); *éịịūr áuru*, viens ici; (ou) *ĕrnịị áuru*, viens ici; *arụáḥ áiru*, viens ici; d'ici, par ici : *ssä, ssâði, síssa, síssāði*; *ékker-ssa*, lève-toi d'ici; *ékk-ĕssa*, passe par ici; *ifféɣ-ĕssa*, il est sorti par ici; *iffĕɣ síssa*, il est sorti d'ici. — (Zkara), *ða*; viens ici : *arụaḥ ðauru*. — (Meṭm.), *ðã*; reste ici : *qīm ða* ou *qīm eɣri*. — (B. Men.), *ða*; pose-le là : *sersīh ða*; *auru*; viens ici : *arụaḥ auru*. — apporte-le ici : *aụiθ-īd auru*; viens par ici : *ãsed essia*.

IDIOT, *ameḍrūn*, f. *θ-t*; pl. *imeḍrạn*, *θi-ān* (V. ÉTOURDIR); on dit aussi : *nettạn ðláḥmeq* (ar.); *nettạn ūɣérseš lεâqel*; *nettạn ūɣérseš iḫĕf*; *nettạn iffĕɣ allí-nnes*.

IDOLÂTRE, *ddûnīθ nzîš θellá θéžhel*, les gens d'autrefois étaient idolâtres; p. n. *ūr ížhīl eš*; H., *žehhel*; n. a. *ažhāl* (*u*); on dit aussi : il est idolâtre, impie : *íkfer*, p. n. *ūr-íkfīreš*; H., *keffer*, n. a. *akfār* (*u*); *ímkūfèr, imkūfĕren*. — (Zkara), *lxāfer*, pl. *ixāfren* [جهل — كبر].

IGNORANT[2], il est ignorant : *nettạn ðáqûbbᵘạn*, fém. *θáqûbbᵘānt*; pl. *iqûbbᵘānen*; *θiqûbbᵘānīn*; j'ignore cela : *ūssînɣeš âiūði* (V. SAVOIR). — (B. Iznacen), je ne sais : *ūr essīneɣ*.

ÎLE, *dzîreθ*, pl. *dzîrāθ*; il avait une maison dans une île : *illáɣres aḫḫâm ði-ụámmās nédzīreθ* [جزر].

1. Cf. R. Basset, *Loqm. berb.*, p. 241 √D'. — *Zenat. Ouars.*, p. 93.
2. Cf. W. Marçais, *Tanger*, p. 420.

IL[1] (lui), *néttạn*. — (Zkara, B. Iznacen), *netta*. — (Meṭmaṭa), *nettạ*, pl. *nehnīn*. — (B. Salaḥ), *netta*, pl. *niθni*. — (Senfita), *nettān*, pl. *nehnīn*.

IMAGE[2], *tṣụireθ* (*tṣ*) (B. Sn., B. Izn., Zkara), pl. *tṣụîrāθ* (*tṣ*).

IMITER, *ɛáneδ* [عند]; imite-le : *ɛânδ-īt*; *iɛâneδ*; *ūr-iɛânδeš*; *tɛānāδ*; *ăɛâneδ* (*u*); on dit aussi : *iḍéffr-iii*, il m'a suivi (V. SUIVRE); *iggú ĭám-netš*, il a fait comme moi (V. *egg*, FAIRE).

IMMISCER (S'), ne t'immisce pas dans cette affaire : *ūttâδfeš δi lhâžθu* (V. ENTRER).

IMMOBILE, *ū-tḥérršeš imânneš*, sois immobile (V. REMUER).

IMPAIR, *sélqᵘĕrδ*.

IMPÔT, *lbézreθ* (ar.) ou *lfèrḍ* (ar.) *nelbâilek*; *imṭâlben nelbâilek* (ar.); *ezzâkāθ* (ar.), impôt sur les troupeaux; *lɛâšūr* (ar.), sur les terres labourées; *lḥáqq nụúbrīδ* (ar.), les prestations. — (B. Izn.), *lmūneθ* (ar.). — (Meṭm.), *lemγārem* (ar.).

IMPOSSIBLE[3], *aịūδí ū-íttīlīš*, ceci est impossible; *aịịú δelmuáḥāl* [محل], ceci est impossible; *aịịú δelɛâžeb* [عجب], ceci est impossible; *aịịú δleγrîbeθ* [غرب]; *aịịú ūr ịéttemkīn* (V. POSSIBLE).

INCENDIE, *θímssi*; — *uḥrīq*; un incendie éclata dans la forêt : *tiš ntmessí tekkér δī-lγâbeθ* (V. FEU); *ịíkker ŭḥrīq δi-lγābeθ*, pl. *uḥrīqen*; endroit incendié : *áḥrīq* (*ụa*), *iḥrīqen*; *amzehār* (*u*), incendie violent; *i-en* [زهر]; *ĕqqel amzehâr qa íttet δi-lγâbeθ*, vois cet incendie qui dévore la forêt. — (B. Iznacen), *aḥraq* (*ua*). — (Meṭmaṭa), *θuḥrīqθ* (*tu*) [حرق].

INCLINER (Être), *mîịel* (B. Sn., B. Izn.) [ميل], p. p. *imiịel*; *ūr-imîịleš*; *tmiịāl*, *tmīịl*; *âmiiel* (*u*); incliner : *smîịel*; H., *smîịāl* (V. PENCHER : *īnez*); être incliné : *ĕẓẓĕl*; p. p. *íẓẓel*; p. n. *ūr-*

1. Cf. R. Basset, *Ét. dial. berb.*, p. 95 et suiv.
2. Cf. R. Basset, *Loqm. berb.*, p. 355 [صور].
3. Cf. R. Basset, *Loqm. berb.*, p. 344 [حال].

ẹ́zẓīlĕɣeš; H., *téẓẓel*, n. a. *äẓẓäl* (*u*); incliner : *séẓẓel* (*seẓẓlīt*); p. p. *ịisẹẓẓel*; p. n. *ur iséẓẓeleš*; H., *sắẓẓäl*; n. a. *asuẓẓel* (*u*); *sụérreš* (*īt*) [وركـ] (en s'appuyant); *isụerreš*; *ūr-isụérršeš*; *sụerräš*; *arreš* (*ụè*) (ar. tr. *ụérrek*); en parlant d'un arbre, d'une construction qui penchent ou d'une personne : θ*sûmɛäθ qa-ittīnez* (V. PENCHER); *ịinez ḫmémmīs*, il se pencha vers son fils; *mịiel*; H., *tmịiel*.

INCRUSTER, *šéllel* (*īt*); *išellel*; *ūr-îšelleleš*; *tšellel*; *ašellel* (*u*); ce couteau est incrusté d'argent : θ*aḫeδmīθu timšellélt súzzerf*; δ *imšellel*; θ-*l*θ; *imšellĕlen*; θ*i-īn* (on emploie le même mot pour dire colorié, doré, argenté. Cf. Beauss. [شلّ]).

INCULTE, θ*ammūrθú* δ*élžām* (B. Sn., Zkara); ou θ*amessūkīθ*; ou *téžhel* [جهل]; ou *ūtụášrāzeš* (non labourée); ou *té*δ*ụel* (terre cultivée *revenue* à l'état inculte [V. REVENIR]); ou *tgezmer* (gagnée par les mauvaises herbes, cf. *legzmīr*, chiendent); on dit aussi : θ*imžūụem*θ, θ*ažähl*īθ.

INDEMNISER, *eɣrem* (*ɣérm-īt*) [غرم]; p. p. *iɣrem*; p. n. *ūr ɣrīmɣeš*; H., *ɣerrem*; n. a. *aɣrām* (*u*); *léɣrāme*θ; ou *sɣerm*; H., *seɣrām*; *ɣérm ịịi ụắī* θ*etšú* θ*afûnäst-ĕnneš*, indemnise-moi de ce que ta vache m'a mangé; ou bien, *ḫélf-ịịi ụénni* θ*etšu* [خلف] (V. REMPLACER).

INDIGESTION, la nourriture lui a fait mal : *ịehleš sụûtšu*; son ventre est enflé : *iúff aɛâddīs-ĕnnes*; on dit aussi : *iggäs aɛâddīs-ĕnnes* (s. ent. : *lehläš*).

INDIGESTE, la viande de poule est légère, celle du bœuf est indigeste (lourde) : *áịsūm nịịäẓīḍén dnúfsūs áisum nīfūnäsén dmîẓa*.

INDIGO, *ĕnnîle*θ [نيل] (ar. tr. *ĕnnîl*); *téggen ĕnnīlé*θ δ*í tẓūlt*, on met de l'indigo dans le collyre; bleuir à l'indigo (les chemises, les gandouras de coton blanc, etc.) : *nịịel*; p. p.

inīįel; p. n. *ūr-ínīįleš*; H., *tnīįel*; n. a. *aniįel* (*u*). — (B. Iznacen, Meṭmaṭa), *ennīleθ*.

INDIQUER[1] (montrer), indique-moi sa demeure : *séḥn iįi aḫḫâm-ĕnnes*; *isḥèn*; *ūr-įisèḥneš*; *sèḥḥān*; *aseḥḥen* (*u*); ou bien : *náεāθ-iįi ahhâm-ĕnnes* [نعت] ou *snáεāθ* ; p. p. *ínaεāθ*, *íssnaεāθ*; p. n. *ûr-ínaεāθeš*, *ūr-ísnaεāθeš*; H., *tnaεāθ*; H., *sennaεä* (ou) *slemδ-iįi* (V. APPRENDRE). — (Meṭm.), *senaεaθ*.

INDOLENT, *amăεägäz*, *amăεažaz*; f. θ-*t*; pl. *imăεägäzen*; *imaεäžä-zen*; f. θ-*īn* [معجاز] (ar. tr. *măεâžāz*); *amžīįäḥ*, pl. *imžiįahen* [جاح]; f. θ-θ, θ*i-īn* (ar. tr. *žâįeḥ*); *amḫiįāb*, pl. *ímḫiįāben*; f. θ-θ, θ*i-īn* [خايب] (ar. tr. *ḫâįeb*); on dit aussi *murṣūḍ* (litt. : puant), fém. θ*murṣūṭ* (la paresse amenant la malpropreté).

INDULGENT, il est indulgent à leur égard : *nettân itsâmèḥ-īhen* (*āsen*) [سامح] (V. PARDONNER); (ou) *iγéffr-īhen* (V. PARDONNER) [غفر]; *iγéffr âsen*.

INFILTRER (S'), l'eau s'est infiltrée dans la terre, *âmān neγrén δitmmūrθ*; *énγer*, p. p. *įénγer*; p. n. *ūr-įénγīr-eš*; H., *tenγīr*; n. a. *ánγār* (*u*) (ar. tr. *el-má kén*); (ou bien) *aman tsụı-hen* θ*amūr*θ (le sol l'a bu). — (Meṭm.), *amān ellān enγen*, l'eau s'infiltre [نغر?].

INFIRME, privé d'un pied, d'une main, d'un bras, etc. : *ameqṣūs nûḍār*, *nûγil* [قص]; *ameqṣūṣ nûfūs*; à qui il manque une main : *butkéffūst*; (moignon : *akffūs* (*u*); dim. θ-*t*; pl. *ikffū-sen*; θ*ikffusīn*); privé d'une jambe : *būtmáhrāzt* [مهراس] (V. BOITEUX); *azhaf* [زحف]; *ûfrīγ*; *ûεāįīb*, θ-θ [عاب]; *árīδāl*.

INFORMER[2], *rôḥ i*θ*mûr*θ*-ĕnneš tséγdeδ mátta íllān nuáụāl témmelδ iįi aụâl* (ou) *ḫụáụāl tslīδ*, va dans ton pays, écoute ce qui se dit et informe-moi; *mmél* (A. L.); p. p. *įimmel*; p. n.

1. Cf. R. Basset, *Loqm. berb.* √SKN, p. 267.
2. Cf. R. Basset, *Loqm. berb.*, p. 317 √ML.

ūr-émmīlɣeš; H., *temmel*; n. a. *ammāl* (*ųa*); on dit aussi : *ḫebr iii ḫųaųâlu tslīδ* [خبر]; *ḫebr iii ḫųa iūδí tslīδ* ou *sḫebr-iii*; informateur : *aḫebbār* ou *aḫbāržì*; pl. *iḫebbāren* ou *iḫbāržiien*; de mauv. part, potinier : *ánesnās* (V. RAPPORTER); *áužžāh* [وجه]; — *mel* (K); p. p. *mlíɣ*, *imlu*; H., *mâl*.

INHABITÉ (Être), *éḫla* [خلا]; *ieḫla*; *ūr-iéḫlāš*; H., *ḫella* (A. L.); *tḫélla* (K); n. a. *aḫla* (*u*); *seḫla*, vider, dépeupler; H., *sḫella*; ce pays est dépeuplé : *θammūrθú téḫla*; ce pays se dépeuple : *θammūrθú qā-itḫélla*.

INJURIER[1], *ékkᵘer* (*δīs*) (K. Rif); p. p. *kkūreɣ*, *íkkᵘer*; p. n. *ūr-ikkᵘīreš*; H., *tekkᵘer*; n. a. *θúkkᵘera* (*tu*) (ar. tr. *eḫti fi*); *edser ḫes*, insulte-le (A. L.); H., *dsār* [?جسر]; *sḥûf-ās aųāl* (fais-lui tomber des mots), (ou) *eštem δīs* (ar.). — (B. Men.), inj. quelqu'un : *ukkêr* (*fellās*), *iukkêr*; p. n. *ukkīr*; H., *tukker*; n. a. *aukkᵘar*. — (Meṭm.), *sebb* (*īt*); *isebb*; H., *tsebb* [سبّ]. — (B. Salaḥ), *ennāɣ*; p. p. *innūɣ* (*ākīδes*) H., *tnaɣ*; n. a. *amenɣi*, dispute.

INJUSTE, *eḍḷêm* [ظلم]; *ḍélmīθ*, traite-le injustement; p. p. *iíḍḷêm*; p. n. *ūδéḍḷîmɣeš*; H., *ḍéḷḷêm*; n. a. *aḍḷām* (*u*); *nettâṇ δámeḍḷām*; f. *θ-mθ*; pl. *ímeḍḷāmen*, *θi-mīn*.

INJUSTEMENT, *ḥékmen ḫes δi lbâṭêl* [باطل], ils l'ont condamné injustement; (ou) *sézẓūr* [زور]; (ou) *ḥārqént δimâṇẓaḷḷah* [ar. حرق فيما انزل الله].

INQUIET, il est inquiet : *qait δimḥaiier* [محيّر]; f. *θimḥaiierθ*; m. p. *imḥáiiren*; f. p. *θimḥaiirīn*; *ḥaiier*; p. p. *iḥaiier*; p. n. *ūr-iḥáiiereš*; H., *tḥaiier*.

INSECTE, *abăεūš* (*u*) (A. L.), pl. *ibaεāš* (*ni*); *búεūš* (K) (*u*); (ou) *abūrɣes* (*u*), pl. *ibūreɣsen*. — (B. Izn.), *abăεūš* (*u*), pl. *ibăεāš*. — (Meṭm.), *abaεūš* (*u*), pl. *ibaεāš*, cf. Beauss. [بعش].

1. Cf. R. Basset, *Zenat. Ouars.*, p. 93.

INSTANT, reste un instant : *qi̯i̯em idž ĕnšúi̯i̯a* [شوية]; il est sorti à l'instant : *iffér γêr ilqqû, γêr-ai̯i̯u šûi̯i̯a sí-iffeγ.*

INSTITUTEUR, *léfqẹh* (*lle*), lettré, le grand savant du village, pl. *lfûqāha* (B. Sn., B. Izn.) [فقيه]; *aδerrār*, pl. *iδerrāren*, professeur enseignant à de petits enfants. — (Meṭm.), *ttāleb*, pl. *ṭṭolba.*

INSTRUIRE (en parlant du *fqẹh*), *sséγr* ou *sγér* (et aussi *ṣṣéγr*); instruis-le : *sséγr-īt*; H., *sγâra* (V. LIRE); en parlant du *δerrār* : *sélmeδ*; *sĕlémδ-īt*, instruis-le; H., *selmāδ* (V. APPRENDRE, *elmeδ*).

INTERPRÈTE, *θûržman* (*uθ*) (B. Sn., B. Izn.), pl. *iθûržmānen* [ترجمان]. — (Meṭmaṭa), *eṭṭêrdžmān*, pl. *-āθ.*

INTELLIGENT[1], qui comprend vite : *afehhām*; f. *θ-mt* [فهام]; pl. *i-en*; *θi-mīn*; on dit aussi : *īḫf-ennés dnûfsūs*, sa tête est *légère*; *igéssii̯ au̯āl*, il *porte* les paroles; (ou) *nettān d aḥfāḍ*, fém. *θaḥfāṭ*; m. pl. *iḥfāḍen*; f. pl. *θiḥfāḍīn* [حفظ].

INTÉRIEUR, il entra à l'intérieur de la maison : *iûδef zdāḫél ĕnu̯éḫḫām* [داخل], ou *iúḫḫām*; il sortit de l'intérieur de la grotte : *iffêγ si-zdāḫél ĕni̯ifri*; entre à l'intérieur : *âδef γér-dāḫel*; je n'ai rien trouvé dans l'intérieur : *ūδ ûfāγ šāi̯én zdâḫel-ĕnnes*; de l'intérieur : *zdāḫel*; *dāḫel θaddarθ*, à l'int. de la maison.

INTERROGER[2], interroge-le au sujet de : *sesθen-ih ḫ* (K); *sesten-īθ ḫ* (A. L.); p. p. *isésθen*, *isésten*; p. n. *ūr isésθneš*, *ūr-iséstneš*; H., *sessūn*; — *sestūn*; n. a. *asessen* (K) (*u*); *asesten* (A. L.) (*u*); on dit aussi : *sûu̯l-īt* [سأل]; *isûu̯l*; *ūr-ísuu̯leš* (Z. *sebbul*); *tsûu̯l.* — (Meṭmaṭa), *seqsa*(*t*); H., *tseqsi* [استقصا].

1. Cf. R. Basset, *Beni Menacer*, p. 63 : *amgis.*
2. Cf. R. Basset, *Zenat. Ouars.*, p. 93. — Nehlil, *Ghat*, p. 169 : *sesten.*

INTESTIN[1], gros intestin : *amberra* (*u*) ; intestin en gén. : *ameṣrān*, pl. *imeṣrānen* ; plus rarement : *âδạn* (*ụa*), ce mot désigne plus particulièrement la panse des ruminants, et aussi les intestins, le cœur, les poumons et le foie (en ar. tr. *leffụād*) (id. B. Izn., Bou Semg., Meṭm.); c'est avec le gros intestin que l'on prépare le mets appelé *θábekbūkθ*, pl. *θibekbūkīn* (on place à l'intérieur de ce morceau d'intestin de la viande hachée, mêlée d'épices diverses, de riz, de pois chiches, et l'on fait cuire dans la vapeur d'un bouillon. On prépare ce mets pour les malades, pour guérir la rougeole surtout ; on n'emploie, dans ce dernier cas, que de la viande de bouc). — Autre mets : on coupe en morceaux les boyaux, on y ajoute des parties de l'estomac, du foie, des poumons, du cœur, de la graisse, on fait cuire dans une marmite sur un feu doux; ce mets s'appelle *θírfi*. — (Meṭm.), *aṣèrmum* (*u*), pl. *iṣermūmen*. — (B. Men., Senfita), *aδān*.

INTRODUIRE (V. ENTRER), *sīdef*.

INULE (inule visqueuse), plante employée en teinture : *mèẹrāmān*.

INVITER, *εârĕḍ* (*īθ*) [عرض]; *iεâreḍ* ; *ūr-εârīḍγeš* ; H., *εârred*: n. a. *aεârāḍ* (*u*) ; invite à dîner ton ami : *εârĕḍ amddûkel ennéš âδ-ímmūšlu* ; on dit, mais plus rarement : *snîžū* ; p. p. *isnīžū* ; p. n. *ūr-ísnīžụeš* ; H., *snâžau* ; n. a. *θanîžụi* (*tn*), invitation ; *anīzū* (*u*), invité ; — je suis invité : *nets aqlī δímnīžū* ; f. *θímnīžūθ* ; pl. *imnīžụen* ; *θímnīžụīn* ; (ou) *amεârūḍ*; f. *θ t* ; pl. *i-en* ; *θi-ḍin*. — (Meṭm.), *εāṛèḍ* ; H., *εaṛṛèḍ*.

INVOQUER, *étter* (V. DEMANDER) ; il invoque Dieu : *ịítter sí-Rebbi* ; *ịítter ddäεụéθ sī-γér-Rebbí*.

1. Cf. R. Basset, *Zenat. Ouars.*, p. 93 : *asermūm*. — Provotelle, *Qalaa*, p. 119 : *adan*.

IRIS (de l'œil), *ammās ĕnṭẹṭ.*

IRRIGUER, *séssū*; *séssuᵘ ûrθu*, irrigue le verger; H., *sessụa* (V. BOIRE).

IRRIGATION, *θísĕssi* (*ts*); irrigable : *itụasessu*; H., *itụasessụa*; on dit aussi en parlant d'un lieu en friche, sec (*δímtūzeγ*), ou que l'on veut cultiver et que l'on irrigue : *erzem dîs âmān* (lâche l'eau); (ou) *seṣmệḏ tárqiεāθ*, rafraîchis cet endroit (en ar. tr. *berred*). — (Meṭmaṭa), *sessu* (*īθ*); H., *sessua.*

IRRITER[1] (Être), *ezεăf*; je suis irrité contre lui : *qaị zaεâfeγ ĕhḫes* (V. COLÈRE); ou *ézgör*; ou *qai tûfi iịịi ḫḫes* (V. VOLER) (ar. tr. *ṭâṛet li εalīh*); *súkkᵘen*; — *súkken*; *isukkᵘen*; *ūr issukkᵘneš*; *sukkᵘūn*; *asukken* (*u*) (ar. tr. *iγḏệb*); je fus irrité contre cet homme et je le blâmai, il sortit en colère : *zaεâfeγ ḫụúrgāzú lūméḫ iffeγ δímsukkᵘen eḫḫi*, f. *θ-t*; pl. *im-en*, *θi-nīn*; il est irrité contre moi : *iγūšeš eḫḫi*; H., *tγūšeš*; *imγūšeš*, irrité; *ḍḍiq* [ضاق]; *iḍḍīq*; il fut irrité contre moi : *iḍḍīq eḫḫi*; *ur ịiḍḍīqeš*; H. *teḍḍīq* (K); *ḍḍáqā* (A. L.); (ou) *δimḫaịẹq eḫḫí*, cf. Beauss. [خنق], irrité contre moi; (ou) *δimḍệmieθ eḫḫí*; *ūr-elliγ δi-lḫâḍĕr-īnu* (B. Sn., B. Izn.), j'étais hors de moi; cet enfant m'a irr. : *arbaiu isifịịịīt.* — (Zkara), *ddīq*; p. p. *iddāq*; p. n. *ddīq*; H., *teddīq*; n. a. *addīq* (*u*).

ISOLER, isole-le : *ĕgg-īt ụáḫδes*, ou *εâzĕl-īt* [عزل]; p. p. *iεâzel*; p. n. *ūr-εazilγeš*; H., *εazzel* (A. L.); *tεâzel* (K); n. a. *aεazāl* (*uεa*); il isole les chevreaux de leur mère : *iεâzel iγaiḍén ḫḥénnātsen.*

ITALIEN, *tâlịān*; *atālịāni* (*u*); pl. *itālịānen.*

IVOIRE, *lăεâž* (B. Izn., B. Sn.); comme des dents d'ivoire : *amteγmâs nélăεāž* [عاج]. — (Meṭmaṭa), *ellaεadž.*

1. Cf. R. Basset, *B. Menacer*, p. 63. — W. Marçais, *Tanger*, p. 104 [غشى]; *Obs.*, p. 30 [صفر].

IVRE, *ĕsker* [سكر]; p. p. *ísker*; p. n. *ūr-eskîrγeš*; H., *teskir* (K); *sekker* (A. L.); n. a. *askār* (*u*); ivre : *asekrān*; pl. *i-en*; on dit aussi : il est ivre : *nettân ðámedrūn* (V. ÉTOURDIR); chose enivrante : *θímeskerθ* (*tm*). — (Meṭmaṭa), *esker*; H., *sekker*.

J

JABOT[1], *θaḥenzúlt* (*te*); *θiḥenzāl* (*te*) (ou) *θiḥènzūla* (ar. tr. *lḥanzūla*). — (Meṭmaṭa), *aḥenžūr*, *θaḥenžūrθ* [خنجور].

JADIS, *zīš*, (ou) *ðizzmān* (ar.).

JAILLIR, *nebbeγ* [نبغ]; H., *tnébbeγ*, ou *eṣfi̱*; H., *téṣfai̱*; *θēṭ qā itnébbeγ amân-ĕnnes*, l'eau de la source jaillit; n. a. *anebbeγ* (*u*); *zérreg*; H., *dzérreg*; le sang jaillit de la blessure : *iðámmen zerrgén si-u̱izem* [زرق].

JALOUX[2] (Être), *âsem* (ar. tr. *γâr*); p. p. *i̱ûsem*; p. n. *ūr-ûsīmγeš*; *i̱ûsem si-ûmās*, il fut jaloux de son frère; H., *tâsem*; il me jalouse : *ittâsem ĕzzi*; jalousie : *θúsmīn*; jaloux : *bu-θúsmīn*; *ánāsām*, pl. *i-en*; f. *θanasamt*, pl. *θi-īn*. — (B. Iznacen), *âsem*; p. p. *i̱ûsem*; p. n. *ūr-ûsīmγeš*; H., *tâsem*; fut. nég., *tîsem*; n. a. *θûsma*. — (Meṭmaṭa), *etšăḥ* [شاح]; p. p. *itšaḥ*; p. n. *tšīḥ*; H., *tetšaḥ* (ar. tr. *itšušăḥ*). — (B. Menacer), *āsem*; p. p. *ūsmeγ*, *iūsem*; p. n. *ūð-ūsīmeγeš*; H., il est jaloux : *ittāsem*; fut. nég., *ūr-ittīsem*; jalousie : *hismīn*; il en fut jaloux : *iūsem ezzīs*.

JAMAIS, *ấbăðen* (B. Sn., Meṭm.); *ɛấmru* . . . . . *ma* (*ɛamru* généralement invariable); *ɛămru ma sérkseγ* (ou *ɛấmri*), je n'ai jamais menti; *qéḍăɛ li̱i̱ās ezzí lḥāžθú uttíu̱īγeš néts*, cette

1. Cf. W. Marçais, *Tanger*, p. 270 [خنجر].

2. Cf. R. Basset, *Loqm. berb.*, p. 283 √SM.

chose, jamais je ne l'ai prise; *qéḍāɛ liịịās si lḥâžθu ụér tezrît-eš θịṭ-īnu*, jamais mes yeux n'ont vu cette chose. — (Zkara), *ɛamru*. — (Metm.), *ɛamri ūl ḫrīḍeγ*, jamais je n'ai menti [قطع الاياس — عمر — ابدا].

JAMBE[1], *ssâg nûḍār* [ساق]; *γânīm nûḍār*; partie antérieure : *bu-ibbās* [بو بيّاس]. — (Meṭmaṭa), *îleγ*, pl. *ilγạn*; cuisse : *θāγma* (*lefḫed*); part. sup. : *θamesṣaṭ* (ar. tr. *lmessaṭa*); tibia : *bugbīḥ*. — (Senfita), *aɛabbūz*.

JANVIER, *ĕnnâịer*; *ịûr ennâịer*; on dit aussi : *iḫf nusĕggʷās*, le commencement de l'année. — (B. Iznacen, Zkara), *ennâịer*. — (Zkara), *ennâịer*. — (Meṭm.), *ennāir*.

JAPPER (V. ABOYER).

JARDIN[2], *ûrθu* (*ụû*) (plutôt verger de figuiers, d'oliviers, de grenadiers, etc.); pl. *ûrθạn* (*ụu*) (ar. tr. *ĕžžnạn*); *θâbḥīrθ* (*nte*), potager pour pastèques, melons, concombres, pl. *θibḥār* (*nte*) (ar. tr. *lébḥīra*); *θabḥîrθ nụâmạn* (ou) *ḫụâmạn*, jardin irrigable; *θabḥîrθ θâbūrīθ* (ou) *ḫélbūr* [بور], jardin non irrigable; un carré d'oignons, de poivrons, se dit : *θarqiɛäθ llebṣel* (*nifelfel*) (*te*), pl. *θirqqäɛ* (*te*) [رقع]; on appelle *θädụīrθ* (*te*), *θidụirīn* (*te*), un petit verger (ar. tr. *lγérs*) [دور]. — (B. Iznacen), *ûrθu*, jardin, verger. — (Zkara), *ûrθu*, jardin, verger, pl. *ûrθạn*. — (Meṭm.), *ležnān*; jard. potager : *θabḥīrθ* (*te*), *θibḥīrīn* [بحر].

JARDINIER, *ábḥḥār* (B. Sn., B. Izn.) [بحّار]; *ibḥḥāren*; *atụāti* (B. Sn., B. Izn.); *itụātịịen* (les jardiniers viennent souvent du Touat); *arĕbbaɛ*, *irebbaɛen*, fermier d'un verger, d'un

1. Cf. R. Basset, *Loqm. berb.*, p. 274. — *Zenat. Ouars.*, p. 93 $\sqrt{\text{L R'}}$. — *B. Menacer*, p. 63. — Provotelle, *Qalaa*, p. 108 : *amsat*, cuisse.

2. Cf. R. Basset, *Loqm. berb.*, p. 329 $\sqrt{\text{OU R TH}}$; p. 339 [بحر]. — *Zenat. Ouars.*, p. 94.

jardin (V. FERMIER). — (B. Iznacen), *amerrūki* (rifain). — (Meṭm.), *abeḥḥār*; pl. *i-en*.

JARRET, *lmăεăgel* [عقل]; tendons du j. : *tiεaṣbet* (*te*), pl. *tiεaṣbīn* [عصب]; *aεarqūb* (*u*), pl. *iεarqāb*; couper ces tendons : *εarqeb* (*īθ*) (ar.); H., *tεarqeb*. — (B. Iznacen), *θiįzělt*. — (Meṭm.), *laεarqūb*, jarret, tendons; *θaεazzārīθ* (mollet).

JASMIN, *liásmīn* (B. Sn., B. Iznacen) (ar.).

JARRE, pour l'huile, le goudron (en terre), *θḫábīθ* [خابية]; *θíḫūbāį* (ar. tr. *lḫabįa*); les ustensiles, en forme de jarre, confectionnés avec de l'alfa, où sont conservés le blé, l'orge, le maïs, le bechna, se nomment : *aqĕbbāḍ* (*u*), pl. *iqĕbbāḍen*; diminutif : *θaqĕbbāṭ* (*tq*); *θiqĕbbāḍịn* (*tq*) [ar. tr. *eššarịa* (ou) *lqebbāṭ*]; les figues, le bechna, sont conservés dans des ustensiles d'alfa appelés : *taḥmmālt* [حمل]; *tiḥămmālịn* [ar. tr. *lḥemmāla*]. — (B. Iznacen), *θḫâbešθ*, jarre à goudron; *θaqĕbbāṭ*, ustensile d'alfa en forme de jarre pour céréales. — (Zkara), *θḫâbīt*, jarre, pl. *θiḫūbaį*; *θaḥmmalt*, ust. en alfa pour conserver les céréales, pl. *θiḥămmalīn*. — (Meṭm.), *θḫābīθ*, pl. *θiḫābiiẹn*. — (B. Menacer), *hašnūnt*, pl. *hišnūnīn*, vases en terre contenant de 30 à 80 litres; on y conserve l'huile, le beurre (ar. tr. *lqêṣḍ*).

JATTE, pour traire les vaches, pour boire; ce vase est en terre : *θaḥĕllābθ* (*tḥ*), pl. *θiḥellābīn* (*tḥ*) [حلب]: ou en alfa : *θagnīnt entāẓiθ* (*te*), *θignīnīn* (*te*) (ar. tr. *legnīn* (ou) *lgúnna*, cf. Beaussier : قنينة); ou en bois : *aqeddūḥ entaẓīθ* (*u*), pl. *iqeddūḥen* [قدح]. — (B. Menacer), *θaḥllabθ* (*teḥ*), pl. *θiḥallūba*, vases en terre contenant de 4 à 10 litres. — (Meṭm.), jatte d'alfa pour traire : *aεaįār* (*uε*), pl. *iεaįāren* (ar. tr. *lgedāḥ*).

JAUNE (Être)[1], *áuraγ*; *táurāḫθ*; *iurāγen*; *θiurāγịn*; devenir jaune,

1. Cf. R. Basset, *Loqm. berb.*, p. 249 √R R'. — *Zenat. Ouars.*, p. 94. — *B. Menacer*, p. 63.

pâle, jaunir : *ûreγ*; p. p. *iûreγ*; p. n. *ūr-iûrīγ-eš*; H., *tūrīγ*; *éqqel uδĕm-ĕnnés mâš qā-íttūrīγ*, vois comme son visage pâlit; n. a. *tiurγi*, couleur jaune, pâleur (ar. tr. *ṣṣfûriia*) [صفر]; rendre jaune, jaunir : *ṣûreγ*; H., *ṣûrāγ*; n. a. *áṣūreγ* (*u*); on dit aussi : n. a. *ṣṣfireθ*; *sebγen tâḍūft ṣeṣṣfireθ*, ils ont teint la laine en jaune; en parlant du visage on emploie *tiurγi*; *qā-ttûlīi tiuerγí ḫûδĕm-ennes*, son visage pâlit (la pâleur envahit [monta à] son visage). — (B. Iznacen), *ûreγ*; p. p. *uérγeγ*, *iûreγ*; p. n. *ur-ûrīγeγeš*; H., *ittūrīγ*; fut. nég. *ittūrīγ*; n. a. *θiurγi*; *áuraγ*, jaune; f. *θ-ḫt*; pl. *i-en*; pl. *θi-īn*. — (Zkara), *auréγ*, jaune, f. *θ-hθ*. — (B. Menacer), *auraγ*, jaune, pl. *i-en* (R. B.). — (Meṭmaṭa), *auraγ*; fém. *θauraγθ*; m. p. *iurāγen*; f. p. *θiurāγīn*; être jaune : *āūreγ*; p. p. *iāūreγ*; H., *tūrīγ*.

JAUNE (d'œuf), *lmäḥ* (et ar. tr.) (B. Sn., Meṭm.) [ماح].

JAUNISSE, *bú-ṣffār* (ar.) (B. Sn., B. Iznacen); *buṣfair* (B. Menacer); *bu ṣeffaieṛ* (Meṭm.).

JE (Meṭmaṭa), *nets*, *netšaia*, *netšaiēn*. — (B. Salaḥ), *neχχ*.

JELLABA[1], vêtement d'homme, sorte de chemise en laine ordinairement à rayures blanches et noires, avec manches longues et capuchon, ouverte sur la poitrine [جلاب] : *ažĕllāb* (*u*), pl. *ižĕllāben*; dim. *θažĕllābθ* (*nže*); pl. *θižĕllābīn* (*nže*). — (B. Iznacen), *ážĕllāb* (*u*). — (Meṭm.), *ajellāb*, pl. *ijellāben*; *θaqeššabīθ*, pl. *θiqeššābīn*. — (B. Menacer), *θažellābθ*, pl. *θižellūba*.

JEUDI, *ássu δélḫmīs*, c'est aujourd'hui jeudi; *azdén léḫmīs*. — (B. Iznacen), *ẹḍmilléḫmīs*; *ẹḍenĕlléḫmīs*. — (Meṭm.), *asselleḫmis* [خميس].

JÉSUS, *siiéδna ɛisa bnú Meriem* (B. Snous, B. Iznacen, Meṭm.).

1. Cf. W. Marçais, *Tanger* [جلب — قشّب], p. 251 et p. 427.

JETER[1] (jeter de côté une chose inutile), *îri*; p. p. *i̯îri*; p. n. *ūr-i̯îri-š*; H., *gâr*; n. a. *ai̯i̯ār* (*u̯a*); *θamîriūθ* (*te*); *semδaγ δi-tmîriūθ nu̯èδfel si-tesdīhθ*, j'ai fini de jeter la neige de la terrasse; d'une chose jetée, abandonnée, on dit *mîri* (V. ÊTRE VIDE); se jeter : *emmīr*; il se jeta à l'eau : *i̯emmīr δi-u̯āmān*; H., *tmira*; *zéru̯ẹ̊d*, lancer au loin; p. p. *izeru̯ẹ̊d*; p. n. *ūr-izrūd-eš*; H., *dzéru̯ād, dzérūd*; n. a. *azeru̯ẹ̊d*; *zérūd-ās táůqīθ*, lance-lui une pierre (ar. tr. *zéru̯ẹ̊t*); *éθreš*, lancer à qqn. de la terre, des pierres pour le frapper; p. p. *iẹ́θreš*; p. n. *ūr-i̯íθrīšeš*; n. a. *áθrāš* (*u*) (ar. tr. *terš*); *merreγ*, jeter qqn. à terre; p. p. *imerreγ-īt*, il le jeta à terre; H., *tmérreγ*; *amerreγ* (*u*) [مرغ]; se jeter : *zéru̯ẹ̊d* (ou) *tuazeru̯ẹd*; il se jeta à l'eau : *ituazéru̯ẹ̊d íu̯āmān*; dans un jeu qui consiste à se jeter dans l'eau, dans le sable, on dit : *i̯ímzeru̯ẹ̊d*; H., *qa-itemzīru̯ẹ̊d*, il se jette à l'eau; *mzéru̯ẹ̊d*, se lancer des pierres; s'élancer sur qqn. : *tuazeru̯ẹ̊d*; le lion se jeta sur la brebis : *áirāδ ituâzeru̯ẹ̊d ḫtéḫsi*; H., *tuâzeru̯ād*. — (Zkara), *ẹi̯i̯er*; p. p. *îrīγ, i̯îri*; H., *gâr*; p. n. *ūr-i̯îri-š*; fut. nég. *gîr*; n. a. *ái̯ri* (*u̯a*). — (B. Iznacen), *emder*; H., *metter*. — (Meṭmaṭa), *emṭer*; p. p. *imṭer*; p. n. *ūr emtiγγeš*; H., *tméṭṭār*; n. a. *amṭār*. — (B. Ṣalaḥ), *emṭer*; p. p. *imṭer*; p. n. *ūr emtīrγeχ*; H., *meṭṭer*; n. a. *meṭṭūr*.

JEUNE, il est jeune : *ssenn-ennes δamzi̯ān* (V. PETIT).

JEUNESSE, *θĕmzii̯*; dans ma jeunesse : *δi ṭĕmzii̯-īnu*.

JEÛNER, *ẓûm*; p. p. *íẓūm*; p. n. *ūr-íẓūmeš*; H., *dẓūm*; *âẓūm* (*ù*); je suis à jeun : *nétš δaṣẹ́i̯i̯ām*, pl. *i-en*; *θaṣẹi̯i̯amt*, pl. *θi-īn*. — (Zkara), *ẓûm*; p. p. *ẓûmeγ*, j'ai jeûné; *ūr íẓūm*, il n'a pas jeûné; n. a. *âẓūm*; H., *tẓûm*. — (Meṭmaṭa), *ẓûm*; *ẓẓūmeγ*;

1. Cf. R. Basset, *Loqm. berb.*, p. 300 √GR. — *Zenat. Ouars.*, p. 94 : *emṭer*. — W. Marçais, *Tanger* [طورز], p. 319.

izzūm; p. n. *ūr-ízzūmeš*; H., *dzūm*; n. a. *azūmi*. — (B. Ṣalaḥ), *ūzūm*; p. p. *iūzūm*; p. n. *ūzūm*; H., *ṭūzūm*; n. a. *ūzūm* [صوم].

JONCHER (le sol de tapis, de couvertures, de nattes), *éssu* (faire un lit); p. p. *iíssu*; p. n. *ūr-iíssuš*; H., *téssu* [V. LIT : θúsūθ (*tu*)]. — (B. Iznacen), *éssu*; p. p. *íssu*; p. n. *ūr-íssuš*; Hab. et fut. nég. : *téssu*; n. a. θássūθ. — (Meṭm.), *essu*; p. p. *issu*, et p. n.; H., *tessu*; n. a. *tūsūθ*. — (B. Ṣalaḥ), *essu*; p. p. *ssīγ*, *issa*; H., *tessu*; lit : θūsūθ.

JONC[1], grands joncs : *ásellbu* (Meṭm.); petits joncs : *smâr* (Meṭm.). — (Meṭmaṭa), grand jonc : *asellĕbu*; petit jonc : *smār*. — (B. Salaḥ), *ssmār*. — (B. Mess), *āzma*.

JOUER[2], *ûrār*; p. p. *iûrār*; p. n. *ūr-iûrāreš*; H., *tûrār*; n. a. *ûrār* (*ụu*); les enfants aiment le jeu : *irbân qāsén ûrār*; f. fact., *sûrār*; H., *tsûrār*; on appelle aussi *ûrâr* les fêtes du mariage; *ieggu ūrâr δi ụèršâl ĕniéllis*, il donna une fête pour le mariage de sa fille. — (B. Iznacen), *îrār* et *ûrār*; p. p. *iûrār*; p. n. *ûr-iûrāreš*, et *iîrār*, *ūr-iîrāreš*; H., *íttūrār* et *íttīrar*; n. a. *ûrār* et θ*îrār*. — (Zkara), *îrār*; p. p. *iûrar*; H. et fut. nég., *tîrār*; p. n. *ūr iîrāreš*; *ûrār*, jeu; *airar* (*ụi*). — (Meṭmaṭa), *ûrār*; p. p. *ūrāreγ*, *iūrāγ*; H., *tûrār*; p. n. *ūr-iûrāreš*; n. a. *ûrār*; faire jouer : *sūrār*. — (B. Ṣalaḥ), *irār*, pl. *îrāre*θ; p. p. *iîrār*; p. n. *ūr-iîrāreχ*; H., *ṭîrār*; n. a. θ*îrār*θ. — (B. Messaoud), *irār*, pl. *irāre*θ; ne joue pas : *ūṭirāχ*; ne jouez pas : *ū-ṭirā*θ*eχ*. — (B. Menacer), *urār* (R. B.). — (B. Sn.), *qémmèr* [قمر], jouer de l'argent aux cartes; H., *tqémmer*; *aqemmèr* (*u*); *rûne*δ, jouer à la rounda; *trûn*δ; *ṭûres*, se divertir,

1. Cf. R. Basset, *Zenat. Ouars.*, p. 94 √S L B. — Boulifa, *Demnat*, p. 34 : *azmai*.
2. Cf. R. Basset, *Loqm. berb.*, p. 330 √OU R R. — *Zenat. Ouars.*, p. 94. — *B. Menacer*, p. 63.

ne pas travailler; p. p. *iṭûres*; p. n. *ūr-íṭūrseš*; H., *ṭûrīs*; *aṭūres* (*u*) (ar. tr. *răh itūres*; *răh hăiem*); jouer d'un instrument[1], *ĕûẓeθ* (V. FRAPPER); il joue de la flûte : *qa-ítšăθ ðitémža*.

JOUE[2], *lḥắñk* (ar.) (partie osseuse); *léḥnūk*; *eddɣen* (partie musculaire); *lédɣăn*. —(B. Iznacen), *amĕggīz*. — (B. Menacer, Meṭmaṭa), *aɣesmar*, *iɣesmăren* (V. MACHOIRE).

JOUG[3], *zắịlu*, pl. *izăịluịĕn*. — (B. Iznacen), *zắịlu*; pl. *izaịluịen*. — (Meṭmaṭa), *zağlu* (*u*), pl. *izuğla*. — (B. Menacer), *zaịlu*, pl. *izuịla* (R. B.).

JOUR[4], *áss* (*ua*), pl. *ussạn* (*ẓu*); un jour : *ídž-ŭẓăss*, *ídžen-ŭẓăss*; deux jours : *iûmăịen* (ar.), ou *θnâịen ẓússăn*; le jour se leva : *iûlị ass* (ou) *iûlị ẓass*; *iûðĕf-ass*; *iûðĕf ẓass*; le jour finit : *iíɣli ass*; chaque jour : *kúlla-iūm* (ar.), *kúllĕssă* [ساع], *kúllăss*; de jour : *ĕǵǵẓass*; de ce jour : *sẓassu*. — (B. Iznacen), *áss*, pl. *ússăn*. — (Zkara), *ass*; le jour vint : *iûli ŭẓass*; un jour : *idž uẓass*; chaque jour : *kúlla ịum*; de ce jour : *seǵ ẓássu*. — (B. Menacer), *ass* (*ua*). — (Meṭmaṭa), *ass* (*ua*), pl. *ussān* (*ẓu*); de jour : *ðugguas*; deux jours : *iumaīn* (ar. tr. *iumīn*).

JOYEUX (V. HEUREUX); pousser des cris de joie (femme) : *slīluẓ*; *isliluẓ*; *ūr isliluẓĕš*; *slīliu*; *aslīlu* (ar. tr. *zeɣret* ou *uelẓel*). — (Meṭm.), pousser des cris de joie : *seɣreθ*; f. p. *seɣreθemt*; p. p. *seɣreθ*; n. a. *aseɣreθ*. Cf. Beaussier [زغرط].

JUGER, *ĕḥkem* (ar.); p. p. *iéḥkem*; p. n. *ūr-éḥkīmɣeš*; H., *tḥék-*

1. Cf. R. Basset, *Loqm. berb.*, p. 328 √OUTH.

2. Cf. R. Basset, *Zenat. Ouars.*, p. 94 √GI. — *B. Menacer*, p. 63. — *Rif*, p. 111 : *amgiz*.

3. Cf. R. Basset, *Zenat. Ouars.*, p. 94 √ZIL. — *B. Menacer*, p. 63.

4. Cf. R. Basset, *Loqm. berb.*, p. 263 √S. — *Zenat. Ouars.*, p. 94. — *B. Menacer*, p. 64.

kem; n. a. *áḥkām* (*ṷa*). — (Zkara), *ĕḥkem*; p. p. *ịéḥkem*; p. n. *ūr-ịéḥkīmeš*; H., *ḥekkem*; n. a. *aḥkām* (*ṷa*).

JUGE, *ĕžžūž*, pl. *ĕžžūžāθ*. — (B. Iznacen), *lqâịeɛ̃* (ar.). — (Meṭm.), *ljūj*, pl. *lejuāj*.

JUGULAIRE, *ddîr*, *lédịūr*. — (B. Iznacen), *ddîr*. Cf. Beauss. [دير].

JUIF, *ūɛ̃äị* (*ṷû*), pl. *ūɛ̃äịen*; f. s. *θûɛ̃äịθ*; f. pl. *θūɛ̃äin*. — (B. Iznacen), *hûɛ̃äị*. — (Meṭm.), *idž uūɛ̃äị*, pl. *uɛ̃aịen*.

JUIN, *ịûnịu*.

JUILLET, *ịûlịu*.

JUJUBIER[1], *θázŭġġᵘarθ* (ar. tr. *ssédra*), pl. *θízūrīn*; on dit aussi : *zfîzefθ*, coll. *zfîzef*, jujubier cultivé; le fruit du jujubier s'appelle *ĕnnbeg* (ou) *ambāg* (*u*); jujube : *zefzūf*. — (B. Iznacen), *θazĕqqᵘarθ* et *zfîzef*. — (Meṭm.), *θazuġġᵘarθ* (*dz*); (son fruit : *azāren*); *lɛánnāb*. — (B. Menacer), *θazuġġᵘarθ* (R. B.). (Cf. Beauss., زفزوف et نبق.)

JUMEAU[2], *aśniu* (*u*), pl. *iśniṷen* (A. L.); *îśen* (*k*); *īdž-îśen*, pl. *íśnīṷen*; f. s. *θîśent*; f. pl. *θiśnīṷin*. — (Zkara), *áχniu*, pl. *iχniṷen*; f. s. *θáχniūθ*; f. pl. *θiχnīṷīn*. — (B. Iznacen), *iχen*, pl. *iχniṷen*. — (Meṭm.), *iken*, pl. *ikniṷen*.

JUMENT[3], *θáịmārθ* (*ti*), pl. *θiịmārīn* (*tiị*). — (B. Iznacen), *θáịmārθ*, pl. *θiịmarin*. — (B. B. Z., O. Amer), *θáịmārθ*. — (Zkara), *θáịmārθ*. — (Bou Semghoun), *teimārθ*. — (Meṭmaṭa), *θáğmārθ*, pl. *θiγallīn*; sur la j. : *fθéğmārθ*. — (B. Mess., B. Salaḥ), *θáğmārθ*. — (B. Menacer), *θáimārθ*, pl. *tiγallīn* (*tγ*). — (Senfita), *haimārθ*. Chez les B. Sn., au fém. pl. on emploie aussi *θiγallīn* (*ann tγ*).

1. Cf. R. Basset, *Zenat. Ouars.*, p. 94 √Z G R. — *B. Menacer*, p. 64.
2. Cf. R. Basset, *Zenat. Ouars.*, p. 94 √K N.
3. Cf. R. Basset, *Loqm. berb.*, p. 304 √G M R. — *Zenat. Ouars.*, p. 94. — *B. Menacer*, p. 64.

JURER[1], *džall*; p. p. *idžull*; p. n. *ūr-ídžulleš*; H., *džalla*; n. a. θ*ižilla* (K); θ*ižulli* (A. L.) (ar. tr. *ḥéléf*). — (Zkara), *édžall*, p. p. *džúlleγ*, *idzull*; p. n. *ūr-ídzull*; H. et fut. nég., *tedžall*; n. a. *adžall*. — (Meṭmaṭa), *džā́ll*, p. p. *džulleγ*, *idžull*; p. n. *ūr-ídžulleš*; faire jurer : *zžall*; H., *džalla*, n. a. *adžalli*. — (B. Salaḥ), *ggāll*, p. p. *gúlleγ*, *íggūll*; p. n. *ur iggulχ*; H., *ṭgâlla*; n. a. θ*igūlli*.

JUSTE (Être), il a été juste à son égard : *iûš-ās lḥáqq ĕnnes* (ar.); il est trois heures juste : *ĕttlâθa qâit qédqéd* (ar.).

JUSTICE, aller en j. : *mšârāε*; H., *témšārāε*; la justice : *ĕššerăεă*; *rōḥén aδémšārāεen*, ils allèrent devant la justice. — (B. Iznacen), justice : *ĕššériεă*. — (Meṭm.), *eššérāε*; se traduire en justice : *mšaraε* [شرع].

JUS (d'un fruit) : *âmān*; (sauce) : *lmérq* (ar.).

JUSQUE[2], devant un nom : *āl*; il marcha jusqu'à la rivière : *ieiiûr âl-iīγzer*; (attends) jusqu'à demain : *állaitša*. — (Zkara), jusqu'à la rivière : *âl-iīγzer*. — (B. Sn.), devant un verbe : *āl*; il fut malade au point de mourir : *iéhleš âl-iémmūθ* (ou) *âl iéḫs ă-ímmeθ*. — (Zkara), jusqu'à ce qu'il mourut : *γâs āl-ímmūθ*. — (Meṭm.), *ammi*; *ammi immūθ*, jusqu'à ce qu'il mourut; *ammi δāδrār*, jusq. la montagne; *ammi ddāδ*, jusque là-bas; —*ammidda*, jusqu'ici; *ammid γelsauent*, jusqu'en haut; *āl*; *āl-iγzer*, jusqu'à la rivière; *almi*; *almi ttammūrθ-ĕnneš*, jusqu'à ton pays; *qīm δăiă āl-ĕddūleγ*, reste-là jusqu'à ce que je revienne.

1. Cf. Boulifa, *Demnat*: *gal*, jurer.

2. Cf. R. Basset, *Loqm. berb.*, p. 310 √M. — *Zenat. Ouars.*, p. 94. — *B. Menacer*, p. 64.

K

KABYLE (Meṭm.), les gens de la plaine du Chélif appellent *qbail* les Meṭmaṭa, soit sédentaires, soit nomades, parce qu'ils parlent berbère (de même pour leurs voisins les Haraoua, les Beni Ṣalaḥ, qui parlent berbère); un Kabyle : *idž uqbaili*, pl. *leqbail*; *Izuauen ðleqbail*, les Zouaouas sont Kabyles [قبايل].

KIF, *läḥšīšθ* (ar.), fumer du Kif [كيف] *eθkiiief*; p. p. *iθkiiief*; H., *tetkiiief*.

KILO (Meṭm.), *lkilo*; *sγiγ lkilo uuâren*; *θlâθa nelkîlauāθ*, trois kilogs.

L

LÀ[1], va là, là-bas (au loin) : *éiiūr γer-γūrīn*, (ou) *áurrāš*; *imeḍ áuīn*, passe là-bas; va là (tout près) : *éiiūr dīnn* (ou) *dînni*; cet homme-là : *ärgāz-īn* (*ĕnni*); de là : *síssīn, sĕnni, sísĕnni*. (B. Iznacen), assieds-toi ici : *qiiiem sa*; assieds-toi là : *qiiiem dinn*; va là-bas : *rŏḥ ðihīh*. — (Meṭm.), *ðīnn*, là tout près (ar. *θemm*); *uggūr γād*, va là-bas (ar. *lhīh*); là-bas : *dāð*; *iūsed ssāð*, il vient de là-bas (*men hīh*); jusque là-bas : *ammiddāð*. — (B. Menacer), cours là-bas : *azzel auīr*; de là-bas : *seg-auīr*; fuis au loin : *eruel γādi*.

LABOURER[2], *éšrez* (A. L.); p. p. *iéšrez*; p. n. *ūr-šrízγeš*; H., *šerrez*; n. a. *ašrāz* (*u*); *θašerza* (*tš*), labourage; *éšrež*, *iéšrež* (Kef);

1. Cf. R. Basset, *Loqm. berb.*, p. 319.

2. Cf. R. Basset, *Loqm. berb.*, p. 294 √K R Z; p. 248 √R Z. — *Zenat. Ouars.*, p. 95.

p. p. *ŭr-eśrižγeś*; H., *tśerrež*; n. a. *áśrăž* (*u*); θ*aįerza* (*tį*), labourage; *eχrez* (B. B. Saïd) et *ḫérreq* (ar.); H., *tḫerreq*; donner un premier coup de charrue : *éqleb* (ar.); *įíqleb*; *ŭr-qlĭbγeś*; *qelleb* (A. L.); *tqélleb*; *aqlĭb* (*u*); ce champ a été labouré : θ*arqi*ɛ*ăθu teśrez*; ce champ est labouré : *eįįerú qă-ítụăśrez*; *eįįrąnu ĕmśérzen*, ces champs sont labourés. — (B. Iznacen, Zkara), *exrez*; p. p. *ixrez*; p. n. *xrĭz*; H., *xerrez*; n. a. θ*axerza* (*tx*). — (Meṭm.), *eχrez*; p. p. *iχrez*; p. n. *χrĭz*; H., *χerrez*; n. a. *taxerza*. — (B. Salah), *eχrez*; p. p. *iχrez*; p. n. *ŭr-iχrĭzeχ*; H., *kerrez*; labour : θ*aįerza*.

LAC[1] (bassin de l'oued, étang), θ*âla* (*ntâ*) ou (*n*θâ); θ*âlaụĭn* (*ntâ*); *gélmăm*, petit lac (K.). — (B. Izn.), θ*ăla* (*ta*), pl. θ*ălauin*; flaque d'eau : *aįelmăm* (*u*). — (Meṭm.), θ*ăla* (*tă*); pl. θ*alaụin* (*ta*). — (B. Men.), θ*am*ɛ*a* (*ta*).

LÂCHER[2], *erzem* (et *erẓem*); p. p. *įérzem*; p. n. *ŭɛ-erzĭmγeś*; H., *rezzem* (A. L.); *trezzem* (K.); n. a. *arzam* (*ụè*) (ar. tr. *eṭlĕq*); être lâché : *nûrzem*; le chien est lâché, m'a échappé : *aiɛí innúrzem-įįi*; H., *tnerzăm*; ou bien : *aiɛí infélt-įįi si-ûfŭs*; H., *tneflăt* (ar. tr. *flét-li*). — (B. Iznacen, Zkara), lâcher : *erzem*; p. p. *irzem*; p. n. *rzĭm*; H., *rezzem* et *redzăm*; f. n. *redzĭm*. — (Meṭm.), *erzem*; p. p. *įerzem*; p. n. *rzĭm*; n. a. *arezzum*; faire lâcher : *serzem*; H., *serzăm* (Brab.-Chl. *erzem*).

LAINE[3], θ*âḍŭf*θ (B. Sn., B. Izn., Zkara, B. B. Z.); un peu de laine : *śụí néḍḍŭf*θ; flocon de laine : θ*íṣŭfet* (*tṣ*) [صوف], pl. θ*íṣŭfĭn* (*tṣ*); tresse de laine et de poil de chèvre : θ*ĭɛli* (*teɛ*); θ*ĭɛĕlụin* (*nde*); au lieu de *tiṣŭfe*θ on dit aussi : (B. Sn., Zkara), *amĕtśim* (K.), *anĕtśĭm* (A. L.); *i-en* (K., A. L.). — (B. Izn.), un

1. Cf. Boulifa. *Demnat* : *amda*, p. 338.
2. Cf. R. Basset, *B. Menacer* : *erḫ*, pr. *ierḫa*. — Boulifa, *Demnat* : *ezem*, p. 350.
3. Cf. R. Basset, *Loqm. berb.*, p. 246 √D'OU F. — *Zenat. Ouars.*, p. 95. — *B. Menacer*, p. 64.

peu de laine : *šṵaḭ endūfθ*. — (Meṭmaṭa), *θādūfθ* (*ddu*); toison : *ilīs*, pl. *ilīsen*; *ametšīm* (*u*), *i-en*. — (B. Salaḥ), *θadūṭ*. — (B. Mess.), *θadōṭ*. — (B. Men.), *θadūfθ* (R. B.); laine filée : *ūsθu*; une jellaba de laine : *θažellābθ ĕndūfθ*. — (Senfita), *hadūfθ*.

LAISSER, *ĕdž*; laisse-le : *ĕdž-īθ*; p. p. *ídžu*, *dzīn*; p. n. *ūr-ídžūš*; H., *tedža*; n. a. *θmedža* (*ṵa*) et *θámedžiūθ* (*tm*); pass. *tuādž*; H., *tuādža*; on dit aussi : laisse cet enfant : *ehδát eḫḫeš*; H., *hedda* (V. ABANDONNER, p. 2).

LAIT[1], lait fraîchement trait : *aγí ịaš fai̥*; un peu de lait : *šṵí nûγi*; lait aigre, séparé du beurre : *āγí ĭásĕmmām* (*llᶜben*); lait caillé : *átšīl* (*nṵu*) (ar. tr. *erráịeb*); lait frais, que l'on a laissé refroidir : *āγí mízēḍ*; lait séparé du fromage, sérum : *lmêṣ*; lait coupé d'eau : *āγí īmšénnen* (ar. tr. *šnīn*) [شنين]. — (B. Izn.), *āγi* (*u*); un peu de lait : *šṵai ūγi*; lait caillé : *atšīl* (*ua*); on appelle *θaiššūlt* (*ti*), pl. *θiiššāl*, le récipient dans lequel on fait cailler le lait. — (Bou Semg.), *āγi*. — (Meṭm.), lait frais : *āγi*; lait aigre : *šnīn*; lait caillé : *atšīl*. — (B. Ṣalaḥ, B. Mess.), lait frais : *iγi*; lait caillé : *ikkīl*. — (Senfita), lait frais : *āγi*; lait caillé : *atšīl*. Cf. Beauss. [ميص].

LAME, *θánṣelθ* (*te*), pl. *θineṣlīn* (*tné*). — (B. Izn.), *θanslexθ* [نصل].

LAMENTER[2] (Se), *θūṵeγ*; p. p. *iθuṵeγ*; p. n. *ur-iθuṵγeš*; H., *tuṵṵeγ*; *atuṵṵeγ* (*u*). — (Meṭm.), *tuṵeγ*, crier, pleurer; *tuṵṵeγ*, se déchirer les joues avec les ongles en signe de douleur. — (Meṭm.), *θella θetšāθ δug ịežδūṛ*, elle se déchire la figure.

LANCER, lance une pierre : *sīṵĕḍ tauqīθ* (V. ARRIVER); lancer une toupie (V. JETER) (ar. tr. *qīs*); lance un bâton : *eqqes*

1. Cf. R. Basset, *Loqm. berb.*, p. 276 √R'. — *Zenat. Ouars*, p. 95 √TCH L.
2. Cf. R. Basset, *Loqm. berb.*, p. 302 √G J D R.

θaγrīθ; H., *teqqes* (ou) *slūu̯aḥ*. — (Meṭm.), *emṭer* (V. JETER); lancer une pierre avec une fronde : *zäref*; H., *dzäräf*.

LAMPE, lampe à huile en terre : *lqéndīl nûšāl*, pl. *leqnâdel*; lampe à huile en fer (en forme de tortue) : *lqendīl ĕnịifker*; lampe en cuivre : *lqendīl ĕnu̯éldūn*; lampe des Européens : *lâmba*, pl. *lâmbaịāθ*; *θáṣĕbḥīθ*, pl. *θiṣbaḥiịīn* (ar. tr. *lmĕṣbāḥ*). — (Meṭm.), *llāmbeθ*, pl. *llāmbāθ*. — (B. Men.), lampe en terre : *lmeṣbāḥ*, pl. *lemṣābēḥ* [قنديل-صبح].

LANGUE[1], *īles*; le frein de la langue : *azu̯ér ịīles*, pl. *īlsān* (*nịi*) (et) *ilsāu̯ĕn*. — (B. Izn.), *īlĕs* (*ịi*), pl. *ilsauen* (ann. *i* et *u̯a*). — (Bou Semg.), *īlĕs*. — (Meṭm.), *īlĕs*, pl. *ilsau̯en*; avec la langue : *sịīles*. — (B. Salaḥ, B. Mess.), *īlĕs*, pl. *ilsau̯en*. — (B. Menacer), *īlĕs*, pl. *ilsau̯en* (et) *ilsan* (R. B.). — (Senfita), *īles*; la pointe de la langue : *θašebbūbθ ịīles*.

LANIÈRE (de cuir) (Meṭm.), *essebθeθ* [سبت].

LANTERNE, *léfnār* (*llé*); *lefnārāθ* (*llé*). — (Meṭm.), *lefnār*, pl. *lefnārāθ* (fanal).

LAIE, *θilefθ* (*tī*) (B. Sn., B. Izn., Zkara, B. B. Z.), pl. *θilfān* (*tī*) (et) *θilfau̯in* (*tī*), et *θilfāθīn* (B. Izn.). — (Meṭm.), *tḫūda*, pl. *ttḫaid*, c'est le féminin de *ššāmeḫ*, pl. *ššuameḫ*, (ar.) gros sanglier; *θilfet* désigne une jeune laie.

LAPER, *ḥälūu̯*, p. p. *ịäḥlūu̯*, *ḥälu̯eγ*; p. n. *ūr ịäḥliuš*; H., *ḥällu* (A. L.), *tḥällu* (K.); n. a. *áḥlaū* (*u̯a*) (ar. tr. *eḥsi*). — (B. Izn.), *esleq*; H., *selleg*; n. a. *aselleq*. — (Meṭm.), le chien lape : *aịδi illa islāttaị* (de) *eslātti*.

LAPEREAU, *aḫerbūš* (*u*) (B. Sn., B. B. Zeggou), pl. *iḫerbūšen* (et) *iḫerbāš*. — (Meṭm.), *aḥerbūš* (*u*), pl. *iḥerbāš* [خربش].

LAPIDER, *eržem* (*īθ*); p. p. *ịeržem*; p. n. *ūδ-eržīmγeš*; H., *režžem*;

1. Cf. R. Basset, *Loqm. berb.*, p. 308 √LS. — *Zenat. Ouars.*, p. 95. — *B. Menacer*, p. 65.

n. a. *aržām* (*ụé*) ; ils le lapidèrent : *nγínt sụéržām*. — (Meṭmaṭa), *eržem* ; *iržem* ; *ržīm* ; *režžem* ; *aržām* (*u*).

LAPIN[1], θ*ágᵉnīnt* (A. L.) (*te*), pl. θ*ígnīnīn* ; θ*aqnennīθ* (*tqe*) (K.) (B. Sn., Zkara), pl. θ*iqnennāị* (*tqe*) (ou) θ*iqnenniịin*. — (B. Izn.), θ*aqnennexθ* (*te*), pl. θ*iqnennai*. — (B. Salaḥ, B. Mess.), *agnīn*, *legnīn* (ar.). — (Meṭm.), θ*agnīnt* (*te*), pl. θ*ignīnīn*. — (B. Menacer), *agnīn*, θ*agnīnt*. — (B. Sn.), endroit peuplé de lapins : θ*amdînt ntĕqnennāị* (*te*), θ*ímdīnīn* (*te*).

LARGE, *mîrịu* ; fém. θ-θ ; m. pl. *imīrīụen* ; f. pl. θ*i-in* ; on dit aussi : il est large : *ịiriu* ; largeur : θ*ārūθ* (A. L.) (et) θ*ārịūθ* (K.). — (B. Izn.), large : *miriu*, pl. *i-en* ; f. s. θ*mīriuθ* ; f. p. θ*imiriuin* ; largeur : θ*ahriūθ*. — (Meṭm.), *iriu*, p. p. *ịiriu*, il devient large ; large : *miriu* ; f. θ*miriuθ* ; pl. *i-en* ; θ*i-in*. — (B. Men.), *mirau*, pl. *i-en* (Rif-Mtalṣa) *miriu*.

LARMES[2], *amĕṭṭa* (*u*) (B. Sn., B. Izn.), pl. *imeṭṭaụen* ; *ameṭṭa* (ar. tr. *lbĕki*) désigne à la fois les larmes et les plaintes d'une personne qui pleure ; une larme tomba sur ma main : *ĕddémăεāθ tḥûf ḫûfūsīnu* (ou) *ĕddémăεāθ numĕṭṭá tḥûf* plutôt que *ameṭṭá tḥûf* ; — *ddémăεāθ*, pl. *ddémuεā* [دمع] ; j'ai entendu des pleurs (le bruit des pleurs) : *slîγ lḥéss númĕṭṭa*. — (Meṭmaṭa), *imeṭṭaụen* (*sg* ?), larmes (V. *īl*, PLEURER). — (B. Salaḥ, B. Messaoud), *imeṭṭaụen*. — (B. Menacer), *imeṭṭa* (*u*), pl. *imeṭṭaụen*. — (Senfita), *imeṭṭaụen*.

LATRINES, les urines, les eaux ménagères sont jetées dans un canal, à l'intérieur de la maison ; elles s'écoulent à l'extérieur par un trou pratiqué dans le mur ; ce canal s'appelle *lméžreθ*. (Chacun va déposer ses excréments hors du village.) On appelle θ*imĕṭhārθ* (*tm*), pl. θ*imṭhārīn*, les lieux

1. Cf. R. Basset, *Zenat. Ouars.*, p. 95. — *B. Menacer*, p. 65.
2. Cf. R. Basset, *Loqm. berb.*, p. 316 √M T'. — *Zenat. Ouars.*, p. 95.

d'aisances des mosquées, des maisons des villes. — (Meṭmaṭa), *lḫuṛṛėθ* (ar. *lḫurra*), trou percé dans le mur pour laisser passer l'urine des bêtes [جرى — خرّ — طهر].

LAURIER-ROSE[1], *ālīli* (*nû*) (B. Sn., B. B. Zegg., Zkara). — (B. Izn.), *aliilī*. — (Meṭm.), *alīli* (*ū*).

LAVER[2] (être lavé), *irīδ*; p. p. *iirīδ*; p. n. *ū-iirīδeś*; H., *tirīδ*; laver : *sîreδ*; p. p. *issīreδ*; p. n. *ūr-sîrδeγeś*; H., *sirīδ*, *sârāδ*; A. nég., *sirīδ* (A. L.); n. a. *asīreδ* (*u*); objets lavés : *arrūδ* (*ua*); faire un lavage léger, à des vêtements d'enfants, par exemple (ar. tr. *ṭáhhar*) : *mésmeṣ*; p. p. *imeṣmeṣ*; p. n. *ūr-imeṣmĕṣeś*; H., *tmeṣmeṣ*; n. a. *amesmes* (*u*). — (Meṭm.), *meṣmeṣ*; H., *tmeṣmeṣ*; laver à grande eau la maison : *slîl* (B. Sn., B. Izn.) (ar. tr. *śéllel*); p. p. *íslil*; p. n. *ūr-íslīleś*; H., *slila*; n. a. *aslīl* (*u*); on dit encore : *sékk-amān ḫifâssennes*, fais passer de l'eau sur tes mains; laver en frappant les vêtements avec un battoir : *ṣébben* (B. Sn., B. Izn.); p. p. *iṣėbben*; H., *tṣébben* (B. Sn., B. Izn.); n. a. *aṣėbben* (*u*); *θaṣbbānt* (*tṣe*) (B. Sn., B. Izn.), battoir en bois de noyer, de micocoulier, de frêne; pl. *θiṣbbānīn* (*tṣe*); *θaṣffāḥθ núṣebben* ou *θimeṣbent*, dalle sur laquelle on lave le linge [صبن]. — (B. Izn., Zkara), être lavé : *irīδ*; p. p. *iirīδ*; H., *tīrīδ*; laver : *sīreδ*; p. p. *issīreδ*; p. n. *sirīδ*; H., *sārāδ*; f. n. *sīrīδ*; n. a. *asīreδ*. — (Meṭm.), laver : *sīreδ*; H., *ssārāδ*; n. a. *asīreδ*; mon burnous est lavé : *abernūs-īnu iirīδ*; H., *tīrīδ*. — (B. Salaḥ), être lavé : *irīδ*; laver : *sīreδ*; p. p. *issīreδ*; H., *ssīrīδ*; n. a. *θarūδi*.

LE[3] (Meṭm.), frappe-le : *ūθ-iθ*; casse-le : *erz-īθ*; je l'ai vu : *zrīḫθ*; donne-le moi : *ūśaiīθ* (V. GRAMM., pp. 71-74).

1. Cf. R. Basset, *Zenat. Ouars.*, p. 95. — *B. Menacer*, p. 65.
2. Cf. R. Basset, *Loqm. berb.*, p. 247 √RD'. — *Zenat. Ouars.*, p. 95.
3. Cf. R. Basset, *Études dial. berb.*, p. 95 et suiv. — *Loqm. berb.*, p. 231 √TH. — *Zenat. Ouars.*, p. 36. — *B. Menacer*, p. 36.

LÉCHER[1], *élleγ*; p. p. *iilleγ*; p. n. *ūδ-elliγγeš*; H., *telleγ*; n. a. *allaγ* (*ụa*) (et) *alūγ* (*u*). — (Meṭm.), *elleγ*; *illeγ*; p. n. *llīγ*; H. *telleγ* (Rif-Brab.-Chl.) : *elleγ*.

LÉGER[2], il est léger : *δnúfsūs*; f. *θnúfūst*; m. p. *inufsūsen*; f. p. *θinufsūsīn*; p. p. *ufsūseγ*, *iúfsūs*; p. n. *ūr-iúfsūseš*; H., *túfsūs*; légèreté : *θúfsūst* (*tu*); on dit aussi, en parlant d'une bête malade : *túḫfūf si-ụīsūm*, sa viande s'est allégée [خوّف]. — (Zkara), léger : *nufsus*; *iufsūs*. — (B. Iznacen), il est léger : *ifsūs*; pl. *fsūsen*; léger : *nufsūs*; f. *θnufsust*; n. p. *i-en*; f. p. *θi-īn*. — (B. Men.), *ifsūs*, pl. *fsūsen*. — (Meṭm.), être léger : *fsūs*, p. *ifsūs*; elle devient légère : *θella θefses*, et *fsūs* invariable; je suis léger : *netš fsūs*; tu es léger : *šekk fsūs*; un homme léger : *ariāz fsūs*, pl. *iriāzen fsūs*; léger : *mufsūs*; f. *θ-t*; p. *i-en*, *θi-īn*.

LÉGUME, *lḫúḍreθ* [خضر], les produits du potager qui se mangent avec la viande : pois, courgettes, pommes de terre, fèves, choux, navets, oignons, ail, etc.; mais les figues, les abricots, les prunes, les pêches, les poires, les pommes sont aussi appelés : *lḫúḍreθ*, par opposition aux fruits secs; on appelle *lébqūl* [بقل] les herbes ou plantes sauvages comestibles : la mauve, la menthe, le tubercule dit *θaiennūnt*, la fleur de la férule, le cresson, etc. (B. Sn., B. Izn.). — (B. Izn.), *lḫūḍerθ*; on appelle *θmāzūzθ*, pl. *θimuzāz*, le maïs, le bechna, les citrouilles, les oignons, les tomates, les poivrons, les melons (parce que les semis se font tard) (ar. *lmazuziia*).

LENDEMAIN[3], *δụaitša*; il passa la nuit ici et partit le lendemain : *iinsu δāδí eδụaitšá írūụụāḥ* (V. DEMAIN). — (B. Izn.), *aitša*, *āl aitša*.

1. Cf. R. Basset, *Loqm. berb.*, p. 373 [ولغ].
2. Cf. R. Basset, *Loqm. berb.*, p. 285 √F S. — *Zenat. Ouars.*, p. 95.
3. Cf. R. Basset, *Loqm. berb.* √Z K, p. 256.

LENT (Être), *eshed*; *iished*; *ūd-shîdγeš*; *sehhed*; *ashād* (*u*); on dit : il marche avec lenteur : *qa ishhed selḫâḍer-ennes*, ou bien : *qa-íggūr sláεaqel*, (ou) *sláḥụa*; lent : *damshed*, p. *i-en*; f. s. *θ-t*, f. p. *θi-dīn*.

LENTES, *iūṭṭĕḍĕn* (B. Sn., B. Izn., Zkara); on dit aussi : une lente : *θíṣībet* (ar. tr. *ṣṣêb*). — (Meṭm.), *iụeṭṭĕḍen*. — (Chl. Brab : *iuṭṭen*) [صئب].

LENTISQUE[1], *fâḍẹs* (*u*); *ĕrrīḥéθ nûfāḍẹs*, l'odeur du lentisque; le fruit du lentisque : *lgūḍḍẹm*; le mot *θaqụāụẹšθ* désigne le fruit (comestible) du lentisque et celui du térébinthe. — (B. Iznacen), *fāḍẹs* (*u*); son fruit : *θīdeχθ* (*tī*). — (B. Salaḥ, B. Mess.), *afāḍīs*. — (Meṭm.), *fāḍīs*. — (B. Menacer), *fāḍīs*.

LENTILLES, *lεâdes* (ar.). — (B. Izn.), *elăεās*. — (B. Menacer), *elεās*.

LETTRE, *θābrāt* (*nte*) (B. Sn., B. Izn.), pl. *θíbrāθīn* (*nte*) (ar.).

LEUR, LEURS[2], adj. poss. : m. *ensen*, f. *ensent*.

LEUR, pr. poss. : m. p. *iāsen*, f. p. *iāsent*.

LEVAIN[3], *θamθumt* (*te*) (V. LEVER); un peu de levain : *šụīị entemθumt*. — (B. Ṣalaḥ), *amṭūn*. — (Meṭmaṭa), *amθūn*.

LEVANT, *ššerq* (ar.), *lžīhĕθ neššerq* (B. Sn., B. Izn.) (ar.).

LEVER (Se)[4], *ĕkker*, lève-toi; p. p. *ikker*; p. n. *ūdékkīrγeš*; H., *tnekkār*; n. a. *ûkūr* (K) (*u*), (et) *ákkār* (A. L.) (*ụa*), *tnekri*; faire lever : *sekker*; H., *sekkār*; on dit aussi à quelqu'un qui est assis : *bédd iúženna*, lève-toi (V. DEBOUT). — (B. Izn., Zkara), *ekker*, se lever; p. p. *ikker*; p. n. *kkīr*. — (B. Izn.), H., *tnekkār*; f. n. *tnekkīr*. — (Zek.), H., *tekker*; f. n.

1. Cf. R. Basset, *Loqm. berb.*, p. 214 √D' K. — *Zenat. Ouars.*, p. 95 √D' S.

2. Cf. R. Basset, *Études dial. berb*, p. 95 et suiv. — *Zenat. Ouars.*, p. 34. — *B. Menacer*, p. 35.

3. Cf. Provotelle, *Qala'a : amtun*, p. 121.

4. Cf. R. Basset, *Loqm. berb.*, p. 325 √N K R. — *Zenat. Ouars.*, p. 95. — *B. Menacer*, p. 66.

tekkīr; n. a. *tukkra*. — (B. Ṣalaḥ), *ekker*, p. p. *ikker*; il ne s'est pas levé : *ūr-ikkīreχ*; H., *ṭekker*. — (Meṭm.), *ekker*; faire lever : *sekker* (θ). — (B. Menacer), *ekker* (R. B.).

LEVER (en parlant de la pâte, fermenter), *emθen* (B. Sn., B. Izn.); p. p. *i̯ẹ́mθen*; p. n. *ūr-ímθīneš*; H., *témθīn*; n. a. *ámθān* (*u*) (V. LEVAIN). — (B. Izn.), la pâte lève : *immθen urexθi*.

LEVER, en parlant d'une graine : *ši̯i̯āɛ* [شيع]; p. p. *iši̯i̯āɛ*; p. n. *ūr-íšī̯āɛš*; H., *tšī̯āɛ*; n. a. *aši̯i̯āɛ* (*u*); (ou bien) *qā-issilíi̯ θíu̯ẹrqet*, *θánbbāt* (V. MONTER).

LEVER (relever, soulever); *isí iḫf-ĕnneš*, lève la tête; p. p. *i̯īsi*; p. n. *ūr-i̯īsiš*; H., *gessi* (A. L.); *agessi* (K.); n. a. *ti̯ísset* (A. L.) (et) *i̯iset* (K.). — (B. Izn., Zkara), *īsi*, p. p. *i̯īsi* (et p. n.); H., *gessi* (Zkara); *kessi* (B. Izn.) et *issi*; n. a. *θii̯sīt*. — (Meṭm.), *erfeδ* [رفد]; p. p. *i̯irfeδ*; p. n. *ūr-irfīδ*; H., *reffeδ*. — (B. Salaḥ), *erfeδ*; p. p. *i̯irfeδ*; H., *reffeδ*; on dit aussi : *sílii̯ iḫfĕnneš* (V. PORTER).

LEVRAUT, *lfèrḫ núi̯ẹrzīz* (ar.); on dit aussi : *aḫerbūš* (*u*), pl. *iḫerbūšen* (*ni*). — (B. Menacer), levraut, lapereau : *amlúγ*, pl. *imlaγ*.

LÈVRE[1], *θášnāfθ* (*te*), pl. *θišnāfīn* (*te*); *eššireb*, pl. *eššu̯árẹb*; *anšūš* (K.) (B. Sn., B. Izn.), pl. *insūšen*; dim. *θánšūšθ*, pl. *θinšūšīn*. — (B. Menacer), *ššīreb*, pl. *ššuāreb* (ar.).

LÉVRIER[2], *aslūgi* (*u*) [سلوقي], pl. *íslūgīi̯en* (*ni*); on appelle *aberhūš* (*u*), pl. *iberhāš* (*ni*); f. s. *θaberhūšt* (*teb*), f. p. *θiberhāš* (*teb*), le produit du croisement du slougi et du chien ordinaire. — (B. Izn.), *aslug*, pl. *islūgen*, *iselgān*. — (B. B. Zeggou), *uššai*.

LÉZARD[3], des murailles : *θanežδāmθ* (*tne*) [جدم], pl. *θinežδāmīn*

1. Cf. R. Basset, *Zenat. Ouars.* : *akmīm*, p. 95.
2. Cf. R. Basset, *Loqm. berb.*, p. 330 $\sqrt{\text{OUCH}}$.
3. Cf. R. Basset, *Zenat. Ouars.*, p. 96. — *B. Menacer*, p. 66.

(*tne*), (une fontaine sortira de la main de celui qui le tue en le frappant avec la main); gris : *θazelmùmmuīθ* (K.), et *θázer-mùmmuīθ* (A. L.); le mâle plus gros est appelé : *ázermémmu* (*u*), pl. *ízermémma*; vert : *ṣâd nifûnāsen* (K.); *ḥerṭân ĕddụâli* (A. L.) (ou) *abūlām* (*u*); gros lézard des roches : *aḇžūn* (*ụu*), pl. *iḇžūnen* (*ni*); autre variété : *ašérmšạn* (son urine produit des ampoules sur la peau). — (B. Izn.), *θazelmemmuxθ*, lézard gris; autres variétés : *ašermšāl*, *maεịeb ẓĕḷḷa*. — (Bou Semg.), *urān*, *aḥerδạn*. — (B. Ṣalaḥ, B. Mess.), léz. vert : *amūlāḇ*; léz. gris : *θazermemmụīt*. — (Meṭm.), léz. gris : *θazelmemmuxθ*; léz. vert : *būlāb*. — (B. Menacer), léz. vert : *bihemmīš*; léz. gris : *hazelmemmūxθ* [ورل].

LIBÉRER, *serrèḥ*; H., *tsérrèḥ*; n. a. *aserrèḥ* (*u*); *erẓem* (V. LACHER); il est sorti de prison : *itụaserréḥ sí-lḥäps*; je suis libéré : *aqlí δímserrèḥ*, pl. *imserrèḥen* [سرح].

LIÈGE, *lfernạn* (V. CHÊNE); *θaqšūrθ nelfernạn*.

LIEU, *ámšạn* (*ụu*), pl. *imūšạn* (*ni*). — (B. Izn.), *amxān* (*u*), (ou) *θiraḥbet* [رحب]; en quel lieu? *mān amšān* ? [مكان — رحب]

LIER, mettre un lien à une gerbe, un fagot : *ĕqqen* (V. ATTACHER); *šédd tázdemtu*, lie ce fagot; p. p. *išedd*; p. n. *ūr-íšeddeš*; H., *tšedda*; n. a. *ášeddi* (*u*) [شدّ]; cette poignée est liée : *θaqebḍīθú tšédd*, (ou) *téqqen*.

LIER (ligoter), *éšref*; p. p. *ịíšref*; p. n. *ūδ-ešrífγeš*; H., *šérref* (A. L.); *tšerref* (K.); n. a. *ášrāf* (*u*); être lié : *tụäšref*; lie les mains de cet homme : *éšref ifässén nụérgäzu*; cet homme a les mains liées : *ärgäzú ifässen nnés šérfen*, (ou) *argäzú qā itụâšref*. — (B. Izn., Zkara), *exref*; p. p. *ixref*; p. n. *xrīf*; H., *xerref*; n. a. *axrāf*. — (B. Ṣalaḥ), *arez*; p. p. *iūrez*; p. n. *ūrīz*; H., *ṭārez*; n. a. *araz* (*u*).

LIERRE, *ḍĕlliaε ntemẓa* (K.); *lluụụaị* (A. L., B. Izn.) (ar.).

LIÈVRE[1], *aierzīz* (*u*) (B. Sn., B. Izn., Zkara, B. Zegg.), pl. *iierzäz* (K.), (et) *iierzizen* (A. L.) (*ni*) (V. HASE, LEVRAUT) ; on dit aussi : *lḥůrreθ* (ar. tr. *lḥůrra*). — (Meṭm.), *lḥorra*, pl. *leḥrārāθ*; hase : *θaierzīzt*; levraut : *ajerbuε*, pl. *ijerbäε*. — (B. Salaḥ, B. Mess.), *aierzīz*, pl. *iierzāz*; fém. *θaierzīzt*, f. pl. *θiierzāz*. — (B. Menacer), *aierzīz* (*u*), f. *θaierzīzt*; lièvre ayant une tache blanche au front : *lḥurra* [حرّ].

LIGNE, *asṭṭer* (*u*) (ar.).

LIMACE, *aγlāl εariān* (B. Sn., B. Izn.); *būtšel* (B. Izn.).

LIMER[2], *ĕbreδ* (B. Sn., B. Izn.); p. p. *iibreδ*; p. n. *ūr-ĕbriδγeš*; H., *berreδ* (A. L.) (et) *tberreδ* (K.); *abrāδ* (*u*); lime : *lmébreδ*, pl. *lembāreδ* [برد]. — (B. Izn.), lime : *θlīma*.

LIMON, *lḥámleθ*, dépôt de limon (B. Sn., B. Izn.); l'oued a apporté du limon : *iγzer iiụéd elḥámleθ* [حمل]; l'eau de l'oued est chargée de limon : *âmān iiγzér qa-iûseδ ĕδmâlūs*, (ou bien) *iûseδ δáteliūs*. — (B. Izn.), *mailūs*.

LINCEUL, *llâδān* (*lla*) (V. COUVRIR), pl. *lâδānāθ*; *llékfen* (*lle*), pl. *lekfūna*. — (B. Izn.), *leifen*, pl. *leifūna*. — (Meṭm.), *lekfen*; *lχettān* [كفن — كتن].

LION[3], *âirāδ* (*ụi*), pl. *äirāδen* (*ụai*); f. s. *θáirat*; f. p. *θiirāδin*; ou plutôt : f. *llébiieθ nụirāδ* (B. Sn., B. Izn.) [لبأ]. — (Bou Semg.), *airāδ*. — (B. Salaḥ, B. Mess.), *äirāδ* (*ui*), pl. *iirāδen* (*īrān*). — (Meṭm.), *aγīlās*, lion, panthère; lionne : *lbíia*; lionceau : *ššbel* (ar.). — (B. Menacer), *airāδ* (*u*); p. *ii-en*; f. *θasdda* (R. B.).

LIRE[4], *γér*; p. p. *iiγrů*; p. n. *ū-iiγrůš*; H., *qqār*; n. a. *θiγīra* (*tγ*);

1. Cf. R. Basset, *Rif* : *aiarziz*, p. 112.
2. Cf. R. Basset, *Loqm. berb.* √LM, p. 339 [برد].
3. Cf. R. Basset, *Loqm. berb.*, p. 333 √IR D', et 337 [اسد]. — *Zenat. Ouars.*, p 96. — *B. Menacer*, p. 66.
4. Cf. R. Basset, *Man. kab.* : *qqār*, p. 60*.

faire lire : *seγr*; H., *sγâra* (cf. Zouaoua : *γer*). — (B. Izn.), *eγr*; p. p. *iγra*; p. n. *γri*; H., *qqār*; f. n. *qqīr*; faire lire : *sγer*; H., *sγāra*. — (Zkara), *γer*; p. p. *iγri*; p. n. *γri*; H., *qqār*; f. n. *qqīr*; n. a. *tγārūθ*. — (Meṭmaṭa), *γer*; p. p. *iγra*; H., *qqār*; n. a. *tγūri*; fais-le lire : *seγrīθ*. — (B. Ṣalaḥ), *γer*; p. p. *γrīγ*, *iγra*; H., *qqār*; n. a. *θaγūri*. — (B. Menacer), *eγr*; p. p. *γrīγ*, *iγru*, *γrīn*; p. n. *γri*.

LISIÈRE (d'un tissu) (Meṭm.), *aγeddu*.

LISSE, *aleqqaγ*, pl. *i-en*; f. *taleqqaḫθ*, f. pl. *θi-γīn* (ce mot veut aussi dire : tendre) (ar. tr. *rṭeb*); *lkāγĕḏ iu δaleqqaγ*, ce papier est lisse; en parlant de la soie, douce au toucher, on dit : *laḥrīr imezzii*; *mezzii*; p. p. *imezzii*; H., *tmezzi*; *umezzi* (*u*); rendre lisse : *sleqqeγ*; H., *sleqqaγ*; *smezzi*; H., *smezzai*. — (Meṭm.), *aleqqaγ*, fém. *θa-ḫt*; pl. *i-en*; *θi-īn*.

LIT[1], les B. Snoûs dorment sur des nattes, des peaux de mouton garnies de leur laine, des couvertures de laine; étendre sur le sol ces nattes, ces couvertures, se dit : *ĕssu*; p. *i̥íssu*; *ūr-i̥íssuš*; H., *tessu*; n. a. *θûsūθ*; lit (*tu*); lit de la mariée : *θūsūθ nenneqδeθ*; lit garni : *nάmūsīi̥a* (ar.). — (B. Izn.), *essu*; p. p. *issu*; H., f. n., *tessu*; lit : *θassūθ* (*ta*), pl. *tassūθīn*. — (Meṭm.), *essu*; p. p. *issu*; H., *tessu*; n. a. *θūsūθ*. — (B. Salaḥ), *essu*; p. p. *ssīγ*, *issa*; H., *ṭessu*; lit : *θūsūθ*.

LITRE, *llīṭrọ* (*lli*), pl. *lliṭrọi̥āθ*; un demi-litre : *nnéṣ-llīṭrọ*; un quart de litre : *llûqīi̥eθ*; *llûqīi̥āθ* [وقية].

LIVRE, un l. : *léšθāb*, pl. *lešθābāt*. — (B. Izn.), *lextāb* [كتاب].

LIVRE (poids), *ârḏĕḻ* (*uĕ*) (B. Sn., B. Izn.); *irḏḻān* (*i*) (et) *irḏlau̥en*; une demi-livre : *nnéṣ ŭu̥ĕrḏĕl* [رطل].

LOIN[2] (Être), *bάεāδ*; p. p. *ibaεāδ*; p. n. *ūr-ibāεīδeš*; H., *tbāεāδ*;

1. Cf. R. Basset Rif : *θessauθ* p. 112.
2. Cf. Nehlil, *Ghat* : *adžedž*, p. 174.

a. *ábäɛä*ᵭ (*u*); il est loin de son pays se dit aussi : *qâit* ᵭ*imuehhér si-tmûr*θ*-ĕnnes*; ce pays est loin de moi : θ*amūr*θ *ĕnni timuhher*θ *hí*; m. pl. *imuhhren*; f. pl. θ*imuhhrīn*; va-t'en loin de moi : *éiiūr* ᵭ*imuhhér hí*. — (B. Izn.), *eġġᵘež*; p. *iġġᵘež*; H., *teġġᵘež*; éloigner : *seġġᵘež* [بعد — أخر].

LONG[1], *zîre*θ, allonge-toi; p. p. *zîr*θ*eγ*, *izzīrĕ*θ; p. n. *ū-ízzīr*θ*eš*; H., *dzīrī*θ; n. a. θ*ázzīrĕ*θ (*tė*), longueur; le serpent s'allongea : *ṣâḍ ízzīre*θ; long : *azīrär*; f. *t-t*; pl. *izīrären*; *t-īn*; allonger : *zzîre*θ; H., *zzârā*θ; ce fil n'est pas long, allonge-le : *fīlūiú máši* ᵭ*ázīrär*, *zzîr*θ*-īt*. — (B. Izn.), long : *aziirär*; f. θ*-*θ; m. p. *i-en*; f. p. θ*i-īn*; *zīre*θ, p. p. *izīre*θ; p. n. *zirī*θ; H., *dzīre*θ; f. n. *dzīrī*θ; longueur : θ*azzīre*θ. — (Meṭm.), *azirär*; f. θ*-t*; m. p. *i-en*; f. p. θ*i-īn*. — (B. Men.), *azīrär*; pl. *i-en*. — (B. Sn.), on dit aussi : *nûstef*; p. p. *iinnūstef*; H., *tnûstūf*; n. a. *anūstef* (*u*); *ärba iu iinnūstéf iûsäɛ*, cet enfant s'est beaucoup allongé, ou bien : *ärba-iú iɛâlɛäl* (ar.); H., *tɛálɛäl*.

LORSQUE[2], lorsque cet homme entrera, frappez-le : *sâ*ᵭ *iâ*ᵭ*ef argäzú éu*θ*īl*, (ou) *séggä ä*ᵭ*-iâ*ᵭ*ef argäzú éu*θ*īl*; lorsque cet enfant sortit, ils l'emmenèrent : *ségga íffeγ ärba-iú îuient*, (ou) *sí-iffeγ ärba-iú îuient*; lorsqu'il joue, il n'entend rien : *ségga ittūrâr*, *ū-íssāleš* (V. JUSQU'A).

LOUCHER, *éhuel*; p. p. *iähuel*; p. n. *ūr-iähuīleš*; H., *táhuīl*; n. a. *ahuāl* (*ua*); *séhuel* θ*íṭṭauīn ĕnneš* : fais loucher tes yeux; H., *sėhuāl*; adj. ᵭ*ilahuel*; f. θ*ilahuelt* [حول].

LOUER, prendre en location : *ĕšra* (A. L.), *ékra* (K.); p. p. *išra* (A. L.), *ikra* (K.); p. n. *ūr-íšrā-š*; H., *šérra* (A. L.), *tkérra* (K.); n. a. θ*amešriū*θ (*te*); j'ai loué cette maison à mon frère :

1. Cf. R. Basset, *Loqm. berb.*, p. 255 √Z R R. — *Zenat. Ouars.*, p. 96.
2. Cf. R. Basset, *Loqm. berb.*, p. 267 √S G; p. 268 √S I. — *B. Menacer* : *alūγ*, p. 66.

šráɣ θaddārθú si-ūma; cette maison est louée : *θaddārθú tụâšra* (ou) *qâit tšra*; locataire : *ámkāri*; *i-en*; — donner en location; j'ai loué cette maison à mon frère : *šrâɣ θaddārθu íūma*. — (B. Izn., Zkara), *exri*; p. p. *ixri*; p. n. *xri*; H., et f. n., *xerri*; n. a. *axrai* [اكرا].

LOURD[1], *íza* (A. L.), devenir lourd; p. p. *ízāɣ*, *ịíza*; p. n. *ú-ịízāš*; H., *tíẓa*; n. a. *tázīθ* (*ta*); alourdir : *síẓa*; alourdis-le : *síẓā-t*; H., *ssâẓa*; *íẓaị* (K), devenir lourd; H., *tiẓaị*; *síẓaị*, rendre lourd; H., *síẓẓaị*; *ðmíẓa* ou *ðmíẓāị*, lourd ; f. s. *θmíẓaiθ*; m. p. *imīẓāịen*; f. p. *θímīẓāịīn*. — (B. Iznacen), *miẓa*; fém. *θmiẓaiθ*; m. p. *i-en*; f. p. *θi-ịīn*. — (B. Men.), *ịeðqel*, pl. *ðeqlen*. — (Meṭm.), *eẓẓaị*; p. *iẓẓai* et *ẓẓai*, invar.; *netš eẓẓai*, je suis lourd; *nešnīn eẓẓai*, n. sommes lourds; *nehnīn eẓẓai*, ils sont lourds; on dit aussi : *eθqel*, p. p. *iθqel*. — (Meṭm.), rends-le lourd : *seðqelθ* [ثقل].

LOUTRE, *aiðí nūâmạn* ; *aqzîn nụâmān* (V. CHIEN).

LUIRE, *égg tfáuθ* (V. FAIRE); le soleil luit : *tfûịθ qā íttegg ětfáūθ*, (ou) *bâges*; H., *dbâga*, *tbâga*. — (B. Izn.), le soleil luit : *θfūxθ qā tseḥḥu* [صحو].

LUETTE, *âlṭètti*; *θîlṭeṭ* (V. DOIGT).

LUI[2], p. pers. sujet : *néttạn*. — (B. Izn.), *netta*. — (B. Mess., B. Salaḥ), *netṭa*. — (Meṭm.), *netta*; c'est lui : *ðnetta*; dis-lui : *īn-ās*; donne-lui : *ūš-ās*; avec lui : *zzīs*, *akīðes*. — (Senfita), *nettān*; lui, p. pers. compl. : *ās*; il lui dit : *inna-iās*; il lui donna : *iūš-ās*. — (B. Salaḥ), donne-lui : *ūš-ās*. — (B. Mess.), *eχf-ās*.

LUNE[3], *ịūr* (*uị*) (ar. tr. *eššhār*); *ịūr qaît zdâḫel nélɣīm*, la lune est

1. Cf. R. Basset, *Loqm. berb.*, p. 260 √Z I; p. 340 [ثقل].

2. Cf. R. Basset, *Ét. dial. berb.*, p. 95. — *Zenat. Ouars.*, p. 34-35. — *B. Menacer*, p. 33-36.

3. Cf. R. Basset, *Loqm. berb.*, p. 305 √G OU R. — *Zenat. Ouars.*, p. 96.

dans un nuage; θâzīri (*tz*), lumière de la lune (ar. tr. *lqemra*); *éḍḍenụassú niịịûr* ðítzīri, la nuit passée, nous avons marché au clair de lune; on dit aussi : au clair de lune : *ði-dzîri nûịūr*; la lune s'est levée, elle brille : *ịûr qaît ịûli*, *täziri-nnés qaît-īrū*. — (B. Izn., Zkara), *iūr* (*u*). — (Bou Semg.), *ịūr*. — (Meṭm.), *ịūr*. — (B. Menacer), *iūr*, pl. *iịiāren*.

LUNDI, *ássu léθnāịen*; *áss ĕlléθnīn*. — (B. Izn.), *ẹḍmi leθnain* [ثنى].

LUMIÈRE[1] (d'une lampe, du soleil), *tfáūθ*; on dit aussi : lumière du soleil : *ṭṭịa netfuiθ* [ضياء]; il craint la lumière : *ittég-gueð sí-tfaūθ*; lumière de la lune : θ*aziri*; *iūr qa itemmīr* θ*aziri*, la lune jette ses rayons (en ar. tr. *lqemra*). — (B. Izn.), θ*fau*θ; lumière de la lune : *tazirī* (*ndzi*). — (B. Ṣalaḥ), θ*afat*. — (B. Mess.), θ*afa*θ, lum. du soleil; θ*izīri*, lumière de la lune. — (Meṭm.), lum. de la lune : *tazīri*. — (B. Menacer), lum. de la lune : θ*azīri*; l. du soleil : *tfauχ*θ.

LUNETTE, θ*inéḍḍāriịīn* (*tne*) [نظر]; *mrāīt elhénd* (B. Sn., B. Izn.) [مراية الهند].

LUTTER (Se), *maεâfer*, se saisir les bras et se pousser; H., *tmaεâfār* [عفر]; *maεäbez*, se presser, s'étreindre; H., *tmaε-âbāz*; *msûụe*θ, se donner des coups; *temsūụ*θ*ān*; *mḷûṭṭūf*, se saisir; *temḷûṭṭūf*. — (B. Izn.), ils ont lutté : *mεafāren*; ils luttent : *qā tmesuχ*θ*ān*. — (Meṭm.), ils luttèrent : *mgārāšen* [فرش].

LUXER, il se luxa le pied : *illuγzem si-ūḍār-ĕnnes*; H., *tlūγzūm*; luxation : *alûγzem* (*u*); mon pied est luxé : *ḍār-īnu ituamăεaṣ* (ou) *ituamleḥ* (en ar. tr. *režli mtaεāṣet* (ou) *mtelḥet*). — (B. Menacer), *illeγzem*. — (Rif), *nžeγzem*. — (Berab-Chl), *lluγzem*.

1. Cf. R. Basset, *Loqm. berb.*, p. 282 √F. — *Zenat. Ouars.*, p. 96 √ZR.

M

MACHER, *ĕffĕz* (*iθ*); p. p. *ịiffĕz*; p. n. *ūr-effīzγeš*; H., *teffĕz*; n. a. *uffūz* (*ụu*); en parlant des animaux : *lâhụeθ*; H., *tlăhụeθ*; n. a. *alehūθ* (*u*) [لهو]. — (B. Izn.), *effĕẓ*; H., *teffĕẓ*. — (Meṭmaṭa), *effĕẓ*; p. p. *iffĕẓ*; p. n. *ffīẓ*; H., *teffĕẓ*; *affāẓ* (*u*), et *ūfūẓ*. — (Zkara), *effĕẓ*; p. p. *iffĕẓ*; p. n. *ffīẓ*; H., *teffĕẓ*; n. a. *affūẓ*. — (B. Mess., B. Ṣalaḥ), *effĕẓ*; H., *ṭeffeẓ*. — (B. Menacer), *emdeγ* (ar.); p. p. *imdeγ*; H., *meddeγ*; *effĕẓ*; H., *teffĕẓ*.

MÂCHOIRE[1], *aγesmīr* (*nu*), pl. *iγesmār*; *aizzîm nîmi* (V. FAUCILLE), (ou) *llâzmeθ* (ar.). — (B. Iznacen), *aγesmīr* (*u*), pl. *iγesmīren*. — (B. Ṣalaḥ), *aγesmār* (*u*), pl. *iγesmāren*. — (B. Mess.), *lγesmār*. — (Meṭmaṭa), *aγesmār* (*u*), pl. *iγesmāren*. — (Senfita), *huzzeḷt*, pl. *θuzzlīn* (ciseaux); os des joues : *aγesmār*, pl. *i-en*; pommettes : *alḫūḫθ uγesmār*. — (B. Menacer), *aγesmar* (*u*), pl. *iγesmaren*.

MAÇON, *abennaị* (*nu*), pl. *i-en* [بنّاي]; *imăεâllem*, pl. *i-en* [معلّم]. — (B. Iznacen), *abennaị* (*u*), pl. *ibennaịen*. — (B. Ṣal., B. Mess.), *abennaị* (*u*), pl. *ibennaịen*. — (Meṭmaṭa), *abennai* (*u*), pl. *i-en*. — (B. Menacer), *abennaị* (*u*), pl. *i-en*.

MADAME (voc.), *ịâ-lalla* (ou) *ịâ lāll enụĕḫḫām* (ou) *ịâ ṭameṭṭūθ* (B. Sn., Meṭm.). — (B. Menacer), *a lall*; *dhameṭṭūθ*. — (B. Ṣalaḥ), *â-lalla*, *â-tameṭṭūt*.

MADEMOISELLE, pour appeler : *ịâ târbāt*; *ịâ tazellūḫt*; à une femme dont on ne connaît pas le nom, on dit : *ịâ-Fāḍma*. — (Meṭmaṭa), *iâθ ăεāzizθ* (ar.). — (B. Menacer), *a-aḫzauθ* (ou) *â-herrāšθ*. — (B. Ṣalaḥ), *â-taḫzaut*.

1. Cf. R. Basset, *Loqm. berb.*, p. 280 √R'SMR. — *Zenat. Ouars.*, p. 96 : *aγesmār*.

MAGASIN[1], *tḥânet* (*ntḥâ*) [حانت], pl. *tiḥuna* (*ntḥu*). — (B. Iznacen), *lḥānet*, pl. *tiḥūna*. — (Meṭmaṭa), *θḥanūt*; *θḥānutt*, pl. *laḥuānīt*. — (B. Menacer), *ḥânet*, pl. *iḥūna*. — (B. Ṣal., B. Mess.), *taḥanūṭ* (*tḥa*), pl. *tiḥūna* (*te*).

MAHOMET, *sîδi Moḥammeδ*; *sîδi rasûl-llah*; *siδ ĕnnâbi*; on ajoute : *ṣĕlla εālîh uâ-sellem*. — (Meṭmaṭa), *sīdna Moḥammed*.

MAI, *máiiu* (Meṭmaṭa); *iûr nemáiiu*, le mois de mai. — (B. Iznacen), *maiiu*. — (B. Ṣalaḥ), *aiiūr ĕnmaiiu*.

MAIGRE, *ázddād* (V. MINCE); *ûḍεīf*, f. *θûḍεīfθ* [ضعيف]; m. pl. *ûḍεīfen*, f. p. *θûḍεīfīn*; ou *ĕḍεaf*; p. p. *iḍεāf*; p. n. *ūr-íḍεīfeš*; H., *teḍεīf*; n. a. *aḍεaf* (*u*); ou *erhen* (ar.); p. p. *iérhen*; p. n. *ūr-iérhīneš*; H., *terhīn*; n. a. *arhān* (*u*); très maigre : *ímhītem* (*i-en*); f. *θimhītemθ* (*θi-īn*). — (B. Iznacen), il est faible : *iḍăεăf*. — (Meṭmaṭa), *iirhem* (ar.); H., *rehhem*; maigre : *anerhāmu*, pl. *inerhūma*; f. *θanerhāmuθ*; f. pl. *θinerhūma* (ar. tr. *ehzīl*). — (B. Menacer), *iḍaεaf*; p. n. *daεīf*; affaiblir : *seḍaεf*; H., *seḍaεafa*. — (B. Ṣal., B. Mess.), *iḍaεaf*; *imhīδer*, *i-en*; *θimhīδerθ*, *θi-īn*.

MAILLET, (B. Iznacen), *θazduzt* (*tez*), pl. *θizūdāz* (*nedz*). — (Meṭmaṭa), *azδūz* (*u*), pl. *izuδāz* (ar. tr. *rrezzāma*). — (B. Ṣalaḥ, B. Mess.), *azdūδ* (*uu*), pl. *sīn uazdūden*; *sin izdūδen*; — *azduz* (Brab.-Chl.).

MAILLE, *θéṭ*, pl. *θiṭṭauīn* (B. Sn., Meṭm.). (V. ŒIL.)

MAIN[2], *fûs* (*nu*), pl. *ifässen* (*ni*); dimin. menotte : *tfûsset*; *tifussin*. — (B. Iznacen), *fūs* (*u*), pl. *ifässen*; une main d'enfant : *tfūset ŭuešlāl*. — (Meṭmaṭa), *fūs* (*u*), pl. *ifässen*; dans la main : *δug-fūs*. — (B. Menacer), *fūs* (*u*), pl. *ifässen*. —

1. Cf. W. Marçais, *Tanger*, p. 269 [حانت].

2. Cf. R. Basset, *Loqm. berb.*, p. 284 √FS. — *Zenat. Ouars.*, p. 96 : *fūs*. — *B. Menacer*, p. 67 : *fūs*.

(B. Rached), *fūs* (*u*). — (Senfita), *fūs* (*u*), pl. *ifässen*. — (B. Ṣalaḥ), *afūs* (*u*), pl. *ifässen*. — (B. Messaoud), *gfūsĕnnes*, dans sa main. — (B. Rached), *fūs*; la main droite : *fūs aifūs*; la main gauche : *fūs azelmeḍ*; pl. *ifassen*.

MAINTENANT, *ilĕqqů* (A. L.); *ilĕqqūδi*; à partir de maintenant : *silqqů*; *ûleq*, *ûlyqu* (K,). — (B. Iznacen), *ūlèq*, *īlqů*. — (Meṭmaṭa), *elụoq* [الوقت]. — (B. Ṣalaḥ), *aqqᵘa*. — (B. Men.), *auqa*. — (B. Menacer), *imäru*; dès maintenant : *seg-imäru*.

MAIS, *ụâlainni*; *ụâlakenni* (rare); *ụàlemkenni* (rare). — (B. Iznacen), *ḥāša* (ar.) : *arba-ịu δamzịān ḥâša itlét ierru*, cet enfant est jeune, mais il mange beaucoup. — (Meṭmaṭa), *lāken*, *ūalāinni* ou *ualāịen* [لكن].

MAÏS, *ddrâ*; un épi de maïs : *ašbûb néddrâ*; *adrâ tázuǧǧᵘaḫθ*, maïs à grain rouge; *ddrâ támellält*, maïs à grain blanc; *ddrâ nšéršär*, maïs à grain jaune, à gros épis; *úm ennîbạn*, maïs à grain allongé, de qualité inférieure. — (B. Rached), *ĕddrā*. — (B. Ṣalaḥ, Meṭmaṭa), *ĕ́ddrā*; épi de maïs : *aχbal* (*uu*) (B. Salaḥ); épi de maïs : *θaibālθ* (*ti*), pl. *θịịbālīn*. — (B. Menacer), *eddra* (la farine de maïs mêlée à celle du blé est employée pour faire du pain, du couscous). — (B. Mess.), tige de maïs : *ageṭṭūm elležbār*; *anezzu lekbāl*, nous grillons du maïs.

MAISON[1], *áḫḫām* (*ụúḫ-ĕnụéḫ*); la porte de la maison : *θaụụûrθ ĕnụéḫḫām*, pl. *íḫḫāmen* (*nịí*); dim. *θáḫḫāmθ* (*téḫ*), pl. *θiḫḫāmīn* (*téḫ*). — (B. Iznacen), *θīdārθ*, pl. *θūδrīn*; *aḫḫām* (*ụu*), pl. *iḫḫāmen*. — (B. Rached), *azeqqa*, pl. *izeγụin*. — (Meṭmaṭa), maison en pierre, avec toit de tuiles : *θäddārθ* (*θa*),

1. Cf. R. Basset, *Loqm. berb.*, p. 238 $\sqrt{\text{KHM}}$. — *Zenat. Ouars.*, p. 96. — *B. Hal.* : *θaddarθ*. — *Ouars.* : *θzeqqa*. — *B. Menacer*, p. 68 : *θazeqqa*, maison en terre; *aḫham*, pl. *iḫhamen*.

pl. θ*uddār* (θ*u*) et θ*iddār*; une grande maison : *lbāzār* (*lba*), pl. *lbāzārā*θ; (*aḫḫam* désigne la tente); maison en pierre couverte de diss : *ddešre*θ, pl. *ddĕšūr* (cf. Beauss : دشر); entre dans la maison : *āδef δi* θ*äddār*θ. — (B. Ṣalaḥ), *aḫḫam* (*u̯u*), pl. *iḫḫāmen*. — (B. Menacer), *aḫḫam*, pl. *iḫḫāmen*, m. en pierre; *azeqqa*, pl. *izeγuin*, m. recouverte de terre; maison entière : *ĕrrīf*, pl. *lärįāf* (ar.), m. couv. en tuiles : *ddār*, pl. *ddiār* (ar.). — (B. Mess.), m. en terre avec terrasse : θ*azeqqa* (*dz*), pl. θ*izeγua*; cabane couverte en diss : *aḫḫam gīdels*, pl. *iḫḫāmen*.

MAÎTRE, *bab* (*nb*), m. de maison : *bâb ŭu̯úḫḫam*, pl. *í*θ*bāb*. — (B. Iznacen), *bāb*, pl. *iδbāb*. — (Meṭmaṭa), *bâb ĕttáddār*θ, pl. *imaulan ett*. — (B. Ṣalaḥ), *bab en ṭaddārt*, pl. *imaulān*. — (B. Menacer), *bāb u̯èḫḫām*, pl. *i*θ*bāb* et *imaulān*; *bāb neddār*, pl. *imaulan*; — *bab*, pl. *idbab* (Brab.-Chl.).

MAÎTRESSE, *lāl* (*elal*), m. de maison; *läl ĕnu̯éḫḫām*, pl. *i*θ*lāl*; amante : θ*amddūkelt* (*tem*), pl. θ*imddūkāl* (*tem*). — (B. Iznacen), *lāl*, pl. *i*θ*lāl*. — (Meṭmaṭa), *lâl ĕttáddār*θ, pl. θ*imaulan ĕtt*. — (B. Ṣalaḥ), *lalṭ enṭaddārt*. — (B. Menacer), *lalt u̯èḫḫam*, pl. θ*imaula*θ*īn*.

MAJEUR (doigt), *ḍâḍ uu̯ámmās*; *ḍâḍ amóqqrān*. — (Senfita), *ḍāḍ ĕl-u̯esṭa*. — (B. Mess.), *aḍāḍ alammās*. — (B. Menacer), *ḍāḍ aqerδāl*.

MAL, *ššer* [شرّ]; génies du mal : *i*θ*bâb ĕnšérr*; il fait le mal : *ittégg essíįā*θ [سيّئ]; j'ai mal à la tête : *aqlįį δamähl ūš sįíḫf-īnu*, (ou) *iḫf-īnu δamähl ūš*; (ou) *ihelš įįí iḫf-īnu*; il n'y a pas de mal à cela : *lā bās*; -*ū įílli δelḥáįįe*θ *δīs*. — (B. Ṣalaḥ, Meṭmaṭa), il n'y a pas de mal : *lā bās* [لا بأس]; *eǧǧīγ dīs elḫīr nettân irra-įi*θ *sešš er*, je lui ai fait du bien, il m'a rendu le mal. — (B. Ṣalaḥ), *iḫf-īnū ihelk-i*, la tête me fait mal. —

(B. Menacer), il me fait mal : *iḍerraịi* [ضرّ], (ou) *isenḍûrrai*, *isenḍurθai*, pl. *senḍûrrĕnai*, *sendurθenai*.

MALADE[1], *ehleš*, p. n. *iéhleš*; p. p. *ūr-ehlîšɣeš*; H., *helleš* (A. L.), (et) *tehleš* (K.); n. a. *léhlaš*, maladie; adj. *amâhlūš*; p. *imehlāš*; f. *tamähläšθ*; p. *timehlāš*; rendre malade : *sehleš*; H., *sehläš*; il fait le malade : *iséhlaš δi-imánnes*, (ou) *íttegg imannés δámähl ūš*. — (B. Iznacen), je suis malade : *qā helχeɣ*; il est malade : *qā iẹhleχ*; p. n. *hlīχ*; H., *tehleχ*. — (Zkara), *ehleχ*; p. p. *ihleχ*; p. n. *hlīχ*; n. a. *ahlaχ* (*u*); H., *helleχ*. — (Meṭmaṭa), je suis malade : *nets δamèhlāχu*, fém. *θa-χūθ*; m. pl. *imèhläχ*; f. pl. *θi-laχ*; *ehleχ*, être m.; p. p. *iehleχ*; p. n. *hlīχ*; H., *helleχ*; n. a. *lähläχ*, la maladie; rendre malade : *sehleχ*; H., *sehlāχ*. — (B. Ṣalaḥ), *ehleχ*; p. p. *iehleχ*; p. n. *hlīχ*; maladie : *lehläχ*. — (B. Mess.), *aqliịa helχaɣ*, je suis malade. — (B. Menacer), *ehleχ*; p. n. *hlīχ*; H., *heleχ*; maladie : *lehlaχ*; rendre malade : *sehleχ*; H., *sehlaχ*.

MALADIE, maladie des moutons : *buṣūfa* (ar. tr. *buqšaš*); *θizûɣi*. — (B. Menacer), *haferteṭṭuxt nelmal*; maladie des poules : *berbittu*. — (B. Menacer), *buzịiṭṭa*.

MÂLE, *eδδker* [ذكر], pl. *eδδkūra*. — (B. Ṣalaḥ, Meṭmaṭa, B. Messaoud), *auθem* (*ụu*), p. *iūθmān*; fém. *θauθemθ* (*tu*), pl. *θiūθmīn*. — (B. Menacer), *axθem*, pl. *iuxθām*.

MALHEUR, *lmúṣibeθ* (B. Sn., Meṭm.) [صوب].

MALLE, *aṣendūq* (*nu*) [صندوق], pl. *iṣendūqen* (*ni*) (B. Sn., Meṭm., B. Izn.). — (B. Iznacen), pl. *snādeq*. — (Meṭmaṭa), pl. *iṣendāq*.

MAMAN, les tout jeunes enfants appellent leur mère : *mma*; à un an, deux ans : *ʼnna*; plus tard : *ŭmmᵘa* (*u* nasal); plus tard encore : *ḥénna*; les grandes personnes ne disent que :

1. Cf. R. Basset, *Loqm. berb.*, p. 236 √H L K. — *Zenat. Ouars.*, p. 97 : *ihelliχ*

ḥenna, ma mère. — (Meṭmaṭa), chez les Meṭm. on n'emploie que *ịemma*. — (B. Menacer), *â-ịemm*, ô maman; *â-ḥenn*. — (B. Messaoud, B. Ṣalaḥ), *â ịemma*.

MAMELLE, mamelon, sein d'une femme : *îfĕf*; — *ifĕff* (*nî*), pl. *iffān*, *ifĕffan* (*nî*); mamelle des animaux : *θânγi* (*te*), pl. *θânγiụin* (*te*). — (B. Iznacen), *abebbīš*; un sein : *īdž ubbeš*, pl. *ibbāš*; *īfĕf*, pl. *iffān*; mamelle des animaux : *θānγi* (*ta*), pl. *θanγiụin*. — (Meṭmaṭa), m. de femme : *abebbūḥ* (*u*), pl. *ibebbāḥ*; m. d'animaux, trayon : *abebbūḥ*; mamelle : *θīnγi* (*te*), pl. *θinγauīn* (*te*) (ar. tr. *ĕḍḍrāε*). — (B. Menacer), *abebbūš*, pl. *ibebbāš*. — (B. Mess., B. Ṣalaḥ), *tabebbušt* (*ṭb*), pl. *tibebbāš* (*tb*); *iff* (Brab.-Chl.).

MANCHE d'habit : *lekmām* (*lle*) [كُمّ], pl. *lekmamāθ*; m. d'outil, faucille, couteau : *θaqebḍīθ* (*tqe*), pl. *θiqebḍaị* [قبض]: m. de pioche : *θáržeḫθ* (*ter*), pl. *θirežḫin*; m. de pelle : *fûs* (*nu*), pl. *ifässen*. — (B. Iznacen), m. d'outil : *θaržeḫθ* (*te*), pl. *θiržḫen*; *fūs* (*u*), pl. *ifassen*; le manche de la faucille : *fūs ŭụemžer*. — (Meṭmaṭa), *lkúm*, pl. *lekmaịem*; (ou) *aγīl* (V. BRAS). — (B. Menacer), manche d'habit : *anfūs* (*u*), pl. *anfūsen*.

MANCHOT, *amebḍūl nûfūs*, pl. *imebḍāl*; *akeffūs*, pl. *ikeffūsen*. — (B. Ṣalaḥ), *igzem iγīl-ennes*. — (B. Menacer), *bu-fússet*.

MANGER[1], *etš*, ou plutôt : *ĕtč*, p. p. *itča*; H., *tett* : n. a. *ūtšu* (*u*); f. fact. *setš* (*it*); H., *setša*; être mangé : *tetš*, *metš*; le pain est mangé : *aγrūm itetš* (ou) *imetš* (ar. tr. *ettkel*); ce pain est mangeable : *aγrumu ituatš*, ou *itetš*, ou *itụāmez*; de *āmez*; p. p. *iûmez*; H., *tūmz*; *ūmūz* (prendre); ils s'entre-dévorèrent : *tụámetšen*, *témsetšān*; il est mangé par les vers :

1. Cf. R. Basset, *Loqm. berb.*, p. 235 $\sqrt{\text{TCH}}$. — *Zenat. Ouars.*, p. 97 : *etš*. — *Beni Menacer*, p. 68 : *etš*.

ituamets̀ sétšizza (ou) *sûšūz*. — (B. Iznacen), *etš*; p. p. *tšiγ*, *itša*; H., *tett*; en ce moment, il mange : *ilqū qā-ittett*; faire manger : *setš*; être mangé, mangeable : *tuatša*. — (Zkara), *etš*; p. p. *tšīγ*, *itši*, *tšīn*; p. n. *tši*; H., *tett*; n. a. θ*matša*, θ*itšūθ*. — (Meṭmaṭa), *etš*; p. p. *tšiγ*, *itša*, *tšin*; fais-le manger : *setš-iθ*; H., *tett*; n. a. *maitšu*; faire m. : *setš*; se manger, être mangeable : *ịẹmmetš*; ce pain est immangeable : *aγrūma ul ịẹtmatšăš*; il est mangé : *ịẹmmetš*; il a été mangé : *ituatš*. — (B. Ṣalaḥ), *etš*; p. p. *tšīγ*, *itša*, *tšạn*; H., *ṭet*; n. a. *utšiθ*. — (B. Messaoud), *etš*; p. p. *tšiγ*, *itša*, *tšān*; H., *ṭeṭ*. — (Senfita), *etš*; prét. p. *tšîγ*, *itšu*, *tšîn*. — (B. Menacer), *etš*, *tšîγ*, *itšu*, *tšīn*; H., *tett*; faire m. : *setš*; H., *setša*; s'entre-dévorer : *msetšān*; être mangeable : *tmetša*; le pain se mange : *aγrum itmetša*; il n'est pas mangeable : *ū-itmetšiš*.

MANQUER[1], je manque d'argent : *iḫèṣniịi izegnān*, de : *ḫeṣṣ*; H., *tḫeṣṣa* [خصّ]; ne manque pas de venir : *γ̓reš ūttâseddeš*; manquer le but : *ḫḍa(t)* [خطا]; H., *ḫeṭṭa*. — (Meṭmaṭa), il me manque une chose : *ĕθḫîs aịịi īš ĕlḫâdjeθ*. — (B. Menacer), *ḫeṣṣ*; H., *tḫiṣṣ*; il ne me manque rien : *ūδ-ī-tḫiṣṣneš*; je manque d'argent : *ḫiṣṣnayi iδrīmen*. — (B. Ṣalaḥ), *sḫiṣṣeγ iδrīmen*, je manque d'arg.; *isḫiṣṣ iδrīmen*, il manque d'arg.

MANTEAU, burnous blanc : *aselhām* (V. BURNOUS) (*nu*), pl. *iselhāmen*; burnous noir : *aḫīdūs* (*nu*), pl. *iḫīdūsen*; burnous de poil de chameau : *aselhām ellûber*; manteau blanc : *aselhām*, pl. *i-en*; mant. noir : *aḫidūs*, pl. *iḫīdās*. — (B. Messaoud, B. Ṣalaḥ), m. blanc : θ*abernūst* (*tb*), pl. *tibernās* (*tb*). — (Meṭmaṭa), *abernūs* (*u*), pl. *ibernās*, b. de laine blanche [برنس]; *azuγdāni* (*u*), pl. *izeγdānen*, b. de laine

1. Cf. W. Marçais, *Tanger*, p. 280 [خصّ].

noire ou de drap noir (ar. tr. *lḫidūs*); *abīdi* (*u*), pl. *ibīdiịen*, b. en poil de chameau, brun, ou en laine brune des agneaux (ar. tr. *lbīdi*, pl. *lbụāda*). — (B. Iznacen), *abernūs* (*u*), pl. *ibernās*; *azeɣdāni*, burnous noir, ou burnous en poil de chameau, pl. *izeɣdaniyen*.

MARABOUT, *amrābed* (*nu*) [مرابط]; *imrabḍen*. — (B. Iznacen), *amrābệḍ*, pl. *imrābḍen*. — (B. Ṣalaḥ, Meṭmaṭa), *amrabệḍ* (*u*), pl. *imrābḍen*.

MARAIS, temporaire : *lmeržeθ* [مرج] (*elm*), pl. *lmeržāθ*; m. produit par suintement : *θanssīst* (*tne*), pl. *θinessīsīn* (V. SUINTER). — (B. Ṣalaḥ), *lmeržeθ*, pl. *lmeržaθ*. — (B. Mess.), *almu* (*bụė*). — (Meṭmaṭa), *ažžā* (*ua*), pl. *ažžāθen* (m. temporaire); *anessīs* (*u*), pl. *inessīsen* (suintement); *alma*, pl. *ilmaθen*. — (B. Menacer), *lmeržeθ*, pl. *lemrūž*.

MARBRE, *θarḫāmθ* [رخام]. — (B. Menacer), *errḫām*.

MARC, de café : *ttelụeθ* (B. Sn., Meṭm., B. Ṣalaḥ) [تلو]; m. d'olives : *lfīṭūr*. — (B. Iznacen), m. d'olives : *lfīṭūr*. — (B. Menacer), *afexθūrθ*. Cf. Boulifa, *Demnat*, p. 360 *lfitur*.

MARCASSIN, *aḫennūs* (*u*), pl. *iḫennās* (B. Sn., B. Izn., B. Menacer); pl. *iḫĕnnūsen* (B. Izn., B. Menacer) [خنوص].

MARCHAND, *asbaibi*, pl. *i-en* [سبب]; *âtāžer* (*nu*), *i-en* [تاجر]. — (B. Menacer), *amtajer*, pl. *i-en*; *ɛamtajer*, c'est un marchand.

MARCHANDER, *saụem* [سوم]; H., *tsaụām*.

MARCHANDISE, *sselaɛāθ* [سلع].

MARCHÉ, *eṣšūq* (*neṣ*) (B. Sn., B. Iznacen, B. Ṣalaḥ, B. Mess.); *leṣụāq* [سوق]; bon marché : *erḫeṣ*; p. p. *ịérḫeṣ*; p. n. *ūr-ịérḫīṣeš*; H., *reḫḫes*; n. a. *arḫās* (*u*) [رخص] (ou) *erfeq*; H., *reffeq* [رفق]. — (B. Menacer), *aɣrum irḫes*, le pain est bon marché; *īrɛen reḫsen*, le blé est bon m. — (B. Ṣalaḥ), *θimẓin reḫsenṭ*, l'orge est b. m. — (B. Mess.), *īrɛen reḫsen*, le blé est bon marché.

MARCHER[1], *eịịūr*, p. p. *ịịịūr*; H., *ggūr*; n. a. *aịịūr* (*ụa*) (ou) *θaịịūra* (*te*), ou *θišli* (*te*); la marche m'a fatigué : *tsîḥel iịi θīšli*; faire marcher : *siịịūr* (*īt*); H., *siịịūra*; on dit aussi : *hḗn-gel*; H., *thḗngel*; ou *qeleb θamšeṭ*, lève tes pieds; H., *qelleb* [قلب]; (ou) *ìsi ḍār-ĕnneš*. — (Zkara), *ịūr*, p. p. *iūreɣ*, *iịūr*, (et p. n.); H., *ggūr*; n. a. *θigūra* (*tg*). — (B. Iznacen), *ūịūr*; p. p. *eịịūreɣ*, *ieịịūr*; H., *ggūr*; *qa-iggūr*, il marche; *ụèḥleɣ si tišli*, la marche m'a fatigué. — (Meṭmaṭa), *uǧǧūr*; p. p. *iuǧǧūr*; n. a. *θiχli*; faire marcher : *zzịūr*. — (B. Ṣalaḥ), *eddu*; p. p. *eddūɣ*, *idda*, *ddạn*; H., *ṭeddu*. (Cf. *eddu* Z.-Brab.-Chl.). — (B. Mess.), *eddu*; p. p. *eddūɣ*, *idda*, *ddạn*; H., *ggūr*; on dit aussi : *eǧǧur*; p. p. *iǧǧūr* (et p. n.); marche : *θiχli*. — (B. Menacer), *eịịur*; H., *ggūr*; la marche : *hiχli*; f. fact. *siūr*.

MARCHE d'escalier : *θarfāṭ* (*te*), pl. *θirfāḍīn*.

MARDI, *ázden netlâθa* [ثلث]. — (Meṭmaṭa, B. Men.), *ássĕntlâθa*.

MARE, formée par l'eau de pluie : *džābīθ*, pl. *θižabiịīn* (*džā*) [جوب]. — (B. Menacer), *aretšīḫ* (*u*); *θamda* (*ta*).

MARI, une femme dit en parlant de son mari : *argāz-īnu*, (ou) *sáεād-īnu* [سعد]. — (Meṭmaṭa), *ia argāz-īnu*, ô mon mari. — (B. Menacer), *ịa argaz-īnu*.

MARÉCHAL-FERRANT[2], *asemmār* (*u*), pl. *i-en* [سمّار]. — (Meṭ-maṭa), *aḥeddād* (*i-en*) [حدّاد]; *nāḍ* (*u*), pl. *inādẹn*, forgeron. — (B. Ṣalaḥ, B. Menacer), *aḥèddād* (*u*), *iḥaddāden*.

MARGELLE d'un puits : *aqụīr* (*u*), pl. *iquīren*. — (B. Menacer), *eddārθ*; *lḥaiḍ* [دور — حيط — فور].

MARIER (Se), *eršel*; p. p. *ịeršel*; p. n. *ūr-šīlɣeš*; H., *teršel*; n. a. *aršāl* (*u*); épouse-la : *eršel* (*īt*); faire épouser : *seršel*; H.,

1. Cf. R. Basset, *Zenat. Ouars.*, marche : *θišli*; marcher : *eddu*, *eịūr*, p. 97.
2. Cf. Nehlil, *Ghat*, p. 162 : *ineḍ*.

seršal; s'épouser : *mrúššel*; H., *temrúššūl*; marié : *imrúššel*, pl. *i-en*; f. *θimrúšŝelθ*, pl. *θi-īn*; demander en mariage : *ḫeṭṭeb*; H., *tḫeṭṭeb* (ar.). — (B. Iznacen), *eršel*; p. p. *iršel*; p. n. *ršīl*; H., *teršel*. — (Zkara), *eršel*; p. p. *iršel*; p. n. *ršīl*; H., *reššel*; n. a. *aršāl* (*u*) (on dit aussi : *zuġġ^uež*, f. d'h.). — (B. Ṣalaḥ), *ezụež ākīδes*, épouse-la. — (B. Mess.), *ežuež*. — (Meṭmaṭa), prends-la pour femme : *āγ-īt*; p. p. *uγīγ*, *iūγ*; H., *ttāγ*; mariage : *ezzụāž*; marie-toi : *ezzụež*; H., *zuġġ^uež*; marier, faire épouser : *sezụež*; H., *sezụāž*. — (B. Menacer), marie-toi : *aγ θameṭṭūθ*; H., *ttaγ*, (ou) *ežụež*; p. n. *žụīž*.

MARMAILLE, *lbẹ̄zẓ*. — (B. Menacer), *ilūfān*.

MARMITE[1] en terre : *θaidūrθ* (*ti*), pl. *θiụūdār* [فدر]; *θaḫδīmt* [خدم], pl. *θiḫδīmīn* (*teḫ*); petite marmite : *θaqbūšθ* (*teq*), pl. *θiqbušīn* (*teq*); m. en métal : *aθenžīr* (*nu*), pl. *iθēnžīren*. — (B. Iznacen), m. en terre : *θaiδūrθ* (*ti*), pl. *θiūδār*. — (Meṭmaṭa), m. en terre : *θaqlūšθ* (*θe*), pl. *θiqelụaš* (ar. tr. *lgedra*) [قلّ]; dans la marmite : *δi-θeqlūšθ*; petit vase en terre pour boire : *aqlūš* (*u*), pl. *iqeluaš* (ar. *ṭṭas*); petite marmite en terre : *θašmūḫθ* (*te*), pl. *θišūmāḫ* (*tš*) (ar. tr. *ššmuḫa*); marmite en fer : *θạnžerθ* (*ntạ*), pl. *θiθạnžrīn* (*ttạ*) (ar. tr. *ttanžra*). — (B. Ṣalaḥ), *θàsīlṭ* (*ta*), pl. *θasīlīn* (*ta*), m. en terre, en fer. — (B. Mess.), *θabšūšθ* (*ṭe*), pl. *θibšušīn* (*te*). — (B. Menacer), m. en terre : *θaεannabešθ*, pl. *θiεannūbāị*; grande marmite en terre : *himellelt* (*tm*), pl. *himellāθīn*.

MARMOTTER, (Zkara), *geruez*; p. p. *igerụez* (et p. n.); H., *tgūrz*; n. a. *ageruez* (*u*). — (B. Menacer), il marmotte : *isgemgum*.

1. Cf. R. Basset, *Zenat. Ouars.*, p. 97 : *θaidūrθ*. — *B. Menacer*, p. 68 : *θaiddurθ*. — W. Marçais, *Obs.*, p. 68 : فلّوش.

MAROC, région : θaɣerbīθ [غرب]; je vais au Maroc : *qâi tṛọḥâɣ itɣérbiθ*; ville de Maroc : *Mèrrākeš*.

MAROCAIN, *áɣerbi* (*nu*), pl. *iɣerbiịen* (B. Sn., B. Izn.); *ameṛṛọki* (*nu*), pl. *imeṛṛọkiịen*, (et) *imerrāš* (les Rifains). — (B. Ṣalaḥ), *amarrūk* (*u*), pl. *imerrāk*. — (Meṭmaṭa), *amĕɣèrbi* (*u*), pl. *lemɣārba*; *ameṛṛūki* (*u*), pl. *lemrārka*. — (B. Menacer), *ameṛṛọ̄k* (*u*), pl. *imeṛṛaken*.

MAROQUIN, *afīlāli* (*u*); *afāsi* (*u*) (ar. tr. *ššerk*). — (Meṭmaṭa), *eššerχ*.

MARQUE, MARQUER, être marqué à l'oreille (moutons), (et) faire une marque : *ûsem* (*īθ*) (ar.); H., *tūsem*; marque : *lusīmeθ*; il est marqué : *itụâusem*, ou *šerreg* (ar.); H., *tšerreg*; m. en coupant de la laine : *gertef* (*īt*); H., *tgertef* [cf. فرط — فرصوب]; m. au fer rouge : *eθbäɛ* (*īt*); H., *tebbäɛ* [طبع]; marque : *lmāreθ* [أمر]. — (B. Menacer), *eršem*; H., *reššem* [رشم]. — (B. Ṣalaḥ), *eqqeδ tiḫsi*, marque cette brebis (au fer rouge); H., *teqqeδ*. — (B. Mess.), marquer avec de la teinture : *eǧǧ-ās elmọɣra* [مغرة].

MARS, *ịûr en-mâres* (B. Sn., Meṭm., B. Menacer). — (B. Ṣalaḥ), *aịịūr măɣres*.

MARTEAU[1], *lemṭèrqeθ* (*llé*) [طرق]; gros m. à casser les pierres, masse : *θäzdûzt enụúzzāl* (*tez*), pl. *θizūdāz* (*dzû*); m. à tailler la pierre : *amegdi* (*nu*); *īmegdiịen*. — (B. Messaoud), *θimeṭreqṭ* (*tm*), pl. *θimṭerqīn* (*te*). — (B. Ṣalaḥ), gros m. de fer : *lmāḏna*, pl. *snāθ lmaḏnāt*, deux m. [? مطل] — (Meṭmaṭa), *θimeṭreqθ* (*te*), pl. *θimeṭṭerqīn*. — (B. Menacer), *azdūt*, pl. *izdād*; dim. *hazdūt*, pl. *hizdād*; *aḏfīs* (*u*), pl. *iḏĕfīsen*.

MASSER (au bain), *delš* (*īθ*) [دلك]; H., *delleš*. — (Meṭmaṭa),

1. Cf. R. Basset, *Loqm. berb.*, p. 240 $\sqrt{\text{DZ}}$ et p. 331 $\sqrt{\text{OU F S}}$.

ellef-aịi, masse-moi; p. p. *illef*; p. n. *llīf*; H., *tellef*. — (B. Menacer), *ellef*; p. p. *illef*; p. n. *llīf*; H., *tellef*.

MASSUE, θ*aqezzūlt* (*tq*), pl. θ*i-in*; θ*adebbūzt*, pl. θ*i-in* [دبس]. — (B. Ṣalaḥ), θ*aqezzūlṭ* (*tq*), pl. *tèqezzāl* (*tq*). — (Meṭmaṭa), θ*aqezzūl*θ (*tq*), pl. θ*iqezuāl* (*te*) (ar. tr. *lqezzūla*). — (B. Menacer), *haqezzult* (*ta*), pl. *hiqezzāl*.

MARRUBE, θ*amerriūθ* (*te*). — (B. Ṣalaḥ), *merrīụe*θ. — (B. Mess.), *merrū*θ (employé comme médicament). — (B. Menacer), *merruī*θ.

MATIN, *tûfū*θ; du matin au soir : *si-tûfū*θ *äl-tméddī*θ; de bon matin : *zìš*; — *äki* δ*ūfū*θ; demain matin : *áitša tûfū*θ. — (B. Ṣalaḥ), du matin au soir : *gzazekka ar* δ*eggīḍ*. — (Meṭmaṭa), *ẓẓbāḥ* [صبح]; du matin au soir : *si-ẓẓbāḥ* γ*el ịīd*. — (B. Menacer), *ṣṣbāḥ*; *ṣiṣṣbaḥ re*θθ*meddex*θ, du matin au soir.

MATRICE, *lerḥām* [رحم]; on appelle : θ*anefra*, les membranes entourant un nouveau-né, le délivre. — (B. Ṣalaḥ), délivre : θ*imennefra*.

MAUVAIS, *maši* δ*uṣṣbēḥ* (V. BON); *dâdūni*, pl. *i-en* [دون]; *ůqbēḥ*, pl. *ůqbēḥen*; f. s. θ*ůqbēḥ*θ; f. pl. θ*ůqbēḥīn*. — (B. Iznacen), *ůqbēḥ*, f. θ*ůqbēḥt* [قبح]. — (B. Ṣalaḥ), *a*γ*rumaịịi* δ*ůḫḫīš*. — (B. Mess.), δ*ūḫīš* [وخش]. — (Meṭmaṭa), il n'est pas bon : *ūl-iehụāš*, f. θ*ehụa*. — (B. Menacer), cette viande est mauvaise : *a*χ*sum u išme*θ; H., *šemme*θ.

MAUVE, θ*ibbi* (*ti*). — (B. Mess., B. Ṣalaḥ), *amĕžžīr*. — (B. Menacer), *amĕdjīr*.

ME, il me vit : *izr ịịi*; il m'a suivi : *iḍĕfr ịịi*; il m'a dit : *inna-ịi*. — (Meṭmaṭa), il m'a frappé : *ịū*θ*a-ịi*; il m'a dit : *inna-ịi*. — (Harawat), donne-moi du pain : *uš aid a*γ*rum*. — (B. Ṣalaḥ), il me frappa : *ịū*θ*a-ịịi* (B. Mess., *id.*); il me dit : *inna ịi* (B. Mess., *id.*). — (B. Mess.), *ibbui-ịi*, il m'a emporté; *inna ịi*, il m'a dit. — (B. Menacer), il me frappa : *ịúx*θ*aị*; il m'a dit :

innaḭ. — (B. Rached), suis-moi : *ĕḏefr aḭid*; donne-moi du pain : *uš-aḭi aɣrum*; cet homme m'a frappé avec une baguette : *arǧazu iuχṯai suǧeṭṭûm.*

MÉCHANT, *aḥrāmi*, f. *θaḥ-iθ*; m. pl. *i-en*, f. pl. *θi-ḭīn* [حرم]; enfant turbulent : *žīδer*, pl. *ižīδren*: *matta užīδer īūδi*, qu'est-ce que ce méchant enfant?; *amšūm*, pl. *im-en*; f. s. *θamšumθ*, f. pl. *θi-mīn*; cet enfant est méchant : *ärbā-ḭú δámšūm* [شوم]; *úqbẹḥ*; *úqbīḥ*, pl. *úqbīḥen* [قبح]; f. *θúqbīḥθ*. f. pl. *θúqbīḥin*. — (B. Mess., B. Ṣalaḥ), *abūtši-ḭaḭi iqbäḥ*; adj. : *uqbīḥ*, pl. *uqbiḥen*. — (B. Menacer), *aḥzau iqbäḥ*, cet enfant a été méchant; H., *qebbäḥ*.

MÈCHE, *θäfθīlt* (*te*) [فتل], pl. *θifθīlīn* (*te*) (B. Sn., Meṭmaṭa, B. Izn.). — (B. Menacer), *hafθīlt* (*te*).

MÉDECIN, *aḏbīb* (*u*), pl. *i-en*; f. *θaḏbībθ*, f. pl. *θi-īn* (B. Izn., B. Sn.) [طبيب]. — (Meṭmaṭa), *amdaṷi* (*u*) *i-ien* [دوى]. — (B. Menacer), *amdaṷi* (*u*); (ou) *eṭṭbīb*, pl. *laṭēbba*.

MÉDICAMENT, *ddúṷa* (*ddu*) [دوى].

MÉDINE, *lmâdīna* (ar.).

MÉDIRE, *sîṷel* (*δi*) (V. PARLER); il médit de son ami : *issáṷāl δi-úmeddûkel-ĕnnes*; ou *ižebbed dīs* (V. TIRER); ou *isseqšar dīs* [قشر]; ou *issûžäh ĕzzîs* (V. VISAGE); ou *iqeddef dīs*, de *eqδef*; p. p. *iqδef* (ar.); p. n. *qδīf*; H., *qéddef*; n. a. *áqdāf* (*u*); médisance : *ameqδāf*, pl. *i-en*. — (B. Iznacen), *qa issaual δiḭa*, il médit de moi (V. PARLER). — (Meṭmaṭa), *ḫeṛrĕḏen fella*, ils ont médit de moi [خرط]. — (B. Menacer), il médit de toi : *itmeslaḭ δiχ.*

MEILLEUR que, celui-ci est meilleur que celui-là : *ṷūδi ḫẹr zzi-ṷīn*, ou *ḫẹr-i-ṷīn*, ou *δûṣṣbẹḥ ĕḫ ṷīn* [خير]. — (B. Ṣalaḥ), *ṷadda ḫīr uṷādīn*. — (B. Iznacen), le pain est meilleur que la viande : *aɣrum ḫẹr zeg-ṷīsūm*. — (B. Mess.), *aɣrum ḫẹr buχsūm.*

MÉLANGER[1], *ḫéllêḍ* (*īδ*) [خلط]; H., *tḫellēḍ*; n. a. *aḫellêḍ* (*u*); ou *ḫélụêḍ*; H., *tḫelụêḍ*. — (B. Iznacen), *ḫéḷḷêḍ*; H., *tḫeḷḷêḍ*. — (Zkara), *ḫelleḍ*; p. p. *iḫelleḍ* (et p. n.); H., *tḫelleḍ*; n. a. *aḫellăḍ* (*u*). — (Meṭmaṭa), *ssâr īrδén agettêmẓīn*, mélange le blé et l'orge; p. p. *ssūreγ*, *issur*; H., *ssura*, n. a. *asūri*, mélange. — (B. Ṣalaḥ), *ssăr*; p. p. *ssūreγ*, *issūr*; H., *tsăra*; n. a. *θăsūri*. — (B. Mess.), *ssăr*, p. p. *issūr*; H., *tsăra*. — (B. Menacer), *eḫleḍ*; p. p. *iḫlêḍ*; p. n. *ḫlīḍ*; H., *ḫelleḍ*; ils se mélangent : *mseḫlăḍen*. Cf. Brab. : *ssar* pr. *issur*.

MELON[2] (jaune) : *lbeṭṭiḫ* (*nelbe*) (B. Sn., B. Iznacen); un m. : *θabeṭṭiḫθ*, pl. *θi-in* (*tbe*) [بطيخ]; m. vert : *afĕqqūs* (*nu*), pl. *i-en* (B. Sn., B. Iznacen) [فقوس]; m. à raies blanches et vertes : *lemnūn*; dim. *θamnūnθ*, pl. *θi-īn*; *beṭṭiḫ ennebi*, m. odorant, peu comestible. — (B. Rached, Meṭmaṭa), sg. et coll : m. jaune mûr : *abeṭṭīḫ* (*u*), pl. *θibeṭṭīḫīn*; sg. et coll : m. vert : *afeqqūs* (*u*), pl. *θifeqqūsīn* (ces deux sortes de melons sont récoltées sur une même tige). — (B. Menacer), melon : *abṭṭīḫ* (*u*); m. vert : *afqqūs* (*u*). — (B. Messaoud), melon commençant à mûrir : *afeqqūs* (*u*); melon mûr : *abeṭṭīḫ ịubbua*; concombre : *leḫịăr* (ar.).

MÊME[3], *roḥ simannăh* (K,), va toi-même; *iggu simannes*, il fit lui-même [de *imăn*, esprit, âme, (*cf.* ind.-europ. *măn*]; même les hommes pleuraient : *ellăn tettrûn ula δirgăzen*; même moi, ils me frappèrent : *ula δnetš ūθīn ịịi*. — (B. Iznacen), va toi-même : *roḥ šekk simanneχ*; même lui : *ūla netta*, *la netta*; *ūlaδ ūma uθînt*, et même mon frère, ils le frappèrent. — (B. M.), *roḥ χetš sịimanneχ*, va toi-même.

MENDIER, *etter*; p. p. *ịitter*; p. n. *ttīr*; H., *tetter*; n. a. *áttar*

1. Cf. Provotelle, *Qala'a* p. 122 : *issu*.
2. Cf. R. Basset, *Zenat. Ouars.*, p. 97 : *afeqqūs*.
3. Cf. R. Basset, *Zenat. Ouars.*, p. 97 : *imăn*.

(*ṷa*); *ūθūr*; et θ*ûθra* (*tū*), demande; mendiant: *amettar*, *i-en*; *amenneθru*, *i-a*. — (B. Iznacen), *etter*; p. p. *ttreγ*, *itter*; p. n. *ttīr*; H., *tetter*; n. a. θ*uaθra*. — (Zkara), *etter*; p. p. *itter*; p. n. *ttīr*; H., *tetter*; n. a. θ*ittera*. — (B. Ṣalaḥ), *etter*; H., *ṯetter*; mendiant : *amaṯār* (*u*), pl. *imaṯāren*. — (Meṭmaṭa), δ*mattār*, c'est un mendiant, pl. *imattāren*; *etter*; p. p. *ịītter*; p. n. *ttīr*; H., *tetter*. — (B. Mess.), *etter*; H., *ṯetter*; mendiant : *amattār*, pl. *imettār*. — (B. Sn.), mendier se dit aussi : *sāsa*, p. p. *isasa*; H., *tsāsa*; n. a. *asāsa* (*u*). — (Zkara), *sāsa*; p. p. *sāsīγ*, *isāsa*; p. n. *īir isāsa*; H., *tsāsa*; n. a. *asāsa* (*u*). — (B. Menacer); *etter*; p. p. *itter*; p. n. *ttir*; H., *tetter*; mendiant : *amettār*, pl. *imattāren* (V. DEMANDER).

MENTHE, θ*imerṣāḍ* (*tm*), « mentha aquatica » (on mêle au pain de la menthe pilée); « mentha pulegium » : *fliịu* (pouliot), — (B. Iznacen), θ*imerṣāḍ*. — (B. Rached), *ĕnnānāε* (ar.). — (B. Ṣalaḥ), θ*imežža* (ar. tr. θ*imerṣāḍ*). — (B. Mess.), θ*imerṣāḍ*; θ*imežža* (cf. *eẓẓu*, sentir mauvais. Brab.-Chl.). — (B. Menacer), θ*imjerḍīn* (ar. tr. *naεnaε*).

MENTIR[1], *serkes*; p. p. *iserkes* (et p. n.); H., *serkūs*; n. a. *aserkes* (*u*); *tiserkās* (*ts*); menteur : *aserkās*, pl. *i-en*; f. θ*aserkast*, f. pl. θ*i-sin*; on dit aussi : dis-lui un mensonge : *ḫerreg eḫḫes*; H., *tḫerreg* (ar.). — (B. Iznacen), *serkes*; p. p. *iserkes* (et p. n.); H., *serkūs* (et f. nég.); (ou) *sekδeb*; p. p. *isekδeb* (et p. n.); H., et f. nég. *sekδūb* [كذب]. — (Zkara), *serkes*; p. p. *iserkes* (et p. n.); H., *serkūs*; n. a. *aserkes* (*u*). — (B. Mess., B. Ṣalaḥ), *sχerχes*; H., *sχerχūs*; mensonges : θ*iχerχās*; sg. *ṯaχerχist*. — (Meṭmaṭa), *eḫrĕḍ* (*fell-ās*); H., *ḫerrĕḍ*; ils se mentent à l'envi : *temseḫrāḍen* (ar.). — (B. Menacer),

1. Cf. R. Basset, p. 97 : *sḫerḫur*. — *B. Menacer*, p. 68 : *sḫur*. — Provotelle, *Qala'a*, p. 123 : *skerkes*.

sḫûrra; H., *sḫûrra*; mensonges : *iḫûrrān*; menteur : *bu iḫûrrān*. (Cf. Beauss. خرّ).

MENTON[1], *aizzīm ĕntĕmārθ*; (ou) θ*märt* (*tma*). — (Meṭmaṭa), le menton de cette femme : *tmârt tméṭṭūθa*. — (B. Ṣalaḥ), θ*ammārθ* (*ṯa*), pl. θ*imīra* (*te*). — (B. Menacer), *hmar*θ.

MENUISIER, *anežžār* (*u*), pl. *i-en* [نجّار]. — (B. Ṣalaḥ), *netṯa inedjar*. — (Meṭmaṭa, B. Men.), *anedjār* (*u*), pl. *i-en*.

MÉPRISER, il le méprise : *isekkem eḫḫes*; (ou) *seḥqer* (*ī*θ) [حقر]; H., *seḥqār* (ar. tr. *ḥäǵer*). — (Zkara), *eχrėh*; p. p. *iχrėh*; p. n. *χrīh*; H., *χerrėh*; n. a. *aχrah* [كره]. — (Meṭmaṭa), il m'a méprisé : *iḥáqraịi*, de *aḥqer*; H., *ḥaqqėr*.

MER, *lebḥār* (*ell*) [بحر]; ou *abäḥrūn*, pl. *ịbäḥrạn*. — (B. Iznacen), *lébḥär*. — (B. Rached), *lbĕḥär*. — (B. Ṣalaḥ, B. Mess., Meṭm., B. Menacer), *lebḥār*; ð*i lebḥār*, dans la mer.

MERCI, *tṣáḥḥa*ð [صحّ]; *äšk isėllem Rebbi* [سلّم]; *Allah iḫlef* [خلف]; *Rebbi äšk-ikäfá sîγres* [كفى]. — (Meṭmaṭa), *ṣáḥḥa, ikė*θθ*er ḫėirek* [كثر]. — (B. Menacer), *ṣaḥḥa, irḥem ụaldīk* [رحم].

MERCREDI, *ass el-ârbäɛ* [ربع]; *azd ĕnlârbäɛ*; *azdenni lârbäɛ*. — (Meṭm.), *áss ellárbäɛ*. — (B. Menacer), *ass ĕlárbäɛ*.

MÈRE[2], *ḥénna* (*enḥe*); *imma* (*nịi*); ta mère : *ḥénnäš*, (ou) *ímmäš*. — (B. Iznacen), ma mère : *ịémma*, pl. *i*θ*ịemma*; ta mère : *ịemmaχ* (*ḥenna* signifie ici : grand'mère). — (Meṭmaṭa), *ịimma*. — (B. Rached); *ịemma*; grand'mère : *ịemmâs ĕịímma*. — (B. Ṣalaḥ), *ịemma*. — (B. Messaoud), *ịemma*. — (B. Menacer), *ịemma*; *ḥenna*; sa mère : *ịemmās*, *ḥennās*; la mère de mon ami : *ḥennâs ụumdukel-iu*; un petit enfant dit : *nanna*, maman.

1. Cf. R. Basset, *Zenat. Ouars.*, p. 97 : θ*mārθ*.

2. Cf. R. Basset, *Loqm. berb.*, p. 318 √M M. — *Zenat. Ouars.*, p. 98 : *imma*; *ḥanna*. — *B. Menacer*, p. 68 : *iemma*.

MÉRITER, il mérite la mort : *lḥaqq-ĕnnes aimmeθ* [حق]. — (B. Menacer), p. p. *līqeγ*, *ilīq* [ليق, لاق]; il a mérité la mort : *ilīq elmūt*.

MERLE[1] des jardins, à bec jaune : θ*ažaḥmumθ nụûrθān* (*nž*), pl. θ*i-īn* ; m. de rochers, à bec noir : θ*ažaḥmūmθ nizerụān*. — (Meṭmaṭa), θ*ažaḥmūmt*. — (B. Ṣalaḥ, B. Mess.), *ažaḥmūm*. — (B. Menacer), *lžaḥmūm*.

MESURE[2] de contenance pour mesurer les céréales : θ*áḫeṛṛūbθ* (*tḫé*), pl. θ*iḫeṛṛubin* [خرب], (13 au quintal pour l'orge, 12 1/2 au quintal pour le blé); θ*áqûrdīθ* (*tqû*), pl. θ*iqûrdiịīn* (*tqû*) (c'est la moitié de la θ*aḫeṛṛūbθ*; *bûḍ ĕnnebi* (*nu*) [بوط النبى] (c'est la moitié de la θ*áqûrdīθ*); pour mesurer l'huile : *lqúlleθ* (*nel*), 20 litres; pl. *lqullāθ* [قلّة]; *nẹ́ṣ nelqúlleθ*, 10 litres; θ*aḫŭmāsīt* (*th*), 5 litres [خمس]; *arūbŭεā*, 4 litres [ربع];

mes. de longueur; pour mesurer un champ, l'unité est la *qāmeθ* (*lqa*) (distance entre les extrémités des mains, les bras étant tendus latéralement) [قامة]; pour mesurer une natte, un tapis, l'unité est *aγil* (*u*), pl. *íγallen* (B. Izn., B. Sn.) (distance entre l'aisselle et l'extrémité de la main, le bras étant allongé); (ou) *nẹ́ṣ nūγīl*, dist. entre le coude et l'extrémité des doigts allongés; ou *lεâdmeθ* (dist. entre le coude et l'extrémité des phalanges, le poing étant fermé [عظم]).

MESURER des céréales, de l'huile : *adžû* (*īθ*); p. p. *ịīdžû*; p. n. *idžiu*; H., *tadžu*; n. a. θ*adžauθ* (*ta*); m. un champ : *εâber*; p. p. *iεäber*; p. n. *εäbīr*; H., *εäbber* (K.); *taεabber* (A. L.); n. a. *aεäbār* (*uεa*) [عبر]; comparer : *qās*, p. *iqās*; H., *tqās* [قاس]. — (B. Iznacen), *adžuᵘ*; p. p. *idžueγ*, *ịidžu*; p. n. *idžiu*;

1. Cf. R. Basset, *Loqm. berb.*, p. 261 √J H' M M. — *Zenat. Ouars.* : θ*ažaḥmūmt*. — *B. Menacer* : *ajaḥmum*, p. 68.

2. Cf. W. Marçais, *Tanger*, p. 308 [ربع]; — [ذرع] p. 297.

H., *tadžu*; n. a. *adžau* (*ua*). — (Zkara), *adžuᶣ*; p. p. *udžueɣ*, *iudžu*; p. n. *udžiu*; H., *tadžu*; n. a. θ*idžua*. — (Meṭmaṭa), *īẓẹ̊ḍ*; p. p. *iẓḍeɣ*, *iīẓẹ̊ḍ*; p. n. *iẓīḍ*; H., *tīẓẹ̊ḍ*; n. a. *aẓẓūḍ*, (ou) *adžu*; p. p. *idžueɣ*, *iidžu*; acheteur, mesureur : *naddžau* (*u*), pl. *inaddžaṷen*. — (B. Ṣalaḥ, B. Mess.), *ādžu*, p. p. *ūdžueɣ*, *iūdžu*; H., *ṭadžu*; n. a. θ*adžăūθ*. — (B. Messaoud), *ādžu*; p. p. *ūdžueɣ*, *iūdžu*; on dit aussi : *eχθäl* [كْتَل]; p. p. *iχθäl* (et p. n.); H., *ṭeχäl*. — (B. Menacer), *ādžu*; p. p. *iūdžu*; p. n. *ūdžiu*; H., *ttadžu*; n. a. θ*adžau*θ. — (Senfita), *adžu*; p. p. *udžueɣ*, *iudžu*.

MÉTIER (à tisser), *azeṭṭā* (*u*), pl. *izeṭṭaṷen*; *ažbbūd* [جذب] (montants). — (B. Iznacen), *afedžaž* (*u*), pl. *i-en*. — (B. Menacer), *azeṭṭa* (*u*), pl. *izeṭṭaien*.

MÉTIER (profession), *ṣena*ɛ*ä*θ [صنع]; quel est ton métier? : *mátta sena*ɛ*â*θ*-ĕnneš*? — (B. Menacer), *mant elḥarfiχ*? [حرف]

MÈTRE, *lmître*θ (*lmî*), pl. *lmîtrā*θ; (ou) *lqâle*θ, pl. *lqalā*θ (ar.). — (B. Menacer), *lmītra*, pl. *lmitrā*θ.

METTRE[1] (placer), *egg* (*ī*θ) (V. FAIRE). — (B. Mess.), *egg*; H., *ṭegg*; se mettre à, il se mit à pleurer (B. Sn.) : *iqqîm íttru*; *ibδá-ittru* [بدأ]. — (B. Menacer), *iuɣāl ittru*. — (Meṭmaṭa), *iṷella iīl*, il se mit à pleurer; *iṷella iruggᵘel*, il se mit à fuir [ولّى]. — (B. Menacer), *ibδa itru*, *ibδa itruggᵘal*, il se mit à pleurer, à fuir.

MEULE (de moulin)[2], *tiferdet* (*tfé*) ou *taferdīt* (*tfé*), pl. *tiferdà* (*tfé*) [فرد]; (ou) θ*auqī*θ *ĕntsīr*θ (V. PIERRE); m. de paille[1] : *a*θ*emmūn* (*nu*), pl. *i*θ*emmān* (*ni*); m. de blé, d'orge : θ*affa* (*ta*), pl. θ*affiṷin* (*ta*). — (B. Iznacen), m. de blé, d'orge :

1. Cf. R. Basset, *Zenat. Ouars.*, p. 97 : *eg*.

2. Cf. R. Basset, *Zenat. Ouars.*, p. 97 : *annar*. — H. Stumme, *Handb.*, p. 227 : *taffa*.

θaffa (*ta*), pl. *θaffauin*. — (B. Ṣalaḥ), *azru ntsīra* (*ṷu*), pl. *izerṷen*. — (B. Messaoud), *aγāref* (*u*), pl. *iγůrāf*, désigne le trou de la meule par où tombe le grain (cf. Zouaoua : *aγaref*). — (Meṭmaṭa), dans le moulin à main, on distingue : *γāref ṷadda*, meule inférieure fixe ; *γāref nennež*, meule supérieure mobile ; *γāref* (*u*), pl. *iγārfen*, désigne aussi les meules du moulin à eau (ar. tr. *lferda*) ; *θaffa* (*ta*), pl. *θaffuin*, meule de blé, d'orge non battus (ar. tr. *ttaffa*) ; le mot : *annār* (*u*), pl. *inūrār* (*nūlūm*), meule de paille, désigne aussi l'aire (ar. tr. *nuāder*). — (B. Mess.), *annar bualīm*, pl. *inūrār*, meule de paille. — (B. Menacer), *lεormeθ* [عرمة] ; *θáffa*, pl. *θaffauin*, meule de paille, de céréales.

MEUNIER, *araḥṷi*, pl. *i-en* [رحا] ; *aεáššār*, pl. *i-en* (ar.). — (B. Ṣal., B. Mess.), *ḇāḇ entsīrθ̱*. — (Meṭmaṭa), *bab etsīrθ* [*aṭėḥḥān* (*u*) a le sens de cocu]. — (B. Menacer), *essehri netsīrθ* [سهر].

MEURTRIR[1], *ůṷeθ aiždūr* (V. FRAPPER) ; H., *kkaθ*. — (Meṭmaṭa), meurtrissures : *aiždūr*. — (B. Menacer), cette femme s'est meurtri le visage : *hamṭṭūθu hetšu aggain-is*, de *hetš* ; p. p. *hetšiγ*, *hitšu* ; H., *hetteš* [خدش].

MEUTE, troupe de chiens : *tagrūma iïdān* (*te*), pl. *tigrumīn* ; *tarbaεθ* (*te*) [ربع].

MIAULER, *mεaṷėq*, p. p. *imεaueq* ; p. n. *ūr-imāεuqeš* ; H., *tmāεūq* ; n. a. *ameaṷeq* [عوق]. — (B. Iznacen), le chat miaule : *mūš qā ismāεuịu*. — (Meṭmaṭa), *εaṷeg* ; H., *tεaueg*. — (B. Menacer), *ismaεu*, il miaule.

MIDI[2], *néṣ uṷāss* [نصف] ; *tizzārnīn* (*nti*) (ar. tr. *ḍḍọhọr*) ; *lemgīl* [قيل]. — (B. Ṣalaḥ), *azgen uṷass*. — (B. Mess.), *anaṣif ub^{u}ass*, *azgen ub^{u}ass*. — (Meṭmaṭa), *ammās uṷass* ; *azīl* (*u*), moment

1. Cf. R. Basset, *Loqm. berb.*, p. 302 $\sqrt{\text{G J D' R}}$.
2. Cf. R. Basset, *Loqm. berb.*, p. 327 $\sqrt{\text{Z L}}$. — *Zenat. Ouars.*, p. 98 : *θizarnīn*.

le plus chaud de la journée (ar. tr. *lgäila*). — (B. Menacer), *tnaṣīf uṷass*.

MICOCOULIER, *ṭeγzāz* (*ṭe*); un m. : *tīš enṭeγzāzd*. — (B. Ṣalaḥ), *iγzīz*. — (B. Messaoud), *ṭeγzāz* [cf. Beaus. غزز].

MIE, *θalḇaḇθ* (*tel*) [لب]. — (B. Iznacen), *arbbūn ṷuγrūm*. — (B. Ṣalaḥ), *θīlqi ŭṷuγrūm*. — (B. Mess.), *θalbābθ*. — (Meṭmaṭa), *θalγāγθ* (*te*) (ar. tr. *ellbāb*). — (B. Menacer), *lqelb ṷuγrum*; *ul ṷuγrum*; *hilqqi ṷuγrum*.

MIEL[1], *θāmemθ* (*nta*). — (B. Iznacen), *θāmemθ* (*nta*). — (Meṭmaṭa), *θāmemt* (*ta*). — (B. Ṣalaḥ, B. Mess.), *θamemṭ* (*ṭa*). — (B. Ṣalaḥ), *taquddimṭ enṭamemṭ*, une goutte de miel. — (Senfita), *hāmemt*. — (B. Menacer), *θamemt* (*ta*); *hāmemt*.

MIEN, celui-ci est le mien : *ṷú īnu*; celle-ci est la mienne : *θūδí inu*; tu as mangé ton pain, j'ai donné le mien : *tšīδ aγrūm-enneš δennétš ūšīγ âg-īnu*. — (B. Ṣalaḥ), *ṷadda īnu*, *ṷadīn enneχ*, celui-ci est le mien, celui-là est le tien. — (B. Iznacen), *īnu*, pl. *ĕnnåγ*. — (Meṭmaṭa), *ṷahāθa īnu*; *ṷin ĕnneχ*. — (B. Menacer), *ṷa īnu*, c'est le mien.

MIETTE[2], être en miettes : *frūrī*; p. p. *ifrūrī*; émietter : *sfrūrī*; H., *sĕfrūruị*; n. a. *asefruri*; *θäftāθ* (*tef*) [فتّ], pl. *θiftāθīn* (*tef*); *afrūr* (*ṷu*), pl. *ifrūren*; dim. *θafrūrθ* (*te*), pl. *θifrūrīn*. — (B. Iznacen), émietter : *seftuθī* (*seftūθeğ*); H., *seftūθuị*. — (Meṭmaṭa), *θaftāt* (*te*), pl. *leftāt*. — (B. Mess.), *θileqqi* (coll.), miette, mie. — (B. Menacer), *leftāt ṷéγrum*, des miettes de pain.

MILIEU[3], *ammās* (*ṷa*); au milieu de : *δi-ṷammās ĕn*..... —

1. Cf. R. Basset, *Loqm. berb.*, p. 318 √MM. — *Zenat. Ouars.* : *θamemθ*, p. 98. — *B. Menacer* : *θamamt*, p. 68.

2. Cf. H. Stumme, *Handb.*, p. 178 : *fruru*.

3. Cf. R. Basset, *Loqm. berb.*, p. 315 √MS. — *Zenat. Ouars.*, p. 98 : *ammas*.

(B. Ṣalaḥ), *iūḍa geṭnaṣīf ịiγzer*, il tomba au milieu de la rivière [وصف]. — (Meṭmaṭa), *ammas ĭịīd*, le milieu de la nuit; *ðeg ṷámmās*, au milieu. — (B. Mess.), *iṷammas geγzer*, au milieu de l'oued. — (B. Menacer), *ġṷammas ịịĭγzer*; *gelṷêsṭ ịịĭγzer*, au milieu de l'oued [وسط].

MILLE, *âlĕf* [ألف]; mille hommes : *ālef ịīrgāzen*; deux mille : *ālfāịen*; trois mille : *θélt ālāf*; ils sont venus par milliers : *tûsed lūlūf*.

MIL[1] à petit grain jaune : *θafsūθ* (*tef*) (ar. tr. *lbéšna*); m. à gros grain blanc : *θafsūθ θamĕllālt* (ar. tr. *lεāṷiža* ou *lebšīna*; m. à très petit grain jaune : *zάimu* (*nu*); on appelle *áfsu* une petite graminée dont l'épi ressemble à celui du mil. — (B. Iznacen), *θafsūχθ*. — (Meṭmaṭa), *lbešna* [بشنة]. — (B. Messaoud), *lbešna*; *eddraγ azuggᵘaγ*. — (B. Menacer), *lbešna*.

MILAN[2], *θasiṷant* (*tsi*). — (B. Ṣalaḥ), *θasiṷant* (*tsi*). — (B. Menacer), *θiṷānt* (R. B.).

MINE, MINERAI, *amεāðen* (*nu*), pl. *imεādān* [معدن]. — (Meṭmaṭa), *lmăεaden*. — (B. Menacer), *lmanāri*; *ūqi aberχān*; *ūqi azūġġᵘaγ* (litt. : pierre noire, pierre rouge).

MINISTRE, *lûzīr* (*ellû*) [وزير]: *aṷazīr* (*nu*), pl. *i-en*; *léḫlīfeθ* [خليفة] (*îdž elléḫlīfeθ*), pl. *leḫlīfāθ*.

MINUIT, *ámmās ĭịẹḍ* (B. Sn., Meṭmaṭa); *nêṣ ịịẹḍ*. — (B. Ṣalaḥ), *ṭnaṣīf neðéggīḍ*; *azgén neðéggīḍ*. — (B. Messaoud), *anāṣīf ĕggīḍ*.

MIROIR[3], *θîsīθ* (*ti*); *θîsūθ*, pl. *θisīθīn* (B. Sn., B. Iznacen). — (B. Mess.), *θamraiθ* (*ṭe*), pl. *θimraịīn* (*ṭe*). — (Meṭmaṭa), *θámraiθ*

1. Cf. S. Boulifa, *Demnat.*, p. 372 : *tafsut.*

2. Cf. R. Basset, *Loqm. berb.*, p. 272 √S OUN.

3. Cf. R. Basset, *Zenat. Ouars.*, p. 98 : *θisīθ.*

(*te*), pl. *θimraiïn* [مرايا]; *θisiθ* (Haraoua). — (B. Menacer), *hamrait*, *hisīθ* (*ti*), pl. *hisītin* (*ti*).

MITES, *θînia* (*ti*) (coll.). — (B. Ṣalaḥ), *θiχmeṭ* (*te*), (et coll.). — (Meṭmaṭa, B. Mess.), *lεáθθeθ* (ar. tr. *lεóθθa*) [عثة].

MOELLE[1], *dδūf* (*nū*). — (B. Ṣalaḥ), *aδīf* (*ṵa*). — (Meṭmaṭa), *aδūf* (*ṵa*). — (B. Menacer), *aḍūf* (*u*).

MOI[2], *nets*, *netsînten* (V. Gr., pp. 61-64). — (B. Iznacen), *nets*. — (Meṭmaṭa), *nets*, *netsaia*, *netsaien*; frappe-moi : *ūθ aii*; donne-le moi : *ūs-aiiθ*. — (B. Ṣalaḥ, B. Mess.), *nekkīn*, *nekkinṭ*; frappe-moi : (B. Ṣalaḥ), *ūθ-i*. — (B. Mess.), *ūθ iii*; donne (à) moi : (B. Ṣalaḥ), *ūs-ī*. — (B. Mess.), *eχf-iii*. — (B. Menacer), *nets*, *netsīn*; moi aussi : *nets laḫθan*; frappe-moi : *uxθai*; dis-moi : *īnai*.

MOINEAU, *zaus* (*nu*) *i-en*; on l'appelle aussi : *azerzīr* (*nu*), (étourneau). — (B. Mess., Meṭmaṭa), *zzaṵes*. Cf. W. Marçais, *Obs.*, p. 437 [زاوش].

MOISSONNER[3], *emžer* (*īθ*); H., *mežžer*; *sūṵel*; H., *tsūṵel*; n. a. *asūṵel*; moissonneur : *asuṵṵāl*, pl. *i-en*. — (Zkara), *sūṵel*, p. p. *isūṵel* (et p. n.); H., *tsūṵel*. — (B. Mess., B. Ṣalaḥ), *emǵer*; H., *meǵǵer*; n. a. *θamĕgra* (*te*). — (Meṭmaṭa), *emžer*; p. p. *imžer*; p. n. *mžīr*; H., *medjer*; n. a. *amžar* (*u*); *θamežra*, moisson; moissonneur : *amχāri* (*u*), pl. *i-iien* [كرا]; *amedjār* (rare), pl. *i-en*.

MOITIÉ[4], la moitié (d'un pain) : *azgen* (*ṵu*); *azien* (B. B. Saïd). — (B. Iznacen), la moitié d'une orange : *ennéṣ tlétčînt*; la moitié d'un pain : *azien ṵuγrūm*. — (B. Mess., B. Ṣalaḥ), *azǵen*

1. Biarnay, *Ouargla* p. 328 : *aduf*.
2. Cf. *Zenat. Ouars.*, p. 98 : *netš*, *nešš*.
3. Cf. R. Basset, *Loqm. berb.*, p. 317 √MGR. — *Zenat. Ouars.*, p. 98 : *emžer*.
4. Cf. R. Basset, *Loqm. berb.*, p. 258 √ZGN.

nṭeχnifṭ, la moitié d'un pain. — (Meṭmaṭa), *ennẹfṣ* [نصف]. — (B. Menacer), *nnefṣ enteχnīfθ*, la moitié d'un pain.

MOLAIRE, θ*asīrθ* (*ts*), pl. θ*isīra*. — (Meṭmaṭa), θ*asirθ* (*ts*), pl. θ*isīra*. — (B. Ṣalaḥ, B. Mess.), θ*uγmest* (*tu*), pl. θ*uγmās*. — (B. Menacer), θ*asirθ* (*ts*), pl. θ*isirā*. — (Senfita), *hasīrθ*, pl. *hisīra*.

MOLLET, θ*iželθemt* (*ndžé*) [? جلد]; θ*ahĕbūrθ*, pl. θ*ihebūrīn* [هبر]. — (B. Iznacen), θ*ibzezzexθ*, pl. θ*ibzezzaị*. — (Meṭmaṭa), θ*aεäz-zārexθ nuḍār* (V. MUSCLE). — (B. Ṣalaḥ), θ*iqeślūlīn*. — (B. Mess.), θ*ahabreṭ nessāg*. — (B. Menacer), *ahenšīš* (*u*); (ou) *haslemt ūḍār*.

MON, MA, MES, ma tête : *iḫf-inu*; mes yeux : θ*eṭṭaụīn-īnu*. — (Meṭmaṭa), ma main : *fūs-īnu*; mon père : *baba*. — (B. Mess., B. Ṣalaḥ), mes pieds : *iḍaṛṛen-īnu*; ma sœur : *ḫīṭi*; mon père : *bâḇa*. — (Senfita), ma main : *fūs-iu*. — (B. Rached, Haraoua), mon frère : *iuma*; ma main : *fūs-iu*, *fus-īnu*; ma tête : *iḫf-iu*, *iḫf-īnu*. — (B. Menacer), *fūs-iu*, ma main, (ou) *fūs-īnu* (rare), (ou) *fūs ennū*; mon frère : *ḫéịị*; mon père : *bâḇa* (V. GR., p. 62).

MONDE, *eddūnīθ* (*nedd*) [دنيا — دنى] (les gens; V. GENS). — (B. Iznacen), *ddūnexθ*. — (B. Ṣalaḥ), *ddūnīθ*. — (Meṭmaṭa), *eddenịeθ*. — (B. Menacer), *ĕddūnīθ*, *ĕddūnexθ*.

MONNAIE[1], θ*ímuzūnīn*; un sou : *sọldi*; deux sous : *tnaịen sọldi*; dix sous : *fúllūs amẓian* (ou) *ḍāḍ amẓịān*; un franc : *frãk*; deux francs : *riäl* (ou) *tnäin iḍūḍān*; deux francs cinquante : *nnẹ̊ṣ ụûzgen*; cinq francs : *ázgen*; quatre sous : *lûquiịeθ*. — (Meṭmaṭa), cinq francs : *ddūro*, pl. *dduwara*; deux francs : θ*arialθ*, pl. θ*iriālīn*; un franc : *frãk*, pl. *lfrãkãt*; cinquante centimes : *rrbᵘịịaε*, pl. *lerbäε*; vingt-cinq centimes : *eθθmịịen*,

1. Cf. W. Marçais, *Tanger*, p. 308 [ربع]; p. 416 [فلس]. — S. Boulifa, *Demnat*, p. 378, *tïmuzunin*.

pl. *leθmān* [ثمن]; trente centimes : θ*auqīθ* (*tu*), pl. θ*iuqiịin* (ar. tr. *luqaịa*) [وقية]; un sou : *sọrdi*, pl. *isọrdīịen*. — (B. Ṣalaḥ, B. Mess.), *ulaš γri iδrīmen*, je n'ai pas de monnaie [دراهم]. — (B. Messaoud), six sous : θ*auqīθ* (ar. tr. *uqīịa*); un franc soixante-quinze : *zziịāni* (ar. tr. *zziịāni*). — (B. Menacer), un sou : *sọrdi*, pl. *sụārda*; trente centimes : *luqexθ*; vingt-cinq centimes : *afelsi* (*u*); dix francs : *ddūro nbumedfaɛ*; un billet de vingt francs : *haịlimt* (*ti*).

MONTAGNE[1], *äδrär* (*u*), pl. *iδūrär*; *eddīr*, pl. *ledịūr*. — (B. Iznacen), *äδrär* (*u*), pl. *iδūrär*. — (B. Rached), *läɛâri*. — (Meṭmaṭa), *läɛäri*, pl. *lɛarịān*; *aγbal* (*u*); dans la montagne : *guγbāl*. — (B. Ṣalaḥ, B. Mess.), *aδrär* (*u*), pl. *iδūrär*. — (B. Menacer), *aδrär* (*u*), pl. *iδurär*; région montagneuse : *lɛäri*, pl. *lɛuria* [دير — عري].

MONTANT[2] (du métier à tisser) : θ*imendūθ*, pl. θ*imendūīn*. — (B. Iznacen), θ*imendūxθ*, pl. θ*imendūīn*. — (Meṭmaṭa), θ*imenṭūθ* (*tm*), pl. θ*imenṭūin*. — (B. Messaoud), θ*amenṭūθ* (*tm*), pl. θ*imenṭuin* (θ*m*). — (B. Menacer), θ*imendūṭ*, pl. θ*imendūdīn*; θ*imendûxθ* (*te*), pl. θ*imenduin*; les traverses s'appellent *ifedžadžen*.

MONTÉE[3], θ*saụent* (B. Sn., Meṭm.). — (B. Sn.), à la montée : *asaụen*; *ugsaụen*. — (B. Iznacen), θ*sauent* (*ts*). — (B. Mess., B. Ṣalaḥ), θ*asaunṭ*; à la montée : *gessaunṭ*. — (Meṭmaṭa), *tsaụent* (*ts*). — (B. Menacer), *hsâụent*; *ittazel δihsauent*, il court à la montée.

MONTER[4] (à cheval), *änił*; p. p. *ūnịeγ*, *ịūnił*; H., *tāni*; faire mon-

1. Cf. R. Basset, *Zenat. Ouars.*, p. 98 : *äδrär*. — *B. Menacer*, p. 69 : *aδrar*.

2. Cf. Biarnay, *Ouargla*, p. 343 : θ*imendiuθ*.

3. Cf. R. Basset, *Loqm. berb.*, p. 332 √OUN.

4. Cf. R. Basset, *Loqm. berb.* √L, p. 306; p. 324 √NK. — *Zenat. Ouars.*, p. 99 : *ali*. — *B. Menacer*, p. 69 : *ali*.

ter : *séni*; H., *snäi*. — (B. Iznacen), *eni*; p. p. *eniiγ*, *iinia*, *ěniin*; H., *tnäi*; f. nég., *tnii*; faire monter : *séni*; H., *snäi*; f. nég., *snii*; cavalier : *amnäi* (*u*), pl. *imnäien*. — (Zkara), *eñ*; faire monter : *señ*. — (B. Ṣalaḥ), *eni fuχīdār*, monte sur le cheval; H., *ṭnui*. — (B. Messaoud), *ani fuserδūn*, monte le mulet; H., *ṭnui*. — (B. Menacer), *eni*; H., *tnai*; p. p. *eniiγ*, *iiniu*; il n'a pas monté : *ū-ieniiš*; f. fact. *séni*; monter (en haut), *āli* (ou) *ālii*; p. p. *ūlieγ*, *iūli*; H., *tāli*; faire monter : *sīli*; H., *salai*. — (B. Iznacen), *ālii*; p. p. *iūlii*; H., *tāli*; f. n. *tīli*. — (Zkara), *āli*; faire monter : *sīli*. — (Meṭmaṭa), *āli*; faire monter : *sāli*. — (B. Mess., B. Ṣalaḥ), *äli*; p. p. *iūlí*; H., *ṭāli*; n. a. *äläi*. — (B. Menacer), *āli*; p. p. *ulieγ*, *iūli*; H., *ttāli*; f. n. *ttīli*; n. a. *āläi* (*ua*); monte sur cet arbre : *alii ākéδ essīžerθu* (V. Gr., p. 103).

MONTRER[1] (indiquer), *seḥn* (*īθ*); montre-moi cela : *séḥn iii uûδi*; p. p. *iseḥn*; p. n. *seḥn*; H., *seḥḥān*; (apprendre) : *selmeδ*; H., *sélmāδ*. — (B. Iznacen), *seχn*; p. p. *isχen*; p. n. *sχīn*; H., *seχχān*; f. nég. *seχχīn*. — (Zkara), *seḥn*; p. p. *isaḥĕn*; H., *seḥḥen*. — (Meṭmaṭa), *senεāθ* (*aii*), montre (à moi); H., *sennεāθ*. — (B. Ṣalaḥ), *seχn*; p. p. *iseχn*; H., *seχχūn* (on dit aussi : *saḥen*). — (B. Mess.), *saεaneθ afūs-ĕnneχ*, montre ta main; H., *tsaεanūθ*. — (B. Menacer), *snaεaθ*; H., *sennaεaθ*; *snaεaθai mani iddurrui*, montre-moi où il s'est caché.

MOQUER (Se), *edḥeš* (*ḥ*) [ضحك]; il se moqua de lui : *idḥaš ḥḥes*; H., *ddahš* (V. rire). — (B. Iznacen), *ḍḥeχ*; H., *ḍḥašš*. — (B. Ṣalaḥ), *ismesḥir felli*, il se moque de moi. — (B. Mess.), *ides felli*; *iṭmesḥīr felli*. — (B. Menacer), *eḍṣ*; p. p. *iḍṣa* (ou) *eds*; il se moque de moi : *iddes felli*.

1. Cf. R. Basset, *Zenat. Ouars.*, p. 99 : *snaθ*.

MORCEAU, un morceau de pain : *θarezzuiθ nuɣrūm; aḥarrif* [حروف]; *imi*; *θafθit* [فتّ]; *θafθīlt* [فتيلة]. — (B. Iznacen), un morceau de viande : *θaqeddit* [قدّ]. — (B. Ṣalaḥ), *ušī ṭṭerf ṷuχsūm,* donne-moi un morceau de viande. — (B. Messaoud), *eχfịi aqellūš buɣrūm* [فلش]. — (Meṭm.), un morceau de pain : *idž uṷagga*, pl. *aggaịen*; un m. de viande : *θaqeddīt* (*te*), pl. *θiqeddīšīn*; un m. d'étoffe : *θašeruīqθ* (*tš*), pl. *θi-qīn* [شرق]. — (B. Menacer), *ṭṭérf*, pl. *leḍrāf* [طرف].

MORDRE[1], *ezăεăf* (*īθ*); p. p. *izăεăf*; p. n. *zăεīf*; H., *dzăεăf*; n. a. *azăεăf* (V. COLÈRE); en parlant d'un chien, le chien m'a mordu : *ăiši ịetš-ịi* (V. MANGER). — (B. Iznacen), en parlant d'un chien : *etš*; en parlant d'une vipère : *zăεăf*; H., *dzăεăf*. — (Zkara), *ezăεăf*; p. p. *izăεăf*; p. n. *zăεīf*; H., *dzaεăf*; n. a. *azăεăf* (ar.). — (Meṭmaṭa), en parlant d'un chien : *qarreš*; H., *tqarraš* [? قرش]; *aiši iqarreš aịi*, le chien m'a mordu; en parlant d'une vipère (V. PIQUER) : *qeṣṣ*. — (B. Mess., B. Ṣalaḥ), *χerreš* (θ); p. p. *iχerreš* (et p. n.); H., *χerraš*; ce chien m'a mordu : *aqžau itša-ịi* (V. MANGER); le serpent m'a mordu : *azrem iqeṣṣ-ī*. — (B. Menacer), *qerraš*; p. p. *iqerraš*; H., *tqerrāš*.

MORS, *llâzmeθ* [لزم]; *uzzăl*; il prend le mors aux dents : *itɣézz ši-llázmeθ*. — (Meṭmaṭa), *aịelzīm ṷúlǧām* (ar. tr. *lfās*).

MORTIER, *lεažneθ nelbeɣli*, mortier de terre, de sable et de chaux [عجن]; mortier de terre : *lεažneθ*. — (B. Ṣalaḥ), *abeɣli* (*u*). — (B. Menacer), *lbeɣli* (turc).

MORTIER à pilon : *elmáhrăz* [مهراس], pl. *lemhārez*. — (B. Menacer), *elmīrăz* (ou) *hmīrazt*. — (B. Mess., B. Ṣalaḥ), *amăhrăz* (*u*), pl. *imăhrăzen*.

1. Cf. R. Basset, *Loqm. berb.*, p. 294 √KRKR.

MORVE[1], θ*aḫlūlt* (*te*), θ*aḫnūnt* (*te*); *aḫlūl* (*u*), morve desséchée. — (B. Iznacen), *aqnnīn* (*u*); *aḫnūn* (*u*). — (Meṭmaṭa), *aḫnūn*. — (B. Ṣalaḥ), *iḫilūlen*. — (B. Messaoud), *iḫūlāl*. — (Senfita), *iḫenšūren*. — (B. Menacer), *iḫlūlen*; θ*aḫnūnt*, *iḫnūnen*, *iḫenčuren*.

MOSQUÉE, *lžâmäɛ*, pl. *lžųâmäɛ* (ar.); *eššériɛäθ*, pl. *eššériɛāt* (ar.). — (B. Iznacen), θ*amezǧiįa*, pl. θ*imezǧiįa*. — (B. Ṣalaḥ, Meṭm., B. Mess.), *lžāmäɛ*, pl. *ležųāmäɛ*. — (B. Menacer), *edjamāɛ* [شرع — سجد — جمع].

MOT, *aųal* (*ųa*), pl. *aųālen* (*ųa*); θ*ameslaiθ*. — (B. Iznacen), *aųal* (*ua*), pl. *aųālen* (*ųa*). — (B. Mess., B. Ṣalaḥ), *amesla* (*u*), pl. *imeslaįen*; (ou) *aual*. — (Meṭm.), θ*ameslaiθ* (*te*), pl. θ*imeslaįīn*. — (B. Menacer), *aųal* (*ua*), pl. *aųalen* (*ųa*).

MOTTE, *ṭṭọbeθ*, pl. *ṭṭọbāθ*. — (B. Ṣalaḥ), *aqellīɛä* (*u*), pl. *iqelliɛān*. — (B. Mess.), *aqelliɛa buaχāl* (ar. tr. *ṭṭọba lgullāb*). — (B. Menacer), *abersessi* (*u*) [طوب — قلع].

MOU, *aleqqaγ*. — (B. Messaoud), θ*aγausa įi ṭaleqqaḫθ*, cette chose est molle. — (Meṭmaṭa), *iūhen* (facile). — (B. Menacer), *hèlussi-įu taleqqaqt*, ce beurre est mou.

MOUCHE[2], *īzi* (*ī*), pl. *izān*; θ*abeššarθ* (*tb*), grosse mouche à vers [بشر]. — (B. Iznacen), *īzi* (*ī*), pl. *izān*; dim. *tīzīt*. — (Meṭmaṭa), *izīž*, pl. *izzān*, *īzān*; comme les mouches : *am-įīzān*. — (B. Ṣalaḥ, B. Mess.), *īzi*, pl. *īzān̈*. — (B. Men.), *īzi*, pl. *īzān*.

MOUCHER[3], *enser* (θ*inzār*); p. p. *inser*; p. n. *nsīr*; H., *tenser*; n. a. *ansār* (*ųė*) [نسر]. — (B. Iznacen), *enser*; p. p. *inser*; p.

1. Cf. R. Basset, *Loqm. berb.*, p. 237 $\sqrt{\text{KH L L}}$.
2. Cf. R. Basset, *Loqm. berb.*, p. 333 $\sqrt{\text{IZ}}$. — *Zenat. Ouars.*, p. 99 : *īzi*. — *B. Menacer*, p. 69 : *izi*.
3. Cf. R. Basset, *Loqm. berb.*, p. 322 $\sqrt{\text{NSR}}$.

n. *nsīr*; H., et f. nég. : *nesser*. — (B. Mess., B. Ṣalaḥ), *enser*; H., *nesser*. — (B. Menacer), *ekkes aḫnunt sinzār* (ou) *enser* (ou) *enhem* [نهم et كمّ].

MOUCHOIR de soie : *alemšīl* (*u*), pl. *ilemšal*; m. de coton, ordinairement rouge : θ*ahendī*θ (*th*), pl. θ*ihendiįīn*; θ*imäḫrem*θ, pl. θ*imäḫermīn*; θ*asebnī*θ (*ts*)[1]. — (B. Iznacen), *amendil* (*u*) [منديل], pl. *imendīlen*. — (Meṭmaṭa), θ*imäḫrem*θ. — (B. Ṣalaḥ, B. Mess.), θ*imaḫrem*θ, pl. *lemḫārem*, mouchoir de soie [حرم]. — (B. Ṣalaḥ), *alemdīl* (*u*), pl. *ilemdīlen*. — (B. Mess.), *anemdīl* (*u*), mouchoir de fil. — (B. Men.), *himäḫremt*, morceau de soie (*tm*), pl. *himḫärmīn*; grand mouchoir : *amendīl*, pl. *i-en*.

MOUDRE[2], *ĕzḍ*, *ĕzḍ* (*i*θ); p. p. *zḍīγ*, *izḍu*; p. n. *zḍu*; H., *zzāḍ*; n. a. *izeḍ*, façon de moudre, mouture. — (B. Iznacen), *ezḍ*; p. p. *izḍa*; p. n. *zḍi*; H., *zzāḍ*; n. a. *izeḍ*. — (Meṭmaṭa), *ezḍ*; p. p. *izḍa*; H., *zzāḍ*; se moudre : *ituāzḍ*; il ne se moud pas : *ūl-ituazāḍeš*. — (B. Ṣalaḥ), *ezḍ*; p. p. *izḍa*; H., *zeṭṭ*. — (B. Mess.), *ẓẓḍ*; p. p. *iẓḍa*; H., *ẓẓāḍ*; *aẓḍi*, mouture. — (B. Menacer), *ezḍ*; p. p. *izḍa*, *izḍu*; p. n. *zḍi*; H., *zzāḍ*; *mezḍ*, être moulu [Gr., p. 109].

MOUILLER, être m. : *uff*; p. p. *iuff*; H., *tuff*; p. n. *ūr iuffeš*; être m. : *ebziį*; p. p. *iebziį*; n. a. *abzaį* (V. HUMIDE); mouiller : *suff*; H., *suffa*; *sebziį*; H., *sebzaį*. — (B. Iznacen), ma main fut mouillée : *fūs īnu įuff*; H., *tuff*; mouiller : *suff*. — (B. Mess., B. Ṣalaḥ), *afūs īnu išemmeḫ*, ma main est mouillée; *šemmeḫ afūsenneχ*, mouille ta main. — (B. Menacer), *fūs īnu illa išmeḫ*, ma main est mouillée (ou) *fūs-īu ibzeǧ* (Cf. Dozy, *Supp. I*, p. 785, شمخ) [Gr., p. 112].

1. Cf. W. Marçais, *Tanger*, p. 327 [سبني].
2. Cf. R. Basset, *Loqm. berb.*, p. 256 √Z DH.

MOULIN[1], θassirθ (ts), (et) θasīrθ, pl. θissīra, θisīra. — (B. Iznacen), θassirθ (ts), θissār. — (B. Rached), hasīrθ. — (Meṭmaṭa), moulin à eau : θassirθ uụamān; petit moulin employé dans la maison : θassīrθ (ts), pl. θissīra; axe de ce moulin : ūl ettsīrθ; la meule supérieure (V. MEULE) est munie d'une manette : eššdād ettsīrθ ; il sortit du moulin : iffeγ si-θsīrθ. — (B. Menacer), θasīrθ (ts), pl. θisīrīn (nti) (et) θisīra; fabricant de moulins : araḥui [رحا]. — (B. Ṣalaḥ), θisīrθ ụuḫḫām, petit moulin (ts); θisīrt uụāmān, moulin à eau, pl. θisīra (ts). — (B. Messaoud), θisīrθ (ts), pl. θisīra (tsi); meule : θazrūθ; trou par lequel le grain tombe sous la meule : aγāref (u), pl. iγurāf (cf. Z., aγaref, meule); manette : ažīž (u), pl. ižāžen.

MOURIR[2], emmeθ; p. p. immūθ; H., tmetta ; mort : ametti (u), pl. imettiin (K). — (B. Iznacen), emmeθ ; p. p. ĕmmūθeγ, immūθ ; H., tmetta; f. n. tmetti; la mort : lmūt [موت]; un mort : lmīịet. — (Zkara), emmeθ ; p. p. ĕmmuθeγ, immūθ (et p. n.); H., tmetta; n. a. lmūθ; f. nég. tmetti. — (Figuig), conj. au prétérit : 1re pers. : emmūγ, pl. nemmuṭ; 2e pers. : θemmūδ, pl. ṭemmām; 3e pers. : immuṭ, pl. emmān; part. : immān, qui est mort? mānes ụen immān? H., tmetti. — (Meṭmaṭa), emmeθ; p. p. immūθ; H., tmetta; la mort : θamettant. — (B. Ṣalaḥ), emmeθ; p. p. mmūθeγ, immūθ ; H., ṭemmeṭa; n. a. θameṭānt. — (B. Mess.), immuθ; H., ṭemeṭṭa. — (B. Menacer), un homme est mort : idž uurgâz immūθ; H., tmetta; il meurt : illa itmetta; il ne mourra pas : u-itmetti-š.

1. Cf. R. Basset, *Zenat. Ouars.*, p. 99 : θasīrθ. — *B. Menacer*, p. 70 : θasīrθ.
2. Cf. R. Basset, *Loqm. berb.*, p. 312 √M TH. — *Zenat. Ouars.*, p. 99 : immūθ. — *B. Menacer*, p. 70 : muθ. — *Études dial. berb.*, p. 145.

MOUSTACHE[1], *šlāɣem*. — (B. Iznacen), *ššlāɣem*. — (B. Ṣalaḥ, Meṭmaṭa, Senfita, B. Menacer), *ššlaɣem*.

MOUSTIQUE, *nnamūs* (Meṭm., B. Sn., B. Menacer, B. Ṣalaḥ, B. Messaoud) [ناموس]; θizīθ (*ti*), moucheron (B. Menacer).

MUER, (B. Sn.), *tiazit tuanetter serrīš-ennes*, la poule mue; *nessel*, H., *tnessel* [نسل]. — (B. Izn.), le chacal mue : *uššen qā inessel*. — (Meṭmaṭa). θ*enšef* [? نشف]. — (B. Menacer), *uššen itbeddel guanzāδ* (ou) *isḥūfa guanzāδ* (V. CHANGER, TOMBER).

MOUTON[2], *išerri* (*ni*), pl. *išrāren*, (et) *ašrāren*. — (Zkara), *iχerri*, pl. *aχrāren*. — (B. Iznacen), *iχerri*, pl. *aχrāren* (*ua*). — (Figuig), *ufrīš*, pl. *ufrīšen*. — (Meṭmaṭa), *ikerri*, pl. *aχrāren*; mouton de deux ans : *ettni* (ar.). — (B. Ṣalaḥ, B. Messaoud), *iχerri*, fém. θ*ulliṯ*; pl. *aχrār*, *aχrāren*, *iχrāren*. — (B. Menacer), *aεållūš* (*u*), pl. *iεållāš* [علوش].

MUGIR (V. BEUGLER); *srummeθ*; H., *srummūθ*; *zuuek*; H., *dzuuek*. — (B. Iznacen), *smuireθ*; H., *smuirūθ*.

MUET, *abekkūš*, f. θ*a-š*θ; pl. *ibekkāš*, f. p. θ*ibekkāš*; de : *ebkeš*; p. p. *ibkeš*; p. n. *bkīš*; H., *tbekkeš* [بكش]. — (B. Iznacen), *agerυāz*, pl. *i-en*; *ebkem*, perdre l'usage de la parole (ar.). — (B. Ṣalaḥ), *aεaggūn*. — (B. Menacer), *aεåggūn*, pl. *iεaggūnen*; *ariazu δaεaggūn*, cet homme est muet.

MULET[3], *aserdūn* (*u*), pl. *iserδān*; f. θ*aserδūnt*, f. p. θ*iserδān* (B. Izn., B. Sn.); jeune mulet : *afennīš* (*u*), pl. *ifennišen* (cf. Beaussier فنش). — (B. Rached), *aserδun*; deux m. : *sen iserδān*. — (Meṭmaṭa), *aserδūn* (*u*), pl. *iserδān*; f. θ*aserδūnt* (*ts*), pl. θ*iserδān*; sur le mulet : *fuserδūn*. — (B. Ṣalaḥ, B. Mess.),

1. Cf. W. Marçais, *Tanger*, p. 349 [شلغم].

2. Cf. R. Basset, *Loqm. berb.*, p. 276 √ÂLCH; p. 294 √KRR. — *Zenat. Ouars.*, p. 99 : *εallūš iχerri*. — *B. Menacer*, p. 70 : *χerri*.

3. Cf. R. Basset, *Loqm. berb.*, p. 264 √SRD'N. — *Zenat. Ouars.*, p. 99 : *aserδūn*. — *B. Menacer*, p. 70 : *abaɣli*.

aserδūn (*u*), pl. *iserδān*; f. θ*aserδūnṭ*, pl. θ*iserδān*; petit mulet : *afennīš* (*u*), pl. *ifennīšen*. — (B. Menacer), *abeγli* (*u*), pl. *ibeγlai*; fém. *habeγleχθ*, pl. *hibeγlaį* [بغل]. — (Senfita), *aserδun* (*u*), pl. *iserδān*; fém. *haserδunt* (*ts*), pl. θ*iserδaθin* (*ts*).

MUR, *ṣṣūr* (*nes*), pl. *lessuār* [سور]; *lḥẹḍ* (*nel*), pl. *léḥiūd* [حيط]; *asūδel* (*u*). — (B. Mess., B. Ṣalaḥ), *llḥīḍ*, pl. *läḥiūḍ*. — (B. Rached, Meṭmaṭa, B. Men.), *lḥáiḍ* (*lḥa*), pl. *laḥiūḍ*.

MÛR[1], être mûr : *aụụ*; p. p. *iụụu*; H., *tnenni*; n. a. *anenni* (*u*); mûrir, faire mûrir : *suụụ*. — (B. Iznacen), *ĕuụụ*; p. p. *iuụụa*; p. n. *uụụi*; H., *tnenna*; f. n. *tnenni*; n. a. θ*nenni*θ. — (Meṭmaṭa), *eụụ*; p. p. *uụụīγ*, *iuụụa*; H., *tnana*; n. a. *uġġᵘa*; mûrir : *suụ*; H., *snāna*; n. a. *asuụụi*. — (B. Menacer), le blé est mûr : *irδén ūmạn* (ou) *uwḍen*; l'orge est mûre : θ*imẓín ūmạnt*; (de) *um*; p. p. *ūmīγ*, *iūma*; H., *aγrum illa itnān*, le pain est en train de cuire. — (B. Ṣalaḥ), la figue a mûri : θ*azar*θ *tuụụa*; H., *ṭnenna*; mûrir : *suụ*; H., *snenna*. — (B. Mess.), le blé a mûri : *irδen ebbᵘān*; H., *ṭnenna*.

MURÈNE, anguille de mer. — (B. Menacer), θ*äzlemt* (*te*), pl. θ*izelmīn* (Voir : POISSON, SERPENT).

MÛRIER[2], mûre : θ*ābγa* (*te*), pl. θ*abγiụin*. — (B. Iznacen), mûre : θ*abγa* (*te*), pl. θ*abγaụīn*. — (B. Menacer), mûrier : *erḍĕm* [cf. *Lisān* (? رضم), nom de plante, ou رزم]; *ettū*θ. — (Meṭmaṭa), mûrier : *azeqqûr ettâbγa*; mûres : coll., θ*ābγa* (*ta*), pl. θ*abγaụīn*, des mûriers. — (B. Ṣalaḥ), mûre de la ronce : θ*abγa*; ronce : *agellu*. — (B. Ṣalaḥ, B. Mess.), *etṭū*θ [توت], mûre, mûrier. — (B. Menacer), mûre des haies : θ*abγa*; le mûrier : *erḍĕm*, *ettū*θ.

1. Cf. R. Basset, *Loqm. berb.* $\sqrt{\text{OU OU}}$, p. 332.
2. Cf. R. Basset, *B. Menacer*, p. 70 : θ*abγa*.

MUSARAIGNE, *erbīb lḥallālīf* (ar.).

MUSCLE, θ*ahbbūr*θ (*th*) [هبر]. — (B. Iznacen), θ*azelmumm*ᵘ*ex*θ, biceps. — (Meṭmaṭa), θ*aεazzarex*θ. — (B. Menacer), θ*azlemt* (*te*).

MUSELER, *kemmem*; H., *tkemmem*; muselière : θ*akmam*θ, pl. θ*ikumām* [كمّ]. — (Zkara), *egg isedres* (V. METTRE). — (B. Iznacen), θ*aχmamt*, pl. *tiχumam*; *aδers*, pl. *iδersaun*, sorte de mors en bois amer (laurier-rose) que l'on met aux agneaux pour les empêcher de téter. — (B. Ṣalaḥ, Meṭmaṭa), pour empêcher les veaux, les poulains de téter, on leur met une muselière : θ*aχmāmt* (*te*), pl. *tiχmamīn*; θ*aśbāb*θ (*te*), pl. *tiśbābīn* (*te*), mors en bois que l'on met aux chevaux, cf. Beauss. : [شبابة] et class. : [شبم]. — (B. Menacer), muselière pour les chevaux : *haχmāmt*; θ*aχmāmt* (*te*), pl. *tiχumām*.

MUSULMAN, *imeslem* (*u*), pl. *i-en* [مسلم]. — (B. Mess.), *imeslem*, pl. *imselmen*.

MUSETTE[1], *asīres* (*u*), pl. *isīrās*; dim. θ*asīrĕst*, pl. θ*isīrās*. — (B. Iznacen), *isiires*, dim. θ*isiirest*. — (B. Ṣalaḥ), *lgrāb*, pl. *lgrābāṭ* [قراب]; *aseğres* (*u*), pl. *iseğrās*, sac dans lequel on met l'orge des montures (ar. tr. *elεomāra*). — (B. Menacer), *isiğres*, pl. *isiğrās*.

MUSIQUE, *lmuzīge*θ, faire de la musique (V. JOUER); on dit aussi : *qesser*; H., *tqesser* [قصر].

MYRTE[2] (« myrthus communis »), *errīḥān* (*ner*), [ريح] (B. Sn., Meṭmaṭa, B. Menacer); fruit du myrte : *sèlmūn* (Alger).

1. Cf. R. Basset, *Zenat. Ouars.*, p. 99 : *asīres*.
2. Cf. R. Basset, *Zenat. Ouars.*, p. 99 : θ*ariḥānt*.

N

NAGER, *éεūm* [عوم]; p. p. *iεūm*; p. n. *ūr-íεūmeś*; H., *teεūm*; n. a. *áεūm* (*u*); nageur : *äεúṷṷām*, pl. *iεúṷṷāmen*; — *zerdäḥ ĕg tâla*, nage dans le lac; H., *dzerdäḥ*; on dit aussi : il nage : *iżébbed âmān* (V. TIRER) (les Beni-Snous, pour nager, allongent les bras en avant et ramènent les mains, non sur les côtés, mais contre la poitrine, comme le fait un cheval, disent-ils). — (B. Iznacen), *ăεūm*; H., *tăεūm*. — (B. Ṣalaḥ, Meṭmaṭa), *εaṷem*; H., *taεum*. — (B. Menacer), *εāūm*; H., *tεāūm*.

NAGEOIRES, *âfer* (*uâ*), pl. *ifriuen*. — (B. Iznacen), *affer* (*ua*), pl. *affriṷen*. — (Meṭmaṭa), *afriuen*. — (B. Menacer), *affer* (*ua*), pl. *affriṷin*. — (B. Ṣalaḥ), une n. : *idž iżīfer*, pl. *iżūfār*.

NAÏF, cet enfant est naïf : *ārbā ịú δennīịeθ* (inv.); on dit aussi : *δís ennīịeθ* [نيّة], (ou) *áγśīm*, qui se laisse tromper facilement; f. s. *θaγśīmθ*; m. p. *iγśīmen*; f. p. *θiγśīmīn*; j'ai été naïf : *γéśmeγ imân-īnu*, (ou) *sγéśmeγ imân-īnu*; H., *tγéśśem*, ou *séγśām* [غشم]; naïf : *ámennṷi*, pl. *imennuiịen*; f. *θámennṷīθ*, pl. *θimennṷiịīn* (ar. tr. *ménṷi*). — (Meṭm.), cet homme est naïf : *arịāza δennīθ*. — (B. Menacer), *aḥzaṷu δennīịeθ*, cet enfant est naïf.

NAIN[1], il est nain : *nettân δáδīdûḥ*, pl. *i-en*; f. *θáδīdūḥθ*, pl. *θi-īn*; ou bien : *nĕs-nebnāδem* (ar.), moitié d'homme; ou bien : *būḍ ĕnnébi* (ar.); ou bien : *aqĕddûḥ ŭṷérnān*. — (B. Iznacen), *tedžāl* (*ĕnte*), pl. *itendžālen*. — (B. Ṣalaḥ), *argāz iqqīm δaqśūčäḥ*, il est resté nain. — (B. Ṣalaḥ, Meṭmaṭa), *aχernennai*, f. *θa-iθ*; m. pl. *i-en*, f. pl. *θi-ịīn*. — (B. Mess.), *ịūśfen*

1. Cf. A. de C. Motylinski, *Dj. Nef.*, p. 141 : *adendjal.*

(cf. Beauss. [وشقر]) ; *u iṭgaɛamareχ*. — (B. Menacer), il est nain : *nettān ðáqūḍīḍ*, f. θ*aqūḍīṭ*; pl. *iqūḍīḍen*, f. θ*iqūḍīḍīn*.

NAÎTRE[1], *lāl*; p. p. *ílūl*; p. n. *ūr-ílūleš*; H., *tlûl* (A. L.); *tlâlä* (K.); n. a. *âlūl* (*u*); θ*lâle*θ, θ*lâla* (*tl*); premier né : *ámenzû*, f. θ*amenzui*θ; m. p. *imenza*, *imenzai*; f. p. θ*imenza*, θ*ímenzai*; un enfant m'est né : *ilūl iií idž-uérba*; je suis né aux Aït-Arbi : *lūléγ ði uâ*θ*-ɛârbi*. — (Zkara), *lūl*; p. p. *lūleγ*, *ilūl*; p. n. *lūl*; H., *tlūla*; n. a. *alūl*. — (B. Iznacen), je suis né chez les B. Iznacen : *lūleγ ga*θ *Iznāsen*; *ilūl*; p. n. *lūl*; H., *tlūl*. — (Meṭmaṭa), *lūl*; p. p. *ilūl*; H., *tlūl*; n. a. *alūli* (*u*). — (B. Ṣalaḥ), *lūleγ*; p. p. *ilūl*; p. n. *lūl*; H., *tlāla*; n. a. θ*alūli*. — (B. Mess.), *anīða* θ*ernīð*, où es-tu né? *rniγ egai*θ *Mesaɛūð*, je suis né aux Beni Mess. (V. AJOUTER). — (B. Menacer), *lûleγ ði šeršāl*, je suis né à Cherchell; p. p. *ilūl* (et p. n.) ; H., *tlūl*.

NARINES (V. NEZ), θ*ínzer*θ (*te*), pl. θ*inzar*, on dit aussi : *lmáhšem* et : *lmaḫšem* [خشم]; un moucheron est entré dans mes narines : θ*ûðef* θ*nāmûst ði-lmáhšem īnu*; θ*imenfest*, pl. θ*imenfās* [نفس]. — (B. Iznacen), *inzer*, pl. *inzraun*; θ*inzer*θ (*te*). — (B. Ṣalaḥ), *inzār*; *zdāḫel itenzār*, à l'intérieur des narines; θ*inzār* (B. Mess.). — (Meṭmaṭa), θ*inzer*θ (*te*); θ*inzār*. — (B. Menacer), *iḫūbá ntinzār* (ou) θ*inzār* (ou) *leḫrātšem entinzār*.

NASILLER, *neγneγ*; p. p. *ineγneγ*; H., *tneγneγ*; n. a. *aneγneγ*; nasillard : *áneγnāγ*, pl. *i-en*; f. s. θ*áneγnaḫ*θ; f. p. θ*ineγāγīn* (ou) *ánefnāf*, pl. *inefnāfen*; f. s. θ*a-*θ, f. p. θ*i-īn*. — (B. Iznacen), *anefnāf* (*u*), pl. *i-en*. — (Meṭmaṭa), nasillard : *lḫen*, pl. *iḫennen*; f. θ*iḫennet*, pl. θ*iḫennīn* [خن]. — (B. Ṣalaḥ, B. Menacer), *aneγnāγ*, pl. *i-en*.

1. Cf. R. Basset, *Loqm. berb.*, p. 309 √LL.

NASSE d'alfa : *ásennāž* (*u*), pl. *isĕnnāžen* (*ni*) (B. Sn., B. Iznacen); *θasnnāžθ* (*nets*); *θisĕnnāžīn* (*nets*) (B. Sn., B. Iznacen). — (B. Mess., B. Ṣalaḥ), nasse, corbeille de roseau, longue et étroite, sans anses : *asennaž* (*u*), pl. *isennāžen*. — (B. Menacer), *asennāj* (*u*), pl. *isennājen*.

NAUSÉE, il a une nausée : *ittālii ûl-ĕnnes*, mot à mot : son cœur se soulève (V. LEVER); *iūš-âs ĕlmīδ* [ميد] (V. DONNER). — (B. Iznacen), il veut rendre : *ieḥs aδ-ierr*.

NATTE[1], tapis, natte en alfa (B. Iznacen, B. Yala, B. Hamlil), *áhernāf* (*u*), pl. *ihérnāfen* (*ni*); dim. θ*a*-θ, pl. θ*i*-*īn*; grande natte de laine et d'alfa : *ážerθil* (*u*), pl. *ižerθāl* (*ni*) (B. Sn., B. Iznacen); dim. *θažerθīlt* (*dž*), *θižerθīlīn* (*dž*); petite natte de laine et d'alfa : *θáḥlāst* (*teḥ*) [حلس], pl. *θiḥĕluās* (*teḥ*) (B. Sn., B. Iznacen), ou *θiḥlāsīn* (*teḥ*); *θámδelụiθ* (*te*); *θimδelụīn* (*te*) (natte de fil et d'alfa des Beni-Bou-Saïd) (V. TAPIS). — (Meṭmaṭa), *ažerθīl* (*u*), pl. *ižerθāl*, nattes d'alfa et de lîf; *θasedžāt* (*tse*), pl. *θisedžādīn* : nattes de palmier-nain [سجد]. — (B. Mess., B. Ṣalaḥ), natte en alfa, en palmier-nain : *θağerθilṭ* (*tg*), pl. *θigerθāl*. — (B. Menacer), *hažerθīlt* (*tž*), pl. *hižerθāl*, natte, paillasson en palmier-nain; *θažerθilt nụari*, natte d'alfa.

NATTER (ar. tr. *eḍfer*), *éllem* (*īθ*) (A. L.); p. p. *iillem*; p. n. *ūδ-éllīmγeš*; H., *tellem*; n. a. *θilmi* (*te*); natte de cheveux : *θáδersa* (*ĕndde*), pl. *θiδersiụīn*; *eržel* (K., A. L., B. B. Saïd); p. p. *iéržel*; p. n. *ūδ eržīlγeš*; H., *teržīl* (A. L.); *teržel* (K); n. a. *aržāl* (*u*) [رجل]; faire une natte, un paillasson de diss, en reliant les brins avec de l'alfa, cette sorte de natte sert à

1. Cf. R. Basset, *Loqm. berb.*, p. 302 $\sqrt{\text{GRTHL}}$. — *Zenat. Ouars.*, p. 99 : *ažerθīl*. — *B. Menacer*, p. 70 : *θažerθilt*. — A. de Motylinsky, *Dj. Nef.*, p. 141 : *tesedjet*.

couvrir les meules ou les gourbis; elle s'appelle : *lâšân* (*ella*), pl. *lâšânāθ* (*lla*) (ar. tr. *léγṭa*), (ou) *aržâl nûšels*. — (B. Iznacen), *eržel*; p. p. *iržel*; p. n. *ržīl*; H., *teržel*; n. a. *aržāl* (*u*). — (Meṭmaṭa), *éšer*, p. p. *šrīγ*; *iišra*, p. n. *šri*; H., *ddār*; n. a. *ašūri* (*u*); natte : *ddūri*. — (B. Menacer), tresser du palmier-nain : *ellem hâzra*; H., *tellem*. — (B. Ṣalaḥ), natte tes cheveux : *eχsu iḫf-ĕnnem*; p. p. *χsīγ*, *iχsa*; H., *χessu*.

NAVET, *élleſθ* (B. Izn., B. Sn., Zkara), ou : *izūrân nélleſθ* (V. RACINES) [لفت]; ou : *θamaḥfūrθ* (*tm*) (ar.), pl. *θimaḥfūrīn* (ar. tr. *lmáḥfūra*); proverbe : *îla γelbek belmèṭmūra γelbu bemaḥfūra*, si quelqu'un a plus de silos de grains que toi, aie soin d'avoir plus de navets que lui. La variété la plus estimée s'appelle : *tliṭli*, ce navet est très allongé; un autre qui a la forme d'une carotte ou une forme arrondie s'appelle : *lḥârrif* (ar. tr.), (ou) *θmáiiθ*(*tm*); navet du diable (« bryonia dioïca ») : *tailūla*. — (Meṭmaṭa), *ělléft*. — (B. Mess., B. Ṣalaḥ), *ělléſθ*. — (B. Menacer), *ělléfθ*.

NAVETTE[1], *lemrédd*, pl. *lemrādd* (ar. Tl. *rréddād*) [ردّ], pour tisser les burnous, les couvertures, les B. Snous n'emploient pas de navette, mais une pelote de laine appelée : *asĕnni*, pl. *isenniien* (ar. tr. *enníreθ*). — (Meṭmaṭa), *lmišāε* [وشع].

NAVIRE, *sfineθ* (*nesf*) (B. Sn., B. Iznacen), pl. *sfīnāθ* (*nesf*) [سفينة]; petit bateau : *lfélkeθ* [فلكة], pl. *lflûka*; *lbâbọr* (B. Sn., B. Izn., Meṭm., B. Menacer), *lbâbọrāθ*; bateau de guerre (frégate) : *lférgāteθ* ou *θáfergāt* (*tf*), pl. *θifergātin* (*tf*). — (B. Iznacen), *aγĕrrābû*, pl. *iγerrabuien* [cf. Dozy, II, 204, غرب]. — (B. Menacer), petit bateau : *háfluχθ*; *léflaiχ*; barque à voile : *tīreft* (*ti*), pl. *tirāf* (*ti*).

1. Cf. R. Basset, *Zenat. Ouars.*, p. 99 : *θaḫlalt*.

NE[1], ne pleure pas : *úttruš*; il n'a pas mangé : *u itšūš, ūr itšuš*; il ne viendra pas : *ūr ittāsdeš*. — (Bou Semghoun), *ūr-itšu-š*, il n'a pas mangé. — (Meṭmaṭa), ne mange pas : *i-tetteš*; ne viens pas : *ittāseš*; il n'est pas sorti : *ūl-iffīγ-eš*. — (B. Ṣalaḥ), ne joue pas : *ú-ṭirār-eχ*; il n'a pas caché : *ūr-iffīr-eχ*, *ū-iffīr-eχ*. — (B. Messaoud), ne marche pas : *ú-ggūr-eχ*; il n'est pas sorti : *ú-iffīγ-eχ*. — (B. Menacer), il n'est pas entré : *ū-iūδīf-eš*, (ou) *uδ-iūδīf-eš*.

NÈFLE, *lémzāḥ* (*lle*) (coll.) (B. Sn., B. Iznacen), j'ai mangé une nèfle : *tšīγ tīš ĕntémzāḥθ*, pl. *timzaḥịn* (*te*); néflier : *támzāḥθ* (*te*), pl. *timzāḥin* (*te*) [cf. Dozy, *Supp.*, مزح — مصح]; nèfle du Japon : *bu ɛáḏīma*; néflier : *sežrét bu-ɛāḏīma* [عظم]. — (Meṭmaṭa), *zzāɛarūr*. — (B. Menacer), *zzāɛarūr*. — (B. Ṣalaḥ), nèfle : *lemzāḥ*. — (B. Messaoud), *zzaɛarūr*; nèfle du Japon : *zzāɛārūr* (azerole).

NÈGRE[2], *išmež* (*ii*), f. *θišmešθ* (*tš*); pl. *išemžān* (*ni*), f. p. *θišemžịn* (*tš*); (ou) *isměγ* (*ịi*), f. *θismeḫθ* (*tes*); p. *isemγān* (*ni*), f. p. *θisemγịn* (*ntsé*); on dit aussi à une négresse : *θāịịa* (V. NIÈCE?); le fils d'un nègre et d'une blanche ou d'un blanc et d'une négresse, se nomme : *aḥérṭāni*, f. θ-θ; pl. *iḥérṭānịien*, f. p. θ-*ịn*. — (B. Iznacen), *īsmeγ*, pl. *isĕmγān*; f. *θismeḫθ*, pl. *θisemγịn*. — (B. Ṣalaḥ), *ismmeğ*, pl. *isemğān*; fém. *θaịịa* (*ṭa*), pl. *θaịịiụin* (*ṭa*). — (Meṭmaṭa), *asĕkkiu* (*u*), *isekkiuen*; *θasekkiuθ* (*ts*), *θisekkiuīn*. — (B. Messaoud), *isemg*, pl. *isemgān*; fém. *θauaịịa* (*θụ*), pl. *θiụaịịīn* (*θụ*). — (B. Menacer), *askkiu* (*u*), pl. *isekkụān*; f. *hásĕkkiuθ*, pl. *hisekkuīn*.

1. Cf. *Zen. Ouars.*, p. 99 : *ūr-š*. — *Loqm. berb.*, p. 329 √OUR.

2. Cf. R. Basset, *Loqm. berb.*, p. 270 √SMJ; p. 266 √SK. — *Zenat. Ouars.*, p. 99 : *ismeš-askkiu*, fém. *θaịa*. — *B. Menacer*, p. 70 : *askiu*.

NEIGE[1], *äδfel* (*ụu*); une boule de neige : *tašûrθ ĕnụûδfel*; la neige tombe : *äδfél qā íttīfif* (à gros flocons); (ou) *qā ítɣebber*; (ou) *qā ítḥūfa* (V. TOMBER); (ou) *qā íttaɣ* (mêlée à de la pluie); (ou) *qā isuzzūr*, neige fine; (ou) *qa ireddem* (ar.), neige abondante qui recouvre tout; on dit : *qā íttāɣ ụûδfel*, il neige; *antšim*, neige en flocons. — (B. Iznacen), *äδfel* (*ụu*); il neige : *qā ittáɣ ụúδfel*. — (Meṭmaṭa), *ādfel* (*ụu*); *ädfel illa itšāθ*, la neige tombe. — (B. Ṣalaḥ), *äδfel* (*uụ*) *ikkâθ uúδfel*, il neige. — (B. Mess.), *äδfel lā-ikkāθ*, *la iṭeqlullu̥i*. — (B. Menacer), *äδfel* (*u*), neige, grésil, (et) *ālfel*; *abtšīmt*, neige en flocons.

NERF, *lăεâṣēb* (*llă*), tendon [عصب], pl. *lεâṣūba*; dim. *θiεâṣbet* (*tεâ*), pl. *θiεâṣbin*; tendon des jarrets : *aεârqūb* (*uεä*), pl. *iεârqab* (ar.). — (B. Iznacen), *azuụèr* (*u*), pl. *izuụṛān*; *lεâiṣeḇ*. — (B. Ṣalaḥ, Meṭmaṭa), *lεaṣēb*. — (B. Mess.), *azār* (*u*), pl. *izūṛān*. — (B. Menacer), *azuer* (*u*), pl. *izuụṛān*.

NETTOYER (V. LAVER, SARCLER).

NEUF, être neuf : *ežde*δ [جدّ]; p. p. *ížde*δ; p. n. *ūr-ižd*ī*δeš*; H., *teždiδ*; *áselhamu ižde*δ (ou) *δleždiδ*, ce burnous est neuf, f. *tleždit*; pl. *ileždiδen*, f. p. *θileždiδīn*; rendre neuf, renouveler : *žedde*δ; p, p. *ižedde*δ; H., *džedde*δ ; n. a. *ažedde*δ. — (B. Iznacen), *aselhām δežδid*, pl. *ižδīden*. — (Meṭmaṭa), *ažδīδ*, pl. *ižδīδen*; f. s. *θažδīt*, f. p. *θižδīδīn*; rendre neuf, renouveler : *īḏ nelăεām anžedde*δ *inǧān*, le premier jour de l'an nous renouvelons les pierres du foyer. — (B. Menacer), *abernūsin δaždīδ*, f. *θaždīt* ; pl. *ižd*ī*δen*, f. p. *θiždiδīn*. — (B. Mess., B. Ṣalaḥ), neuf : *ažδīδ*, *ižδīδen* ; *θabernūst tažδīṯ*, pl. *θižδīδīn*.

NEVEU, fils du frère : *ĕmmís-nūma*, pl. *aṛṛáū-nūma*; fils de la

1. Cf. R. Basset, *Loqm. berb.*, p. 244 √D' F L. — *Zenat. Ouars.* : *aδfel*, p. 100. — *B. Menacer*, p. 71 : *aδfel*.

sœur : *ĕmmîs-nuéltma*, *arráů-nuéltma*. — (B. Iznacen), *mmés nūm*ᵘ*a*; *mmés ūueltma*, ou : *emmés ūuélma*; ou : *memmis uu*; ou : *mmis uu*. — (Meṭmaṭa), *memmis núuua*; *memmis uúθma*; il frappa son neveu : *iūθa emmîs núuuās*. — (B. Ṣalaḥ), *aiiau*, fils de la sœur, pl. *aiiauen*. — (B. Messaoud), *emmís ĕḫíiii*, *ĕḫīṭi*. — (B. Menacer), *aǧǧau-iu*, mon neveu; *aǧǧau-iχ*, ton neveu (fils du frère ou de la sœur), pl. *aǧǧaun*; cet homme a un neveu : *arǧāzu γrés aǧǧau-is*; la main de mon neveu : *fûs uáǧǧàu-iu* [cf. *aiiau*, neveu (Rif-Brab.-Chl.)].

NEZ[1], *θinzerθ* (*te*), pl. *θinzār* (*te*); *inzer*, pl. *inzār*; *ameḫšem* (*u*), dim. θ-θ; pl. *imeḫšam* (*ni*), f. p. *θimeḫsmīn* (ar. tr. *lmeḫšem*) [خشم]; *áḫenfūr*, dim. θ-θ; pl. *iḫenfār*, f. pl. *θiḫenfār*; *aḫenfūf*, pl. *iḫenfūfen*; au nez difforme et gros : (δ) *imzenfer*, dim. θ-θ; pl. *imzenfren*, f. p. *θimzenfrīn*; au nez difforme et petit : (δ) *imgenfeδ*, dim. *θimgenfet*; pl. *imgenfδen*, f. p. *θimgenfδīn* [نفذ]; ou *aneqsāf*, dim. *θaneqsāfθ*; pl. *ineqsāfen*, f. p. *θineqsāfīn*; nez long : (δ) *aqāδūs*, pl. *iqūdās*; dim. *θáqāδūst*, f. p. *θiqūδās*. — (B. Iznacen), *inzer*, pl. *inzāren*, narines; *θinzerθ*, pl. *θinzārīn*. — (B. Rached), *θinzār*. — (Meṭmaṭa), *ahenšūš*, pl. *ihenšūšen*; *aḫenfūf*; n. du porc : *θaχemmārθ*; n. des bovins : *θaḫennūfθ*. — (B. Ṣalaḥ), *θinzerθ*, pl. *θinzār* (et) *inzār*. — (B. Messaoud), *θinzār*. — (B. Menacer), *hinzār*, pl. de *hinzerθ*. — (Senfita), *inzār* (V. FIGURE).

NI, je n'ai ni frère, ni sœur : *ûγri lā-ūma lā-ultma*. — (B. Iznacen), je n'ai ni pain, ni viande : *ūr ĕγrîš lā-δaγrúm lā δäisum*. — (B. Ṣalaḥ), *ulaš ĕγri lā iaγrūm uāla ïaχsūm*. — (B. Menacer), *ulāš eγri lā-ḫiti lā-ḫiii*, ni sœur ni frère. — (B.

1. *Zenat. Ouars.*, p. 100 : *θinzerθ*. — *B. Menacer*, p. 71 : *inzer*.

Mess.), *ulaš eɣri lā iaḫḫām, lā ddār*, je n'ai ni tente, ni maison.

NID, *elεâš* (*nel*), pl. *lεâšūš* [عش]; nid de guêpes : *θašnīfθ* (V. GUÊPIER). — (B. Mess.), *elεäš*, pl. *ĕlεašāš*. — (B. Menacer), *ĕ́lεäš*, pl. *lεâšūš*.

NIÈCE, *illis nūma* (V. FILLE), (ou) *illis u̯eltma*, ou *nu̯éltma*. — (B. Iznacen), *i̯illís nûma, i̯illís ŭu̯élma*; *illis ḫi̯i̯i*, pl. *issis*; *θai̯i̯auθ*, pl. *θi̯i̯au̯in*, fille de la sœur. — (B. Menacer), *hái̯i̯auθ-iu*, ma nièce; *hái̯i̯au̯in-iu*, mes nièces; les yeux de ma nièce : *hiṭau̯în ntai̯i̯auθ-iu*.

NIER, *énker* (A. L.); *enkᵘer* (K.); *i̯énker* [نكر]; *ūδ énkīrɣeš*; H., *nekker* (A. L.); H., *tnúkkᵘer* (K.); n. a. *ānkār* (*u*); il nia le vol : *i̯enkér θíḫḫiūna*, ou *i̯ižhéδ θiḫḫiūna*; H., *žehheδ* [جحد]. — (B. Menacer), *zekker*; p. p. *izekker*; *u-izekkreš*; H., *dzekker*.

NOCE[1], pour un mariage : *ûrär* (*u̯û*); pl. *ûrären* (*u̯u*) (B. Sn., B. Iznacen); ou *nzähеθ* [نزهة]; *nzâi̯äh*; ou *lfèrḥ* [فرح]. — (B. Mess., B. Ṣaləḥ), *anneg ĕttrīd*, nous ferons une noce. — (Meṭmaṭa), *eθθrīδ* [ثريد]; *iǧǧa θθrīδ i̯ähua*, il a fait une belle noce. — (B. Menacer), *ettrīδ*; il a fait une grande noce : *i̯îru i̯idž ettrîδ δaqerδāl*.

NOEUD[2], *ašrūs* (*u̯u*) et *ašrūš*, pl. *išĕru̯ās* (*ni*) et *išĕru̯āš*; n. coulant : *θaḫunzerθ* (*th*), pl. *θiḫunzār*; *θáserrīfθ* (*tse*), pl. *θiserrīfīn* (*tse*) [cf. Beauss. سروف]; n. d'arbre, d'une tige de céréales, très apparent : *fûδ*, pl. *ifadden* (V. GENOU); *imenδi qā-ítteg ifadden*, l'orge donne des tiges; nœud d'une tige peu apparent : *taḥīzāzt* (*tḥi*), pl. *tiḥizāzīn* (*tḥi*) [حزّ]; (ou) *aferḍūs* (*u*), pl. *iferḍās* [فرطس]; *aševeddi* (*u*), pl. *išeddii̯en*. — (B. Menacer), *aχrūs* (*u*), pl. *iχrās*, nœud. — (B. Ṣalaḥ),

1. Cf. R. Basset, *Zenat. Ouars.* : *ettrid*, p. 100.

2. Cf. *Zenatia Ouars.*, p. 100 : *ašrūs*. — *B. Menacer*, p. 72 : *ašeddi*.

θiχrest (*ṭi*), pl. *θiχarsiṷin*. — (B. Mess.), *aịegg θamĕχrisθ*, pl. *θimeχrāsīn*.

NOIR[1], *berŝen*; p. p. *berŝneγ*, *íbberŝen*; p. n. *ū-ibbérŝneŝ*; H., *ṭberŝen* (K.); *tberŝin* (A. L.); noircir : *sberŝen*: H., *sberŝān*; n. a. *θiberŝent*; *θiberŝni* (*tb*) (*lékḫūla*); noir : *aberŝan*, pl. *i-en*; f. *θa-nt*, pl. *θi-nīn*; on dit aussi : noir : (δ) *ĭlĕsṷeδ*, *ilsūδen* [سود]; f. *θilsṷet*, *θilsūδịn*; *ūδmennés δameḏlām* (θ-*mt*), son visage est noir (obscur) [ظلم]. — (Zkara), noircir : *sberŝen*, p. p. *isberŝen*. — (B. Iznacen), noir : *aberχan*, *θaberχānt*; pl. *iberχānen*, *θiberχānīn*; noirceur : *θibberŝent*, *θiberŝni*; il est noir : *itberŝen*. — (Meṭmaṭa), devenir noir : *berχen*; p. p. *berχneγ*, *ibberχen*, *berχnen*; H., *tberχen*; noir : *aberχān*, pl. *iberχānen*; f. *θaberχānt*, pl. *θi-nīn*; le nègre est noir : *asĕkkin δaberχān*. — (B. Mess., B. Ṣalaḥ), *aberχān*, *iberχānen*; il devient noir : *a-ibrīχ*; noircir : *sebrīχ*. — (B. Mess.), *iuγal δaberχān*, il noircit. — (B. Menacer), *berχen*; p. p. *berχneγ*, *ibberχen*, *berχnen*; noir : *aberχān*, pl. *i-en*; f. *θa-nt*, pl. *θi-īn*; ce raisin est devenu noir : *hizūrīnú bérχnen*; noircir, rendre noir : *sberχen*; H., *sberχān*; *hiberχent*, du noir, chose noire; *hella hīberχent gelḥẹḏ*, il y a du noir contre le mur.

NOIX[2], *ĕlžûž* (coll.) (*nel*) [جوز]; *θízûžet* (*tzû*); *θízūžīn* (*tzû*); au Khemis : *lžûz*; *nnŭṷa* [نوى]; une noix : *tíŝ enténŭṷaīθ*, *tinŭṷaịn* (*ten*); chez les nomades, les B. B. Saïd, on dit : *lgérgāε*; *tíŝ netgérgāεθ*, une noix, pl. *θigergāεīn*; ils disent : une amande : *nnuṷá ĕntāε llûz*; une noix : *nnuṷá entāε lgérgāε*; noisette : *lbendeq* [بندق]. — (B. Iznacen), *lgergāε*. — (B. Rached), *ljūz*. — (B. Mess., B. Ṣalaḥ), *ljūz*; une

1. Cf. R. Basset, *Loqm. berb.*, p. 229 √B R K. — *Zenat. Ouars.*, p. 100 : *aberŝan-aberχān*.

2. Cf. R. Basset, *Zenat. Ouars.* : *θameŝŝuuŝθ*. — Cf. Dozy, *suppl.* II [فرفع].

noix : *īš-enjūzeṭ*. — (Meṭmaṭa), *lmesṷāχθ*, noix avec son écorce; *azeqqūr nelmesṷāχθ*, noyer. — (B. Menacer), coll. *ljūz*; une noix : *ịišt ňélžūzt*; deux noix : *sént nelžûzāθ*.

NOM, *lîsĕm* (*lli*), pl. *lesmaṷāt* (A. L.) [اسم], et *lismaun* (K.); quel est ton nom? *mân lîsm-ĕnneš* ou *mism-ĕnneš*; comment t'appelle-t-on? *mâš sámmạn šékk*; mon nom est Ahmed : *lîsm-īnu Áḥmed*, (ou) *mîsm-īnu*, (ou) *lâsĕm-īnu*, (ou) *sámmạ̄n ịịí Áḥmed*. — (B. Iznacen), ton nom? *mism-enneš*? je m'appelle Amar : *ism-īnu ɛamer*. — (Meṭmaṭa), quel est ton nom? *mism-enneχ*? ou : *mameχ līsm enneχ*? je m'appelle Moḥammed : *līsm īnu Moḥammed*. — (B. Menacer), quel est ton nom? *mismīχ* ou *ismīχ*; mon nom est.... : *mismiu*...; ton nom est... : *mismīχ*.... — (B. Ṣalaḥ), *īsm-enneχ*? ton nom? (ou) *māmeχ tsemmān-āχ*; *ism-īnu Moḥammeδ*; je m'appelle M. — (B. Mess.), *ma ism-enneχ*.

NOMADE, *aɛámāri* (*u*) (A. L.), pl. *iɛámārīịen* (ou) *aθɛámāra* (ar. tr. *lɛârèb*); ces hommes sont des nomades : *irgäzenu naθɛâmāra* (ar.), ou : *irgäzenu nîsūnen* (V. DOUAR); sg. *asūni* (*u*); f. *θasūniθ*, pl. *θisūnīn*. — (B. Ṣalaḥ), c'est un nomade : *neṭṭa δaɛarab*, pl. *iɛarāben* (ar.). — (Meṭmaṭa), *sekknen δeg iḫḫāmen*; *nihni δ iraḥḥālen* (sg. *araḥḥāl*) [رحل]. — (B. Messaoud), *ikker a-immuṭi*, il déménage. — (B. Menacer), *buɛadās*, pl. *ibuɛadāsen* (cf. بني عدس).

NOMBREUX, *ešθér*; p. p. *išθer*; p. n. *ūr išθīreš*; H., *tešθīr* [كثر]; n. a. *ašθār* (*u*); en quantité : *selšetreθ*; ou bien : *ịûsāɛ*, pl. *ûsāɛānt* (ar.); ou bien : *ịẹṛṛu*, pl. *eṛṛūn*; il a de nombreux enfants : *γrés aṛṛaú eṛṛūn*; *γrés aṛṛaú ḥlâla* (V. BEAUCOUP); *γrés aṛṛaú éqṷạ̄n* [قوى]. — (Zkara), *erru*; p. p. *ierru*, pl. *errūn*. — (B. Iznacen), beaucoup d'hommes : *errūn irgäzen*; beaucoup d'oranges : *ịẹṛṛu letšīn*. — (Meṭmaṭa), ils sont venus nombreux : *ūsīnd ɛāītā*; ils étaient nombreux : *ellan ṷusăɛan*. — (B. Menacer), *γernaγ ilufānen quān*, (ou) *ilufānen ɛaiṭa*, chez nous, les enfants sont nombreux. — (B. Ṣalaḥ), *eχθer*. — (B. Messaoud), ils sont nombreux : *ellān δelɛäbreθ* [عبر].

NOMBRIL[1], *θîmẹṭ* (*ṭm*) (B. Sn., B. Iznacen) ; *θḥûfa-iṷi ṭệmẹṭ*, le nombril m'est tombé (à la suite d'un effort) (ar. tr. : *ṭāḥ-li ṣṣèrra*) ; fleur dite nombril de Vénus (« umbilicus pendulinus » : *θaqedduḥθ*). — (Meṭmaṭa), *θaɛäbūṭ*. — (B. Ṣalaḥ), *θažɛäbûṭ*. — (B. Mess.), *θīmẹṭ*. — (B. Menacer), *haɛabūṭ* (*hažɛâbŭṭ*) ; *θimīṭ* ; *θḥūfa iṷi θīmīṭ*, le nombril m'est tombé. — (Senfita), *hīmi*.

NOMMER, *samma* (θ) [سمى] ; donne un nom à ton fils : *sammá mémmīš* ; p. p. *isámma*, *sámmaγ* ; p. n. *ūr-ísammaš* ; H., *tsámma* ; n. a. *asamma* (*u*). — (B. Menacer), *samma memmiχ*, nomme ton fils ; p. p. *sammiγ isamma*, (ou) *ssîγ īsém imémmiχ* ; p. p. *ssîγeγ*, *issiγ*. — (B. Mess.), se nommer (V. NOM). — (B. Ṣalaḥ), *semma-θ*, nomme-le ; H., *tsemma* ; *eχf līsm*. — (B. Iznacen), *semma* ; p. p. *semmiγ*, *isemma* ; p. n. *semmi* ; H., *tsemma* ; f. n. *tsemmi*.

NON, *ârăh* ; *ẹ̄hẹ̄ɛẹ̄* ; *lā*, *lāla*. — (B. Iznacen), *lâla* ; *ûlah*, non, il n'y en a pas. — (B. Mess., B. Ṣalaḥ), *arăh*, *räh* ; *īla*. — (B. Menacer), *lāla*, *ḫāti* (pour nier, pour refuser, pour défendre).

NORD, *lḥárqeθ* (ar. tr. *ššîmäl*), regarde au nord : *ṣáḥ ilžîhθ elḥárqeθ* (désigne aussi l'ouest).

NOTRE, NOS, *nnaγ* (V. GRAMM., p. 63) ; *iḍarren nnaγ*, nos pieds ; *ḥénnā θnaγ*, notre mère. — (B. Rached, Haraouat), nos mains : *ifassen naγ̌*. — (B. Ṣalaḥ, B. Messaoud), notre main : *afus-ennă* (*ennaγ*) ; nos mains : *ifassen-nnă* (*ennaγ*),

1. Cf. R. Basset, *Zenat. Ouars.*, p. 100 : *θahanbūt*.

notre père : *babaθna*. — (B. Menacer), nos mains : *ifassennaγ*; notre père : *babaθnaγ*.

NOUER, *éśres*; p. p. *iíśres*; p. n. *ūr-śrīsγeś*; H., *śérres* (A. L.); *tśerres* (K); n. a. *áśrās* (*u*); *ɛáġġed* (et ar. tr.) [عقد]; nœud : *laɛáġᵘda* (V. *eqqen*, ATTACHER; *śédd*, LIER). — (Zkara), *eśres*; p. p. *iśres*; p. n. *śrīs*; H., *śerres*; n. a. *aśrās*. — (Meṭmaṭa), *ekres*; p. p. *ikres*; p. n. *krīs*; H., *kerres*; nœud, *akārūs* (*u*), pl. *ikūrās*; *asγūn illa ikres*, la corde porte des nœuds. — (B. Ṣalaḥ), *egg θimχrest*, fais un nœud, (ou) *eχres*; H., *χerres*. — (B. Menacer), fais un nœud : *eịịer θnuzzerθ*, pl. *θnuzzar*; (ou) *eịịer aχrūs*, pl. *ikĕruās*.

NOURRIR, *sétč* (*īt*) (V. *etč*, MANGER); *qâuụeθ*; H., *tqâuụeθ* (ar.). — (Meṭmaṭa), *setś* (*iθ*); H., *setśa*. — (B. Menacer), *sɛaiś* (*īh*) [عيش] (ou) *setś* (*īh*), (ou) *ssiγ-ās a-itś*.

NOURRITURE, *ûtśu* (*ụu*); *lmäɛīśeθ* [عيش]; *lqūθ* (B. Sn., B. Iznacen) [قوت]; *θudderθ* (ar. tr. *läɛīś*). — (B. Mess., B. Ṣalaḥ), *θutśīθ*.

NOUS[1], *netśnīn*, *neśnīn* (V. GRAMM., p. 62). — (Haraouat), nous sommes zénètes : *neśni δižanaθen*; donne-nous : *uś-āneγ*. — (B. Rached), suis-nous : *ḍéfr aneγd*; donne-nous : *uś-aneγd*. — (Meṭmaṭa), masc. : *neśni*; *neśni ịaịen*; *am neśni*, comme nous; fém. : *neśśenti*; avec nous : *akīδnâγ*; devant nous : *zzāθ-nâγ*; chez nous : *γernâγ*; il nous a frappés : *ịūθ-ānēγ*; suis-nous : *ĕḍḍéfr-anēγd*; il nous a dit : *inna nâγ*; il nous a donné : *ịūś-ānaγ*. — (B. Ṣalaḥ), *nekk akiδeχ*, moi et toi; *neχni*, fém. *neχenṭi*. — (B. Messaoud), *neχni*, fém. *neχenṭi*; chez nous : *γerna*, *γernaγ̌*. — (B. Ṣalaḥ, B. Mess.), il nous a frappés : *iuθa-ianaγ*; il nous a dit : *inna-iānaγ*. — (B. Ṣalaḥ), il nous a donné : *iūśa ianaγ*. — (B. Mess.), il nous a

1. Cf. *Zenat. Ouars.*, p. 100 : *netśnīn*, *neśni*.

donné : *iχfa ịānaγ*. — (B. Menacer), nous, *netšnīn*; il nous a dit : *inna-nåγ*; il nous a suivis : *idefr-aneγd*.

NOUVELLE, quoi de nouveau? *mátta aụâl tslīδ*, (ou) *mátta aụâl tiūδeδ*; la nouvelle m'est parvenue qu'un tel est mort : *ịûseδ ịịi áuāl neflán ịẹ́mmūθ*. — (B. Ṣalaḥ), *matṯa leḫbar*. — (Meṭmaṭa), *mátta léḫbār* [خبر].

NOVICE, dans un métier : δ *abužādi* (*u*) [ابجد]; *ibužādiịen*; δ *aγšīm* (ar.), f. θ-θ; m. p. *iγšīmen*, f. p. *θi-īn*; il fait le novice : *isbûžūd imannes*, de : *sbûžed*. — (B. Mess., B. Ṣalaḥ, Meṭmaṭa, B. Men.), *δabūžadi*, pl. *i-en*; *ū-íssīn*.

NOYAU, *îγes* (*nî*) (V. os), pl. *iγsạn* (*nî*). — (B. Iznacen), *aγịaị* (et B. Sn.); *iγes*, pl. *iγussān*; un noyau de datte : *aγịaị en-tiïni*. — (B. Ṣalaḥ), *īγes ụaḥembeḇlūχ*, un noyau de cerise. — (B. Mess.), *iγes neṯberqūqθ*, un noyau de prune. — (B. Menacer), *aγịaị* (*u*).

NOYER, un noyer : *tízūžet* (*tzu*) (A. L.); *tīzūžīn* (*tzu*) [جوز]; un verger rempli de noyers : *ūrθú nelzūž* (V. ÉCORCE, NOIX); *tižūžet*, pl. *tižūžīn* (K.). — (B. Ṣalaḥ), *θažužeṭ*. — (Meṭmaṭa), *lmesụaχθ* [مسواك]. — (B. Menacer), *ežžūž*; écorce de noyer : *lmešụāš*.

NOYER (Se), *immūrḍeṣ δi-ịîγzer*, il s'est noyé dans la rivière (V. MOURIR); *amân smûrḍṣen árgāzu*, cet homme se noya; *ärgāzu tserḍît tâla*, l'étang a englouti cet homme (V. AVALER). — (B. Ṣalaḥ), *ịūḍa gụaman immūθ*, il tomba dans l'eau et mourut. — (Meṭmaṭa), *θetšiθ θālã*, il s'est noyé dans l'étang. — (B. Menacer), *iγreq* (ar.), il s'est noyé, (ou) *itših lebḥar*.

NU, δ *aεârịān*, f. θ-*t*; m. p. *iεârịānen*, f. p. *θi-īn* [عريان]; *εârịen*; p. p. *iεârịen*; p. n. *ūr iεârīneš*; H., *taεârịān*. — (B. Mess., B. Ṣalaḥ, Meṭmaṭa), *δaεarịān*, p. *i-en*; *sεârịen*; H., *sεarịạn*; Dieu le mette nu : *Rebbi at iεarra* (A. L.), (ou) *at isεârịen*;

nu : *amqerṣů*, f. θ-θ ; m. pl. *imqerṣa*, f. p. *θi-a* ; ou : *ameẓlāθ θameẓlaṭ*, *imeẓlaṭen*, *θimeẓlaθin* ; en parlant d'un enfant on dit : il est nu : *qait* ŏ *áɣddīŏ* (ce n'est que de la chair), f. *taqddīt* (ar.) ; je le vis nu comme au jour où il est né : *zriḫ ŏaqddīŏ ɣệr mâš ilūl*. — (B. Menacer), *aεarịan* ; *ū ịirīḍeš*.

NUAGE[1], θ*áịịūθ* (*tiị*), pl. θ*iịịūθīn* (désigne surtout le brouillard, mais aussi le nuage donnant de la pluie) ; θ*aịịūθ tébberšen*, le nuage devient noir ; le temps devient nuageux : *ịinnĕqleb lḥāl* [انقلب الحال] ; *ịénnĕḍ âss stịịūθ* ; *iinnĕqleb âss* ; *aženna irẓem taịịūθ*. — (B. Iznacen), *asịnu* (*u*). — (B. Rached), *lɣīm*. — (B. Mess.), *leɣịām*. — (B. Ṣalaḥ), nuage, brouillard : θ*aǵūθ* (*ṭa*) [ضباب] ; *ḍḍebāb*, nuage. — (Meṭmaṭa), *lɣèīm* [غيم]. — (B. Menacer), *äsīna*.

NUIRE, *ḍárra* (*t*) [ضرّ] ; je lui ai nui : *ḍárraḫ* ; p. p. *iḍarra* ; H., *ḍdara* ; il ne lui nuira pas : *u-íddarrateš* ; le tabac me nuit : *eddéḫḫān iiddarra ịi* ; *ihélk-iịi*. — (B. Ṣalaḥ), *ihélχi ddúḫān*.

NUIT[2], passer la nuit : *ĕns* ; p. p. *ịinsu*, *nsịn* ; p. n. *ū-ịinsūš* ; H., *tnûsā* ; n. a. θ*amensiūθ* (V. DÎNER) ; faire passer la nuit, donner l'hospitalité (V. PASSER) : *sens* ; H., *snûsa*. — (B. Iznacen), *ĕns* ; p. p. *nsîɣ*, *ịénsa* ; p. n. *nsi* ; H., *tnūs* ; fut. nég. *tnūs* ; c'est lui qui a passé la nuit chez moi : ŏ *nétta ag ĕnsịn ɣ́ri* ; n. a. θ*amensiūθ*. — (B. Menacer), *ens* ; p. p. *nsiɣ*, *insu* ; H., *tnūs* ; (B. Sn.), nuit : *ệḍ* (*ịẹ*) (ou) *êd*, pl. *iddạn* (*ii*) ; cette nuit, la nuit prochaine : *ệḍḍenuássu* ou *ệḍů* ; cette nuit, la nuit passée : *ệḍ nệḍĕnnāḍ* ; il est venu de nuit : *ịūséd-ĕǵǵẹḍ*. — (B. Mess.), *ẹḍa*, cette nuit ; θ*laθa ụāḍạn*. — (B. Iznacen), *ệḍ* ; — *llileθ* [ليل] ; pendant la nuit : ŏ*éǵǵẹḍ*. —

1. Cf. R. Basset, *Loqm. berb.*, p. 305 √GN. — *B. Menacer*, p. 72 : *asinna*.

2. Cf. R. Basset, *Loqm. berb.*, p. 273 √DH ; p. 322 √NS. — *Zenat. Ouars.*, p. 101 : *iḍ*, pl. *iḍān*.

(Meṭmaṭa), *ẹḍ*; les ténèbres de la nuit : θ*ällest ïịẹḍ*. — (B. Menacer), *ẹḍ*, pl. *īḍạn*; une nuit : *ịdž ịẹḍ*; de nuit : *deggīḍ*. — (B. Ṣalaḥ, B. Mess.), *ens*; p. p. *nsīγ*, *insa*; H., *ṭnūs*; une nuit : *īdž ịịḍ*; trois nuits : θ*la*θ*a ụāḍān*.

NUQUE[1], *légfa* (*lle*) [قفا]; haut de la nuque : *lăεḍn̄greθ*, cf. [عنق]. — (B. Iznacen), *lεăggert*. — (B. Ṣalaḥ), *ffīr ižīmān*, derrière les oreilles; *legfa*. — (Meṭmaṭa), *taχrūmt*; θ*iεạngert*. — (B. Menacer), *ižīmạn*.

O

OBÉIR, obéis-lui : *egg ĕrrai-nnes* (V. *egg*, FAIRE); (ou) *aγ errạị*; H., *ttaγ* (prendre); (ou) *esγeδ errạị*; H., *aγāδ* (écouter). — (B. Ṣalaḥ), *abūtši aịịi ūịitsaγχ rraị-īnu*. — (B. Menacer), *aγ errai*; H., *ttaγ*; il ne m'obéit pas : *ūšī ittāγ-eš ĕṛṛaị*; il ne t'obéit pas : *ūδ-āχ ittāγeš ĕṛṛaị*.

OBJET, *lḥáịịe*θ (*nelḥ*) [حاجة]; θ*ameslai*θ (*ta*). — (B. Iznacen), *lḥaže*θ. — (B. Ṣalaḥ), *ūši* θ*aγausa*, donne-moi quelque chose, pl. θ*aγausiuin*. — (B. Mess.), *eχf iịi* θ*aγausa*; une chose : *ịišt ṭγausa*. — (B. Menacer), *lḥaịịe*θ, pl. *lḥaịịā*θ.

OBSCURITÉ, θ*âllest* (θ*a*); dans l'obscurité : δ*i*-θ*âllest*. — (B. Iznacen), θ*allest*. — (B. Messaoud), *eṭṭlām*. — (B. Menacer), *ṭṭlām*; *geṭṭlām*, dans l'obscurité [ظلام].

OCCUPÉ, je suis occupé : *aqlií lháγ* (ou) *lhîγ* [لها]; p. n. *lhi*; H., *telhi*; occuper quelqu'un : *seḫδem*; H., *seḫδām* (ar.). — (B. Mess., B. Ṣalaḥ), *aqlīi šeγleγ*, je suis occupé (ar.). — (Meṭmaṭa), *llîγ elhiγ*, je suis occupé; de : *elha*; p. p. *ilha*; p. n. *lhi*; H., *lehha*. — (B. Menacer), p. p. *lhîγ*, *ilha*; il est toujours occupé : *kullâs ịilha*.

1. Cf. W. Marçais, *Tanger*, p. 392, [عنقر].

OCTOBRE, *kṭûber* (*nek*); *kθûber*. — (B. Menacer), *ịûr neḫṭûber*. — (B. Ṣalaḥ), *aịịūr nektūber*.

OCTROI (employé de l'), *agumrād* (*u*), collecteur d'impôts, pl. *igumrāden* [قمرق].

ODEUR, *rriḥeθ* (*ner*) (B. Sn., B. Iznacen, Meṭmaṭa, Beni Menacer) [ريح]. — (B. Ṣalaḥ), *rrīḥeθ-ĕnnes ṭaḫlāfθ*, *ṭuḫīšθ*, il a bonne, mauvaise odeur.

ODORANT, sentir mauvais : *erṣĕḍ*; p. p. *ịerṣĕḍ*; p. n. *rṣīḍ*; H., *terṣĕḍ*; n. a. *arṣāḍ* (*u*), puanteur; *amurṣūḍ*, pl. *i-en*; f. s. *θ-ṭ*; f. p. *θi-ḍīn*; avoir une odeur peu agréable : *ezfer*; p. p. *izfer*; p. n. *zfīr*; H., *tezfīr*; n. a. *azfār* (*u*) [زفر]. — (Meṭmaṭa), *δegs errīḥeθ*, il sent mauvais [ريح]. — (B. Ṣalaḥ), *errīḥeθ ĕnnes θeṭfūḥ* [فوح], (ou) *ṭuḫīšθ*. — (B. Menacer), *itriḥ*, il sent mauvais.

OEIL[1], *θẹṭ* (ann. *ṭẹṭ*), pl. *θiṭṭaụin* (*ṭi*). — (B. Iznacen), *θẹṭ*, pl. *θeṭṭaụin*. — (Bou Semghoun), *ṭẹṭ*, pl. *ṭẹṭṭaụin*. — (Meṭmaṭa), *θẹṭ*, pl. *θẹṭṭaụin*; devant l'œil : *zzâṭ ṭẹṭ*. — (B. Ṣalaḥ, B. Messaoud), *θẹṭ*, pl. *θiṭṭaụin*; *ịišt ĕṭẹṭ*. — (B. Menacer), *hẹṭ*; ton œil : *hẹṭīχ*; dans son œil : *δi-hẹṭīs*; sur l'œil : *rθẹṭ*; pl. *hẹṭṭaụin* ou *hẹṭaụin*. — (Senfita), *θẹṭ*, pl. *hīṭaụen*.

OEUF[2], *θamellālt* (*tm*), pl. *θimellālīn* (*tm*). — (B. Iznacen), *θamellālt* (*tm*), pl. *θimellālīn* (*tm*). — (B. Rached), des œufs : *θimellīn*. — (B. Ṣalaḥ, B. Mess.), *θamellalṭ* (*ṭe*), pl. *θimellālīn*. — (Meṭmaṭa), *θamellālt* (*tm*), pl. *θimellālīn* (ar. tr. *lbêīḍ*). — (B. Menacer), *hamellālt* (*tm*), pl. *himellālīn*.

OFFICIER, *afĕsịān* (*u*), pl. *ifĕsịānen*.

1. Cf. R. Basset, *Loqm. berb.*, p. 233 √TH T'. — *Zenat. Ouars.*, p. 101 : *θiṭ*. — *B. Menacer*, p. 72 : *θiṭ*.

2. Cf. R. Basset, *Zenat. Ouars.*, p. 101 : *θamellalt*. — *B. Menacer*, p. 72 : *amellalθ*.

OGRE[1], *amẓă* (*ụu*), pl. *imẓiụen*; fém. *θamẓa* (*ntĕ*), f. pl. *θimẓiụin*; ogresse : *θergu* (*te*), pl. *θirgiụin* (*ti*). — (B. Ṣalaḥ, B. Mess.), ogresse : *θergu* (*ṭe*), pl. *θirguin*. — (B. Mess.), *arūḥāni*, f. *θarūḥānīθ* (ar.). — (B. Iznacen), *amẓiu* (*u*), f. *θamẓa* (*tĕ*). — (B. Menacer), *häriu*; un ogre, une ogresse : *išt entĕriụ*; *amẓa* (*ụa*), pl. *amẓiụen*.

OIE[2], *ĕlụezz* (*nel*) [وز]. — (B. Ṣalaḥ, Meṭmaṭa, Beni Menacer), *ĕlụezz* (coll.); *θiụezzet* (*tu*); *θiuzzaθīn* (*tu*).

OIGNON[3], *lebṣel* (*lle*) [بصل]; un oignon : *θišt elbeṣleθ*. — (B. Iznacen), *lebṣĕl*. — (B. Ṣalaḥ), un oignon : *išt neṭbĕṣleṭ*. — (Meṭmaṭa, B. Rached), *lebṣĕl*; *iš tbeṣlet*, pl. *θibeṣlịn*. — (B. Menacer), *lebṣĕl*.

OISEAU[4], *ažḍeḍ* (*u*), (et) *ažδeḍ*, pl. *ižūḍāḍ*; dim. *θažḍeṭ*, pl. *θižūḍāḍ*, petit oiseau, mésange. — (B. Iznacen), *ažδeḍ* (*u*), pl. *ižδīḍen*. — (B. Rached), *ɛammār*. — (B. Ṣalaḥ), *afrūḫ* (*u*), pl. *ifrāḫ*, oiseau, petit oiseau (ar.). — (B. Messaoud), *eṭṭīr*, pl. *eṭṭiūr* [طير]. — (Meṭmaṭa), oisillon : *ašerḥīḥ*, pl. *išerḥīḥen*. — (B. Menacer), *afrūḫ* (*u*), pl. *ifrāḫ* [فرخ]; *hažḍeṭ* désigne la mésange.

OLIVIER[5], olivier greffé : *zzīθūn* (*nez*) [زيت]; un olivier : *θazīθūnt* (ar. tr. *zzītūn*); olivier non greffé : *azemmūr* (*u*); nom d'unité : *θazemmūrθ* (*nze*) (ar. tr. *zebbūž*). — (B. Iznacen), des olives : *zexθūn*. — (Bou Semghoun), *zzītūn*, olivier greffé; *azemmūr*, olivier sauvage. — (B. Rached), ol. sauvage : *azemmūr*. — (B. Ṣalaḥ, B. Mess.), *zzītūn*, des oliviers, des olives; *azemmūr*, olivier greffé ou non greffé

1. Cf. R. Basset, *B. Menacer*, p. 73 : *amez*, pl. *imziuan*.
2. Cf. R. Basset, *Loqm. berb.*, p. 395.
3. Cf. R. Basset, *Loqm. berb.*, p. 259 $\sqrt{\text{ZLM}}$.
4. Cf. R. Basset, *Zenat. Ouars.*, p. 101 : *aferrūž*. — *B. Menacer*, p. 73 : *afruḫ*.
5. *Zenat. Ouars.*, p. 101 : *azzemmur*. — *B. Menacer*, p. 73 : *azemmur*.

(*θaḥššaṭ*). — (B. Menacer), *zzītūn*, olivier greffé, (et) *azemmūr* (*u*); olivier sauvage : *azībūr* (*u*). — (Meṭmaṭa), un olivier : *θazitūnt* (et une olive), pl. *θazitūnīn*; j'ai un verger d'oliviers : *γri ležnạn nezzītūn*; olivier greffé : *azemmūr imleqqem*; olivier non greffé : *azemmūr* (*u*) ; *θazemmūrθ*, pl. *θi-rīn*.

OMBRE[1], *θīli* (*tī*). — (B. Iznacen), *θīlî* (*ti*). — (B. Ṣalaḥ, B. Mess.), *gθīli*, à l'ombre. — (Meṭmaṭa), *θili*; *qqîm δi-θīli*, reste à l'ombre. — (B. Menacer), *θīli* (ou) *hîli* (*θi*); va à l'ombre : *rôḥ r-θīli*.

ON, on m'a dit : *ennan-iịi* (ils m'ont dit); on l'a tué : *nγînt*. — (B. Ṣalaḥ), *ennān-ī*, on m'a dit. — (B. Messaoud), *zrān iịi*, on m'a vu. — (B. Menacer), on t'a vu : *zrînes̆*.

ONCLE, oncle paternel : *aεämmi* [عم], pl. *εâmūmi*; oncle maternel : *ḫāli* [خال], pl. *ḫụāli*. — (B. Iznacen), oncle p. : *ăεámmi*; oncle m. : *ḫâli*. — (Meṭmaṭa), oncle p. : *ăεammi*, (ou) *δadda*, pl. *δaddaθen*; oncle m. : *ḫāli*. — (B. Mess., B. Ṣalaḥ, B. Menacer), *εámmi*, mon oncle p., pl. *εâmūmi*; *ḫâli*, mon oncle m., pl. *ḫụâli*.

ONGLE[2], *iššer* (*iị*), pl. *aššāren* (*ụa*) (et) *iššāren*. — (B. Iznacen), *iššer*, pl. *iššāren*. — (Bou Semghoun), *iššer*. — (B. Ṣalaḥ, Beni Messaoud), *iššer*, pl. *iššār*; *uššar* (B. Mess.). — (B. Rached), *iššāren*. — (B. Menacer), *iššer*, pl. *aššāren*.

ONZE, *aḥdăεăš*; *ḥédăεăš* (ar.).

OPHTALMIE, *qaibeddâs ameš̆ḥûδ δi-θẹṭ*, il a une ophtalmie. — (Meṭmaṭa), *χindau* (*id*. en Zouaoua). — (B. Ṣalaḥ), *χindau*; *netta iχendu*, il a une ophtalmie. — (B. Mess.), *iūγ-āθ χindau*.

1. Cf. R. Basset, *Loqm. berb.*, p. 306 √L. — *Zenat. Ouars.*, p. 101 : *θīli*.

2. Cf. R. Basset, *Loqm. berb.*, p. 266 √CH CH R. — *Zenat. Ouars.*, p. 101 : *aššer iššer*. — *B. Menacer*, p. 73 : *iššer*.

OR[1], *ûreγ* (*ụu*) ; une bague en or : θ*ẖaθemθ ŭụureγ* ; on dit aussi fréquemment : *eδδeheb*. — (B. Rached, Meṭm., B. Ṣalaḥ, B. Mess.), *eδδeheb* [ذهب]. — (B. Menacer), *ūreγ*; un bracelet en or : θ*ameqqiăst ụûreγ*.

ORANGE, une orange, un oranger : θ*aletčīnt*; des oranges : *letčịn* (*lle*) ; *iδšra ntletčịnịn*. — (B. Iznacen), *letčịn* (coll.) ; trois oranges : θ*lâθa nlétčịnịn*. — (B. Rached), une orange : *ltčịnt*. — (Meṭmaṭa), *tčina*; *tšîγ iš întčînet*, pl. *tčīnăθ*; des orangers : θ*izeγrīn netčīna* (sg. *azeqqūr netčina*). — (B. Ṣalaḥ, B. Messaoud), *tčina*, des oranges; *idž uqerdīd netčīna*, une orange (B. Mess.). — (B. Menacer), *etčīna*; *tšiγ ịišt entčīna*, j'ai mangé une orange.

ORDONNER, *âmer*; p. p. *ịûmer*; p. n. *ûmīr*; H., *ttāmer* [امر]; n. a. ordre : *âmăr* (*ua*), pl. *lûmūr*; *amr-īθ ăδ irọḥ*, ordonne-lui de partir. — (B. Iznacen), *âmer*; p. p. *ịûmer*; p. n. *ūmīr*; H., *tāmer*; f. nég., *tāmīr*. — (B. Menacer), *εâlmās ā-irọḥ*, ordonne-lui de partir [علم].

OREILLE[2], θ*imdžet* (*tme*), pl. θ*imdžīn* (*tme*). — (B. Iznacen), θ*imežžeθ*, pl. θ*imežžīθīn*. — (Bou Semghoun), *timĕdžet*. — (B. Rached), *imezzuγen*. — (Meṭmaṭa), *amezzûγ*, pl. *imezzūγen*. — (Beni Ṣalaḥ), θ*imežžeṭ*, pl. θ*imežžīn*. — (Beni Messaoud), θ*imežžeṭ*, pl. θ*imežžịn*. — (Beni Menacer), *amezzûγ* (*u*), pl. *imezzūγen*; dim. *hamezzuhθ*. — (Senfita), *amezzûγ*, pl. *imezzūγen*.

OREILLER, (B. Iznacen), θ*sumθa*, pl. θ*isumtaụin*. — (B. Ṣalaḥ), *summeθ*; H., *summūθ*, prendre quelque chose comme oreiller; θ*asumθa* (*ts*), pl. θ*isumθauin*, traversin en peau. —

1. Cf. R. Basset, *Zenat. Ouars.*, p. 102 : *uraγ*. — *B. Menacer*, p. 75 : *uraγ*.

2. *Loqm. berb.*, p. 314 √M Z R'. — *Zenat. Ouars.*, p. 102 : *amezzūγ*. — *B. Menacer*, p. 74 : *amezzūγ*.

(B. Menacer), prends un oreiller : *súmmeθ īmḫéddexθ*; H., *súmmūθ*. — (B. Messaoud), *θausāṭ* (*ṭu*), pl. *θiusīdīn*. — (Beni Sn.), *θsumθa* (*ts*), pl. *θisumtauīn*; prendre pour oreiller : *summeθ*; p. p. *isúmmeθ*; H., *summūθ*.

ORGE[1], *θémẓén* (*ṭě*) *imendi*, (céréales); un peu d'orge : *šụí nṭěmẓīn*; une poignée d'orge : *lkemšéθ enṭěmẓīn*; *imermez*, orge verte. — (B. Iznacen), *θẹmẓīn*; *imendi*; *imermez*, orge verte. — (B. Rached), *θimzīn*. — (Meṭmaṭa), *θẹmẓīn* (*ṭė*). — (Beni Ṣalaḥ, B. Mess.), *θimẓīn* (*ṭė*); *urau nṭemẓīn*, une poignée d'orge; orge verte : *imermez*. — (B. Menacer), *himẓīn* (*ti*); une poignée d'orge : *lḥābzéθ ĕntímẓīn*.

ORGELET, *alĕṭṭi* (*u*), ou *alṭĕṭṭi*, pl. *ilṭĕṭṭiịen*. — (B. Iznacen), *ĭlṭṭi*. — (Meṭmaṭa), *θémẓĕt* (*ṭe*), sans pluriel; pour guérir cet orgelet on place dans un petit tas de pierres (*kerkūr*) un grain d'orge). — (B. Ṣalaḥ), *θileṭṭi* (*ṭl*), pl. *θileṭṭaụin*. — (B. Mess.), *θaḥebbet nṭĕmẓīn* (ar. tr. *eššāεīra*). — (B. Menacer), *hilĕṭṭ*, pl. *hilĕṭṭiịen*.

ORGUEIL, *kebber imannāh* (K.); H., *tkébber* [كبر]; n. a. *akebber* (*u*); orgueilleux dans sa tenue : *zūḫ*; p. p. *izūḫ*; H., *dzūḫ*; n. a. *azūḫ* (*u*). — (Meṭmaṭa), il fut orgueilleux : *iθkebber*, (de) *eθkebber*; H., *teθkebber*. — (B. Menacer), il est orgueilleux : *nettân ᵭimkebber*, pl. *i-en*. — (B. Ṣalaḥ), *iṭgaεamīr fmédden*. — (B. Messaoud), *ụadīn idzūḫ*, celui-ci est orgueilleux.

ORIENT, *ššerq* (*neš*) (B. Sn., B. Iznacen); oriental : *ašerqi* [شرق]; *eššérq* (Meṭmaṭa, B. Ṣalaḥ, B. Mess., B. Menacer).

ORNER, *ziịen* [زين]; H., *dzîịen*; n. a. *aziịen* (*u*).

ORNIÈRE, *lžerreθ* [جر].

1. Cf. R. Basset, *Loqm. berb.*, p. 318 $\sqrt{\text{M N D}}$. — *Zenat. Ouars.*, p. 102 : *θimzin*. — *B. Menacer*, *θemzīn* : p. 75.

ORPHELIN[1], *aịužīl* (*u*), pl. *ịịužīlen*; f. s. *θaịužīlt*, f. p. *θịịužīlīn*. — (B. Iznacen), *aịužīl* (*u*), pl. *ịịužīlen*. — (B. Ṣalaḥ, B. Mess.), *ağužīl* (*u*), pl. *iğužīlen*; *θağužīlṭ* (*te*), pl. *θiğužīlīn*. — (B. Menacer), *aịužīl* (*u*), pl. *ịịužīlen*; f. s. *háịužīlt* (*ti*); f. pl. *hịịužīlīn*.

ORTEIL, (B. Iznacen), *θifeδneθ*, pl. *θifeδnịn*. — (B. Mess., B. Ṣalaḥ), *θifeδnīn*; les orteils du bœuf : *lferγeš ŭbᵘaịịu* (B. Mess.).

ORTIE, *lḥerrīqeθ* [حرق]. — (B. Ṣalaḥ), *azeğḍūf* (*u*). — (Meṭmaṭa), *θikzīnịn*. — (B. Menacer), *θarbābāt*, ortie de mer; ortie : *aḥerraiχ*.

OS[2], *īγĕs* (*ī*), pl. *iγssān*. — (Zkara, B. Iznacen), *īγĕs*, pl. *iγsān*. — (Bou Semghoun), *īγes*. — (B. Rached), *īγes*. — (Meṭmaṭa), *īγĕs*, pl. *iγŭssān*. — (B. Ṣalaḥ, B. Messaoud), *īγĕs*, pl. *iγsān*. — (Beni Menacer), *īγĕs* (*ịī*), pl. *iγssān*. — (Senfita), *īγes*, pl. *iγssān̆*.

OSEILLE, *lḥammīḍa* [حمض]; *θásemmūmt* (*nse*). — (B. Iznacen), *θasemmumt* (*ts*). — (B. Ṣalaḥ), *θasemmumṭ*. — (Meṭmaṭa), *θasemmumt* (*ts*). (V. AIGRE).

ÔTER[3], *ékkes* (V. ENLEVER) (*eksīθ*); H., *tekkes*. — (B. Ṣalaḥ), *ekkes*; H., *tekkes*. — (Meṭmaṭa), *ĕkkes*; H., *tekkes*. — (B. Menacer), *ĕkkes*; H., *tekkes*.

OU, *nåγ*, *ānåγ*. — (B. Ṣalaḥ), *nåγ̆*, *nā*. — (B. Mess.), *memmiχ dameqrān nā damezğān*, ton fils est-il grand ou petit? — (B. Menacer), *tšīδ aγrum naγ eṭṭaεam*, as-tu mangé du pain ou du couscous? *šekk naγ nettān*, toi ou lui.

1. Cf. R. Basset, *Zenat. Ouars.*, *aịužīl* : p. 102.
2. Cf. R. Basset, *Loqm. berb.*, p. 280 √R'S. — *Zenat. Ouars.*, p. 102 : *īγes*.
3. Cf. R. Basset, *Loqm. berb.*, p. 295 √KS.

OÙ[1], où es-tu? où habites-tu? où vas-tu? *mâni*... — (Meṭmaṭa), où es-tu allé? *mâni θṛọḥeδ*; où vas-tu? *mâni θellîδ θṛōḥeδ*; où iras-tu? *mâni ălā tṛọḥeδ*. — (B. Ṣalaḥ), *anīγer tṛōḥδ iḍelli*, où es-tu allé hier (ou *manīγer*); *maniγer aγatroḥeδ azekka*, où iras-tu demain? — *mani δa qaθ*, où est-il? — *maniδa qlaχ*, où es-tu? — (B. Menacer), où es-tu allé? *mâni ṛọḥeδ*: où vas-tu? *māni āla ṛọḥeδ*; *mâni ăṛọḥeδ*, (et) où iras-tu? — où est-il? où es-tu? *mâni illa*, *mani*; *llīδ*. — (B. Messaoud), *amdaχūl-enneχ anda haiθ*, où est ton ami? — *anida zedγeδ*, où habites-tu? — *aniγer troḥeδ*, où vas-tu?

OÙ[2] (D'), d'où viens-tu? *mănîs tuzdeδ*; — *mănîs ịiffeγ*, d'où est-il sorti? — (B. Ṣalaḥ), *anīsi θūsīδ*, d'où viens-tu? — *mănīs ịiffeγ*, d'où est-il sorti? — (Beni Menacer), *mǎnî si tūsīδ*? d'où viens-tu? — *măni si-d iffeγ*? d'où sort-il? — (B. Messaoud), *ānis θusīδ*, d'où viens-tu? — *ānis iffėγd*, d'où sort-il? — (Beni Rached), *mani šekkītani*, d'où es-tu?

OUBLIER[3], *ĕttu* (θ); p. p. *ĕttûγ*, *íttu* (et p. n.); H., *tettu*; faire oublier : *settu*. — (B. Iznacen), *ettu*; p. p. *ettûγ*, *íttu*; p. n. *ttu*; H., *tettu*; n. a. *θettuθ*, oubli. — (Meṭmaṭa), *ĕttu*; p. p. *ttûγ*, *íttu*; p. n. *ūl-ịíttuš*; H., *tettu* (et) *túttu*; attention de ne pas oublier : *bălek i-ttettūš*; *tséttūδ-i*, tu m'as fait oublier. — (B. Ṣalaḥ, B. Mess.), *ĕttu*; p. p. *ĕtṭûγ*, *itṭu*; H., *tetṭu*. — (B. Menacer), *ĕttu*; p. p. *ttûγ*, *íttu* (et p. n.); H., *tettu*; c'est lui qui m'a fait oublier : *nettân aδ îsettūn*, (de *sĕttu*; H., *settuị*).

OUED[4] (avec de l'eau ou sans eau), *îγzer* (*ịî*), pl. *iγzrān*, *iγĕzrān*.

1. Cf. R. Basset, *Zenat. Ouars.*, *mani*, *hani*.
2. Cf. *Zenat. Ouars.*, p. 102 : *mani*.
3. Cf. R. Basset, *Loqm. berb.*, p. 231 √TS OU. — *Zenat. Ouars.*, p. 102 : *tou*.
4 Cf. R. Basset, *Loqm. berb.*, p. 279 √RZR.

— (B. Iznacen), *iɣzer*, pl. *iɣzĕren*. — (Meṭmaṭa), *iɣzer*; dans l'oued : *ðegg eɣzer*. — (B. Ṣalaḥ, B. Messaoud), *iɣzer*, pl. *iɣzrạn* (on ne dit pas : *asīf*). — (B. Menacer), *iɣzer* (*i̯i*), pl. *iɣzrạn*; il tomba dans l'oued : *iḥûf gîɣzer*.

OUEST, *lɣerb* (*nel*) (B. Sn., B. Iznacen, B. Ṣalaḥ, B. Menacer); occidental : *amɣerbi* (*u*), pl. *imɣerbii̯en*; (ou) *aɣerbi* (*u*), pl. *iɣerbii̯en* [غرب].

OUI, *enăɛām* [نعم]. — (B. Ṣalaḥ, B. Mess., Meṭmaṭa), *ĕnăɛam*; *îhh*; *mlîḥ*, bien! [مليح]. — (B. Menacer), *ẹhh*.

OURLER, ourlet : *tekfīfeθ*, pl. *tekfīfaθ* [كفّ]; *keffef aselhām*, ourle le burnous; H., *tkéffef*. — (B. Iznacen), *âlem* (et Rif-Brab-Chl.); p. p. *i̯ûlem*; p. n. *ūlīm*; H., *tālem*; f. nég. *tālīm*. — (B. Menacer), *ezlii̯ abernūs*; H., *zéllii̯*. — (B. Messaoud), *keff*; *keffaɣ*, *ikeff*; H., *ṭkeff*.

OURSIN (B. Menacer), *īnsí lébḥar*; (ou) *búɣezzāl*.

OUTILS, *su̯āleḥ nelḫéðmeθ* [صلح]; *ddūzān* (*neddu*). — (Meṭmaṭa), *lemṣānăɛ*; *lḥárj* (ar.). — (B. Mess., B. Ṣalaḥ, B. Menacer), *ddūzān* (pers.).

OUTRE[1], *aiddīð* (*u*), pl. *iiddād*, grande outre tannée (B. Snous, B. Iznacen), diminut. : *θaiddīt*, pl. *θiíddīðīn*; *θaśībọṭ*, pl. *θiśībāḍ*, petite outre destinée à recevoir l'huile, le goudron, l'eau (B. Snous, B. Iznacen); *θaɛukket*, pl. *θiɛukkāθīn*, petite outre non tannée dans laquelle on conserve la graisse, le miel, l'huile. — (B. Mess., B. Ṣalaḥ), *aiddīð* (*ui*), pl. *iiddīðen*, grande outre (ar. tr. *lgerba*); *ailu* (*ui*), pl. *iiluān*, sac de peau; *θaǧeśśūlṭ* (*ṭe*), pl. *θiǧeśśāl*, outre à battre le beurre. — (Meṭmaṭa), *ai̯iddīð* (*ui*), pl. *i̯i̯ẹddīðen*, grande outre (ar. tr. *lgerba*); diminut. : *θai̯iddīt*, pl. *θi̯i̯ẹ́ddīðīn* (ar. tr. *eśśenna*); petite outre : *ailu*, pl. *i̯i̯eluān*; *θöɛúkket* (*te*), outre pour le

1. Cf. R. Basset, *Zenat. Ouars.*, *aiddið*.

miel, pl. *θiεukkāθīn* (ar. tr. *löεŭkka*); *θaqeššūlt* (*tq*), outre faite d'une peau tannée et dont on a enlevé les poils, employée pour battre le beurre (ar. tr *ššekụa*), pl. *θiqešụāl*. — (B. Menacer), outre à battre le beurre : *hīšụet* (*te*), pl. *hišuāθīn* (*ti*); outre dans laquelle on transporte l'eau : *aiddīδ* (*ui*), pl. *iiddīδen*.

OUVRIER, *aneẖδām* (*u*) [خدّام], pl. *ineẖδāmen*. — (B. Iznacen), *aẖĕddām* (*u*), pl. *i-en*. — (Meṭmaṭa), *aẖδīm* (*u*), pl. *iẖδīmen*. — (B. Menacer), *aneẖδām* (*u*), pl. *ineẖδāmen*.

OUVRIR[1], *efθel*, *feθl* (*īθ*); p. p. *ifθel*; p. n. *fθīl*; H., *tfettel*; n. a. *afθāl* (*u*). — (B. Iznacen), *nûfθel*, être ouvert. — (Meṭmaṭa), *efsel*; p. p. *ifsel*; p. n. *ūl-ífsīleš*; H., *féssel*; *lbâb iifsel*, la porte est ouverte; *fesleγ elbāb*, j'ai ouvert la porte; *lbab illa itụafsel*, la porte est ouverte. — (B. Ṣalaḥ, B. Mess.), *efsi*; p. p. *fesieγ*, *iifsi*; H., *fessi*; ouvre la porte : *efsi θabbūrθ* (B. Mess.). — (B. Menacer), ouvre la porte : *erẓém háụụūrθ*; H., *reẓẓem*; ouvre la bouche : *erẓém îmīγ*.

P

PAILLE[2], *lûm* (*u*); *sfa*, paille fine, barbes d'épi [سفا]. — (B. Iznacen), *lūm* (*u*). — (B. Mess., B. Ṣalaḥ), *alīm* (*ua*). — (Meṭmaṭa), *lūm* (*u*).

PAIN[3], *aγrūm* (*u*) (B. Sn., B. Izn., Zkara, B. B. Zeggou), pain sans levain : *aγrūm raẖsās* (ar. tr. *lefṭīr*); petit pain : *θangūlt* (ar. tr. *lgûrsa*); pain plus gros que la *θangūlt* :

1. Cf. R. Basset, *Zenat. Ouars.*, p. 102 : *arzem*.
2. Cf. R. Basset, *Zenat. Ouars.*, p. 102 : *lūm*. — *B. Menacer* : *alūm*, p. 75.
3. Cf. R. Basset, *Zen. Ouars.*, p. 102 : *aγrūm*. — *B. Menacer* : *aγrūm*, p. 75. — *Loqm. berb.*, p. 279 √R'R M.

θäšnîfθ nŭγrūm (ar. tr. *lḫobza*), pl. *θisnifin*; pain de grosseur moyenne : *θamiεaδālt* (*te*) [عدل], pl. *θimiεäδālīn* (*te*); *θamlaḥegθ* (*te*), pl. *θimlaḥgīn*, un peu plus petit que : *θäšnīfθ* [كف]. — (Zkara), *aγrūm* (*u*). — (B. Iznacen), *aγrūm* (*u*); *θañgult* (*te*), pl. *θinuġġ^ual*. — (B. Rached), *aγrum*. — (Meṭmaṭa), *aγrūm* (*u*); gros pain : *θašniƒθ* (*te*), pl. *θišnīfīn*; petit pain : *θangūlt* (*te*), pl. *θingulīn* (*te*); pain de grosseur moyenne : *θamiεäδalt*. — (B. Ṣalaḥ, B. Messaoud), *aγrūm* (*u*); *θaχnīfθ* (*te*), pl. *tèχnăf* (*te*), un gros pain (ar. tr. *lḫobza*); *θangulṭ* (*te*), pl. *θangulīn*, un petit pain (ar. tr. *lgûrṣa*). — (Senfita), *aγṛûm*, pain de figues; on réduit en poudre des figues tombées avant maturité, on en fait une sorte de pâte que l'on fait cuire (*akerruš*); de même avec la farine de maïs, de glands doux.

PAIRE[1], une paire de bœufs : *θiịuịịa* (*tịu*), pl. *θiịuịịaụin*. — (Meṭmaṭa), *θiịuğa* (*ti*), pl. *θiịuğaụin*. — (B. Iznacen), *θiuịịa*, pl. *θiuịịaụin*. — (B. Ṣalaḥ), une paire de bœufs : *θaịūğa* (*ṭi*), pl. *θiịūgaụin*. — (B. Mess.), *θaiuụa* (*ṭi*), pl. *θiụaụin*.

PALAIS[2], (château). — (B. Iznacen), *leqṣer* (*lle*) [قصر]; (palais buccal) : *álleγ* (*ụa*). — (B. Iznacen), *îneγ*. — (B. Ṣalaḥ, B. Mess.), *ennγāneγ-īnu*, mon palais. — (Meṭmaṭa), *ăneγ*. — (B. Menacer, Senfita), *ăneγ* (*ua*); haut du palais : *ăneγ ụás-sauen*; plancher buccal : *ăneγ ụádda*.

PALMIER[3], *nneḫleθ*, pl. *nneḫlāθ*. ou *θineḫlin* [نخلة]; palmier-nain : *θiịẓĕmθ*; feuille, raquette de palmier-nain : *ḍḍĕlfèt* (ar.); tronc de palmier-nain : *θaẓĕmmārθ*; cœur du palmier-

1. Cf. R. Basset, *Beni Menacer* : *θiuga*, p 75.

2. Cf. R. Basset, *Zenat. Ouars.* : *anaγ*, p. 103.

3. Cf. R. Basset, *Loqm. berb.*, p. 330 √OUSR. — *Zenat. Ouars.*, p. 103 : *θiịzemθ*. — *B. Menacer*, p. 76 : *θiizut*.

nain (comestible) : *θaįellanžemmārθ*; *azemmūm*; *θäslīlθ nžémmerθ*; *θaεuεaiθ*; fruit du palmier-nain : *azāγen* (*u*); partie sèche du palmier-nain : *θaussarθ*. — (B. Iznacen), *θiįzèmt*, pl. *θiįzām*; *insli*, pl. *inslān*. — (B. Ṣalaḥ, B. Mess.), *enneḫleṭ*; cœur de palmier-nain : *ljummuar*; palm. nain : *eddum* (ar.). — (B. Rached), palmier : *nneḫelt*; palmier nain : *hiįzemt*; cœur de p. n. : *usser*. — (Meṭmaṭa, Beni Menacer), *enneḫleθ*, pl. *enneḫlāθ*; un p. nain : *θagniṭ* (*ṭe*); feuille de p. n. : *θiįezzemt*; fruit du p. n. : *aγaz* (coll.); un grain : *iš tγāzet*.

PAN (du burnous) : *āfer núselhām* (*ua*), pl. *ifriųen*; p. du haïk : *θašḍāṭ núbābūš* (*te*), pl. *θišūḍāḍ*. — (B. Iznacen), pan du burnous : *âfer uselhām*. — (B. Ṣalaḥ), *ižīfer neṭbernūst*, pl. *ižīfar*. — (B. Mess.), *ižīfer*, pl. *ižūfār*. — (Meṭmaṭa), *afer ubernūs* (*ua*), pl. *afriuen*; devant du haïk relevé formant poche : *aḍran* (*ua*).

PANARIS, *ṛṛáhseθ* (*neṛ*), pl. *ṛṛáhsād*; *lḥagneθ*, pl. *lḥagnāθ*. — (B. Ṣalaḥ), *ierhes gŭḍāḍ-ennes*. — (B. Iznacen), *θabessixθ*, pl. *θibessai*. — (Meṭmaṭa), *afeḫsīs* (*u*), tumeur au doigt.

PANIER, *sélleθ* (*nse*) [سلّة], pl. *sellāθ*; *lεâbār*, petit panier, pl. *lεabārāθ*. — (B. Mess., B. Ṣalaḥ), *selleθ*, pl. *θisellθīn*, panier cylindrique de roseau, de férule. — (Meṭmaṭa), p. en férule : *θaγrast* (*te*), pl. *θiγrāsīn*.

PANTALON[1], *aḥfaδ* (*u*) [حفظ], pl. *iḥfāδen*. — (B. Iznacen), *sséruāl*, pl. *ssráuel* [سروال]. — (Meṭmaṭa), *aseruāl* (*u*), pl. *iseruālen*. — (B. Ṣalaḥ, B. Messaoud), *sséruāl*, pl. *ssrauel*. — (B. Menacer), *aserual*; ceinture du pantalon : *ttékeθ userual*.

1. Cf. W. Marçais, *Tanger*, p. 354 [صرول].

PANTHÈRE[1], *aγīläs* (*u*), pl. *iγīläsen*. — (B. Iznacen), *aγīlās* (*u*), pl. *iγīlāsen*. — (B. Ṣalaḥ, B. Mess.), *nnemer*. — (Meṭmaṭa), *aγilās* (*u*), pl. *iγilāsen*. — (B. Rached, B. Menacer), *aγilās*.

PAON, *ṭṭaūs* [طاوس] (B. Snous, B. Iznacen, B. Ṣalaḥ, Meṭm.).

PAPIER, *lšâγĕḍ* (*nel*) [كاغط]; *lšiγĕḍ*, pl. *lešụāγĕḍ*. — (B. Iznacen), *elšāḍ*, *lxiγĕḍ*. — (B. Ṣalaḥ, B. Mess., Meṭmaṭa), *lχāγĕḍ*.

PAPILLON[2], *ferṭĕṭū* (*u*), *ferṭeṭṭu*, pl. *iferteṭṭūien*. — (B. Iznacen), *aferteṭṭū* (*u*), pl. *iferteṭṭa*. — (B. Ṣalaḥ, B. Messaoud), *aferṭĕṭṭū* (*u*), *ferteṭṭū*, pl. *iferḍāḍ* (B. Mess.). — (Meṭmaṭa), *buferṭeṭṭū*, pl. *ibuferteṭṭụen*; θ*imbeššer*θ, pl. θ*imbeššrīn* [بشر]. — (B. Menacer), θ*äférṭeṭṭuχ*θ, pl. *iferṭeṭṭa*.

PAQUET, *rrézme*θ (*ner*), pl. θ*irezmīn* (ar.); *ášlīf* (*u*), *išlīfen*, *išelfaụen*. — (B. Iznacen), paquets d'habits : *šâmex*θ; *tšemmuš*θ, pl. θ*išmmušīn* (ar. tr. *lkémmūsa*), objets enveloppés dans un morceau d'étoffe. — (Meṭmaṭa), *errezme*θ, pl. *errezma*θ (cf. Beauss. [كمس-شلو]).

PARADIS, *lžénne*θ [جنّة] (*nelž*). — (B. Iznacen, B. Ṣalaḥ, Meṭmaṭa), *lženne*θ.

PARAPLUIE, θ*áḍĕllil*θ (*dde*); θ*iḍĕllīlīn* [ظل]. — (B. Iznacen), θ*aḍellālt*. — (B. Ṣalaḥ), *ụerdāṣūn*. — (Meṭmaṭa), θ*aḍellālt* (*te*), pl. θ*i-in*.

PARAÎTRE, *bân* [بان]; p. p. *ibān* (et p. n.); H., *tbān*; *ĕḍhar* [ظهر]; p. p. *iḍhar*, p. n. *ḍhīr*; H., *teḍhīr*. — (Meṭmaṭa), *eḍḥĕr*; p. p. *iḍḥĕr*, p. n. *ḍḥīr*; H., *ḍeḥḥar*.

PARC (à moutons), *äzğen* (*u*) (Mazzer), pl. *izegnauen*; *azien* (*u*) (A. L.), pl. *iziịnaụen* (ar. tr. *lemrāḥ*). — (B. Ṣalaḥ), *afrağ* (haie). — (B. Mess.), *eggiγ īdž bufrāg gulli*, j'ai fait un parc pour les moutons, pl. *ifrāgen*.

1. Cf. R. Basset, *Zenat. Ouars.*, p. 103 : *aγilās*. — *B. Menacer*, p. 76 : *aγilās*. — *Loqm. berb.*, p. 281 √R' L S.

2. Cf. R. Basset, *B. Menacer*, p. 76 : *afertettu*. — W. Marçais, p. 412 [فرطط].

PARCELLE de terrain[1] : *θalsäst*, pl. *θilsāsīn* (de peu d'étendue); *θarqiεäθ* (*te*) [رقعة], pl. *θireqqāε* (*tr*) (assez étendue).

PARCE QUE, je suis parti parce qu'il m'a frappé : *rọḥeγ δi sebbeθ entịīθá lli ịûθ iịi* [سبّب]; (ou) *δi lžūné θĕnṭiīθá*, (ar.) (ou) *δi lḫāḍér entịiθá* [خاطر]; il m'a frappé parce qu'il ne m'aime pas : *ịuθ-iịi δi-lqībâl ūδi-iḫseš* (ou) *ḫélqībāl* [ar. tr. على قبال]. — (Meṭmaṭa), je suis venu parce que tu m'as appelé : *ūsîγd felḫâder-enneχ θúznīδī*. — (B. Messaoud), *ūsiγd εala ḫāṭer θennīδ-iγi*.

PARDONNER, pardonne-moi : *sémḥ iịi*; p. p. *isméḥ*; p. n. *smīḥ*; H., *sémméḥ* [سمح]; n. a. *asmäḥ* (*u*); ils se pardonnent : *temsāmaḥen*; ou : *γéfr-iịi* [غفر]; p. p. *iγefr*; p. n. *γfīr*; H., *γeffer*; ils se pardonnent : *temγāfāren*. — (B. Mess., B. Ṣalaḥ), *sāmeḥ ịi*; H., *samaḥ*.

PARENTS, mes parents : *lụalīδīn-īnu* [والدين]; ma famille : *lähl-īnu* [اهل]; ou : *láḥbāb-īnu* [احباب]; *lžéṛreθ-īnu* (ar.); *erriḥĕθ-īnu* (ar.); *aiθ-εámmi*. — (B. Iznacen), *lụaldaịen*. — (B. Ṣalaḥ, B. Mess., Meṭmaṭa), *ĕlụaldīn-īnu*, mes parents.

PARFUM, le parfum de la rose : *rráiḥeθ nelụĕrd* [ريح], (ou) *θimeskeθ nelụĕrd* [مسك]. — (B. Iznacen, Meṭmaṭa), *rriḥeθ*.

PARIER, parie avec moi : *emrâhen âkīδi* [رهن], ou *rahn iịi*; p. p. *irahn* (et p. n.); H., *tráhān*; n. a. *arahen* (*u*); ils parient : *temrāhānen*. — (B. Ṣalaḥ), *anemḫāṭer nekk akiδeχ*, [خطر] nous parierons; *anemḫūter* (B. Mess.). — (Meṭmaṭa), *rāhen äkīδi*, parie avec moi; *mrahānen*, ils parient.

PARIS, *Bārīz* (B. Sn., B. Iznacen).

PARLER[2], *sîụel*; p. p. *issiuel* (et p. n.); H., *ssaụal*; n. a. *auāl*

1. Cf. R. Basset, *Zenat. Ouars.*, p. 97 : *θiireθ*, p. 103. — *B. Menacer*, p. 76 : *θizeqqar*.

2. Cf. R. Basset, *Loqm. berb.*, p. 307 $\sqrt{\text{L}}$. — *Zenat. Ouars.*, p. 103 : *siul*, *sedmer*, *meslai*. — *B. Menacer*, p. 76 : *mesla*.

(*ua*), pl. *iuauālen* (paroles); se parler : *msauel*; H., *temsauālen*, ou : *sedmer*; p. p. *issedmer* (et p. n.); H., *tsedmar*; n. a. *asedmer* (*u*), ou : *nâba* (ar.); p. p. *ināba* (et p. n.); H., *tnāba*. — (Zkara), *siuel*; p. p. *issiuel*; H., *ssauāl*; f. n. *ssiuīl*; n. a. *asiuel* (*u*). — (B. Rached), *siuel*. — (Meṭmaṭa), *séšmer*; p. p. *isešmer* (et p. n.); H., *sešmar*; *meslai*; H., *tmeslai*; n. a. *θameslaiθ*; parlez (m.) : *sešmreθ*; (f.) *sešmeremθ*; ne parle pas : *isešmāreš*; il sait parler : *iíssen ā-imeslai*. — (B. Ṣalaḥ), *siuel*; p. p. *issiuel*; p. n. *ssiuel*; H., *ssauāl*; n. a. *asiuel* (*u*). — (B. Messaoud), *sīuel*; H., *la issaual*, il parle; p. n. il n'a pas parlé : *netṭa u issiulleχ*.

PAROLE[1], *aual* (*ua*), pl. *iuáuālen*; *asiuel* (*u*), pl. *isiuīlen*; je te dirai un mot : *ašaš īníγ idžén núsiuel*. — (B. Iznacen), *aual* (*ua*), pl. *auālen* (V. MOT). — (Meṭmaṭa), *θameslaiθ* (*te*), pl. *θimeslain*.

PARTAGER[2], *ebḍa* (*t*), p. p. *ibḍa*; H., *beṭṭa* et *tbeṭṭa*; n. a. *abeṭṭu* (*u*); passif : *ituabḍa*. — (B. Iznacen), *ebḍa*; p. p. *ibḍa*; p. n. *bḍi* (*a*), *bḍa* (*b*); H., *beṭṭa*; f. nég. *beṭṭi*; part : *θīsīr*; *āmūr*. — (Zkara), *ebḍa*; p. p. *bḍīγ*, *ibḍa*; p. n. *bḍa*; H., *beṭṭa*; f. n. *beṭṭi*; n. a. *θabeṭṭūθ*, partage. — (Meṭmaṭa), *ebḍa*; p. p. *bḍiγ*, *ibḍa*, *ebḍān*. — (B. Mess., B. Ṣalaḥ), *ebḍu* (θ); p. p. *bḍiγ*, *ibḍa*; H., *beṭṭû*; il est partagé : *ibḍa*, *iṭuābḍa*.

PARTIR, *rôḥ*; p. p. *írōḥ* (et p. n.) [روح]; H., *trōḥa*; *eiiūr*; p. p. *eiiureγ*, *ieiiūr*; H., *ggūr*; n. a. *θíiiūra*; pars pour ton pays : *ekk iθmurθ-enneš* (ou) *ûš*. — (Zkara), *iūr*; p. p. *iiūreγ*, *iéiiūr*, et p. n.; H., *ĕggūr*; n. a. *θiūra*, départ. — (B. Ṣalaḥ), *roḥ*; H., *troḥu*; *eddu*; H., *teddu*. — (Meṭmaṭa), pars : *rōḥ*;

1. Cf. R. Basset, *Loqm. berb.*, p. 307 √L. — *Zenat. Ouars*, p. 103 : *aual*. — *B. Menacer*, p. 76 : *aual*.
2. Cf. R. Basset, *B. Menacer*, p. 77 : *bḍa*.

partez (h.) : *rọḥeθ* ; (f.) : *rọḥemθ*; ne pars pas : *iggūreš*; pour qu'ils partent loin de nous : *mízzi itrọḥân ḫnaγ*.

PAS, *lḫéṭṷeθ* (*nel*) [خطوة], pl. *leḫθaṷi*. — (B. Iznacen), *asūrīf* (*u*), pl. *isūrīfen*. — (B. Mess., B. Ṣalaḥ), trace du pied : *aḥūrīf* (*u*), pl. *iḥurīfen*. — (Meṭmaṭa), θ*asūrīf*θ (*tsu*), pl. θ*isūrīfīn*.

PASSER[1], *imĕḍ*, p. p. *i̯imĕḍ*; p. n. *imīḍ*; H., *gemmeḍ*; n. a. *aimĕḍ* (*ṷa*); faire passer : *sîmeḍ* (*ī*θ); *ssāmāḍ*; ou : *ekk*, *i̯ékka*; H., *tekka*; faire passer : *sékk*; H., *sekka*. — (B. Iznacen), *îmĕḍ*; p. p. *i̯ẹmĕḍ*; p. n. *ūr i̯imīḍ*; je n'ai pas passé : *ūr i̯émḍeγ* ; H., *mmĕḍ*; n. a. *aimāḍ* (*ui*), passage. — (Zkara), *imeḍ*; p. p. *imdeγ*, *i̯imĕḍ*; p. n. *imīḍ*; H., *ṭi̯ẹmḍa*; n. a. *aimāḍ* (*u*). — (Meṭmaṭa), *eǧmeḍ*; p. p. *iǧmeḍ*; p. n. *ǧmīḍ*; H., *teǧmeḍ*; faire passer : *seǧmeḍ*. — (B. Ṣalaḥ, B. Mess.), ε*adda* (ar.) ; p. p. ε*addiγ*, *i*ε*adda*; H., *ṭ*ε*adda*.

PASSER la nuit : *ĕns* ; p. p. *nsiγ*, *i̯insu* (et p. n.); H., *tnûsa*; n. a. θ*amensiṷ*θ (*tm*); donner l'hospitalité : *sens* (*i*θ); p. p. *issens*; H., *snūsa*. — (B. Menacer), *ens*; p. p. *nsiγ*, *insu*; f. fact. *sens*. — (Meṭmaṭa), *ens*; H., *tnūs*; n. a. *asensi*, θ*amensiū*θ. — (B. Ṣalaḥ), *ens*; p. p. *nsîγ*, *insa*; p. n. *nsi*; H., *tnus*.

PASSER la journée : *šel*; p. p. *i̯išlu* (et p. n.); H., *tšâla*; faire passer la journée : *sešl* (*ī*θ); H., *seššāl*. — (Meṭmaṭa), *eχχel*; p. p. *iχχel*; H., *teχχal*; faire passer la journée : *seχl* (*ī*θ). — (B. Ṣalaḥ), *kel*; p. p. *iχla*; *anīδa teχliδ*, où as-tu passé la journée?; H., *kkāl*. — (B. Menacer), *ĕχχel*; p. p. *χlîγ*, *iχlu*.

PASSOIRE, *áqllāl* (*u*); on n'emploie pas dans la tribu cet ustensile en terre, le couscous est cuit dans un ustensile en alfa appelé aussi : *aqellāl* (*u*), pl. *iqĕllālen*; quelquefois : *anfīf* (*ṷe*) ; mais ce mot désigne plutôt un entonnoir en alfa. — (Meṭmaṭa), *aχesχās* (*u*) ; *mâδūn*, pl. *imūδān* (ustensile en

1. Cf. R. Basset, *B. Menacer* : *emmeḍ*, p. 77.

terre ou en alfa). — (B. Mess., B. Ṣalaḥ), *aχesịās*, pl. *iχesịāsen*.

PASTÈQUE, *ddélliεā*; θ*adelliεa*θ, une pastèque. — (B. Iznacen), (coll.) : *dellíεa*; une pastèque : θ*adelliεa*θ (*nde*); θ*idelliεin* (*nde*). — (B. Mess., B. Ṣalaḥ), *ddellāε*. — (Meṭmaṭa), *ddélliεā*θ; coll. : *ddeliεa*. — (B. Rached), *dellāε* (ar.).

PATATES douces : *lbaṭāṭá tmîẓīṭṭ*. — (B. Iznacen), *lbaṭāṭā* (*nel*). — (B. Ṣalaḥ), *lbāṭāṭa* θ*imīẓīṭ*, pat. douces.

PÂTE, *lεâžīn* (K.) (*ell*) [عجين]; *areš*θ*i* (A. L.) (*u*); pâte sans levain : *ăráḫsas* (*nu*) [رخص]. — (B. Iznacen), *arex*θ*i*. — (Meṭmaṭa), *ạmtūn*; pâte de hachich : *lmaεajūn*. — (B. Ṣalaḥ), pâte épilatoire : *aselγa*; pâte de pain : *areχ*θ*i* (*u*); *aruk*θ*i* (B. Mess.); levain : θ*amṭunṭ*.

PÂTES, petits morceaux de pâte desséchés que l'on fait cuire dans du bouillon : θ*ímqeṭṭef*θ (*té*) (ar.); θ*imḥámmeṣt* (ar.); sortes de nouilles : *léfdauš* (cf. Dozy, II, p. 245); pâtes coupées au couteau : θ*areš*θ*a*; sortes de crèpes : *ḫriñgo* (ar. tr. : *lbeγrīr*). — (B. Ṣalaḥ), θ*amqeṭṭef*θ, pâtes. — (Meṭmaṭa), *imerrēq* (ar. tr. *msemmen*) [ورق]; θ*irqīqīn* [رق] (ar. tr. θ*riδ*); *sfenj*; *lbeγrīr*; pâte épilatoire : *aselγa* (B. Messaoud).

PATIENCE, *eṣṣber* [صبر] (B. Iznacen); patient : *aṣebbār* (pl. *i-en*).

PATRON, *bâb niḫeddāmen*; *áuqqāf* (*ụu*), pl. *iuqqāfen*. — (B. Iznacen), *áuqqāf* [وقاف]. — (Meṭmaṭa), *lmaεāllem* [معلم].

PATURAGE[1], *lḥâre*θ [حارة]; conduis le troupeau au pâturage : *aụi* θ*āmrá ilḥâre*θ. — (B. Iznacen), *lεāri* (ar.); pâturage où il y a beaucoup d'herbe : *ağdāl*. — (Meṭmaṭa), *ağδal* (*ụu*), pl. *igδālen*, pâturage particulier, prairie; *abeqqā* (*u*), pl. *ibeqqaịen*, pâturage commun; conduire au pâturage : *erụes* (B. Izn., B. Messaoud).

1. Cf. R. Basset, *Loqm. berb.*, *haddu*. — *B. Menacer* $\sqrt{\text{H D}}$.

PAUME[1] de la main : *lkéf nūfūs* (*nel*) [كوف]; *lekfūf*. — (B. Iznacen), *lkef ūfūs*. — (B. Mess., B. Ṣalaḥ, Meṭmaṭa), *lχéf*, pl. *leχfūf*.

PAUPIÈRE, *abel* (*u*), pl. *àbliyen* et *ibliyen*; *aśelbīb ĕn-tẹṭ* (*u*), pl. *iśelbāb*. — (B. Iznacen), *ābel*, pl. *abliyen* (*ya*). — (Meṭmaṭa), *abel* (*ya*), pl. *abliuen* (*ya*).

PAUVRE, *ameskīn* (*u*) [مسكين]; *imeskīnen*; *agéllil* (*u*), pl. *igéllīlen*; *imqeśśẹḍ*, pl. *imqeśśḍen*; *aḥémmāl*, pl. *iḥémmālen*; *amaḫṣūṣ*, pl. *imeḫṣāṣ*; f. *θamaḫṣuṣt*, pl. *θimeḫṣās*; *amelḥūq*, pl. *imelḥūqen*; *ameẓlāṭ*, pl. *imezlāṭen* (ar.). — (B. Iznacen), *lgellīl*, pl. *igellīlen*; f. *θagellīlt*, pl. *θigellīlīn*. — (B. Ṣalaḥ), *agellīl*, *igellīlen* [خص-جمل-قل].

PAYS[2], *θamūrθ* (*tm*), pl. *θímūra* (*tm*); (ou) *θammūrθ*, il entra dans un pays : *iūδéf δi-tîś ĕntmūrθ*. — (Meṭmaṭa), il sortit du pays : *iffeγ si-θmūrθ*; va dans ton pays : *uǧǧūr γel θmūrθ-ĕnnex*. — (B. Ṣalaḥ, B. Messaoud), *effeγeγ geθθemūrθ-īnu*, je suis sorti de mon pays; *θāmūrθ*, pl. *θimmūra*.

PEAU[3], *īlem* (*ĕniį*), pl. *ilmayen*; peau tannée : *īlém endĕbaγ*; peau de mouton garnie de sa laine : *ahiḍūr* (*u*), pl. *ihiḍār*. — (B. Iznacen), *âilem*, *īlem*; peau de mouton avec laine : *ahiḍūr*; peau de la main : *θisrexθ*. — (B. Rached), *ailim*. — (Meṭmaṭa), *aǧlīm*, pl. *iǧlimen*; *abeṭṭān* (ar.). — (B. Ṣalaḥ, B. Messaoud), *aǧlīm* (*u*). — (B. Messaoud), *alemsīr*, peau sur laquelle on pose le moulin quand on moud du grain (ar. tr. *rrugᵘaεa*) (ar. alg. *nemsīr*). — (Senfita), *aịlīm*. — (B. Menacer), *aịlim*, pl. *ilīmen*.

1. Cf. R. Basset, *Zenat. Ouars.*, *elšef* [كعب], p. 103.

2. Cf. R. Basset, *Loqm. berb.*, p. 329 √OU R TH. — *Zenat. Ouars.*, p. 103 : *θamurθ*. — *B. Menacer*, *θamurθ* ; p. 77.

3. Cf. R. Basset, *Loqm. berb.*, p. 303 √G L M. — *Zenat. Ouars.*, p. 103 : *ailim*, *aglīm*. — *B. Menacer*, p. 77 : *ailim*.

PÊCHER (verbe) : *ḥúyyeθ* [حوت]; H., *tḥúyyeθ*; pêche : θ*aṣeiiâθ níselmen.* — (B. Iznacen), pêche : *eṣṣiādeθ niselmān* [صيد]. — (Meṭmaṭa), *ṣeiied*; H., *tṣaiād*. — (B. Ṣalaḥ), *eṣḍāḍ*; H., *ṭseḍāḍa*; arbre[1] : *tiferḫĕt néllḫūḫ*; une pêche : θ*ālḫūḫ*θ, pl. θ*ilḫuḫīn*. — (B. Iznacen), *lḫûḫ* [خوخ]. — (B. Messaoud), coll. : *lḫûḫ*; une p. : θ*aḥabéṭ nélḫūḫ*. — (Meṭmaṭa), *azeqqūr nelḫūūḫ*. — (B. Rached), des pêches : *lḫūḫ*.

PÊCHEUR, *aḥúyyaθ* (*u*), pl. *iḥuyyaθen*; *lḥùyyāt* ou *aḥyāt*.

PÉDONCULE d'un fruit : *aqᵉdmīr* (*u*), pl. *iqedmīren*, *iqedmār*. — (B. Iznacen), *aqezmīr* (*u*); (ou) *aqeᵟmīr* (*u*), pl. *iqeᵟmiren*, *iqeᵟmār*. — (Meṭmaṭa), *aqezmīr* (*u*), pl. *iqezmār*.

PEIGNE, *amšeḍ* (*yu*) [مشط], pl. *imešḍĕn*; dim. θ*amšeṭ* (*te*), pl. θ*imešḍīn* (*tm*); peigne en fer servant à serrer les brins de laine et d'alfa composant la trame des nattes : θ*ažetša*, pl. θ*ižetšuin*. — (B. Iznacen), θ*amšeṭ*, pl. θ*imšḍīn*. — (B. Ṣalaḥ), θ*imšeṭ* (*te*), pl. θ*imešḍīn*. — (Meṭmaṭa), θ*aḫlālt* (ar. tr. *lḫullala*), peigner pour serrer les fils de trame des tissus; θ*amšeṭ* (*te*), pl. θ*imešḍīn*.

PEIGNER, *emšeḍ* (*mešḍ-ī*θ); p. p. *imšeḍ*; p. n. *mšīḍ*; H., *tmeššeḍ* [مشط]; n. a. *amšāḍ*; peigne la laine : *ĕf*θ*el* θ*āḍûf*θ *syúmšeḍ* (V. OUVRIR). — (B. Iznacen), peigner : *emšeḍ* — (Meṭmaṭa), *emšeḍ*; p. p. *iemšeḍ*; p. n. *mšīḍ*; H., *metšeḍ*.

PÈLERIN, *aḥéžžāž* (*u*) [حج]; *iḥežžažen*; aller en pèlerinage : *rôḥ ilḥèžž*. — (Zkara), *ḥežž*; p. p. *iḥežž* (et p. n.); H., *tḥéžž*. — (B. Iznacen), pèlerin : *lḥâžž*, pl. *lḥédjāž*. — (B. Ṣalaḥ), *lḥujāj*. — (Messaoud), *elḥāj*, pl. *lḥudjaj*.

PELLE, *lbāle*θ (*nel*), pl. *lbālā*θ (B. Sn., Meṭm.).

PELLICULES (des cheveux) : θ*γâfūlt* (B. Menacer).

1. Cf. R. Basset, *Zenat. Ouars.*, p. 103 : θ*aḫūḫ*θ.

PELOTE, mettre du fil en pelote : *kuyyer* [كور]; H., *tkuyyer*; n. a. *akūyer (u)*; pelote : θ*aśurθ (tś)*; θ*iśurīn (tś)*. — (B. Iznacen), *axūr*, pl. *ixūren*; dim. : θ*axūrθ*, pl. *tixūra*. — (B. Ṣalaḥ), θ*aχūrθ (ṭa)*, pl. θ*ikūrīn*. — (Meṭmaṭa), *lkúbbeθ*, pl. *lkubbᵘāθ* [كبّة].

PENCHER, *mîiel*, *imiiel*; H., *tmîiel* [ميل]; se pencher : *înez*; *inzeγ*, *iînez*; p. n. *īnīz*; H., *ttînez*. — (Meṭmaṭa), *āδer*, se pencher, se baisser; p. p. *iūδer*; p. *ūδīr*; H., *ttāδer*; se pencher vers qqn. : *mäl*, p. p. *imäl* (et p. n.); H., *tmāla*; être penché : *ifreγ*; p. n. *frīγ*; H., *ferreγ*.

PENTE, flancs d'une montagne : *allaγ (ua)*; *állāγen* (ar. tr. *lbāṭen*).

PÉPIN de figues : *zérriεāθ ntázārθ (nezz)* [زرع]. — (B. Iznacen), pépins de figues : *iuzzān*; pépins de pommes, de poires : *zzerriεāθ*; pépins de figues : *eṛṛab*.

PERCER, *ebăεăž* [بعج]; p. p. *ibăεăž*; p. n. *băεīž*; H., *tbăεăž*; (ou) *eθqeb* [ثقب]. — (B. Ṣalaḥ), (une planche), *sennūfeğ*; H., *sennufuğ*. — (Meṭmaṭa), *sẖurreg*; H., *sẖurrūg* [خرق]. — (B. Mess.), *ebaεaž*.

PERCHE (V. BATON, GAULE); perche de la charrue : *lemžer (lle)*; *lemžār*. — (B. Iznacen), *sâθiūr*; perche de charrue : *aθmūn*. — (Meṭmaṭa), θ*ausatt (tu)* (ar. tr. *usāda*); *eθsīli (tsi)*, pl. θ*isilayin*.

PERDRE, être perdu : *nezγ*; p. p. *iînzeγ*; p. n. *nzīγ*; H., *tenziγ*; mon argent est perdu : *iδrīmen enzγén iii*; perdre : *senzeγ*; H., *senzāγ*; ou : *yedder* [ودر]; H., *tueddār*; *ehmel* [همل]; H., *tehmīl*. — (B. Iznacen), *udder*; p. p. *iyédder*; p. n. *yedder*; H., et fut. nég. : *tuedder* [ودر]. — (B. Ṣalaḥ), *sroḥeẖten*, je les ai perdus. — (B. Mess.), *isroḥ iδrīmen-ennes*. — (Meṭmaṭa), *sroḥeγ iδrīmen-īnu*, j'ai perdu mon argent.

PERDREAU, *aferkūs (u)*, pl. *iferkās*; *ažerruδ (u)* [جرد], pl. *ižer-*

ruδen. — (B. Iznacen), *aferrûž entsékkiūrθ* [فروج]. — (Meṭmaṭa), *aferrûž* (*u*), pl. *iferrūžen.* — (B. Ṣalaḥ, B. Messaoud, B. Menacer), *aferrūž*, pl. *iferrāž.*

PERDRIX[1], *θaskkūrθ* (*ts*), pl. *θiskkūrīn*; (ou) *θiššerīn*; (ou) *θisešrīn*; perdrix mâle : *lḥîgūn*, pl. *ḥiịāgen.* — (B. Iznacen), *θaskkiūrθ*, pl. *θisexrīn*; mâle : *aḥigūn*; *aεâqūl.* — (Meṭmaṭa), *θaskkūrθ* (*ts*), pl. *tiseχrīn*; mâle : *ḥâqūl* (*u*), pl. *iḥūqāl.* — (B. Ṣalaḥ, B. Messaoud), *θasχχūrθ* (*te*); *θaskkūrθ*, pl. *θiseχrīn*; mâle : *aḥāqūl* (*u*). — (B. Menacer), *θáskkūrθ* (*tse*); perdrix mâle : *ḥâqūl.*

PÈRE[2], mon père : *bāba* (ou) *bba* (*nebba*); son père : *bbās*; leur père : *bbaθsen*; j'ai dit à ton père : *enniγ ibbâš.* — (B. Iznacen), *bba*, *bâba*, mon père; notre père : *babaθnáγ*; j'ai dit à ton père : *enniγ ibbaχ.* — (B. Rached), *dîdi* (ar. tr. *būịa*); grand-père : *dīdi aussar.* — (Meṭmaṭa), *baba*, mon père; le cœur de son père : *ûl bābās.* — (B. Ṣalaḥ), *b̮âb̮a*, mon père; *b̮âb̮aχ*, ton père; *b̮ab̮aθna*, notre père; *babassen*, leur père. — (B. Messaoud), *b̮âb̮a*, mon père.

PERSONNE[3], *ūla δidžen*; *ḥad* [احد]; personne n'est venu : *ūla δidžén má-iūsed* (K.); personne n'est passé : *ûr-ịimīd ḥád ḫnáγ*; il vint en personne : *ịūsed simannes* (B. Sn., B. Izn., Zkara, B. Bz., Meṭm., B. Menacer). — (Meṭm.), *ūd ịūsi ḥatta dịīdž.* — (B. Ṣalaḥ, B. Mess.), *ūd-iūsi ḥaṭṭa ịīdž*, personne n'est venu.

PESER[4], *ûzen* (*īθ*) [وزن]; p. p. *iūzen*; p. n. *ūr iūzīneš*, il n'a pas

1. Cf. R. Basset, *Loqm. berb.*, p. 267 √SKR. — *Zenat. Ouars.*, p. 103 : *askūr.* — *B. Menacer*, *θasekkurθ*, p. 77.

2. Cf. R. Basset, *Zenat. Ouars.*, p. 103 : *baba*, *buịa.* — *B. Menacer* : *baba.*

3. Cf. R. Basset, *Loqm. berb.*, p. 318 √MN; *iman.* — (Meillet, *De inde-eur. rac. men.*).

4. Cf. R. Basset, *Loqm. berb.* [وزن].

pesé; je n'ai pas pesé : *ūr-ûzneγeš* (K.); H., *tûzen*; n. a. *uzān*. — (B. Iznacen), *ūzen*; p. p. *i̯ūzen*; p. n. *ūzīn*; H., *ūdzen* (et fut. nég.); poids, balance : *lmîzān* [ميزان]. — (B. Ṣalaḥ), *ūzen* (*t*); H., *uzzen*. — (Meṭmaṭa), *uzen* (*t*); p. p. *iūzen*; p. n. *ūzīn*; H., *u̯ezzen*.

PESTE, *lûba* [وبأ]; *θaḥabūbθ* [حبّ]. — (Meṭmaṭa), *lūbā*, *lehlāχ* [هلاك].

PETIT[1], être petit : *mezi̯eγ*, *imzi*; H., *temzi*; p. n. *ūr-i̯emzīi̯eš*; rendre petit : *semzi*; H., *semzai̯*; petit : *amzi̯ān* (*amezzi̯ān*), pl. *imzi̯ānen*; f. *θamziant*, pl. *θimzi̯ānīn*. — (B. Iznacen), petit : *amzian*, pl. *i-en*; f. *θamziant*, pl. *θimzianīn*. — (B. Ṣalaḥ), mon fils est encore petit : *memmi ūr-iūš ðamzi̯ān*, pl. *imzi̯ānen*; (ou) *memmi ūr i̯ūš ðaqetčāḥ*, pl. *iqetčḥen*. — (Figuig), petit : *amzian*, pl. *imzi̯ānen*. — (Meṭmaṭa), *amzian*, pl. *imziānen*; f. *θ-t*, pl. *θi-in*; *mezi̯en*, devenir petit; *miγer θilleð*; *θemmezzineð*? qu'as-tu à pleurer? deviendrais-tu petit? *abeqḍūd*, fém. *θa-t*; pl. *ibeqḍād*, f. pl. *θibeqḍūdīn*.

PETIT doigt : *ḍâḍ amzi̯an*. — (B. Ṣalaḥ), *θileṭṭeṭ*. — (Meṭmaṭa), *θilĕṭṭĕṭ*. — (Senfita), *ḍâḍet*.

PETIT-FILS : *ai̯i̯au* (*u*), pl. *ai̯i̯auen*; f. *θai̯i̯auθ*, pl. *θai̯i̯auin*; mon petit-fils : *ai̯i̯au-nīnu*; ma petite-fille : *θai̯i̯auθ-īnu*; on dit aussi : *arrau memmi*. — (B. Rached), mon petit-fils : *memmís ĕmémmei̯*. — (B. Iznacen), *ai̯i̯au*, fém. *θai̯i̯auθ*; mon petit-fils : *memmís ĕmemmi*. — (B. Messaoud), *emmis ĕmémmi*, mon petit-fils. — (Meṭmaṭa), *mmis ĕmémmi* (*ai̯i̯au* désigne un parent éloigné).

PÉTRIR, *eǧǧu ären*, pétrir (la farine); ou : *súff ären*; p. p. *i̯iggu*

1. Cf. R. Basset, *Loqm. berb.*, p. 315 √M Z G. — *Zenat. Ouars.*, p. 104 : *amezzian*. — *B. Menacer*, p. 79 : *amezzian*.

(et p. n.); H., *teggᵘ*. — (B. Iznacen), *ĕġġᵘ*; p. p. *ĕġġᵘīγ*, *iġġᵘa*; p. n. *ġġᵘi*; H., *teġġᵘ*, *teġġᵘa*; f. nég. *teġġᵘ*; n. a. *θiġġᵘa*. — (Zkara), *uġġᵘ*; p. p. *uġġīγ*, *i̯uġġᵘi*; p. n. *ġġᵘi*; H., *tuġġᵘ*. — (Meṭmaṭa), *uġġᵘ*; p. p. *uġġᵘīγ*, *iuġġᵘa*; H., *tuġġᵘ*; n. a. *uġġᵘa*; se pétrir, la glaise se pétrit : *θláẖθ θúġġᵘa*. — (B. Ṣalaḥ), *ɛäžen*; p. p. *iɛäžen*; p. n. *ɛäžin*; H., *ɛädžen* [عجن]. — (B. Mess.), *eġġᵘ*; *aggᵘėγ aruχθi*, j'ai pétri la pâte ; *iġġᵘa*; H., *ṯeggᵘ*.

PEU[1], un peu : *śu̯i*, *śûi̯i̯a* [شوية]; un peu de pain : *śu̯í u̯úγrūm*; c'est peu : *ḍrûs*; en petite quantité : *δmûḍrūs*, pl. *imûḍrūsen*. — (B. Ṣalaḥ), *śui̯i̯a*. — (Meṭmaṭa), donne-m'en un peu : *uś-i̯i̯i qᵋdīd* [قديد]; j'ai un peu d'argent : *γᵋri iδrīmen ĕδrūs*. — (B. Mess.), un peu de pain : *īdž uqellūś buγrūm*; *īdž uɛamuś buγrum*.

PEUPLIER[2], *θasefsafθ* (*ts*), un peuplier, pl. *θisefsăfīn*; *sefsăf* (coll.). — (B. Rached), *ṣefṣăf*. — (Meṭmaṭa), *asefsăf* (*u*) [صفصاف]. — (B. Ṣalaḥ, B. Mess.), *aṣefṣăf* (*u*); *θaṣefṣafθ*. — (B. Menacer), *asexsăfθ*.

PEUR[3] (avoir), *ĕggᵘeδ*; p. p. *iéggᵘeδ*; p. n. *ggᵘīδ*; H., *tuggᵘeδ*; n'ayez pas peur de lui : *ūr-túggᵘeδemeś ĕzzīs*; faire peur : *séggᵘeδ* (et) *súggᵘeδ*; H., *sseggᵘaδ*, *suggᵘăδ*; peur : *θiūδi*, *aggᵘăδ*. — (B. Ṣalaḥ), *eggᵘeδ*; p. n. *ggᵘīδ*; H., *teggᵘeδ*; *saggᵘăδ-īθ*, effraie-le. — (Meṭmaṭa), n'aie pas peur : *ittaggᵘaδ*; il a peur de mourir : *i̯úggᵘeδ ă-ímmeθ*. — (B. Ṣalaḥ), *eggᵘeδ i Rebbi uṯaχerreχ*, crains Dieu, ne vole pas ; *uṯaggᵘaδ*, n'aie pas peur. — (B. Menacer), *ugguδ*, *eggᵘeδ*; f. fact. *siggŭδ* (V. CRAINDRE).

1. Cf. R. Basset, *Zenat. Ouars.*, p. 104 : *δrūs*. — W. Marçais, *Tanger*, p. 352 [شويش].
2. Cf. R. Basset, *Zenat. Ouars.*, p. 104 : *θasefṣăfθ* [صفصاف].
3. Cf. R. Basset, *Loqm. berb.*, p. 295 √K S DH. — √G D'.

PIÈCE d'étoffe (de coton) : *ṭérf nelkéttạn*; p. de laine : *bâbūṣ*, pl. *ibūbāš*; p. de poil de chèvre pour les tentes : *aflīž* (*u*) (ar.), pl. *iflīžen*; p. de poil de chèvre mélangé de laine, pour faire les tellis : *sašū* (*u*), pl. *isāšān*. — (Meṭmaṭa), pièce en poil de chèvre, de chameau : *aḥlūš*, pl. *iḥĕlụāš* (ar. tr. *flīj*) [? حلس].

PIED[1], *ḍâṛ* (*u*), pl. *iḍáṛṛen*; petit pied d'enfant : *ḍâret*, pl. *θiḍārīn*; pieds de moutons : *θinsit* (*ti*), pl. *θinsäị*; coup de pied : *rrekleθ* (*ner*). — (B. Rached), *ḍār* (*u*). — (Meṭmaṭa), *ḍar* (*u*), pl. *iḍaṛṛen*. — (B. Ṣalaḥ), *aḍār* (*u*). — (B. Messaoud), *aḍaṛ* (*u*), pl. *iḍaṛṛen*. — (Senfita), *ḍār* (*u*). — (B. Iznacen), *ḍār* (*u*), pl. *iḍāṛen*; coup de pied : *rexleθ* [ركل]. — (Meṭmaṭa), *ḍāṛ* (*u*), pl. *iḍaṛṛen*; — *allaγ* désigne le pied, le fond d'un objet. — (B. Menacer), *ḍar* (*u*), pl. *idaṛṛen*.

PIÈGE, pour le chacal, le porc-épic : *lmendāf* (*nel*) [ندوف]; p. en palmier-nain pour prendre les oiseaux : *lfeḫḫ* [فخّ]; planche tombant sur un trou dans lequel l'oiseau se trouve pris : *aqfiz* (*u*), pl. *iqfīzen* [قفز]; sorte de nasse pour prendre les oiseaux au nid : *raišu* (*u*). — (B. Iznacen), trébuchet : *raiššu*; fer : *lfeḫḫ*; raquette : *qelliεä* [قلع]; lacet en crin : *θaserrīfθ*, pl. *θiserrifīn*. [Cf. Beauss. سروف] — (B. Mess.), *aselγa*, glu du chardon appelé *εaddāδ*. — (Meṭmaṭa), p. en fer : *lfeḫḫeθ*; filet de palmier-nain se rabattant sur le gibier : *lmendāf*, pl. *lemnādīf*; une planche recouvre un trou, bascule sous le poids du gibier et revient en place : *aṣeffag* (*u*), pl. *iṣeffāgen*. [Cf. Beauss. سفق].

PIERRE[2], *θauqiθ* (*tu*), pl. *θiuqaị*; (ou) *θazrūθ*; pierres du foyer : *ini*, pl. *iṇịān*; pierre du chemin, que l'on heurte : *θangafθ*,

1. Cf. R. Basset, *Loqm. berb.*, p. 274 √DH R. — *Zenat. Ouars.*, p. 104 : *δar*, *ḍār*.

2. Cf. R. Basset, *Loqm. berb.*, p. 255 √ZR. — *Zenat. Ouars.* : *θūqīq*; *azru* (p. 104). — *B. Menacer* : *θuqqīθ* (p. 79).

pl. θingafīn [نقوف]; pierraille : *lgrīš*. — (B. Iznacen), *auqi*, pl. *iuqiien*; dim. θauqīθ, pl. θiuqiin; pierraille : *amzrār*. — (B. Rached), θuqexθ. — (Meṭmaṭa), *azrŭ* (*ṷu*); pierres tombales : *ššéhūδ* [شهود]; p. du foyer : *inğān*; p. à aiguiser : *lmîlög* [ملوق]. — (B. Ṣalaḥ), *azru* (*ṷu*), pl. *izerṷèn*; pierres du foyer : *iniān* (rare); plutôt : *lemnāṣib* [مناصب]. — (B. Mess.), *azru*; dim. θazrūθ (*ṭe*), pl. θizerṷa; *idž ĕğīni*, une pierre du foyer, pl. *iniān*. — (B. Menacer), *uqi*, pl. *uqai*; pierre meulière : *amseḍ*.

PIÉTON, *a*θ*errās* (*u*), pl. *i*θ*errāsen* [ترّاس] (opposé à *fāres*, cavalier). — (B. Iznacen), *a*θ*errās* (*u*), *i*θ*errāsen*. — (Meṭmaṭa), *a*θ*errās* (*u*), pl. *i-en*.

PIEUVRE, (B. Menacer), *buziita*.

PIGEON[1], *léḥmām* [حمّ]. — (B. Iznacen), *aδbīr*, pl. *iδbīren* (ar. tr. *leḥmām*); ramier : *azεāḍūḍ* (ar. tr. *zεāṭūṭ*); tourterelle : θ*málla*, pl. θ*imalliṷin* (ar. tr. *limām*); tourterelle blanche, colombe : *lfâγet* [فخت]. — (B. Ṣalaḥ, B. Mess.), *laḥmām*. — (B. Menacer), *aδbir*; fém. *haδbir*θ. — (Meṭmaṭa), pigeon : *laḥmam*; ramier : *azăεaḍūḍ*; tourterelle : *limām*; une t. : *iš timāmt* (*taimāmt*).

PILE (de sous, par exemple) : θ*ašeršūr*θ (*ts*), pl. θ*iseršār*. — (Meṭmaṭa), une pile de sous : θ*aredjimt* (*tr*) *iiδrīmen* [درجم].

PILER[2], *éddez* (*ī*θ); p. p. *iddez*; p. n. *ddīz*; H., *tedz* (K.); *teddez* (A. L.). — (B. Iznacen), *eddez*; p. p. *iddez*; p. n. *ddīz*; H., *teddez*. — (Meṭmaṭa), *eddez*; p. p. *iddez*; p. n. *ddīz*; H., *teddez*; n. a. *îdez*. — (B. Mess., B. Ṣalaḥ), *eddez*; p. p. *iddez*; p. n. *ddīz*; H., *ṭeddez*; n. a. *ūdūz*; *iddez*, il est pilé.

1. Cf. R. Basset, *Loqm. berb.* $\sqrt{\text{TH B R}}$, p. 232. — *Zenat. Ouars.*, p. 104 : *aδbir*. — *B. Menacer*, p. 79 : *aδbir*.

2. Cf. R. Basset. *Loqm. berb.*, p. 240 $\sqrt{\text{D Z}}$.

PILIER, *θärselt* (*te*), pl. *θiirsäl*. — (B. Iznacen), *θärselt*, pl. *θiirsäl*. — (B. Mess.), poutres centrales d'une maison, d'une tente : *θaqašašθ* (*tq*), pl. *θiqūšāš*. — (Meṭmaṭa), *θärselθ* (*ta*), pl. *θiirsäl*.

PILON, *aherräs* (*u*) [هرس], pl. *iherräsen*. — (B. Iznacen), *iδiǧδi*, pl. *iδiǧδai* [دق]. — (B. Mess.), *azdūδ* (*bu*), pl. *izūdāδ*. — (Meṭmaṭa), *azḍūz* (ou) *azḍūḍ*; avec le pilon : *sụezḍūḍ*; *amähru*, pl. *imähruịen* [هرو].

PIMENT, poivron : *ifelfel*. — (B. Iznacen), *ifelfel*. — (B. Mess.), *ifelfel azugguaγ*. — (Meṭmaṭa), *ụelg elḥamra*; pied de poivron : *ifelfel*.

PIN[1], *θäiδa*. — (B. Mess., B. Ṣalaḥ), *θäiδa* (*ṭa*) (ar. tr. *ṣnūber*).

PIN d'Alep : *amelẓi* (*u*) (V. THUYA). — (B. Mess.), *lεärεär*. — (Meṭm.), *ăεarεar* (*u*). — (B. Menacer), *amelẓi*.

PINCEAU, *θamĕδụast* (balai).

PINCER, *skúṭṭef* (*iθ*); p. p. *iskuṭṭef* (et p. n.); H., *skúṭṭūf*; n. a. *askuṭṭef* (*u*); pinçon : *θkúṭṭifθ*, pl. *θikuṭṭāf*. — (Meṭmaṭa), *sγubbež* (*t*); H., *sγubbuž*. — (B. Ṣalaḥ), *eqqes* (*t*); H., *ṭeqqes*. — (B. Mess.), *sḫuṭṭef*: H., *sḫúttūf*. — (Rif) *skuttef*.

PINCES, PINCETTES : *θažbbaṭ* [جبد]; *θižbbāḍīn*.

PINCÉE, *θišmezθ*, pl. *θišemzīn*; ou *lqĕrṣeθ*, pl. *lqĕrṣāθ*. — (Meṭmaṭa), *lqĕrseθ*, pl. *aθ*. — (B. Ṣalaḥ), *θaqĕrṣeṭ* (*tq*). — (B. Iznacen), *θeqrīṣt* [قرص]. — (B. Mess.), *θuḫuṭṭīfθ*, pl. *θiḫuṭṭāf* (ar.).

PIOCHE[2], *aịezzīm* (*u*), pl. *iịizzām*. — (B. Iznacen), *aizzim* (*u*), pl. *iizzam*. — (B. Mess., B. Ṣalaḥ), *aǧelzīm* (*u*), pl. *iǧelzam*; dim. *θaǧelzimθ* (ar. tr. *gadūma*) [قدم]. — (Meṭmaṭa), *qaδumt*;

1. Cf. R. Basset, *Zenat. Ouars.*, p. 104 : *θaiδa*. — *B. Menacer*, p. 79 : *θaida*.
2. Cf. R. Basset, *Zenat. Ouars.*, p. 104 : *aizīm, aịelzīm*. — *B. Menacer* : *aịelzem* (p. 79).

ağelzīm (*u*), pl. *iğelzām*; piocher : *enqeš*; p. n. *nqīš*; H., *neqqeš*; n. a. *anqāš* (*u*) [نقش].

PION, au jeu de dames : *aqzīn* (*u*), pl. *iqzīnen* (V. CHIEN).

PIPE, *sebsi*, pl. *sbâsa*. — (B. Iznacen, B. Ṣalaḥ, B. Mess.), *asebsi* (*u*), pl. *isebsiịen*.

PIQUER[1], *eqqêṣ* (*īθ*); p. p. *iqqêṣ*; p. n. *qqīṣ*; H., *teqqêṣ*; n. a. *ūqūṣ*; *edγūz*; p. p. *idγūz*; p. n. *dγuīz*; H., *ddūγūz*; n. a. *adγaz* (*u*); *enγᵘez* (*neγzīθ*); p. p. *ịẹnγez*; p. n. *nγīz*; H., *neγγez* [نغز]; *enḫᵘes*; p. p. *iénḫᵘes*; p. n. *nḫīs*; H., *nèḫḫes* [نخس]. — (Meṭmaṭa), *enqez*; n. a. *anqāz*; piquant (poivre) il est piquant : *illá iḥérr*. — (B. Ṣalaḥ), *eqqês*; p. p. *iqqês*; H., *ṭeqqês* (et *eqqès*); *šukk* (*iθ*), pique-le; H., *tšukku* [شوك]. — (B. Mess.), p. avec une pointe : *enγez*; H., *neγγez*. — (B. Menacer), *aχem*; p. p. *uχmeγ*, *iuχem*; p. n. *uχīm*; H., *tǟχem*; f. n. *tīχem*; n. a. *aχam* (*ụa*).

PIQUET[2], *žīž* (*u*), pl. *ižâdžen*. — (Meṭmaṭa), *zīž*, pl. *ijājen* (ar. tr. *lḥáụašeg*), piquets de la tente.

PIS[3], d'une chèvre, d'une vache : *θanγi* (*te*); *iffān*. — (B. Iznacen), *θânγi*. — (Meṭmaṭa), *θinγi*.

PITIÉ (avoir), *ḥenn*; p. p. *ḥennaγ*, *iḥenn*; H., *tḥenn* [حنّ]; compatissant : *aḥnīn*, pl. *iḥnīnen*; f. *θaḥnīnt*, pl. *θiḥnīnīn*. — (Meṭm.), aie pitié de lui : *ḥinn fellās*; prét. p. *ḥinneγ fellās*; H., *tḥinn*.

PLACER (V. METTRE, POSER).

PLACE[4], *amšan* (*u*), pl. *imūšān*. — (B. Iznacen), *amχān* (*u*), pl.

1. Cf. R. Basset, *Loqm. berb.*, p. 289 √K' S.
2. Cf. R. Basset, *Zenat. Ouars.* : *zīž*, pl. *izažen* (p. 104).
3. Cf. R. Basset, *Zenat. Ouars.*, p. 104 : *ifĕf*.
4. Cf. R. Basset, *Loqm. berb.*, p. 367 : مكن.

imūχān [مكان]. — (B. Messaoud), *ȧmχān* (*u*); mets-le à sa place : *egg-īθ gumχān-ĕnnes*.

PLAINE, *llūḍa* (*ellu*); ou : *θamụāṭīθ* (*tm*), pl. *θimụaṭịīn*. — (B. Iznacen), *lūḍa*. — (B. Ṣalaḥ, B. Mess.), *lūḍa*. — (Meṭmaṭa, B. Menacer), *llūḍa*, *īdž ellūḍa*, une plaine [وطا].

PLAIE, *θịizemt* (*ti*); *aịzem* (*u*) (V. BLESSER); *aεaddem* (*u*); *adeddi* (*u*), pl. *ideddiịen*, blessure en voie de guérison; *ažeṛṛīḥ* (*u*), pl. *ižeṛṛīḥen* [جرح]. — (Meṭmaṭa), *aịazim*, pl. *i-en*.

PLAINDRE[1], *šétša* [شكو]; p. p. *išetša* (et p. n.); H., *tšetša*; n. a. *ašetša* (*u*). — (B. Iznacen), *eštχa* (*u*); p. p. *eštχīγ*, *ištχa* (et p. n.); il s'en plaignit : *išetša zzis*; H., *teštχa*; f. nég. *teštχi*; plainte : *teštχa*. — (Meṭmaṭa), *ešθχa*; p. p. *ešθχa*; H., *tešθχa*; plainte : *ššikaiθ*; ils se plaignirent : *temšaχān*.

PLANCHE, *llûḥ* (*nel*), (coll.) [لوح]; *θálụiḥθ* (*te*), pl. *θilụiḥīn* (*te*); planchette : *θilūḥet* (*tl*), *θilūḥīn* (*tl*). — (B. Iznacen), *θalụiḥθ*, pl. *θilụīḥīn*. — (Meṭmaṭa), *ịidžen ellūḥ*, une planche; *sellūḥ*, en planches; planchette des écoliers : *ellūḥeθ*, pl. *elluḥāθ*.

PLANTE (en général), *áγmäị* (*u*). — (B. Iznacen, Meṭmaṭa), plantes : *aγmäị*. — (B. Mess.), *amγai*; (de pousser, croître : *emγi*; H., *temγai*).

PLANTER[2], *eẓẓu* (*t*); p. p. *eẓẓuγ*, *iẓẓu*; H., *teẓẓu*; n. a. *θūẓūθ*. — (Zkara), *eẓẓû*; p. p. *eẓẓûγ*, *ịiẓẓû*; p. n. *ẓẓû*; H., *teẓẓû*; n. a. *aẓẓû* (*u*). — (B. Iznacen), *eẓẓû*; p. p. *iíẓẓû*; H., *téẓẓû* et f. nég. — (Meṭmaṭa), *eẓẓû*; p. p. *iíẓẓû*; H., *teẓẓû* et f. nég.; n. a. *θuẓẓūθ*. — (B. Ṣalaḥ), *eẓẓu*; p. p. *eẓẓiγ*, *iẓẓa*; H., *teẓẓu*; n. a. *θūẓūθ*. — (B. Mess.), *eẓẓû* (*θ*); H., *la iṭeẓẓû*.

1. Cf. R. Basset, *Loqm. berb.*, p. 353 [شكا].

2. Cf. R. Basset, *Loqm. berb.*, p. 255 √ZZ.

PLAT[1], grand plat à couscous (pour le rouler) : *dzîua* (*ndz*), pl: *θiziuau* (*ndz*) (ou) *θäbqeśθ* (*te*), pl. *θibeqśîn* (*te*); plat pour manger le couscous : *lmeθreδ*, pl. *lemθäreδ* [مثرد]; plat pour cuire le pain (V. CASSEROLE) : *fān*; plat dans lequel on fait frire les œufs : *aqbūś*, pl. *iqūbāś* (K.) (ou) *iqebśān* (A. L.); plat dans lequel on sert les aliments : *θázlāfθ* (*tez*), pl. *θizlāfīn* (*tez*) (V. ASSIETTE). — (B. Iznacen), plat à couscous : *θabqeχθ*, pl. *θibqiīn*. — (Meṭmaṭa), *zziua*, pl. *θiziuauin*; *θabeqsīθ*, plat à couscous : *aγeddar* (*u*), pl. *iγeddāren* (ar. tr. *lmeθreδ*) [غدر]. (B. Ṣalaḥ), *θaziua*.

PLATEAU[2], petit plat : *ṣiniieθ* [صينية] (*nes*). — (Meṭmaṭa), *ss'niuia*.

PLATE-BANDE, *θaθûlθ* (*tu*); *θíθūla* (*te*) (ar. tr. *lḥúḍ*). — (Meṭmaṭa), *θamṭīrθ* (ar.), pl. *θimṭīrīn*, partie d'un champ délimitée par un sillon, semée en une fois.

PLATE-FORME rocheuse : *θaiiusθ*, pl. *θiiiās*.

PLEIN[3] (Être) : *etśār*, être plein, remplir; p. p. *itśūr*; p. n. *ūr ítśūreś*; H., *tśāra*; n. a. *tśariūθ*; le sac est plein : *θaśkuārθ θétśūr*. — (Meṭmaṭa), être rempli : *tśār*; p. p. *tśūreγ*, *itśūr*; p. n. *tśur*; remplir : *tśār* (*īθ*); H., *tśāra*. — (Zkara), *etśār*; p. p. *tśūreγ*, *itśūr*; p. n. *tśūr*; H., *tetśār*; n. a. *tśârūθ*. — (B. Ṣalaḥ), *etśār*; p. p. *itśūr* (p. n.); H., *tśāra*.

PLEURER[4], *ru*; p. p. *rûγ*, *îru* et p. n.; H., *ttru*; il pleure : *qa íttru*; faire pleurer, pleurer qqn. : *ru ḫ*. — (Zkara), *ru*; *ěrueγ*, *iiru* (et p. n.); H., *ttru*. — (Figuig), *îl*, pleure; *un tsīleδ*, ne pleure pas; il pleure : *illá iil*. — (B. Iznacen), *rū*; p. p. *rûγ*, *irū*; p. n. il n'a pas pleuré : *ūr írūś*; H., et f. n. *ttru*; c'est ton frère qui pleure : *δûma ägéttrūn*. — (Meṭ-

1. Cf. R. Basset, *Loqm. berb.*, p. 260 √Z OU. — *Zenat. Ouars.*, p. 105 : *ziua*. — *B. Menacer*, p. 79 : *θziua*.

2. Cf. W. Marçais, *Tanger*, p. 340 [صينية].

3. Cf. R. Basset, *Loqm. berb.*, p. 236 √TCHR.

4. Cf. R. Basset, *B. Menacer* : *itrou* (forme d'hab.), p. 79.

maṭa), *il*; p. p. *i̥ila*; H., *till*; ne pleure pas : *i-tilleš* (ou) *i-tnūụăḥš* (ar.); fais-le pleurer : *síl-iθ*. — (B. Ṣalaḥ), *tru*; p. p. *trūγ*, *íttru*; le voilà qui pleure : *âqāθ lā ittru*. — (B. Mess.), *ettru*; p. p. *ittru*; H., *la-ittru*. — (B. Menacer), *etru*; p. p. *ittru*; f. fact. *setru*.

PLEUVOIR, *áγ*; p. p. *iūγu*; H., *ttaγ*; *θbīšá qāi-θettaγ*, la pluie tombe. — (B. Mess.), il pleut : *ennebụèθ la tekkāθ*. — (B. Menacer), il pleut : *ttăγen ụaman*. — (B. Iznacen), *anzar qā ittăγ*, la pluie tombe; *anzar i̥isi*, la pluie a cessé. — (Meṭmaṭa), il pleut : *llan tšaθen ụamān* (V. FRAPPER); il pleut avec violence : *illa ezzerb* [زرب]; il tombe qq. gouttes de pluie : *ellān ụamān smīntiụen*; il tombe une pluie fine : *ellān ụamān δerreš* [رشّ].

PLIER[1], *eθna*; p. p. *eθnaγ*, *iθna* [ثنى]; p. n. *θna*; H., *θenna*; n. a. *āθennu* (*u*); le papier est plié : *lkāγéθ qā iθna*; *eḍfes*; p. p. *iḍfes*; p. n. *ḍfīs*; H., *ḍḍefs*; n. a. *aḍfās* (*u*); un pli d'étoffe : *aneḍfīs*, pl. *ineḍfās*. — (B. Iznacen), *eḍụa*, p. p. *eḍụiγ*, *iḍụa* (et p. n.) [طوى]; H., *déqq^u^a*; f. n. *déqq^u^i*. — (Meṭmaṭa), *eḍfeṣ*; p. p. *iḍfeṣ*; p. n. *ūr-iḍfīṣ*; H., *ḍūfṣ*. — (B. Mess.), plie le papier : *ennèḍ elχareṭ*; H., *ṭenneḍ* (rouler).

PLOMB, *errṣāṣ* [رصاص]; (*ner*) en plomb. — (B. Iznacen), *rrṣāṣ*; *leḫfif* [خفّ]. — (Meṭmaṭa), *âlδūn* (*ua*). — (B. Rached, B. Ṣalaḥ, B. Mess.), *ĕrrṣāṣ*.

PLOMB DE CHASSE, *rréšš* [رشّ].

PLOMBAGO, *θifĕžžūž* (*ti*), (ou) *aizmer* (plante employée en teinture).

PLONGER, *γetter* [?غدّر]; p. p. *iγetter* et p. n.; H., *tγetter*; n. a. *aγetter* (*u*); plongeur : *aγettār*, pl. *i-en* (ou) *γeθθer*; plonger un couteau, frapper d'un couteau et le retourner dans la

1. Cf. Nehlil, *Ghat*, p. 191, *sneṭfes*, plier. — Brab., *sentefs*.

blessure : *ḫûḫ* (*īθ*); H., *tḫūḫ* (cf. Beauss. خوخ). — (Meṭmaṭa), *eγḍes*; H., *γeṭṭes* [غطس].

PLUIE[1], θ*bîša* (*nte*); θ*bîxa* (*tb*). — (Mazzer et B. B. Saïd), *anzar* (*ue*), (rare); *amān* (*ṷa*); *aman ṷanzar*; donne-nous de l'eau de pluie : *ūš āneγ amān uènzār*; — *ẓéṛṛe*θ, pluie abondante. — (B. Iznacen), *anzar* (*ṷa*). — (B. Rached), *ennuṷe*θ. — (Meṭmaṭa), *amān* (*ṷa*); (B. Ṣalaḥ), *ĕnnūṷe*θ [نوء]. — (B. Mess.), *lemṭèr* [مطر]; *nnebṷe*θ [نوء]. — (B. Menacer), *ennuṷe*θ.

PLUMER, *šenšef*; H., *tšenšef* (ou) *en*θ*er*; p. p. *in*θ*er*; p. n. *n*θ*īr*; H., *ne*θθ*er*; n. a. *an*θ*ar* (*ṷa*); plume-la : *né*θ*r-ī*θ; elle est plumée : θ*en*θ*er* (ou) θ*ṷán*θ*er* [نتر]. — (B. Izn., Rif, Brab.), *šenšef*; il plume : *qā-iššenšef* [? نفش]. — (B. Ṣalaḥ), *senču*; p. p. *isenču*; H., *ssenčau*. — (B. Mess.), *rrieš ṭ*, plume-la; H., *ṭrîieš*. — (Meṭmaṭa), *riieš* (θ); H., *trīieš* (ar.).

PLUME (d'oiseau), (B. Sn., B. Iznacen), *ĕrrîš* (*ner*). — (Meṭmaṭa, B. Men., B. Mess.), *ĕrrîš* [ريش]; une plume : θ*arīšeṭ*. — (B. Mess.); — (p. à écrire) : *lqẹ̄lm*, pl. *lqlūma* (B. Sn., B. Iznacen) [قلم].

PLUS QUE, *eš*θ*er zzi* [أكثر]; plus que moi : *eš*θ*er ziia* (ou) *zzi*; plus que lui : *eš*θ*er ezzīs*. — (Meṭmaṭa), plus que moi : *ḫēr-īnu* (ar.); plus que lui : *ɛīṭa fellās* [عتا] (ar. tr. *ịāser ɛalīh*).

POCHE, *lžīb*, pl. *ležịāb* [جيب] (B. Sn., B. Iznacen). — (Meṭmaṭa), *lmektūb*, pl. *lemkātīb* [كتب].

POIDS, on emploie encore dans la tribu une boule de fer pesant environ 5 kilos appelée : *árḍel* (*ṷè*), pl. *irḍlaun*; une autre appelée : *arubbûɛ ṷérḍel* (1/4 de livre). Dans les balances de la tribu, le fléau est en bois, les plateaux, faits de palmier nain, sont suspendus par des tresses de laine; on appelle ces balances : *mizān*, pl. *miāzen* [ميزان]; poids de

1. Cf. *Zenat. Ouars.*, p. 105 : *aženna*. — *B. Menacer*, p. 80 : *ennuu*θ. — Provotelle, *Qala'a*, p. 132 : *anzar*, — Biarnay, *Ouargla*, p. 344 : *amzar*.

1 kilo : *kilů*, pl. *kilůįāt*; un quintal : *aqèṇṭār*, pl. *iqenṭāren*. (Meṭmaṭa), pierres servant à peser : *izra*; mesures de poids : *lkīlo*, pl. *lkílaụāt*; 1/2 kilog : *errṭel*, pl. *lerrṭāl*; quintal : *aqenṭār* (*u*), pl. *iqenṭāren*.

POIGNÉE[1], θ*ižli* (*tĕ*), pl. θ*ižĕluin*; ce que peut contenir une main, apporte une poignée de blé : *áụid tìšt entežlí ĕnįîrδen*; ce que peuvent contenir les deux mains jointes : *ûru* (*ụu*), pl. *ūraun* (ou) θ*áḥfīnt* (*te*), pl. θ*iḥfīnīn* (*te*) [حفن]. — (B. Iznacen), θ*ižli*, pl. θ*ižluīn*; *ûru*, pl. *ūrān*. — (Meṭmaṭa), θ*ižli*, pl. θ*ižliụin* : une main remplie; *ūrān*, pl. *ūrānen* : deux mains jointes remplies; poignée d'épis : *îδeγ*, pl. *iδγen* (V. GERBE); poignée, manche : θ*áqebḍīθ* (*te*), pl. θ*iqebḍāi* [قبض] (*tq*); θ*aržeḫθ* (*te*), pl. θ*irežḫīn* (ou) *fūs* (*u*), main. — (B. Iznacen), θ*aqebḍexθ* (*tq*), pl. θ*iqebḍaį*; prendre une poignée de qq. chose : *ekᵘmeš*; p. p. *ikᵘmeš* [كمش]; p. n. *ūr ikᵘmīšeš*, *ūr kúmšeγeš*; H., *tkumš*; poignée : θ*kúmšeθ*, pl. *lkúmšāθ*.

POIGNET, θ*aqebḍīθ* (*tq*) [قبض] (ou) θ*aḫelḫālt* (*tḫ*), pl. θ*iḫelḫālīn*, (se dit aussi des articulations en général) [خلخل]. — (B. Iznacen), θ*aḫelḫalt ụūfūs*.

POIL[2], *zâf* (*u*), pl. *izáffen*; p. de chèvre : *zâf*; p. de chameau : *lûbèr* [وبر]. — (B. Iznacen), *šaεär*, poil et spécialement poil de chèvre : [شعر] *anẓāḍ* (*u*), pl. *anẓāḍen*. — (B. Rached), *anzad*. — (Meṭmaṭa), poil de chèvre : *anzāδ nelmăεäz*; poil de chameau : *lūbér uụélγem*. — (B. Ṣalaḥ), *eššaεär*. — (B. Mess.), *eššăεär*, *ĕrrīš* (ar.).

POING[3], *ddebzeθ* (*ned*) [دبز] *lbūnīeθ*; coup de poing : *dúbbīzt* (*ddu*), pl. θ*idubbīzin*; donner des coups de poing : *deffen*

1. Cf. Biarnay, *Ouargla*, p. 317 √RJR'.
2. Cf. R. Basset, *Loqm. berb.*, p. 322 √NZD et p. 260 √ZOU.
3. Cf. W. Marçais, *Tanger*, p. 291 [دبز].

(*äs*); p. p. *ideffen* (et p. n.); H., *ddeffen*; ils se donnent des coups de poing : *temdúffūnen* (ou) *temdúbbūzen*. — (B. Iznacen), *dọbbīz*. — (Meṭmaṭa), *dubbīzt*; avec le poing : *sdúbbizt*.

POINTES de feu : mettre des pointes de feu : *eqqeδ*; p. p. *iqqeδ*; p. n. *iqqīδ*; H., *teqqeδ*; n. a. *ūqūδ*; pointe de feu : θ*iqqāδ*. — (Meṭmaṭa), *eqqeδ*; p. p. *iqqeδ*; p. n. *qqīδ*; H., *teqqeδ*; *uqqāδ* (ou) θγ*ūδi*, pointes de feu (cf. Boulifa, *Demnat.*, p. 348 : *eqqeδ*).

POIRE[1], *lānģiās* [إنجاص]; *buεäṷideθ*, *bu-εäṷīδa* (ar.) ; une poire : θ*iḥebbéθ enbúεäṷīδa*. — (B. Rached), *buεaṷid*. — (B. Ṣalaḥ), *llenžās*. — (B. Menacer), coll. *lfirās*; *tfirāst* : une poire (lat.). — (Meṭmaṭa), *lānjās* : petite poire; nom d'unité : θ*lānjāst*; *buεaṷīda*, grosse variété; nom d'un. : θ*buεaṷīdet*.

POIREAU, θ*abṣĕlt* [بصلة] *ṷúššen* (*te*). — (Meṭmaṭa), θ*éffērθ* (ar. tr. *lkúrrāθ*, *búbrīs*).

POIS[2], θ*inīfin* (*te*); on dit aussi : θ*aželbānt* [جلبان]; pois chiches : θ*aḥmīṣθ* (حمص), pl. θ*iḥmīṣīn*. — (B. Rached), θ*aželbanṭ*; pois chiches : *lḥúmbes*. — (B. Ṣalaḥ), θ*aželbanṭ*. — (Meṭmaṭa), petits pois : θ*inīfīn*; pois chiches : *lḥúmmeṣ*. — (B. Iznacen), θ*inīfīn* : petits pois. — (B. Menacer), θ*inīfīn*; pois chiches : *lḥimez*.

POISON, *essem* (*nes*) [سمّ] (Meṭmaṭa, B. Iznacen).

POISSON[3], *aslem* (*u*), pl. *iselmen* (B. B. Saïd : *iselm*). — (B. Iznacen), *aslem* (*u*), pl. *iselmān*. — (B. Ṣalaḥ, B. Mess.), *lḥût* [حوت]. — (Meṭmaṭa), *lḥūt*; un poisson : *tiselmet* (ou) *iselm* [ann. *i* (ou) *u*], pl. des poissons : *iselmen*; *aselbīḥ*, pois-

1. Cf. W. Marçais, *Tanger*, p. 459 [النقاص].
2. Cf. R. Basset, *Zenat. Ouars.*, p. 105 : *inīfīn*. — *B. Menacer*, p. 80 : θ*inīfīn*.
3. Cf. R. Basset, *Loqm. berb.*, p. 269 √S L M. — *Zenat. Ouars.*, p. 105 : *aselm*.

son (ar.). — (B. Menacer), *islem*, pl. *iselmen* (variétés : *šâlba*, *ššīɣer*).

POITRINE[1], *aðmer* (*u*), pl. *iðmären*; *θaðmerθ* (*te*), pl. *θiðmärīn*. — (B. Iznacen), *iðmären*, *iðmer* : désigne le poitrail d'un cheval. — (B. Rached, Meṭmaṭa, B. Menacer), *iðmären*; poitrail : *θäðmerθ* (*te*). — (B. Ṣalaḥ), *iðmären*. — (B. Mess.), *iðmär*.

POIVRE[2] gris : *ifelfel aberšān* (*ni*) [فلفل]; p. rouge : *ifelfel azüǵǵuaɣ*.

POIVRON, coll. : *ifelfel*; un poivron : *θifelfelθ*, pl. *θifelflīn*; poivron doux : *ifelfel imḫenfer*; poivron piquant : *ifelfel iḥárren*, *azúu̯ai̯*. — (B. Iznacen), *ifelfel*. — (B. Rached), un poivron : *hifelfelt*. — (Meṭmaṭa), *θifelfelt*, un poivron : (ar. tr. *u̯elg ĕlḥamra*). — (B. Ṣalaḥ), *ifelfel*. — (B. Mess.), *ifelfel*. — (B. Menacer), un poivron : *hifelfelt*.

POIX, *zzeft* (*nez*) [زفت] (B. Iznacen, B. Sn., Meṭmaṭa).

POLI, *ðimu̯éððeb* [أدب], pl. *imu̯éððben*; il est poli : *iúððeb*; *tu̯eððeb*; *ðís lâðäb*. — (B. Iznacen), *ŭddeb*; p. p. *i̯úddeb* (et p. n.); H., et f. nég. *tu̯eddeb*. — (Meṭmaṭa), il est poli : *i̯idraf*; adj. *ðudrīf*, fém. *θudrīfθ*; pl. *udrīfen*, *θidrīfīn* [ظرف].

POMME, *téffāḥ* (*ente*), (coll.) [تفاح]; *tîš entéffāḥθ* : une pomme; pl. *θitffāḥīn*. — (B. Iznacen), *teffāḥ*. — (B. Rached, Meṭmaṭa, B. Menacer), *teffāḥ*.

POMMETTE, *θalḫûḫθ üu̯ûðem* (ar.). — (B. Iznacen), *īɣés u̯úmgīz*. — (Meṭmaṭa), *θiɣummānīn*, joues.

POMME DE TERRE, patate : *lbāṭāṭa*; une pomme de terre : *tîš nelbāṭāṭa*; trois pommes de terre : *θláθa ntḥebbá nelbāṭāṭa*. — (B. Rached, Meṭmaṭa, B. Ṣalaḥ), *lbaṭāṭa*.

1. Cf. R. Basset, *Beni Menacer*, p. 80 : *aðmar*, pl. *iðmaren*. — *Zenat. Ouars.*, p. 105 : *iḍmaren*, *iðmaren*.

2. Cf. R. Basset, *Zenat. Ouars.* : *ifelfel* [فلفل], p. 105.

PONT, *lqéndreθ* (*nel*) [قنطر], pl. *lqándrāθ*. — (B. Iznacen), *lqándereθ*. — (Meṭmaṭa), *lqānṭerθ*, pl. *lĕqnāṭer*.

PORC-ÉPIC[1], *arui* (*u*), pl. *aruien*. — (Meṭmaṭa), *arūi*, pl. *arūien*. — (B. Ṣalaḥ, B. Mess.), *ḍĕrbān* [ضربان]. — (B. Menacer), *arui*, pl. *aruien*.

PORT, *lmersa*, pl. *lemrāsi* (B. Sn., Meṭmaṭa) [رسى].

PORTE[2], *θauuūrθ* (*tu*), pl. *θíuuūra* (*tu*) (planche); *îmi* (ouverture), pl. *imauen*; porte du *mrāḥ* (enclos) : *ṭṭūrεāθ* (ar.); on ferme cette porte avec des broussailles appelées : *dzállāmθ* (*dza*). — (B. Iznacen), *θauuūrθ* (*tu*), pl. *θiuuūra* (*ti* ou *tu*). — (B. Rached), *θáuuurθ* (*tu*), pl. *θúuuura*. — (Meṭmaṭa), porte en planches : *lbāb* (ar.); ouverture, porte de l'enclos : *θauuīrθ*, pl. *θiuūra*. — (B. Ṣalaḥ), *θabbūrθ*.

PORTEFAIX, *aḥémmāl* (*u*), pl. *iḥemmalen* [حمل]. — (Meṭmaṭa), *aḥemmāl* (*u*), pl. *iḥemmālen*.

PORTER, *ḥĕmel* (*iθ*) [حمل]; p. p. *iéḥmel*; p. n. *ḥmīl*; H., *ḥemmel*; n. a. *aḥemmel* (*u*); (ou) *îsi*, soulève (V. LEVER); H., *gessi*. — (Meṭmaṭa), porter un enfant sur le dos : *ebba* (*θ*); p. p. elle l'a porté; *θebbaθ*; n. a. *äbbäi* (cf. Z. *bibbi*). — (B. Ṣalaḥ), porter un enfant sur le dos : *ebbua*; p. p. *ubbuieγ*, *ibbua*; elle l'a porté : *θubbuāθ*; H., *ṭabbui*; n. a. *θúbbuia*. — (B. Mess.), porte l'enfant : *erfeš abutši*; H., *reffeš* (ar.); porte-le sur le dos : *abbaθ fimerzi-nnem*; p. p. *ebbiγ*, *ibba*; H., *ṭabba*.

POSER[3], *ers* : être posé; il est posé : *iersu*; poser : *sers*; H., *serusa* : être posé, être vide (tasse); *ya imers*, il est posé. — (B. Iznacen), se poser : *ers*; p. p. *ersîγ*, *iírsa*; p. n. *rsi*;

1. Cf. R. Basset, *Zenat. Ouars.*, p. 105 : *arui*. — *B. Menacer*, p. 80 : *arui*.

2. Cf. R. Basset, *Loqm. berb.*, p. 329 √OUR. — *Zenat. Ouars.* : *θauurθ*, p. 105. — *B. Menacer* : *θauurθ*.

3. Cf. R. Basset, *Loqm. berb.*, p. 249 √RS.

H., *trūs* (et f. nég); poser : *sers*; H., *srusa*; f. nég. *srūsi*; n. a. *θamérsiūt* (*tm*). — (Figuig), *sers*; H., *tsurūs*. — (Meṭmaṭa), *sers*; p. p. *issers*; H., *srūsa*. — (B. Ṣalaḥ), *ers*; p. p. *ersīγ*, *i̯irsa* : être posé; H., *trūs*; poser : *sers*; p. p. *issers*; il n'a pas posé : *ūr-ísserseχ*; H., *srūs*; n. a. *asersi* (*u*). — (B. Mess.), pose-le : *sers-īθ*; H., *srusa*; mettre : *egg*; mets-le à sa place : *egg-īθ gumχān-ĕnnes*. — (B. Menacer), être posé : *ers*; poser, *sers*; être posé : *mers*.

POSSÉDÉ, *ameskūn*, pl. *imeskan*; fém. *θameskunt*, pl. *θimeskān* [سكن]. — (Meṭmaṭa), *amegrun*, f. *θa-nt*; pl. *imĕgrān*; f. p. *θimegrān* [قرن].

POT, pot à eau : *θaδeqqīθ* (*te*), pl. *θiδeqqi̯īn*; pot à lait : *θaidūrθ* (*ti*), pl. *θii̯ūdār*; pot pour traire : *θaḥellābθ* (*tḥ*), pl. *θiḥellābīn*; [حلب]; pot à beurre, pot à huile : *θaḍĕbrīθ* (*dde*), pl. *θiḍebri̯īn* (*dde*); pot à bouillon : *aqbūš* (*u*), pl. *iqebšạn*. — (Meṭmaṭa), pot à eau : *tčábtčāq*, pl. *itčábtčāqen*; *au̯ullāl*, pl. *iuellālen*; pot de terre à deux petites anses, dans lequel on conserve le lait, le bouillon; pot à beurre, à lait : *θaše-brīθ*.

POTERIE, *afĕḫḫār* (*u*) [فخّر]; potier : *aqeddâr núfeḫḫār*, pl. *iqeddāren* [قدر]. — (Meṭmaṭa), *feḫḫār*; potier : *feḫḫarji*. — (B. Mess.), *lfeḫḫar*.

POU[1], *θiššiθ* (*ti*), pl. *θiššīn*; pou des chiens : *afδīδ* (*u*), pl. *ifδīδen*; pou des moutons : *θáqūrāt* (*te*) [قرد], pl. *θiqūrāδin*. — (B. Iznacen), *θiššexθ* (*ti*), pl. *θiššīn*. — (Meṭmaṭa), *θiššet*, pl. *θiššīn*; pou des moutons : *ǧûrmel*, pl. *iǧūrmlen* (ou) *tag^{u}rāt*, pl. *θig^{u}rādin*. — (B. Mess.), *θiššeṭ*, pl. *θiššīn*. — (B. Menacer),

1. Cf. R. Basset, *Loqm. berb.*, p. 309 √LK. — *Zenat. Ouars.*, p. 105 : *θiiššet*. — *B. Menacer*, p. 80 : *θiišθ*. — Nehlil, *Ghat*, p. 192 : *adjurmed*. — De Motylinski, *Dj. Nef.*, p. 145 : *afṭiṭ*.

θiššeθ, pl. *θiššin*; pou de roche (coquillage) : *θažγūlt*, pl. *θižγāl*.

POUCE[1], *išmez*, *išemz* (*nii*). — (B. Iznacen), *îmez*. — (B. Mess.), *aχemz*. — (Senfita), *iχezm*. — (B. Menacer), *iχemz*.

POUDRE, *lbārūδ* (*nel*) [بارود].

POULAILLER, *gennairu* (*u*), pl. *igennairuien*. — (Meṭmaṭa), *θγūrfet*, pl. *θiγûrfāθīn* [غرفة].

POULAIN[2], *ažḍaε* (*u*) [جدع], pl. *ižḍaεan*; fém. *θažḍaεaθ*, pl. *θižḍaεīn*. — (B. Iznacen), *ižδäε*, pl. *ižδäεan*; fém. *θižδäεäθ*. — (Meṭmaṭa), *ârūs*, pl. *irūsen*; pouliche[3] : *θbuǧδi*, pl. *θibuǧδaṵin*. — (B. Ṣalaḥ, B. Mess.), *amähr̄ūn*; pl. *imährān*, fém. *θamährūnṭ* [مهر]. — (Senfita), *ârūs*; fém. *θbûdii*, pl. *θbûdiaṵin*.

POULE[4], *θiazīṭ* (*tia*), pl. *θiiazīḍīn*; poule d'eau : *θiazīṭ üṵamān*. — (B. Rached), *iazīṭ* (fém. de *iazīḍ*, coq). — (Meṭmaṭa), *θiazēṭ*, pl. *θiázeḍīn*. — (B. Ṣalaḥ), *θaiazēṭ* (*aiazēṭ*), pl. *θiazēḍīn*. (B. Mess.), coll. *gázēḍen*. — (B. Menacer), *θiāzēṭ*, (fém. de *iāzēḍ*, coq).

POUMON[5], *θarūθ*. — (B. Iznacen), *θárūθ* (*ta*). — (Meṭmaṭa), *θârūθ*. — (B. Ṣalaḥ), *tūreṭ*; (B. Mess.) *θūreṭ*. — (B. Menacer), *θaχefχäfθ*. — (Senfita), *hârūθ*.

POUR, pour qui as-tu acheté ce burnous? *i-mâges tsγîδ aselhâmūδi* (ou) *i-mân tsγîδ*; pour mon frère : *i-ūma*; pour, pour que : je l'ai acheté pour le vendre : *sγîḫḫ mizzi aδ ĕzénzeḫ*. — (Meṭmaṭa), pour qui as-tu acheté ce cheval? *îmen θesγîδ*

1. Cf. R. Basset, *Zenat. Ouars.*, p. 105 : *išemz*.

2. Cf. R. Basset, *Loqm. berb.*, p. 341 [جدع]. — *Zenat. Ouars.* : *arūs*, p. 105. — *B. Menacer*, p. 81 : *arūs*.

3. *Zenat. Ouars.*, p. 106 : *θudii*.

4. Cf. R. Basset, *Loqm. berb.*, p. 333 $\sqrt{\text{I Z DH}}$. — *Zenat. Ouars.*, p. 105 : *θiazīṭ*.

5. Cf. R. Basset, *Zenat. Ouars.*, p. 106 : *θarūθ*, *θašefšaθ*.

iïs aia. — (B. Ṣalaḥ), *mûmi θesγīδ aχîdār aǧǧi*; je l'ai acheté pour mon frère : *sγīḫθ id iḫîiii*. — (B. Mess.), pour qui l'as-tu acheté? *mûmi it īd sγīδ*.

POURQUOI[1], pourquoi n'est-il pas venu? *mîḫ ū-iûsīδ-eš* (ou) *mîḫĕf ū-iûsīδeš*; je sais pourquoi il est parti : *ssĕnéγ mīḫéf irôḥ*. — (Figuig), pourquoi n'es-tu pas venu? *maγer ūtūsīδ*; pourquoi fais-tu ainsi? *maγer ammen teggeδ*. — (Meṭmaṭa), pourquoi as-tu frappé cet enfant? *mâγef θûθīδ aεâzīz aia*; pourquoi pleures-tu? *mâγef θilleδ*. — (B. Ṣalaḥ), *maiγef θūθiδ aḥzau aǧǧi*; *maiγef θettrūδ*. — (B. Mess.), *ma θūθīδ abūtši-ai* (ou) *maîγef*.

POUR QUE[2], *mizzi* (V. AFIN QUE). — (Meṭmaṭa), *mazzi*, *bäh*; je l'ai frappé pour qu'il parte : *ūθīḫθ bäh aiǧǧūr*; pour cinq francs : *sḫamsa fraḳ* (ou) *zdūro*.

POURRIR[3] : (B. Ṣalaḥ), il a pourri : *ierχa*; H., *terχu*. — (Meṭmaṭa), *iḫmej*; H., *ḫemmej* (ar.).

POUSSER, *eδfäε*; p. p. *iδfäε*; p. n. *δfīεä*; H., *deffäε*; pousse-le : *δéfεīθ* [دفع]; *temδăfäεn*, ils se poussent. — (Meṭmaṭa), ils se poussent : *mseδmāren* (ou) *msemdemmāren*.

POUSSIÈRE[4], *lγĕbreθ* (*nel*) [غبرة]; *θáγĕbbārθ*. — (B. Iznacen), *amerγèδ*, *lγebreθ*. — (B. Ṣalaḥ, B. Mess., Meṭmaṭa), *léγbār*.

POUSSIN[5], *šišū* (*u*), pl. *išîšuen* (ou) *áfullūs* (*u*), pl. *ifúllūsen*. — (B. Iznacen), *afellūs* (*u*), *ifellūsen*, *išišuen*. — (Meṭmaṭa), *fúllūs* (*u*), pl. *ifullūsen*. — (B. Ṣalaḥ), *šišu* (*u*). — (B. Mess.), *ašišu*, pl. *išîšuen*. — (B. Menacer), *fúllūs*, pl. *ifullūsen*.

1. Cf. R. Basset, *Zenat. Ouars.* : *maγef*, p. 106. — *B. Menacer* : *matami*.
2. Cf. R. Basset, *Loqm. berb.* $\sqrt{M}$.
3. Cf. Nehlil, *Ghat*, p. 192 : *irka*.
4. Cf. W. Marçais, *Tanger*, p. 399 [غبر].
5. Cf. R. Basset, *B. Menacer*, p. 81 : *fullūs*. — Nehlil, *Ghat*, p. 192 : *tšikait*. — De Motylinski, *Dj. Nef.*, p. 146 : *šišiu*.

POUTRE, θaḥnaiθ (téḥ); une poutre de genévrier : θišt enteḥnaîθ entáqqa, pl. θiḥnaiin ; poutre centrale : θárrkīzt (te), θirrkīzin [ركز]; dans une tente : agŭnṭās mucāššiu (u), pl. igŭnṭāsen. — (B. Iznacen), θaḥnäxθ (te), pl. θiḥnäiin. — (Meṭmaṭa), poutre principale de la maison : agenṭās, supportée par des pieux fourchus : θaqeššaxθ (ar. tr. θagīda); poutre centrale de la tente : θärselt, pl. θírsäl; poutre de la charrue : θâγδă; acámmūδ (ar.), poutre de pin d'Alep. — (B. Menacer), sāθūr, pl. isuθar (ar. tr. lgunṭās) : grande poutre en sapin; θarselt, pl. θirslin (ar. tr. rrkīza); sammaš, pl. isammašen : morceau de bois, crochet, fixé dans le mur, servant à suspendre les objets.

POUVOIR[1], qedd; p. p. iqedd; ūr-íqéddeš; H., tqédda; il ne pourra pas : ūr itqéddaš; on dit aussi : il n'a pas pu : ūr-izmīr-eš; il ne pourra pas : ūr-izémmereš; il a pu : ízmer. — (Meṭmaṭa), il peut : iqder (ar.); ụel nutāgγeš : je n'ai pas pu ; je n'ai pas pu soulever cet enfant : ụel tāgγeš äδ-erfδeγ cázīz-aia. — (B. Ṣalaḥ), ezmer; p. p. iezmer (rare); on emploie plutôt : nžem (ar.); p. p. inžem; p. n. nžīm; je n'ai pas pu : ūr ezmîrγeš (Beni-Misra).

PRAIRIE[2], agδäl (u), pl. igδälen; faire paître le bétail dans une prairie : gdel; H., tgedel (ou) segdel. — (B. Iznacen), agδäl (u), pl. igδälen. — (Meṭmaṭa), agδäl (u), pl. igδälen. — (B. Mess.), amχān δis ahīšūr [cf. Beauss., جدل].

PRÉCÉDER[3], eiiūr zzâθ-īnu : précède-moi (V. MARCHER); (ou) îmẹḍ δi-temzụurá-īnu (V. PASSER); (ou) sebq-iii; p. p. isebq; p. n. sbīq; H., sebbeq [سبق]. — (B. Iznacen), izzar; p. p.

1. Cf. R. Basset, *Loqm. berb.*, p. 259 √Z M R. — *Zenat. Ouars.*, p. 106 : iṭāq.
2. Cf. R. Basset, *Loqm. berb.*, p. 300 √G D' L. — *B. Menacer*, p. 106 : aiδal.
3. Cf. R. Basset, *Loqm. berb.*, p. 254 √Z R.

izzāreγ, *ịízzār*; p. n. *zzār*; H., *ttizzār*. — (Meṭmaṭa), précède-moi : *eǧmẹḍ ezzāθi*.

PRÉCIPITER (Se) (sur quelqu'un), *ezdem* [زدم]; p. p. *izdem*; p. n. *zdīm*; H., *dzeddem*; n. a. *azdām* (*u*).

PREMIER, (V. PRÉCÉDER) : *amzuar*, f. *θamzuarθ*; m. p. *imzụūra*; f. p. *θimzuūra*. — (B. Mess.), *āmezgaru*, pl. *imezgura*.

PRENDRE[1], *eṭṭẹf*; p. p. *ịiṭṭẹf*; p. n. *ṭṭīf*; H., *ṭeṭṭẹf*; n. a. *ūḍūf* (*ụu*); *ituaṭṭẹf* : il est pris; ils l'ont pris : *ḥárzent* [حرز]; prends ceci : *áẖ ụûδi*; prenez : *áẖaụem*; prendre : *aγ*. — (B. Iznacen), *eṭṭef*; H., *teṭṭef* (saisir). — (Zkara), prends : *âẖ*. — (Meṭmaṭa), prends : *aẖ*; j'ai pris : *uγīγ*; il a pris : *ịūγa*; H., *ttaγ*; *eṭṭef* (saisir). — (B. Ṣalaḥ, B. Mess.), prends : *âẖ*; p. p. *ūγīγ*, *ịūγa*; p. n. *ịuγi*; H., *ṭaγ*; n. a. prise : *θaụāγīθ*; prends-le : *aẖeṭ*.

PRÉPARER, *sūžeδ*; H., *sužžāδ*; n. a. *asužeδ* (V. PRÊT).

PRÉSAGE[2], *lfāl* (*nel*) [الفال]; tirer présage : *fûụel*, p. p. *ifûụel* (et p. n.); H., *tfûụel*; n. a. *afuụel* (*u*); il tire présage : *istfāl ĕzzīs*.

PRÈS DE, *eqreb*; p. p. *iqreb*, *ūr-iqrībeś*; H., *qerreb* [قرب]; il est près de moi : *iqreb ĕzzi*, *iqreb ĕγri*. — (B. Iznacen), être près : *āḍes*; p. p. *ūḍseγ*, *ịūḍes*; H., *tūḍes*; il est près de sept heures : *qa itūḍes sebaεa*; mon pays est près d'ici : *θamūrθ-īnu tūḍes*.

PRESSER, *zệmm* (*īθ*), p. p. *izệmm*; p. n. *zệmm*; H., *dzệmm* [زمّ]; n. a. *azẹ̆mmi* (*u*); passif : *tuazemm*; pressoir : *θimεaṣerθ* (*tm*) [عصر]; pl. *θimεaṣrīn*. — (B. Iznacen), pressoir : *lmaεaṣra*. — (Meṭmaṭa), *εaṣer* : presser. — (B. Mess.), *ezmu*; p. p. *ẓmiγ*, *iẓma*; H., *teẓmu*.

1. Cf. R. Basset, *Loqm. berb.*, p. 275 $\sqrt{\text{T' F}}$; p. 276 $\sqrt{\text{R'}}$.
2. Cf. W. Marçais, *Tanger*, p. 404 [غلب].

PRÊT (Être), *ûžeδ*, p. p. *iûžeδ*; p. n. *ûžīδ*; H., *tûžīδ* [وجد]; apprêter : *sûžeδ*; H., *sužžāδ*; n. a. *asûžeδ* (*u*). — (B. Iznacen), être prêt : *ûžeδ*; p. p. *uéžδeγ*, *iûžeδ*; p. n. *ûžiδ*; H., *ûdžĕd*; il est prêt : *qā iûdžed*; apprêter : *sûžeδ*.

PRÊTER (V. EMPRUNTER) : *erḍĕl*; H., *reṭṭel*. — (Zkara), *erḍel*; p. n. *rḍīl*; H., *reṭṭel*; n. a. *arḍāl* (*u*). — (B. Ṣalaḥ, B. Mess.), *erḍĕl*, *iérḍĕl*; H., *reṭṭĕl*; *reḍliii iδrīmen* : prête-moi de l'argent. — (B. Iznacen), *erḍĕl*; H., *reṭṭĕl*. — (Meṭmaṭa), *érḍel*; p. p. *ierḍĕl*; p. n. *rḍīl*: H., *reṭṭel*; prêt : *arṭṭāl*.

PRIER, *ẓaḷḷ*, p. p. *ẓûḷḷeγ*, *iẓûḷḷ* [صلى]; H., *ḍẓaḷḷa*; prière : *θiẓiḷḷa*. — (B. Iznacen), prière : *θiẓiḷḷa*. — (Meṭmaṭa), *ẓẓaḷḷ*; p. p. *ẓẓûḷḷeγ*, *íẓẓûḷḷ* (et p. n.); H., *ḍẓaḷḷa*; n. a. *aẓaḷḷi*. — (B. Ṣalaḥ), *eẓẓāḷḷ*; p. p. *iẓẓûḷḷ*; il n'a pas prié : *ûr iiẓẓûḷḷeχ*; H., *ḍẓaḷḷa*; n. a. *θaẓaḷḷīθ*.

PRINTEMPS : (B. Mess.), *θafsūθ*.

PRIS (Être), *tuáṭṭef* (V. PRENDRE).

PRISER du tabac : *šémm*, p. p. *išémm* (et p. n.); H., *tšemm* [شمّ]; prise : *šemmeθ*. — (B. Mess.), *šûm*; p. p. *šûmaγ*; *išūm*; H., *tšûmmu*.

PRISON, *lḥèbs* (*nel.*), (B. Sn., B. Iznacen) [حبس]. — (B. Messaoud), ils le mirent en prison : *eggant ilḥèps*.

PRISONNIER, il est prisonnier : *qā ituaṭṭef* (V. *eṭṭef*, SAISIR).

PRODUIRE (des fruits). Pour qu'il produise beaucoup de fruits : *mizzi a-iṣeddĕq* [صدق].

PROFOND (Être), *γarq*; le puits est profond : *lbîr iγâreq*; pl. *γârqen*; H., *tγāreq*; (ou) *iiγmeq* [غمق]; H., *teγmiq*. — (Meṭmaṭa), *iuǵǵᵘeẑ* : il est profond (loin).

PROMENER (Se), *ḥáues*; p. p. *iḥāūues* et p. n.; H., *tḥauues* [حوس]; viens te promener avec moi : *éiiūr ak īδí tḥáuseδ*. — (B. Iznacen), *ssāra*; p. p. *ssārīγ*, *issara* (et p. n.); H., *tsāra*; f. nég., *tsīri*; promenade : *assāri* (*u*). — (B. Ṣalaḥ), *ḥáues*; p. p. *iḥaues*; H., *ṭaḥuās*. — (Brab., Chl.), *ssara*.

PROPOSER (Se). Je me propose de : *qaị ɛamdeγ ḫ* [عمد].

PROPRE : (B. Mess.), elle est propre : *θenqa* [نقى].

PROPHÈTE, *ennābi* [نبى]. — (B. Iznacen), *ĕnnĕbi*.

PRUNE[1], coll. *lbérqūq* (*nel*) [برقوق]; une prune, un prunier : *θaberqūqĕθ* (*tb*), pl. *θiberqāq*. — (B. Iznacen), *lbérqūq*. — (B. Rached, B. Menacer), *lbérqūq*. — (B. Mess.), une prune : *θaberqūqθ*.

PRUNELLE (de l'œil) : *θiberšĕni neṭṭẹṭ* (*te*). — (B. Iznacen), *tismĕḫθ* (noire).

PUCE[2], *šûrδu* (*u*), pl. *išūrδạn*. — (B. Iznacen), *ṣ̂ûrḍû*, pl. *iṣ̂urḍān*. — (Meṭmaṭa), *χūreδ* (*a*), pl. *iχūrδān*. — (B. Menacer), *χūrĕδ*, pl. *iχūrδān*.

PUER, *ârṣĕḍ*; p. p. *ịerṣĕḍ*; p. n. *rsẹḍ*; H., *ṭṭerṣīḍ*; n. a. *arṣāḍ* (*u*); puant : *murṣūḍ*, pl. *imurṣūḍen*; f. *θamurṣūṭ*, f. p. *θimurṣūḍīn*. — (B. Iznacen), puant : *amerṣūḍ*, pl. *imerṣāḍ*; puanteur : *θarṣūḍi*.

PUISER[3], *äịem* (*aiddīδ*); *ịûịem*, p. n. *ịụīm*; H., *ttäịẹm*; n. a. *aịām* (*ua*); va puiser de l'eau à la source : *imĕḍ âịem āmân sí-θẹṭ*. — (B. Iznacen), *äịem*; p. p. *ịüịem*; p. n. *ịụīm*; H., *täịem*; f. nég. *tiịem*; c'est lui qui a puisé : *δnétta äguịmen*; c'est lui qui puisera : *δnétta äg täịmen*. — (Zkara), *äịem*; p. p. *uîmeγ*, *ịûịem*; p. n. *uịīm*; H., *taịem*; f. nég. *tiịem*; n. a. *aịām* (*u*). — (Meṭmaṭa), *äğem*; p. p. *ûğmeγ*, *iûğem*; H., *ūr ịûğīm*; n. a. *ağām* (*u*). — (B. Mess.), *ağem*; p. p. *uğmaγ*, *iuğem*; *tšar aman*; p. p. *itšūr*; H., *tšāra*. — (B. Ṣalaḥ), *äğem* (*äğemd*); p. p. *ịûğem* (*d*); p. n. *ūğīm*, H., *ṭäğem*;

1. Cf. R. Basset, *Zenat. Ouars.*, p. 106 : *θaberquqθ* [برقوق].

2. Cf. R. Basset, *Zenat. Ouars.*, p. 106 : *χūred*. — *B. Menacer*, p. 82 : *χūred*. — Cf. Biarnay, *Ouargla*, p. 317 : *arṣeḍ*.

3. Cf. R. Basset, *Loqm berb.*, p. 304 √GM.

n. a. *ağğām*. — (B. Menacer), *aiem*; p. p. *ụimɣed*, *iuiemd*; p. n. *ūr-iúiīmeš*; H., *tāiem*.

PUITS[1], *ânu* (*ua*), pl. *anūien* (*ua*). — (B. Iznacen), *ânū*, pl. *anūien* (ou) *inūia*.

PUR, *sfa*; *iesfa* (et p. n.) [صفى]; H., *tesfa* (ou) *ittīli sfa*. — (B. Iznacen), *esfa*; p. p. *iisfa*.

PUNAISE, *lbéqq* [بق]; il n'y a pas de punaises dans nos maisons : *ū-íllīš lbéqq* ᵹ*i-iḫḫâmen-nnåɣ*. — (Meṭmaṭa, B. Menacer), *lbĕqq*.

PUPILLE[2] de l'œil, *mummu* (*nmu*); *mummu n ṭēṭ*. — (Meṭmaṭa, B. Menacer), *múmmu*. — (B. Ṣalaḥ, B. Mess.), *amemmu*. — (Senfita), *azerbebbu*.

PUS, *arṣêḍ* (*u*), (ou) *llûεi*; plein de pus : *θetšûr slûεi*. — (B. Iznacen), *lûuεi* [وعي]. — (B. Menacer), *arṣêḍ*.

Q

QUAND[3] (à quel moment?) Quand est-il venu? (ar. *fâ-ụêq*) *mélmīl iūseᵹ*. — Quand arrivera-t-il? *mélmīl a-iaụêḍ*; — (chaque fois que) quand il court, il tombe (ar. tr. *îla žra*) *mi iúzzel á*ᵹ *iḥūf*; — (dès que) quand il sortit, ils le frappèrent : *ségga iffêɣ*, *ûθīnt* (ar. tr. *mnîn*). — Quand il sortira, vous le saisirez : *segga ä*ᵹ *iiffeɣ*, *éṭṭĕfemt*. — (B. Mess.), quand viendra-t-il? *manθ eluoqθ a*ᵹ*-iās*; quand il sortira, frappe-le : *ḫas aiffeɣ ūθ-īθ*. — (B. Menacer), *melmi d-iūsa* : quand est-il venu? — *ammi d iiffêɣ iukθ-īθ* : quand il sortit il le frappa; *asadiādef ukθ-iθ* : quand il entrera frappe-le.

1. Cf. R. Basset, *Loqm. berb.*, p. 320 √N.
2. Cf. R. Basset, *Zenat. Ouars.*, p. 106 : *mumu*.
3. Cf. R. Basset, *Zenat. Ouars.*, p. 107 : *mi, ma, melmi*.

QUANT à, *amma*; mon ami est parti, quant à moi je suis resté : *ámδŭkel īnú irộḥ, ámma nnétš eqqîmeγ* [أمّا].

QUATRE, *rĕbaεa*; quatre hommes : *rĕbăεa i̥irgāzen* [ربع].

QUATRE CENTS, *erbăεá mi̥a*.

QUATORZE, *erbaεtaεaš*.

QUARANTE, *erbăεīn*.

QUART, *errĕbuaε*; le quart d'un pain : *rĕbuäε ntešnīfθ*, *rĕbuäε netsaεäθ*, un quart d'heure.

QUE, pron. relatif : *elli* (invar.), *ârba lli θezrîδ δûma* (ou) *arba i θezrîδ δûma* : l'enfant que tu as vu, c'est mon frère; la fillette qui est entrée... : *târbāt i̥ūδfén*... (ou) *târbāt élli θūδéf*... — (B. Menacer), *tšīγ aγrum iδī ssīγeδ* : j'ai mangé le pain que tu m'as donné; *alufan-ĕnni hezrīδ eδḫi̥i̥i̥* : l'enfant que tu as vu est mon frère. — (B. Mess.), l'enfant que tu as frappé est mon frère : *abutši θūθīδ eδḫi̥i̥i̥*; mange le pain que je t'ai donné : *etš aγrum ik kfiγ* (V. Gr., p. 82).

QUE interrogatif : que veux-tu? *matta teḫseδ*; qu'as-tu dit? *matta tennāδ*. — (B. Rached), qu'as-tu? *mattaχ iuγān*; que veux-tu? *matta ḫseδ*. — (Harawat), que veux-tu de moi? *matta u̥a teḫseδ eγri*? qu'as-tu? *matta u̥aš iuγīn* (fém. *u̥ašem*); qu'as-tu dit? *matta u̥a θennīδ*; qu'y a-t-il? *matta illān*. — (B. Ṣalaḥ), qu'as-tu? *mattaχ i̥išqān*; qu'avez-vous mangé? *matṭa θetšām*; que dis-tu? *matṭa θeqqāreδ*. — (B. Mess.), qu'as-tu? *maṭaχ iuγen*; que veux-tu? *matṭa teḫseδ*; que dis-tu? *matṭa la θeqqareδ*; qu'as-tu? *matṭa kiūγen*. — (B. Menacer), *matta ḫseδ* (ou *mata*); *matta llīδ heqqāreδ* : que dis-tu? *matta hennīδ* : qu'as-tu dit? *mattaš iūγān* : qu'as-tu? *matta illan*, *matta ūr-nelli* : quoi de nouveau? (V. Gr., p. 89).

QUEL, QUELS, QUELLE[1], QUELLES : *män* (invar.), quel

1. Cf. R. Basset, *Zenat. Ouars.*, p. 107 : *u̥a*.

homme est entré? *mân ărgăz iûδfen*; quelle femme est sortie? *mân tameṭṭūθ íffγen*. — (B. Menacer), *mānt* (inv.), *mānt arǧaz id iūdfen* : quel homme est entré? pl. *mānt irǧāzen*. — (B. Mess.), quel homme est venu? pl. quels hommes? *manuaθ argaz id iūsān*? *manuahen irgazen*? cet homme qui est venu, qui est-il? quel est-il? *argaz id iusān man ɣaθ*.

QUELCONQUE, donne-moi un livre quelconque : *ûš-iịi lešθâb ịillān* (V. verbe ÊTRE).

QUELQUEFOIS, il vient quelquefois : *íttăseδ lbaεâḍ ĕlmérrāθ* [بعض المرات].

QUELQUES[1], *lbaεaḍ* [بعض]; il est venu avec quelques hommes : *ịûṣeδ âki lbaεâḍ ịírgăzen*. — (B. Menacer), *usānd šra ịir-ǧāzen* : quelques hommes sont venus.

QUELQU'UN, quelqu'un est venu : *iûseδ ídžen*. — (B. Menacer), *iusad ịīdž*.

QUENOUILLE, *θrúkket* (*tr*), pl. *θirukkāθ* : (c'est un roseau fendu à l'une des extrémités ; la laine est placée dans la fente.) — (B. Iznacen), *θrukkeθ*, pl. *θirukkaθin*. — (B. Menacer), *harukkeθ uusθu*.

QUERELLER (Se), *menγ*; ils se querellèrent : *menγen*; H., *tmenγān*; querelle : *θamenγiūθ* (ou) *imenγān*, (ou) *amenγi*; on dit aussi : *mšūbeš*, prét. pl. *mšūbšen*; H., *temšūbušen*; n. a. *amšubbeš*. — (B. Menacer), *nnûγen smeslaiθ* (V. TUER).

QUESTIONNER[2], *sesθen*; H., *sestūn* (V. INTERROGER).

QUEUE, *θagerbūzt* (*te*), pl. *θigerbūzīn*; *θaεánnābθ* (*tε*), pl. *θiεannābīn* (*tε*) (ar.); *aδībūr* (*u*), pl. *iδībūren* (*u*) (ar.). — (B. Iznacen), *θabahrūrθ* (*tba*). — (B. Men.), *lkuεāleθ* (ar.); *ažlāl* (*u*), pl. *ižūlāl*.

1. Cf. R. Basset, *Zenat. Ouars.*, p. 107 : *šra*.
2. Cf. R. Basset, *Zenat. Ouars.*, p. 107 : *θažlālt*.

QUI?[1] (interr.), *mâges* (V. Gr., p. 88); qui est venu? *mâges iūzdén*? (B. Rached), qui t'a amené là? *matta iχid iųin da*. — (Harawat), qui est entré chez moi : *manųa dįūdfen eγri*; qui est sorti de chez toi? *manųa diffγen seγreχ*; qui est venu? *manųa diusīn*; qui es-tu? *šekk maiθenseδ*. — (B. Menacer), *mana d iūsān*; qui est sorti? *mana iffγen* (ou) *magems ųu iffγen*? — (B. Mess.), qui est venu? *ųid iusān*; qui n'est pas venu? *manųaθ ųin ud iūsiχ*; qui t'a frappé? *ųik iūθān*; qui frappe à la porte? *ni kkaθen iθebburθ*; qui es-tu? *ketš man ųaχ*, fém. *manųam*, m. pl. *manųaχenni*, f. pl. *man ųaχenţ*; qui est-il? *manųaθ*, fém. *man ųaţ*, m. p. *man ųahen*; f. p. *man ųahent*. — (B. Ṣalaḥ), qui es-tu? *manųi χetš* (*h*), *manţi χemm*.

QUI (pr. rel.), (V. GRAMM., p. 82). — (B. Ṣalaḥ), c'est moi qui l'ai mangé : *nekk aθ-itšān*; c'est toi qui l'as frappée : *ketš aţ-iūθān*; c'est cet homme qui m'a frappé : *argāz aįįi ai-įūθān*. — (B. Mess.), c'est lui qui est venu : *netta diūsān*; c'est mon frère qui est entré : *ḥaįįi aikšmen*; c'est ton père qui frappe à la porte : *bbᵘak aǧ ikkaθen iθebburθ*; c'est moi qui l'ai tué : *nekkinţ atįinγān*.

AVEC QUI[2]? *mīkeδ*. — (Harawat), avec qui es-tu venu? *mikeδ tūsīδ*? avec qui est-il parti? *mikeδ įūǧūr*. — (B. Menacer), *ākeδ māna husīδeδ* : avec qui es-tu venu (ou) *keδ māna id ūsīδ*. — (B. Ṣalaḥ, B. Mess.), *ųikeδ iūsad* : avec qui est-il venu?

POUR QUI? *i-mâges*. — (B. Ṣalaḥ, B. Mess.), Pour qui as-tu acheté ce cheval? *mûmi θesγid aχidār aįįi*. — (Harawat), *mîmi tesγid įîs-aįa* : Pour qui as-tu acheté ce cheval? — pour

1. Cf. R. Basset, *Zenat. Ouars.* : *mana, manaïs*.
2. Cf. R. Basset, *Zenat. Ouars.*, p. 107 : *makid*.

mon frère, *sγiḇt iḇiịi*. — (B. Menacer), *imāna ṭesγīδ ịīsa* : pour qui as-tu acheté ce cheval?

CHEZ QUI? *mîγer*. — (B. Ṣalaḥ, B. Mess.), chez qui êtes-vous entrés : *uîγer θûδfem*. — (Harawat), chez qui a-t-il passé la nuit : *γel mi γer ịẹnsa*. — (B. Mess.), *ụiγer insa*. — (B. Menacer), *ermāna erθensīδ* (ou) *γer māna hensīδ* : chez qui as-tu passé la nuit?

A QUI? *u ịīlīn iis-iuδi* : à qui est ce cheval? — (B. Mess.), à qui est ce cheval? *aχidar ai̥i uilān*. — (B. Ṣalaḥ), *ụilan aγrum ai̥ịi, θiγallin aịịi* : à qui est ce pain? à qui sont ces montures? (Cf. Gr., p. 87.)

QUININE, *lkînịẹθ* (*nel*).

QUINTAL, *akunθ̣ār* (*u*), (cent kilos); pl. *ikunθ̣āren*. —(B. Iznacen), *aqenḍār* (*u*), pl. *iqenḍāren*. —(B. Menacer), *aqentar* (*u*), pl. *iqenṭāren*.

QUOI[1], *matta* (V. QUE); il ne sait quoi dire : *ūr issîn mátta dịīni*.

Avec quoi, *mizzi*. — (B. Rached), *smatta iχ iuθu* : avec quoi t'a-t-il frappé? — (Harawat), *mazzit uθin* : avec quoi l'ont-ils frappé? — (B. Mess.), *mais iθ inγa* : avec quoi l'a-t-il tué? — (B. Menacer), *smāta tukθīδ* (ou).

Dans quoi, *mîδi*. — (Harawat), *maδi θeggiδ ezzit*; *eggiḇt δilḇābịeθ* : dans quoi as-tu mis l'huile? — dans la jarre. — (B. Ṣalaḥ, B. Mess.), *maiδeg θeggīδ*..., dans quoi as-tu mis... — (B. Menacer), *δimāta teggīδ* : dans quoi l'as-tu mis.

Sur quoi, *míḇef* (ou) *mîmi*. — (Harawat), sur quoi es-tu venu : *maγef θūsīδ*. — (B. Mess.), *ụiγef θusīδ*; sur qui : *ụiγef*; sur quoi : *maiγef*; pourquoi? *maiγef*; *maiγef θetruδ* : pourquoi pleures-tu? — (B. Menacer), *maγef hettrūδ* : pourquoi (sur quoi) pleures-tu?

1. Cf. R. Basset, *Zenat. Ouars.*, p. 107 : *mata-mas*.

QUOIQUE[1], il est venu bien qu'il fut malade : *iûseδ ualû δamâhlūš.* — (B. Menacer), *iūsād ammen lūkân tuγih ịehlẹχ.*

QUOI QUE, *mátta mᵘa*; quoi qu'il te dise, ne le crois pas : *mátta mᵘa δāš ịīni úttāmnīt.* — (B. Menacer), *uhtamnneš lūkân máta ālādáχ ịîni.*

R

RABOT, *lmelseθ* (*lm*) (ar.).

RABOTER, *mels tilūḥet*, rabote la planche; p. p. *imels* [ملس]; p. n. *mlīs*; H., *tmelles.* — (B. Sn., B. Menacer), raboté, lisse : *itụamles.*

RACCOMMODER, *réggāɛ* [رقع]; H., *treggāɛ*; — *nebbel*; H., *tnebbel.* — (Zkara), *efreδ*; H., *ferreδ*; n. a. *afrāδ* (*u*). — (B. Menacer), *erqaɛa.*

RACINE[2], *ázụer* (*u*); pl. *izuụrān.* — (B. Iznacen), *azụer* (*u*), pl. *izūrạn.* — (B. Rached), *izuụrān.* — (Meṭmaṭa), *azụeṛ* (*u*), pl. *izūṛān* (et) *izûụṛān.* — (B. Ṣalaḥ), *azzar*, pl. *izzūrān.* — (B. Mess.), *azār* (*u*), pl. *izūrān.* — (B. Menacer), *azụer* (*ụu*), pl. *izuụṛān.*

RÂCLER, *ḫṛệḍ* (*ḫerḍīθ*); p. p. *iḫreḍ*; p. p. *ḫrīḍ*, H. *ḫerreḍ* [خرط]. — (B. Menacer), *snuqqeš*; H., *snuqqūš* [نقش].

RACONTER, *eḥka iụi* : raconte-moi [حكى]; p. p. *ịẹḥka* (et p. n.); H., *ḥekka*; *θaḥkaiθ*, conte, pl. *θiḥukāị.* — (Zkara), *eḥka*; p. p. *eḥkīγ*, *ịẹḥka*; H., *ḥekka*; n. a. *aḥkaị* (*ụa*). — (Meṭmaṭa), raconte-nous des histoires : *ḫâref-ānâγ* [خرف].

RADIS[3], *lmešthi* [فجل]. — (B. Menacer), *lmešθii.*

1. Cf. R. Basset, *Zenat. Ouars.*, p. 107 : *uaida.*
2. Cf. R. Basset, *Loqm. berb.* p. 255. — *Zenat. Ouars.*, p. 107 : *azuar.*
3. Cf. W. Marçais, *Tanger*, p. 351 [شلغم].

RAGE (Avoir la), *muzzer*; p. p. *imuzzer* (et p. n.); H., *tmuzzūr*; la rage : *ĕlkleb*; on dit aussi : *ṣĕḍ* (et Brab-Chl.); p. p. *iṣĕḍ*; H., *tṣâḍ*; n. a. *aṣĕḍ* (*u*), (ou) *išīịeš si-ụûl-ĕnnes* (litt. : son cœur est plein de vers). — (B. Mess.), le chien est enragé : *aqžau iṣṣĕḍ* (ou) *ðīs iṣīḍ*. — (B. Menacer), *aqzīn-u ịimmuzzer* : ce chien est enragé. — (B. Men.), il est enragé : *iržef* [رجف].

RAFRAÎCHIR, *ṣĕṣmĕḍ* (V. FROID); H., *ṣeṣmāḍ*. — (Zkara), *seṣmĕḍ*; p. p. *iseṣmĕḍ* (et p. n.); H., *seṣmāḍ*; f. n. *seṣmīḍ*; n. a. *aseṣmĕḍ*. — (Meṭmaṭa), rafraîchis-le : *ṣĕṣmeṭ* (de *ṣeṣmĕḍ*). — (B. Menacer), *ṣeṣmĕḍ*; H., *ṣeṣmāḍ*.

RAISIN[1], des raisins : *θiẓūrīn* (*dz*); une grappe de raisin : *aεanqūð nedẓūrīn* (ou) *asĕmmūm* (*u*); *aḥmar buεamar* : raisin à gros grains rouges; *θiẓūrīn nuberšan* : raisin à gros grains noirs; *zberbūr* : raisin à petits grains noirs; *qelb eṭṭīr* : raisin à grains bleus allongés; *θiẓūrīn numellāl* : raisin blanc; *θiẓūrīn imžĕlūðen* : raisin des B. Iznacen, à peau épaisse de couleur rouge; *θiẓūrīn nelqūrši* : raisin blanc à peau mince; raisin vert : *asĕmmâm* (*u*); raisin sec : *zbîb* [زبيب]. — (B. Iznacen), *asemmūm* (*u*). — (B. Rached), *hizuụrīn*; raisin sec : *zḇīḇ*. — (Meṭmaṭa), *θizzūrīn*. — (B. Ṣalaḥ, B. Mess.), *θiẓūrīn*. — (B. Menacer), coll. *hiẓūrịn*; un raisin : *hiẓuụret*.

RAISON, tu as raison : *γreš lḥáqq* [حق]; *duāl ĕnnéš ḇeṣṣuāb* : les paroles sont justes [صواب]; il n'a pas sa raison : *ūγerseš lεāqel* [عقل]; *ūγerseš alli* (cervelle); (ou) *ðamḇūḇi si-lεâqel-ennes*. — (B. Menacer), *γreχ elḥaqq*.

RALER, il râle : *qā-téṭṭefīθ θārāḥruḥθ* [روح] (ou) *qā teṭṭfīθ ĕnnāhžeθ* [نهج].

RAMASSER (relever), *īsi* (*t*); *ịîsi* (et p. n.); H., *gessi* (V. LEVER);

1. Cf. R. Basset, *Zenat. Ouars.*, p. 107 : *θizurin, asemmum*.

(réunir), ramasser du grain : *irū*; H., *gerru* (V. RÉUNIR); ramasser des olives : *elqêḍ* [لقط]; p. p. *ilqêḍ*; p. n. *lqīḍ*; H., *leqqeḍ*; n. a. *alqăḍ* (*ue*); ramasser ce qui reste dans un plat : *esri*; H., *tserri*; n. a. *asrai̯* (*u*). — (Meṭmaṭa), *ĕlqêḍ*; H., *léqqêḍ*; il a été ramassé : *itu̯alqeḍ*. — (B. Menacer), *erfeδ-īθ* : (ar.) ramasse-le (ou) *lêqḍ-īθ* (ou) *laim-īθ* [لم].

RAMIER, *azεăḍûḍ* (*u*), pl. *izεaḍăḍ*. — (B. Iznacen), *azεaḍûḍ* (*u*). — (B. Ṣalaḥ, B. Mess.), *azăεaḍḍūḍ*. — (B. Men.), *azăεaḍūḍ*.

RAMPER, *serseb* [?سرب]; H., *tserseb* (ou) *serṣêθ*; H., *tserṣêθ ṣăḍ qa itserṣêθ* : le serpent rampe. — (B. Menacer), *fīγér iserseb*; H., *ssersīb* (ou) *itnăḥlef*.

RANCIR, en parlant de la graisse de mouton : *eγu̯a*; p. p. *iγua* (et p. n.); H., *teγua*; *θaδûnt iγuăn* : de la graisse rance (ou) *θlussi θaqδīmt* [قدم]; (ou) *θlussi θbălīθ* : du beurre rance [بلي]. — (B. Menacer), *ssiγ ai̯id ezzexθ ižemθen* : donne-moi de l'huile rance.

RANGÉE, *ṣṣéf* [صف], pl. *ṣṣfūf*; se ranger : *ṣéff*; ils se mirent en rangs : *ṣéffen*; H., *tṣeffen* (ou) *egg ṣṣéff* (V. FAIRE); ils sont rangés : *neḥnîn δîmṣeffen*; ranger, arranger : *seggem*; H., *tseggem*. — (B. Menacer), *īrihen δeṣṣfūf* : mets-les en rangs. — (B. Mess.), *sεăδel*; H., *sεaδūl* [عدل].

RAPACES, les principaux oiseaux de proie sont : *nnser* : l'aigle [نسر]; *falku* (ar. *lεögᵘăb*); *bu εămīrăt* (*ssăf*); *lăhδiieθ*, milan (ou) *sbăε eṭṭiūra* (ar.); *ṛṛóḥmeθ* (ar. tr. *ṛroḥma*); *mêṛzez i̯iγsăn* (ar. tr. *herrăs elεâḍăm*). — (B. Menacer), aigle (ar. tr. *nser*) *žīθer*; *i̯iδer* (*i̯i*), pl. *i̯iδrau̯en*.

RAPINEUR, *nufsūs* (léger).

RARE, *múḍrūs*; f. *θmuḍrūst*, pl. *imuḍrūsen*; f. pl. *θimuḍrūsīn*; il est rare : *i̯éqlal* (et p. n.) [قل]; H., *tqel*. — (B. Menacer), *drūs* (inv.); *airăδ drūṣ* : le lion est rare (V. PEU).

RASER, rase-moi : *ḥéff iṳi* [حوّ]; p. p. *iḥeff* (et p. n.) *tḥeff*; n. a. *θiḥeffi*; *aḥeffi* (*u*); rasé : *imḥeffef*, *imḥéffen*; coiffeur : *ḥéffāf*, pl. *i-en* (ou) *seṭṭel*.

RASOIR[1], *lmûs enthéffi* (V. COUTEAU); *θaẖeδmîθ nthéffi*. — (Zkara), *ḥèff*; p. p. *iḥèff* (et p. p.); H., *tḥeff*. — (B. Iznacen), rasoir : *lmûs uḥéffi*. — (B. Mess.), rasoir : *θaẖeδmīθ nṭaḥfīfθ*; *ḥeff iṳi iẖf-inu* : rase-moi la tête. — (Meṭmaṭa), *ṣeṭṭèl*; p. p. *iṣeṭṭel* (et p. n.); H., *tṣeṭṭel*; n. a. *aṣeṭṭel* (*u*); rasoir : *aẖeδmi* (*u*), pl. *iẖeδmiṳen*. — (B. Ṣalaḥ), *eḥfef*; p. p. *ṳèḥfef* (et p. n.); H., *ṭéḥfāf*. — (B. Menacer), *ṣeṭṭel-aṳ* : rase-moi; *haẖeδmîθ uṣéṭṭel* : rasoir.

RASSASIÉ[2], *džaṳen*; p. p. *džiuneɣ*, *idžīṳen*; p. n. *džiūn*; H., *džaṳān*; n. a. *θiṳáṳint*; f. fact. *siiṳen*; p. p. *isiîuen*; H., *siaṳān*. — (Zkara), *ešbäɛ*; p. p. *išbäɛ*; p. n. *šbīɛ*; H., *šebbäɛ* [شبع]. — (B. Mess.), p. p. *ruiɣ*, *irua*. — (B. Men.), *erṳa*; p. p. *rṳiɣ*, *irṳa*; p. n. *ū-ṳirṳiš*; rassassier : *seruâ* [روى].

RASSEMBLER, *irū* (V. RÉUNIR).

RASSIS, du pain rassis : *aɣrum aṣemmāḍ*, *aɣrum ṳensīn* (ar. tr. *baīt*) (B. Sn., B. Men.).

RAT[3], *aɣerδa* (*u*); pl. *iɣerdaien* (V. SOURIS). — (B. Iznacen), *áɣerδa* (*u*). — (Meṭmaṭa), *aɣerδa* (*u*); (B. Mess.), *aɣerδa* (*u*), pl. *iɣerδaṳen*. — (B. Rached), *aɣerδa*. — (B. Menacer), *aɣerδa* (*u*), pl. *iɣerδaṳen*.

RATER, mon fusil a raté : *θamukḫalt-īnu tserkes* (V. MENTIR); (ar. tr. *kédbet*) (ou) *teqḍāɛ* (V. COUPER). — (B. Menacer), mon fusil a raté : *moḳḫeltiu ūtšīš*; litt. : n'a pas mangé (ar. tr. ما كلات شي].

1. Cf. R. Basset, *Zenat. Ouars.*, p. 107 : *seṭṭel*.
2. Cf. R. Basset, *Zenat. Ouars.*, p. 107 : *ijṳan*. — *B. Menacer*, p. 83 : *ru*.
3. Cf. R. Basset, *Loqm. berb.*, p. 278 √R R D'. — *Zenat. Ouars.*, p. 108 : *aɣerδa*. — *B. Menacer* : p. 82 : *aɣerδa*.

RATE[1], *nirfèδ* (*u*) (A. L.) : *nârfèδ* (K.), (ar. tr. *ṭṭīḥān*); *nîrfèδ* (*u*) (A. L.); rate enflée, congestionnée : *ūfāδ* [?الفواد]. — (B. Iznacen), *inerfeδ*. — (Meṭmaṭa), *inèrfeδ*. — (B. Ṣalaḥ, B. Mess.), *aḍīḥān*. — (B. Men.), *inerfèḍ*. — (Senfita), *inērfeδ*.

RATON, *θazgeṭṭa* (fouine?). — (Meṭmaṭa), *zzérδi*, pl. *zzérāδa*, *azieḍ*(?). — (B. Men.), *azergūg* (ar. tr. *zerdi*) [cf. Beauss., زرد].

RAVIN[2], *θlāθ* (*tl*); pl. *θiliụin* (K.); *θilāθīn* (O. L.); *θasɛābīθ* [شعب], pl. *θisɛābaị*. — (B. Iznacen), *θašaɛabθ*. — (Meṭmaṭa), *essehu*; ravin sans eau : *ennfīt*. — (B. Menacer), ravin principal (ou vallée) : *iɣzer*, pl. *iɣzrān*; ravin secondaire : *θāriạ*, pl. *θiruịin*.

RÉCHAUD, *lmežmer* [جمر], pl. *lemžāmer* : réchaud en terre; *ašqūf* (A. L.) (*ụu*), pl. *išĕqfān* : réchaud fait d'une marmite usagée; on ne s'en sert que pour le chauffage. — (Meṭmaṭa), *ĕnnâfeḫ*, pl. *ĕnnụâfeḫ* [نفخ]. — (B. Menacer), *hiɣerɣerθ* (*tɣ*), pl. *hiɣerɣrīn*.

RÉCHAUFFER, *úqqaḥ* : être réchauffé; p. p. *ịuqqaḥ*; H., *tụeq-qaḥ*; n. a. *auqqaḥ*; *súqqaḥ* : réchauffer; *tfuīθ tsuqqaḥ iịi* (ou) *tsezɣāl-iịi* (ou) *tseδfa-iịi* [دفا] (V. CHAUD, TIÈDE). — (B. Menacer), le soleil me réchauffe : *hfûxθ hesedfaị-ai* (ou) *hseḥmaị-ai* (ar.).

RÉCOLTE, *lɣelleθ* [غلة]; bonne récolte : *ṣṣâbeθ* (cf. Beauss., [صوب]); *aséġġuāsú θūséδ eṣṣâbeθ* : cette année, la récolte a été bonne; *aséggᵘāsú ịūséδ δežδūb* (ar. tr. *ždūb*) (ou) *iūseδ δameẓlāṭ* (pauvre), cette année, la récolte a été mauvaise. — (B. Iznacen), bonne récolte : *ṣṣābeθ*. — (Meṭmaṭa), bonne récolte : *ṣṣabeθ*. — (B. Menacer), *asuggᵘasu δazaɛim* (ou) *δīs errḫa* [رخا], (ou) *neṣṣābeθ*.

1. Cf. R. Basset, *Zenat. Ouars.*, p. 108 : *inerfat.*
2. Cf. R. Basset, *Loqm. berb.*, p. 279 √R' Z R.

RECOMMANDER, *ṷaṣṣa*; p. p. *iṷaṣṣa* [وصى]; H., *tṷáṣṣa*; n. a. *aṷaṣṣa* (*ṷa*); il lui a recommandé de ne pas sortir : *iṷaṣṣât ū-ịitéffeɣeś*. — (B. Menacer), *ṷaṣṣa*; p. p. *ṷaṣṣīɣ*, *iṷaṣṣa*; p. n. *ṷaṣṣi*; H., *tuaṣṣa*.

RECOMMENCER, *ɛauδ* (*iθ*) (ou) *ɛauδ*(*ās*); p. p. *iɛauδ*, et p. n. *tɛaṷāδ* [عود]. — (Zkara), *erni ḫes* : recommence-le; p. p. *ịirni*; H., *renni*; H., *θrennūθ* (V. ACCROÎTRE). — (B. Menacer), *ɛauδās iṷaṷāl-ennix* : répète-lui tes paroles ; H., *tɛaṷīδ*.

RÉCOMPENSER, *kāfa* (*t*) : récompense-(le) [كافى]; p. p. *ikāfa* (et p. n.); H., *tkāfa*; — (ou) *sekfa*; récompense : *lemkāfịeθ*. — (B. Iznacen), *kāfa*; p. p. *kāfīɣ*, *ikafa*; H., *tkāfa*; p. n. *tkīfi*; n. a. *lemkāfiịeθ*. — (B. Menacer), *kaffa*; p. p. *kaffiɣ*, *ikaffa*; H., *tkaffa*; récompense : *lemkaffexθ*.

RÉCONCILIER, il les a réconciliés : *iṣālâḥ zârāδāsen* [صلح] (ou) *iṣālaḥ-īhen*; ils sont réconciliés : *qāhén ṣṭélḥen*; — *ddūlén δaumuaθen* : ils sont devenus amis (frères). — (B. Menacer), réconcilie-les : *ṣāleḥ-īhen*.

RECULER, *úḫḫer* [اخر]; p. p. *ịúḫḫer*; p. n. *ūr-ịúḫḫereś*; H., *tuḫḫer*; n. a. *auḫḫer*. — (Zkara), *úḫḫer*; p. p. *iṷéḫḫer* (et p. n.); H., *tṷaḫḫer*; n. a. *aḫḫār* (*ṷa*). — (B. Menacer), *ûḫer felli* : recule (loin de moi); p. p. *ịûḫer*; H., *ṭāḫar* (ou) *tueḫḫer*.

REFUSER[1], j'ai refusé : *urrāgeɣ* (K.); *ûgeɣ* (A. L.); il a refusé : *ūr-ịāg* (K.); *ịûg* (A. L.); ils ont refusé : *urrāgen* (K.); *ûgen* (A. L.); je refuserai : *ūr-tâgeɣ*; il refusera : *ūr íttāg*; il refuse de manger : *ū-íttāg āδ-ịeṭś*, *ū-íqqās āδ-ịeṭś* (V. *eḫs* VOULOIR) (ou) *agui*; H.. *tagui*; il n'a pas voulu venir : *ūr ịûg āδ-iāseδ*. — (Zkara), je n'ai pas voulu : *ūr ûgĕɣeś*; il n'a pas voulu : *ūr-ịūg*. — (B. Mess.), il a refusé d'entrer : *ịeggūmi*

1. Cf. R. Basset, *Loqm. berb.*, p. 304 √GM; p. 305 √GI.

aiχšem; H., *ṯgamaị*. — (B. Menacer), il ne veut pas venir : *igumma ad-iās*; p. p. *gummiγ*, *igumma*; H., *tgumma*.

SE REFROIDIR, *ṣmeḍ*; H., *tṣmẹḍ*; *ṣeṣmeḍ* : refroidir; H., *ṣeṣmāḍ* (V. FROID).

REGARDER[1], *qel* ou *ĕqqel* (*īθ*); p. p. *qleγ*, *iqel*; p. n. *qīl*; H., *tqel*; regarde-le : *qel-ās* (K.) (ou) *eqqel*; p. p. *iqqel*; p. n. *qqīl*; H., *teqqel* (A. L.); ils le regardent : *téqqelen* *δīs*; se regarder : *muqqūlen*; H., *tmuqqūlen*; regarde par la fenêtre : *ergéb siṭṭâqeθ* [رقب]; H., *trāgāb* (ou) *eḫzer*; H., *teḫzer* [خزر]; (ou) *ḫemm dīs* : regarde-le, surveille-le; p. p. *iḫemm* (et p. n.); H., *tḫemm* (ou) *ṣáḥ*, *iṣaḥ*; H., *tṣaḥ*. — (Meṭmaṭa), *ĕqqel*; p. p. *íqqel*; p. n. *ūr ĕqqleγeš*, *ūr-íqqīl eš*; H., *teqqel*; n. a. *aqqāl* (*ụa*) (V. VOIR : *zer*). — (B. Menacer), regarde-moi : *qabeld eγri*; H., *tqabāl-d* (ar.); *moqqel-īθ* : regarde-le; H., *tsmuqūl*.

REGISTRE, *zmâm*[2] (*nez.*), pl. *zmāmāθ* [زمّ]; *lméšḥāf* [صحف].

RÈGLE, *rrîgleθ* (*ner.*), pl. *rrîglāθ*; (menstrues) *qāịḫés lḥúrm ndẓíḷḷa*.

RÉGLISSE, *ḥálqĕssūs*; — *ɛârq essūs* [عرق السوس].

REINS[3], *θịẓẓèlt* (*ti*), pl. *θịẓẓāl*. — (B. Iznacen), *θịẓẓèlt*. — (Meṭmaṭa), *θịẓẓèlt*, pl. *θíẓẓāl*. — (B. Menacer), *θiẓẓèlt*, pl. *θịizzlīn* (ou) *θịizzāl*.

REJOINDRE, *lḥäg* [لحق]; le chien rejoignit le lièvre : *aịδi ịilḥäg aịerzīz*; H., *telḥig*.

RÉJOUIR, il se réjouit : *ifräḥ* [فرح]; *išräh* [شرح]; *izha* (V. JOYEUX); réjouir : *sefraḥ*, *sešräḥ*, *sezha*. — (Zkara), *efräḥ*; p. p.

1. Cf. R. Basset, *Loqm. berb.*, p. 290 √K'L. — W. Marçais : *Tanger*, p. 279 [خزر].

2. Cf. W. Marçais, *Tanger* : p. 322 [زمم].

3. Protovelle, *Qala'a*, p. 136 : *tezezzelt*.

ferḥaγ, *ifraḥ*; p. n. *frīḥ*; H., *ferrèḥ*; n. a. *afraḥ* (*u*). — (B. Menacer), *efraḥ*; H., *ferraḥ*.

REMERCIER, *šekr-īt* : remercie-le [شكر]; *išker* (et p. n.); H., *šekker*. — (Zkara), *ešker*; p. p. *išker*; p. n. *škīr*; H., *šekker*; n. a. *aškār* (*u*). — (B. Menacer), remercie-le : *īn-ās keθθer ḫèirek* (ar.) (ou) *īnās ṣaḥḥa* (ar.).

REMPLIR[1], *etšar θaškuārθu sįīrðen* : remplis ce sac avec du blé; p. p. *itšūr* (et p. n.); H., *tšāra*; remplis d'eau cette outre : *âįem áiddīðiu sųâmąn* (V. PUISER). — (Meṭmaṭa), *tšār*; p. p. *tšūreγ*, *itšūr*; p. n. *tšūr*; H., *tšāra*; n. a. *tšārīθ*. — (B. Ṣalaḥ), *etšār*; p. p. *itšūr* (et p. n.); H., *tšāra*. — (B. Menacer), emplis-le d'eau : *tšâr-īθ suāmān*; p. p. *itšūr*; H., *tšāra*; f. n. *tšāri*; *lkas-iu iṭšūr* : mon verre est plein.

REMUER, *ḥerreš imānneš* : remue-toi; p. p. *iḥerreš* (et p. n.) [حرك]; H., *tḥerreš*; remue-le : *ḥerreš-īθ*; (en se balançant) : *dáḥrež*; H., *daḥrāž* (V. BALANCER) [دحرج]. — (B. Menacer), remue-toi : *hezz imanneχ* (ou) *sḥerrek*; H., *sḥerrik*.

RENARD[2], *ašεāb* (*u*), pl. *išεāben* (ar. tr. *bu núųųāra*), animal plus petit que le chacal; *θθăεăleb* (*u*) : plus gros que le chacal, à grande queue [ثعلب]. — (Meṭmaṭa), *iχăεāb*, pl. *iχăεāben*. — (B. Ṣalaḥ, B. Mess.), *aχăεāb* (*u*), pl. *iχăεāben*. — (B. Menacer), *iχăεāb*, pl. *iχăεāben*.

RENCONTRER, *lga*(θ); p. p. *įilga* (et p. n.) [لقى]; H., *tlaga*, *mlaga*(*t*); p. p. *imlāgat* : il l'a rencontré; H., *temlāga* : rencontrer, se rencontrer; j'ai rencontré mon frère : *lgâγ-ūma*. — (Zkara), *mlāqa*; p. p. *mlaqiγ*, *imlāqa*; H., *temlaqa*. — (B. Iznacen), *melqa*; p. p. *melqīγ*, *immelqa*; H., *tmelqa*;

1. Cf. R. Basset, *Loqm. berb.*, p. 236 √TCHR.
2. Cf. R. Basset, *Loqm. berb.*, p. 296 √KÂB. — *Zenat. Ouars.*, p. 108 : *aχáb*. — *B. Menacer*, p. 83 : *aχab*.

f. nég. *tmelqi*; rencontre : *tmelqiūθ*. — (Meṭmaṭa), *ilqā*; il l'a rencontré : *ilqāt*; ils se rencontrèrent : *mlāqạn*; H., *temlāqạn*. — (B. Ṣalaḥ), p. p. *nnūleγ*; je l'ai rencontré : *nnûleḫθ innuli*; H., *ṭnali*. — (B. Menacer), *lāqa* : rencon-contrer; se rencontrer : *mlāqa*; p. p. *mlāqiγ*, *imlāqa*; p. n. *mlāqi*; il l'a rencontré : *imlaqa âkīšeχ*; H., *temlāqa*.

RENDRE[1], *err* (*īθ*); p. p. *errīγ*, *irru*, *rrīn*; p. n. *ūr-ịẹrruš*; H., *terra*; rends-le moi : *err-ịịiθ*; il est rendu : *itụarr*. — (Zkara), *err*; p. p. *errīγ*, *irri*, *rrīn*; p. n. *rri*; H., *terra*; f. n. *terri*. — (B. Iznacen), *err*; p. p. *erriγ*, *irra*; p. n. *rri*; H., *terra*; f. nég. *terri*; participes : *ag errīn*, *ag ĕterrān*; n. a. *θirra*. — (Meṭmaṭa), *err* (*ed*); H., *terra*; reddition : *θamrā-riūθ*. — (B. Ṣalaḥ), *err*(*īt*) : rends-le; p. p. *errīγ*, *irra*; H., *ṭerra*. — (B. Menacer), *err*; p. p. *ĕrrîγ*, *irru*, *rrîn*; p. n. *rri*; H., *terri*; rends-le lui : *err-ast-id*; je ne le lui rendrai pas : *urdāst terriγ ara*.

RENIFLER, *neff*; p. p. *îneff* (et p. n.); H., *tneff*; n. a. *aneff* (*u*) (ou) *nefnef*; H., *tnefnef*. — (B. Menacer), *šenḫer*; p. p. *išenḫer* (et p. n.); H., *tšenḫer*.

REPAS, *lefḍûr* : repas pris au lever se composant ordinairement de café et de pain [فطور]; *amešli* (*u*) : repas pris vers dix heures du matin, c'est le plus souvent du pain, du ragoût, du couscous; *mmás uụass* : repas pris vers trois heures (pain et café); *amensi* (*u*) : repas du soir, pris vers huit heures (couscous, berkoukes); pendant le mois de ramaḍan, on appelle *lefḍūr* le repas pris au coucher du soleil; un peu plus tard, on en fait un autre appelé *zzịādeθ* [زيد]; puis vers trois heures du matin, on prend le repas dit : *θisĕnkār* (de *senker*; H., *senkār*, se lever).

1. Cf. R. Basset, *Loqm. berb.* √R, p. 248. — *B. Menacer*, p. 83 : *err*.

REPENTIR (Se), *endem* [ندم]; p. p. *indem*; p. n. *indīm*; H., *neddem*; p. a. *andām* (*u*) (et) *enδem*; H., *neδδem*. — (Zkara), *endem*; p. p. *indem*: p. n. *ndīm*; H., *neddem*; n. a. *andām* (*u̥a*). — (B. Ṣalaḥ), *endem*; p. p. *i̥ĕndem*; H., *neddem*. — (Meṭmaṭa), *endem*; p. p. *indem*; p. n. *ūr indīm*; H., *neddem*. — (B. Menacer), *endem*; p. p. *i̥ĕndem*; p. n. *ndīm*; H., *neddem*; *i̥ĕndem fuag i̥iru* : il se repent de ce qu'il a fait.

RÉPONDRE, réponds-moi : *err-i̥i au̥āl* (V. RENDRE) (ou) *u̥âžb-i̥i* [جوب]; p. p. *iu̥âžeb* (et p. n.); H., *tu̥āžāb*; n. a. réponse : *lûžāb*. — (Zkara), réponds-moi : *uš i̥i lūžāb*. — (B. Iznacen), réponse : *lūžāb*. — (B. Menacer), réponds-moi : *u̥ažbai̥id*; tu ne m'as pas répondu : *ūδī du̥ažībeδeš* (ou) *uδī-du̥ažebδ-eš*; H., *utuažābeš* : ne réponds pas.

REPOSER, *su̥íḥel* (*si lḫeδmeθ*); p. p. *isu̥iḥel* (et p. n.); H., *su̥aḥḥal*; n. a. *asuiḥel* (*u*). — (Zkara), *su̥iḥel*; p. p. *isu̥iḥel*; p. n. *su̥iḥil*; H., *su̥íḥḥel*; f. nég. *su̥iḥḥīl*; n. a. *asu̥iḥel* (*u*). — (Meṭmaṭa), *súḥḥel*; p. p. *isúḥḥel* (et p. n.); H., *súḥḥūl*; n. a. *asuḥel* (*u*). — (B. Menacer), *rīi̥āḥ* (ou) *su̥uḥel*; p. p. *isuu̥ḥel* (et p. n.); H., *su̥eḥḥel*.

RÉPUDIER, *ellef* (*īθ*); p. p. *îllef*; p. n. *llîf*; H., *tellef*; n. a. *allāf*; *ūlūf*, répudiation; elle est répudiée : *tetu̥allef*. — (B. Menacer), répudie-la : *ellef-īt*; H., *tellef*; f. n. *tellīf* (ou) *erzem ihmeṭṭūθ-īχ*; H., *rezzem*.

RÉSOUDRE (Se), il résolut de : *iεammeḍ ḫ* [عمد] (ou) *iεammed ḫ*.

RESPECTER, *séḍḥa sébbaš* : respecte ton père; *iseḍḥa* (et p. n.) [استحى]; *tseḍḥa aseḍḥa* (*u*) (ou) *u̥âqer bbāš*; H., *tu̥āqār* [وقر]. — (Zkara), *ekrem*; p. p. *ikrem*; p. n. *krīm* [كرم]; H., *kerrem*; n. a. *akrām* (*u*).

RESPIRER, *enheθ* [?نهث]; p. p. *i̥ĕnheθ*; p. n. *nhîθ*; H., *nehheθ* *anhāθ* (*u*) : respiration. — (Zkara), *enhex*; p. p. *inhex*; p.

n. *nhīx.*, H., *nehhex*; n. a. *anhāx* (*u*). — (B. Iznacen), respiration : *ĕnnĕhīš*; *ĕnnéfs*. — (B. Menacer), il respire : *iṭneffes* [نفس]; *ịirru aneffut* : il a respiré.

RESSEMBLER, je ressemble à mon frère : *šebhèɣ ṣṣīféθ nûma* [شبه]; p. p. *íšbeh*; p. n. *šbīh*, *ašbāh* (*u*) : ressemblance (ou) *lmúšabāheθ*; *žārāδịịi δūmá lmušábāheθ* : il y a ressemblance entre mon frère et moi; *mšabeh* : se ressembler; H., *temšābāh*. — (Zkara), ils se ressemblent : *mšâbähen*. — (Meṭmaṭa, je ressemble à mon frère : *tšebbheɣ iḫịịi* (ou) *ssaɣīɣ eddem erhịịi* (ar. tr. *naεaṭi eddem*) ; ils se ressemblent : *temšabāḥen*.

RESSUSCITER, *saḥịu* [حى]; H., *saḥịa-ḥaịịu*; H., *tḥaịịu*.

RESTER[1], *ĕqqīm*; p. p. *iqqīm* (et p. n.); H., *tɣima aɣīmi* (*u*); *sɣîmīθ* : fais-le rester; H., *sɣīma*; en reste-t-il ou non? *iqqîm-eš ānẽɣ ur ịíqqimeš*; il en reste : *qā-íqqīm* (ou) *qā-íšeṭṭ*; H., *tšéṭṭa*; le reste : *ššāṭūṭ*. — (B. Iznacen), *qîm*; p. p. *iqqīm*; H., *tɣīm*. — (B. Rached), *qqīm*; restez : *qqīmeθ*. — (Meṭmaṭa), *θimužār* : restes d'un mets; *qqîm δāịa âl ĕddûleɣ* : reste ici jusqu'à ce que je revienne; faire rester : *sɣîm*. — (B. Mess.), reste avec moi : *qqīm akiδi*; H., *tɣāma*. — (B. Menacer), *qîm akīδi* : reste avec moi; p. p. *īqqīm*; H., *tɣīmiɣ*, *itɣīma*; f. n. *tɣīmi*; f. fact. *sɣîm*.

RETARD, *mâḍel* : être en retard [ar. tr. مطل]; p. p. *ịímmāḍĕl* (et p. n.); H., *tmāḍāl*; retarder : *smâḍel* (*īθ*); H., *smāḍāl*; ma montre retarde (litt. : est lourde dans sa marche) : *tsáεätt īnú tnúfsūst δi-θéšli-nnes* (V. LOURD). — (Zkara), être en retard : *εäḍel*; p. p. *iεäḍĕl*; p. n. *εäḍīl* H. et f. n. *εäṭ-*

1. Cf. R. Basset, *Loqm. berb.*, p. 290 $\sqrt{\text{K' M}}$. — *Zenat. Ouars.*, p. 108 : *eqqīm*. — *B. Menacer*, p. 83 : *qīm*.

ṭél; n. p. *aḍāl* (*ua*). — (B. Menacer), *maεaḍleδ felli* : tu as tardé ; je suis en retard : *iṛọḥ felli lḥāl ịīmeḍ ĕlụoqθ*.

RÉTIF, *eḥren* [حرن]; *ịáḥren*; p. p. *ḥrīn*; H., *ḥárren*; rétif : *aḥerrān*; p. *i-en*; *θa-nt*; p. *θi-nīn-aḥqer*; p. p. *iáḥqer*; p. n. *aḥqīr*; *ḥáqqer*; *aḥeqqār*, pl. *i-en*; f. s. *θa-rθ*; f. p. *θi-rīn*.

RETIRER (Se), retire-toi : *eδụel* (V. REVENIR) [دال]; (ou) *eδụel ḫi* (ou) *ṛộḥ ḫi* (V. ALLER) [روح]; (ou) *neθreš eḫḫi* (ar. tr. *nétrek εälīịa*) [نترك]; (ou) *úḫḫer ḫi sénni* (V. RECULER) [اخر]; (ou) *stâḫer ḫi*. — (Meṭmaṭa), *ṛộḥ zdáḫḫer*. — (B. Ṣalaḥ), va-t'en : *zûụl*; va-t'en d'ici : *zûụl sínni*. — (B. Menacer), *úḫḫer γādi* (ou) *staḫḫer*.

RETOURNER[1] (un vêtement) : *eqleb*; p. p. *ịéqleb*; p. n. *qlīb*; H., *qelleb* [قلب]; *segga tettren anzâr, qellben ịḥauliịen-nsen* : quand on demande de l'eau de pluie, on retourne ses vêtements; se retourner (en marchant) : *mméḍṛĕn eγri*, retourne-toi de mon côté; p. p. *ịímmeḍṛĕn* (et p. n.) ; H., *tmeḍṛān* (ou) *bérrem δi*; H., *tberrem*; revenir : *eδụel* (V. REVENIR) ; retourne à ta maison : *éδụel i-úḫḫām ĕnneš*. — (B. Menacer), *sneqleb*; H., *sneqlāb*.

RÉUNIR, *īruụ*(*īθ*); p. p. *iīruụ*; p. n. *iriu*; H., *gerru* (A. L.); *dgerru* (K.); n. a. *äirau* (*ụä*); *īru irδen* : réunis les grains de blé; *īrδen qahén iruen* : le blé est ramassé; se réunir : *mīru*; H., *tmirua*; être réuni : *tụairu*; H., *tụairau* (V. ASSEMBLER). — (Zkara), *iru*, *īru*; p. p. *irụaγ*, *ịīru*; p. n. *īriu*; H. et f. n. *gerru*; n. a. *airau* (*u*). — (B. Iznacen), *iru*, *īru*; p. p. *iīru*; p. n. *ūr ịírụeγ*, *ūr-ịịriu*; H., *irru*. — (Meṭmaṭa), les gens se réunirent : *midden ğemren*; H., *mğérụan*. — (B. Menacer), *laim-īθen* : réunis-les [لم] (ou) *seru-īθen*; les

1. Cf. R. Basset, *Zenat. Ouars.*, p. 108 : *šia*.

gens se réunirent : *midden mlaįamen*; ils se liguèrent : *mḥamān*.

REVENIR[1] *eδųel* (*γer*); p. p. *iδųel*; p. n. *δųīl*; H., *dúggᵘel* (O. L.); *tduggᵘal* (K.); n. a. *aδųāl* (*u*); reviens près de moi : *éδųel ĕγri*; faire revenir : *zdūl* (*īθ*); H., *zduāl* (K.); *sdūl* (A. L.) (ou) *err* (*īθ*) (V. RENDRE). — (Zkara), *eδųel*; p. p. *δûleγ*, *iδųel*; p. n. *δųīl*; H., *duqqᵘel*; f. nég. *duqqᵘīl*; n. a. *aδųāl* (*u*). — (Meṭmaṭa), *eδuel*; faire revenir : *seδųel*. — (B. Ṣalaḥ), *ūγāl*; p. p. *įūγāl* (et p. n.); H., *ṭūγāl*. — (B. Menacer), *ųallad eγri* : reviens près de moi; *melmi allād uallįδ* : quand reviendras-tu; *uallad*; p. p. *ųalliγd*, *iųallad*; H., *tųallad*; *ruggᵘaḥ* : retourner.

RÊVER, *ârži*; *įûrži* (et p. n.); *ttārži*, *θaržaiθ* : rêve; (*te*) (ar. tr. *nûm*); *ūržiγ tîš entéržaiθ túṣṣbẹḥθ* : j'ai fait un beau rêve. — (Zkara), *nūm*; p. p. *inūm* (et p. n.); H., *tnūm*; n. a. *anūm* (*u*). — (B. Iznacen), *arži*; p. p. *ûržiγ* : j'ai rêvé; *įûrža* (et) *įûrži*; H., *tarži*; rêve : *lemnām* (et) *θaržīθ*. — (Meṭmaṭa), *ûrža*; p. p. *ûržīγ*, *įûrža*, *ûržān*; p. n. *rži*; H., *ttārža*; rêve : *ûrža*. — (B. Ṣalaḥ), *arği*; p. p. *ūrğīγ*, *įûrğa*; H., *ṭarği*, *ṭarğu*; rêve : *θûrğīθ*. — (B. Mess.), j'ai rêvé : *ṭarğuγ*. — (B. Menacer), *arži*; p. p. *ûržīγ*, *įûrža*; p. n. *ûrži*; H. et fut. nég. *tarži*; rêve : *θîrža*.

RÉVOLTER (Se), *ennâfeq*, pl. *ĕnnâfqem*; pl. p. p. *nnâfqen* (et p. n.); pl. H., *tnāfāqen* [نفق]; n. a. *anāfeq* (*u*) : révolte; *snâfeq* : porter à la révolte; H., *snāfāq*; ils se révoltèrent contre le caïd : *nāfqén ḫelqaiδ*.

RÉVOQUER, *εâzel* (*īθ*) [عزل]; p. p. *iεāzel*; p. n. *εāzīl*; H., *εāzzel*; le caïd est révoqué : *lqaiδ itųaεāzel*; on l'a révoqué : *εazlent* (ou) *qāqrent* (ou) *negḥent*.

1. Cf. R. Basset, *Loqm. berb.*, p. 281 √R'L.

RHUS pentaphylla : *tizɣa* (*ti*).

RHUME (V. TOUSSER); rhume de cerveau, j'ai le rhume de cerveau : *iūθiịi asemmēḍ*; *iūθiịi eṛṛūụaḥ* (روح) (ou) *buhraụa*. — (Meṭmaṭa), *ịûθa iịi ụâḍů, iuxθaị ụâḍu*. — (B. Mess.), j'ai le rhume : *aqlii a ṭūsūɣ*; rhume : *θūsūθ*.

RHUMATISME, *aṣūθer* (*u*); *imṣūθer* : rhumatisé, pl. *i-en*. — (Meṭmaṭa), *ĕssĕṭr*; il a du rhumatisme : *illa itṣāḍār*. — (B. Menacer), j'ai du rhumatisme : *netš tsaṭāreɣ*.

RICHE, il est riche : *nettạn δašebăεan* [شبع], pl. *išebăεānen* (ou) *δamerkᵘătti imerkᵘăttiịen*, (ou) *serrezq-ennes* [رزق]; *ɣna*; p. *iɣna* [غنى]. — (B. Iznacen), riche : *ašĕbaεan*, pl. *i-en*; *amerkᵘătti*, pl. *i-en*. — (B. Mess.), je suis riche : *nekk ɣri ailān*. — (B. Menacer), *netš serrezqiu* : je suis riche; *aqlii δamerkătti, δimerfăh, selḫiriu*.

RIDER, *šelbeb* : être ridé, se rider, s'amaigrir; p. p. *išelbeb* (et p. n.); H., *tšelbeb*; n. a. *ašelbeb* (*u*); ride : *ašelbīb* (*u*), pl. *išelbīben*; sa main s'est ridée : *išelbéb fûs-ĕnnes* (ar. tr. *tkedded*) (ou) *kúmmeš, kémmeš*; H., *tkemmāš*; rider : *skúmmeš*; H., *skúmmūš*; il est ridé : *itụakemmeš*. — (Zkara), *eχmex*; p. p. *iχmex*; p. n. *χmīx*. — (B. Menacer), *fūs-ịu iχmeš* (ou) *ilūdžedž*.

RIEN[1], *ụâlu*; il n'y a rien : *ū-ílli-šaị*; je n'ai rien mangé : *ūtšiɣ šăị*; c'est mieux que rien : *ḫệr zzi-úlliš, ḫệr zzi-ullíšăi*; je n'ai rien à te donner : *ûɣri šăi mattá aûšeɣ āš* (ou) *ûɣri mattá áušeɣ āš*. — (B. Menacer), il n'y a rien : *ụalu, ūlaš*. — (B. Mess.), il ne m'a rien donné : *ūg ikfiχ ualu*; *ulaχ*.

RIGOLE, *θârgä* (*te*); *θîrĕgụīn, θîrgguīn*. — (B. Iznacen), *θâria* (*ta*), pl. *θīruīn*. — (B. Menacer), *θärğa* (*te*), pl. *hirğuin, hiruịin*.

1. Cf. R. Basset, *Zenat. Ouars.*, p. 108 : *ualu, ulaš*.

RIRE[1], *edḥeš*; p. p. *iẹ́dḥeš* [ضحك]; p. n. *ḍḥīš*; H., *ḍèḥḥaš*, θ*aḍḥāš*θ (*dde*); faire rire : *sḍáḥš*; H., *seḍḍḥaš*; ils rient à l'envi : *temḍūḥūšen*, *temḍāḥāšen*. — (Zkara), *eḍḥeχ*; p. p. *ḍèḥχaγ*, *ieḍḥèχ*; p. n. *ḍḥeχ*; H., *ḍèḥḥèχ*; n. a. *aḍḥaχ*. — (Meṭmaṭa), *ĕ́ḍṣ*; p. p. *ḍṣîγ*, *iḍṣa*; p. n. *ḍṣi*; H., *ḍeṣṣ*; n. a. θ*ắḍṣa* (*ta*); fais-le rire : *ṣèḍṣ-ī*θ. — (B. Ṣalaḥ), *ĕ́ḍṣ*; p. p. *ḍṣîγ*, *iẹ́ḍṣa*; p. n. *ḍṣi*; H., *ḍêṣ*; le rire : θ*ăḍṣa*; ne ris pas : *iḍḍèṣṣeš*. — (B. Menacer), *ĕ́ḍṣ*; H., *ḍḍeṣ*; *i-ḍḍess* : ne ris pas; faire rire : *ṣāḍeṣ* (?)

RIVE (V. BORD), *ṭerf* (*neṭ*), pl. *lṭruiāf* [طروف] (ou) θ*ašnāf*θ. — (B. Mess.), cette rive : *eṭṭèrf aiii*; l'autre rive : *eṭṭèrf ugemmāḍ*.

RIVIÈRE[2] (V. OUED); (rivière, lit de la rivière) : *iγzer* (*iii*), pl. *iγzrān*, *iγĕzrān*. — (B. Iznacen), *iγzer*, pl. *iγzĕren*. — (B. Rached), *iγzer*, pl. *iγzrān*. — (Meṭmaṭa), *íγzer*; va au ravin : *úǧǧūr γél iẹ́γzer*; jusqu'au ravin : *âl iγzer* (ou) *ammiδ iγzer*. — (B. Menacer), *iγzer* (*ii*), pl. *iγezrān*.

RIZ, *ĕṛṛûz* [رز]. — (B. Iznacen), *ĕṛṛûz*. — (B. Mess.), *eṛṛūz* (*neṛṛ*).

ROCHER[3] (élevé, falaise) : *azru* (*u*), pl. *izeru̯ān* (ar. tr. *lžorf*). — (B. Iznacen), *azṛů* (*u*), pl. *izeru̯ān*. — (B. Mess.), *ṛreṣfe*θ [رصيف]. — (B. Menacer), *azṛů* (*u*), pl. *izĕru̯ān*.

ROI[4], *ažellīδ* (*u*), pl. *ižellīδen*. — (B. Iznacen), *ažellīδ* (*u*), pl. *ižellīδen*. — (Meṭmaṭa), *ṣṣolṭān* [سلطان]; la tête du roi : *aqernûɛ néṣṣolṭān*. — (B. Menacer), *ažellīδ* (*u*). — (B. Mess.), reine d'abeilles : *erraïs enzizu̯a*.

1. Cf. R. Basset, *Loqm. berb.*, p. 274 √DHS. — *Zenat. Ouars.*, p. 108 : *iḍes*. — *B. Menacer*, p. 83 : *eḍs*.
2. Cf. R. Basset, *Zenat. Ouars.* : *iγzer*.
3. Cf. R. Basset, *Zenat. Ouars.* : *azru*, p. 108.
4. Cf. R. Basset, *Loqm. berb.*, p. 303 √GLD'. — *Zenat. Ouars.*, p. 108 : *ažellīd*. — *B. Menacer*, p. 83 : *ažellid*.

ROMARIN (rosmarinus officinalis), *azīr*; *tuzāla*. — (B. Menacer), *tuzzalθ*.

RONFLER, *šuḫreθ* [شخر]; p. p. *išuḫreθ* (et p. n.); H., *šuḫrūθ*; n. a. *ašuḫreθ* (*u*). — (B. Iznacen), *γūfa*; p. p. *γūfīγ*, *iγufa*; H., *tγūfa*; f. n. *tγūfi*; n. a. *lγūfīθ*.

RONGER, (mordiller) : *γeẓẓ* (*īθ*) : ronge-le; p. p. *γeẓẓīγ*, *iγeẓẓu*; p. n. *u-*; H., *tγeẓẓ*; n. a. *aγeẓẓi*; la souris a rongé mon burnous : *θaγerδaiθ tγezz iii aselhām*; mon burnous est rongé : *aselhām-īnu ituāγez* (ou) *keddeδ*; p. p. *ikeddeδ* (et p. n.); H., *tkeddeδ*; n. a. *akeddeδ* (*u*). — (B. Ṣalaḥ), *γezz*; p. p. *iγezz*; il n'a pas rongé : *ūr-iγezziχ*; H., *ṭγezza*. — (B. Mess.), *γezz*; p. p. *γezziγ*, *iγezzi*; H., *ṭγezzaz*. — (B. Menacer), *illa itγezz* : il ronge.

ROSE, *ĕlụĕrd* [ورد]; (B. Sn., B. Men.), une rose : *tīš entuụérδet*.

ROSEAU[1], *γānīm* (*u*), pl. *iγunām*. — (B. Iznacen), un roseau : *θγānīmt*. — (Meṭmaṭa), *γānīm* (*u*), pl. *iγunām*; nom d'un. *θγanīmθ*. — (B. Ṣalaḥ, B. Mess.), *aγālīm* (*u*). — (B. Menacer), *γālīm* (*u*); *ĕssûr uγālīm* : un lit en roseau; *γālīm nuẓĕṭṭa* : roseau du métier à tisser.

ROTER, (B. Mess.), *gurraε*; H., *ṭgurruε*.

ROTIR[2], *ešnef* : rôtir, être rôti (*šénf-īθ*); p. p. *išnef* (et p. n.); H., *tšenf*; rôti : *ašnāf*. — (Zkara), *eχnef*; p. p. *χenfeγ*, *iχnef*; p. n. *χnīf*; H., *χennef*; n. a. *aχnāf* (*u*). — (B. Iznacen), *eššụa* [شوى]. — (B. Mess.), *eḥmu*(*θ*) [حمى]; p. p. *ḥmiγ*, *iḥma*; H., *ḥemmu*. — (B. Menacer), *seǩnef aǩsum*, *aǩsum iǩnef* (ou *ṭūmᵘā*).

ROTULE (genou), *θaišrīrθ*.

ROUCOULER, *gerri*; p. p. *gerriγ*, *igerri* (et p. n.); H., *dgerri*; n. a. *agerri* (*u*); la tourterelle roucoule : *θmálla qait dgerri*.

1. Cf. R. Basset, *Zenat. Ouars.*, p. 108 : *γanīm*. — *B. Menacer*, p. 84 : *aγalim*.
2. Cf. R. Basset, *Loqm. berb.*, p. 297 $\sqrt{\text{KNF}}$. — *Zenat. Ouars.* : *χamf*.

ROUGE[1], *ezụeγ* : être rouge, devenir rouge; p. p. *izụeγ*; p. n. *zụīγ*; H., *tezụīγ*; rougeur : *θizuγi*; adj. rouge : *azuġġuaγ*; fém. *θazuġġuaḫθ*; m. p. *izuġġuāγen*; f. p. *θizuġġuāγīn*; rougir, rendre rouge : *ĕzzûγ-īθ* : rougis-le; H., *sezụāγ*; rouge et blanc : *ilergeθ* (en parlant des chèvres); fém. *θilerget*. — (B. Iznacen), rouge : *azŭġġuaγ*; fém. *θazuġġuaḫθ*, m. pl. *i-en*; f. pl. *θi-γīn*; rougeur : *θizūγi*. — (Meṭmaṭa), *azúgguaγ*; fém. *θazúgguaḫθ*; m. p. *izúgguāγen*; f. pl. *θizúggaγīn*; il est devenu rouge : *ịízuèγ*; H., *tezzuīγ*. — (B. Mess.), *azugguaγ*; cette chose est rouge : *θaγausaịi ṭazugguaḫṭ*. — (B. Menacer), *azŭġġuaγ*, pl. *i-en*

ROUGEOLE, *buḥámṛūn*. — (Meṭmaṭa), *ḥárbūbeš*. — (B. Menacer), *buzĕġġuaγ*.

ROUGE-GORGE, *áḥmer sdîrāt*. — (B. Iznacen), *azugguaγ ŭụūl*. — (B. Menacer), *zinnäḥ*.

ROUILLER, *iṣeddeδ* : il se rouille [أصدأ]; (ou) *ijenžer* [زنجر]; rouillé : *imṣeddeδ*, *imženžer*; en parlant du blé : *ttūθ*; p. p. *ittūθ*; p. n. *ūr íttūθeš*; H., *ttụauθ*. — (B. Iznacen), *ṣedda*; p. p. *ṣeddīγ*, *iṣedda*; H., *tṣedda*; f. nég. *tṣedda*. — (B. Menacer), *lmūs iu àqqa isedda* : voilà mon couteau rouillé.

ROUINA, farine d'orge grillée délayée dans de l'eau : *θisqqēst* (*tsé*); *θazĕmmẹṭ* (*dze*) : farine d'orge verte grillée délayée dans de l'eau. — (Meṭmaṭa), *aṛịūn*. — (B. Menacer), *aṛịūn* (*ĕnịírδen, ĕnṭémẓin, ĕnélaεās* : rouina faite avec de la farine de blé, d'orge, de lentilles); *ariun nelụerδ uraεiān* (ou) *neluerδ ulintān* (faite avec les graines noires de la plante appelée *el-ịäsmīn*) (ou) *tụzzala lḥurra*, cyste; on utilise

1. Cf. R. Basset, *Loqm. berb.*, p. 260 √ZOUR'. — *Zenat. Ouars.*, p. 108 : *aẓuggaγ*. — *B. Menacer* : *azuggar*. — *Les noms des métaux et des couleurs en berbère*, p. 18-22.

aussi pour faire la rouina la farine obtenue en pilant des caroubes, des graines de pin, des tubercules de *talγuda* (ombellifère). — (Senfita), *ariūn*.

ROULER (mettre en boules, par ex. du couscous), *efθel*; rouler, être roulé; (*feθl-īθ*) p. p. *ifθel* [فتل]; p. n. *fθīl*; H., *fettel*; n. a. *afθal*; roule le couscous : *efθel θáεām*; le couscous est roulé : *eṭṭaεâm qā ífθel*; rouler une cigarette : *ezlïi lgárrọ*; H., *zellïi*.

ROULER (boule), *kerkeb* [كركب]; p. p. *ikerkeb* (et p. n.); H., *tkerkeb*; faire rouler : *kerkeb* (ou) *skerkeb*. — (Zkara), *kurkeb*; H., *tkurkūb*; n. a. *akurkeb* (*u*).

ROULER (en pelote), *kúụụer* [كور]; p. p. *ikuụụer* (et p. n.); H., *tkuụụer*; enrouler le lîf sur le fuseau : V. *ennẹḍ*, tourner.

ROUTE[1], *ábrīδ* (*ụu*), pl. *ibrīδen*. — (B. Iznacen), *abrīδ* (*u*), pl. *ibrīδen*. — (B. Rached, Meṭmaṭa), *abrīδ* (*u*), pl. *ibrīδen*. — (B. Mess.), *abrīδ*; un chemin : *idž bubrīδ*, pl. *ibrīδen*. — (B. Menacer), *abrīδ* (*ụu*), pl. *ibrīδen*.

RUBIS, *lịāqūt* [ياقوت] (*nel.*).

RUE[2], *zzenqeθ* (B. Sn., B. Izn., Meṭm.), pl. *zzenqāθ* [زنقة] (ou) *θaznīqθ* (*te*). — (B. Menacer), *haznīqθ*, pl. *iznīqen*.

RUCHE[3], *aγrās* (*u*), pl. *iγrāsen*; dim. *θaγrāst* (*te*), pl. *θiγrāsin* (*te*). — (B. Iznacen), *aγrās* (*u*), pl. *iγrāsen*. — (B. Mess.), *aγras* (*bu*), pl. *iγrāsen*. — (B. Menacer), *aγrās* (*ụu*), pl. *iγūrās*.

RUCHER, *θadụīrθ* (*te*), pl. *θidụīrīn* (*te*). — (B. Iznacen), *θádŭụīrθ* (*te*). — (B. Mess.), *θaδuīrθ* (*ṭe*), pl. *θiδuīrīn*. — (B. Menacer), *haδụīrθ*.

1. Cf. R. Basset, *Loqm. berb.*, p. 228 √BRD'. — *B. Menacer*, p. 84 : *abriδ*.
2. Cf. W. Marçais, *Tanger*, p. 322.
3. Cf. R. Basset, *Zenat. Ouars.*, p. 109 : *aγrās*, *ufal*. — *B. Menacer*, p. 84 : *aγras*.

RUER, *zăεăreθ*; p. p. *izăεareθ* (et p. n.); H., *dzaεărăt*; n. a. *azăεăret* (*u*), *rekkel*; H., *trekkel* [ركل].

RUINÉ, *amezlaḍ*, pl. *imezlāḍ*; f. s. *θamezlāṭ*, f. p. *θimezlāḍ*.

RUGUEUX, *ḥárš* [حرش]; *iăḥrĕš*, *tăḥrīš*. — (Meṭmaṭa, B. Menacer), *aḥaršuu*, f. *θaḥáršauθ*.

RUMINER, *žerrer* [جرّ]; p. p. *ižerrer* (et p. n.); H., *džerrer*; n. a. *ažerrer* (*u*). — (B. Menacer), *afūnăs irru īfězz*, fém. *θerru ifězz*; H., *iterra gifezz*. — (B. Mess.), il rumine : *iṭerra gīfez* (ar. tr. *isataε lžerra*).

RUSER[1], *etḥīl* [حيل]; p. p. *itḥīl* (et p. n.); H., *tḥīla*; ruse : *lḥîleθ*; rusé : *aḥīli*, f. *θaḥīliθ*; *iḥîliien*, f. *θihiliiīn*. — (Zkara), *tḥīl*; p. p. *ietḥīl*. — (B. Iznacen), ruse : *lḥîleθ*.

RUT, l'ânesse est en rut : *θáγiūlt ăθīlí δnâzla* [نزل]. — (B. Menacer), *θehs ăθeqqren* (ou) *ă-θuueθ*.

S

SABLE, *erremleθ*; sable : (*ner*) [رمل]; on fait le mortier avec du sable et de la chaux : *téggen lbéγli sirremléθ δélžīr*. — (B. Iznacen), *errémleθ*. — (Meṭmaṭa, B. Mess.), *errĕmel*; sous le sable : *eddú-rrĕmel*. — (B. Menacer), *errĕmel*; dans le sable : *rδăḥél errĕmel*.

SABLINE (à fleurs rouges, spergulaire), *bisāt elmūlūk* : بساط الملوك.

SABOT des ruminants[2] : *θifenziθ* (*te*), pl. *θifenza*; semelle de bois : *θisīla nuqššūḍ* (ou) *aqebqāb* (*u*), pl. *iqebqāben* (ou) *aḥffāḍ* (*u*), pl. *iḥeffāḍen* [حفط]. — (B. Menacer), *hifeδnīn* :

1. Cf. R. Basset, *B. Menacer*, p. 84 : ruse, *tiḥillat*.
2. Cf. R. Basset, *Zenat. Ouars.*, p. 109 : *ižδi*.

sabots des ruminants; *lḥâfer* : sabot des chevaux [حافر] (et) *lḥîfer*.

SABRE, *sĕkkīn* (*nes*) [سكين] (ou) *askkīn* (*u*), pl. *iskkīnen*. — (B. Iznacen), *esskḳīn*. — (B. Menacer), *askkīn* (*u*).

SAC[1] de toile : *θaškuarθ* (*teš*), pl. *tiškuarīn*; sac de laine : *lḫénšeθ*, pl. *lḫenšāθ*; double sac de laine pour les chameaux (ar. *leγrāra*, *leγfer*) *θaγrārθ* (*te*), pl. *tiγūrār*; pour les chevaux : (*tellis*); *sâšu* (*u*), pl. *isāšān*; sac de peau assez grand : *θailūθ* (*ti*), pl. *θiįluin*; plus petit : *θaḫrīṭ* (*te*), pl. *θiḫrīḍīn* [خريطة] (ou) *θazuųųāt* (*nz*), pl. *θizuųųāḍīn* [زود]. — (B. Iznacen), *θalḫenšit* (*tḫ*), pl. *tilḫenšīn*; sac de peau : *θaḫrīṭ* (*te*). — (B. Rached), tellis : *sağu*, pl. *isağān*. — (Meṭmaṭa), grand sac de laine, de poil : *θaγrārθ* (*te*), pl. *θiγūrār*; sac ordinaire, en toile : *θašįārθ*, pl. *θišįārīn*; sac de laine, tellis : *saxu* (*u*), pl. *isīxān*; *hašiārt*, pl. *hišiārīn*; *ailu* (*u*), pl. *iluān*; *sašu* (*u*), pl. *isūšān*. — (B. Mess.), *θaškārθ*, pl. *θiškārin*; *ailu* (*bui*), pl. *igeluan*; *asaku* (*u*), pl. *isakkan*. — (B. Menacer), *hákšarθ* (*tek*), pl. *hišūχār* (ou) *hiχušār* : sac en toile; *ailu* (*u*), pl. *iluān* : sac en peau pour mettre la semoule, les céréales (ar. tr. *lmezųeδ*); *saχu* (*u*), pl. *isāχān* : sac double en poil de chèvre (ar. *tellīs*) pour porter les grains.

SAFRAN, *záεäfrān* (*nez.*) [زعفران]; *tišĕzzerbeθ nzáεäfran* : une parcelle de safran. — (B. Iznacen), *zaεfrạn*. — (B. Menacer), *zaεfrạn*.

SACOCHE, *θazaεabūlt* (*nzaε*), pl. *θizεabūlīn* : (pour mettre l'argent, les clefs, etc.); *θažbīrθ* (*te*), pl. *θižbirīn* : sacoche en cuir avec fermoir (pour l'argent); petit sac en laine dans lequel on met de l'orge pour sa monture : *asīres* (*u*), pl. *isīrsen* (ou) *sṣmaḍ* : sac en laine (double) renfermant les

1. Cf. W. Marçais, *Tanger*, p. 285 [خنشى]; p. 347 [شكر].

provisions de route. — (Meṭmaṭa), *legrāb*. — (B. Menacer), *haqrābt* (*te*), *hiqrābīn*.

SAIGNER, *búnzer*; p. p. *ibbunzer* (et p. n.); H., *tbúnzūr*; n. a. *abunzer* (*u*); ma main saigne : *idammen qai ttúddūmén siúfūs-īnu*. — (Meṭmaṭa), *kunzer*; p. p. *ikunzer*; H., *tkunzūr*. — (B. Ṣalaḥ, B. Mess.), *ffunzer*; p. p. *iffunzer* (ou) *funzer*. — (B. Menacer), ma main saigne : *fusịu ituddúm sidammen*; saigner du nez : *fúnzer*; p. p. *ifúnzer*; H., *tfunzūr*[1].

SAILLIR (bélier, taureau), *ezg*; p. p. *izgu*; H., *zzăg*.

SAISIR[2], *ĕṭṭĕf* (*ī*θ); p. p. *iṭṭĕf*; p. n. *ṭṭīf*; H., *teṭṭĕf*; n. a. *ūḍūf*. — (Meṭmaṭa), *ĕṭṭĕf*; p. p. *ịĕṭṭĕf*; p. n. *ṭṭīf*; H., *teṭṭĕf*; n. a. *ūdūf*. — (B. Ṣalaḥ), *ĕṭṭĕf*; p. p. *ịĕṭṭĕf*; p. n. *ṭṭīf*; H., *ṭeṭṭĕf*; n. a. *ūḍūf*. — (B. Menacer), saisis-le : *ĕṭṭfīh*; p. p. *iṭṭĕf*; p. n. *ṭṭīf*; H., *teṭṭef*; *mseqbāḍen* : ils se saisirent [قبض] (ou) *mḷūḍūfen*. — (Senfita), *eṭṭefit* : saisis-le.

SAISON, *lemfṣel* [فصل], pl. *lemfāṣel*; les quatre saisons, printemps : *ĕṛṛĕbiεa* (ar.); été : *anebδu*; automne : *leḫrīf* (ar.); hiver : *lmešte*θ (ar.). — (B. Mess.), les quatre saisons : θ*afsū*θ; *anebδu*; *leḫrīf*; θ*agrest*.

SALADE : (Meṭmaṭa), *ššlāḍa*; (B. Menacer), *ššlāδa*.

SALE[3], être sale : *εăffen*; p. p. *iεăffen* (et p. n.); H., *tεaffen* [عفن]; sale : *amεăfūn*, f. θ*amεăfūnt*; m. p. *imεăfān*; f. p. θ*imεăfān*; en parlant du blé, de l'orge, on dit : *irδen imεăffnen*; θ*imzịn* θ*imεaffnīn* (sg. *imεăffen*); salir : *mermeδ* (*ī*θ); H., *tmermeδ*. — (Zkara), *usseḫ*; p. p. *iusseḫ* (et p. n.); H., *tusseḫ* [وسخ]. — (B. Iznacen), saleté : *inžān*; sale : *imεăfen*, f. θ*imεafent*. — (B. Ṣalaḥ, B. Messaoud), *usseḫ*; H., *tusseḫ*; saleté : *lūseḫ*. — (B. Menacer), *usseḫ*; p. p. *ịússeḫ*; il est sale :

1. Cf. R. Basset, *Étude sur les dialectes berbères*, p. 63-64.

2. Cf. R. Basset, *Loqm. berb.*, p. 275 √TF. — *Zenat. Ouars.*, p. 109 : *eṭṭef*.

3. Cf. R. Basset, *Zenat. Ouars.* : *semseḫ*.

iússeḫ; il n'est pas sale : *má ši ịússeḫ*; saleté du corps : *arrīs*.

SALIVE[1], θ*iịuffa* (*neṭị*). — (B. Iznacen), θ*iuffᵘa*. — (B. Rached), θ*iuffa*. — (Meṭmaṭa), *ileddaịen*. — (B. Ṣalaḥ, B. Mess.), θ*išūfās*. — (B. Menacer), θ*iχūffa*. — (Senfita), *iχuffa*, *išuffan*.

SALUER, *sellem*; salue-le : *sellem ḫes*; p. p. *isellem* (et p. n.); H., *tsellem*; n. a. *asellem* (*u*) : salutations; salut! *sslam ḫäh* (*ḫeš*) [سلم]; ils se saluent : *msalāmen*. — (Zkara), *sellem*; p. p. *isellem* (et p. n.); H., *tsellem*; n. a. *asellem* (*u*). — (B. Iznacen), *sellem*; p. p. *isellem*; H., *tsellem*; salut : *essālām*. — (Meṭmaṭa), *sellem fellās* : salue-le; H., *tsellem*; on dit aussi *sūδent* : embrasse-le; H., *ssūδūn*; n. a. *asūδen* (*u*); ils se saluèrent : *msūδnen*; H., *msūδūn*. — (B. Ṣalaḥ), *sellem*; p. p. *isellem* (et p. n.); H., *tsellām*; n. a. *asellem* (*u*). — (B. Menacer), *sellem fellās* : salue-le; H., *tsellem*.

SAMEDI, *ssébθ* [سبت]; *âss nésseb*θ; c'est aujourd'hui samedi : *assú sséb*θ, *ẹḍū sseb*θ. — (B. Iznacen), *ass nesseb*θ. — (B. Menacer), *esseb*θ.

SANDALE, θ*isīli* (*nti*), pl. θ*isīla* (*nti*). — (Senfita), en cuir : *harkest* (*te*), pl. *hirksen*. — (B. Iznacen), θ*īsīla* (pas connue chez les B. Menacer). — (B. Mess.), sandale de peau : *aγerrus buglīm*, cette peau est percée de trous (*allen*) dans lesquels passent les tresses de palmier nain (*izūχār*) qui les maintiennent sous le pied.

SANG[2], *iδammen*, pl. (*ni*); le sang est rouge : *iδammen izuġġᵘaγen*. — (B. Rached), *iδammen*. — (Meṭmaṭa), *iδammen*. — (B. Ṣalaḥ, B. Mess.), *iδammen*. — (B. Menacer), *iδammen*. — (Senfita), *ddem*.

1. Cf. R. Basset, *Zenat. Ouars.*, p. 109 : *iχufa*.
2. Cf. R. Basset, *Loqm. berb.*, p. 249 √D'M. — *Zenat. Ouars.* : *iδammen*.

SANGLIER[1], *îlĕf* (*iii*), pl. *ilfān*; vieux sanglier : *asīḍi* (*u*). pl. *isīḍiien*; jeune sanglier : *aḫĕnnūs*, pl. *iḫĕnnūsen* (A. L.) (et) *iḫennās* (K.); troupe de sangliers : *ddûleθ ĕniilfān*. — (B. Iznacen), *īlef nelγābeθ*. — (Meṭmaṭa), *īlef*, pl. *ilfạn*. — (B. Ṣalaḥ, B. Mess.), *īlĕf*, pl. *ilfān*. — (B. Menacer, Senfita), *îlef*, pl. *ilfān*; un troupeau de sangliers : *aḥerrāg*.

SANGSUE[2], *θidda* (*ti*) (et) *tidda*, pl. *θiddaịin* : grosse sangsue noire; *merdedda*, pl. *imerdedda* : petite sangsue rouge. — (B. Iznacen), *θidda*. — (Meṭmaṭa), *θiddā*, pl. *θiddaịin*. — (B. Menacer), *lεâlqa* [علقة]; *θidda* (*ti*) (Zkara). — (Senfita), *iis netidda*, pl. *θiddaịin*.

SAPIN (B. Rached) : *θaida* (ar. tr. *ṣnūber*). — (B. Menacer), fruit du sapin, pive : *zúmbi*, pl. *izumbĭien*; sapin : *θäiδa*.

SARCLER, *efren* (*fern-īθ*); p. p. *ifren*; p. n. *ūr-ifrīneš*; H., *tferren*; n. a. *afrān* (*ua*); passif : *itụāfren*; il sarcle le blé : *qa iferren δi-iīrδen*; l'orge est sarclée : *θimzin qa-ifernen* (ou) *ituafernen*. — (Zkara), *efren*; p. p. *ifren*; p. n. *ūr-iefrīn*; H., *tferren*; n. a. *afrān* (*u*). — (B. Menacer), piocher; p. p. *enqeš*; p. n. *nqīš*; H., *neqqeš* [نقش]; sarclette : *haiëlzīmt qaδūmt* (*tqa*).

SAUPOUDRER, *suzzer* (*īθ*); p. p. *isuzzer* (et p. n.); H., *suzzūr*; n. a. *asuzzer* (ar. tr. *dri*). — (B. Menacer), saupoudrer de sel, de poivre : *δerri*; p. p. *iδerri* (et p. n.); H., *dderi* (ar. tr. *δerri*) [?ذرّ].

SAUCE pour le couscous : *errua*; bouillon, sauce qui se mange avec du pain : *lmerqeθ* [مرق] (ou) *θamerrāqθ*. — (B. Menacer), *lmerq*. — (B. Iznacen), *lmerqeθ*.

1. Cf. R. Basset. *Loqm. berb.*, p. 309 √L F. — *Zenat. Ouars.*, p. 109 : *ilef*.
2. Cf. R. Basset, *Zenat. Ouars.*, p. 109 : *θidda*.

SAUTER, *neggez* [نقز]; p. p. *ineggez* (et p. n.); H., *tneggez*; n. a. *aneggez* : saut, faire bondir; enjamber : *sūref*. —(Zkara), *neggez*; p. p. *ineggez* (et p. n.); H., *tneggez* (et f. nég.); n. a. *aneggez* (*u*). — (Meṭmaṭa), *neggez*; H., *tneggez*. — (B. Ṣalaḥ), *neggez*; p. p. *ineggez* (et p. n.); H., *tneggāz*. — (B. Menacer, Senfita), *neggez*; H., *tneggez* (en ar. tr. *nèṭṭ*).

SAUTERELLE[1], *aberru* (*u*) (coll.); une sauterelle : *θažrātt*; criquet : *amreδ* (*ųu*); sauterelle mâle : *ɛáθmān*; femelle : *ɛāiša*; *ɛäišá tīsí ɛâθmān* : sauterelles accouplées. — (B. Iznacen), *aberru*. — (Meṭmaṭa), une sauterelle : *θadjrāt* [جراد], coll. *ledjrād*. — (B. Ṣalaḥ, B. Mess.), *lezrāδ*. — (B. Menacer), *aberru* (*u*) (sing. et coll.). — (Senfita), une sauterelle : *abzīz*; des sauterelles : *aberru*.

SAUVER, (se sauver) V. FUIR; sauve-moi de la mort : *sélk iįi sílmūt*; p. p. *islek* [ar. tr. سلك]; p. n. *slīk*; H., *tsellek*, *tslīk*; n. a. *aslāk* (*u*); on dit aussi : *sellek*. — (B. Menacer), sauve-moi : *selleχ-aį*; H., *tselleχ*.

SAVANT, le savant du village : *ádḇīḇ* (*u*) [طبيب], pl. *idḇīḇen*. — (Meṭmaṭa), *aqāuṣāṣ* (*u*), pl. *iqāuṣāṣen*; *eṭṭbīb*, pl. *eṭṭèbba* (astrologue, médecin). — (B. Menacer), *elɛâlem* [علم].

SAVOIR[2], *essen*; p. p. *issen*; p. n. *ssīn*; sais-tu lire? je ne sais pas où tu habites; faire savoir. — (Zkara), *essen*; p. p. *issen*; il n'a pas su : *ur íssīneš*; H., il sait : *qā-issen*; il ne saura pas : *ur-issīneš*. — (B. Iznacen), *essen*; p. p. *issen*; p. n. *ūr issīneś* : il n'a pas su; il sait : *qā-íssen*. — (Meṭmaṭa), *essen*; p. p. *issen*; p. n. et f. n. *ssīn*; faire savoir : *sessen*; savoir, connaissance : *θissna*, *θuśsna*. — (B. Rached), il ne sait pas l'arabe, il ne sait que le berbère : *ur issīnś täɛärābθ*

1. Cf. R. Basset, *Loqm. berb.*, p. 229 $\sqrt{\text{BROU}}$. — *Zenat. Ouars.* : *arziz*; *aberru*.
2. Cf. R. Basset, *Loqm. berb.*, p. 270 $\sqrt{\text{SN}}$. — *Zenat. Ouars.*, p. 109 : *essīn*.

issén γẹr žānāθ. — (B. Ṣalaḥ), *essen*; p. p. *issen* : il a su, il sait; p. n. *ūr issīneχ* : il n'a pas su, il ne sait pas; je sais écrire : *essneγ að ariaγ*; je sais : *essnā.* — (B. Menacer), je ne sais pas où il est parti : *ū sqîneγeš māni iṛọḥ*; il ne sait pas : *ū-isqīneš*; il sait : *isqīn* (dans le sens d'être informé); sais-tu lire : *ssneneð ageqqāren*; je ne sais pas : *ussīnγeš*; connais-tu cet homme : *ussīneð eš ariāzu.*

SAVON, *ssābūn* [صابون]; un morceau de savon : *θaqšûrθ ensâbūn*; savonner : *eḍla seṣṣâbūn* (V. ENDUIRE); *ssâbūn* (B. Iznacen). — *ṣṣabūn* (Meṭmaṭa, B. Ṣalaḥ, B. Mess.). — *ṣṣabūn* (B. Menacer).

SCIE, *lmenšār* (*nel.*); *amenšār* (*u*), pl. *lemnāšer*, *imenšāren* [منشار]. — (Meṭmaṭa, B. Menacer), *lmenšār*; avec la scie : *selmenšār.*

SCIER, *enšer* (*nešrīθ*); p. p. *inšer* [نشر]; p. n. *nšīr*; H., *tenšīr.* — (B. Menacer), *enšer*; p. p. *inšer*; p. n. *nšīr*; H., *neššer.*

SCILLE (scilla maritima), *aiθīl*; *bṣel uúššen.* — (Senfita), *ašfīl.*

SCINTILLER, *bāreg*; H., *tbāreg* (V. LUIRE) [برق].

SCIURE, *nežžauθ*; *āren.* — (B. Menacer), *anžārθ.*

SCORPION[1], *θγīrḍêmθ* (*tγi*), pl. *θiγerḍmaụin* (et) *θiγerḍmīn.* — (Meṭmaṭa, B. Ṣalaḥ, B. Mess.), *θiγerḍemṭ* (*tγ*), pl. *θiγerḍmiụin.* — (B. Menacer, Senfita), *θγîrḍêmt*, *γîrḍêmt* (*tγ*), pl. *θγirḍmīn* (et) *θiγerḍmin.*

SEC[2], être sec : *qār*; p. p. *iqūr* (et p. n.); H., *tγāra*; n. a. *θγareūθ* : sécheresse; faire sécher : *sγèr*; H., *sγāra* (ou) *āzeγ*; p. p. *iūzeγ*; p. n. *ūzīγ*; H., *tazāγ*; n. a. *azeγ* (*ua*). — (B. Iznacen), la terre est sèche : *θamūrθ θuzzaγ.* — (Figuig), *qār*; p. p. *iqūr*; H., *tγāra*; fut. nég. *tγir*; dessécher : *sγir.*

1. Cf. R. Basset, *Loqm. berb.*, p. 278 √R R' D' M. — *Zenat. Ouars.*, p. 109 : *θiγirðemt.*

2. Cf. R. Basset, *Loqm. berb.*, p. 288 √K' R. — *Zenat. Ouars.*, p. 110 : *iaqqor.*

— (Zkara), *qār*; p. p. *iqūr*; H., *tγar*; f. n. *tγīr*; dessécher : *séγr*; H., *seγra*. — (Meṭmaṭa), *qqār*; p. p. *iqqūr*; H., *tγāra*; sécheresse : *θγūri*; dessécher : *seγr*; H., *sγara*. — (B. Ṣalaḥ), *qqār*; p. p. *iqqūr* (et p. n.); H., *ṭγāra*; n. a. *θaγārīt* (*tγ*). — (B. Menacer), *eqqār*; p. p. *iqqūr* (et p. n.); H., *tγāra*; chaque année arrive la sécheresse : *kul aseggᵘas itγāra* : il ne séchera pas : *ū-itγāriš*; *aγāri* (*u*) : sécheresse; *seγr* : dessécher; le soleil dessèche mon blé : *fûχθ iseγrâịi irδen*.

SÉCHOIR, *nšīr*, pl. *inūšār* (ou) *nšûịār* [نشر]; *δerδbān* (*δe*), *iδerδbānen* : claie supportée par des piquets, formée de perches, de branches, recouvertes de plantes (diss, *tifelžūž*), sur cette claie, on étend les figues. — (B. Menacer), sur les toits (*azeqqa*), on place du diss (*äδels*) sur lequel on dispose les figues pour les faire sécher; ce séchoir s'appelle : *amenšār* (*u*), pl. *i-en*.

SECOND, *uîn netnâịen* [ثان]; *âgen tnâịen*. — (B. Menacer), *ụi ssen*, fém. *θuissent*.

SECOUER, *sûfĕs* (*īθ*); p. p. *issufs* (et p. n.); H., *ssūfūs*; n. a. *asūfes*; *šīl*; p. p. *išīl* (et p. n.); H., *tšīl*; n. a. *ašīl* (*u*). — (B. Iznacen), secouer avec une fourche les céréales dépiquées : *suzzer*; p. p. *isuzzer* (et p. n.); H., *suzzur* (et fut. n.). — (B. Menacer), secouer (un arbre) : *zelz*; p. p. *izelz*; p. n. *zelz*; H., *zelzel* (ar.); *hezz*; *ihezz* [هزّ]; H., *thezz*; secouer (avec une fourche) : *zuzzer*; p. n. *izuzzer*; H., *zúzzūr*.

SECOURS, *γdθ* : prêter du secours; p. p. *iγāθ* (et p. n.); *iγâθ-īθ* : il le secourut; H., *tγaθ*; n. a. *aγāθ* (*u*) [غوث]; *stĕγâθ ĕzzîs* demande-lui secours; H., *stĕγāt*; *itäεaịịeḍ felγīθ* : il appelle au secours (ou) *fuen ala isselken* [سلك].

SECRET, *esseṛṛ* [سرّ]; garde le secret : *effer esseṛṛ*.

SÉDUM (orpin), *igerualen nịịδān*.

SECRÉTAIRE, *lḫûžeθ* (*nel.*); pl. *lḫûžāθ*. — (B. Menacer), *lḫọja*, pl. *lḫojaṵāθ*.

SEIN[1], *îfĕf* (*iṵi*), pl. *ifĕfān*; mamelon du sein : *iḫĕf nîfĕf* (ou) *θiḥĕbbet nîfĕf*; sein : *θabebbiš̀θ* (*tb*), pl. *θibebbīšīn* (A. L.), et *θibebbāš* (K.); *abebbīš* (*u*), pl. *ibebbaš*. — (B. Iznacen), *θbebbīš*, pl. *θibebbīšīn*. — (Meṭmaṭa), *abebbūḥ* (*u*), pl. *ibebbāḥ*. — (B. Menacer), *abebbūš* (*u*), pl. *ibebbāšīn*, *ibebbūšīn*; *habebbūšθ* (*tb*). — (Senfita), *abebbūš*.

SEL, *lmélḥ* (*nel.*) (B. Sn., B. Izn., Meṭm., B. Ṣalaḥ, B. Mess., B. Men., Senfita). — (B. Rached), *lmléḥ* [ملح].

SELLE[2], *θrīχθ* (K.); *θrīθ* (A. L.) (ou) *θriš̀θ* (*tr*). — (B. Iznacen), *θrīxθ*. — (Zkara), seller : *serrež*; p. p. *iserrež* (et p. n.); H., *tserrež*; n. a. *aserrež* (*u*) [سرج]. — (Meṭmaṭa), sellier : *aš̀errāx* (de *eššerk* : cuir); *haḥṵaxθ* (*ta*), pl. *hiḥauịin* (*te*). — (B. Menacer), *sserž* : la selle, pl. *ssérūž*; seller : *serrež*; H., *tserrež*.

SEMBLANT, fais semblant d'être malade : *egg imanneš δamähl ūš*; il fit semblant d'être mort : *ịiggu imannés ímmūθ*. — (B. Menacer), il fait semblant d'être malade : *ịiru iḫfîs ịèhleχ*.

SEMELLE[3], *ddébaγ nelbĕlγeθ* [دبغ]; *bůḏ nelbĕlγeθ*, *ūδém nelbĕlγeθ*; on appelle *θilmiθ*, pl. *θilmäị* (ou) *θamliḫθ*, pl. *θimlīḫin*, une chaussure faite de peau non tannée, sans talon (ar. tr. *lmelḫa*). — (Meṭmaṭa), chaussures formées d'une semelle en peau : *aγrūs* (*u*), pl. *iγrūsen* (ar. tr. *lmelḫa*); *arχās*, pl. *arχāsen* : semelles liées au mollet avec des lanières appelées *θazmemt* (*te*), pl. *θizūmām*. — (B. Menacer), *ennaεal* [نعل];

1. Cf. R. Basset, *Zenat. Ouars.*, p. 110 : *abebbuḥ*. — *B. Menacer*, p. 85 : *abebbuš*.

2. Cf. R. Basset, *Loqm. berb.*, p. 251 √R K. — *Zenat. Ouars.* : *θarīθ*.

3. Cf. W. Marçais, *Tanger*, p. 470 [ملخة]. — R. Basset. *Loqm. berb.*, p. 250 √R K S.

chaussure : *aγrūs* (*u*), pl. *iγeruās* (ar. tr. *buγerrūs*); on appelle *arkas*, pl. *irkasen*, une chaussure formée d'un morceau de peau protégeant la plante du pied, maintenu par des tresses de palmier.

SEMER, *ezräε* [زرع]; (*zerεīθ*); p. p. *izräε*; p. n. *zrīε*; H., *dzerräε* (K.); *zerraε* (A. L.); n. a. *azräε* (*u*) : semis; *zerriεäθ* : semence; cette terre est semée : *θamūrθú qā-dzérräε*. — (Meṭmaṭa), *ezräε*; H., *zerräε*; semence : *ezzérriεäθ*. — (B. Menacer), *zräε*; p. p. *izräε*; p. n. *ūr zraεγeš*, *ūr izriεäš*, H., *zerräε*; semence : *hazerriεäθ*.

SEMOULE[1], on place la mouture (*izīḍ*) dans un crible (*areqquθ iịîlem*) la semoule (*āren*) tombe; il reste sur le crible le son (*ānḫāl*) (*u*), la semoule est passée à un petit tamis (*bûṣịịār*), la semoule fine (*θaneγda*) passe; il reste sur le tamis la grosse semoule (*ịūzān*); on prend cette grosse semoule, on la passe à un crible (*θîla* ou *θallūnt*, pl. *θilaụin*, *θillūnīn*), qui retient les parties mal moulues (*állās*) que l'on donne aux chiens. — (B. Iznacen), *āren*, *ịúzzān*. — (B. Rached), *aren*; semoule grossière : *ịuzān*. — (Meṭmaṭa), *āren*, *ịûzạn*, *θaǧeršālt* : semoule très fine. — (B. Mess.), *āren* (*ḇua*). — (B. Menacer), quand on crible le blé ou l'orge moulus, ce qui passe s'appelle *āren* (*ua*); quand on tamise cette semoule, *āren* désigne la partie fine; *íūzān* désigne la semoule grossière (ar. tr. *tšīša*).

SENTIER, *lemrīreθ*, pl. *lemrīrāθ* (ar. tr. *lemrīra*).

SENTIR (tact), *sḥess* (*ĕzzīs*); p. p. *isḥess* (et p. n.); H., *sḥussa* [حسّ]; comme il dormait, il sentit la piqûre d'un serpent : *nettān illa ịéṭṭeṣ*, *isḥess sūṣâḍ iqqersīθ*; sentir avec le nez, flairer : *stérịāḥ* [ريح]; H., *isteriaḥ*; il sent bon : *rrîḥθ-ĕnnes*

1. Cf. W. Marçais, *Tanger*, p. 298 [دشّ].

túṣṣbẹ̄ḥθ; il sent mauvais : *rrîḥeθ ĕnnés térṣẹd*; en parlant de la viande : *ezfer*; p. p. *izfer*; p. n. *zfīr*; H., *zeffer*; il a senti : *iḥess*; il ne l'a pas senti : *ūr iḥesseš zzîs*.

SÉPARER (Se), *ebḏa*; p. p. *ibḏa* (et p. n.); H., *beṭṭa*; n. a. *abeṭṭû* : séparation; nous nous séparerons : *annebḏa žārāδāneγ* (ar. tr. *eftereq*); séparer (des gens qui se battent) : *fekk žārā-δāsen* : sépare-les; p. p. *ifekk* (et p. n.) [فكّ]; H., *tfekka*; n. a. *afĕkki* (*u*). — (B. Menacer), sépare-les : *ḥádžez īhen*; p. p. *iḥadžez*; H., *tḥadžez* [حجز]; ils se séparèrent : *msé-frāqen*; H., *temsfrāqen* [فرق].

SERPENT[1], *ṣâḏ* (*ū*), pl. *iṣaṭṭen*; serpent long et mince : *zerrīg* (ar.); serpent assez court, de couleur jaune : *búneffāḫ* (*enbu*) [نفخ]; autres espèces : *bumrâịât* (ar.); *buḫuâθem* (ar.). — (B. Iznacen), *mîγez*. — (B. Rached), *fīγer*; deux serpents : *sen ifiγrān*. — (Meṭmaṭa), *fiγer*, pl. *ifiγrạn*. — (B. Ṣalaḥ, B. Mess.), *azrẹm* (*u*), pl. *izermān*. — (B. Menacer), *fîγer*; un serpent : *îdž-ūfīγer*, pl. *ifiγrạn*; (variétés : *bu neffāḫ*; *qêrn uγzāl*).

SERPETTE, *θimezberθ* (*tem*); *θimzebrīn* [زبر]; couper avec une serpette : *zᵉber*; p. p. *izber*; p. n. *zbīr*; H., *zebber*. — (Meṭ-maṭa), *θimezberθ*. — (B. Menacer), *himezberθ*.

SERRE, *iššer*, pl. *iššāren*, *uššāren* (V. GRIFFE, ONGLE).

SERRER[2], *zệmm* (*īθ*); p. p. *izệmm* (et p. n.); H., *dzệmm*; n. a. *azệmmi*(*u*); *ɛäṣer*, p. p. *iɛäṣer*; p. n. *ɛäṣīr*; H., *tɛäṣṣar* [عصر]. — (B. Ṣalaḥ), *eḥχem sezzūr* : serre fort; p. p. *ịẹḥχem*; p. n. *ḥχīm* [حكم]. — (B. Menacer), *ḥazzeg*; p. p. *iḥazzeg* (et p. n.); H., *tḥazzeg* [en zouaoua *ḥèzeg*].

1. Cf. R. Basset, *Loqm. berb.*, p. 255 √Z R M et p. 286 √F R' R. — *Zenat. Ouars.*, p. 110 : *fiγar*. — *B. Menacer*, p. 85 : *fiγar*.

2. Cf. Biarnay, *Ouargla*, p. 321 : *zemm*.

SERRURE, *zekrem* (*u*), pl. *izekrām*; *lferḫeθ ṷúḫḫam* [فرخ]. — (B. Menacer), *leqfel* [قفل].

SERVIR, (B. Mess.), *mūmi ailaq* : à quoi sert-il? — *ulaχ maṭa ggen dis* : il ne sert à rien [ليق].

SERVITEUR, *aḫδīm* (*u*) [خدم], pl. *iḫδīmen* : s. loué pour toute l'année; *ämqādॅä* [قطع]; *imqādॅăεen* : ouvrier loué pour une partie de l'année. — (B. Menacer), *aneḫδām*(*u*), pl. *i-en*.

SIFFLER[1], *ṣĕffĕr* [صفر]; H., *tṣĕffĕr*; n. a. *aṣĕffĕr* : sifflement; *θaṣffārθ*, sifflet, pl. *θisffārīn*. — (B. Ṣalaḥ), *ṣĕffĕr*; p. p. *iṣĕffĕr* (et p. n.); H., *tṣĕffar*. — (B. Menacer), *ṣĕffer*; H., *tṣĕffer*; sifflet : *haṣffārθ* (*tṣe*).

SILEX, *aṣŭṷṷān* (*u*); un silex : *θaṣŭṷṷant*, pl. *θiṣŭṷṷānīn* [صوان]. — (B. Menacer), pierre d'un fusil : *hûqqexθ* (*tu*) (ou) *huqqīθ*.

SILLON, *elḫeṭ* (*nel.*), pl. *leḫṭûṭ*. — (Meṭmaṭa), *elḫĕṭ* [خطّ].

SILO[2], *θäsrāfθ* (*tes*), pl. *tiserfīn* (*tse*). — (B. Iznacen), *θäsrāfθ* (*tes*), pl. *θiserfīn* (*tse*). — (Meṭmaṭa), *θäsrāfθ* (*ts*), pl. *θiserfīn*; il sortit du silo : *iffĕγ sí-tsrāfθ*. — (B. Mess.), *θasrafθ* (*ts*), pl. *θiserfīn*. — (B. Menacer), *hasrāfθ* (*ts*), pl. *hiserfīn* (*ts*).

SINGE[3], *lqerδ* [قرد] (*nel.*), pl. *leqrūδa*. — (B. Iznacen), *lqerd*. — (B. Menacer), *ššádi*; *zeγḍûḍ* (*u*), pl. *izeγḍāḍ*.

SIX, *sĕtta* (B. Sn., B. Izn., Zkara, B. Menacer).

SOC[4], *θáįersa* (*tįi*); *tįįersiṷīn*; on dit aussi : *uzzâl ṷúsγār*. — (B. Iznacen), *θaįersa*. — (Meṭmaṭa), *θağersa*, pl. *θiğersiṷin*. —

1. Cf. W. Marçais, *Tanger*, p. 357 [صفر].

2. Cf. R. Basset, *Loqm. berb.*, p. 265 √S R F. — *Zenat. Ouars.*, p. 110 : *θasrafθ*. — *B. Menacer* : *θasrīfθ*.

3. Cf. R. Basset, *B. Menacer*, p. 86 : *zaεdūd*.

4. Cf. R. Basset, *Zenat. Ouars.*, p. 110 : *θairsa*, *θagersa*. — *B. Menacer*, p. 86 : *aiersa*.

(B. Mess.), θağersa (tg), pl. θiğersiṷin. — (B. Menacer), haįersa (tį), pl. hiįersiṷin.

SOEUR[1], *ultma* (ṷu) : ma sœur; *issma* : mes sœurs; il a deux sœurs : *γres θnain issmās*; la sœur de mon ami : *ultmâs numdúkel-īnu*. —(B. Iznacen), *ṷelma*. — (B. Rached), *uṭma* (frère : *iuma*). — (Meṭmaṭa), *ṷuθmã*, pl. *įessma*; chez ma sœur : *γél ṷéθmą*; le mouchoir de sa sœur : *anemδīl ŭṷéθmās*. —(B. Menacer), ma sœur : *ûtma*, pl. *issma*; ta sœur : *útmäχ*; la sœur de mon ami : *utmâs ṷumdûkel-įu*; on dit aussi *ḫiti* : ma sœur [خي].

SOIE, *laḥrīr* (*llaḥ*) (B. Sn., B. Izn.) [حرير] (Meṭm., B. Ṣalaḥ, B. Mess., B. Men.).

SOIF[2], *ĕffāδ*; p. p. *iffūδ* (et p. n.); H., *teffāδ*; n. a. *fāδ* (*u*) : soif; il mourut de soif : *immūθ sûfāδ*; altérer : *sfāδ*; H., *sfāδa*; le miel altère : *θämemt tesfāδa*. — (B. Izn., Zkara, Figuig), *effāδ*; p. p. *iffūδ*; H., *teffāδ*; altérer : *sfāδ*; la soif : *fāδ*. — (B. Ṣalaḥ), *effāδ*; j'ai eu soif : *ffūδeγ*; il a eu soif : *iffūδ*; p. n. *ffūδ*; H., *ṭfāδa*; n. a. *fāδ* : soif. — (B. Menacer), *effāδ*; p. p. *ffûδeγ*; *iffūδ* (et p. n.); H., *tfāδa*; soif : *fāδ*; *immūθ sûfāδ* : il mourut de soif; *hamemθ hesfaδa* : le miel donne la soif.

SOIR[3], *θameddīθ* (*tme*) : de l'âṣer au moghreb; la nuit (*ẹḍ*) commence ensuite et se termine à l'aube. — (B. Iznacen), *θamddīθ aεáššī*. — (B. Menacer), *hamdexθ*, *hameddīθ*. — (Zkara); ce soir : *hamdexθu*.

SOIGNER, *daṷa* (θ) [داوى]; p. p. *idaṷa* (et p. n.); H., *ddaṷa*.

1. Cf. R. Basset, *Loqm. berb.*, p. 306 √L. — *Zenat. Ouars.*, p. 110 : *ultma*. — *B. Menacer* : *ultma*, p. 86.

2. Cf. R. Basset, *Loqm. berb.*, p. 283 √FD'. — *Zenat. Ouars.*, p. 110 : *fūδ*. — *B. Menacer*, p. 86 : *effuδeγ*.

3. Cf. R. Basset, *Zenat. Ouars.*, p. 110 : *θameddiθ*. — *B. Menacer* : *θamdirθ*, p. 86.

SOIXANTE, *sĕttīn* (B. Sn., B. Iznacen) (ar.).

SOIXANTE-DIX, *sĕbăɛīn* (ar.).

SOLDAT, *lɛasker* (coll.) [عسكر]; un soldat : *aɛasskri* (*u*), pl. *i-en*. — (B. Iznacen), *lɛäsker*. — (B. Menacer), un soldat : *aɛassχri*, pl. *lɛasχer*.

SOLEIL[1], θ*fuịθ* (*tf*). — (B. Iznacen), *tfûxθ*. — (B. Rached), *tfúịθ*. — (Meṭmaṭa), θ*fûχθ*. — (B. Ṣalaḥ), θ*áfūθ*; lumière du soleil : θ*áfāt*. — (B. Mess.), θ*áfūχθ*; lumière du soleil : θ*áfāt*; le soleil : θ*ĕṭ etṭafūkθ*. — (B. Menacer), θ*fuiθ* : soleil (Zakkar); *fūχθ* : soleil et lumière du soleil; il dort au soleil : *imaren iṭṭẹṣ δi-fūχθ*; il travaille au soleil : *iḫeddem ug-zīl* (Zakkar).

SOMMEIL, *îḍẹṣ* (B. Sn., B. Izn.). V. DORMIR.

SON, SA, SES, *ennes*, *-s*; son cheval : *ịis-ennes*; sa jument : θ*äimarθ-ĕnnes*; ses doigts : *iḍūḍān-nes*; sa sœur : *ultmas* (V. GRAMM., p. 84). — (B. Rached), sa tête : *iḫf-ennes* (ou) *iḫf-is*. — (Harawat), sa main : *fūs-ennes*, pl. leur main : *fus-ensen*, fém. *nsent*. — (Meṭmaṭa), *ĕnnes*; sa main : *fūs-ennes*; ses mains : *ifassen-nnes*; son père : *bābās*. — (B. Ṣalaḥ, B. Mess.), *ĕnnes*; sa main : *afūs-ĕnnes*; son père : *bābās*. — (B. Menacer), sa tête : *îḫf-īs*; son père : *bābās*; sa sœur : *ḫît-īs*; on dit aussi : *útmās*.

SON, *ánḫāl* (*u*) [نخال]; quand des fragments de semoule adhèrent au son, on l'appelle *agurśäl* (*u*), *rrémịeθ*. — (B. Iznacen), *anĕḫāl* (*u*). — (Meṭmaṭa), quand on passe la mouture au crible, la semoule (*ären*) étant passée, il reste sur le crible des fragments de grain mal moulu que l'on fait moudre à nouveau, cette criblure se nomme *asefsu* (*u*); le son, partie

1. Cf. R. Basset, *Zenat. Ouars.*, p. 110 : θ*fuīθ*. — *Loq. berb.* p. 282 $\sqrt{F}$. — *Étude sur les dialectes berbères*, p. 60-63.

légère s'appelle *anḫḫāl* (*u*). — (B. Menacer), *aįeršal* (*u*); *θağuršalθ* (Zakkar); *anḫāl*.

SORTIR[1], *effĕγ* (de = *si*); p. p. *iffĕγ*; p. n. *ffīγ*; H., *teffĕγ*; n. a. *ufūγ*; faire sortir : *sūfeγ* (*īθ*); H., *sūfāγ*; n. a. *asūfeγ* : extraction, sortie. — (Zkara), *effeγ*; p. p. *iffeγ*; p. n. *ūr-įéffīγ*; H. et f. n. *teffeγ*; n. a. *uffuγ*. — (B. Iznacen), *effeγ*; p. p. *iffeγ*; H., *teffeγ*. — (Meṭmaṭa), *effeγ*; p. p. *iffeγ*; p. n. *effīγ*; H., *teffeγ*; n. a. *ūfūγ*; faire sortir : *sūfeγ*. — (B. Ṣalaḥ), *effĕγ*; p. p. *iffĕγ*; p. n. *ūr effīγγeχ*; H., *ṭeffāγ*; n. a. *ūfūγ*. — (B. Menacer), *effĕγ*; p. p. *iffeγ*; p. n. *ū-iffīγeš*; H., *teffeγ*; n. a. *ūfūγ*; fais-le sortir : *sûfeγ-īh*; H., *ssûfūγ*; n. a. *asūfeγ*; il est sorti : *ituaffeγ*.

SOUCHE (d'arbre), *θįįĕrnežθ* (*tį*), pl. *θįįirnāž*; au-dessus de la souche, on appelle le tronc : *θazeqqūrθ* (*nze*), pl. *θizeqqūrīn* (*nze*). — (B. Iznacen), *θiñīñerθ*. — (B. Menacer), *hqunšelt* (*tq*), pl. *hiqunšlāθīn*; *heįįerθ*; *θagiįįūrθ* (*tg*), pl. *θagiįįurīn* (*tg*) (Zkara).

SOUCI (fleur), calendula = *ažmīra* (ar.).

SOUFFLER[2], *ṣūḍ* (*īθ*), p. *iṣūḍ*; H., *tṣūḍ*; n. a. *aṣūḍ* (*u*). — (Zkara), *ṣūḍ*; p. p. *iṣūḍ*; p. n. *ūr-iṣṣūḍ*; H., *tṣūḍ*. — (Meṭmaṭa), souffler : *ṣūḍ*; p. p. *iṣūḍ*; H., *ṣṣūḍā*; n. a. *aṣūḍi* : soufflet. — (B. Menacer), *suṭ* (ou) *nsef himĕssi* : souffle le feu [نسف]. (B. Ṣalaḥ), *ṣūḍ*; p. p. *iṣūḍ* (et p. n.); H., *tṣūḍ*.

SOUFFLET, *ṛṛábūz*, pl. *irábūzen* (et) *rrúābez* : grand soufflet du forgeron; *lkīr*, pl. *lkiūr* (ou) *lšîr*, pl. *lšiūr* : petit soufflet de ménage; on souffle aussi le feu avec une sorte d'éventail

1. Cf. R. Basset, *Loqm. berb.* √F R', p. 285. — *Zenat. Ouars.*, p. 110 : *effeγ* — *B. Menacer*, p. 86 : *effeγ*.

2. Cf. R. Basset, *B. Menacer* : souffle, *θanfūt*, p. 87. — *Loqm. berb.*, p. 274 √DH OU.

d'alfa : *θimerɣaḥθ* [رح] (ou) *θariias̆θ* (ou) *θámšelt.* — (B. Iznacen), *rrabūz.* — (Meṭmaṭa), les mots *kīr*, *rrâbūz* ne sont pas connus; on appelle le soufflet *tḥânūt ûnād* (ar. tr. *ḥânût el-maɛâllem*); le soufflet se compose de deux outres (*iiĕlɣān ĕntḥânūt*) que l'on peut gonfler et dégonfler en agissant au moyen d'un manche (*fus*), l'air sortant des outres pressées se rend au foyer au moyen de deux tubes (*lžáɛabāθ ĕntḥânūt*) maintenus par une planche (*lūḥet*). — (B. Menacer), *hṣūdet* (*ts*); *hiṣūdāθīn* : grand soufflet du forgeron; *lkīr* : petit soufflet[1].

SOUFFLETER, *serfeg* (*iθ*); il le souffleta : *iserfegīt* (ou) *ius̆-ās aserfīg* : il lui donna un soufflet; H., *tserfeg*; n. a. *aserfeg* (*u*); soufflet : *aserfīg* (*u*), pl. *i-en* [? صفق]. — (B. Iznacen), *serfeg*; soufflet : *θaserfīxθ*. — (B. Menacer), *ṣeffaɛ*; p. p. *iṣeffaɛ* (et p. n.); H., *tṣeffaɛ*; un soufflet : *aṣeffīɛ* (*u*) [صفع]; *siɣ-ās ameliīḍ* : soufflette-le (Zkara); *siɣ-ās amellīq* (*u*).

SOUFRE, *lxebrīiθ* (B. Iznacen) [كبريت]. — (B. Menacer), *lχebrexθ* (*nel.*).

SOUPER[2], repas pris le soir : *amensi* (*u*); (de) *ĕns* : souper; p. p. *iinsu* (et p. n.); H., *tnusa* (ar. tr. *lɛâs̆a*). — (B. Menacer), *munsu*; p. p. *immunsu* (et p. n.); H., *tmunsu* (et f. n.); le souper : *amensi* (*u*).

SOUPIRER, *enhet*, *enheθ* [نهد]; p. p. *ienheθ* (et p. n.); H., *tneheθ*; n. a. *anheθ* (*u*) : soupir.

SOUPÇONNER, *s̆ekk*; p. p. *is̆ekk* [شكّ]; il les soupçonna : *is̆ekk dīsen*; H., *ts̆ekka*; n. a. soupçon : *as̆ekki* (*u*); soupçonneux : *ams̆ekki*.

1. Cf. W. Marçais, *Tanger*, p. 307 [زبر].

2. Cf. R. Basset, *Loqm. berb.*, p. 322 √N S. — *Zenat. Ouars.* : *munsu* et *imensi*, p. 111.

SOURCE[1], θẹṭ; une source : tîš-ĕnṭẹṭ, pl. θẹ̄ṭṭaṷīn; — θamežrīθ (tm) [جرى]; θimežriịīn : source d'eau courante; — fontaine jaillissante : θệṭ uṷúγbāl (ar. tr. εînĕγbāli); — fontaine intermittente : θệṭ tameskūnt [سكن]. — (B. Rached), θiṭ, pl. θiṭṭaṷin. — (Meṭmaṭa), θẹ̄ṭ, pl. θẹṭṭaṷin; dans la source : δi-θẹ̄ṭ. — (B. Mess.), θala (ṭa), pl. θiliṷa, θigelṷa. — (B. Menacer), hâla; une source : ịîšt entâla; hâliṷīn (ta) : source avec bassin; θabεarūrθ (tb), pl. hibaεrār : endroit où se réunit l'eau d'une source.

SOURCILS[2], θimmi (ti), pl. θimmiṷin (et) θammiṷin. — (B. Iznacen), θimmi, pl. θimmiṷin. — (Meṭmaṭa), abliuen (V. CIL). — (B. Mess.), lḥaṷažeb [حواجب]. — (B. Menacer), θimmi, himmi (ti), pl. hammiṷin; — imemman : sourcils d'hommes (Zkara). — (Senfita), hámmaṷin.

SOURD[3], aδerḍūr, f. θa-rθ; m. p. iδerḍūren; f. p. θi-rīn; il est sourd : iḍḍerḍer; H., dderdār. — (B. Iznacen), sourd : aδerδūr; fém. θaδerδūrθ; m. p. iδerδar; f. p. θiδerδār; surdité : θiδerδerθ. — (B. Menacer), sourd : amežžuž; f. θamežžužθ; p. imežžāž; f. θimežžaž.

SOURIS[4], θaγerdaiθ (tγe), pl. θiγerdaịīn (tγe). — (B. Iznacen), θaγerdaiθ. — (Meṭmaṭa), θaγerdaiθ; musaraigne : fértelḫīl (ar.). — (B. Ṣalaḥ, B. Mess.), θaγerδaiθ (tγ), pl. θiγerδaịẹn. — (B. Menacer), aγerda (u), pl. iγerdain.

SOUS[5], sṷaddi; sṷaddi ṷuzru : sous le rocher; suaddi uḍār-īnu :

1. Cf. R. Basset, Loq. berb., p. 306 √L. — Zenat. Ouars., p 111 : θīt. — B. Menacer, p. 80 : θīt.

2. Cf. R. Basset, Zenat. Ouars., p. 111 : θammauin.

3. Cf. R. Basset, Zenat. Ouars., p. 111 : amezzuž. — Beni Menacer : amžūž, p. 87. — Rif, Brab., Chl. : aḍerḍūr.

4. Cf. Basset, Zenat. Ouars., p. 111 : aγerδa. — Loqm. berb., p. 278 √R'RD.

5. Cf. R. Basset, Zenat. Ouars., p. 111 : saddu.

sous mon pied; *suádda-nnes*: sous lui. — (Meṭmaṭa), sous quoi? *zeddumen*; sous la terre : *eddū šal*; sous le crible : *eddú θállūnt*; sous le moulin : *zeddu θsīrt*; sous toi : *zeddūx*; f. *zeddum*; sous eux : *zeddusen*. — (B. Mess.), *eddu fus-īnu* : sous ma main; *eddaṷi* : sous moi; sous lui : *eddaṷas*; sous nous : *eddaṷθnaɣ*; sous vous : *eddauaθuen*; sous eux : *eddaṷasen*. — (B. Menacer), *alla*; sous ma main : *alla fūsīu*; sous moi : *alla-i̯u*; sous toi : *alla i̯īχ* (ou) *suadda iufūs-iu*; *addui̯iχ* : sous toi.

SOUVENIR (Se)[1], *mešθi̯i̯*; p. p. *immešθi̯i̯*; H., *tmešθai̯*; n. a. *amešθi* (*u*); *smešθi i̯īd* : rappelle-moi; H., *smešθai*. — (B. Iznacen), *mexθi*; H., *tmexθi*. — (Meṭmaṭa), *meχθex*; p. p. *imeχθex*; H., *tmeχθex*; souvenir : *ameχθex*. — (B. Ṣalaḥ), *meχθi*; p. p. *meχθi̯eɣ*, *immeχθi* (et p. n.); H., *tmeχθi*; n. a. *ameχθi* (*u*). — (B. Menacer), *meχθi̯i̯*; p. p. *immeχθi*; p. n. *u-imeχθi̯i̯eš*; H., *tmeχθi̯i̯*; faire souvenir : *smeχθi*; H., *smeχθai̯*.

SPACIEUX (Être), *miriu*; cette chambre est spacieuse : *aḫḫam-iu δmiriu* (V. LARGE); rendre spacieux : *siru* (*īθ*); H., *ssarau*. — (B. Menacer), cette chambre est spacieuse : *hazeqqa-i̯u tmirauxθ*.

SPERME, *ššáhṷeθ* [شهو]. — (Meṭmaṭa), *ššihueθ*. — (B. Menacer), *ššehūθ*. — (Senfita), *láḫlauθ*.

SUCER, *mêṣṣ* (*īθ*), *mêṣṣêṣ* [مصّ]; p. p. *imêṣṣ*, *imêṣṣêṣ* (et p. n.); H., *tmêṣṣêṣ*; n. a. *amᵉṣṣeṣ* (*u*). — (B. Mess.), *muṣṣ*; H., *ṭmuṣṣa*. — (B. Menacer), *aḫlu*; p. p. *iaḫlu*; p. n. *aḫliu*; H., *ḫallu* (lécher) (ou) *smūm*; p. p. *smūmiɣ*, *ismūma*; H., *smūma*.

SUCRE[2], *ssukkᵘer* [سكر]; (ou) *θaẓẓūδi* : ce café est sucré; *lqahṷeθ-iu tmîẓīṭ* (doux). — (B. Iznacen), *súkkĕr*. — (Meṭmaṭa),

1. Cf. R. Basset, *Loqm. berb.*, p. 293 √KTH. — *Zenat. Ouars.*, p. 111 : *meχθi*.
2. Cf. W. Marçais, *Tanger*, p. 335 [سكر].

súkker (Meṭm., Senfita); être sucré, doux : *mīẓīḍ*, f. *tmīẓīṭ*; m. pl. *mīẓīḍen*, f. pl. *timiẓīḍīn*. — (B. Menacer), *ssûχer*; sucré : *mizīḍ*, fém. θ*mizīṭ*, pl. *imīzīḍen*, f. p. θ*imizīḍīn*.

SUER[1], *eddeδ*; p. p. *iddeδ*; p. n. *ddīδ*; H., *teddeδ*; sueur : θ*īδi* (*ti*); f. fact. *seddeδ*; H., *seddaδ*. — (Zkara), *eddeδ*; p. p. *iddeδ*; p. n. *ūr-íddīδ*; H. et f. n. *teddeδ*; n. a. *addāδ* (*ụa*). — (B. Iznacen), *eδeδ*; il sue : *qā iteddeδ*; sueur : θ*īδi*. — (Meṭmaṭa), sueur : θ*īδi*. — (B. Mess.), θ*īδi*; la sueur coule : θ*īδi la ṭustuị*; je suis en sueur : θ*īδi* θ*etša-ịi*. — (B. Menacer), la sueur : *hīδi* (*ti*); p. p. *iddeδ*; p. n. *u-iddīδeš*; H., *teddeδ*. — (Senfita), sueur : *hīdi*; il sue : *inhedded*.

SUFFIRE, *ifá ịi* : il me suffit, pl. *fān*; *ifa sĕkk* : il te suffit; H., *ttifa* (V. ASSEZ). — (Meṭmaṭa), j'en ai suffisamment : *γrí lqédd-īnu* (ar.); ils ne me suffisent pas : *ụél δī tqûmneš* (ar.). — (B. Menacer), j'en ai assez : *bèrkaịai*; tu en as assez : *barkāš* (ar.).

SUIE[2], *isĕluān* (*ni*); *δaberšān am iselụān* : il est noir comme la suie. — (B. Iznacen), *isĕlụān*. — (B. Menacer), *aḥmūm* (*ụa*) [حمّ]; *qdīd uaḥmūm* : un peu de suie (Zkara); *bu-mlīḥ*; — *lebịāḍ* [بو مليح — ابيض].

SUINTER, suinter légèrement : *enẓêẓ*; p. p. *iénẓêẓ* [نزّ]; p. n. *nẓīẓ*, H. *ṭṭênẓīẓ*; — *lqúlle*θ *qaiṭ tenẓīẓ* : la cruche suinte; *enses*; p. p. *iénses*; p. n. *nsīs*; H., *tenses* : suintement abondant par exemple d'une source; en parlant de l'eau qui sort de la viande salée : *mežž*; p. p. *imežž* (et p. n.); H., *tmežž*; n. a. *amežži* (*u*). — (B. Menacer), *téffeγen ụamân si-bérrādex*θ : la gargoulette suinte (V. SORTIR).

SUIVRE[3], *eḍfĕr* (*ḍéfr-ī*θ); je l'ai suivi : *ḍéfreḥ*; p. p. *iḍfĕr*; p. n. *ḍfīr*; H., *ḍḍfār*; il ne te suivra pas : *ûšekk iḍḍefreš*; ils se

1. Cf. R. Basset, *Zenat. Ouars.* : θ*īδi*, p. 111. — *Rif*, *Brab.*, suer : *eddeδ*, *edded*.
2. Cf. Biarnay, *Ouargla*, p. 324 : *aslu*, suie.
3. Cf. R. Basset, *Loqm. berb.*, p. 244 √D'FR.

suivent : *temḍūfūren.* — (Zkara), *eḍfer*; p. p. *iḍfer*; p. n. *ūr-íḍfīr*; H. et f. n. *ḍeffer*; n. a. *aḍfār* (*u*). — (B. Iznacen), *eḍfer*; p. p. *iḍfer*; p. n. *ḍfīr*; H., *ḍeffer*; fut. n. *ḍeffīr.* — (Meṭmaṭa), *eḍfer*; p. p. *iḍfer*; p. n. *ḍfīr*; H., *ṭāfār*; n. a. *aḍfār* (*u*). — (B. Ṣalaḥ), *ĕḍfer-θ* : suis-le; p. p. *i̥eḍfer*; il n'a pas suivi : *ūr-i̥eḍfīreχ*; H., *ṭeffār.* — (B. Mess.), *eḍfer-ṭ* : suis-la; p. p. *iḍjer*; p. n. *ḍfīr*; H., *iṭṭafar δis* : il le suit. — (B. Menacer), *eḍfer hamṭṭuθu* : suis cette femme; p. p. *i̥eḍfer*; p. n. *ḍfīr*; H., *ḍḍāfār.* — (Harawat), *eḍfer*; il m'a suivi hier : *iḍefrai̥id iḍennāḍ.*

SUR[1], il monta sur un cheval : *i̥īni̥u δéni̥i úi̥īs* (ou) *ḫūi̥īs*; sur un âne : *δéni̥i úγīūl* (ou) *ḫúγīūl*; sur ma tête : *ḫuzellīf-īnu*; il tomba sur lui : *iḥūfĕḫḫes.* — (B. Mess.), monte sur le cheval : *eni̥ī fuχīdar*; sur ma main : *fufūs-īnu*; sur la table : *zennig eṭṭableθ*; *ali γuženna* : monte en haut; sur moi : *felli*; sur toi : *fellāχ*; sur lui : *fellās*; sur nous : *fellanāγ.* — (Meṭmaṭa), sur quoi : *maγef tserseδ fenjāl.* — (B. Ṣalaḥ), *u̥iγef* : sur qui; sur qui pleures-tu? *u̥iγef θettrūδ.* — (B. Mess.), sur quoi? *maiγef.* — (B. Menacer), *fel qiš*; sur la table : *felqiš enṭabla*; sur ta main : *felqiš ūfūsiχ* (ou) *fūfūsiχ*; il est monté sur le cheval : *i̥iniu felqîš ui̥īs*; sur quoi? *matta fi*; sur moi : *felli*; sur lui : *fellās*; sur quoi? *felqīš matta.*

SUREAU, *u̥aru̥iru* (*nu̥e*) (ou) *lu̥érui̥r.* — (Meṭmaṭa), *lγeri̥ūn.* — (B. Mess.), *ariūli.* — (B. Menacer), *au̥erḍillů* (ou) *aqrīš.*

SUSPENDRE[2], accrocher : *εálleq* (*īθ*)[علق]; p. p. *iεálleq* (et p. n.); H., *taεalleq*; n. a. *aεálleq* (*u*); — *šīggel*; p. p. *išīggel*; H., *tšīggāl*; accroche ton burnous au porte-manteau : *šīggel aselhâm ennex úg-žīž* (Zouaoua : *šĕggel*). — (Zkara), *āi̥el*; p. p. *ui̥leγ*, *i̥ui̥el*; p. n. *ur i̥ui̥īl*; H., *ttāi̥el*; f. nég. *ttīi̥el*; n. a.

1. Cf. R. Basset, *Zenat. Ouars.*, *f. γef*, p. 111. — *Loqm. berb.*, p. 280 √R' F.
2. Cf. H. Stumme, *Handb.*, p. 158 : *agel.*

äịäl (*u*). — (B. Iznacen), *äịel*; p. p. *iuịel*. — (Meṭmaṭa), *äǧel*; p. p. *ịûǧel*; p. n. *ūr-ịūǧīleš*; H., *tâǧel*; n. a. *äǧäl*. — (B. Menacer), suspends ton burnous : *ɛalleq abernūs-iχ* (ou) *aịel*; p. p. *uịleγ*, *ịuịel*; p. n. *uịīl*; H., *tail*. — (B. Salaḥ), *äǧel*; p. p. *ūǧleγ*, *ịūǧel*; p. n. *ūǧīl*; H., *ṭäǧel*; n. a. *äǧäl*.

T

TABLE, *ttábleθ* (*ntâ*), pl. *ttábláθ* (*nta*); *lmîdeθ* (*nelm*); *lmidāθ* [مائدة].

TACHE (d'encre), *tnúqqīθ* [نقطة], pl. *tinuqqīθīn*; tache de graisse sur un vêtement : *θịịeddmet*, pl. *ịíddmen* [ادام]; ton burnous est taché de graisse : *asélhām ennéš δímịiddem*, pl. *imịidd-men*.

TABLIER des moissonneurs, en peau de mouton ou de chèvre; on utilise aussi les mezoueds (sacs de peau) usagés : *θbạ́nta* (*tba*); *θbạ́nta ntíịlūθ*, pl. *θibạntīụịn* (*tba*) ou bien : *θílmīθ* (*tel*), pl. *θilmäị* (*tel*); tablier des Européennes : *lbâlīṭa* (ou) *θbdlīṭ* (*tba*), pl. *lbâlīṭāt*, pl. *θibālīṭīn* (*tba*). — (B. Menacer), *θbanta* : tablier en peau. — (Senfita), *θbanta* (*nt*), pl. *hibantaụin*; les moissonneurs ont la main protégée par des tubes de roseau : *γālīm*; *fūs* (ar. tr. *derraɛ*) (ou) *fus ulīlem* : tiges de laurier-rose protégeant le bras (cf. Zouaoua : *θabenta*).

TAILLEUR, *aḫịịịäḍ* (*u*), pl. *iḫịịịäḍen* [خيّاط]; *abrāšmi* (*u*), pl. *i-ịen*. — (B. Izn.), *aḫịịịäḍ*, pl. *i-en*. — (B. Menacer), *aḫịịịaḍ*, pl. *i-en*.

TAIRE (Se)[1], *sûsem*; p. p. *ịissūsem* (et p. n.); H., *sūsūm*; n. a. *asūsem* (*u*) : faire taire : *sûsem* (*īθ*); fais-le taire : *sûsĕm-īθ*; H., *sūsām*; on dit aussi : *ess* : tais-toi; *éss ĕḫnaγ* : fais-nous

1. Cf. R. Basset, *Zenat. Ouars.*, p. 111 : *susém*. — *Loqm. berb.*, p. 265 √S S M.

silence; (ou) *ĕttĕ́f ĭmī-nneš*; (ou) *ĕ́qqen ĭmī-nneš* (ou) *ḫĭịĕḍ ĭmī-nneš* [خيّط]. — (Zkara), *sūsem*; p. p. *issūsem* (et p. n.); H., *susūm* (et f. n.); n. a. *asūsem*. — (B. Iznacen), *sūsem*; p. p. *isūsem* (et p. n.); H. et f. nég. *ssusūm*. — (B. Rached), *sūsem*; faites silence : *susmeθ*. — (Meṭmaṭa), *sûsem*; p. p. *issūsem*; H., *sūsūm*; n. a. *asūsem* (*u*); faire taire : *ssūsem* (θ). (B. Ṣalaḥ, B. Menacer) *sūsem*; H., *tsūsūm*; n. a. *asūsem* (*u*). — (B. Menacer), *sûsem*, *issūsem*; p. n. *u-isûsmeš*; H., *ssūsūm*; fais-le taire : *ssûsm-īh*. — (Senfita), *sūsem*; — *ūtmeslīš*.

TALON[1], *léqδem* [قدم]; *léqδām*. — (B. Iznacen), *inerz*. — (Meṭmaṭa), *inerz*, pl. *inerzen*. — (B. Ṣalaḥ, B. Mess.), *īnerz*. — (Senfita), *inerz*. — (B. Menacer), *leqδem*.

TAMARIN, *θamemmaiθ*. — (Meṭmaṭa), *θamemmaiθ*. — (B. Menacer), *hamemmaiθ*.

TAMBOUR inconnu dans la tribu : *ṭṭĕ́bĕ̄l* (*ṭṭé*) [طبل]; petit tambour fait d'une peau recouvrant un vase en terre : *ṭṭĕ́bīla*.

TAMBOURIN : sur une monture cylindrique en bois, on applique une peau de chèvre que l'on coud ensuite, puis au-dessous de cette peau, on tend deux cordes (*lûṭār*, pl. *lûṭārāθ*) de boyau de bouc ou de chèvre; cet instrument s'appelle : *lbéndīr* (*nel.*), pl. *lébnāδer*; ou bien : *areqqūθ* (*u*) (tamis), *ireqqūθen*. — (B. Iznacen), *arekkūθ*. — (B. Menacer), tambour monté sur un pot allongé, *aqĕllāl* (*u*), pl. *iqĕllālen*; *lbendair*; *īdž-ubendair* : un tambourin, pl. *lebnāder*.

TAMIS, quand le grain est moulu, on prend cette mouture (*īzīḍ*) on sépare le son (*aneḫḫal*) de la farine (*âren*) au moyen d'un tamis, fait d'une peau percée de trous, on l'appelle *areqqûθ nûnḫāl* (ar. tr. *lγúrbāl*); on tamise la farine; la partie fine s'appelle *lérθĕb*, ce qui reste sur le tamis s'appelle *iûzạn*

1. Cf. R. Basset, *Zenat. Ouars.*, p. 111 : *inirež*.

(orge) (ou) *lbédiįeθ* (blé); le tamis qui a servi à cette opération s'appelle : *areqqûθ nélhęnd* (en fil de fer); *areqqûθ néssbīb* (en crin); on les achète à Tlemcen. Les Beni-Snous achètent à Mar'nia un tamis formé de brins d'alfa tendus sur une monture de diss, on l'appelle : *θîla* (*nti*), pl. *θîlaįīn* (*nti*) (V. CRIBLE). — (B. Iznacen), *arekkūθ* (*u*). — (Meṭmaṭa), *θallūmt* (*θa*), pl. *θillūmā*; sous le tamis : *zeddu θallūmt*. — (B. Menacer), tamis en alfa : *bûṣiįįar* (ar.), pl. *ibuṣiįįāren*; tamis plus fin en alfa : *hállūmθ* (*ta*), pl. *hillūmīn*.

TAN, *eddbaγ* : écorce de racine de chêne; on la pile quand elle est sèche, et on en saupoudre les peaux; ou bien on fait cuire cette poudre dans de l'eau et on laisse macérer les peaux dans le liquide; tanner : *eẓbeγ*; p. p. *iiẓbeγ*; p. n. *ẓbīγ*; H., *ẓébbeγ* [دبغ]. — (Meṭmaṭa), *θīfli nukerrūš* : (écorce de chêne).

TANTE, ma tante paternelle : *ɛamti* (ar.), pl. *ɛámmāti*; ma tante maternelle : *ḫalti* (ar.), pl. *ḫụālāti*. — (B. Iznacen), tante paternelle : *ɛamti* [عم]; tante maternelle : *ḫālti* [خال]. — (B. Menacer), *ɛamti* : ma tante; *ɛamtīχ* : ta tante (pat.); *ḫâlti* : ma tante; *ḫâltīχ* : ta tante (mat.).

TAON, *θággent* (*tá*) (ar. tr. *ḍḍébāb*). — (B. Ṣalaḥ, B. Mess.), *θaggᵘenṭ*. On dit aussi : *θanaɛūrθ* [نعر]; *θabaɛūṭ* [بعوض]. — (B. Men.), *zibbaγ*, pl. *izibbγen* (mouche de cheval); *θaggent*.

TARDER[1], *mâḍẹ̄l* [?مطل]; p. p. *iimmāḍẹ̄l*; H., *māḍāl*; n. a. *āmāḍel*; *qa ituáɛṭṭel* : il est en retard, il tarde. — (B. Menacer), *mmâɛḍel*; p. p. *immāɛḍel*, H. *tmāɛḍāl*; *smaɛḍel*; H., *smaɛḍāl*.

TARD, il est tard : *iiįūr ass* (*ḫi*) (litt. : le jour a marché). — (B. Menacer), *iroḥ lḥal* (ar.).

1. Cf. W. Marçais, *Tanger* : p. 386 [عطل].

TAPIS[1] (en laine), θazerbīθ (dze); θizerbiịīn (dze) [زربية]; θrâšna (tra); θirašniụīn (tra) (ar. lḥúmbel) ou leqṭīfa (ar.); cette dernière variété de tapis est travaillée dans la région des Beni Snoûs. — (Meṭmaṭa), θraxna : grand tapis de laine. — (B. Menacer), θazerbeχθ, pl. θizerbaị (R. B.).

TARIR, la source est tarie : ṭêṭ qâi θéqqūr (V. ÊTRE SEC); (ou) qâi θénɣer, (ou) qâi θkén (ar. tr. كنّت راهي). — (B. Menacer), hālá héqqūr (V. SEC).

TARDIF, mâzūž, f. θmâzuzt; m. p. ímūzāz, f. pl. θímūzāz; irδén δmâzūz (ou) δímūzāz : du blé tardif; — figues tardives : θáḫerfīθ [خرف] (ar. tr. lémḫerrfa).

TAS, ɛôrmeθ; θaɛôrmet (tɛô), pl. θiɛúrmaθīn; tas de pierres (sacré) : ašeršūr (u), pl. išeršār. — (B. Iznacen), ăɛárrīm (u) [عرم]. — (B. Menacer), lɛọrmeθ (ou) ăɛárrīm (u).

TASSE, afenžāl (u) [فنجال], pl. ifenžālen; lšâs [كاس], pl. lšīsạn; il but une tasse de café : isụu ídžen elšâs nélqahụeθ. — (B. Mess.), afenžal, pl. lefnažel. — (Meṭmaṭa), fanžāl, pl. ifanžālen. — (B. Menacer), fanžāl (u), pl. ifanžalen.

TÂTONS (Marcher à) : éịịūr tfâfāδ : marche à tâtons; fâfa; p. p. ífafa; H., tfafa; chercher à tâtons : šemšem; H., tšemšem.

TATOUER, šréḍ; p. p. ịišreḍ; p. n. uššríḍɣeš; H., šérreḍ; n. a. ašrāḍ (u); θíšreṭ (nté) : tatouage, pl. θišerḍīn (ou) θíušmet (túš) [وشم], pl. θiušmịn (túš). — (B. Menacer), tatouage : tišerṭ, pl. tišraḍ (ou) lušam; tatouer : ušem; p. p. iušem; p. n. ušīm; H., uššem.

TE[2] (V. pron. de la 2e pers. GRAMM., p. 64). — (B. Rached), je t'ai donné : ūsiɣ-äχ; que t'a-t-il dit? matta daχ innān. —

1. Cf. R. Basset, B. Menacer, p. 87. — W. Marçais : Tanger, p. 269 : حنبل.
2. Cf. Loqman berb. √K, p. 403.

(Harawat), il l'a suivi : *ịídferš*; il t'a suivie : *ịídfer-šem*; je t'ai donné (h.) : *ušiγ-aχ*; je l'ai donné (f.) : *ušiγ-am*. — (Meṭmaṭa), régime dir. : il t'a frappé : *ịūθ-īšekk*; il t'a frappée : *iūθ-īšemm*; régime ind. : je t'ai dit : *nnīγ-āχ* (masc.); je t'ai dit : *nnīγ ām* (fém.). — (B. Ṣalaḥ), rég. dir. : il t'a frappé : *ịūθ āk* (ou) *ịūθa-ịāk*; je t'ai vue : *zrīγ-ām*; rég. ind. : je t'ai dit : *ennīγ-āχ* (h.); je t'ai dit : *ennīγ-ām* (f.). — (Senfita), il t'a vu : *izriš*; je t'ai dit : *nnîγ-aš*; je t'ai vue : *zγiγ šemm*. — (B. Mess.), rég. dir. : il t'a suivi : *idefr āχ-īd*; il t'a suivie : *idefr ām-īd*; rég. ind. : je t'ai donné (à toi homme) : *χfīγ-āχ*; je t'ai donné (à toi femme) : *χfīγ-ām*. — (B. Menacer), il t'a frappé : *iuxθiχ*; il t'a frappée : *ịuxθīχem*; il t'a vu : *ịezriχ*; il t'a vue : *ịezrīχem*; il t'a dit : *ịinnāχ*; je t'ai entendue : *slīγ-ām*.

REAU[1], *ázgen* (*ụu*) : (de dix ans environ); pl. *izūgạn* (*ni*); *aγermūl* (*u*), pl. *iγermūlen* (ou) *iγermāl*. — (B. Iznacen), *afunās* (*u*), pl. *i-en*. — (B. Menacer), *afūnās* (*u*), pl. *i-en*.

ᵢNEUX, *aferḍās* (*u*), pl. *iferḍāsen* (signifie aussi chauve); il est teigneux : *ịigrāɛ* [قرع]; *búddelḫeθ*, pl. *ibúddelḫen*; teigne : *θiffer̩dest* (*ti*). — (Meṭmaṭa), *ugriɛā*, fém. *θugriɛāθ*. — (B. Menacer), *aferḍās*, pl. *i-en*.

TEINDRE, *ṣᵉbeγ* (*īθ*) [صبغ]; p. p. *íṣbeγ*; p. n. *ūr-ṣbiγγeš*; H., *ṣebbeγ*; *aṣbāγ* (*u*) : teinture; *aṣĕbbaγ* : teinturier, pl. *iṣbbaγen*; *ṣṣebaγeθ* : liquide servant à teindre. — (Meṭmaṭa), *sessu* (V. BOIRE). — (B. Ṣalaḥ), *esbeγ* (*ṭ*); p. n. *sbīγ*; H., *sebbaγ*. — (B. Menacer), *eṣbeγ*; H., *ṣebbeγ*.

TEINTURIER, *aṣĕbbaγ* (B. Sn., B. Izn., B. Men.), pl. *i-en*.

TÉLÉGRAPHE, *tîneḡraf*.

TELLIS, sac double en laine, ou en poil de chèvre mêlé de

1. Cf. Basset, *Loqm. berb.*, p. 403 √FNS. — *Zenat. Ouars.*, p. 111 : *afunās*.

laine servant aux transports à dos de mulet ou à dos d'âne; *sâšu* (*u*), pl. *isāšān* (ou) *šášu* (sur le mot « tellis » v. Ben Cheneb, *Revue afric.*, 4e trim. 1912, n° 287). — (Meṭmaṭa), *sāxu* (*u*), pl. *isūxan*. — (B. Men.), *sāχu* (*u*), pl. *isāχān*.

TÉMOIGNER, *šeheδ ẓḭí δi-flān* [شهد]; témoigne en ma faveur contre un tel; p. p. *ẓḭšheδ*; p. n. *ūršhīδγeš*; II., *šchheδ*; n. a. *ašhāδ* (*u*); témoin : *amšāhcδ* (*u*); *imešhāδen*.

TEMPE, *nnuḁāδer* [نوادر]; *θiuḁūra nennuḁaδer* (c'est là que l'on enlève le mauvais sang au commencement de l'été pour éclaircir la vue). — (B. Menacer), *aδlīlt*, pl. *aδliuḁin*; *nnâδer*, pl. *nnuāδer*.

TEMPS, il fait beau temps : *áss qā-iεâδel* [عدل]; *ass qaīt ígäεäδ* [فعد]; *ass δimṭārah* (ar.); *ass qait iṣḥa* (ar.); mauvais temps : *qait δímkūuḁeš* [كوس]; *δimγiiem* (ar.), *δímkendèr*; je n'ai pas le temps : *ūγrîš elḥāl* [حال]; il vient de temps en temps : *ītläseδ merra merra* [مرة]; *tsaεâθ tsáεāθ* [ساعة]. — (B. Menacer), *isḥá lḥal* : il fait beau temps; — *ūmmirγeš* : je n'ai pas le temps; *ū ímmireš* : il n'a pas le temps.

TENAILLES, *lkúllāb* [كلاب]; *lmĕggleθ*, *θímĕggelθ*. — (B. Menacer), *kullāb*.

TENDRE (adj.), *alĕqqāγ*, pl. *i-en*; f. *θaleqqaḫθ*, pl. *θi-ịn*; *elqéγ* : être tendre; p. p. *ẓélqeγ*; p. n. *ūr-ẓélqīγeš*; H., *télqīγ*.

TENDRE (verbe), *siγ afūs-ĕnneš* : tends la main; p. p. *ssiγeγ*, *issiγ* (cf. Gr., p. 121); H., *ssaγa*.

TÉNÈBRES[1], *θallest* (*ta*). — (B. Iznacen), *θallest*. — (Senfila), *hallest*. — (Meṭmaṭa), *δi-θallesθ* : dans les ténèbres; *ṭḷlām*; [ظلام]; (*itélles* se dit d'un individu qui ne voit pas du tout la nuit).

TENDONS du genou : *aεarqūb* (*u*) [عرقوب], pl. *iεärqäb*; *θiεäṣbeθ* :

1. Cf. R. Basset, *Zenat. Ouars.*, p. 111 : *θallest*.

tendons du bras, pl. *θiεáṣbīn* [عصب]. — (Meṭmaṭa), *lεáṣèb*. — (Senfita), *θiféluct* (*te*), pl. *θifèluin*.

TENIR, tiens : *aḫ* (ou) *áḫūś*, pl. *áḫūyèm* (ou) *áḫayèn*; tenir à la main. (V. SAISIR : *éṭṭef*) ; tenir promesse : *îli ði lεâheð ĕnneś* [عهد] : *ūtḫâlāfeś ḫés* [خالف]; *sûfa lεaheð-ĕnneś*, *sémða lεahe-ðenneś*, *egg selεāheð-ĕnneś*, *séqbel elεâheð-ĕnneś*. — (B. Menacer), tiens ! *aḫ* ; tenez : *aḫθ* ; tiens bon : *eṭṭéf mléḥ* (V. SAISIR).

TENTE[1], *θaεáśśiūθ* (*tεá*), pl. *θiεáśśiyin*; *ágīθūn*, pl. *igīθạ̄n*; — *aḫḫam* ne désigne que la maison, non la tente. — (B. Iznacen), *aḫḫām* (*uè*), pl. *iḫḫāmen*; — (Meṭmaṭa), *zeddu yèḫḫām* : sous la tente. — (B. Menacer), *aqīḍūn* (*u*), pl. *iqīḍān*. — (B. Rached), *aḫḫam yunzād*, *aqīðūn*. — (Senfita), *aḫam uanzad*, pl. *iḫāmen*.

TENIA (B. Menacer), *ibūtślen*.

TERRASSE, *θásḍīḥθ* (*teṣ*); pl. *θiṣūḍāḥ* [سطح]; *θizeqqa* (*dze*); *θizeqqiyīn*. — (B. Rached), *eṣṣḍaḥ*. — (Meṭmaṭa), *ssṭāḥ*. — (B. Mess.), *θazeqqa*, pl. *θizeγya*. — (B. Menacer), *esséṭḥaθ*. — (Senfita), *qīś nséqqa*.

TERRE[2], *śâl* (*nû*); une motte de terre : *ĕttọbeθ nûśāl*, *aśrûs nûśāl*; il tomba à terre : *iḥûf ði-θmūrθ*. — (B. Iznacen), *śāl* (*u*). — (B. Rached), *śal*. — (Meṭmaṭa), terre : *śāl* (*u*) ; de la terre : *sug-śāl*; en terre : *suśāl*; terrain : *θāmmūrθ* (*tm*), pl. *θimūra* (*tm*); terre à poterie : *θlāḫθ*. — (B. Ṣalaḥ, B. Mess.), *aχāl*. — (B. Menacer), *śāl* (*u*); terres noires : *śal aberśān* (convenant à la culture de la vigne et de l'orge); *śal azuggʷaγ* (argiles rouges généralement cultivées en blé); *śal amellāl* : argile à poteries; *iźði* : terres siliceuses ensemencées en

1. Cf. R. Basset, *Loqm. berb.* p. 403. — *B. Menacer*, p. 87 : *hanu*.
2. Cf. R. Basset, *Loqm. berb.*, p. 296 √KL. — *Zenat. Ouars.*, *śāl*, p. 110.

lentilles, en petits pois; terrain : *hamūrθ*, pl. *himūra*. — (Senfita), *šal* (*u*).

TERRIER, *ifri* (*ntegnīnt*) (de lapin). pl. *ifrān*; *áḫbu* (*u*), pl. *iḫbiuen* : terrier de porc-épic. — (Meṭmaṭa), *aḫbū* (*u*). — (B. Menacer), *aḫbu ntégnīnt*, pl. *iḫūba* : terrier de lapin.

TESSON, *ašqūf* (*uú*), pl. *išqūfen*; *θašqūfθ*, pl. *θišqūfīn*. — (B. Menacer), *ašĕqqūf* (*u*); *ašqūf*, pl. *išeqfān*.

TESTICULES, *θiḥebbeθ* (*tḥe*), pl. *θiḥebba* [حب]; *θämellälθ* (*tm*), pl. *θimellalīn* (*tm*); *θiεärūθ* (ar. tr. *lεárua*), pl. *θiεaruin*; *θaglät* (*te*) (peu commun), pl. *θigläḍīn* (*te*). — (Meṭmaṭa), *leqlaui* [كلا]. — (B. Mess.), *θiḫriḍīn*. — (B. Menacer), *ibláḍĕn*. — (Senfita), *iqeluen*.

TÊTE[1], *iḫf* (*ii*) : tête d'homme, d'animal; pl. *iḫfauen* (*ni*); *azellīf* (*nu*), s'emploie pour désigner une tête de mouton, de bœuf, et aussi la tête d'une personne, pl. *izellāf*; *ḥéff azéllīf-ĕnneš*; on emploie aussi, mais plus rarement *aqûrru* (*nu*) : tête humaine, pl. *iqûrrūien*; *θáḫffäšθ* (*tḫé*) : tête humaine : *θíḫffäšīn* (*tḫé*); *agélqūl* (*nu*) : tête, crâne. — (B. Iznacen), *azellīf* (*u*). — (B. Rached), *iḫf*. — (Meṭmaṭa), *aqernūε* (*u*), pl. *iqernäε*. — (B. Menacer), *iḫef*, pl. *iḫfauen*; tête de mouton : *zellīf*. — (Senfita), *iḫf*, pl. *iḫfauen*.

TÉTER, *ĕṭṭĕḍ* (*iθ*); p. p. *ieṭṭĕḍ*; p. n. *ūr-éṭṭīḍγeš*; H., *ṭéṭṭĕḍ*; n. a. *uḍūḍ* (*uu*); allaiter : *ṣūṭṭĕḍ* (*iθ*) (ou) *ṣûḍĕḍ*, *ṣûṭṭūḍ*; H., *ṣûḍūḍ*; *aṣūṭṭĕḍ* (*u*). — (Meṭmaṭa), *eṭṭĕḍ*; H., *ṭeṭṭĕḍ*; n. a. *uṭṭūḍ*. — (B. Ṣalaḥ), *eṭṭĕḍ*; p. p. *ieṭṭĕḍ*; p. n. *eṭṭīḍ*; H., *ṭĕṭṭĕḍ*; n. a. *ūḍūḍ*. — (B. Menacer), *eṭṭĕḍ*; p. p. *íṭṭĕḍ*; p. n. *ṭṭīḍ*; H., *ṭéṭṭeḍ*; faire téter : *seṭṭeḍ*. — (B. Snous), on dit aussi :

1. Cf. R. Basset, *Loqm. berb.*, p. 280 √R' F. — *Zenat. Ouars.*, p. 111 : *iḫf*, *aqarnūε*.

meṣṣẹṣ; H., *tméṣṣeṣ*; à un enfant qui pleure, la mère dit : *šéndel tîlmīt*; H., *tšéndel.*

TÉTON (d'homme), *îfef* (V. SEIN).

THAPSIA (thapsia garganica), *aδérriās* [درياس]; *búbbāl.*

THÉ[1], *âθāi* (*ya*); un verre de thé : *lšâs ĕnuâθāi.* — (B. Iznacen), *ätāi.* — (B. Rached), apporte du thé : *ayid lätāi.* — (Meṭmaṭa, B. Menacer, B. Mess., Senfita), *lätāi.*

THÉIÈRE, *aberrāδ* (*nu*), pl. *iberrāδen* [? برد]. — (Meṭmaṭa), *θaberrät.* — (B. Menacer), *abrīq* (*u*), pl. *ibrīqen* [أبريق].

THUYA, *amelẓẹ* (*u*). — (B. Rached), *amelzeǧ.* — (Meṭmaṭa), *εärεār* [عرعر]; *amẽlẓẹ* (Haraoua). — (B. Ṣalaḥ, B. Mess.), *εärεār.* — (Senfita, B. Menacer), *amẽlẓẹ.*

THYM, *zzεâθer* [سعتر, صعتر]. — (Senfita), *zzäεater*

TIÈDE, *eδfa* [دفا]; p. p. *iéδfa*; H., *δéffa*; n. a. *âδfa* : tiédeur; de l'eau tiède : *āmân éδfān*, (ou bien) de *erz* : briser; *amân rézzen* (en arabe tr. *ma meksūr*). — (Meṭmaṭa), de l'eau tiède : *amān ledden* [لدّ]. — (B. Menacer), de l'eau tiède : *amān eδfān*; *eδfa*; p. p. *iδfa.*

TIERS, *ĕθθélθ* [ثلث] (ou) *tâlteθ*; il réclame le tiers du troupeau : *qā ittārés tâlteθ ĕntemra*; deux tiers : *θelθāien*, *θnâien neθθúlūθāθ.*

TIGE d'une plante montée (d'asphodèle, de chardon, de salsifis, etc.) : *aγeddu* (*nú*), pl. *iγedduien* (ar. tr. *εâslūž*); tige de blé, d'orge : *γânīm* (*nu*), pl. *iγūnām*; tiges sèches de fèves, de céréales : (ar. tr. *lbrūmi*), *láḥṣīdeθ* (ou) *taḥṣīt* [حصد].

TIMIDE, il est timide : *nettan iitsedḥa* (V. HONTE); [استحى] (ou) *iddurui* (ar. tr. *dreg*) [? درى].

1. Cf. W. Marçais, *Tanger*, p. 215.

TIQUE de bœuf, de mouton : *θásellūft* (*tsé*), pl. *θisellūfīn* (on les détruit en les frottant de goudron), (ar. tr. *lγᵘrud*).

TIRER, *ĕžbeδ* (*žebδ-īθ*) [جذب] (B. Sn., B. Izn., B. Mess.); p. p; *ižbeδ*; p. n. *ūr-žĕbīδγeš*; H., *žĕbbeδ* (B. Sn., B. Izn., B. Mess.). n. a. *ážbāδ* (*u*); *zūγer* (et) *zúγγer* : détourner, conduire, guider par la bride, par le licol; p. p. *iizuγγer*; p. n. *ūr-iizzuγγreš*; H., *zuγγūr*; n. a. *azūγγer* (*u*) (ar. tr. *ḥâiied*); *zúγγer θafūnâstu si-úbrīδ* : tire cette vache hors du chemin; *ĕsθef*; p. p. *iisθef*; p. n. *ūδ-esθifγeš*; H., *settef*; n. a. *asθāf* (*u*) (ar. tr. *sél*); *ĕsθef argāzú sí-tsrāfθ* : tire cet homme du silo; tire-lui les cheveux : *séθf-ās izāffen-nnes*; tirer (la langue) : *sûfeγ* (V. SORTIR) *ílĕs*; tirer des coups de fusil : *ûųeθ set-mĕkᵘḥālθ* (V. FRAPPER); envoie-lui un coup de fusil : *ūųθit siidž ŭųûδem nélbarūδ*.

TISON[1], *ásfĕḍ* (*ųu*), pl. *isĕfḍaųen*. — (B. Mess.), *ameśhab*, pl. *imeśhūba* [شهب]. — (B. Menacer), grand tison servant à éclairer : *aqendīl* [قنديل].

TISSER[2], *zéṭṭ* (*īθ*); p. p. *izeṭṭ*; p. n. *ūr-izεṭṭeš*; H., *dzeṭṭ*; n. a. *azeṭṭa* (*u*) : métier à tisser, pl. *izeṭṭaųen*; *azeṭṭi* (ou) *azeṭṭa* (ou) *θizeṭṭi* : pièce tissée, travail de tissage; on dit aussi *ĕzḍ*; p. p. *iizḍû* (V. MOUDRE). — (B. Ṣalaḥ, B. Mess.), *ezḍ*; p. p. *izḍa*; p. n. *zḍi*; H., *zeṭṭ*; n. a. *azeṭṭa* (*u*). — (B. Menacer, Senfita), *azḍ*.

TOI[3], (V. pronom de la 2ᵉ pers., B. Snous, Zkara, GRAMM. p. 64). — (Harawat), toi : *śekk*, fém. *śemm*. — (Meṭmaṭa), m. *śekk*; *śekkaien*, f. *śemm*, *śemmaien*; toi et lui : *śekk ākiδes*. — (B. Ṣalaḥ), m. *χetś*, fém. *χemm*, *χemmīnṭ*, *χemmīṭi*. — (B. Mess.),

1. Cf. R. Basset, *Zenat. Ouars.* √F, p. 282.
2. Cf. R. Basset, *Loqm. berb.*, p. 279 √S DH.
3. Cf. R. Basset, *Loqm. berb.*, p. 274 √K, √M. — *Zenat. Ouars.*, p. 111 : *śεk*.

m. *χetš*, *χetšīnṯ*; fém. *χemm*, *χemmīnṯ*. — (B. Menacer), m. *šekk*; fém. *šemm*; formes allongées : *šekkintīni*, *sekkinti*; fém. *šemmintīni*, *šemmīnti*; *šekkintani*, f. *šemmīntāni*. — (Senfita), m. *šekk*, fém. *šemm*.

TOILE (d'araignée) (B. Mess.), *azeṭṭa mmušḇīḇer*.

TOISON[1], *ilīs* (*ii*) : grosse toison, pl. *ilīsān*; dim. *θilīst*; *θγúm-mīzt* : grosse toison, pl. *θiγummās*; on dit aussi : *θiịθí néḍ-ḍūfθ* (ar. tr. *ḍerba entâε eṣṣūf*). — (B. Iznacen), *θilīsĕt*. — (B. Mess., B. Ṣalaḥ), *θaḥiḍūrθ* : peau garnie de sa laine; *θağdurθ* (F. Nat.). — (B. Menacer), *ilīs enḍūfθ*, pl. *ilīsen*. — (Senfita), *ailist*, *aheddufṯ*.

TOIT, *ssqéf* (*nes.*) [سقف]. — (B. Iznacen), *sqef*, *θazĕqqa*. — (B. Menacer), sur le toit de la maison : *fel qīš nĕzéqqa*.

TOMATE, *tǫmāṭīš* (*ntǫ*); une tomate : *tīš enṭǫmāṭīšθ*. — (B. Iznacen), *tǫmāṭiš*. — (B. Rached, Meṭmaṭa), *ṭūmāṭẹš*. — (B. Menacer), *θūmāṭẹšθ*, coll. *hūmāṭẹš*.

TOMBEAU[2], *θámḍĕlt* (*te*), pl. *θimĕḍlīn* (*tmé*); un groupe de tombes se dit : *θamδínt netmĕḍlīn* [مدينة]. — (B. Iznacen), *θamḍĕlt*. — (Meṭmaṭa), *meqberθ* [قبر]. — (B. Menacer), *anīl u*), pl. *inäl*.

TOMBER[3] par terre : *ḥûf*; p. p. *iḥūf*; H., *tḥûfa*; n. a. *aḥūf* (*u*); t. sur quelque chose, fondre sur : *ḥûf δīs*, *áirāδ iḥûf δi-išerri* (ou) *ḫišerri*; le lion tomba sur le mouton, faire tomber : *sḥūf* (*īθ*). — (Zkara), *ḥūf*; p. p. *iḥūf* (et p. n.); H., *tḥuf*; n. a. *aḥūf*. — (B. Iznacen), *eγlii*; p. p. *γeḷieγ*, *ieγli*; p. n. *γlii*; H. et f. n. *γelli*; faire tomber : *seγli*; H., *seγlai*. — (Meṭmaṭa), *ḥūf*; p. p. *iḥūf*; H., *tḥūfa*; faire tomber : *sḥūf* (*īθ*).

1. Cf. R. Basset, *Zenat. Ouars.*, p. 112 : *ilīs*.
2. Cf. R. Basset, *Zenat. Ouars.*, p. 112 : *anīl*.
3. Cf. R. Basset, *Loqm. berb.*, p. 403 √R'L. — *Zenat. Ouars.*, p. 112 : *iḥuf*. — — *B. Menacer*, p. 88 : *ḥáuf*. — *Rif*, p. 120 : *iuḍa*. — *Loq. berb.*, p. 331 √OU DH.

— (B. Ṣalaḥ), *ūḍa*; p. p. *ūḍīγ*, *i̯ūḍa*; p. n. *ūḍi*; H., *ṭṷuṭṭa*. — (B. Mess.), *eqlulli*; p. p. *iqlulli*; H., *ṭqlullui̯*. — (B. Menacer), *ḥūf*; p. p. *iḥūf* (et p. n.); *tḥūfa*; — *s'ḥūf-īh* : fais-le tomber.

TON, TA, TES[1] (V. pron. de la 2e personne, B. Snous, Zkara, GRAMM., p. 64). — (B. Rached), *ḍar-ĕnneχ* : ton pied, fém. *ĕnnem*. — (Haraouat), tends-moi ta main : *siγ ai̯id fūs-enneχ*, fém. *fus-ennem*. — (Meṭmaṭa), ta main : *fūs-ĕnneχ* (possess. masc.); ton père : *bābāχ*; ta main : *fūs-ĕnnem* (possess. fém.); ton père : *bāb-ām*. — (B. Ṣalaḥ), ta main : *afūs-ĕnneχ* (poss. masc.); ton père : *bābāχ*; ta main : *afūs-ennem* (poss. fém.); ton père : *babām*. — (B. Mess.), ta main (h.) : *afūs-enneχ*; ta main (f.) : *āfūs-ennem*; ton père (h.) : *bâbaχ*; (f.) *bâbam*. — (Senfita), ta main (homme) : *fūs-ix*; ta main (femme) : *fūs-īm*. — (B. Menacer), ton pays (h.) : *θamūrθ-iχ*; ton pays (f.) : *θamūrθ-īm*; on dit aussi : *θamūrθ-ĕnneχ*, *ĕnnem*; ton père : *bābāχ*, *bābām*.

TONDRE[2], *éls* (*īθ*); p. p. *i̯ílsu* (et p. n.); H., *tlâs*; n. a. *tamelsiūθ* (*tmé*); *ărgāzú i̯ilsú iśerri* : cet homme a tondu un mouton; *θiḇsii̯í θṷâlĕs* : cette brebis est tondue; *θâmra qāi̯ θelsu* : ce troupeau est tondu; le moment de la tonte : *ĕlṷóqθ entmél-siūθ* (ou) *ĕlṷóqθ entlâsa*. — (Zkara), *els*; p. p. *elsīγ*, *ilsi*; p. n. *lsi*; H., *tlās*; fut. nég. *tlīs*. — (B. Iznacen), *els*; p. p. *elsīγ*, *ilsa*; p. n. *lsi*; H., *tlās*; f. nég. *tlīs*; n. a. *θilsi*. — (Meṭmaṭa), *els*; p. p. *elsīγ*, *ilsa*; H., *llās*; n. a. *θlāsa*. — (B. Ṣalaḥ), tonds-le : *els-īθ*; p. p. *ilsa*; H. *tlūs*; tonte : *aselsi*. — (B. Mess.), *els tiḇsi* : tonds la brebis; H., *ṭlūsi*. — (B. Menacer), tonds-le : *els-īh*; p. p. *lsîγ*, *ilsu*; H., *llās*; le moment

1. Cf. R. Basset, *Loqm. berb.*, p. 403 √K, √M.
2. Cf. A. de C. Motylinski, *Dj. Nef.*, p. 152 : *elsi*. — Brab., Chl. : *les*, tondre.

de la tonte: *lụǫ́qθ ụîlās*; — *aεallūš ilsu* : le mouton est tondu.

TONNER, as-tu entendu le tonnerre : *tslîδ iṛṛâεāδ* (ar.) ; il tonne, le tonnerre gronde : *rrāεâδ issîụel*; grondement de tonnerre : *ašâεụān* (*u*) ; *slîγ iúšäεụān* : j'ai entendu le tonnerre (ou) *slîγ iúzeglām*. — (B. Rached), *rráεäδ*. — (B. Menacer), il tonne : *ītšâθ leṛεūδ*.

TORDRE, *ẓêmm* (*īθ*) (par ex. un linge mouillé) ; p. p. *ịíẓêmm*; p. n. *ūr iẓêmmeš*; H., *dẓêmm*, *aẓemmi* (*u*) (ar. tr. *ĕlụi*) ; on dit aussi : *ĕnnêḍ* (V. TOURNER) ; *ezlịi* : rouler entre ses doigts ; p. p. *ịízlịi*; p. n. *ūr-ízlịịĕš*; H., *zeḷị*; — *dzeḷị*; n. a. *ázlāị* (*u*) ; tordre fort : *métten azlai* [متن]; H., *tmétten*. — (Zkara), *ezlịi*; p. p. *zeḷịeγ*, *ịezlịi*; p. n. *zli*; H. et fut. nég. *zelli*; n. a. *äzläị*. — (B. Mess.), *efθel*; H., *fetṭel* [فتل]. — (B. Menacer), tordre du linge mouillé : *ẓêmm*; p. p. *iẓêmm* (et p. n.) H. *dẓêmm* (ou) *sennêḍ*. (V. SERRER).

TORTUE[1], *îfker* (*ịi*), pl. *ifkraụen*; la carapace de la tortue : *tašqûfθ ĕnịifker*. — (B. Rached), *afkrūn*. — (B. Ṣalaḥ, B. Mess.), *afeχrūn* (*u*), pl. *ifeχrān*. — (B. Menacer), *iχfer*; *idž iχfer* : une tortue, pl. *iχĕfrān*.

TORTUEUX, *iεäuež* [عوج]; p. n. *ur-iεâụīžeš*.

TÔT[2], *zîχ* : de bonne heure. — (B. Menacer), viens de bonne heure : *arụáḥ zîχ*.

TOUCHER, *mess* (*īθ*) [مسّ]; p. p. *ịímess*; H., *tmess*; recevoir : *ĕṭṭêf*; — (B. Menacer), *mess*; H., *tmess*.

TOUJOURS, *lébδa* [ابدا]. — (B. Menacer), *δaimen*, *kúllās*.

TOUPET, *θágŭṭṭaiθ* (*te*), pl. *θigŭṭṭaịen*. — (B. Iznacen), *θašerrūrθ*. — (B. Menacer), *hágĕṭṭaīθ*.

1. Cf. R. Basset, *Loqm. berb.*, p. 286 $\sqrt{\text{F K R}}$. — *Zenat. Ouars.*, p. 112 : *ilil*; *ifker*. — *B. Menacer*, p. 88 : *iχfer*.

2. Cf. R. Basset, *Loqm. berb.*, p. 256 $\sqrt{\text{Z K}}$.

TOUR (du potier), *nnäɛūreθ* [ناعورة], pl. *θinaɛūrīn* (ou) *ennaɛūrāθ* (ar. tr. *llûleb*). — (Meṭmaṭa), *lūleb* (on n'emploie pas cet instrument dans la tribu) [لولب].

TOURMENTER, *enγez* (*neγzīθ*) [نغز]; *ịenγez*, p. p. *ūδ enγizγeš*, H., *neγγez*, n. a. *anγaz* (*u*) (ar. tr. *enγûz*) : piquer avec un bâton pointu (*amenγāz*) une bête de somme pour hâter sa marche, cette piqûre se fait assez souvent là où la chair est à vif; *ɛaδ-δeb* (*īθ*) [عذب]; *tɛâδδeb*; *mermeδ* (*īθ*) : frapper, agacer; H. *tmer-meδ*; — *meḥḥen* (*īθ*); H., *tmeḥḥen* [محن]; fatiguer : *súḥĕl* (*īθ*).

TOURNER[1], *ennẹ̊d*; p. p. *iennẹ̊d*; p. n. *nnīḍ*; H., *tennẹ̊d*; n. a. *annāḍ* (*ụa*) (ou) *ūnūḍ* (*ụu*); tourne autour de la maison : *ĕ́nnẹ̊d ḫụéḫḫām*; *sennẹ̊d* : faire tourner; H., *sennāḍ*; *ḍūr*, p. p. *idūr*. — (B. Iznacen), *ennẹ̊d*; p. p. *innẹ̊d* (ou) *ûnūd*; p. p. *ịūnūḍ* (et p. n.); H., *ttūnūḍ*; n. a. *ūnūḍ*. — (Meṭmaṭa), *ḍūr*; p. p. *iḍūr*; H., *ḍḍūr* [دور]; (ou) *ūnūḍ*; p. p. *unūḍeγ*, *innūḍ*; H., *tūnūḍ*. — (B. Ṣalaḥ, B. Mess.), *ennẹ̊d*; p. p. *innẹ̊d*; p. n. *ennīḍ*; H., *ṭenneḍ*; n. a. *ūnūḍ*. — (B. Menacer), *ennẹ̊d*; p. p. *innẹ̊d*; p. n. *nnīḍ*; H., *ténnẹ̊d*; il a fini de tourner : *immír iụénnāḍ*; faire tourner : *senneḍ* (ou) *semnẹ̊d*; H., *semnāḍ*.

TOURTERELLE[2], *θmálla* (*tma*), pl. *θimálliụīn* (*tma*) (ar. tr. *lîmạ̄ma*). — (B. Iznacen), *lfāγet* [cf. فاختة]. — (B. Mess.), *θimilla* (*ṭm*). — (B. Menacer), *θmalla* (ou) *málla*; une tourterelle : *ịišt entmálla*, pl. *imalliụin*.

TOUSSER[3], *ûsu*; p. p. *ûsūγ*, *ịûsu*; p. n. *ūr-ịûsūš*; H., *tūsu*; n. a. *ûsu* (*ụu*); il tousse : *qā-íttūsu*; faire tousser : *sûsu* (ou) *ĕ́gg ūsu*; il me fait tousser : *itégg ịịi ûsu*. — (Zkara), *ūsu*; p. p.

1. Cf. S. Boulifa, *Demnat.*, p. 348 : *enneḍ.*

2. Cf. R. Basset, *Loqm. berb.*, p. 317 √M L L. — *Zenat. Ouars.*, p. 112 : *θmella*. — *B. Menacer*, p. 88 : *θamellalt*.

3. Cf. R. Basset, *Zenat. Ouars.*, p. 112 : *tusu*.

ūsūγ, *ịūsu*; p. n. *ūsu*; H., *ttūsu*; n. a. *θūsūθ*. — (B. Iznacen), *ūsu*; p. p. *ịūsu* (et p. n.); H., *tūsu*; n. a. *θūsūθ*. — (Meṭmaṭa), *ûsu*; p. p. *ịūsu* (et p. n.); H., *tūsu*; n. a. *θusūθ* : toux. — (B. Menacer), *ûsu*; p. p. *ịûsu* (et p. n.); H., *ttusu*; n. a. *husūθ*. — (Rif., Brab. : *usu*, tousser).

TOUT[1], donne-le moi tout : *ūš-ịịîθ élkᵘull* [كل]; tous les gens me connaissent : *elkᵘúll middén ĕssénn-ịịi middén sélžemleθ essínn-ịịi*. — (B. Menacer), *aụîδ elkull* : donne tout.

TOUTEFOIS, *ụālạịénní* [ولكني]; *ụālākénni*, *ụālemkénni*.

TOUT à l'heure[2], *ellin* (passé); il est venu tout à l'heure : *ịūseδ ellịn*; (futur) il viendra tout à l'heure, bientôt : *qā-iqréb äδ iâseδ* [قرب]. — (Meṭmaṭa), je suis venu tout à l'heure *usīγd imīra* (ou *ellīni*); il viendra tout à l'heure : *uqq aδ-iās* [وقت]. — (B. Menacer), *lemḥāliti* (futur); *išt ĕntsuịäεθ āδ-ịas* : il viendra tout à l'heure; *antūrīn*, *intūrīn* (passé) (ou) *antūrū*; il est venu tout à l'heure : *antūr uad ịūsa*.

TRACE (ou) *tîšel*; — *θamrirθ* (*te*), *lemrîreθ* [مرّ] : (sentier); *ḍefréγ lemrīréθ núịerzīz* : j'ai suivi la trace d'un lièvre. — (B. Iznacen), *lžerreθ* [جرة].

TRACER, *ĕsṭér* [سطر]; p. p. *ịésṭer*; p. n. *ur-sṭîrγeš*; H., *seṭṭer*.

TRADUIRE, *θ̣eržem* (*īθ*) [ترجم]; *θ̣ermem ịịi mátta ịīnna* : traduis-moi ce qu'il a dit; (ou) *err ḫí ịáụāl* (V. RENDRE); (ar. tr. *rédd εālīịa lklâm*).

TRAGANUM nudatum, plante comestible (salsolacée) : *ḍomrān* [ضومران].

TRAHIR, *γešš* (*īθ*); p. p. *iγešš*; p. n. H. *tγešš*; n. a. *aγĕšši* (*u*); *agúụụāδ-īnu iγéšš-ịịi* : mon guide m'a trahi; *eḫḍāε* (*īθ*) [خدع]; p. p. *ịiḫdâε ịịi* : il m'a trahi; H., *ḫéddāε*; n. a. *aḫdāε* (*u*); *efḍaḥ* (ar.); *fèḍḥ-īθ* : vends-le; p. n. *ūr-fḍîḥγeš*; H.,

1. Cf. R. Basset, *Loqm. berb.* p. 403. كل.
2. Cf. R. Basset, *Loqm. berb.*, p. 230 √TR.

feṭṭaḥ; n. a. *afḍāḥ* (*u*). — (B. Menacer), *eḫδäε*; il m'a trahi : *iḫδaεi*; H., *ḫeddaε*.

TRAINER[1], *žeržer* (*ĭθ*) [?جر]; p. p. *ižeržer*; H., *džeržer*; n. a. *ažeržer* (*u*); *ịílla uššén idžeržér δi-téḫsi* (ar. tr. *žerr*); *zûγer*, *zúγγer* (V. TIRER). — (Meṭmaṭa), *seḥḥeb*; H., *tseḥḥeb*. — (B. Ṣalah), *esḥeḇ*; p. p. *issḥeḇ*; p. n. *ūr-isseḥḇeχ*; H., *seḥḥeḇ* [سحب]. — (B. Menacer), traîne-le : *zúγr-īh*; H., *zūγūr*.

TRAIRE[2], *ẹ́ẓẓiị* (*ẹ́ẓẓiịt* : trais-la); p. p. *ịẹ́ẓẓiị*; p. n. *ūδ-ịẹ́ẓẓiịẹ̆š*; H., *teẓẓiị*; n. a. *aẓẓaị* (*ụa*); elles ont fini de traire : *semdânt di-ụáẓẓaị*; cette vache est traite : *θafunäsθú túāzziị*; *súddem θáfunäst* (V. GOUTTE); (ar. *qéṭṭer ĕlbégra*), trais la vache. — (Zkara), *eẓẓi*; p. p. *eẓẓiγ*, *ịeẓẓi*; p. n. *eẓẓi*; H. et f. n. *teẓẓi*. — (B. Menacer), *eẓẓi*; elle a trait : *heẓẓi*; H., *teẓẓi*.

TRAME, dans un burnous, un haïk, les fils placés transversalement sont appelés : *aqerδāš*; *ennîreθ* (ar. tr. *ennira*). — (B. Mess.), fils horizontaux : *ulman*; fils verticaux : *usθu* (chaîne). — (B. Menacer), *ṭṭóεmeθ*.

HANCHE, *θáfθīlt* (*tef*) (longue et mince), pl. *θifθīlīn* (*tef*) [فتيل]; une tranche de viande : *θäfθīlt ĕnụīsūm* (ou) *šelḫéθ ĕnụīsūm*, pl. *tišelḫīn*) [شلخ]; *asĕnnīf* (*u*), pl. *isennīfen* (*ni*); *asĕnnîf néddlaεäθ* : une tranche de pastèque; une tranche de pain, de viande : *ággaị* (*ụa*), pl. *ággiụin*.

TRANCHÉE (pour les fondations d'une maison) : *θaḥfīrθ* (*teḥ*) [حفر], pl. *θiḥfīrīn* (*teḥ*); tranchée entourant un camp : *ášbār* (*ụu*), pl. *išbāren* (*ni*); fossé cachant un soldat : *ábūγāz* (*u*), pl. *ibūγāzen* (*ni*).

TRANCHER un fil : *sʼγers* (*īθ*) (V. COUPER); couper le cou : *éšlẹ̄ḍ*; p. p. *íšlẹ̄ḍ*; p. n. *ūδ éšlīḍγeš*; H., *šéllẹ̄ḍ*; n. a. *ašlāḍ* (*u*).

1. Cf. R. Basset, *Loqm. berb.*, p. 256 √Z R'.
2. Cf. R. Basset, *Loqm. berb.*, p. 257 √Z G. — *Zenat. Ouars.*, p. 113 : *ezzi*.

TRANCHET, *ššéfreθ* (*neš*) [شفرة]; *ššéfrāθ*.

TRANQUILLE, sois tranquillle : *égg ĕlεâqel*; il est tranquille : *nettân slεâqel-ĕnnes* (ou) *ihedden* (ar.) ; *iéhna* (ou) *ðimhedden*, *ðimhenni*; *shenna* : tranquilliser (ou) *shedden* ; je l'ai tranquillisée : *ĕrrîγ-ās lεāqel* (V. RENDRE). — (B. Iznacen), *henna* (ar.); p. p. *hennīγ*, *ihenna* ; H., *thenna* ; f. nég. *thenni*; n. a. *lhenna* : calme ; calmer : *shenna*. — (Meṭmaṭa), sois tranquille : *ū-tnébbšeš*. — (B. Menacer), (de) *nebbeš* : être turbulent ; H., *tnébbeš*.

TRANSI, il est transi de froid : *qâi šrûsen ifássen-nnes suṣemmẹḍ* (V. NOUER), (ou) *qai tekker tîržét ði-ifássen-nnes*; *qâ izémmem súṣemmẹḍ* (ou) *nettân ðîmzĕmmem*.

TRANSPIRER, *éddeð*; p. p. *iddeð*; p. n. *ddīð*; H., *teddeð*; n. a. *addāð* (*u*) ; la sueur s'échappe de son corps : *θîði qai tefféγ si-lžézd-ĕnnes* ; il est couvert de sueur : *qā-itnéẓẓ* (ar.) *stîði*, *qā-itméžž stîði*; ses membres sont mouillés de sueur : *qā iéndān legụâiem ĕnnés stîði* (V. SUEUR).

TRANSPLANTER, *senqel* [نقل]; H., *senqāl*; n. a. *asenqel* (*u*).

TRANSPORTER, transporte ce sac : *sbéddel θaškkᵘarθ-ú siúmšān-nnes* [بدل].

TRAVAILLER[1], *ĕḫðem* [خدم]; p. p. *iéḫðem*; p. n., *ḫðîm*; H., *ḫeddem*; n. a. *aḫðām*; travailleur : *aḫeddām*. pl. *iḫeddāmen*; faire travailler : *seḫðem*; H., *seḫðām*; *ešγel* [شغل]; p. p. *išγel*; p. n. *šγîl*; H., *šeγγel*; n. a. *ašγal*; *néttan ðamešγôl selḫéðmeθ* : il est occupé à travailler. — (Meṭmaṭa), *eḫðem*; H., *ḫeððem*. — (B. Men.), *eḫðem*; p. p. *iḫðem*; p. n. *ḫðîm*, H., *ḫeddem*, n. a. *leḫðemt*; faire travailler : *senḫðem*; H., *senḫðām*.

TRAVERS, *egg-ās taḥnaīθ stârūθ ðí ubrīð mizzí âðiḥūf argazu* : place une poutre en travers du chemin pour que cet homme

1. Cf. W. Marçais : *Tanger*, p. 277 [خدم].

tombe; en travers de la rivière : *ḫtarûθ ĕnịîγzer* (ar. tr. *ɛâla ɛọrḍ ĕlụâd*); (opposé à : en long, qui se dit : *ḫetzîret ĕnịîγzer*).

TRAVERSER, *ĕzụa* (θ); p. p. *izụa*; H., *zuĝĝᵘa*; n. a. *azụa* (*u*). — (Meṭmaṭa), *ezụa*; p. p. *ezụīγ*, *izua*; H., *zuĝĝᵘa*; n. a. *azụaị* (*u*); faire traverser : *sezụa*. — (B. Ṣalaḥ), *ezụa*; p. p. *izụa*; H., *zọĝĝᵘa*; n. a. *azụa*. — (B. Menacer), *ezụa*; p. p. *izụa*; H., *zọggᵘa*; f. fact. *sezụa* (ou) *îmĕḍ iγzer* : traverse l'oued (V. PASSER). — (Rif), *ezua*.

TREILLE, *aɛārīš* (*u*) [عريش], pl. *iɛāršān*, *ddalīθ* (vigne). — (B. Iznacen), *ddilexθ*. — (Meṭmaṭa), *eddalieθ* [دالية]. — (B. Menacer), *aɛarīš* (*uɛa*).

TREIZE, *θelĕtāɛš* (ar.); treize ans : *θelĕtāɛš nisĕggᵘāsen*; *hélĕṭṭāɛš*.

TREMBLER[2] de froid, de peur : *eržīži*; p. p. *ịéržīž*; p. n. *ū-ịîržīžeš*; H., *teržīži*; n. a. *aržīži* (*u*); *θaržāžīθ* (*ta*); il est tremblant : *nettạn δamaržāž*, pl. *imeržāžen*; *qa inhezzez* : il est pris de tremblement (malade); H., *tnehezzez*; *qā-ịûγ-īθ ĕlḫézzāz* [هزّ]; tremblement de terre : *ezzénzeleθ* [زلزلة]; la terre tremble : *θamūrθ qā-ídzelzel*. — (Zkara), *eržīži*; p. p. *ieržīži*; H., *teržīži*; n. a. *aržīži*.

TRESSER une corde à deux brins (en alfa) : *éllem ḫéθnāịen* (ou) *eθna iasγun* (V. DOUBLER); tresser à trois brins : *éllem ḫéθlāθā* (ou) *θâleθ asγūn* [ثلاث]; tresser à trois brins (en laine) : *ĕḍfer*, p. p. *ịéḍfer*, p. n. *ūδ-eḍfîrγeš*, H., *ḍéffer*, n. a. *aḍfār* (*u*) [ضفر]; (ou) *δel*; p. p. *ịîδlu*; H., *dâl*; n. a. *âδel* (*u*) tresse en laine : *θîδli* (*teδ*), pl. *θiδĕlụīn* (*nde*); tresse en alfa, en palmier : *θaδersa* (*nde*); *θiδersiụin* (*nde*); tresse de cheveux : *eδδlâl* (*nedd*); *eδδlâlāθ*; petite tresse sur le front : *θasfīfθ* (*tĕs*); *θisfīfīn* (*tĕs*). — (Zkara), tresser une corde à deux brins : *ellem* (V. NATTER); p. p. *ịellem*; p. n. *ellīm*; H.

1. Cf. R. Basset, *Loqm. berb.*, p. 250 √RGG.

et fut. nég. *tellem*; n. a. θ*ilmi*. — (Meṭmaṭa), tresses : pl. *i̯iδrã*; tresser : *ĕδr*; p. p. *iδra*; H., δ*δär*; n. a. *ddūri*. — (B. Menacer), *ssālef* : tresses de cheveux (ar.).

TREMPER (du pain, dans la sauce par ex.) : γ*émmes* (*ī*θ); H., *t*γ*emmes* [غمس] (ou) *se*γ*mes*; H., *se*γ*mās* (ou) γ*éṭṭ̣ês* [غطس]; H., *t*γ*eṭṭ̣ês* (ou) *sé*γ*ṭ̣ês*; H., *se*γ*ṭ̣ās*; (tr. du fer) : *sqá* [سقى]; p. p. *i̯ísqa*; trempe cette faucille : *sqá* ĭ*ámžer*; H., *seqqa*; n. a. *asqà* (*u*), (ou) *ĕgg amžér* δ*i-sséqu̯e*θ; *ṣîmeḍ a*γ*rûm sélmĕrq* : trempe ton pain dans le bouillon; H., *ssamāḍ* (V. PASSER).

TRENTE, θ*lâ*θ*īn* (ar.); θ*lā*θ*i̥n ni̯îsạn* : trente chevaux.

TRÉPIGNER, *snúggez* [نقز]; H., *snuggūz*, *anuggez* (*u*). — (B. Menacer), *ḫebbeḍ* [خبط]: H., *tḫebbeḍ*.

TRÉSOR, *lkenz* [كنز], pl. *lkénūza*. — (B. Menacer), *lkénz*, pl. *leknūz*.

TRIBU, *lăεârš* (*lăε*) [عرش], pl. *lăεârāš*; θ*áqbīlt* (*te*) [قبيلة], pl. θ*iq-bīli̥n* (*te*). — (Meṭmaṭa, B. Menacer), *lεärš*.

TRICHER, *ĕḫu̯en* δ*í-ūrär* (V. VOLER) [خان] (ou) *sérkes* δ*i ūrär* (V. MENTIR).

TRIER, *ĕfrez* [فرز] (*ferz-i*θ); p. p. *i̯éfrez*; p. n. *ūr-frîz*γ*eš*; H., *ferrez*; n. a. *afrāz* (*u*); *eḫ*δ*ār* [اختار]; H., *ḫéttār*; n. a. *aḫ*δ*ār* (*u*). — (B. Menacer), *ĕfrez*; H., *ferrez*.

TRIPES (V. BOYAU). L'œsophage est appelé *buáḥšīša* [حشيش]; la panse des ruminants : θ*akeršiū*θ [كرش] (ou) *â*δ*ān*; le bonnet : θ*ẹ̈ṭ endúu̯u̯ar*θ; ce terme désigne aussi l'ensemble des organes contenus dans la cage thoracique et dans la cavité abdominale.

TRISTE (Être), *ĕḥzen* [حزن]; p. p. *i̯éḥzen*; p. n. *ūr-ėḥzīn*γ*eš*; H., *ḥezzen*; n. a. *aḥzạn* (*u̯a*); il est triste : *nettân* δ*áméḥzạn*, pl. *iméḥzānen*; — *ĕ*γ*ben* [غبن]; p. p. *i̯é*γ*ben*; p. n. *ū*δ*-e*γ*bīn*γ*eš*; H., γ*ebben*; n. a. *a*γ*bān* (*u*); il est affligé : *nettan* δ*ame*γ*būn*, pl. *ðimeγbān*. — (B. Menacer), *éḥzen*; p. p. *ịeḥzen*; p. n. *ḥzīn*; H., *ḥezzen*.

TROMPER (Se), *eγlèḍ* [غلط]; p. p. *ịéγlèḍ*; p. n. *ūr-erlîḍγeš*; H., *γelleḍ*; n. a. *aγlāḍ* (*u*); tromper quelqu'un : *éḫðäɛ* [خدع]; p. p. *ịéḫðäɛ* (V. ATTRAPER). — (B. Menacer), *eγḷẹḍ*; p. p. *iγḷẹḍ*; p. n. *γḷīḍ*; H., *γeḷḷẹḍ*.

TROIS, *θlâθa* [ثلاث]; *θlâθa ịịrbāṇ* : trois enfants; — le troisième : *éθθâleθ*; — le tiers : *eθθâlθeθ*.

TRONC[1], *θịerneže* (*tịị*) : partie inférieure du tronc, pl. *θịernāž* (*tịị*); partie moyenne : *θịịerθ* (*ti*), pl. *θịịār* (*ti*); plus haut le tronc s'appelle *séžžerθ* (V. ARBRE). — (Meṭmaṭa), *θaǧentūrθ*, pl. *θiǧentūrīn*. — (B. Menacer), bûche de bois pour brûler : *qōñšelt*, *qōnšlīn*. — (Senfita), *azeqqūr* (*u*).

TROP, tu m'en as trop donné : *θušīð-ịịi sezzịdðeθ* [زيد] (ou) *tšétter ðịịi* [كثر] (V. BEAUCOUP). — (B. Menacer), *ɛäiṭa*.

TROTTER, *ḫézz*; H., *tḫezz*; *lḫezz* : trot; *sịer* [سير]; H., *tsịer*. — (B. Rached), courir : *azzel*, pl. *azzelθ*. — (B. Menacer), *ḫezz*; H., *tḫezz*.

TROUBLE, l'eau est trouble : *aman ðimḫéḷḷẹḍ* [خلط], pl. *imḫeḷḷḍen*; se troubler : *tụáḫelleḍ*; troubler : *sḫélụẹḍ*, H., *sḫelụāḍ* (ou) *ḫûụụeḍ* [خوض]; *tḫûụụeḍ*. — (B. Men.), il fut trouble : *ịûfi*; H., *ttāfi*; *aman ttafịen* : de l'eau trouble; *lqahụa ttafi* : du café trouble.

TROUER[2], *snúqqeb* (*īθ*) [نقب]; H., *snuqqūb*; n. a. *asnuqqeb* (*u*); *θnúqqībθ*, trou (*tnu*), pl. *θinuqqāb* (*tnu*); trou dans un mur : *lḫûššeθ* [خش]; *lḫûššāθ*; trou (de souris) : *ífri* (V. GROTTE). — (B. Iznacen), trou : *aḥfīr* (*ụa*) [حفر]. — (Meṭmaṭa), trou

1. Cf. R. Basset, *Zenat. Ouars.*, p. 113. *θagižurθ*, *θaigerst*.

2. Cf. R. Basset, *Loqm. Berb.*, p. 237 √KH. — *Zenat. Ouars.*, p. 113 : *aḫbu*. — *B. Menacer*, p. 89 : *aḫbu*.

d'une aiguille : θẹṭ (œil). — (B. Ṣalaḥ), *snuffeǧ* : trouer. — (B. Mess.), trou : θ*azǧu*θ (*ṭe*), pl. θ*izgua*. — (B. Menacer), *snọqqeb*; H., *snúqqūb* : trouer (une planche par ex.); *eγz* : faire un trou dans la terre, creuser, *ịẹγzu*; H., *qqāz*; trou : *áḫbu* (*u*), pl. *iḫūba*.

TROUPEAU de moutons : θ*āmra* (*te*), pl. θ*íměrụīn* (*te*); tr. de brebis : θ*aḥellab*θ (*tḥe*) [حلب]; θ*iḥellābịn* (*tḥe*); tr. de béliers : *äžlāš* (*ụu*) [جلد]; pl. *ižlāšen*; tr. d'agneaux : *lléγu* (*nel.*); tr. de chevreaux : *šérụān* (*neš*), pl. *šrâụen*; tr. de chèvres : *aḥerrāg* (*u*) (ou) *lḥárrāg*, pl. *iḥärrāgen*; tr. de bêtes à cornes : *ěddûle*θ [دول]; pl. *ěddûlā*θ; tr. de chevaux, d'ânes : *lähụīr* (ou) *lähšīr*. — (B. Menacer), troupeau d'animaux : *ḥárräg*.

TROUPE d'hommes, *ležmāεā*θ [جمع]; tr. de soldats : *lemḥálle*θ, pl. *lemḥálla*θ, *lémḥāl* [محلة]. — (B. Menacer), troupe de personnes : *lγaši* (ar.).

TROUVER[1], *af* (*ī*θ); p. p. *ịûfa*; p. n. *ūr ịûfāš*; H., *tâf*. — (Zkara), *āf* : p. p. *ūfīγ*, *ịūfa*, *ūfān*; H., *ttāf*; fut. nég. *ttīf*. — (B. Iznacen), *āf*; p. p. *ūfīγ*, *ịūfa*; H., *ttāf*; fut. nég. *ttīf*. — (Meṭmaṭa), *āf*; p. p. *ūfīγ*, *iūfa*; p. n. *ūfi*; H., *ttāf*. — (B. Ṣalaḥ, B. Mess.), *āf*; p. p. *ūfīγ*, *ịūfa*, *ūfān*; H., *ttāf*. — (B. Menacer), *âf*; p. p. *ûfīγ*; *iufa*, *ûfān*; p. n. *ūfi*; H., *ṭṭāf*.

TRUELLE, *lmélse*θ (*nel.*) [ملس]. — (B. Menacer), *lpâle*θ, pl. *lpâlā*θ (pelle).

TRUFFE, *aterfäs* (*u*) [ترفاس].

TRUIE, θ*ïlef*θ (*tî*), pl. θ*ïlfạn* (*tî*) (ou) θ*ilfaụin* (*té*). — (B. Iznacen), θ*īlef*θ (*ti*). — (B. Menacer), *hîlef*θ (*tî*), pl. *hîlěfān* (*ti*) (V. PORC).

1. Cf. R. Basset, *Loqm. berb.*, p. 282 √F. — *Zenat. Ouars.*, p. 113 : *af*. — *B. Menacer*, p. 88 : *af*, *iūfa*.

TUER[1], *ĕnγ* (*īθ*); p. p. *i̤ḗnγu*; H., *neqq*; n. a. θ*amenγiūθ* (*tmé*); *ĕγres* (V. ÉGORGER); *smûrḍes* (V. ÉTRANGLER); *ĕqḍo̤* : prends sa vie; p. p. *i̤ḗqḍo̤*; H., *qeṭṭù*; n. a. *aqḍau* (*u*). — (B. Iznacen), *enγ*; p. p. *nγīγ*, *inγa*, *nγān*; p. n. *nγi*; H., *neqq*; n. a. θ*amenγiūθ*. — (B. Rached), *enγ*; tue-le : *enγ-īθ*; égorge-le : *γers-īθ*; p. p. *nγīγ*; *inγu*, *nγīn*; j'ai tué un homme : *nγîγ idž-úθerrās*. — (Meṭmaṭa), *enγ*; tue-le : *enγ-īθ*; p. p. *inγa*; p. n. *nγi*; H., *neqq*; n. a. θ*amenγiūθ*; ils s'entretuent : *msenγān*; il s'est tué : *inγ iḫf-ĕnnes*; il a été tué : *ituaneγ*; c'est moi qui l'ai tué : *netš aiθ inγīn*. — (B. Ṣalaḥ), tue-le : *enγ-īθ*; p. p. *inγa*; H., *neqq*. — (B. Mess.), tue-le : *enγ īθ*; il l'a tué : *inγa θ*; H., *neqq*; meurtre : *amenγi*; ils s'entre-tuèrent : *mqûtlen* [قتل]. — (B. Menacer), *enγ*; p. p. *nγīγ*, *i̤inγu* (et *inγa*) *nγīn*; p. n. *nγi*; H., *neqq*; passif : *ītuaneγ*; tuerie : *himenγiūθ*; *msenγen* : ils s'entre-tuèrent; H., *msenγān*. — (Senfita), *enγ-it* : tue-le.

TUBE, θ*ažεābūbθ* (*nžεā*) [جعب]; θ*ižεabūbīn* (*nžεā*); (et) θ*ižεâbai̯*.

TUF, θ*âfza* (*te*). — (B. Menacer), θ*āfza*.

TUILE, *lqérmūđ* [قرمد] (coll.); une tuile : θ*áqermūt* (*tqé*), pl. θ*iqermūđi̤n* (*tqé*). — (B. Menacer), coll. *lqermūd*; une tuile : *iš ṭqermūṭ*. — (B. Menacer), coll. *lqermūđ*; *idž uqermūđ* : une tuile.

TURBAN, *er̤rézzeθ* (*er̤r*), θ*ir̤ezzīn* (*tr*) (ar.); θ*aεāmamθ* (*tε*), pl. θ*íεumām* (ar.); partie enveloppant la figure : *ššemleθ* (ar. tr. *ššemla* ou *elḥúi̤i̤āq*) (ou) *ššédd* (ar.). — (B. Iznacen), *fuīlu*. — (Meṭmaṭa), turbans des femmes, en coton : θ*iεaummām*; turban des hommes : *lḫḗḍ*, θ*āεammamθ* [عمامة]. — (B. Ṣalaḥ), étoffe du turban : *ššemāl* [شمل]; corde en poil de chameau :

1. Cf. R. Basset, *Loqm. berb.*, p. 323 √N R'. — *Zenat. Ouars.*, p. 113 : *enγ*. — *B. Menacer*, p. 88, *enγ*.

ĕlḫẹḍ [خيط]. — (B. Menacer), *agennūr* (*u*), pl. *igennār* (en étoffe, ou corde de poil de chameau).

TUMEUR, *amezzeg* (*u*) (ou) *temzīgeθ* : nerf soulevé; *θįįθi nRebbi*, pl. *θįįθa*; *θaᶜemmalt* (*ndé*) [دمل], pl. *θiᶜemmālįn* (*ndé*).

U

UN[1], *idžen*; un homme : *idž ụúrgäz* (ou) *īdžén ụérgäz*; donne-m'en un : *ūš-įį idžen*. — (B. Mess.), *įidž*, *idž*; un homme : *idž burgāz*. — (Senfita), un homme : *idž uarǧāz*; donne-m'en un : *siγ aid įidž*.

UNE, *θišt*; une femme : *θiš tméṭṭūθ* (ou) *θiš ĕntméṭṭūθ*; prends-en une : *âγ θišt*. — (B. Mess.), *įišṭ*, *išṭ*,; une femme : *išt ṭmeṭṭūθ*. — (Senfita), *išt entaḥzaut* : une petite fille; *γẹr įišt* : une seulement.

UNI, *imθāraḥ*, pl. *imθārḥen* [طرح].

URINE[2], *ibšīšen* (*ni*); *ibezzigen* (*ni*). —(B. Mess.), *ibĕššišen*. — (B. Rach.), *ibšīšen*. — (B. Men.), *ibezḍān*. — (Senfita), *ibeššān*.

URINER, *bešš*; p. p. *ibešš* (et p. n.); H., *tbešš*; n. a. *abešši* (*u*); faire uriner : *sbešš*; H., *sbešša*. (Cf. Rif : *bešš*, uriner).

USAGE, fais selon l'usage : *ĕgg am ụazd ĕnni įémḍēn*.

USÉ, *lbāli*; un burnous usé : *aselhâm ᶜelbāli*, pl. *imbâlįen* (ou) *itụâbāla* [بالي]; *amqerṣū*, pl. *imqerṣa*; *imᶜerbẹl*, pl. *imᶜerblen*; *imšerụẹḍ*, pl. *imšĕrūḍen*; *amährūs*, pl. *imährūsen*; *imhâlhäl*, pl. *imhälhälen* [هلهل]. — (B. Mess.), il est usé : *ᶜelbāli*. (V. HAILLONS).

USURE, *rrîbeθ*; *iggu rrībéθ ᶜi lmâl-ĕnnes* (ou) *ireṭṭel sérrībeθ* : il prête à un taux usurier [ربى].

UTÉRIN, son frère utérin : *ūmâs si-ḥénnās*.

UTILE (Être), *nfäε* [نفع]; p. p. *infaε*; p. n. *nfiεa*; H., *néffäε*;

1. Cf. R. Basset, *Loqm. berb.*, p. 335 √IN.
2. S. Boulifa, *Demnat*, p. 354 : *ibezḍan*.

utilité : *lfáiδeθ* [فيد]; *ūδīsés lfáiδeθ* : il n'a pas d'utilité.

UNIVERS, *ĕddûnīθ* (*ned.*) [دنيا].

V

VACANCES[1] (Être en), *ɛuṡer*, p. p. *iɛuṡer*; H., *tɛûṡer*; en temps de vacances : *luéqθ ellöɛuāṡer* (ar. tr. *lɛauaṡir*). — (B. Iznacen), *lɛauṡīr*. — (B. Menacer), *ilūfān ɛauṡren* : les enfants sont en vacances.

VACCINER, *ṡérḍ* (*ās*) *ẖédzerzaīθ* [شرط]; p. p. *iiṡreḍ*; p. n. *ūδ-eṡ-rîḍγeṡ*; H., *ṡérreḍ*; n. a. *aṡrāḍ* (*u*). — (B. Menacer), *eṡreḍ*; H., *ṡerreḍ*.

VACHE[2], *θafūnāst* (*tf*), pl. *θifūnāsīn* (*tf*) (V. BŒUF); vieille vache : *θaṡeqfīθ*, pl. *θiṡeqfiīn* (ar. tr. *ṡṡqāfiia*) [? سقف]. — (B. Iznacen), *θäfunāst*. — (B. Rached), *θafunast*; deux vaches : *sen tfunāsīn*. — (Meṭmaṭa), *θäfūnāst* (*tf*), pl. *θifūnāsīn* (*tf*). — (B. Ṣalaḥ), *θáfunäst* (*tf*). — (B. Mess.), *taɛarrumt* [عرم]. — (B. Menacer), *hafūnāst* (*tf*), pl. *hifunāsīn*. — (Senfita), *hafūnāst*, pl. *θifūnāsīn*.

VAGIR, *mîẖses*; p. p. *iimmīẖses*; H., *temmīẖsīs*; n. a. *ameẖses* (*u*) (ar. tr. *iizui*). — (B. Menacer), *γerreθ*; H., *tγerreθ*.

VAGUE, *lmûžeθ* [موج], pl. *lmûžāθ*. — (B. Menacer), *lmûžθ*.

VAILLANT, il est vaillant : *nettân δārežli* [رجل]; *nettân setsánnes* (V. FOIE); *nettân δis tāreqbānīθ* [رقب].

VAINCRE[3], *éγleb* [غلب] (*γelb-īθ*); p. p. *iiγleb*; p. n. *ūr ĕγlîbγeṡ*; H., *γelleb* (A. L.); *teγleb* (K.); n. a. *aγlāb* (*u*); vainqueur : *lγâleb*; vaincu : *ameγlūb*; il m'a vaincu : *iγélb-iii*; qui d'entre eux a été le vainqueur? *mâges dīsén iγelben*; ils se saisirent

1. Cf. W. Marçais, *Tanger*, p. 384 [عشر].

2. Cf. R. Basset, *Zenat. Ouars.*, p. 113, *θafunast*, *Loqm. berb.*, p. 404 √S. — W. Marçais, *Tanger*, p. 380 [عرم].

3. Cf. R. Basset, *Loqm. berb.*, p. 404 [غلب].

du vainqueur : *ĕṭṭfen ṷenní íɣelben*; *erbăḥ*; p. p. *irbaḥ*; H., *rebbăḥ* [ربح]. — (B. Ṣalaḥ), *eɣleb*; il l'a vaincu : *iɣlebθ*; H., *ɣelleb*. — (B. Menacer), il m'a vaincu : *iɣelbai̯*; H., *ɣelleb*.

VALLÉE, *sséheb* (ar. tr. *sseheb*); *leḫṷa* (ar. tr. *leḫṷa*); *llūḍa* (ar. tr. *llūṭa*). — (Meṭmaṭa), vallée, plaine ; *lūḍa tṷāres* : plaine cultivée [سهب — خوى — لطو].

VALOIR, combien vaut ce cheval : *máttа i̯isuá i̯ís-ūδi* [سوى], (ou bien) : *mâni i̯íssīṷĕḍ i̯īs-ūδí δi-ssûmeθ-ĕnnes*; celui-ci vaut mieux que l'autre : *ṷûδi iiṷĕḍ ssûmeθ ĕnnés ḫḙr iṷénnīḍĕn*, (ou) *ṷûδi i̯isṷá ḫḙr i̯ṷénnīḍĕn*. — (B. Iznacen), p. p. *isua*; H., *seqqᵘa*; f. nég. *seqqᵘi*. — (B. Iznacen), combien vaut ce cheval? *eš̌ḥal isuá i̯ís-u*.

VANNER[1], être vanné : *i̯úzzer*; p. p. *ūr-i̯úzzīreš̌*; H., *tuzzer*; n. a. *θúzzerθ* (*tu*); séparer au moyen d'une fourche (*θazzerθ*) la graine de la paille : *súzzer* (*īθ*); p. p. *isuzzer*; H., *súzzūr*; n. a. *asuzzer*; le blé est vanné : *īrδén tṷasúzzren* (ar. tr. *ṣfa*); jeter la graine au vent avec une pelle (*llūḥ*) pour la séparer de la balle qui reste : *slûṷăḥ* [لوح]; H., *slûṷṷăḥ*, n. a. *asĕlūṷăḥ* (*u*); *īrδén tṷâlūḥen* : le blé est vanné. — (Zkara), *suzzer*; p. p. *isuzzer* (et p. n.); H. et fut. nég., *suzzūr*; n. a. *asuzzer*. — (B. Mess.), *suzzer*; H., *suzzur*. — (B. Menacer), *ṣaffa îrδen* : vanne le blé ; H., *tṣáffa* [صفى].

VAPEUR, *lŭ̂fār*; *ssúṷṷān iḇaṷen ḫlû̂fār* : on fait cuire les fèves à la vapeur. — (Meṭm.), *lūffᵘār*. — (B. Men.), *lúχfār* [فور].

VARIOLE, *θazerzaīθ* (*dz*); *θiḥebbá nedzérzaiθ* : les boutons de la variole. — (B. Iznacen), *θazerzăiθ*. — (Meṭmaṭa), *θazerzaiθ*. — (B. Menacer), *hazerzaxθ*. — (Rif : *θazerzaiθ*).

VASE (boue), *mdlūs* (*u*); *lūḍ* (*u*) [لوط]; étang vaseux : *θamselɣa* (*te*), pl. *θimselɣaṷin*. — (B. Izn.), *abellăᶻ* (ar.). — (B. Men.),

1. H. Stumme, *Handb.*, p. 243 : *zuzzer*.

ḍāriu iγreq gĕlūḍ : mon pied a enfoncé dans la vase; *mālūs*, *enθīl* [ثيل] (V. BOUE).

VASE (ustensiles)[1], *lfeḫḫar* (*nel.*); *šelšāl* (*u*) (V. POT, PLAT). — — (Meṭmaṭa), *lmäḥbes* : vase dans lequel on lave [محبس]; *θatebrīθ* : vase dans lequel on tanne les peaux; *qúlla* : grand vase à anses (pour l'eau) [قلّ]; *lbrīq* : vase pour les ablutions (avec une anse) [ابريق]; *zennuna* : vase muni d'un robinet; *aqlūš* : sorte de bol (pour boire).

VAUTOUR[2], *merzez iiγsān* (*nu*), pl. *imerzĕza iiγsān* (*ni*); *lāḥδiieθ*, pl. *läḥδiiāθ* [حدأة] (et) *lahδiieθ*; *θaḍliεaθ*, pl. *θiḍliεīn* [? صلع]. — (Meṭmaṭa), *isγi*, pl. *isγiien* (ar. tr. *rroḫma*). — (B. Menacer), *isγi*, pl. *isγān*.

VEAU[3] (de moins d'un an) : *aiendūz* (*u*), pl. *iiendāz* (et) *iiendūzen* (V. BŒUF). — (B. Iznacen), *aiendūz* (*u*). — (B. Rached), *aiendūz*. — (Meṭmaṭa), *uχrīf*, pl. *uχrīfen*. — (B. Mess., B. Ṣalaḥ), *uχrīf*, pl. *uχrīfen*. — (B. Menacer), petit veau : *aǧendūz* (*u*), pl. *iǧendūzen*; veau : *εäžmi* (*u*), pl. *iεäžmiien*; veau de mer (poisson) : *dŏffir*, *ibendmer* (ar. tr. *denfir*, *bennemri*). — (Senfita), *aiendūz* : petit veau; *amggaiz* : veau d'un an.

VEINE, *áẓuer*; *azŭuer* (*nuu*), pl. *izŭurān*, *izūrān*. — (Meṭmaṭa), *azuer* (*u*), pl. *izūurān*. — (B. Menacer), *azuer* (*u*), pl. *izūrān* (et) *izuer*. — (Senfita), *azuer* (*u*), pl. *izuurān*.

VEILLER, *qeṣṣer* [قصّر]; p. p. *iqeṣṣer* (et p. n.); H., *tqeṣṣer*.

VENDRE[4], *zenz* (*īθ*); vends-le moi : *zenziiit*; p. p. *iizzenz*, *iizenz*; H., *znûza*; n. a. *θamenziūθ* (*tm*); ce mouton est vendu : *išer*-

1. Cf. R. Basset, *Zenat. Ouars.*, p. 113 : *aqbūš*.
2. Cf. R. Basset, *Zenat. Ouars.*, p. 113 : *θisγi*.
3. Cf. R. Basset, *Zenat. Ouars.*, p. 113, *ainduz*. — *B. Menacer* : *ileγmūl*.
4. Cf. R. Basset, *Loqm. berb.*, p. 405 √N Z. — *Zenat. Ouars.* : *zenz*, p. 114. — *B. Menacer*, p. 88 : *enz*.

riu iimmenz (ou) *iémseγ*; p. n. *ū-iimmenzeš*; H., *tménza*; les moutons se vendent bien : *lmal qai ehhes θamenziūθ θiγla* (ou) *iétmenza*; vendeur : *uú íznūzạn*. — (Zkara), *zenz*; p. p. *izenz* (et p. nég.); H. et f. nég. *znūz*; vente : *θamenzūθ*. — (B. Iznacen), *zenz*; p. p. *izenz* (et p. n.); H., *znūza*; f. nég, *znūzi*. — (B. Ṣalaḥ, B. Mess.), *zenz*; p. p. *izenz*; H., *znuza* (B. S.); *znūzi* (B. M.); n. a. *azenzi*. — (Senfita), *zenz aid iīs-īk* : vends-moi ton cheval. — (B. Menacer), vendre : *zenz*; p. p. *izenz*; p. n. *zenz*; H., *znūza*; f. n. *znūzi*; il ne vendra pas : *ū iznūziš*; être vendu : *enz*; p. p. *ienzu* (ou) *menz*; p. p. *iemmenz*; mon blé est vendu : *irδen-iu menzen* (ou) *tuânzen*; il ne se vend pas : *ūlaš lbīεá féllās* (ou) *ūr-itnūzeš*.

VENDREDI, *âss nelžémaεāθ*; c'est aujourd'hui vendredi : *assú lžémaεāθ* [جمع]. — (B. Menacer), *áss nélžemaε*.

VENIN, *essem* (B. Sn., B. Izn., B. Men.); *iuff ärgâz sessém nét-lefsa* : l'homme enfla par suite du venin de la vipère [سم].

VENGER (Se), cet homme se vengea de la mort de son fils : *néttān iiḫlef θâr enmémmīs*; H., *ḫellef* [خلف] (ou) *iirru θâr ĕnmémmīs* [ثور]. — (B. Menacer), je me suis vengé : *ūγíγ ūlḥaqqiu* [حق]; H., *ttaγ*.

VENIR[1], *âsed*; p. p. *iûsed*; p. n. *ūδ-ūsîdγeš*; H., *tāsed*; n. a. *nefráḥ setmâset-ĕnnes* (*θmâset*) : nous nous réjouîmes de sa venue. — (B. Mess.), *eddud* : viens, pl. *edduṭ*; *ased*, p. p. *usiγd*, *iūsad*. — (Zkara), *ãsed*; p. p. *ūsiγd*, *iusad*; il n'est pas venu : *ūrd iūsa*; H., *tāsed*; f. nég. *ttīsed*. — (B. Iz-nacen), *āsed*; p. p. *ūsiγd*, *iūsed*; il n'est pas venu : *ūrd iūsiš*; H., *ttāsed*; f. nég. *ttīsed*. — (B. Rached, Senfita), *ased*; je

1. Cf. R. Basset, *Loqm. berb.*, p. 262 √S. — *Zenat. Ouars.* : *ased*, p. 114. — *B. Menacer*, p. 89 : *ased*.

suis venu : *usiγd*; il est venu : *i̥ūsad*; ils sont venus : *ūsīnd*; viens : *aruaḥ*. — (Haraouat), *manua diūsīn* : qui est venu? — (Senfita), *usiγd, iusad*. — (B. Menacer), viens : *arṷaḥ* [روح], (ou) *ȧsed*; p. p. *ūsīγd, iūsad*; p. n. *ud-i̥ūsiš*; H., *ttāsed*; il ne viendra pas : *ūd-íttāseš* (et) *udíttīseš*.

VENIR au monde (V. NAÎTRE); faire venir[1], convoquer : *ṣîfẹ̄ḍ* (*īt*); *íṣṣīfẹ̄ḍ, ṣṣāfāḍ, aṣīfẹ̄ḍ* (*u*) (ar. tr. *ṣîfĕṭ*).

VENT[2] froid et léger : *aṣemmeḍ* (*u*) (V. FROID); vent violent : *ȧḍû*; *lžéhδ nṷȧḍû* : la violence du vent; vent chaud de l'été : *ȧrīfi, līzȧγ núnebδu*; brise de mer : *lεȧṷīn*; il n'y a pas de vent : *assūδí qaiθγeb*; *qai-δís eθθéγb* (ou) *eḍḍáhd* (B. Sn., B. Izn., B. Men.); — *aγerbi* : vent de l'ouest [غرب]; *ašergi* : vent de l'est [شرق]; *aqebli* : vent du sud [قبل]; *abaḥri* : vent du nord [بحر]; *mí-isūḍ aγerbi ilāhmūm, mí-iṣūḍ aqebli íssemūm, mi iṣūd ašergí efrāḥ ai̥ aḫemmās iūγrūm* : quand souffle le vent d'ouest, c'est le malheur, le vent du sud, c'est le poison; par le vent d'est, réjouis-toi fermier, il y aura du pain. — (B. Iznạcen), *aṣemmẹḍ*. — (B. Rached), *āḍu* (*ua*). — (Meṭmaṭa), *āḍû* (*ua*); vent d'est : *ašerqi*. — (B. Ṣalaḥ, B. Mess.), *aḍu* (*bua*); vent d'ouest : *aγerbi*. — (Senfita), *aḍû* (*ṷa*). — (B. Menacer), *ȧḍû* (*ṷa*).

VENTOUSE, *θaqūrārθ* (*tq*), pl. *θiqūrārīn* (*tq*); *θažεābūbθ* (*nž*) [جعب], pl. *θižεābāb* (*nž*) : (tubes de cuivre au moyen desquels on aspire le sang sur la nuque). — (Meṭmaṭa, B. Menacer), *θaqūrārθ*, pl. *θi-rin* [قرّ].

VENTRE[3], *aεȧddīs* (*u*) (en haut du nombril), pl. *iεȧddīsen*; *θaεȧb-*

1. W. Marçais, *Tanger*, p. 363 : Obs. Beauss. [زريعط].

2. R. Basset, *Zenat. Ouars.*, p. 114, *aδu*. — *Loqm. berb.*, p. 274 √DH OU. — *B. Menacer*, p. 89 : *aḍu*.

3. Cf. R. Basset, *Loqm. berb.*, p. 276 √Ȧ D S. — *Zenat. Ouars.* : *aεaddis*. — *B. Menacer*, p. 89 : *aεaddis*.

būṭ (*taɛ*) (au-dessous du nombril), pl. θ*iɛâbb ūθīn*, ou) (θ*aɛâd-dīst* (*taɛ*), pl. θ*iɛâddīsīn* (V. INTESTINS) ; il a un gros ventre : *ųūδí bu dfédeɛīst* (ou) *bu fedĕɛīs*. — (B. Iznacen), *aɛäddīs* (*u*). — (B. Rached), *aɛäddīs*. — (Meṭmaṭa), *aɛäddīs* (*u*). — (B. Menacer), *aɛddīs* (*u*), pl. *i-en*. — (Senfita), *aɛäddīs*; dans le ventre : *eguɛäddīs*.

VER[1], θ*áitša* (*tii*), pl. θ*iitšaųīn* (*tii*) : ver du bois, de la chair pourrie, des fruits ; — ver de la viande, petits vers déposés sur la viande par les mouches : θ*zûzäɛ*θ (*ned*) ; gros ver de terre : θ*išáḥmet nûšäl*, θ*išaḥmet nūlūḍ*, pl. θ*išäḥmīn* [شحم]; vers intestinaux : *ṣâḍ* (*u*), pl. *iṣáṭṭen* ; ver solitaire : θθ*âɛbān* [ثعبان]; ver blanc qui ronge le tronc des légumes : *aiδí ųâmān* (ar. tr. *ž̌ru-lma*). — (B. Iznacen), θ*aitša* (θ*i*). — (B. Rached), *iketšauin*. — (Meṭmaṭa), θ*aketšau*θ, pl. θ*iketšaųin*. — (B. Ṣalaḥ), θ*aχetša*. — (B. Mess.), θ*aχetšau*θ, pl. θ*iχetšaųin*. — (Senfita), un ver : *iišt nketšaut*, pl. *hiketšauin*. — (B. Menacer), θ*aketša*, pl. θ*iketšauin*; être plein de vers : *kkîtšu* (ou) *skîtšu*.

VERGE, *äžlâl* (*u*) (K.) ; θ*áqṭṭūṭ* (*tqé*) (A. L.), pl. θ*iqeṭṭūḍīn* (*tqé*) ; *abĕšlūl* (*u*), pl. *ibĕšlāl*; *azĕbbūb* (*u*), pl. *izĕbbäb* [زبّ]; *bu ɛâųīna* (*ɛaųina* : petite source); *aḥššūl* (*ué*), pl. *iḥéššūlen*; *bū-tkérbuɛä*θ (*takerbuɛa*θ : gland); *bū-tḥébba*, (*tiḥebba* : testicules); *Moḥand*; *būḥmedda* : (volumineux); *mûḥ elųâgef* (*mûḥ*, dim. de Moḥammed); *si ɛâli ubéddi* (*ubeddi* : debout) ; *aɛâbbūz* (en forme de massue) ; *bū-tḥénūnt* (*tḥénunt* : morve, sperme); *bū-*θ*ɛâryīn* (ar. *lɛaraųi*); *azellāl bū-tméṣḍīn* (long) ; *ašeḥlāḍ* (ferme); *ḥéntrīsi* : énorme, en parlant d'un âne. — (Meṭmaṭa), *azerḍūd*. — (B. Mess.), *abeššáš*. — (B. Menacer), *aḥilūl* (*u*) (حلّ). — (Senfita), *aḥilūl*.

1. Cf. R. Basset, *Rif*, p. 121 : θ*iššaųin*. — *Zenat. Ouars.*, p. 114 : *itšaun*.

VERGER[1], *ûrθu*; *sežžûr nûrθu* : les arbres du verger, pl. *ûrθạn*. — (B. Iznacen), *urθu*. — (B. Menacer), *ûrθu* (*ụu*), pl. *ûrθăn* (R. B.). — (Senfita), *urθu* : figuier et jardin de figuiers.

VERMOULU (Être), *kîtšu*; p. p. *ikkītšu*; cette figue est vermoulue : *θazzārθú θekkîtšū*; H., *tkîtšiu*; n. a. *akitšu* (*u*); on dit aussi : *skîtšū*. — (B. Menacer), *aqššūḍu irši* : le bois est vermoulu; il est vermoulu : *ikkītšu* (en parlant d'un fruit); H., *kkitšiu*.

VERNIR, *éḍla* (θ) [طلى]; p. p. *iéḍlā*; p. n. *ūr-iéḍlāš*; H., *ḍella*; n. a. *aḍla* (*u*), vernis, vernissage. — (Meṭmaṭa), *eṭṭla*.

VERRE (à boire) : *lšâs* (*nel*) [كاس], pl. *lšîsān*; *zzâž* [زجاج]; une bouteille en verre : *θibinnîst nézzāž*. — (B. Iznacen), *lkās*. — (Meṭmaṭa), *sjâj*. — (B. Menacer), *ssédjāj* : du verre; verre à boire : *lkās*, pl. *lkīsān*.

VERROU[2], le pène qui est en bois se nomme : *θiferḫet* (ou) *áɣīl* (*u*) (ar. tr. *lférḫa*); il glisse dans deux crampons de bois appelés : *θáfluθ* (*te*); *θifĕlụīn* (*tfé*) : le pène est consolidé par une tige de bois plus mince appelée *lmefθăḥ* [مفتح]. — (B. Menacer), *zzekṛĕm*.

VERRUE, *θáθūlālt* (*ttû*), pl. *θiθūlālīn* (*ttû*) [ثلّ]. — (B. Menacer), *aḥezzāz* (*u*), pl. *iḥezzāzen* [حزّ].

VERSANT (que l'on regarde) : *ūꜥém ūụúꜥrār* (face); l'autre versant : *θīụá uụúꜥrār* (dos); versant ensoleillé : *lžénb imesmeṣ* (ar.), *ūꜥém ĕntꜥ fūiθ*; versant ombragé : *lženb áḍelli*, *ūꜥém ĕntîli*.

VERSER[3] (du thé, du café) : *ĕffi̥* (*iθ*), p. p. *iiffi̥*, p. n. *ūr-iiffiẹš*, H., *teffi̥*, n. a. *áffāi* (*ụa*), *effi-iii âmạn*, : verse-moi de l'eau. — (B. Ṣalaḥ), *kúbb* [كبّ]; p. p. *ikubb*; H., *ṭkubb*. — (B. Mess.), *ferreɣ aman* : verse de l'eau [فرغ]; H., *ṭferreɣ*.

1. Cf. R. Basset, *Zenat. Ouars.*, p. 114 : *urθu*. — *B. Menacer*, p. 89.
2. Cf. W. Marçais, *Tanger*, p. 321 [زكرم].
3. Cf. S. Boulifa, *Demnat*, p. 346 : *effi*.

— (B. Men.), *smîr*; p. p. *ismīr*; p. n. *smīr*; H. *smāra*; — *smîrăs aman* : verse-lui de l'eau; le thé est versé : *latai ịímmīr*; H., *tmāra* (le primitif *mîr* est peu usité) c(f. Zouaoua : *smīr*).

VERT, *äzīza* (V. BLEU). — (B. Mess.), *azeğzau*.

VERDURE, θ*izzizūθ*.

VERSET (du Qoran), *lláīθ* [آية], pl. *lláịāθ*.

VERT DE GRIS, *zzéndžār* [زنجار].

VERTÈBRE, θ*aqĕrdiúθ ĕnụúsrūr*.

VERTIGE, il eut le vertige : *ịínnĕḍ īḫf-ĕnnes* (V. TOURNER); θ*emlel* θ*ĕṭ-ĕnnes* (V. BLANC); *innûrzem aŝelụaú ḫθĕṭṭáụīn-nnes* : (un brouillard se leva devant ses yeux).

VESCE, θ*aželbạnt* (*ndž*) [جلبان]; *imendi lli ttíli ŝīs* θ*aželbânt ŝís lbârăkeθ* : l'orge dans laquelle il y a des vesces est bénie.

VESSIE, θ*anbūlt* (*te*) [مبولة], pl. θ*inbūlịn* (*te*). — (B. Mess.), θ*ambūl*θ. — (B. Menacer), *hannebbūlθ* (*te*).

VESTE, *jadabūli* (B. Menacer).

VÊTEMENTS[1], *iḥáuliịẹn* (*ni*); *iḥúŝīsen* (*ni*); *lkésụeθ* [كسا] (V. HABILLER). — (B. Iznacen), *iḥauliien*. — (B. Menacer), *arrūḍ*.

VEUF[2], *ahĕžžāl* (*u*), pl. *ihežžālen*, f. θ*ahĕžžālθ*, m. p. θ*ihĕžžālīn*. — (B. Iznacen), θ*adžalt*. — (B. Menacer), *tadžalt* (*ta*), pl. *hedžālīn*.

VÊTIR, *ịṛĕḍ*; H., *tīṛĕḍ*. — (Zkara), *īṛĕḍ*; H., *tīṛĕḍ*; p. p. *ịịṛĕḍ*; p. n. *ṛīḍ*; n. *aiṛād* (*ui*). — (B. Mess.), *els lḥaụaidž enneχ* : habille-toi; p. p. *lsiγ*, *ilsa*, *lsan*; H., *ṭlusi*.

VIANDE[3], *aịsūm* (*ụi*); *ŝụí nụisūm* : un peu de viande; θ*fâkīθ* (*t/a*); *ûŝ-iịi* θ*fâkīθ* [? فكية]: donne-moi de la viande; viande de mou-

1. Cf. R. Basset, *Loqm. berb.*, p. 247 √R D'.
2. Cf. R. Basset, *Loqm. berb.*, p. 240 √D G L
3. Cf. R. Basset, *Loqm. berb.*, p. 293 √K TH M. — *Zenat. Ouars.*, p. 114. *aisum*. — *B. Menacer*, p. 89 : *ak*θ*um*. — Brab., Chl. : *tifiịi*.

ton : *aisûm ĕnθémra*; viande de bœuf : *aisûm nífūnäsen*; viande de chèvre : *aisûm ĕntγéṭṭen*; viande séchée : *leḫlīεä* [خلع]. — (B. Iznacen), *aisum*. — (B. Rached), *aisum*. — (B. Mess.), *aχsum*. — (Meṭmaṭa), *aisum*; viande rôtie : *aisum iχχenfen*; plat composé de viande et d'œufs : *θat-čeqtčukθ*. — (B. Menacer), *aχsūm* (*ṷu*). — (Senfita), *aisūm*.

VIDE, p. p. *íḫṷa* [خوى]; H., *téḫṷa*; il est vide : *qā íḫṷa*; vider : *séḫṷa* (θ); H., *seḫḫṷa*; n. a. *aseḫṷa* (*u*); ce tellis est vide : *sašu-ịu qâīt iḫúa γẹ-ðīlem* : (il n'en reste que la peau); *θdị-dūrθ qaiθ θéḫṷa iqqīm γẹ ðašqqūf* : cette marmite est vide, il ne reste que la terre. — (B. Menacer), *iḫla* [خلا]; la marmite est vide : *haεannābéxθ θeḫla*.

VIERGE, elle est vierge : *nettâθ ðelbékreθ* [بكر], pl. *ðelbékrāθ* (ar. tr. *aεâteq*); elle perdit sa virginité : *ṭṛọḥ âs lεâtŭqīịeθ-ennes* [عتق]; *ikksäs lbúkreθ-ennes* : il lui enleva sa virginité (ou) *ikks-äs ṣbâḥ-nnes* [صبح].

VIEUX[1], *aussär*; f. s. *θaussärθ*; m. p. *iussūra*; f. p. *θiussura*; être vieux : *ûser*; p. p. *ûsreγ*, *ịûser*; p. n. *ūsīr*; H., *ttuser*, *ttūsīr*; n. a. *θiusri* : vieillesse; faire vieillir : *sûser*; H., *ssûsūr*; le chagrin l'a vieilli : *aḥzân issúsrīθ* (ou) *hergem*; H., *thergem* [? هرم-هرش]. — (Zkara), être vieux : *usser*; p. p. *ịusser* (et p. n.); H., *tusser*; f. n. *tussīr*. — (B. Iznacen), *usser*; p. p. *iusser*; p. n. *ussīr*; H. et f. n. *tussir*; vieille femme : *θaussarθ*. — (B. Rached), vieillard : *argaz daussar* (ou) *dašibāni* [شيب]. — (B. Menacer), *usser*; p. p. *ịusser* (et) *ịúχser*; p. n. *ussīr* (et) *uχsīr*; il est vieux : *ðáussär*, f. *θáussärθ*, pl. *iússären*, f. pl. *θiússärīn*; f. fact. *suχser*.

VIGNE[2], *ddâlīθ* [دالية]; variétés : *ddâlīθ nelkṷèrši*; — *nelférịäl*;

1. Cf. R. Basset, *Loqm. berb.*, p. 330 √OUSR. — *Zenat. Ouars.*, p. 114 : *ausar*.
2. Cf. R. Basset, *Zenat. Ouars.*, p. 115 : *asafθ eddilīθ*. — *B. Menacer*, p. 89 : *θizuγin*.

— *nḥébb ĕrrṣāṣ*; — *náḥmer buεâmèr*; — *nqélb ĕṭṭēr*; — *núzŭǧǧᵘaγ*; — *núberšạn*; — *nezzbérbūr*; — *nâθ Iznāsen*; *ddälíθ nézzhhāf* : vigne taillée des Européens. — (B. Iznacen), *ddīlexθ*. — (B. Rached), *ddalexθ*. — (B. Menacer), *ddâlẹxθ*, pl. *ddụâli*.

VILAIN, *ŭqbẹḥ* [قبح]; f. *θŭqbēḥθ*, pl. *ŭqbīḥen*, f. p. *θŭqbīḥīn*; *ūδmĕnnes qâ ūr-íεäδīl-eš* [عدل] : son visage n'est pas régulier. — (B. Menacer), il est vilain : *išmeθ* (ou) *ū-ịẹḍbiεäš* [طبع].

VILLAGE, *eddéšerθ*; un village : *tíš néddešerθ*, pl. *ddšūr* [دشر]; le village des A. Lârbi, des A. Achîr, etc. : *θaqbîlθ nâθ ăεârbi* [قبل]; *θaqbîlθ naθ ăεâšīr*, pl. *θiqbīlin nât-snūs* : les villages des Beni-Snoûs. —(B. Menacer), *lfīlāj*. —(Senfita), *ddešra* désigne la maison; village : *hazeγuin*.

VILLE, *θamδịnt* (*tem*) [مدينة]; *θímδīnịn* (*tem*), *θimδān*. — (B. Menacer), *hamdīnt* (*te*); *ḥimdīnīn* (*ti*).

VIN, *léḫmèr* (*lelḫ*) [خمر]. — (B. Menacer), *ššérāb* [شراب]. — (B. Mess.), *ššerāḇ*.

VINAIGRE, *lḫél* [خلّ]; *asĕmmām*. — (B. Iznacen), *lḫél*. — (B. Menacer), *lḫel*.

VINGT, *εâšrịn* [عشرون]; *εâšrịn netséδnạn* : vingt femmes (B. Sn., B. Menacer).

VINGTIÈME (ord.), *ụénni năεâšrịn*, f. *θenni*; — (fract. *lŭfᵘaīθ ĕnεâšrīn*.

VINGTAINE, une vingtaine : *idžén εâsrịn*; deux vingtaines : *θnāịén nelεâšrīnāt*.

VIOLER, il l'a violée : *iŭδef ḫes* (V. ENTRER); *íkku ḫes* (V. PASSER); *iseḫser-īt* [خسر] (V. GATER); *ịeƒseδ δīs* [فسد]. — (B. Menacer), *ịūδéf féllās* : il l'a violée (V. ENTRER), (ou) *iḫerm-īt* [حرم].

VIOLETTE, θḥĩδebθ; un bouquet de violettes : θamešmûšθ nelḥĩδeb (ar. tr. lḥîdeb). — (B. Menacer), bellésfenj.

VIOLON, inconnu chez les Beni-Snoûs; ils appellent ceux de Tlemcen lkámãnžeθ [كمنجة]; lekụîṭreθ (guitare) [قيثار]; violon des nègres : agumbri, igumbriịen. — (B. Menacer), lkámĩtča.

VIPÈRE[1], θálefsa (tle), pl. θilefsiụĩn (tle) (ar. tr. lléfăεä (tle); εäíssaụi ịísessu ịí stlefsa : cet 'aïssaoui m'a garanti contre les vipères. (Il prend une vipère, l'enroule autour du cou de la personne qu'il veut protéger contre les morsures, puis place la tête de la vipère contre le front, le nez et la bouche de cette personne. Il lui recommande ensuite de ne pas tuer les vipères à l'avenir.) Les Beni-Snoûs distinguent deux variétés de vipères; ils appellent la plus courte : θälefsá täδerγält : vipère aveugle; l'autre est appelée θälefsa timzûụeγθ nṭéṭṭaụin : vipère aux yeux rouges (ou) θälefsa tazuǧǧᵘaγθ : vipère rouge. — (B. Iznacen), θalefsa. — (Meṭmaṭa), lléfăεäθ, pl. lléfūε [أفعى]. — (B. Ṣalaḥ, B. Menacer), lléfăεāθ.

VIS, álūleb (u) [لولب], pl. ilūlben (u). — (B. Menacer), lfeθleθ [فتل].

VISSER, énneḍ âlūleb (V. TOURNER); bérrem âlūleb (V. ROULER). — (B. Menacer), efθel; p. p. ifθel; p. n. fθĩl; H., fettel.

VISAGE (V. FIGURE).

VISER, nîš; p. p. înĩš; H., tnĩš; n. a. ānĩš (u) (ar. tr. niịeš); on dit aussi : vise-le : éṭṭef δĩs (V. SAISIR) (ar. tr. médd fĩh), (ou) ssîγ-δĩs (V. TENDRE). — (B. Menacer), nîịeš; H., tnîịeš.

VISITER[2], ẓûr (ĩθ) [زور]; p. p. iẓūr; H., dẓūr; n. a. zziāreθ; visi-

1. Cf. R. Basset, *Loqm. berb.*, p. 309 √L F S. — *Zenat. Ouars.*, p. 155 : θalefsa.
2. Cf. R. Basset, *Loqm. berb.*, p. 254 √Z R.

teur : *imzūụer*, pl. *imzuụren*. — (B. Menacer), visiter un marabout : *ẓūr*; p. p. *iẓūr* (et p. n.) H. *dẓūr*; visite : *zziârĕθ*; visiter (un ami) : *fāqeδ* (*īh*); p. p. *ifāqeδ* (et p. n.); H. *tfāqeδ* [وفد].

VITE, *sélḫef* [خوف]; cours vite : *âzzel sélḫef*; ou bien *sûfses δi-tšlí-nneš*; ou bien *γâụel δi-tšlí-nneš*; ou bien *érzem iḍarrennéš δí-tšli*; ne parle pas vite : *ussâuāl-eš slémγauleθ* (ou) *suγdáụel*; marche vite : *ḫeff*; H., *tḫeff*; va vite : *azzel* (cours) (ou) *ɛazem*; H., *ɛazzem* (ar.).

VITRE, *zzâžeθ* (*nezza*), pl. *zzâžāθ* [زجاج].

VIVRE[1], *édder*; p. p. *ịidder*; p. n. *ūδ-eddîrγeš*; H., *tedder*; n. a. *θúdderθ* (*tu*); faire vivre : *sedder*; H., *seddār*; il est vivant : *qâ-idder* (ou) *nettân δámeddūr*, pl. *ímeddār*; il est encore en vie : *ūr-ịûš δi-θúdderθ-énnes*. — (Zkara), *edder*; p. p. *idder* (et p. n.); H. et fut. nég. *tedder*. — (Meṭmaṭa), il est vivant : *illa idder*. — (B. Ṣalaḥ, B. Mess.), *edder*; p. p. *idder*; p. n. *ddīr*; H., *ṭedder*; n. a. vie : *θuderθ*; il est encore en vie : *ur-iūš idder*. — (B. Menacer), *edder*; p. p. *idder*; p. n. *ddīr*; H., *tedder*. — (Senfita), *illa ịidder* : il est vivant.

VOICI, le voici qui vient : *hâ qaīt ịûseδ*; me voici : *âqli* (ou) *hâqli* (V. Gr., p. 124); voici mon frère : *haqqa iuma*. — (Haraouat), celui-ci : *ụu*; celui que voici : *ụa hada*, fém. *θa hatta*; m. p. *ịīna*; f. p. *θiīna*; l'homme que voici : *argaza* (ou) *argazaịa* (*a*, *aịa* invariables).

VOILA, le voilà (là-bas) : *qâīt áụīn*; *qâīt γér γūrịn*; *hâqellīt*, *aqellīt*; les voilà : *hâqellīhen*, *aqellīhen*; voilà mon frère (V. Gr., p. 125) : *haqellīt uma*. — (Haraouat), celui-là : *ụin*, fém. *θin*; celui que voilà : *ụinâh*, f. s. *θinâh*, m. p. *ịīnīn*, f. p. *θinīn*; l'homme que voilà : *argaz īn* (*īn* invar.).

1. Cf. R. Basset, *Loqm. berb.*, p. 239 $\sqrt{\text{D R}}$.

VOILE, *nnqāb* [نقاب], pl. *nnqābāθ* (les femmes ne le portent chez les Beni-Snoûs que lors des fêtes); *eḥžeb* : voile-toi [حجب]; p. p. *teḥžeb* : elle s'est voilée; p. n. *ūr-éḥžībγeš*; H., *tèḥžeb*; n. a. *aḥžāb* (*u̯a*). — (B. Menacer), les femmes se cachent le visage avec le ḥaik (*lḥái̯e̯χ*), ne laissant qu'un œil visible [حلك].

VOIR[1] (apercevoir), *ẓér* (*īθ*); p. p. *i̯ízrū*; p. n. *ūr-i̯izrū̆-š*; H. *ẓār*; n. a. *θameẓriūθ* (*tm*); se voir : *mẓer*; H., *tmeẓra*; je l'ai vu jouer : *qâi̯ ẓrîḫ íttūrār*. — (Zkara), *zer*; p. p. *izri*, *zrīn*; p. n. *zri*; H., *tezzer*; f. nég. *tezzīr*. — (B. Iznacen), *zer*; p. p. *zrīγ*, *izra*; p. n. *zri*; H. et fut. n. *zzar*; n. a. *θizri*. — (B. Ṣalaḥ), *zer*; p. p. *zrîγ*, *izra*; il m'a vu : *izra i̯i*; H., *zerra*; n. a. vue : *θimezriūθ*. — (B. Men.), *zer*; p. p. *izru*, *zrīn*; p. n. *zri*; H., *zerra*. — (B. Sn.), *ĕqqel* (*īθ*) : regarder; p. p. *i̯íqqel*, j'ai vu : *qlèγ* (K.), et *ĕqqleγ* (A. L.); p. n. *ūš-éqqīlγeš*, H. *téqqel*, n. a. *aqqāl* (*u̯a*); vois comme il court : *ĕqqel mâš qā-itåzzel*. — (B. Iznacen), *eqqel*; p. p. *iqqel*; p. n. *qqīl*; H., *teqqel* (et f. n.); *beheg*; p. p. *ibheg*; p. n. *bhīg*; H., *tbeheg* (et f. n.). — (B. Menacer), *ĕqqel*; H., *teqqel* (ou) *qābel*; H.. *tqābāl* [قبل]; — fixer : *eḫzer*; H., *ḫezzer* [خزر]; *msezzāren* : ils se voient. — (B. Mess.), *zer*; je t'ai vu : *zriγaχ*; il ne te verra pas : *uχ izerreχ*; regarde-moi : *qābel d eγri*; — faire voir (V. MONTRER); regarder attentivement (V. REGARDER),

VOISIN, *ánžār* (*u̯è*), f. θ-θ [جار], pl. *inžāren*, f. pl. θ-*īn*. — (B. Iznacen), *adžār*. — (B. Menacer), *lžār*, pl. *lžīrān*.

VOITURE, *θakerṛūsθ* (*neθk*), pl. *θikerṛūsīn* (*neθk*). — (B. Menacer), *hakerṛūst*.

VOLER[2] (dérober), *ĕḫu̯en* [خون] (*ḫûn-īθ*); p. p. *ḫûu̯neγ*, *i̯ĕḫu̯ĕn*;

1. Cf. R. Basset, *Loqm. berb.*, p. 254 $\sqrt{\text{ZR}}$. — *Zenat. Ouars.*, p. 115 : *zer*. — *B. Menacer*, p. 90 : *zer*.

2. Cf. R. Basset, *Loqm. berb.*, p. 294. $\sqrt{\text{KRDH}}$. — *Zenat. Ouars.* : p. 115 *ḫuggen*.

p. n. *ūr-ịíḫụīneš*; H., *ḫúġġᵘẹn*; n. a. *áḫụān* (*u*) et θ*iḫḫiūna* (*ti*); voleur : *aḫŭġġᵘạ̄n* (*u*), pl. *iḫuġġᵘạ̄nen*; *ĕhžem* [هجم]; p. p. *iéhžem*; p. n. *ūr ėhžīmĕɣeš*; H., *hėžžem*; n. a. *ahžām* (*ụė*); voleur : *ahĕžžām* (*u*), pl. *ihĕžžāmen*; — *selkeδ*; p. p. *ịís-selkeδ*; H., *tselkeδ*; n. a. *aselkeδ* (*u*); c'est un voleur : *nettān δáselkūδ*, pl. *iselkāδ*. — (Zkara), *āχer* (*īθ*); p. p. *iūχer*; p. n. *ūχīr*; H., *taχer*; fut. nég. *tīχer*; vol : *tuχerda*. — (B. Iznacen), *aχer*; p. p. *ịūχer*; p. n. *ūχīr*; H., *tāχer*; f. n. *tīχer*; n. a. θ*uχra*; voleur : *aḫŭġġᵘān* (*u*), pl. *i-en*. — (B. Ṣalaḥ), *aχer*; p. p. *uχreɣ*, *iuχer*; p. n. *uχīr*; H., *taχer*; vol : θ*ikurḍa*. — (B. Menacer), *ĕḫụen*; p. p. *iḫụen*; p. n. *ḫụīn*; H., *ḫúggen*; *ituaḫuen* : il a été volé; *hiḫūna* : vol; voleur : *aḫuggān*, pl. *iḫúggānen*; il est volé, pris : *itmáḫụen* [خون]. — (Senfita), *eḫụen*.

VOLER[1] (avec les ailes), *âfiị*; p. p. *ûfịeɣ*, *iûfiị*, *ịūfᵘịi*; p. n. *ūfiị*; H., *tâfiị*; n. a. *âfāị* (*ụa*); faire voler : *sîfiị*; H., *sâfāị*; voleter : *ferfer*; p. p. *ifèrfer*; H., *tférfer*. — (Zkara), *afru*; p. p. *ufruaɣ*, *ịufru*; p. n. *ufriu*; f. n. et H., *tifriu*. — (B. Iznacen), *äfi*; p. p. *ufᵘịeɣ*, *ịūfᵘiị*; p. n. *ufᵘiị*; H., *tāfi*, *ttāfi*; fut. nég. *ttīfi*; voleter : *ferfer*; p. p. *iferfer* (et p. n.); H., *tferfer*. — (B. Menacer), *äfi*; p. p. *ịûfi*; p. n. *ūr-ịúfiịėš*; H., *ttāfi*; f. n. *ttāfi* (et) *ttīfi*; *sîfị-īh* : fais-le envoler. — (Senfita), *afi*, *iufi*.

VOLUME, on mesure l'huile au litre : *llîtṛo*, pl. *llítṛọịāt*; le blé se mesure avec une mesure en bois ou en cuivre contenant environ 8 kilos de céréales : θ*āḫeṛṛūb*θ (*tḫe*) (12 1/2 ou 13 au quintal), pl. θ*iḫeṛṛūbīn*; la θ*aqûrdī*θ contient 4 kilos, pl. θ*iqûr-diịīn*; autrefois on employait la mesure dite *aqeddûḥ ellaεbar*, *aqeddûḥ entádžau*θ, de la contenance d'une kharrouba plus

1. Cf. R. Basset, *Loqm. berb.*, p. 286 √FG. — *Zenat. Ouars.* : *afi*, p. 115.

une ou deux poignées. — (Meṭmaṭa), mesures de capacité : env. 1 litre : *lmedd* [مدّ]; env. 3 litres : *lḥaθra*; env. 1 double décalitre : *aqerrui* (*u*) ; décalitre : *nefṣ úqerrui*; demi déc. : *râbaεaθ núqerrui*; 2 litres 1/2 : *θθámna núqerrui*; de 7 à 10 litres : *θâgra*.

VOMIR[1], *érr*(*īθ*) (V. RENDRE); p. p. *írru*; matières rendues, vomissement : *θamrārūθ* (*te*) (ou) *éγrem*; p. p. *ịiγrem*; p. n. *ūr-ĕγrîmγeš*; n. a. *aγrām* (*u*). — (B. Mess.), il a vomi : *irrad*. — (B. Menacer), *err*; p. p. *ịérru*; p. n. *rri*; H., *terra*.

VORACE, *amèhrām*, f. θ-θ, pl. *imèhrāmen*, f. p. *θi-īn* [? نهم]; (ou) *amĕqqrân nuεâddīs* (ou) *bū-θaεâddīst* (ou) *ameḫli* [خلو], pl. *imeḫliịen*.

VOYAGER, *sâfer*; p. p. *isāfer* [سفر]; H., *tsafar*; n. a. *asafer* (*u*) : voyage ; voyageur : *amsāfer*, *imsāfren*. — (B. Menacer), *sāfer*; H., *tsâfar*.

VOULOIR[2], *eḫs* (*īθ*); p. p. *ịiḫs*; p. n. *ū-íḫseš*; H., *qqās*; il veut dormir : *ịéḫs äδ-íṭṭès*; il ne veut pas venir : *ūr-íḫseš äδ ịâseδ*. — (Zkara), *eḫs*; p. p. *eḫseγ*, *ịeḫs*. — (B. Iznacen), *eḫs*; p. p. *ieḫs*; il n'a pas voulu : *ūr-íḫseš*; H., *qqās*; f. nég. *qqīs*. — (Senfita), *matta ḫseδ* : que veux-tu ; *igumm ädiäs* : il n'a pas voulu venir. — (B. Menacer), que veux-tu? : *mata ḫseδ*; *eḫs*; p. p. *iḫs*; il n'a pas voulu : *ū-íḫseš*; H., *qqās* (et f. n.).

VOUS, VOTRE, VOS (V. GRAMM., p. 167-169). — (B. Rached), je vous ai donné : *ušiγ aum*; que vous a-t-il dit : *mata daum innān*. — (Haraouat), vos mains : *ifassen-nuen*; fém. *ifassennχemt*; il vous a suivis : *ịiḍfer χend*; il vous a suivies :

1. Cf. R. Basset, *Loqm. berb.*, p. 248 √RR. — *B. Menacer*, p. 90 : *erri ih*.

2. Cf R. Basset, *Loqm. berb.*, p. 237 √KHS. — *Zenat. Ouars.* : *eḫs*. — *B. Menacer*, p. 90 : *eḫs*.

iidfer χemt id; il vous a frappés (frappées) : *iūθ iχen* (*īχemt*) ; je vous ai vus (vues) : *zriγ χen* (*χemt*) ; vous, pron. isolé : *χenniu*, fém. pl. *χennimt*. — (B. Ṣalaḥ, B. Mess.), *χenni*, fém. *χemmīθi*; vos mains : *ifassen ennuen* (h.); *ifassen nχemmeθ* (f.); chez vous : *γéruen* (h.) ; *γérχemmeθ* (f.); il vous a frappés : *iūθa iauen* (h.); *iūθa χemt* (f.); je vous ai dit : *enniγ auen* (h.); *enniγ aχemmeθ* (f.).

VULVE, *θaḫennant* (*t*), *θaḥĕtšunt* (*th*), *abetšūn* (*u*), *afellīq* (*u*) [ﻓﻠﻖ]; *um eššnäīf* [ام الشنايف]; *θafenṭūrθ*, pl. *θifenṭūrīn*. — (Meṭmaṭa), *azemmūm*. — (B. Mess.), *aḥetšun*. — (Senfita), *aḥetšūn*. — (B. Menacer), *aḥètšūn* (*u*).

Y

Y, il y a : *illa*, *ellān*, *θella*, *ellānt*; il y a un lion dans la forêt : *illa idž uirâd δilγābeθ*; il y a du blé cette année : *éllạn irdén áseggᵘasu*; y a-t-il? *illa-š* invariable; y a-t-il de l'eau? *illa-š uaman*? il y en a : *éllān*; il y avait : *illa, ellan*, *θella, ellant*; il y aura : *aδiili*, *aθīli*, *aδellān, aδellant* (V. ÊTRE); y, marquant le lieu : *δa*, *auin* (V. ICI, LA); j'y serai : *aδīliγ δa*.

YEUX, *θíṭṭauin* (*ṭi*). — (B. Rached), *θiṭauin*. — (Senfita), *iīš enṭiṭ*, *sen tiṭawen*.

YOU YOU, pousser des cris de joie : *slîlu* (ar. tr. *zeγret*); H., *sliliu*; n. a. cris de joie : *aslīlu* (*u*) (ou) *uelųel*; H., *tųelųel*.

Z

ZAOUIA, *ezzáuieθ* (*nezz*) (ar.), pl. *ezzáuiāθ*.

ZÉNÈTE (B. Rached) : la langue zénète : *žānāθ* (ou) *žāneθ*. — (Haraoua), nous parlons berbère : *nehdér ĕžžânāθ* (ar. tr.

nehdru bezznátīịa); nous sommes berbères, zénètes : *neśní* *δižânāθen*; je suis zénète : *néts̆ ụádžāna* (ou) *džâna*; elle est zénète : *nettât edžânāθ*, f. p. *θižánāθīn*. — (Meṭmaṭa), je sais le berbère : *ĕssnéγ džânāθ*.

ZINC, *aqezdīr* (*u*) [قزدير]; sulfate de zinc : *ttúθiịeθ* [توتيا].

626344 - Novembre 2015
Achevé d'imprimer par